Agglomerationsräume in Deutschland
Ansichten, Einsichten, Aussichten

Die Deutsche Bibliothek - CIP-Einheitsaufnahme

Agglomerationsräume in Deutschland: Ansichten, Einsichten, Aussichten/ Akademie für Raumforschung und Landesplanung . - Hannover: ARL, 1996
   (Forschungs- und Sitzungsberichte / Akademie für Raumforschung und Landesplanung; 199)
   ISBN 3-88838-028-6
NE: Akademie für Raumforschung und Landesplanung <Hannover>:
   Forschungs- und Sitzungsberichte

FORSCHUNGS- UND
SITZUNGSBERICHTE

Agglomerationsräume in Deutschland

Ansichten, Einsichten, Aussichten

Autoren

Bock, Stephanie, Dipl.-Geogr.'in, Johann Wolfgang Goethe-Universität, Fachbereich Gesellschaftswissenschaften, Frankfurt am Main

Briesen, Detlef, Dr., Universität-Gesamthochschule Siegen, Siegen

Dangschat, Jens S., Dr., Professor, Universität Hamburg, Forschungsstelle Vergleichende Stadtforschung, Hamburg

Heeg, Susanne, Dipl.-Soz.'in, Johann Wolfgang Goethe-Universität, Fachbereich Gesellschaftswissenschaften, Frankfurt am Main

Kunzmann, Klaus R., Dr., Professor, Universität Dortmund, Fachgebiet Europäische Raumplanung, Dortmund, Korrespondierendes Mitglied der ARL

Läpple, Dieter, Dr., Professor, Technische Universität Hamburg-Harburg, Arbeitsbereich Stadt- und Regionalökonomie, Hamburg, Korrespondierendes Mitglied der ARL

Niemann, Heinz, Dr. habil., Ltd. Mitarbeiter bei der Usbeck GmbH - Büro für Stadt- und Regionalentwicklung, Leipzig

Reulecke, Jürgen, Dr., Professor, Universität-Gesamthochschule Siegen, Siegen

Rodenstein, Marianne, Dr., Professorin, Johann Wolfgang Goethe-Universität, Fachbereich Gesellschaftswissenschaften, Frankfurt am Main

Schön, Karl Peter, Dr., Wiss. Oberrat, Bundesforschungsanstalt für Landeskunde und Raumordnung, Leiter des Referates „Raumordnung in Europa", Bonn

Schriever, Wolf, Dr., Ltd. Mitarbeiter bei der Urban System Consult GmbH, Berlin

Schubert, Andreas E., Dr., Leitstelle für Stadtentwicklung, Rostock

Schußmann, Klaus, Dr., Stadtdirektor, Landeshauptstadt München, Referat Arbeit und Wirtschaft, München

Siebel, Walter, Dr., Professor, Carl-von-Ossietzky-Universität Oldenburg, Institut für Soziologie, Korrespondierendes Mitglied der ARL

Strubelt, Wendelin, Dr., Direktor und Professor der Bundesforschungsanstalt für Landeskunde und Raumordnung, Bonn, Ordentliches Mitglied der ARL

Usbeck, Hartmut, Dr., Professor, Usbeck GmbH - Büro für Stadt- und Regionalentwicklung, Leipzig

Voigt, Peter, Dr., Professor, Universität Rostock, Institut für Soziologie, Rostock

Best.-Nr. 028
ISBN 3-88838-028-6
ISSN 0935-0780

Alle Rechte vorbehalten • Verlag der ARL • Hannover 1996
© Akademie für Raumforschung und Landesplanung
Druck: poppdruck, 30851 Langenhagen
Auslieferung
VSB-Verlagsservice Braunschweig
Postfach 47 38
38037 Braunschweig
Tel. 0531/70 86 45-648
Telex 952841 wbuch d; Fax 0531/70 86 19

INHALT

Wendelin Strubelt	Vorwort	1
Karl Peter Schön Wendelin Strubelt	Agglomerationsräume in Deutschland Ansichten, Einsichten, Aussichten - Einführung -	3
Marianne Rodenstein Stephanie Bock Susanne Heeg	Reproduktionsarbeitskrise und Stadtstruktur Zur Entwicklung von Agglomerationsräumen aus feministischer Sicht	26
Jens S. Dangschat	Zur Armutsentwicklung in deutschen Städten	51
Detlef Briesen Jürgen Reulecke	Regionale Identität und Regionalgeschichte: Kognitive Kartographie und die Konstruktion von Regionalbewußtsein durch Geschichte am Beispiel des Ruhrgebietes	77
Walter Siebel	Die Internationale Bauausstellung Emscher-Park - Eine Strategie zur ökonomischen, ökologischen und sozialen Erneuerung alter Industrieregionen	97
Klaus R. Kunzmann	Das Ruhrgebiet: alte Lasten und neue Chancen	112
Jens S. Dangschat Thomas Wüst	Entwicklungen und Probleme der Agglomerationsräume in Deutschland - Fallstudie Hamburg	154
Dieter Läpple	Städte im Umbruch Zu den Auswirkungen des gegenwärtigen Strukturwandels auf die städtischen Ökonomien - Das Beispiel Hamburg	191
Wolf Schriever	Impulse, Perspektiven, Probleme der regionalen Entwicklung des Frankfurter Raumes	218
Klaus Schußmann	Entwicklungen und Probleme der Agglomerationsräume in Deutschland - Fallstudie München	234
Heinz Niemann Hartmut Usbeck	Aktuelle Entwicklungsprozesse der Agglomerationsräume Leipzig und Dresden	280

Inhalt

Heinz Niemann	Entwicklungen und Probleme der Agglomerationsräume in Deutschland - Fallstudie Dresden	289
Hartmut Usbeck	Entwicklungen und Probleme der Agglomerationsräume in Deutschland - Fallstudie Leipzig	304
Andreas Schubert	Kommunale und regionale Entwicklung - zum Rostocker Weg	325
Peter Voigt	Arbeit und Stadtentwicklung in der Region Rostock	348
Karl Peter Schön	Agglomerationsräume, Metropolen und Metropolregionen Deutschlands im statistischen Vergleich	360

Arbeitskreis
„Entwicklung und Probleme
der Agglomerationsräume in Deutschland"

Leiter: Dir. und Prof. Dr. Wendelin Strubelt, Bonn
Geschäftsführer: Wiss. Oberrat Dr. Karl Peter Schön, Bonn

Weitere Mitglieder:

Prof. Dr. Jens S. Dangschat, Hamburg
Prof. Dr. Klaus R. Kunzmann, Dortmund
Prof. Dr. Dieter Läpple, Hamburg
Dr. habil. Heinz Niemann, Leipzig
Prof. Dr. Jürgen Reulecke, Siegen
Prof. Dr. Marianne Rodenstein, Frankfurt a.M.
Dr. Wolf Schriever, Berlin
Dr. Andreas E. Schubert, Rostock
Ltd. VerwDir. Dr. Klaus Schußmann, München
Prof. Dr. Walter Siebel, Oldenburg
Prof. Dr. Manfred Teschner, Darmstadt
Prof. Dr. Hartmut Usbeck, Leipzig
Prof. Dr. Peter Voigt, Rostock

WENDELIN STRUBELT

Vorwort

1. Nicht nur Bücher haben ihre Schicksale in den Köpfen der Leser, vielmehr gilt dies, so scheint es mir, wohl auch für Arbeitskreise, ihre Arbeitsweisen und ihr Einmünden in eine Publikation.

2. Als ich zusammen mit dem damaligen Präsidenten der Akademie für Raumforschung und Landesplanung, Hans-Jürgen von der Heide, und dem Generalsekretär Werner Schramm erste Überlegungen anstellte über die Konzeption eines Arbeitskreises zu Problemen der Agglomerationsräume in Deutschland, mußten wir noch ausgehen von einem Deutschland in der Gestalt der alten Bundesrepublik. Die Funktionsweise und Zukunft des westdeutschen Städtesystems in einem von zunehmender Städtekonkurrenz gezeichneten Westeuropa war das Thema, das eine neue Form der Herausforderung für das räumliche Gefüge der Bundesrepublik Deutschland darstellte.

3. Die schlagartigen Veränderungen durch den Zusammenbruch des Ostblocks und die sich entwickelnde deutsche Einheit stellten den sich konstituierenden Arbeitskreis vor das Problem, einen thematischen Zusammenhang vor einem grundlegend veränderten Hintergrund bei weitgehender, vorläufiger Konstanz der Ausgangssituation zu begreifen und zu analysieren. Dies galt insbesondere für die Situation Berlins, ein Sonderfall, der er war und derzeit noch ist, aber mit weitreichenden Folgen für das gesamte deutsche Städtesystem. Das war eine die Arbeit des Arbeitskreises begleitende Grundschwierigkeit. Sie wurde durch das Ausklammern der noch offenen Situation Berlins gelöst.

4. Die zweite Grundschwierigkeit bestand zu Anfang darin, die Frage zu lösen, ob sich der Arbeitskreis als ein Forum für eine schnelle Programmatik, ein auf die Tagesaktualität eingehendes Forum verstehen sollte oder als ein Forschungs- und Informationszusammenhang, der vor dem Hintergrund der praktischen und wissenschaftlichen Erfahrungen der Mitglieder versucht, Aspekte auszuleuchten, die nicht alltäglich in der öffentlichen Diskussion um die Zukunft der Stadtregionen in Deutschland den ihnen gebührenden Raum einnehmen, also insbesondere soziale und gesellschaftliche Fragen in den Mittelpunkt stellen sollte und weniger solche ökonomischer und ökologischer Art oder Fragen der stadtregionalen Verwaltungsreform. Dies wurde pragmatisch gelöst, nämlich unter Verzicht auf schnelle politische Stellungnahmen und Empfehlungen, für die der Arbeitskreis auch kein Mandat gehabt hätte. Die Sichtweisen der Mitglieder wurden in den Mittelpunkt gestellt, nicht ein Anspruch auf Vollständigkeit. Insofern kann dieser Band keinen systematischen Überblick über Entwicklungen und Probleme der Agglomerationsräume in Deutschland bieten, sondern „nur" Ansichten, Einsichten und Aussichten dazu! Dies jedoch aus Blickwinkeln, die häufig nicht im Mittelpunkt der öffentlichen Diskussion stehen.

Vorwort

5. Eine dritte Grundschwierigkeit bestand darin, die im Arbeitskreis um Mitarbeit gebetenen Kolleginnen und Kollegen aus Wissenschaft und Praxis trotz aller anderweitigen Belastungen „bei der Stange" zu halten. Einige sind nicht zuletzt aus Arbeitsüberlastung oder aufgrund anderer Schwerpunktsetzungen aus dem Arbeitskreis wieder ausgeschieden. Andere sind hinzugekommen. Diese Schwierigkeiten kumulierten dann zum Zeitpunkt, als die Diskussionsbeiträge auch schriftlich verfaßt werden sollten und für den Band zusammengestellt werden mußten. Es ist jedoch gelungen, alle, die bis zuletzt an der Arbeit des Arbeitskreises teilgenommen haben, auch zur Abfassung eines Beitrages zu bewegen, auch wenn es nicht zuletzt einiger zeitlicher Geduld bedurfte.

6. Daß der Band nun fertig ist, daß er unseren Arbeitsstand dokumentiert, dafür möchte ich mich bei allen herzlich bedanken. Bedanken möchte ich mich auch bei allen Institutionen, die uns bei unseren Treffen gastlich aufnahmen. Dank geht insbesondere an Gerd Tönnies, der uns von seiten der Akademie fürsorglich betreute. Gleichermaßen auch an meinen Mitarbeiter Karl Peter Schön, der als wissenschaftlicher Sekretär dem Arbeitskreis mehr als nur Sekretär war, sondern ein wichtiger kollegialer Partner. Für Geduld und Kooperation bedanke ich mich bei Gabriele Bockshecker, Rosmarie Sobania und Beatrix Thul innerhalb der BfLR und bei Dagmar Kuhtz und Wolfgang Günther aus der Redaktion der Akademie. Ohne ihre Hilfe wäre das Ergebnis nicht erfolgreich gewesen. Last not least ergeht der Dank an alle Kolleginnen und Kollegen des Arbeitskreises, deren Wissen den Arbeitskreis konstituiert hat, und an die Präsidenten und den Generalsekretär der Akademie, die uns wohlwollend begleiteten.

7. Einige Fragen haben wir angerissen. Noch mehr sind unbeantwortet geblieben. Etwas Licht ist auf Problemkonstellationen geworfen worden, die wir für wichtig hielten.

Karl Peter Schön, Wendelin Strubelt

Agglomerationsräume in Deutschland

Ansichten, Einsichten, Aussichten

1. Agglomerationen in Deutschland und weltweit

Die Beschäftigung mit Agglomerationsräumen in Deutschland, die Analyse ihrer Entwicklung - zurückverfolgend ihre Vergangenheit, nach vorwärts orientiert das Nachdenken über ihre zukünftige Entwicklung mit Hilfe von Szenarien - setzt an einer Raumkategorie an, die analytisch nur ungenau, wenn auch hinreichend trennscharf bestimmbar ist. Im Kontext öffentlicher Debatten nehmen die Agglomerationsräume eine ambivalente Stellung ein: Sie werden wahrgenommen als kulturelle, technologische und wirtschaftliche Vorreiter der modernen Gesellschaft, aber auch als Räume, in denen soziale Probleme und Umweltprobleme gehäuft auftreten. Das Positive macht sich vor allem an den weltweit bekannten Metropolen - zumal wenn sie Hauptstadtfunktionen tragen - fest, die glanzvolle Mittelpunkte darstellen und deren Image als vielfältiger Hintergrund von Werbekampagnen jeglicher Art dient. Positiv wirkt auch noch das Hinterland, insbesondere soweit es attraktive Landschaftsbilder besitzt. Das negative Image der Agglomerationsräume beruht hingegen auf der Kumulation sozialer Probleme, von Armut, Gewalt und sozialer Anomie, aber auch auf städtebaulichen Defiziten: d.s. die häufig als gesichtslos bezeichneten Vorstädte oder suburbanen Gebiete und die von vielfältigen, vor allem industriellen und verkehrlichen Nutzungen devastierten Flächen. Agglomerationsräume können von weltweit bekannten Metropolen geprägt sein - hinter deren glitzernder Fassade dem nur flüchtig Hinschauenden die sozialen Probleme vielleicht verborgen bleiben -, sie können aber auch von Siedlungsgebilden und Städten geprägt sein, die dem äußeren Eindruck nach eher gesichtslos oder gar abstoßend sind - obwohl auch hier Menschen vermutlich glücklich und zufrieden leben, nicht nur im vermuteten Grau unidentifizierbar aufgehen. Das „Wohlergehen der Städte" muß nicht notwendigerweise und in jedem einzelnen Fall einhergehen mit dem Wohlergehen der Menschen, die in ihnen wohnen.

Von großer Bedeutung ist deshalb die Perspektive - der persönliche oder gesellschaftliche Blickwinkel -, unter dem die Betrachtung dieser Räume erfolgt. Weltweit stellen sie Symbole von Entwicklungen dar, in positiver Hinsicht als Zentren von politischer und wirtschaftlicher Macht, in negativer Hinsicht als moderne Verkörperung der Welt Baals, als menschenverschlingender Moloch - Eigenschaften, wie sie vor allem den „boomenden" Agglomerationsräumen der sog. Entwicklungsländer der südlichen Hemisphäre zugeschrieben werden. Sie können aber auch die glänzenden Fassaden des tertiären Sektors und der Konsumwelt umfassen, die fern von jeder äußeren persönlichen Note eine moderne Variante der urban fabric - im Sinne einer menschengemachten, aber auch Menschen „brauchenden" Maschine - darstellen. Es ließen sich weitere Facetten benennen, die als bestimmend für Verdichtungsräume gelten können, etwa Konzentrationen altindustrieller Strukturen, Anhäufungen von sozialen Brennpunkten oder die unsäglichen Räume der Favelas in der Dritten Welt, die graue Realität für breite Massen sind, denen eine im Landhausstil wohnende dünne Elite gegenübersteht - quantitativ klein, aber groß im gesellschaftlichen Einfluß. Gerade deren Lebenstil wird von vielen Menschen der entwickelten Länder versucht, massenweise zu erreichen - mit allen negativen Folgen für den Raum und die Umwelt. Dies leitet über zu den vielfältigsten Problemen der Wirkung der Verstädterungsprozesse auf die Ökologie, sei es durch Zersiedlung und durch Belastung aufgrund von Mobilität oder sei es durch die Externalisierung der Voraussetzungen zivilisatorischer Stadttechnik in die umliegenden Räume, also die vielfältigen Folgeprobleme der Ver- und Entsorgung solcher Agglomerationsräume. Es sind dies also Räume, die stets vom Stadt/Umland-Verhältnis, dem Austausch und gegenseitigen Nutzen, wie auch von einer ungleichen Lastenverteilung geprägt gewesen sind.

2. Problemstellungen und Problemwahrnehmungen

Dabei hat innerhalb Deutschlands ein deutlicher Wandel in der Wahrnehmung dieser Konstellation durch die Öffentlichkeit, also durch Politik, Planung und Wissenschaft stattgefunden. Waren es zuerst die Probleme der großen Städte im Verhältnis zu ihrem Umland, insbesondere die Entwicklung der sog. zurückgebliebenen, eher ländlichen Räume, die es gegenüber denen mit „ungesunder" Verdichtung (!) zu entwickeln galt, so machte sich zunehmend die Erkenntnis breit, daß zwar nicht die Großstädte allein, aber sie zusammen mit ihrem Umland, die Verdichtungsräume also, die entscheidenden dynamischen Zentren eines Landes sind. Waren zuvor Verdichtungsräume gegenüber den Großstädten bestimmt durch spezielle räumliche Situationen wie die des Ruhrgebiets mit allen Problemen einer zwar geographisch bestimmbaren, aber politisch amorphen räumlichen Konfiguration, so wurde in den 70er Jahren auch in der Bundesrepublik deutlich, daß es spezielle Dynamismen und Entwicklungstendenzen dieser Räume gab und gibt. Es war dies die Übernahme einer Diskussion, die insbesondere in den Vereinigten Staaten seit einiger Zeit geführt worden war, in der Typik und Entwicklungsdynamik von Agglomerationsräumen zum Gegenstand von Untersuchungen wurden, die insbesondere auf das Verhältnis zwischen der namengebenden Stadt und ihrem Umland eingingen. Verstädterung wurde als ein Prozeß der weltweiten Entwicklung der Siedlungsstrukturen angesehen, die herkömmliche, trennende Sichtweisen auf Städte vs. Umland zunehmend obsolet machten, weil jenseits aller versuchten Systematik die Entwicklungen der Verflechtungen immer schneller waren und wurden.

Aus vielerlei Gründen und auf vielen Ebenen sind also in der öffentlichen Diskussion und in der politischen und gesellschaftlichen Perspektive die Probleme der großen Verdichtungsräume Deutschlands virulent geworden. Im Zusammenhang der Bundesrepublik alt war insbesondere die Diskussion um das sog. Süd-Nord-Gefälle von Bedeutung, eine einprägsame geographische Metapher für eine ungleiche Entwicklung, die insbesondere in unterschiedlichen Entwicklungsdynamiken der nördlichen und südlichen Agglomerationsräume ihre Ursache hatte und die als Frage nach dem Standort der Bundesrepublik oder nach dem Standort ihrer Städte im weltweiten wirtschaftlichen Wettbewerb gestellt wurde. Diese Diskussion war insofern neu, als sie einen Strukturbruch in der Entwicklung der Agglomerationsräume der Bundesrepublik konstatierte, indem nämlich nicht mehr wie in der Nachkriegszeit die norddeutschen oder die von der Schwerindustrie bestimmten nordwestlichen Wirtschaftsräume die dominierenden waren, weil sie aufgrund eines weltweiten Strukturwandels mit großen Schwierigkeiten konfrontiert waren; vielmehr ließen andere, kleinteilig gemischte oder mit modernen Industrien bestückte Räume, die aus unterschiedlichen Gründen vor allem in den süddeutschen Agglomerationsräumen liegen, weitaus positivere Entwicklungstendenzen erkennen. Dies warf die Frage der disparitären Entwicklung der Bundesrepublik unter dem Gebot der Gleichwertigkeit der Lebensverhältnisse erneut auf, diesmal weniger unter der traditionellen Perspektive des Stadt-Land-Gefälles als vielmehr unter dem der unterschiedlichen Entwicklungsdynamiken zwischen den Agglomerationsräumen.

Innerhalb der DDR entwickelte sich im Laufe der Zeit ein Nord-Süd-Gefälle in entgegengesetzter Richtung. Da der Abbau des Stadt-Land-Gefälles ein explizites politisches Postulat war, wurde ein gezielter Disparitätenausgleich auf gesamtstaatlicher Ebene angestrebt. Dies erfolgte durch eine gezielte Entwicklung und Industrialisierung der ländlichen Räume, was sich großräumig in einer Politik der Konzentration der Investitionen in den nördlichen Regionen niederschlug. Diese die nördlichen Regionen bevorzugende Politik wurde noch verstärkt durch die Notwendigkeit, den Norden des Landes als Handelszentrum auszubauen, weil hier durch die Häfen ein weltweiter Anschluß gegeben war, ein Tatbestand, dem vor dem Hintergrund des Ost-West-Konfliktes große politische Bedeutung zugemessen wurde. Die Entwicklung Rostocks und der Ausbau seiner internationalen Hafenfunktionen sind vor diesem Hintergrund zu sehen. Kleinräumig gesehen führte diese Politik der selektiven Stärkung von Wirtschaftszentren jedoch zu einer Bevorzugung der Städte gegenüber dem Umland, wobei die gezielte Förderung Ost-Berlins als Hauptstadt der früheren DDR noch ein zusätzliches Element in der Verschiebung der räumlichen Gravitationen darstellte.

3. Städte und die Vielfalt ihrer Entwicklungspfade

Die weltweite Diskussion um die ökonomische Entwicklung, um die ökonomischen, sozialen und politischen Folgen des technischen Wandels, haben insgesamt zu einer Neubewertung der Stellung der Städte, zu ihrer erneuten Aufwertung geführt. Die Einschätzung ihrer Situation als dynamische Zentren von Gesellschaft, Kultur und Wirtschaft, die es gezielt zu entwickeln gelte, ist jetzt ein bestimmendes Paradigma - wenn nicht gar das bestimmende. Diese Rückbesinnung auf die Städte hat insbesondere angesichts der wachsenden weltweiten Verflechtungen und der europäischen Integration an Gewicht gewonnen. Dies spitzt sich auf die Frage nach der Stellung der Bundesrepublik Deutschland und ihrer Agglomerationsräume in einem sich einigenden Europa zu und wird nicht nur diskutiert als Frage des Standorts Bundesrepublik Deutschland in Europa, in der Welt, sondern auch bezogen auf die Konkurrenz der deutschen Städte untereinander. Im europaweiten Vergleich stellt sich dabei die Situation der deutschen Verdichtungsräume insgesamt relativ gut dar. Das polyzentrale Städte-

Einführung

system Deutschlands hat eine Vielzahl bedeutender Städte und Stadtregionen hervorgebracht, ohne eine einzelne, dominante Metropole zu fördern. Wegen der relativen Ausgewogenheit des deutschen Städtesystems, der zentralen Lage in Europa - insbesondere nach der Öffnung der östlichen Grenzen - und der im europäischen Vergleich hohen ökonomischen Wettbewerbsfähigkeit kann den deutschen Städten eine im Vergleich zu vielen anderen europäischen Metropolen vergleichsweise starke Stellung attestiert werden.

Durch die europäische Konkurrenz hat sich die Situation aber auch weiter dynamisiert und verkompliziert. Es stehen hier einerseits die internen Unterschiede der Verdichtungsräume der Bundesrepublik, also die Analyse der Innenperspektive, zur Diskussion, andererseits aber auch ihr Verhältnis zu den anderen florierenden Zentren Westeuropas und drittens schließlich das Verhältnis zu den Regionen, die sich in einer vergleichsweise nachhinkenden Entwicklungsphase befinden, nämlich insbesondere die Räume Osteuropas. Innerhalb der Bundesrepublik Deutschland kreuzen sich seit 1990, seit der deutschen Einheit, diese Entwicklungen und stellen Analysen der räumlichen Prozesse wegen der Unterschiedlichkeit der Ebenen, des Raumbezuges und der Zeitgebundenheit vor mannigfache Probleme des Vergleichs.

Europa als ein System von Metropolen, als ein System von untereinander vernetzten und in Korrespondenzen stehenden Verdichtungsräumen, also Stadtregionen, die geprägt sind von den mit Namen verbundenen Images der Zentren, stellt ein dominantes Ordnungsraster räumlicher Konfiguration dar, dem andere räumliche Konfigurationen, etwa die der peripheren Räume, der landwirtschaftlichen Gebiete im Umbruch, die der Fremdenverkehrsgebiete oder der Naturschutzräume, nicht mit der gleichen endogen mobilisierbaren Entwicklungsdynamik gegenüberstehen. Deren Eigenheiten stehen zudem eher im Dienste der großen Verdichtungsräume, entwickeln sich in Abhängigkeit von diesen und folgen deren Dynamik.

Reflex dieser Entwicklungen waren verschiedene Studien über das Image der Städte, über ihre Attraktivität und Akzeptanz bei den Bewohnern der Städte selbst und auch in der Fremdsicht durch die Bewohner anderer Städte und Regionen Europas. Fragen der Vermarktung der Städte, besser ihres Images, in der Form von Citymarketing waren nur noch der letzte Schritt, um die Stadt als Standort, als attraktives Zentrum einzubeziehen in die sozio-ökonomischen Austauschbeziehungen. Damit wurden die Städte aus der Exklusivität des historischen und des öffentlichen Eigenlebens herausgeholt in den internationalen Wettbewerb von Raumbildern oder Images, die allerdings kaum die interne Differenzierung dieser Gebiete reflektierten. Wichtig ist jedoch festzuhalten, daß neben ökonomischen Faktoren und Faktoren der infrastrukturellen Anbindung insbesondere die sogenannten weichen Faktoren zu wichtigen Standortfaktoren in der Städtekonkurrenz geworden sind.

Vielfältige Untersuchungen belegen, daß es innerhalb der Stadtentwicklung und der sie bedingenden Faktoren kein eindeutiges Paradigma für Entwicklung, Erfolg oder Niedergang gibt. Vielmehr gibt es allenfalls unterschiedliche Cluster von Pfaden der Stadtentwicklung und damit auch von Entwicklungen der Stadtregionen; eine Tatsache, die es trotz aller ähnlicher Ausgangsbedingungen kaum erlaubt vorherzusagen, welche Entwicklungspfade einzelne Städte gehen werden. Andererseits führt gerade diese Unübersichtlichkeit des Wirkungsgefüges - der Einfluß nehmenden Faktoren - zu immer wieder gleichen Versuchen, um das Image oder die Stärke einer Stadt mit Entwicklungsmaßnahmen zu verbessern: etwa durch mehr Kultur, durch mehr Wissenschaft, durch mehr äußere Attraktivität im Bereich der Architektur, durch verstärkte verkehrliche Anbindung oder durch das Zelebrieren von Großereignissen. Anders ausgedrückt, die etwaige Konformität der Entwicklung spiegelt weniger eine Einheitlichkeit ihrer Voraussetzungen und Pfade wider als vielmehr eine uniforme Wahrnehmung von weltweiten Randbedingungen und die Reaktion darauf. Die Ubiquität der Determinanten scheint zu einer Konformität der (kommunal-)politischen Reaktionsmuster zu führen, die die eigenen Begabungen vernachlässigt. Wir haben also einerseits eine Tendenz zur stärkeren Vereinheitlichung in den Einflußfaktoren, insbesondere über ihre Rezeption festzustellen, andererseits aber auch eine immer stärkere Vernachlässigung der Eigenheiten. Beides führt zu nicht immer eindeutigen und zusammenhängenden Entwicklungsstrategien.

4. Das deutsche Städtesystem - im Wandel

Innerhalb der Entwicklung Deutschlands hat nun jüngst im Gefolge der deutschen Einigung, bezogen auf Agglomerationsräume, die Gemüter fast nichts so sehr bewegt, trotz - oder gerade wegen - aller anderen gravierenden politischen und sozialen Probleme, wie die Frage nach der neuen Hauptstadt des neuen Deutschland. In der öffentlichen Diskussion standen dabei vor allem die finanziellen Aspekte der Umzugskosten von Bonn nach Berlin im Mittelpunkt, daneben aber auch der politisch-symbolische Aspekt, wonach Bonn als Metapher für Föderalismus und Dezentralität stehe, Berlin im Gegensatz dazu für das Anknüpfen an ältere, zentralistischere deutsche Traditionen. „Raumordnungspolitische" Überlegungen, wie die Hauptstadt in der räumlichen Struktur eines großen Nationalstaates zu positionieren sei und welche Rückwirkungen auf das Städtesystem zu erwarten seien, haben hingegen in dieser Diskussion fast keinen „Raum" gehabt. Allenfalls strukturpolitische Überlegungen der Schaffung eines großen Wachtumspols in den neuen Ländern haben eine Rolle gespielt; vor allem aber Überlegungen, historische Verpflichtungen einzulösen, haben dazu geführt, daß die Entscheidung für Berlin fiel.

Diese Entscheidung für die Verlagerung der Hauptstadt hat aber auch erneut die Frage nach dem siedlungsstrukturellen Gleichgewicht in einem sich neu formierenden Deutschland aufgeworfen. Hinter der Diskussion über die Frage Bonn oder Berlin als Hauptstadt und Regierungssitz steht nicht zuletzt die weitergehende Frage nach den politischen und wirtschaftlichen Schwerpunkten in einem vereinigten Deutschland. In der Nachkriegsperiode haben sich die Städtesysteme in West- und Ost-Deutschland weitgehend isoliert und unabhängig voneinander entwickelt. Nun, da die beiden Teilsysteme wieder zusammengeführt werden, wird sich ein neues Geflecht der funktionalen Spezialisierungen und Abhängigkeiten zwischen den Städten Deutschlands herausbilden müssen. Die Verlagerung der Hauptstadtfunktionen nach Berlin und die wirtschaftliche Umverteilung zwischen den Regionen Deutschlands sind wichtige Elemente des Einigungsprozesses, über deren Bedeutung und Folgen für das neu sich heraus-

■ **Einführung**

bildende Gleichgewicht im deutschen Städtesystem zur Zeit in der Fach-Öffentlichkeit eine rege, aber eher interne Diskussion geführt wird.

Nach Ansicht einiger Beobachter droht das feine Gewebe des deutschen Städtesystems zerrissen zu werden durch die Bildung eines zentralen Knotens und das Hintenantreten der bisherigen vernetzten kleineren Knoten. Ein System von vielen kleineren Städten mit internationaler Bedeutung als Ausdruck eines föderalistisch geprägten Staates und damit als der spezifische deutsche Entwicklungsweg steht als eine positive Alternative im Raum. Demgegenüber steht die Entwicklung hin zu einem alle dominierenden Metropolenraum Berlin als altes, nicht so bewährtes Modell zur Verfügung.

Durch die Eigenheit und Eigendynamik der europäischen Entwicklung steht jedoch zu vermuten, daß die Orientierung auf eine nationale Metropole nicht mehr die entscheidende Entwicklungsvariation darstellt. Vielmehr wird das Nebeneinander unterschiedlicher Verdichtungsräume in einem nationalen und vor allem europäischen Zusammenhang, die Vernetzung der Städte auf europäischer Ebene, die entscheidende Entwicklungsorientierung sein. Die Klammerfunktion, die einzelne Städte durch ihre Ausgangsposition auch für größere räumliche Zusammenhänge darstellen können, stellt sich am Beispiel Berlin neu, mit allen damit verbundenen und sich bereits zeigenden Problemen, aber auch mit neuen Entwicklungschancen für ganze Regionen, die nicht diese Metropolenfunktion haben.

5. Fragen an die Stadtregionen

All dies bietet und bot Anlaß genug, sich wieder die Frage zu stellen, welche städtischen Schwerpunkte, Verdichtungsschwerpunkte haben sich in der Bundesrepublik alt und in der früheren DDR entwickelt, wie werden sie sich zukünftig zusammen entwickeln, welche Probleme gesellschaftlicher, wirtschaftlicher und infrastruktureller Art werden sich damit verbinden? Verbinden sich damit neue Chancen der Kooperation oder verstärkte Konkurrenz? Werden neue Potentiale durch die Schaffung bisher unterbrochener Kommunikationsstränge geschaffen? Welche neuen Verbindungen haben sich bisher ergeben? Können diese neuen Situationen mit den alten Analogien und Paradigmata der räumlichen Ordnungen und Orientierung erklärt werden, oder stehen wir vor völlig neuen Entwicklungstendenzen? Ist nicht die nationale Dimension eine zwar notwendige, aber jetzt nicht mehr die hinreichende, um die Dynamismen von Verdichtungsräumen auf einem Kontinent, wenn nicht gar weltweit zu erklären?

Dabei kann und darf nicht übersehen werden, daß mit der deutschen Einheit sich zwei Teilgesellschaften unter einem gemeinsamen Dach zusammengeschlossen haben, die seit 40 Jahren nicht nur in ihrem jeweiligen Wirtschafts- und Sozialsystem, sondern auch in Fragen der Stadt- und Regionalentwicklung höchst unterschiedliche Wege gegangen sind, trotz aller ähnlichen Grundstrukturen des Städtischen und des Regionalen, die auch allem Zeitenwandel widerstanden haben, die allen gesellschaftlichen Entwicklungen gegenüber resistent gewesen sind und die sich jetzt als virulent darstellen. Bei der Untersuchung der Entwicklungen und Probleme der Städte und Agglomerationsräume in Deutschland sollte daher zunächst eine immer noch getrennte Standortbestimmung der Lage und aktuellen Entwicklungstendenzen der Städtesysteme, wie sie sich in der Bundesrepublik alt und in der DDR in den Perspektiven entwickelt haben, vorgenommen werden. Aber die Tendenzen des Zusammenwachsens, des aufeinander Reagierens und die Potentiale, die sich daraus für die Einbindung der Bundesrepublik Deutschland in neuer Konfiguration im Herzen Europas mit allen anderen europäischen Nachbarn ergeben, all dies sind Konstellationen, die für die Entwicklung der einzelnen Agglomerationsräume von großer Wichtigkeit sind.

Auf dieser Basis sollte es möglich sein, aktuelle Tendenzen der Stadt- und Agglomerationsraumentwicklung in Deutschland zu überprüfen - welche Kontinuitäten einerseits und Strukturbrüche andererseits sich durch ein Zusammenwachsen dieser beiden Gesellschaftssysteme ergeben haben und ergeben werden. Wir haben davon auszugehen, daß in der Bundesrepublik Deutschland Städte und Agglomerationsräume die Kristallisationspunkte gesamtgesellschaftlicher und wirtschaftlicher Tendenzen gewesen sind und sein werden, aber, wie bereits angedeutet, dabei differenzierte Potentiale, unterschiedliche Problemstrukturen und Entwicklungstendenzen aufweisen. Bei dem Vergleich der vorliegenden Analysen muß also die Differenzierung von Problemlagen der Stadt- und Umlandentwicklung in den bisher sehr unterschiedlichen Teilstaaten thematisiert werden. Weiterhin ist zu thematisieren, in welchem Maße die Stadtregionen, die innerhalb ihres staatlichen und gesellschaftlichen Kontextes bislang ähnliche Funktionen erfüllten und auch als ähnlich wahrgenommen wurden, wie z.B. altindustrialisierte Gebiete, Dienstleistungszentren oder Hafenstädte, sich jetzt in neuen räumlichen Konstellationen weiterhin gleichen oder unterscheiden. Ein dritter Focus wird darauf zu richten sein, wie sich die durch die Vereinigung der beiden deutschen Staaten induzierten Gewichtsverschiebungen innerhalb der hierarchisch und funktional differenzierten Städtesysteme der beiden deutschen Teilstaaten unter den sich neu abzeichnenden Konstellationen der Städte und Agglomerationsräume im vereinten Deutschland entwickeln werden.

Aufgrund der nicht zu leugnenden Unterschiedlichkeit macht es also immer noch Sinn, die Entwicklungen in der Bundesrepublik alt und der früheren DDR zunächst getrennt zu skizzieren und auf dieser Basis Ansatzpunkte für eine Gesamtanalyse eines sich neu verzahnenden Städtesystems Gesamtdeutschlands zu gewinnen, nicht zuletzt auf der Basis bereits laufender Integrationsprozesse. Im folgenden soll deshalb erst kurz auf die Situation der Städte und Agglomerationsräume in der Bundesrepublik alt eingegangen werden, danach auf die der früheren DDR und dann auf die Ausgangslage, wie sie sich derzeit im Jahre 5 nach der deutschen Einheit darstellt.

6. Städte und Agglomerationsräume in der Bundesrepublik Deutschland - alt

Deutschland ist im Unterschied zu vielen anderen vergleichbaren Industriestaaten Westeuropas, aber auch Osteuropas, lange Zeit geprägt gewesen durch eine Städtelandschaft, die nicht von einer eindeutigen Metropole dominiert wurde. Die Gründe dafür sind auch historisch weit zurückverfolgbar. Nach 1945 hat die Teilung Deutschlands diese Tendenz für die Bundesrepublik noch verstärkt. Es ist in der Bundesrepublik alter räumlicher Konfiguration ein multipolares Städtesystem entstanden, in dem das damalige West-Berlin nur noch eine sehr spezielle, aber nicht mehr die dominierende

Rolle spielte, nicht mehr spielen konnte. Diese Entwicklung hat zu einer Vielzahl wichtiger, wenn auch nicht gleichgewichtiger Agglomerationsräume (Stadtregionen) in der Bundesrepublik Deutschland geführt, was sich nicht nur in einer quantitativen, sondern insbesondere auch in einer qualitativen Vielfalt ausdrückte.

Schon Anfang der 70er Jahre wurde (Iblher) auf die „Machtverteilung" zwischen den Großstädten der Bundesrepublik hingewiesen und ihre unterschiedlichen Basen analysiert. Ohne dies hier vertiefen zu wollen, läßt sich sagen, daß die Situation dieser Räume sich seit den 70er Jahren verändert hat, wie insgesamt die unterschiedlichen Stadien der Nachkriegsentwicklung die vorhandenen Potentiale einzelner Städte und ihres jeweiligen Umlandes gestärkt, aber als Folgen des sozialen und wirtschaftlichen Wandels andere auch geschwächt haben. Die mit der Entwicklung des sog. Süd-Nord-Gefälles verbundenen Gewichtungen der Dynamiken der Stadtregionen prägten die Situation Ende 1989, und es gab zu diesem Zeitpunkt auch keine Perspektive oder Diskussion, die auch nur ansatzweise eine Veränderung dieser Lage im innerdeutschen Kontext erkennen ließ. Die nationalen Perspektiven dieses Stadtsystems waren in diesem Sinne festgezurrt, es ging allenfalls um die Frage, ob sich einzelne Stadtregionen wieder neu entwickeln würden, sich selbst aus dem Tief ihrer Entwicklung hervorziehen oder trotz aller prosperierenden Gegenwart in Zukunft evtl. in Gefahr geraten könnten, wie es am Beispiel von Stuttgart als dem „Ruhrgebiet" des Jahres 2000 immer mal wieder diskutiert wurde. Allenfalls die Konkurrenz mit anderen westeuropäischen Städten im Zuge der fortschreitenden europäischen Integration ließ Unsicherheiten offen und stellte gerade im Hinblick auf die damals einsetzende politische Integration der Europäischen Gemeinschaft (Cecchini-Report) für viele Städte die Frage, welchen Stellenwert als Standort sie zukünftig innerhalb Europas, wenn nicht gar weltweit haben würden. Fast jede Stadt fragte sich oder ließ gutachterlich beantworten, welche Folgerungen die europäische Einigung für sie zukünftig haben würde. So wie anderswo fragten sich auch die bundesdeutschen Städte, in welchem Verhältnis sie zur „blauen Banane" (Brunet) stehen oder ob sie draußen blieben. Perspektiven nach Osten waren außerhalb einer realistischen Thematisierbarkeit, obwohl gerade durch Partnerschaften versucht wurde, auf der lokalen Basis Kontakte zu entwickeln und aufrechtzuerhalten.

Jetzt, nachdem diese Kontakte nicht nur als Möglichkeiten thematisiert werden können, sondern sich auch materialisieren, verbinden sich damit aber mehr Fragen als Lösungen. So ist die Frage von großem Interesse, welches neue Gleichgewicht sich in dem neu formierenden Städtesystem des vereinten Deutschlands herausbilden wird, welche Bedeutung eine mögliche Entwicklung Berlins zu einer politischen und gesellschaftlichen, z.T. auch administrativen, evtl. auch wirtschaftlichen und kulturellen Zentrale für das bisher ausbalancierte multipolare Städtesystems Deutschland haben wird, was letzten Endes auch auf Europa Auswirkungen haben dürfte.

Zwar steht zu vermuten, daß das bisherige relative Gleichgewicht der Städte nicht durch ein völlig anderes, hierarchisches System abgelöst wird, aber die neue Entwicklung wird nicht nur Gewinner zeitigen. Um so wichtiger ist eine Analyse und Diskussion über den Stand und die Entwicklung des deutschen Städtesystems, aber nicht nur beschränkt auf demographische und ökonomische Aspekte, sondern insbesondere in gesellschaftlicher, sozialer und kultureller Hinsicht. Wirtschaftliche Aspekte scheinen nämlich in diesem Zusammenhang häufig alle anderen zurückzudrängen, obwohl aus der Retrospektive das Berlin der Weimarer Republik insbesondere kulturelle Akzente gesetzt hat.

In den alten Bundesländern sind die Städte in den letzten zwei Jahrzehnten städtebaulich durchgreifend modernisiert worden: Die großräumige Flächensanierung mit anschließender Neubautätigkeit großer Wohnsiedlungen am Stadtrand wurde schon im Verlauf der 70er Jahre abgelöst durch kleinteiligere, quartiersbezogene Modernisierungsstrategien. Dicht bebaute und stark frequentierte Wohn- und Geschäftsviertel der Innenstadtbereiche wurden verkehrsberuhigt und das Wohnumfeld verbessert. Der ökologische Stadtumbau hat sich zu einem wichtigen Element der kommunalen Entwicklungsplanung entwickelt und ist zu einem zentralen Programmpunkt aller Aktivitäten auf fast jeder Ebene der jeweiligen Stadt oder Stadtregion geworden. Die Attraktivität westdeutscher Städte als Wohn- und Arbeitsort ist trotz aller Unterschiede in der Entwicklung ungebrochen - häufig eher im Steigen als im Fallen begriffen. Die aus dieser Konstellation resultierenden Probleme der Städte in den alten Bundesländern sind weniger Probleme städtebaulichen Mangels als vielmehr Probleme, die entweder als negative Folgeerscheinungen des Wohlstands (z.B. durch den drohenden Verkehrskollaps der Städte infolge zunehmender Individualmotorisierung) oder aber als Probleme des zunehmenden Wohlstandsgefälles zu interpretieren sind: So stehen Erscheinungen einer Gentrification von Wohngebieten - verbunden mit steigenden Wohnflächenansprüchen insbesondere kleiner, gut verdienender Haushalte ohne Kinder - einer zunehmenden Pauperisierung und einem anhaltend hohen Arbeitslosigkeitsniveau mit wachsender Sozialhilfebedürftigkeit gegenüber.

Dies zumal in einer Situation, in der der Wohnungsmarkt eng geworden ist, insbesondere auf den unteren Marktsegmenten (durch „Vernichtung" billigen Wohnraums aus unterschiedlichen Gründen, z.B. durch Modernisierung und mangelnden Neubau insbesondere im Bereich des sozialen Wohnungsbaus), was für viele neu auf den Markt einsteigende Mieter zu großen Problemen geführt hat. Statistischen Werten für die gesamte Bundesrepublik, die insgesamt eine entspanntere Lage der städtebaulichen und auch der wohnungspolitischen Entwicklung signalisieren, steht die Realität der aktuellen Probleme großer Städte und weiter Teile ihrer Bevölkerung gegenüber.

Gerade angesichts dieser wachsenden Problemlagen wird es immer wichtiger, die Situation von Stadtregionen als den Brennpunkten der Entwicklung von Gesellschaften einer Dauerbeobachtung zu unterstellen.

7. Die Ausgangslage der Stadtentwicklung in der ehemaligen DDR, den heutigen neuen Bundesländern

Anders ist die Ausgangssituation der Städte in den neuen Bundesländern. Statt von Gentrification ist hier eher vom Verfall der Innenstädte zu reden, weil die innerstädtischen Bereiche in der DDR zugunsten eines Bauens am Stadtrand vernachlässigt worden sind. Eine Suburbanisierung, wie sie den Verhältnissen in den Stadtregionen der alten Bundesrepublik vergleichbar gewesen wäre, gab es in der DDR nicht. Allerdings gab es eine weitgehende Devastierung des Umlandes der großen Städte, sei es durch industrielle oder agrarische Nutzung oder auch durch die Freizeit-Bebauungen (Datschen) im Umland. Insofern ist die These, daß es in der früheren DDR keine Suburbanisierung gegeben hat, also an den Rändern der Städte gewissermaßen intakte Landschaften, ein intaktes Hinterland gegeben gewesen ist, eine nur an den Maßstäben der Suburbanisierung des Westens der Bundesrepublik gültige Feststellung. Die Wirklichkeit sah anders und häufig nicht „schöner" aus. Außerdem lief trotz aller Bemühungen, den Stadt- und Landausgleich zu forcieren, die Realität der Territorialplanung der DDR auf eine Stärkung der Zentren, insbesondere der Hauptstadt Berlin hinaus. Darüber hinaus wurden neue Gebiete, insbesondere im Norden der Republik erschlossen, was zu einer Vernachlässigung der altindustrialisierten Gebiete des Südens führte.

Weiterhin ist es ein Tatbestand, daß elementare Erhaltungs- und Sanierungsmaßnahmen an Gebäuden und Infrastrukturen fundamental vernachlässigt worden sind. Etwa 50 % der vor 1945 gebauten Mehrfamilienhäuser wiesen nach Schätzungen des Ost-Berliner Instituts für Städtebau und Architektur ISA zum Zeitpunkt des Beitritts zur Bundesrepublik schwere Schäden auf bzw. waren unbrauchbar. Der bauliche Zustand der Produktionsstätten wurde noch schlechter eingeschätzt als der des Wohnungs- und Gebäudebestandes. Ähnlich problematisch war der Bereich der materiellen Infrastruktur einzuschätzen. So wurde z.B. für zwei Drittel der kommunalen Straßen und für ein Drittel der bestehenden Kläranlagen bereits damals ein ungenügender baulicher Zustand unterstellt. Die forcierte Neubautätigkeit am Stadtrand führte einerseits zu einem beachtlichen quantitativen Ausbau des Wohnungsangebots, ging aber andererseits zu Lasten der innerstädtischen Altbausubstanz, für deren Erhaltung keine ausreichenden Investitionsmittel bereitgestellt wurden. Dies hatte eine hohe Flächeninanspruchnahme bei Vernachlässigung der Sicherung ökologischer Ausgleichsflächen zur Folge.

Eine der vordringlichen Aufgaben der Städtebaupolitik in den neuen Bundesländern ist daher, durch ein ausgewogenes Verhältnis von Instandsetzungs-, Modernisierungs- und Neubaumaßnahmen eine durchgreifende Erneuerung der Städte insgesamt zu erreichen. Von großer Bedeutung wird in diesem Zusammenhang aber sein, daß ein modernisierter Wohnungsbestand auch bezahlbar bleibt und keinesfalls nur eine zahlungsfähige Nachfrage auf westdeutschem Niveau hat. Aus der Perspektive der sozialen Entwicklung der Städte wird die sich weitende Schere zwischen einem besseren, modernisierten und damit auch deutlich teureren Wohnungsangebot für nur wenige und den zu erwartenden sozialen Einbrüchen (Arbeitslosigkeit, Obdachlosigkeit) für einen größer werdenden Personenkreis besondere Aufmerksamkeit erfordern. Darüber hinaus haben gerade in den Stadtregionen der früheren DDR die Kooperationen zwischen der Kernstadt und den umliegenden Landkreisen und Gemeinden oder kleineren Städten noch nicht das Niveau erreicht, das zumindest im Laufe der Jahre in der Bundesrepublik (alt) einige, wenn auch nicht alle Fehlentwicklungen der Regionalentwicklung vermeiden helfen konnte. Dies trifft insbesondere auf die Einkaufszentren auf der grünen Wiese am Rande der Städte zu. Viel beklagt in der planerischen Öffentlichkeit, decken sie jedoch Bedürfnisse ab, die derzeit in den Innenstädten nicht abgedeckt werden können. Zwar wurde vielerorts und häufig davon gesprochen, daß die Entwicklung der fünf neuen Länder einen Weg gehen sollte, der die Fehler der Bundesrepublik alt vermeiden sollte, aber man hat häufig den Eindruck, als ob dieselben Phasen der Fehler nur schneller durchlaufen werden. Andererseits stellt sich jedoch auch die Frage, ob diese „Fehler" überhaupt zu vermeiden waren angesichts des ungeheuren Problemdrucks einerseits und des Erwartungsdrucks auf seiten der Bevölkerung andererseits. Ausgereifte Konzepte für eine solche Konstellation gab es nicht und die aus der Bundesrepublik (alt) übernommenen erwiesen sich in der Anwendung nicht immer ohne negative Folgen als praktizierbar. Das Problem lag vermutlich eher in einem ungesteuerten Entwickeln des Erwartungsdrucks, was in keinem Verhältnis stand und steht zu dem wirklich in kürzester Zeit und in nächster Zeit Machbaren.

Diese globalen Problemzuschreibungen dürfen jedoch nicht den Blick darauf verstellen, daß in den neuen wie in den alten Bundesländern auch die Entwicklungspotentiale von Städten und Agglomerationsräumen durchaus sehr unterschiedlich eingeschätzt werden müssen. Es werden sich auch in den neuen Bundesländern Gebiete herauskristallisieren, die dem innerdeutschen und europäischen Konkurrenzdruck gewachsen sind, die also als Gewinner, in welcher Dimension auch immer, aus der neuen Situation hervorgehen werden. Denen werden andere Regionen gegenüberstehen, in denen zumindest zunächst, vielleicht aber auch dauerhaft, sich wohl eher die Probleme kumulieren. Dies werden z.T. Probleme sein, die eher auf die Entwicklung dieser Städte vor 1945 zurückzuführen sind und die die Entwicklungen, die nach 1945 bis zur Deutschen Einheit durch die Entwicklung der früheren DDR erreicht wurden, inzwischen zu Makulatur werden ließen. Eine Sonderrolle wird in diesem Zusammenhang mit Sicherheit Berlin spielen, wobei durchaus nicht davon auszugehen ist, daß die positive Entwicklungsdynamik, die durchaus nicht wirtschaftlich geprägt sein muß, daß die Dynamik dieser „entfesselten Metropole" in sozialer Harmonie und in Konfliktlosigkeit ablaufen muß. Hier muß in der Diskussion über Gewinner und Verlierer im europäischen oder innerdeutschen Kontext die Realität dieser Gewinne oder Verluste für die einzelnen Bewohner im Blick behalten werden, um ggf. gezielt gegensteuern zu können, zumindest aber die öffentliche Aufmerksamkeit als Movens für entsprechendes Handeln darauf zu lenken.

8. Einheitliche Perspektiven oder die Dominanz der Varianz

Die determinierende Kraft und Bedeutung der Agglomerationsräume für die weitere Entwicklung der Bundesrepublik Deutschland wurde erst mit den Diskussionen um das Süd-Nord-Gefälle und deren Konsequenzen - insbesondere für die räumliche Entwicklung und dann auch für die entsprechende Politik - zu einem politischen Thema. Das übergreifende Generalziel der „Gleichwertigkeit der Lebensverhältnisse", früher beim Stadt-Land-Kontrast im Vordergrund stehend, wurde jetzt für die Großstädte oder die Probleme der Stadtregionen zum Mittelpunkt der Raumordnungspolitik.

In der Diskussion um die Konkurrenzfähigkeit des Standortes Bundesrepublik Deutschland, weltweit und in Europa, wurde jedoch deutlich, daß die Probleme der Städte und ihres Umlandes immer stärker auch zu Problemen großräumiger Vorsorgeplanung und wirtschaftlicher Strukturpolitik wurden und nicht mehr allein Gegenstand einer kleinräumigen, evtl. gar nur städtebaulichen Sicht oder Gestaltung sein konnten. Die Unterschiede in der Entwicklung der Agglomerationsräume überlagerten die altbekannten Unterschiede, die zwischen Stadt und Land bestanden und trotz aller räumlicher Infrastrukturpolitik auch bestehengeblieben sind, wenn auch auf einem anderen Niveau. Damit stellte sich - planungspolitisch betrachtet - erneut ein Grundproblem der räumlichen Forschung und Planung, aber auch der Politik, nämlich die Frage nach, besser der Widerstreit zwischen den Konzepten der ausgeglichenen Funktionsräume einerseits und der räumlichen Spezialisierung andererseits - jetzt unter dem Blickwinkel der großen Verdichtungsräume. Anders ausgedrückt: das Setzen auf Ausgleich als Politikziel oder das Setzen auf Entwicklung und dies in Schwerpunkten unter Vernachlässigung anderer Räume, von denen jedoch erwartet wurde, daß sie im Zuge der Entwicklung mitgerissen würden, wurde zu einem Thema räumlicher Politik.

Hinzu kam, daß immer weniger von einer einheitlichen Stadt- oder Stadtregionsentwicklung ausgegangen werden konnte, die gewissermaßen idealtypisch auf alle Städte der Bundesrepublik Deutschland paßt; vielmehr sind Spezialitäten, Spezialfälle, z.T. auch Antinomien zwischen wachsenden Stadträumen einerseits und schrumpfenden Regionen andererseits für das Städtesystem der Bundesrepublik Deutschland prägend. Diese vielfältigen und sehr differenzierten Entwicklungen können jedoch leicht dazu führen, daß nur noch die Spezialitäten, die Einzelfälle im Blickpunkt der Diskussion räumlicher Forschung und der entsprechenden Politiken stehen. Hier einen Mittelweg zu suchen zwischen idiographischer Übergenauigkeit einerseits und überzogenen Verallgemeinerungen andererseits wird immer dringender. Dies gilt nicht nur für die wissenschaftliche Analyse, sondern ebenso für die praktische Politikformulierung: Der Abschied von einheitlichen Entwicklungskonzepten und die Hinwendung zu differenzierten, regional angepaßten Entwicklungsvorstellungen ist darüber hinaus ein Trend, der nicht nur für die Agglomerationsräume, sondern gleichermaßen auch für die anderen - darunter ländlichen - Räume gilt. Die Situation der Verdichtungsräume (der Kernstädte und ihres Umlandes, ihres Hinterlandes) gegenüber dem weiteren ländlichen Umland ist gleichermaßen auch nicht mehr unter dem Nenner einer einzigen Konstellation zu fassen, sondern hat sich zunehmend ausdifferenziert.

9. Maßstäbe für Vergleiche?

Räumliche Entwicklung hat insgesamt an Komplexität zugenommen und spielt sich auf unterschiedlichen Ebenen ab. Räume, die sich auf gleichen Ebenen befinden, stehen eher in Beziehung zueinander als Räume aus verschiedenen Ebenen - auch wenn sie äußerlich, z.B. quantitativ gemessen, ähnlich zu sein scheinen. Dies hängt jeweils auch davon ab, ob der Blick für die Entwicklung einzelner Räume von innen geprägt ist und gesteuert wird oder von außen. Dies wird noch deutlicher, wenn nicht nur die Bundesrepublik die räumliche Perspektive ist, sondern wenn europäische oder gar weltweite Dimensionen mit einbezogen werden. In diesem Zusammenhang darf auch nicht übersehen werden, daß gerade solche Imagekonfigurationen von innen und ihre Wahrnehmung von außen oder das Überstülpen solcher Images von außen über die innere Wahrnehmung ganz wesentliche Faktoren für die Entwicklung der Städte sein können. So sieht sich z.B. der Agglomerationsraum Frankfurt, aber ansatzweise auch der Münchner Raum eher in einem Verhältnis und damit auch in einer konkurrierenden Situation zu anderen vergleichbaren europäischen Verdichtungsräumen wie z.B. Mailand, aber kaum in einem Bezug zum Ruhrgebiet etwa, obwohl selten sicher ist, ob diese Vergleichsebenen den richtigen Bezugsrahmen darstellen. Genauere Analysen bestätigen die plakativen Vergleiche selten. Dies hat Folgen, die gerade für die Entwicklung der Städte eher von negativer als positiver Wirkung sein können, da sie den Widerspruch zwischen öffentlicher Wahrnehmung und innerer Realität offenlegen.

Ein Raum wie der Mittlere Neckar-Raum um Stuttgart sucht seine vergleichbaren und damit evtl. auch kooperierenden oder gar konkurrierenden Regionen auch in anderen Teilen Europas, etwa dem französischen Alpengebiet oder der Region um Barcelona. Räume wie Nürnberg oder Hannover wiederum haben aus ganz anderen räumlichen Konstellationen andere Konkurrenten oder Kooperanden innerhalb der Bundesrepublik wie Europas. Die Ebenensichtweise, die Zugehörigkeit zu bestimmten sich ähnelnden und damit typischen und vergleichbaren räumlichen Konfigurationen (Ebenen) kann als Bezugspunkt und Horizont für die Entwicklung dieser Räume, für die Wahrnehmung ihrer Chancen und die Analyse der Determinanten ihrer Entwicklung entscheidender sein als etwa die rein quantitative Zuordnung nach Größe oder Lage. Um es plastisch auszudrücken: Wir können sagen, daß ähnlich wie im Fußball die Städte, die Stadtregionen in unterschiedlichen Ligen „spielen", weshalb sie jeweils entsprechend ihrem Leistungsstand (gleich Zugehörigkeit zu einer Klasse) miteinander konkurrieren und nur durch Aufstieg oder Abstieg in eine andere Liga (Ebene) kommen können. Es ist nun für die Analyse entscheidend zu fragen, welche Faktoren hierbei von ausschlaggebender und anhaltender Bedeutung sind. Andererseits wird man sich auch immer wieder fragen, wie es überhaupt zu Aufsteigern und Absteigern kommt, ob dieses Auf und Ab aus einer längeren und historisch gefestigteren Perspektive im Prinzip nur das normale Oszillieren von Entwicklungszuständen ist, aber nicht der wirklich dauerhafte Auf- oder Abstieg. Das sehr sensible und nervöse Reagieren auf in kurzen Zeitabständen verlaufende Konjunkturen ist natürlich ein Resultat der durch die politischen Rahmenbedingungen gegebenen, sehr kurz abgesteckten Zeiträume der Entscheidung und der Entscheidungsfindung. Hinzu kommt, daß die Determinanten und Faktoren solcher Prägungen häufig nur im ökonomischen Bereich gesehen werden, während andere Bereiche seltener perspektivisch eingeschlossen werden. Ziel dieses Arbeitskreises war es nicht zuletzt, diese Aspekte stärker zu berücksichtigen, von der Absicht, dies auf einer distanzierten, nicht sofort handlungsbezogenen, analytischen Basis zu leisten, ganz zu schweigen.

Die jeweilige Standortqualität ist also ein Zusammenwirken von Spezialisierungen, die verschiedene, ganz unterschiedliche Städte miteinander verbinden können - in Konkurrenz oder in Ergänzung. Weiterhin verbindet sich mit der Zugehörigkeit zu einer Konfiguration nicht an sich eine positive oder negative Lage. Das Wissen um die Spezialisierung, ihre Herkunft und ihre weitere mögliche Entwicklung in Konkurrenz oder in Vernetzung mit anderen ist jedoch die Voraussetzung für eine gezielte Beeinflussung zukünftiger Entwicklungen. Dies gilt verstärkt für Räume, die, wie etwa das Ruhrgebiet, zwar eine gewisse regionale Identität, wenn auch eine durchaus vielfältige haben, also ein Bewußtsein an Gemeinsamkeit entwickeln können und von außen auch als Einheit wahrgenommen werden, aber im administrativen und politischen Zuständigkeitenzuschnitt eher heterogen, wenn nicht gar amorph sind, weshalb sie als Gesamtheit nur beschränkt handlungsfähig sind und nicht als Akteure auf politischer Bühne auftreten können. Dies wäre jedoch Voraussetzung für eine gezielte Interessenwahrnehmung.

Bei einem derartigen analytischen Zugriff, dem Versuch, das Spezielle wie das Generelle herauszuarbeiten, darf jedoch nicht vergessen werden, daß die Zugehörigkeit zu einer Ebene (Liga) - etwa im Bereich der wirtschaftlichen Entwicklung - nur einen Aspekt der Wirklichkeit umfaßt, dem ganz andere Facetten dieser Wirklichkeit mit möglicherweise ganz anderen positiven wie negativen Dimensionen gegenüberstehen können - etwa im Hinblick auf die ökologische Situation oder auf die Lebensqualität für die Bewohner, insbesondere in sozialer Hinsicht. Die verschiedenen und vielfältigen Versuche, unter den deutschen Städten Rangordnungen, Hitlisten, zu schaffen, spiegeln in der Unterschiedlichkeit ihrer Ergebnisse auch ihre jeweiligen Gewichtsetzungen wider, von ihren problematischen Methoden, was die Gewichtung der einzelnen Faktoren anbelangt, ganz zu schweigen.

10. Wichtige Determinanten der Entwicklung

Vor diesem Hintergrund hatte der Arbeitskreis, dessen Ergebnisse hier vorgestellt werden, zum Ziel, nicht nur wirtschaftliche Faktoren und ihre Wirkungsmechanismen darzustellen, sondern die Konsequenzen solcher Entwicklungen für gesellschaftliche, politische und kulturelle Dimensionen standen im Mittelpunkt, wobei Fallstudien mit strukturierenden Zugriffen abwechselten. Ein vollständiges Bild konnte nicht angestrebt werden, aber Facetten des Ganzen sollten andiskutiert werden und beim Lesen Assoziationen wecken, die ggf. an anderer Stelle vertreten sind oder weiterentwickelt werden. Der Arbeitskreis hat sich vorwiegend mit den gesellschaftlichen Rahmenbedingungen der Stadtentwicklung und mit den wechselseitigen Beziehungen zwischen dem allgemeinen gesellschaftlichen Wandel und der Entwicklung von Städten bzw. Stadtregionen beschäftigt. Die wirtschaftliche Entwicklung der Städte blieb bei dieser Betrachtung nicht ausgeklammert.

Als wesentliche Dimensionen des gesellschaftlichen Wandels in den 90er Jahren zeichnen sich (in Fortführung bereits bekannter Trends der 80er Jahre und teilweise noch früherer Entwicklungen) folgende Schwerpunkte ab:

a) Der demographische Wandel

Die altersstrukturelle Zusammensetzung der Bevölkerung wird derzeit vor allem geprägt durch die geburtenstarken Jahrgänge der 60er Jahre und durch den ebenfalls in den 60er Jahren einsetzenden Rückgang der Geburtenquoten. Folge der nun erwachsen und damit selbständig werdenden geburtenstarken Jahrgänge sind eine erhöhte Nachfrage nach Wohnraum und Arbeitsplätzen und (kurzzeitig) ansteigende Geburtenzahlen. Der Rückgang der Geburtenquoten schlägt sich im Bevölkerungsrückgang und insbesondere in einer durchgreifenden Veränderung des Altersaufbaus der Bevölkerung nieder („ergraute Gesellschaft"). Für diese Prozesse lassen sich unterschiedliche Entwicklungsstadien in den Regionen feststellen, von größerem Interesse dürften jedoch kleinräumige Differenzierungen und altersspezifische Segregationsmuster (mit ihren städtebaulichen Folgen) innerhalb der Stadtregionen sein.

b) Wandel der Lebensweisen

Eng verknüpft mit dem demographischen Wandel ist der Wandel der Lebensweisen, worunter insbesondere neue (kleinere) Haushaltstypen, veränderte Wohn- und Lebensmodelle und das neue Selbstverständnis der Frau zu subsumieren wären. Der Wandel der Lebensweisen hat in vielfältiger Weise Auswirkungen auf die Ansprüche der Stadtbewohner an ihre Stadt (Wohn-, Infrastruktur- und Freizeitangebote, Kultur und Verkehrsanbindungen), zumal Personen mit „neuen" Lebensentwürfen eher auf die Agglomerationsräume und insbesondere auf deren Kernbereiche orientiert sind, hier entstehen und sich erst später allgemein ausbreiten.

c) Polarisierung der Stadtgesellschaft

Die Ungleichheit in der Stadt hat zugenommen. Der Umbau der Städte als Ausdruck der dominierenden gesellschaftlichen Trends (insbesondere in den prosperierenden expandierenden Stadtregionen) orientiert sich an den gutverdienenden, jungen Professionellen ebenso wie am internationalen Geschäftspublikum mit Ansprüchen an einen speziellen urbanen Lebensstil. Armut, soziale Probleme und unterwertige Nutzungen werden in Randzonen ausgelagert. Dies geschieht derzeit meist noch ohne offene Konflikte. Ergebnisse von Protestwahlen sind jedoch auch vor diesem Hintergrund zu sehen. Manifeste Konflikte sind jederzeit möglich und brechen dann scheinbar unerwartet aus. Die zu erwartende „Aufpolierung" der Stadt Berlin z.B. läßt Konflikte größeren Ausmaßes nicht ausgeschlossen erscheinen. In den Städten der neuen Bundesländer werden Erscheinungen von Armut vermutlich andere räumliche Verteilungsmuster aufweisen.

d) Internationale Migration und nationale und ethnische Ungleichheiten in der Stadt

Nicht zuletzt bedingt durch den derzeitigen schnellen politischen und wirtschaftlichen Wandel wird die internationale Migration zunehmen. Wichtige Auslöser hierfür sind sowohl die Integration Westeuropas als auch die Öffnung Osteuropas gegenüber dem Westen. Zahl und Struktur dieser Zuwanderer und damit die Anforderungen und Probleme, die auf die Städte zukommen, sind noch relativ ungeklärt sowie Gegenstand vielfältiger Vermutungen und Befürchtungen. Es steht zu vermuten, daß die Heterogenität der Zuwanderer und damit die Heterogenität städtischer Problemlagen zunehmen wird. Einerseits werden Höherqualifizierte (z.B. Freiberufler aus Westeuropa) und Deutsche (Übersiedler) bzw. Deutschstämmige (Aus-, Umsiedler) nach Deutschland kommen. Andererseits ist davon auszugehen, daß die internationalen Armutswanderungen zunehmen werden. In den neuen Bundesländern erleben wir, daß das Phänomen einer sich entwickelnden multikulturellen Gesellschaft einen starken Umbruch in dieser bisher - im Verhältnis zu anderen westeuropäischen Nationalstaaten - abgeschotteten Gesellschaft zur Folge haben wird.

Einführung

e) Wandel der Ansprüche an die Stadt

Die Entwicklung der städtischen Bevölkerungs- und Sozialstruktur einerseits und des internationalen Städtesystems andererseits hat neue Bedürfnisse und Anforderungen an die moderne („internationale") Stadt hervorgebracht: Diese betreffen internationale Verkehrsanbindungen (europäisches Schnellbahnnetz und Flughäfen) ebenso wie den Anschluß an das Weltniveau des kulturellen Angebots (das u.a. ubiquitär durch Medien vermittelt wird) wie auch die Qualität des Wohn- und Arbeitsumfeldes (insbesondere in Form einer intakten und ansprechenden Umwelt). Kleinere Städte/Stadtregionen können diese am Weltstandard ausgerichteten Ansprüche nur bedingt befriedigen. Sie müssen statt dessen attraktive Modelle einer „Provinzkultur" entwickeln, können andererseits aber mit einer noch relativ intakten Umwelt in die Konkurrenz gehen - und dies häufig sehr erfolgreich.

f) Wandel der Arbeitsplatzanforderungen

Die Wirtschaft der modernen Industriestaaten steht mitten in einem tiefgreifenden Prozeß des Strukturwandels, der gelegentlich als Übergang von der Industrie- zur Informationsgesellschaft bezeichnet wird. Richtig ist allemal, daß alte wirtschaftliche Strukturen derzeit in großem Umfang verschwinden (und mit ihnen bestimmte früher dominante Typen von Arbeitsplätzen, Standortanforderungen, Flächennutzungen) und neue Strukturen mit anderen und neuartigen Anforderungen an ihre Stelle treten. Dies bedeutet, daß - je nach regionaler Wirtschaftsstruktur in unterschiedlicher Intensität - („altindustrialisierte") Flächen revitalisiert, Arbeitskräfte qualifiziert (oder retiriert) und städtebauliche Entwicklungskonzepte revidiert werden müssen. Diese Entwicklungen könnten mit dazu beitragen, daß z.B. die jahrzehntelang propagierte und praktizierte Trennung von Wohnen und Arbeiten zumindest teilweise wieder zurückgenommen werden kann oder daß sich zumindest in dieser Hinsicht neue Ansatzpunkte und auch neue Erfordernisse für eine Diskussion und Revision städtebaulicher Leitbilder ergeben können. Allerdings darf nicht übersehen werden, daß dieser Strukturwandel stärker als früher Gewinner und Verlierer voneinander trennt, u.U. sogar zu einer Vertiefung der gesellschaftlichen Gegensätze in den Städten führt. Aber auch hier trifft das zuvor Gesagte zu: einheitliche, für alle Räume zutreffende Entwicklungstrends wird es nicht mehr geben.

g) Wandel der Zeitstrukturen

Im Zusammenhang sowohl mit wirtschaftlichen und technologischen Strukturveränderungen als auch mit dem gesellschaftlichen Wandel und dem Wandel der Lebensweisen und -ansprüche ergibt sich in vielen Bereichen ein flexiblerer Umgang mit der Zeit - ein Wandel der Zeitstrukturen. Für die Städte können sich hieraus einerseits Entlastungen (z.B. Entzerrung von Verkehrsspitzen) und Chancen (etwa: Belebung der Innenstädte in den Abendstunden) ergeben, andererseits aber möglicherweise auch neue Anforderungen und zusätzliche Belastungen (z.B. Steigerung des Berufs- und Freizeitverkehrs). Unterschiedliche Stadttypen werden auch hier wieder unterschiedlich betroffen sein, werden auf gleiche Einflüsse unterschiedlich reagieren.

11. Befunde

Dieser skizzierte Rahmen für den Arbeitskreis, der hier nachgezeichnet wurde, konnte selbstverständlich nicht umfassend und im Detail abgearbeitet werden. Er war ein wirklicher Rahmen. Innerhalb dieses nicht vorgegebenen, sondern von uns diskutierten Rahmens haben die einzelnen Mitglieder des Arbeitskreises versucht, aus den wissenschaftlichen Erkenntnissen ihres jeweiligen Arbeitsfeldes Beiträge zu liefern, die das Puzzle der Verflechtungen und der Realitäten der Verdichtungsräume entweder durch übergreifende Thematisierungen oder durch detaillierte Fallstudien auszuleuchten suchten. Als ein erstes, vorläufiges Resümee dieser Beiträge zeigt sich, daß es jenseits aller Problematisierungen der einzelnen Agglomerationsräume, die im Rahmen des Arbeitskreises diskutiert worden sind, Gemeinsamkeiten gibt, die mehr oder weniger in allen Beiträgen auftauchen. Da wir uns in unserem Arbeitskreis mit Absicht weniger um Fragen der ökologischen Belastung oder der ökologischen Sanierbarkeit dieser Räume oder um Fragen der Verkehrserschließung und Verkehrsplanung gekümmert haben, sondern in den Mittelpunkt unserer Erörterungen insbesondere Fragen nach den sozialen und gesellschaftlichen Voraussetzungen sowie Folgen des Verstädterungsprozesses und des Konzentrationsprozesses im nationalen wie internationalen Zusammenhang gestellt haben, konzentrieren sich die Ergebnisse des Arbeitskreises insbesondere auf die letzten Punkte.

Aus der amerikanischen Soziologie ist bekannt (Robert Merton), daß es bei allen gesellschaftlich vermittelten Aktionen und politischem Handeln wichtig ist, auf unbeabsichtigte Folgen zu schauen. Diese unbeabsichtigten Folgen haben häufig für viel breitere Kreise direkte Auswirkungen auf ihren Lebenszusammenhang, als es andere beabsichtigte oder intendierte Vorstellungen vorsahen. Andererseits ist in diesem Zusammenhang auch immer wieder klar zu erkennen, daß im Rahmen gesellschaftlichen und politischen Handelns es nie allein darum gehen kann, Ziele zu erreichen, sondern es werden immer auch Nebenziele mitterreicht und damit auch unbeabsichtigte „Ziele". Aus den Beiträgen zu den von uns untersuchten Agglomerationen ist zu erkennen, daß viele Strategien von Stadtverwaltungen oder von anderen Verantwortlichen - das ist ein Geflecht von zuständigen, berufenen und sich berufen fühlenden Akteuren -, die die Modernisierung eines stadtregionalen Zusammenhangs, also die Anpassung an globale Herausforderungen betreiben, häufig dazu führen, daß andere Lebens- und Stadtbereiche an den Rand gedrängt werden. Dies gilt insbesondere in dem Bereich der infrastrukturellen Ausstattung und im Bereich der Wohnungsversorgung. Die Mechanismen dieser Entwicklung machen deutlich, daß von den Modernisierungs- und Rationalisierungseffekten in aller Regel zwar eine wachsende Gruppierung profitiert, gleichzeitig löst dies aber für Teile der Bevölkerung Prozesse der Deprivation, wenn nicht gar Verarmung, aus. Dies sind unerwünschte Folgen gesellschaftlichen Handelns. Wir haben dabei von einer Umverteilung der gesellschaftlich erwirtschafteten Werte auf einen heute noch relativ großen Kreis auszugehen - in der fortlaufenden Ausdifferenzierung stellen sich Fragen der sozialen Schichtung jedoch neu.

Im amerikanischen Zusammenhang wird dies mit dem Schwinden der Mittelschicht bezeichnet, und auch im deutschsprachigen Raum wird wissenschaftlich immer stärker die Frage aufgeworfen, wer von den neuen Formen der Arbeitsverteilung dieser Gesellschaft profitiert und wer davon nicht mehr profitiert und gewissermaßen nur noch den Unterhalt seines Lebens gewährleistet bekommt, selbst aber nicht mehr an dem Wachstum des gesellschaftlichen Reichtums partizipiert. Diese Umverteilung der gesellschaftlich erwirtschafteten Werte auf einen heute noch relativ großen Kreis führt also dazu, daß sich soziale Schichtungen neu darstellen. Konnten wir unmittelbar nach dem Krieg davon ausgehen, daß durch die Folgen des Krieges und die Neuanfänge die geschichtete Klassengesellschaft weitgehend geschwunden war und einer sogenannten nivellierten Mittelstandsgesellschaft gewichen war, so müssen wir heute von der Tendenz ausgehen, daß diejenigen, die in dem System drin sind, aufgrund ererbter, erarbeiteter oder arbeitsrechtlich abgesicherter Bedingungen sich eines relativ guten Wohlstands erfreuen. Die jedoch, die in dieses System hineinwollen, haben große Schwierigkeiten, und es ist zu vermuten, daß immer größere Teile an diesem System nicht mehr in dem vollen Umfang partizipieren können wie zuvor. Wenn man dies nur auf die deutsche Bevölkerung bezieht, dann ist es vielleicht noch nicht so eindeutig; unter Einbezug der gesamten Wohnbevölkerung der Bundesrepublik, also unter Einschluß der Ausländer, wird dieses sehr viel deutlicher, und es ist zu vermuten, daß durch die fortschreitende Modernisierung und Rationalisierung der Gesellschaft diese Ausdifferenzierungsprozesse zunehmen.

Diese Prozesse schlagen sich auch in neuen Formen der sozialen und räumlichen Segregation nieder. Gerade in den modernen Agglomerationsräumen prallen diese Gegensätze auch räumlich häufig sehr stark aufeinander, stehen in Konfrontation zueinander, bilden aber andererseits auch gewissermaßen die städtische Vielfalt. Das Problem einer solchen städtischen Vielfalt ist es nun, daß sich aus ihr, die sich auch in individualisierten Lebensstilen und der Wahrnehmung von individuell entdeckten Nischen niederschlägt, kaum mehr gemeinsame Konzeptionen, von Visionen ganz zu schweigen, für die Stadtentwicklung, für die Entwicklung einer Stadtregion anbieten. Angesichts der stark ausdifferenzierten Formen der unterschiedlichen Lebensstile einschließlich der Auflösung allgemein verbindlicher Wertmaßstäbe und der daraus abgeleiteten Wahrnehmungen und Perspektiven fällt es schwer, etwas Gemeinsames zu entwickeln. Statt dessen gibt es jeweils sehr individuelle und sehr differenzierte Interessengruppierungen, die versuchen, innerhalb der Akteure und Träger der politischen Entscheidungen einer Gemeinde ihre Stimme zu erheben und ihr Durchsetzungspotential zur Entfaltung zu bringen.

12. Die generellen „Probleme" der Problemlösungsstrategien

Das Paradoxe ist nun, daß diese segregierten Formen des Erscheinens der städtischen Vielfalt andererseits auch nur gelöst werden können, indem Strategien der Bewältigung dieser Probleme entwickelt werden, die auf die Quartiere, auf den lokalen Bezug direkt eingehen. Dies stellt in dem Sinne eine alternative Strategie zu der generell verfolgten dar, die nämlich davon ausgeht, daß durch Verbesserung von Infrastrukturen und Wirtschaftsförderungsmaßnahmen oder anderen planerischen Konzepten z.B. zur Anhebung des Niveaus von Innenstädten für die Städte insgesamt Lokomotivfunktionen entfaltet werden, die auch alle anderen Personenkreise und Stadtteile mitreißen. Die Erfahrungen unserer Studien zeigen, daß diese Mitreißeffekte häufig nicht

Einführung

greifen, sondern, um im Bild zu bleiben, die Lokomotive löst sich mit einigen Wagen von dem ganzen Zug, und viele Wagen rollen noch eine Weile mit, andere bleiben gleich stehen, und die, die noch mitrollen, merken im Rollen häufig nicht, daß sie zum Stehen kommen werden. Der räumliche Niederschlag von globalen Modernisierungsstrategien für eine Region hat also jetzt erahnbare, z.T. noch nicht wirklich greifende, aber vermutlich letztendlich verheerende Folgen, denen - und das ist das Spezifische unserer Ergebnisse - vermutlich nur durch angepaßte Strategien vor Ort durch lokal bezogene Quartierstrategien begegnet werden kann.

Falls diese nicht greifen, werden alle bereits erkennbaren Polarisierungsprozesse zwischen denen, die drin sind, und denen, die draußen sind, einschließlich des räumlichen Widerhalls dieser Polarisierungsprozesse innerhalb des Stadtgebietes einerseits und zwischen den Kernstädten und dem Umland andererseits, sich in immer schärferer Form abbilden. Dies ist der Kernbefund aller Studien, die wir vorgelegt haben, daß nämlich in allen Agglomerationsräumen Tendenzen zu immer stärkerer räumlicher und sozialer Polarisierung angesichts der Reaktionen auf globale internationale und nationale Modernisierungsstrategien zu erkennen sind. Diese Gesellschaft, die ihren steinernen Niederschlag in der Stadtentwicklung findet, hat, das ist ein Befund und eine Warnung zugleich, noch keine Einstellung dazu gefunden, wie sie sich zu diesen neuen polarisierenden Ergebnissen von neuen Innovationsstrategien stellt.

13. Spezielle Probleme

Quer dazu liegen natürlich die spezifischen Probleme der Geschlechter, geschlechtsspezifischen Ausprägungen solcher Strategien. So kommt deutlich heraus, daß in der Diskrepanz zwischen der städtischen Entwicklung und ihrer Konzentration auf gut verdienende Individuen die Funktion der Familie und insbesondere der Frauen in den Familien zur Wahrung der gesellschaftlichen Reproduktion vehement in Frage gestellt ist. Die Schwierigkeit, als Frau in dieser städtischen Gesellschaft gleichzeitig beruflich Karriere zu machen und parallel dazu die gesellschaftliche Reproduktion durch Familienbildung auszufüllen, führt dazu, daß wir von einer Krise der Reproduktion sprechen. Diese Krise der Reproduktion ist zudem nicht nur geschlechtsspezifisch, sondern auch schichtspezifisch ausdifferenziert.

Die Notwendigkeit, zu analysieren und zu differenzieren, gilt auch und besonders für den Vergleich der Agglomerationsräume in den neuen und alten Ländern. Wahrscheinlich sind zum jetzigen Zeitpunkt die Unterschiede dieser Stadtregionen größer als ihre Gemeinsamkeiten. Dies wird z.B. sehr extrem erkennbar an dem Fallbeispiel Rostock, einem Sonderfall, denn Rostock hat sich, und das ist interessant zu bemerken, unter den Bedingungen des Systems der DDR als eine sehr dynamische Stadt erwiesen, die, bezogen auf die Bevölkerungsentwicklung, sich in der Nachkriegszeit ähnlich (!) entwickelte wie München, aber München hat sich auch nach der deutschen Wiedervereinigung weiterentwickelt, sozusagen sein Niveau gehalten, während Rostock durch den Wegfall der systemischen Bedingungen der DDR gewissermaßen wieder zurückgeworfen worden ist auf Ausgangsbedingungen, die vor dem Zweiten Weltkrieg gegeben waren. Demgegenüber scheinen die untersuchten Städte im Süden der früheren DDR, nämlich Dresden und Leipzig, es besser zu haben, weil sie aufgrund ihrer vorhandenen Potentiale, ihrer regionalen Ausgangsbedingungen und auch ihres kulturellen und städtebaulichen Erbes sich eher in dem neuen System der Bundesrepublik orientieren können, und zwar besser, als es ihnen in dem System der früheren DDR möglich war. Aber auch hier zeigt sich, daß die Verbesserung der Situation solcher Stadtregionen häufig dazu führt, daß von den Erfolgen einige profitieren, aber es wird einen wachsenden Kreis derjenigen geben, die daran nicht mehr teilhaben.

14. Gibt es stadtregionalspezifische Orientierung?

Ein weiteres wichtiges Thema der Diskussionen im Arbeitskreis war das Verhältnis von Stadt und Region zueinander sowie die Entstehung von regionalem Bewußtsein. Dabei wurden einerseits - in einer Reihe von regionalen Fallstudien - funktionale und politische Aspekte thematisiert; andererseits wurde der Frage nachgegangen, welche Bedeutung der subjektiven Komponente, der Widerspiegelung der "Region" in den Köpfen der Handlungsträger, im Regionalbewußtsein der Bewohner, zukommt. Wenn Regionalität mehr meint als nur die durch Pendelbeziehungen re-integrierten funktionsräumlichen Trennungen und Spezialisierungen oder die für die Außendarstellung werbewirksam aufbereitete Aufsummierung aller städtischen und nicht-städtischen Standortvorteile eines Agglomerationsraumes, wenn also Regionalität nicht nur als sozialwissenschaftliches Konstrukt, sondern als soziales Faktum eine Bedeutung entfalten soll, dann ist die Hypothese zu prüfen, ob kontextgebundenes, regional spezifisches Wahrnehmen und Handeln partiell eigenständige („regionale") Kulturen hervorbringt, die als endogenes Entwicklungspotential (oder auch -hemmnis) die Entwicklungen von Regionen maßgeblich mitbestimmen bzw. erklären. Regionale Identität wäre dann ein spezifischer Teil jener „Kultur" genannten gesellschaftlichen Konstruktion der Wirklichkeit.

Aus der Perspektive der Geschichtswissenschaften sind regionale Identifikationen zunächst einmal ein retardierendes Element, denn: „Identitäten stützen sich auf das Historische und folgen daher nur verspätet der 'tatsächlichen' Entwicklung." Gleichzeitig handelt es sich bei der Identifikation mit einer Region um die Konstruktion eines positiv besetzten „Hier", das gegen ein andersartiges „Dort" abgegrenzt werden kann und damit ein Wir-Gefühl hervorbringt. In der Studie zur regionalen Identifikation im Ruhrgebiet wurde eine „merkwürdige Ambivalenz beobachtet: das Ruhrgebiet, wie stark es auch immer geographisch und zeitlich fluktuieren mag, konstituiert sich für viele seiner Bewohner historisch, als ehemaliger Standort von Montanindustrien. Die Symbole dieser Identifizierung sind allerdings negativ besetzt ... die Vorstellungen über das Gewesene spielen die weitaus wichtigere Rolle, das Früher wird aber negativ gewertet und ist deshalb nicht identifikationsfähig." Immerhin aber bildet diese „negative Identifikation" den Hintergrund für das, was als positive Identifikation in den Interviews aufscheint: die Wahrnehmung des Ruhrgebiets als eine „aus dem Kohlenpott mutierte Parklandschaft", als „häßliche Larve, die ihre schwarze Haut abgestreift hat", eine Wahrnehmung, die verbunden ist mit einem neuen, multiperspektivischen Blick auf die gesamte Rhein-Ruhr-Metropolis. Regionale Orientierung ist trotz aller Kampagnen nicht nur ein Resultat von äußerer Imagebildung, sondern ein komplexes Konstrukt gesellschaftlicher Realität.

Die für den Alltagskontext gezeigten Ergebnisse stellen Politik und Planung vor das Problem: „Wie organisiert man Innovation in einer altindustriellen Region, die von nicht-innovativen Milieus geprägt ist?" Diese Frage steht auch im Zentrum des Experiments „IBA", über das in diesem Band ebenfalls reflektiert wird.

Die in der Emscher-Region zu bewältigenden Aufgaben sind enorm. Nach dem Rückzug der Montanindustrie prägen die hinterlassenen ökologischen Schäden und die sozialen Folgeprobleme der Deindustrialisierung die Situation der Region. Bedingt durch die großindustrielle wirtschaftliche Monostruktur ist die Region zudem nie „urban" im herkömmlichen Wortsinn gewesen, immer nur vorrangig eine „Maschine zur Produktion von Kohle und Stahl (industrial urban fabric)", also durchaus eine Agglomeration vielfältigster Konstellationen. Die Ziele und Strategien für die Erneuerung der Region müssen daher über die Bewältigung ökologischer Lasten hinausgehen und die soziale Integration und Identität in einer sich wandelnden Industriegesellschaft ebenso wie die Unterstützung bei der Herausbildung einer neuen Kultur des Städtischen mitbedenken. Vor diesem Hintergrund hat die IBA Emscher-Park Leitthemen entwickelt, in denen die Handlungsziele für die Bereiche Ökologie und Landschaftsplanung, Arbeiten, Wohnen und Kultur formuliert sind. Ihre Umsetzungsstrategie, als „Strategie der tausend Blumen" (im Gegensatz zu „Strategie der großen Ereignisse") charakterisiert, beruht auf einem prozeßorientierten, kooperativen und verallgemeinerbaren, alltagstaugliche Lösungen hervorbringenden Ansatz. Und bei allen Schwächen und Problemen eines solchen innovativen Konzepts besteht doch die Hoffnung, daß die Emscher-Region nicht nur unmittelbar durch die überzeugende Wirkung guter Beispiele profitiert, sondern auch mittelbar durch „Export" dieses Modells in andere Regionen mit ähnlichen Problemstrukturen. Insofern könnte - paradox formuliert - in den Problemen der Region auch ein endogenes Potential liegen. Die Belebung eines solchen Potentials setzt allerdings stets auch einen Anstoß im gesellschaftlichen Bereich voraus, erfolgt nicht durch abstrakte Zielsetzung oder ihre Verwirklichung mit eindimensionalen Zielen, weil somit die Wahrscheinlichkeit des Erreichens unerwünschter Nebenwirkungen sehr groß ist.

15. Standardprobleme

In diesem Zusammenhang ist noch ein anderer wichtiger Punkt zu nennen, der häufig gerade in der Diskussion der Regionalentwicklung übersehen wird. Es ist nicht nur modisch, sondern es ist fast allgemein geworden, daß wir von einem Gegensatz von ökonomischer und ökologischer Entwicklung ausgehen. Der dagegen angehende Gedanke einer Ökologisierung unserer Gesellschaft, einer stärkeren Rückbesinnung auf die natürlichen Grundbedingungen menschlicher Existenz, führt im Zusammenhang unserer systemischen Zusammenhänge aber häufig nicht dazu, daß die Ökologisierung für alle breitstreuend wirkt, sondern sie wirkt selektiv. Durch die ökologische Steuerung der Stadtentwicklung können nämlich häufig knappe Güter, wie z.B. Raum, noch knapper und angesichts der Marktbedingungen dann für immer weniger Personenkreise erreichbar werden. Der Gegensatz zwischen Ökonomie und Ökologie muß also, wenn man ihn wirklich in seinen Folgen sehen will, auch unter dem Gesichtspunkt des Gegensatzes von Ökologie versus Sozialverträglichkeit gesehen werden. Und damit sind wir bei dem Punkt, daß wir auch gerade bei ökologischen Strategien der Stadtentwicklung, und dazu gibt es heute unter dem Begriff des sustainable development eine Fülle von Ansätzen, für viele gesellschaftliche Bereiche u.U. eine Verschärfung der Lebensumstände erreichen. Auch hier sind unerwünschte Folgen in der Verfolgung eines durchaus gesellschaftlich akzeptierten Ziels, nämlich einer allgemeinen Ökologisierung der Gesellschaft, zu konstatieren.

Dieses legt es also nahe, bei all den Strategien - und das ist, glauben wir, ein weiteres wichtiges Ergebnis unserer Studien - immer zu fragen, welche Ausgangsbedingungen gibt es, wer macht sie sich zu eigen, wer setzt welche Dinge durch, und welche Folgen hat es letztendlich? Oder gibt es differenzierte Folgen, die nur für die einen Positives bewirken, während für die anderen die Sozialisierung der Verluste gewissermaßen auch individuell wahrnehmbar und erfahrbar wird.

16. Schlüsse?

Welche Schlüsse können aus all dem gezogen werden? Eindeutig ist, daß die Verantwortlichen von Stadtregionen, von Agglomerationsräumen, sich nicht den weltweit vollziehenden Modernisierungs- und Rationalisierungsprozessen entziehen können. Sie sind in einem gewissen Umfang notwendig und auch unumgänglich, und sie sind wahrscheinlich in diesem Sinne auch die Garanten für die Tragfähigkeit eines gesellschaftlichen Systems, für seine sustainability in der ursprünglich weitesten Bedeutung. Dies kann aber nur dann gewährleistet werden, wenn von den Modernisierungserfolgen und -profiten nicht nur wenige profitieren. Die Modernisierungsgewinne müssen breit gestreut werden. Für die Zukunft ist die Gefahr zu sehen, daß die daran Teilhabenden zwar eine relativ große Gruppe bilden werden, aber diejenigen, die nicht daran teilhaben, werden völlig ausgegrenzt. Hier eine Balance der Teilhabe an den gesellschaftlich erarbeiteten Werten zu erreichen, muß auch vor dem Hintergrund einer weltweiten Entwicklung das Ziel einer lokalen Strategie sein. Nur durch die Mobilisierung solcher lokalen Niederschläge gesamtgesellschaftlicher Entwicklungen ist es möglich, auch neue Strategien zu entfalten, die zu diesen Polarisierungseffekten Stellung nehmen, sie versuchen zu vermeiden. Ansätze dazu gibt es, aber sie sind selten Gegenstand der gesellschaftlichen Diskussionen in und um und von Stadtregionen. Diese sind geprägt von konkreter Interessenwahrnehmung und -durchsetzung einerseits und Diskussionen über allgemein verbindliche Strategien andererseits, die jedoch mehr Schaufensterdekorationen darstellen als für alle erhältliche Ware. Wir brauchen mehr Aufklärung über das Gemeinsame und das Trennende, um im Gemeinsamen das uns Trennende bewältigen zu können. Wir brauchen eine stärkere Verklammerung der einzelnen Reaktionen auf globale Modernisierungszwänge in ihrer Wirkung auf die räumliche Entwicklungsdynamik. Räumliche Politiken, die dies nur unter dem Aspekt der Ökonomie oder der Infrastruktur leisten wollen, dürften vermutlich die Probleme nur noch verschlimmern, bezogen auf unsere gesellschaftlich gestaltete Umwelt - auf das ökologische und soziale Substrat unserer menschlichen Existenz.

Lösungen konnten wir nicht anbieten, aber mit der Rationalität der sozialwissenschaftlichen Analyse mag es möglich sein und möglich werden, zur Aufklärung der Probleme beizutragen, die in den verstädterten Regionen Deutschlands dauerhaft, teilweise auch nur temporär gegeben sind. Aktionsprogramme zu entwerfen war nicht unser Ziel, konnte es nicht sein, aber vielleicht können unsere Argumente dazu beitragen, das Dickicht der Probleme, gleich Städte, etwas zu durchdringen.

MARIANNE RODENSTEIN, STEPHANIE BOCK, SUSANNE HEEG

Reproduktionsarbeitskrise und Stadtstruktur
Zur Entwicklung von Agglomerationsräumen aus feministischer Sicht

I. Einleitung

Aussagen über die Entwicklung von Agglomerationsräumen in der Bundesrepublik suchen in der Regel Fragen von der Art zu beantworten: „Gibt es Verlagerungen bisheriger ökonomischer Schwerpunkte durch das Hinzukommen der fünf neuen Bundesländer, des früheren Ostblocks oder durch den europäischen Binnenmarkt? Wie sind die ökonomischen Wachstumspotentiale innerhalb der einzelnen Agglomerationen angesichts dieser neuen Märkte einzuschätzen?"

Eine Beantwortung dieser Art Fragen ist hier nicht beabsichtigt. Vielmehr geht es um die Entfaltung einer neuen geschlechtsdifferenzierenden Sichtweise der Entwicklung von Agglomerationen, in der nun auch Frauen und ihre raumstrukturierenden Tätigkeiten Beachtung finden. Nicht nur frauenpolitische Forderungen, sondern auch die gesellschaftliche Entwicklung in den Städten machen eine solche Modernisierung der Sichtweise der Entwicklung von Agglomerationen notwendig. Im bisher männlich dominierten Diskurs über Stadt- und Raumentwicklung sind weder Vorstellungen von einem Ausgleich des Machtgefälles von Männern zu Frauen noch Ideen, wie die Gleichheit der Chancen im Beruf und Privatleben zwischen den Geschlechtern herzustellen sei, enthalten. Beides - stadträumliche Entwicklung und die Forderungen der Frauen nach Chancengleichheit - habe wenig miteinander zu tun, so wird immer noch argumentiert. Daß diese Meinung irrig ist, daß es vielmehr zahlreiche Verbindungen gibt, soll im folgenden gezeigt werden.

Ausgangspunkt dafür ist die noch in den Anfängen steckende feministische Kritik an Theorien der räumlichen Entwicklung. Die verbreiteten Theorien stadträumlicher Entwicklung - seien sie neo-klassischer oder neo-marxistischer Provenienz - basieren auf Überlegungen, wie sich ökonomisches Wachstum bzw. ökonomischer Niedergang im städtischen Raum auswirken. Sie sind von Feministinnen dahingehend kritisiert worden, daß ihnen die Relevanz der Reproduktion der Arbeitskraft wie des Lebens für die Entwicklung der Stadtstruktur entginge. Die mit der Reproduktion verbundenen, nicht marktförmigen Tätigkeiten seien in diesen Theorien der stadträumlichen Entwicklung nicht oder nur unvollkommen - z.B. als Standortwahl von Haushalten - einbezogen (Milroy 1991, Terlinden 1989, 1990).

In dieser Tradition der Ausblendung der Reproduktionsarbeit bzw. ihrer Einschätzung als nachrangig gegenüber der Produktionsseite spiegelt sich das gesellschaftliche Machtgefälle zwischen den Interessen im Bereich der Produktion und des ökonomischen Wachstums und seiner Basis, der auf unbezahlter Arbeit beruhenden Reproduktion des Lebens und speziell der Arbeitskraft. Folglich setzte sich auch eine einseitige Definition der Probleme von Agglomerationen durch, in der Ursachen jedoch nicht angemessen diagnostiziert werden und Problemlösungen fehlgehen können.

Wenn - so unsere These - die Dynamik im Bereich der Reproduktionsarbeit nicht zur Kenntnis genommen wird, dann verschließt sich die Einsicht in zahlreiche Hintergründe und Bedingungen von Stadtentwicklung.

Voraussetzung für die Entwicklung einer feministischen Perspektive ist eine geschlechtsdifferenzierende Betrachtung der Agglomerationsräume. Aussagen über die Entwicklung solcher Räume in der Bundesrepublik sind bisher ohne die spezifische Beachtung der Lebenssituationen von Frauen ausgekommen. Das entspricht der wissenschaftlichen Tradition auf diesem Gebiet. Mit dieser muß gebrochen werden, wenn Frauen als Akteurinnen des städtischen Lebens sichtbar werden sollen. Deshalb wird hier eine Sicht der Agglomerationsräume vorgestellt, die die bisherige Perspektive um die Reproduktionsbedingungen erweitert und damit zu neuen Problemsichten und Entwicklungsperspektiven führen soll.

Zentralen Stellenwert erhält dabei die Annahme, daß die seit den 70er Jahren zunehmend selbstverständlich gewordene Erwerbsarbeit von Frauen entscheidenden Einfluß auf den Bereich der Reproduktionsarbeit nimmt, da die Erwerbsarbeit zu der Reproduktionsarbeit als Arbeitsverpflichtung von Frauen einfach hinzuaddiert wurde. Diese Vermehrung der Arbeitsbelastungen von Frauen führt in der Konsequenz zu einer Veränderung im Bereich der Reproduktionsarbeit bzw. der Reproduktionsbedingungen. Diese Veränderungen wiederum - so unsere These - besitzen eine große Relevanz für die Entwicklung der stadträumlichen Bedingungen.

Zunächst soll in historischer Perspektive der Zusammenhang von Frauenerwerbstätigkeit und dem Wandel der Reproduktionsarbeit dargestellt und die aktuelle Dynamik von Erwerbs- und Reproduktionsarbeit im Modell der Reproduktionsarbeitskrise entwickelt werden (II). Die besondere Bedeutung der lokalen Erwerbsarbeitsmärkte für die Bewältigung der Reproduktionsarbeitskrise und die Identifizierung von modernen und traditionellen Agglomerationstypen wird in Teil III erläutert. Der Zusammenhang zu Stadtstrukturen und somit auch zu Agglomerationsräumen wird in Teil IV dargestellt, indem die Bedeutung einer Veränderung von Reproduktionsformen für die städtischen Strukturen gezeigt und auf die Relevanz unterschiedlicher räumlicher Strukturen bei der Bewältigung der Reproduktionsarbeitskrise hingewiesen wird.

Abschließend werden anhand verschiedener Szenarien zur Entwicklung der Erwerbstätigkeit von Frauen die weiteren Entwicklungsmöglichkeiten dieser Räume diskutiert (V).

II. Frauenerwerbstätigkeit und Wandel der Reproduktionsarbeit

Die Dynamik der Reproduktionsarbeit ist von vielerlei Bedingungen abhängig. Für die Frage jedoch, wie und in welchem Umfang die Reproduktionsarbeit (Haushalt, Kindererziehung) geleistet wird, ist es entscheidend, ob Frauen erwerbstätig sind.

Wir betrachten deshalb zunächst, wie sich die Erwerbstätigkeit von Frauen in Deutschland entwickelt hat.

1. Entwicklung der Frauenerwerbstätigkeit

Historisch lassen sich in Deutschland (die Kriegszeiten ausgenommen) bei etwa gleichbleibender Erwerbsquote der Frauen vier Phasen der Erwerbstätigkeit von Frauen beobachten:

- Seit Beginn der Industrialisierung wurde die außerhäusliche Erwerbstätigkeit der Ehefrauen von Arbeitern von bürgerlichen Kreisen u.a. für die schlechten Reproduktionsbedingungen der Arbeiterfamilien verantwortlich gemacht; die bürgerliche familiale Arbeitsteilung, bei der nur der Mann verdient und die Frau sich um Haus, Kinder und Ehemann kümmert, erschien bürgerlichen Kreisen als Vorbild für die proletarischen Familien, die in diesem Sinn reformiert werden sollten.

- Verstärkt seit den 20er Jahren wurden mit der Ausweitung des tertiären Sektors nun auch bürgerliche Frauen außerhäuslich erwerbstätig, jedoch in der Regel unverheiratete. Für die Beibehaltung der traditionellen Arbeitsteilung in der bürgerlichen Familie, die durch die „befreite" berufstätige unverheiratete Frau gefährdet zu sein schien, wurde gleichzeitig mit Kampagnen zur Steigerung der Attraktivität von Ehe (Sexualaufklärung etc.) und zur Erleichterung der Hausarbeit (durch Maschinen und rationelle Haushaltsführung, d.h. durch Reduzierung der Arbeit, die früher Dienstmädchen machten) geworben. Diese Überlegungen lagen auch der Planung von Wohnsiedlungen, Wohnungen und speziell Küchen zugrunde.

- In den 60er Jahren beginnen immer mehr Ehefrauen berufstätig zu werden. Sie sind dies in der Regel vor der Geburt des ersten Kindes und nachdem die Phase intensiver Kinderbetreuung beendet ist (Drei-Phasen-Modell).

- Schließlich beginnt eine vierte Welle der Frauenerwerbstätigkeit in der Bundesrepublik in den 70er Jahren, die nun auch zunehmend verheiratete Frauen mit kleinen Kindern erfaßt. Sie zeigt, daß kontinuierliche Erwerbstätigkeit der Frau „normal" wird.

Nach dem zweiten Weltkrieg waren *in der BRD* zunächst weniger Frauen erwerbstätig als noch 1939. Während nach den Analysen von Willms (1983, S. 35) damals die Erwerbsquote der Frauen im erwerbsfähigen Alter (15 bis unter 60 Jahre) bei 49,8% lag, ist sie 1950 bei 44,4% und steigt bis 1961 auf 48,9, 1970 auf 49,6 und 1980 auf 52,9%. Während dabei die Erwerbsquote der alleinstehenden Frauen ab 1970 von 68,1 auf 62% 1980 sinkt, was mit dem längeren Ausbildungszeitraum der Frauen erklärt wird, steigt die Erwerbsquote der verheirateten Frauen von 40,9% 1970 auf 48,3% 1980. Auch der Anteil der erwerbstätigen Ehefrauen an allen Ehefrauen vergrößert sich in diesem Zeitraum von 35,2 auf 40,6%.

Dabei nimmt ihre außerhäusliche Tätigkeit zu, was sich aus der abnehmenden Zahl der mithelfenden Angehörigen, Hausgewerbetreibenden und Heimarbeiterinnen ableiten läßt. Seit den 60er Jahren nimmt der Anteil der Teilzeitarbeitenden an allen Arbeitnehmerinnen ständig zu. Der hohe Bedarf der Wirtschaft an Arbeitskräften machte eine Berücksichtigung der Bedürfnisse der Hausfrauen notwendig, da die ökonomische Konsolidierung der Familien zunächst mit einem Rückzug der Frauen aus dem Erwerbsleben einherging (Christel Eckart 1990, S. 21).

Teilzeitarbeit wurde 1960 nur von 8,6% aller Arbeitnehmerinnen, 1970 aber schon von 24,4%, 1980 von 29% und 1985 von 32% nachgefragt (S. 20).

Fast ein Drittel aller Arbeitnehmerinnen ist teilzeitbeschäftigt. Nach einer repräsentativen Erhebung sind 75% der teilzeitbeschäftigten Frauen in abhängiger Stellung verheiratet und haben ein oder mehrere Kinder. Nur 16% der teilzeitarbeitenden Frauen sind kinderlos (S. 240). Spätestens seit den 60er Jahren wirken - vermutlich wegen der Teilzeitarbeitsangebote - Heirat und Kinderversorgung nicht mehr in dem Maße wie früher als Faktoren, die die Frauen von der Erwerbsarbeit ausschließen oder auf familial gebundene Erwerbsformen (im Haus) verweisen (Gottschall 1989, S. 16).

Ein deutlicher Sprung der Erwerbsquoten von Müttern mit Kindern ist in der Krisensituation 1974/75 zu verzeichnen, der auf die ökonomische Notwendigkeit zusätzlicher Familieneinkommen hindeutet. Die Erwerbsquote der Männer ging zwischen 1972 und 76 von 88,4 auf 85% zurück, die der Frauen stieg jedoch von 47,6 auf 48,3%. Ganz erhebliche Zuwächse verzeichnet dabei die Erwerbsquote der Mütter mit Kindern unter 6 Jahren, die von 24,1 auf 34% (1976) stieg und auf diesem Niveau bis 1989 (36,3%) verblieb. Die Quote der erwerbstätigen Mütter mit Kindern unter 15 Jahren stieg noch deutlicher von 26,4% 1972 auf 40% 1976 und liegt heute bei 43% (1989) (vgl. Ulla Greiwe 1990).

Die Erwerbstätigenquote der verheiratet zusammenlebenden Frauen mit Kindern unter 6 Jahren beträgt 35,2%, die der verheiratet und getrennt lebenden 41,9%, die der ledigen Frauen mit Kindern unter 6 Jahren 47,9% und der geschiedenen 45,3%.

Es zeigt sich demnach, daß in Westdeutschland die Erwerbstätigkeit von Frauen in den unterschiedlichsten Lebenssituationen und -phasen zunehmend selbstverständlich wird.

In der ehemaligen DDR gestaltete sich die Entwicklung der Frauenerwerbstätigkeit vollkommen anders. Hier verdoppelte sich die Erwerbsquote von ca. 45% im Jahr 1950 auf über 90% im Jahr 1990. Dies ist auf eine Arbeitsmarkt- und Gleichstellungspolitik in der DDR zurückzuführen, die davon ausging, daß Emanzipation von Frauen gleichbedeutend mit dem Einbezug in das Erwerbsarbeitsleben sei und deshalb vorangetrieben werden müsse. Auch die Vereinbarkeit von Mutterschaft und Beruf wurde durch institutionelle Hilfestellungen bei der Kinderversorgung vorangetrieben, so daß die Erwerbsquote verheirateter Frauen mit Kind(ern) kaum von der lediger Frauen ohne Kinder abwich (Förster 1991, S. 21). Ebenso war die Teilzeitarbeit als politisch unerwünschte Arbeitsform weit weniger verbreitet als in der BRD, d.h. nur etwa jede vierte Frau arbeitete Teilzeit. Diese große Bedeutung der Erwerbstätigkeit in der Lebensgestaltung von Frauen erfuhr durch den Anschluß an die BRD und die Übernahme der dort gültigen Gesetze und Vorstellungen zur Frauenerwerbstätigkeit einen radikalen Bruch. Dieser wirkt sich, wie zu zeigen sein wird, auf dramatische Weise auf die Gestaltung der Reproduktionsarbeit aus.

2. Krise der Reproduktionsarbeit

Die Ausweitung der Frauenerwerbstätigkeit in der BRD wird begleitet von einer Erosion des traditionellen Verständnisses der geschlechtlichen Arbeitsteilung und allgemein des Geschlechterverhältnisses. In dem Maße, in dem Frauen selbstverständlich Erwerbstätigkeit in ihren Lebensentwurf einplanen, lehnen sie es zunehmend ab, allein für Kinder und Hausarbeit zuständig zu sein (vgl. Seidenspinner/Burger 1982). Die Realität des Geschlechterverhältnisses spricht eine andere Sprache als das Ideal der partnerschaftlichen Beziehung. Sowohl Eckart (1990, S. 71ff.) als auch Speil u.a. (1987, S. 243ff.) stellen in ihren empirischen Untersuchungen eine weiterhin gültige traditionelle Arbeitsteilung in den Familien fest mit Zuarbeiten des Mannes und Hauptverantwortung der Frau bei der Erledigung der Haus- und Erziehungsarbeit. Die Auswirkungen dieser Doppelbelastung beschreibt Enders-Dragässer (1991): Berufliche Ambitionen müssen zurückgestellt, in der eigenen Existenzsicherung Einschränkungen akzeptiert und übergroße Belastungen bei der Vereinbarung von Erwerbs- und Reproduktionsarbeit hingenommen werden. Diese Verhältnisse wirken sich belastend auf die Beziehungen aus. Sowohl Enders-Dragässer (1991, S. 108) als auch Eckart (1990, S. 73) beschreiben die Unzufriedenheit der Frauen mit dem traditionellen Rollenverhalten des Mannes. Diese Schwierigkeiten bei der Vereinbarung von Beruf und Familie können ein Grund dafür sein, daß andere Formen der Bewältigung der Reproduktionsarbeit zunehmen (vgl. Meyer/Schulze 1989, Spiegel 1986):

- Ehepaare bekommen weniger Kinder. Die Zahl der Ehepaare mit Kindern unter 18 Jahren ist zwischen 1981 und 1989 um ca. 1,5 Millionen zurückgegangen. Ehepaare ohne Kinder haben in dieser Zeit um 500.000 zugenommen und sind nun zahlenmäßig stärker vertreten als Ehepaare mit Kindern unter 18 Jahren.

- Frauen heiraten weniger. Alleinstehende Frauen ohne Kinder haben im gleichen Zeitraum um fast zwei Millionen zugenommen.

- Die Zahl der alleinstehenden Frauen mit Kindern wächst.

Die Zahl der alleinerziehenden Frauen betrug in der Bundesrepublik 1989 1.556.000 (die der alleinerziehenden Männer 284.000). Sie nahm seit 1981 um fast 15% zu (die Steigerungsrate bei den alleinerziehenden Männern betrug ca. 11%). Alleinstehende Frauen mit Kindern unter 18 Jahren zählten 1989 um fast 40.000 mehr als 1981. Zur Zeit (VZ-Daten) haben 29,1% aller deutschen Haushalte eine weibliche Bezugsperson. Weit über dem Durchschnitt liegt deren Zahl in den Stadtstaaten Berlin (40%), Hamburg (38,7%) und Bremen (35,4%).

- Es gibt immer mehr Partnerschaften ohne Heirat. Die Zahl der nicht-ehelichen Lebensgemeinschaften stieg zwischen 1982 und 1988 um ca. 300.000 auf 820.000 (nach Schätzungen auf der Basis des Mikrozensus)[1].

Die bisherige Interpretation solcher Daten als Ausdruck zunehmender Individualisierung, Krise bzw. Wandel der Familie benennt unseres Erachtens den entscheidenden Kern dieser gesellschaftlichen Dynamik nicht: die Krise der Reproduktionsarbeit.

Die Krise der Reproduktionsarbeit ist ein strukturelles, unsere Gesellschaft grundlegend berührendes Phänomen. Sie ergibt sich aus dem erheblichen Wandel der weiblichen Geschlechtsrolle, zu deren Selbstverständnis heute Erwerbstätigkeit und gleichberechtigte Partnerschaft gehören. Die männliche Geschlechtsrolle sowie die Berufsrollen folgten dieser Entwicklung nicht in gleichem Maß. Während für Frauen gilt, daß ihre traditionellen Arbeitsverpflichtungen in Form der Reproduktionsarbeit durch die Erwerbstätigkeit ergänzt werden und damit vom Umfang her zunehmen, bleiben die Anforderungen an die männlichen Arbeitsverpflichtungen weitgehend unverändert. Die dadurch entstehende Asymmetrie der Rollenerwartungen führt auf der individuellen Ebene vor allem dort zur Krise, d.h. zu Auseinandersetzungen und Konflikten um unvereinbare Erwartungen, wo es aus der Sicht der Frauen um gemeinsam mit Männern zu bewältigende Aufgaben wie die Arbeitsteilung in der Familie bzw. die Reproduktionsarbeit geht.

Es kommt zu Spannungen und Konflikten im Geschlechterverhältnis. Die nichtentlohnte Arbeit für die Reproduktion, Hausarbeit und Kindererziehung gerät in eine Krise, weil die Reproduktionsarbeit nicht mehr im gesamten bisherigen Umfang von Frauen übernommen werden kann und in unserer patriarchalen Kultur andere Instanzen (Familienväter, Staat, Wirtschaft) die erkennbaren Defizite nicht in adäquatem Maße ausgleichen können oder wollen. Immer mehr Frauen reagieren mit einer Veränderung der Reproduktionsformen auf die weiterhin an sie gestellten Reproduktionsarbeitsverpflichtungen, die dadurch zurückgewiesen bzw. reduziert werden sollen.

Die Krise der Reproduktionsarbeit ist latent als gesellschaftliches Faktum mit der derzeitigen Struktur der Geschlechter- und Berufsrollen gegeben. Sie wird manifest von jeder Frau (und in der Folge auch von Männern) erlebt, da sie sie in ihrer Lebensgestaltung beeinflußt, sei es, daß sie die Aktualisierung der Krise vermeidet (z.B. durch Alleinleben), sei es, daß sie die Krise „auslebt" mit entsprechenden Kosten für daran Beteiligte. Eher unwahrscheinlich bzw. noch äußerst selten ist der Fall, daß es zu einer gelungenen Lösung des Problems kommt, die nicht auf Kosten des einen oder anderen geht.

---

[1] Alle Daten sind den Statistischen Jahrbüchern von 1983 bis 1990 entnommen.

Reproduktionsarbeitskrise

a. Aktualisierung bzw. Ausleben der Reproduktionsarbeitskrise
(Versuche der Vereinbarung)

Die „Aktualisierung bzw. das Ausleben der Reproduktionsarbeitskrise" umschreibt den Versuch von Frauen, der traditionellen Rolle als Mutter und Ehefrau sowie der neuen Rolle als Erwerbstätige gerecht zu werden und den vielfältigen gleichzeitigen Aufgaben nicht auszuweichen. Eine repräsentative Befragung von Frauen im Alter von 25 bis 45 Jahren und ihren Partnern über „Wege der Vereinbarkeit von Beruf und Familie" im Auftrag des ehemaligen Bundesministeriums für Jugend, Familie, Frauen und Gesundheit ergab, daß das traditionelle Modell der Alleinzuständigkeit des Mannes für den Beruf und der Frau für Haus und Familie praktisch kaum mehr existiert. Die Vereinbarkeit von Beruf und Familie besteht als Anspruch, wird aber immer noch vorwiegend als Angelegenheit der Frau betrachtet. Die überwiegend praktizierte Form der Vereinbarkeit liegt in der Vollzeiterwerbstätigkeit des Mannes und seiner Zuarbeit in der Familie und der Teilzeiterwerbstätigkeit der Frau und ihrer Allein- und Hauptverantwortlichkeit für die Familienarbeit. Das Phasenmodell tritt bei den jüngeren Frauen zugunsten möglichst frühzeitiger Aufnahme von zumindest Teilzeitarbeit zurück, berichtet eine der Autorinnen der Studie in einem ersten Bericht darüber (Jansen in FR. v. 29.2.92).

Es zeigt sich allerdings in der Untersuchung, daß Frauen deutlich unzufriedener sind mit dieser Auf- und Verteilung der familialen Reproduktionsarbeit als Männer. Dennoch stellen 73% der befragten Frauen die Anforderung an sich, beidem, Beruf und Familie, gerecht werden zu wollen. Die Vereinbarkeit ist demnach nur erreichbar, weil Frauen überwiegend ihre beruflichen Ambitionen (noch) zurückstellen, in der eigenen Existenzsicherung Einschränkungen hinnehmen, familiär übergroße Belastungen tragen und eigene Bedürfnisse reduzieren. Belastungen können vor allem aus den Betreuungs-, Versorgungs- und Erziehungsarbeiten für Kinder, aber auch aus der Pflege Älterer resultieren. Zwar beteiligen sich hieran - in Maßen - auch die Männer, jedoch sind nur 58% der Frauen gegenüber 80% der Männer mit dieser Arbeitsteilung zufrieden. So zeigt sich, daß Männer nicht nur quantitativ deutlich weniger, sondern auch qualitativ andere Arbeiten verrichten, nämlich solche, die mit mehr Ansehen oder mit der Befriedigung eigener Bedürfnisse bzw. mit Lustgewinn verbunden sind.

Die Krise der Reproduktionsarbeit ist in dieser Konstellation zwischen den Geschlechtern aktualisiert; die Wege aus der Krise heraus nehmen jedoch sehr unterschiedliche Formen an:

- Gelungene Lösungen: Noch selten wird man Erwerbs- und Reproduktionsarbeitskonstellationen mit Kindern finden, in denen heute schon eine gleichberechtigte Verteilung der Berufs- und Reproduktionsarbeit gelingt, ohne daß dies auf Kosten eines Partners geht.

- Besondere Belastung der Frauen: Überforderung und hohe gesundheitliche Belastung und eine größere Unzufriedenheit der Frauen als der Männer sind häufig der Preis dafür, daß Frauen allen selbstgestellten und gesellschaftlichen Erwartungen gerecht zu werden versuchen, indem sie sowohl Erwerbsarbeit als auch im vollen Umfang Reproduktionsarbeit leisten.

- Entscheidung gegen die eigene (angemessene) Erwerbstätigkeit: Frauen entscheiden sich für einen zeitweiligen Verzicht auf Erwerbstätigkeit zur Reduktion der Belastung.

- Bewußte Reduzierung des Umfangs der Reproduktionsarbeit: Durch Verringerung der Kinderzahl soll der Umfang der Reproduktionsarbeit und damit der gesamten Arbeitsbelastungen reduziert werden.

- Das Scheitern der Vereinbarung: In vielen Fällen zeigt sich, daß der Versuch der Vereinbarkeit von Beruf und Familie so sehr zu Lasten der Frauen geht, daß sie eine Erleichterung durch die alleinige Übernahme der Verantwortung erhoffen. Scheidung mit der Konsequenz des Alleinerziehens von Kindern und der Notwendigkeit der Berufstätigkeit erhöht zwar in der Regel die Belastung für die Frau; ob sie auch als Beanspruchung erfahren wird, hängt aber von ihrer psychischen Situation ab.

b. Vermeidung der Aktualisierung der Krise

Immer mehr Frauen entscheiden sich für die Entwicklung neuer nicht ehegebundener Reproduktionsformen wie z.B. das Alleinleben, das Alleinerziehen von Kindern, nicht-eheliche Partnerschaften mit und ohne Kinder, Leben in größeren Gemeinschaften. Die Entwicklung solcher neuen Reproduktionsformen können individuelle Bewältigungsformen der Reproduktionsarbeitskrisen von seiten der Frauen sein, da viele Frauen nicht mehr bereit sind, ihre Erwerbstätigkeit zugunsten der Ehe- oder Familienbeziehungen zurückzustellen. Ihre neuen Lösungen sind somit ein Ausdruck für die Krise der Form, in der bisher Reproduktionsarbeit erledigt wurde. Aus der Krise der Reproduktionsarbeit können sich neue Muster der Abstimmung von Erwerbs- und Reproduktionsarbeit entwickeln. Alle Frauen sind mit der Anforderung der Reproduktionsarbeit konfrontiert, und viele suchen daraus Auswege, die Unabhängigkeit, Autonomie und Beziehungsfähigkeit versprechen, in der Regel aber auch mit hohen Kosten für sie verbunden sind (Verzicht auf Kinder als Alleinlebende, ein hoher Grad an Belastung als Alleinerziehende etc.).

Diese Formen der Krisenlösung gelten für die alte Bundesrepublik.

In den neuen Bundesländern führte der Zusammenbruch des sozialistischen Systems auch zum weitgehenden Zusammenbruch des bisherigen Systems der Reproduktion, das sich vom westdeutschen System der Reproduktion in vier Punkten unterschied:

- Die Frauen waren in der Regel vollerwerbstätig.

- Es fand kaum ein Wandel in der traditionellen Frauen- und Männerrolle statt; die Frauen fühlten sich noch weitgehend allein zuständig für Haushalt und Kinder; es fehlte der Einfluß einer Frauenbewegung.

- Für die Kinderbetreuung war staatlicherseits gesorgt, so daß die berufstätige Mutter in dieser Hinsicht entlastet wurde. In den Kindergärten wurden im Jahr 1988 94% und in den Kinderkrippen 80% der altersmäßig in Frage kommenden Kinder betreut (Klenner 1992, S. 99).

- Die soziale Absicherung der alleinlebenden bzw. alleinerziehenden Frauen war gewährleistet. Dies ist auch der Hintergrund für die wesentlich höhere Rate von 34% nicht-ehelich geborener Kinder in der DDR (1985) im Vergleich zu 10% nicht-ehelich geborener Kinder in der BRD (Mohrmann 1992, S. 32).

Die Reproduktionsarbeitskrise bestand deshalb in der aktualisierten Form, wie sie für die BRD beschrieben wurde, für ostdeutsche Frauen nicht. Für diese Frauen war Erwerbstätigkeit selbstverständlich und auch mit Mutterschaft kombinierbar - notfalls auch ohne Mann. Die Dynamik, die in der BRD von erwerbstätigen Ehefrauen und Müttern resultierend aus der Unvereinbarkeit des traditionellen Familien- bzw. Frauenbildes mit der Erwerbstätigkeit erfahren wird, konnte sich in der DDR aufgrund einer anderen sozio-ökonomischen Organisation der Gesellschaft nicht entwickeln. Mit dem Anschluß der DDR an das westdeutsche Gesellschaftssystem zeichnete sich aber auch in den neuen Bundesländern die Aktualisierung der Reproduktionsarbeitskrise ab, auch wenn sie andere Ausformungen und Ausmaße als in den alten Bundesländern annimmt. Ihr Hauptkennzeichen ist die Erwerbsarbeitslosigkeit ehemals vollberufstätiger Frauen, die nun ausschließlich mit der Arbeit für die Reproduktion beschäftigt sind, zumal auch viele Kinderbetreuungsstätten geschlossen wurden. Die Krisenhaftigkeit dieses Zustandes läßt sich aus den nachfolgenden Zahlen ableiten.

Nach Angaben des statistischen Bundesamtes ging die Zahl der Eheschließungen in den neuen Bundesländern 1991 gegenüber dem Vorjahr um die Hälfte zurück, während sie in den alten Bundesländern nur um 2,8% rückläufig war (SZ v. 7./8.3.1992). In den neuen Bundesländern sank auch die Zahl der Neugeborenen um 39,6%, in den alten jedoch nur um 0,7% (Statistisches Jahrbuch 1993). Die Zahl der Scheidungen reduzierte sich in den neuen Bundesländern 1991 im Vergleich zum Vorjahr um 71,9%, während sie in den alten Bundesländern um 3,6% zunahm (FR. v. 23.9.92).

Die Formen der Bewältigung der Krise werden in Ost- wie in Westdeutschland ermöglicht und beeinflußt durch die Angebote, die der Agglomerationsraum mit seinem Arbeitsmarkt, seinem Wohnungsmarkt und den Möglichkeiten der Kinderbetreuung und der Verkehrsmittel zur Überwindung der Distanzen zwischen Wohnung und Arbeitsplatz bietet. Sie stellen einerseits den Rahmen für die möglichen Alternativen im Umgang mit der Krise der Reproduktionsarbeit dar; andererseits sind sie aber auch als Grenzen zu sehen, die die Formen der Krisenlösung beschränken.

III. Krise der Reproduktionsarbeit und der lokale Arbeitsmarkt für Frauen

Für die Dynamik des Reproduktionsbereichs und die Lösungsmöglichkeiten der Reproduktionsarbeitskrise ist der lokale Arbeitsmarkt nicht nur von Bedeutung, weil hier die Arbeitsplätze für Frauen zu finden sind, sondern weil seine Zusammensetzung auch darüber entscheidet, ob und in welcher Anzahl Frauen vor Ort existenzsichernde Beschäftigungsmöglichkeiten finden, die ihnen prinzipiell eine nur auf ihrem Verdienst aufbauende Reproduktionsform ermöglichen.

1. Erwerbsarbeit und eigene Existenzsicherung der Frauen

Willms-Herget (1985), Gottschall (1989) und Teubner (1989) beschreiben den Dienstleistungssektor als die treibende Kraft für die Integration der Frauen in den Arbeitsmarkt.

In den 60er Jahren beruhte die Ausweitung der Beschäftigung in Industrie, Handel und Dienstleistungsgewerbe unter anderem auf einer erhöhten Erwerbsbeteiligung der Frauen. Die Erwerbsstruktur der Frauen verschob sich von mithelfender zu abhängiger Beschäftigung, besonders im Angestelltenstatus. Arbeiterinnen- oder Angestelltentätigkeit stellt spätestens seit den 70er Jahren den Normalfall weiblicher Erwerbstätigkeit dar. Damit gleicht die Erwerbsstruktur der Frauen erstmals seit Beginn der Industrialisierung der der Männer (Gottschall 1989, S. 14).

Entsprechend den Strukturveränderungen in der Wirtschaft veränderte sich auch bei Frauen das Verhältnis von Arbeiterinnen und weiblichen Angestellten. Betrug es in den 50er Jahren noch 2:1, in den 70er Jahren 1:1, so hat es sich bis in die 80er Jahre auf 1:2 umgekehrt (S. 16), da der seit den 70er Jahren einsetzende Abbau der Frauenerwerbsarbeitsplätze in der Industrie durch Beschäftigungsausweitungen im Dienstleistungsbereich aufgefangen werden konnte.

Mit der Expansion der Angestelltentätigkeiten seit den 60er bis Anfang der 80er Jahre haben sich für Frauen auch qualifizierte Tätigkeitsfelder eröffnet: bei Banken und Versicherungen, der öffentlichen Verwaltung und dem Gesundheitswesen, dem Handel und bei Industrieverwaltungen einzelner Branchen wie der Maschinenbau-, Elektro-, Chemie-, Nahrungs- und Genußmittelindustrie. Bereits 1970 waren von insgesamt 3,3 Millionen weiblichen Angestellten mehr als die Hälfte in qualifizierter Tätigkeit in kaufmännisch-administrativen, gesundheits- und sozialdienstlichen und technischen Bereichen tätig, so daß aus den einst männerdominierten kaufmännischen und technischen Bereichen gemischte Segmente wurden. Trotzdem sind dies Ausnahmen, denn in der Regel füllen erwerbstätige Frauen sowohl in der Produktion als auch im Dienstleistungssektor die Arbeitsbereiche von unten auf. Sie erhielten die geringer qualifizierten, spezifisch belastenden und geringer entlohnten Arbeitsplätze (S. 22).

Von daher ergeben sich entsprechend der Qualifikationen der Arbeitsplätze erhebliche Unterschiede in der Möglichkeit einer eigenen Existenzsicherung für Frauen.

Nimmt man hinzu, daß zwischen 1980 und 1985 der Anteil der teilzeitarbeitenden Frauen von ca. 30% auf 37,9% der abhängig beschäftigten Frauen angewachsen war, so heißt das, daß mindestens 2/5 der abhängig beschäftigten Frauen Arbeitsplätze innehatten, die keine eigene Existenzsicherung ermöglichten.

In einzelnen Wirtschaftsbereichen wie dem Einzelhandel und dem Reinigungsgewerbe, aber auch bei spezifischen Tätigkeiten in öffentlichen und privaten Verwaltungen wurden mit der Teilzeitarbeit Frauenarbeitsplätze etabliert, „die durch extrem prekäre Entlohnungs-, Leistungs- und Qualifikationsbedingungen gekennzeichnet sind und als Vollzeit- und Dauererwerbsarbeit so nicht hätten konstituiert werden können" (Gottschall 1989, S. 22).

Der Beschäftigungsrückgang seit 1981 betraf nun auch Vollzeitarbeitsplätze der weiblichen Angestellten, deren Zahl seitdem rückläufig war und erst 1987 wieder anstieg. Die Arbeitslosenquote der Frauen betrug 1986 10,2%. Im Januar 1993 lag sie in Westdeutschland bei 7,8%, in Ostdeutschland bei 18,6%.

Es öffnet sich eine deutliche Schere zwischen Erwerbsarbeitsangebot und -nachfrage. Die Konkurrenz um Arbeitsplätze bei den qualifizierten Angestellten verschärft sich erheblich und fällt in der Regel zuungunsten von Frauen aus.

Allerdings existieren auch besonders beschäftigungsexpansive Dienstleistungsbranchen. Diese scheinen jedoch solche mit dem höchsten Anteil nichtexistenzsichernder Arbeitsverhältnisse zu sein, wie eine regionale Analyse des Dienstleistungsmarktes zeigte (Möller 1987).

Die Zahl der qualifizierten, gutbezahlten, existenzsichernden Arbeitsplätze für Frauen verknappt sich, während die Zahl der schlechtbezahlten, unqualifizierten Arbeitsplätze zunimmt. Gottschall resümiert, daß sich die positiven Tendenzen in der Entwicklung der weiblichen Erwerbstätigkeit in den 80 Jahren nicht fortsetzen, „da quantitativ bedeutsamen Gruppen von Frauen Verbleib und Wiedereintritt in Beschäftigungsverhältnisse, die dauerhaft den Lebensunterhalt sichern, nicht gelingt und sie statt dessen zunehmend mit sozialer Ausgrenzung und Armut konfrontiert sind." (S. 38)

Vom Angebot an existenzsichernden Arbeitsplätzen für Frauen wird es aber künftig abhängen, ob steigende Anteile alleinstehender Frauen mit und ohne Kinder verarmen, für die die Ehe als Existenzsicherungsform keine Alternative (mehr) darstellt.

Die Nettoeinkommen von Selbständigen, Beamten, Angestellten und Arbeitern zeigen eine nach wie vor dramatische Differenz in den Einkommenschancen von Männern und Frauen. Von den Männern verdienen 34,2% unter 1800 DM netto, von den Frauen hingegen 77,1% (Brettschneider, Husmann u.a. (Hrsg.) 1989, S. 12,13).

Unter der Prämisse, daß die Entwicklung neuer Reproduktionsformen von der Möglichkeit einer existenzsichernden Erwerbstätigkeit von Frauen beeinflußt wird, ist zu fragen, wie sich die Reproduktionsformen bei einer Fortschreibung der derzeitigen Tendenzen auf dem Arbeitsmarkt weiterentwickeln werden:

Sind die geringen Verdienstmöglichkeiten auf dem Arbeitsmarkt ein Grund zum Festhalten an Ehe (und Kindern)? Ist die Polarisierung von Verdienstmöglichkeiten, wie sie sich derzeit für Frauen abzeichnet, auch Ausgangspunkt für eine weitere Polarisierung der Reproduktionsmuster in beispielsweise „arm und verheiratet" vs. „wohlhabend und alleinlebend"?

Gibt es z.B. für Frauen in Reinigungsberufen Alternativen in der Wahl ihrer Reproduktionsformen?

In den Reinigungsberufen sind 72,5% der Frauen teilzeitbeschäftigt. Davon verdienen gut 80% unter 1000 DM. Von den vollerwerbstätigen Frauen weisen 90% ein monatliches Nettoeinkommen unter 1800 DM auf, das in der Regel wohl nur einen Zuverdienst zum Hauptverdienst des Mannes darstellt. Wenn der Verdienst zur selbständigen Existenzsicherung ausreicht, wie etwa bei weiblichen Bank- und Versicherungskaufleuten, von denen 42,9% über 1800 DM verdienen, ist zu erwarten, daß von ihnen ein geringerer Prozentsatz verheiratet ist, mehr Frauen geschieden sind und/oder alleinleben (alle Daten aus dem Mikrozensus 1989). Eine Überprüfung dieser These ist mit den Daten der amtlichen Statistik nicht möglich, so daß sie vorerst als Hypothese formuliert bleiben muß und die These nur annäherungsweise belegt werden kann. Erste Ergebnisse einer von uns durchgeführten Umfrage bei Unternehmen in München, Frankfurt und Duisburg zur Situation der beschäftigten Frauen scheinen diesen Zusammenhang jedoch zu bestätigen.

2. Moderne und traditionelle Agglomerationstypen

Inwieweit qualifizierte bzw. unqualifizierte Frauen Chancen auf dem Arbeitsmarkt haben und ihre Form der Reproduktionsarbeit „wählen" können, hängt vor allem von den regionalen Arbeitsmärkten und den unterschiedlichen Branchenzusammensetzungen ab, aber auch von anderen lokalen Bedingungen, die unter IV. ausführlicher behandelt werden.

Da die örtliche Wirtschaftsstruktur und das damit vorhandene Angebot an Erwerbsarbeitsplätzen für Frauen wichtige Bedingungen für die Ausgestaltungsmöglichkeiten der Reproduktionsformen darstellen, können Agglomerationsräume nach den unterschiedlichen Möglichkeiten, die sie für die Frauenerwerbstätigkeit bieten, beschrieben werden. Entsprechend unterschiedlich verhalten sich - so die These - auch die Reproduktionsformen.

Analog zur Unterscheidung in Räume mit einer traditionellen Wirtschaftsstruktur (im Umbruch) wie im Ruhrgebiet und Räume mit einer modernen Wirtschaftsstruktur wie in Frankfurt oder München ergeben sich zwei kontrastierende Typen, die wir als „moderne" Agglomerationsräume und „traditionelle" Agglomerationsräume bezeichnen. Darüber hinaus erhält der traditionelle Typ durch das Hinzukommen der neuen Bundesländer eine ostdeutsche Variante. Diese Variante wurde in unsere Untersuchung jedoch nicht in gleichem Maße miteinbezogen, da es kaum mit dem Westen vergleichbare Datenbestände gibt.

Der traditionelle Typ (West)

● Die ökonomische Struktur ist noch traditionell geprägt durch einen hohen Anteil an Beschäftigten im produzierenden Gewerbe, einen hohen Anteil männlicher Beschäftigter und einen hohen Anteil Arbeitsloser (Bergbau, Stahl, Werften). Frauen sind in geringerer Zahl erwerbstätig, ihre Beschäftigung wird noch weitgehend als Zuverdienst zu dem Einkommen des Mannes verstanden.

● Traditionelle, ehegebundene Reproduktionsformen sind noch weit verbreitet (verheiratet, in einem Haushalt lebend, der Ehemann ist der Hauptverdiener).

Der traditionelle Typ (Ost)

● Die ökonomische Struktur ist weitgehend traditionell mit einem hohen Anteil an Beschäftigten im produzierenden Gewerbe. Weiterhin zeichnet sich dieser Typus durch einen hohen Anteil an männlichen und weiblichen Arbeitslosen aus.

▓ **Reproduktionsarbeitskrise**

● Traditionelle ehegebundene Reproduktionsformen überwiegen, wobei Mann und Frau ganztägig berufstätig sind bzw. vor den beginnenden Umstrukturierungen waren. Der Anteil der Alleinerziehenden liegt ebenfalls hoch.

Der moderne Typ

● Die ökonomische Struktur ist in dem Sinne modern, daß sie einen hohen Anteil von Dienstleistungsfunktionen sei es im Dienstleistungsbereich selbst, sei es im sekundären Bereich umfaßt. Es gibt sowohl einen kleineren Anteil von qualifizierten, gut verdienenden Frauen als auch einen größeren von schlecht verdienenden Frauen, so daß wir von einer Polarisierung der Erwerbsarbeitschancen von Frauen sprechen können.

● Die Reproduktionsformen sind überwiegend nicht traditionell, d.h. erkennbar ist ein hoher Anteil an alleinlebenden Frauen (geschieden, ledig) und eine große Anzahl armer, alleinerziehender Frauen, denen ein etwa gleich großer Anteil verheirateter erwerbstätiger Frauen mit Kindern gegenübersteht.

Wir begreifen diese Typen als erste Hypothesen, die überprüft und differenziert werden müssen.

In der von uns 1993 durchgeführten Untersuchung entspricht Duisburg dem Typus eines „traditionellen Agglomerationsraums" (West), während Frankfurt und München den Typus eines „modernen Agglomerationsraums" bilden. Belegen läßt sich dies anhand ausgewählter Daten der amtlichen Statistik (hier VZ 1987). Diese Daten weisen darauf hin, daß Frauen in Duisburg - im Vergleich zu Frauen in München und Frankfurt - mit schlechteren Erwerbsarbeitschancen auf dem lokalen Erwerbsarbeitsmarkt konfrontiert sind.

In Duisburg arbeiten 42,9% aller Beschäftigten im sekundären Sektor, in München 28,2% und in Frankfurt nur 23,4%. Von den erwerbstätigen Frauen arbeiten in Duisburg 15,3% im sekundären Sektor, in München 16,8% und in Frankfurt 13,2%. Anhand dieser Daten zeigt sich die unterschiedliche Bedeutung des sekundären Sektors sowohl für die Beschäftigung insgesamt als auch für die Frauenbeschäftigung in den drei Großstädten. In Frankfurt besitzt der sekundäre Sektor nicht die gleiche Bedeutung wie in Duisburg und München, aber auch zwischen Duisburg und München ergeben sich Unterschiede: Während in München 28,2% aller Beschäftigten und 16,8% aller erwerbstätigen Frauen im sekundären Sektor arbeiten, sind in Duisburg 42,9% aller Beschäftigten, aber nur 15,3% aller erwerbstätigen Frauen im sekundären Sektor angestellt. Daraus läßt sich schließen, daß Frauen in Duisburg mit wesentlich stärkeren Ausschlußmechanismen im sekundären Sektor konfrontiert sind als in München.

Auch im tertiären Sektor - dem Hauptarbeitsmarkt für Frauen (vgl. Gottschall 1989, Willms-Herget 1985, Teubner 1985, Baethge 1988) - stehen Frauen in Duisburg schlechteren Ausgangsbedingungen gegenüber. Nur 56,8% der Arbeitsplätze insgesamt befinden sich in Duisburg in diesem Bereich, gegenüber 71,7% in München und 76,4% in Frankfurt. Hier arbeiten in Duisburg 84,5% der erwerbstätigen Frauen, in München 83,1% und in Frankfurt mit einer von Dienstleistungen dominierten Wirtschaftsstruktur 86,6% der erwerbstätigen Frauen. Nicht nur anhand dieser für Duisburger Frauen ungünstigen Relation lassen sich ihre schlechteren Erwerbsarbeitschancen belegen. So arbeiten nur 26% der erwerbstätigen Frauen in Duisburg im Bereich der „unternehmensorientierten Dienstleistungen" (z.B. „Verkehr, Nachrichtenübermittlung", „Spedition, Lager", „Kredit", „Versicherungen" usw.) im Gegensatz zu 36,8% der Münchner und 46,2% der Frankfurter Frauen. Ergebnisse einschlägiger Arbeitsmarktanalysen (z.B. Gottschall 1989, Baethge 1988, Schön 1991, Sackmann 1992) weisen darauf hin, daß Frauen in den unternehmensorientierten Dienstleistungen die besten Verdienstmöglichkeiten und qualifiziertesten Beschäftigungsmöglichkeiten offenstehen. In diesem Bereich sind Teilzeitarbeit und sonstige Formen prekärer Beschäftigung unterdurchschnittlich ausgeprägt (vgl. Möller 1988). Demgegenüber finden sich vor allem in den „verbrauchsorientierten Dienstleistungen" (z.B. „Einzelhandel", „Gastgewerbe", „Wäsche, Reinigung") prekäre, d.h. tariflich, finanziell und sozialversicherungsrechtlich nicht abgesicherte Beschäftigungsformen (vgl. Möller 1988, Schön 1991, Gottschall 1989). Dort arbeiten 26,5% der Duisburger Frauen, aber nur 18,7% der Münchner und 17,2% der Frankfurter Frauen. Dieser kurze Überblick deutet insgesamt darauf hin, daß Frauen in Duisburg generell weniger Beschäftigungschancen und insbesondere weniger existenzsichernde Beschäftigungsmöglichkeiten offenstehen.

Unserer These nach müßte ein Zusammenhang zwischen den oben aufgeführten strukturellen Unterschieden der lokalen Arbeitsmarktbedingungen und der Lebenssituation der Frauen bestehen. Duisburg weist beispielsweise in bezug auf die drei Untersuchungsräume die niedrigste Erwerbstätigen- bzw. Erwerbsquote von Frauen auf, dafür aber die höchste Hausfrauenquote. Auch die weiteren Daten - höherer Anteil verheirateter Frauen, niedrigerer Anteil lediger Frauen usw. - lassen darauf schließen, daß Frauen in Duisburg eher eine Absicherung ihrer Existenz über die Ehe anstreben. Demgegenüber scheint sich für den „modernen" Typus trotz unterschiedlicher Branchenzusammensetzung ein Zusammenhang von besseren Chancen auf dem Arbeitsmarkt und einer finanziell eigenständigen Lebensführung, die sich in der Ausdifferenzierung der Reproduktionsformen zeigt, zu bestätigen.

Dem Typus des traditionellen Agglomerationsraumes Ost entspricht beispielsweise die Region Leipzig. Leipzig ist jedoch mit den ausgewählten westdeutschen Städten nicht direkt vergleichbar. Zum einen ist erst seit dem Anschluß der DDR an die BRD die Voraussetzung vorhanden, synchrone Erhebungen (z.B. Mikrozensus, Erhebungen der Arbeitsämter), die eine Vergleichbarkeit der Daten garantieren, durchzuführen. Auch drei Jahre nach der Wiedervereinigung existieren jedoch kaum vergleichbare statistische Erhebungen, um die Lebenssituation von Frauen z.B. bezüglich ihrer Stellung auf dem Arbeitsmarkt, im Berufs- oder im Ausbildungssystem in allen Aspekten vergleichen zu können. Zum anderen gestaltete sich das Leben von Frauen in der ehemaligen DDR zwischen Erwerbs- und Reproduktionsarbeit aufgrund anderer ordnungspolitischer Vorstellungen und infrastruktureller Maßnahmen in unterschiedlicher Weise, so daß die Reproduktionsarbeitskrise andere Ausprägungen erhalten mußte (vgl. II.2).

Reproduktionsarbeitskrise

Tab.1: Vergleich der Erwerbssituation und Reproduktionsform von Frauen in drei Agglomerationsräumen

	München %	Frankfurt %	Duisburg %
Anteil der Beschäftigten im sekundären Sektor	28,2	23,4	42,9
Anteil der beschäftigten Frauen im sekundären Sektor an allen beschäftigten Frauen	16,8	13,2	15,3
Anteil der Beschäftigten im Dienstleistungssektor	71,7	76,4	56,8
Anteil der beschäftigten Frauen im DLS an allen erwerbstätigen Frauen	83,1	86,6	84,5
Anteil der unternehmensorientierten Dienstleistungen an der Frauenbeschäftigung[2]	36,8	46,2	26,0
Anteil der verbrauchsorientierten Dienstleistungen an der Frauenbeschäftigung[2]	18,7	17,2	26,5
Erwerbstätigenquote der Frauen[3]	58,3	57,3	36,4
Erwerbsquote der Frauen[3]	62,5	61,3	42,8
Erwerbslosenquote der Frauen[3]	4,2	4,0	6,4
Hausfrauenquote[4]	27,6	31,0	49,3
Anteil der verheirateten Frauen an der weiblichen Bevölkerung	40,4	42,3	47,2
Anteil der ledigen Frauen an der weiblichen Bevölkerung	37,8	34,9	31,0
Anteil der weiblichen Bevölkerung mit überwiegendem Lebensunterhalt durch Ehegatten/Eltern	33,7	33,0	48,8

[2] Eigene Berechnungen.

[3] Im Alter von 15 bis 65 Jahren.

[4] Die Hausfrauenquote ergibt sich aus dem weiblichen Erwerbspotential im Alter von 15 bis 65 Jahren abzüglich der erwerbstätigen und erwerbslosen Frauen, Schülerinnen und Studentinnen; eigene Berechnungen.

Erst mit dem Anschluß der DDR an das westdeutsche politische, ökonomische und rechtliche System näherten sich die Lebensumstände und -konflikte ostdeutscher und westdeutscher Frauen an. Trotz der zu Zeiten der DDR vollständigen Integration der Frauen in das Erwerbsleben wurden sie nun im Zuge der ökonomischen Umstrukturierungen als erste aus dem Erwerbsarbeitsleben herausgedrängt und auf den Haushalt und die Familie begrenzt. Die jetzt zusätzlichen Aufgaben in Haushalt und Familie wirken sich für sie als Hindernis auf dem Arbeitsmarkt aus - sowohl real aufgrund des verstärkten Abbaus der Kinderbetreuungsmöglichkeiten als auch aufgrund der jetzt erneut präsenten ideologischen Voreingenommenheit bezüglich der „natürlichen Bestimmung" der Frau.

Diese Entwicklungen und die Reaktionen der Frauen darauf lassen sich auch in Leipzig statistisch nachvollziehen[5]. So waren 1989 noch 143.800 Frauen in Leipzig beschäftigt. Sie stellten damit 50,3% des Arbeitskräftepotentials. Schon 1990 arbeiteten nur noch 121.500 Frauen, 1991 120.300 und 1992 noch 106.500 Frauen. Der Anteil der Frauen an allen Beschäftigten reduzierte sich in diesem Zeitraum von 48,4% (1990) über 47,8% (1991) auf 45,7% (1992) und gleicht sich damit westdeutschen Verhältnissen an. Daß Frauen verstärkt aus dem Arbeitsmarkt und dem Erwerbsleben ausgegrenzt werden, läßt sich auch anhand der Daten über Arbeitslose im Arbeitsamtsbezirk Leipzig nachvollziehen.

Tab. 2: Arbeitslose im Arbeitsamtsbezirk Leipzig

Jahr	Frauen	Männer
1990	20.516	14.385
1991	30.757	17.154
1992	33.720	16.336

Deutlich wird, daß fast doppelt soviel Frauen wie Männer im Zeitraum von 1990 bis 1992 als arbeitssuchend gemeldet waren, obwohl noch 1989 die Anzahl der erwerbstätigen Frauen und Männer gleich hoch lag. So waren im Oktober 1992 im Arbeitsamtsbezirk Leipzig 19,1% Frauen, aber nur 8,7% Männer arbeitslos[6].

Diese Entwicklungen wirken sich auch auf die Lebensgestaltung der Frauen aus, wie in Tabelle 3 sichtbar wird.

Tab. 3: Eheschließungen, Ehescheidungen und Lebendgeborene in Leipzig

Jahr	Eheschließungen je 10.000 Ew.	Ehescheidungen je 10.000 Ew.	Lebendgeborene auf 1.000 Ew.
1987	84,6	37,7	12,4
1988	83,6	36,0	11,8
1989	89,0	35,8	11,0
1990	65,5	17,6	10,2
1991	30,3	1,8	6,7
1992	30,0	2,3	5,6

Frauen in Leipzig reagieren auf die Umbruchsituation in der Weise, daß sie weniger häufig heiraten und weniger Kinder bekommen. Der Hintergrund dafür dürfte in der unsicheren Lebenssituation nach der Wiedervereinigung zu suchen sein. Die Angst vor dem Verlust des Arbeitsplatzes bzw. der Versuch, auf dem Arbeitsmarkt flexibel zu bleiben, um die eigene Existenz finanziell absichern zu können, führen bei dem gleichzeitigen Verlust einer zeitlich und qualitativ ausreichenden Kinderversorgung bei Frauen zu der bewußten Entscheidung gegen Kinder.

Ostdeutsche Frauen scheinen demnach mittlerweile den gleichen Zwängen und derselben Dynamik aus dem Bereich der Reproduktions- und Erwerbsarbeit gegenüberzustehen. Ähnlich wie in westdeutschen Städten - nur noch deutlicher und in einem wesentlich kürzeren Zeitraum - scheinen Frauen in Leipzig mit einer Veränderung der Reproduktionsformen zu reagieren.

---

[5] Alle folgenden Daten sind dem Statistischen Jahrbuch 1993 der Stadt Leipzig, Amt für Statistik und Wahlen, entnommen.

[6] Angaben des Arbeitsamtes Leipzig.

Für eine differenziertere Beschreibung und Analyse der verschiedenen Lösungsformen der Reproduktionsarbeitskrise in West und Ost bedarf es jedoch genauerer Untersuchungen.

Neben dem bisher festgestellten Zusammenhang von Arbeitsmarkt und Reproduktionsformen ist weiterhin zu untersuchen, ob in den verschiedenen Agglomerationsraumtypen auch unterschiedliche Voraussetzungen hinsichtlich städtischer Strukturen (Nähe von Wohnen und Arbeiten), Wohnungsmarkt, Verkehrs- und sozialer Infrastruktur existieren, die die Herausbildung neuer Reproduktionsformen erschweren oder erleichtern. Auch ist zu analysieren, welche Probleme aus räumlichen Strukturen für die Bewältigung von Reproduktionsarbeitskrisen folgen. Der Zusammenhang von Reproduktionsarbeit und Stadtstruktur wird im nächsten Abschnitt erläutert.

IV. Reproduktionsarbeit und Stadtstruktur

Die Arbeit für die Reproduktion beeinflußt in einem hohen Ausmaß die Entwicklung der Agglomerationsräume. Doch werden diese Zusammenhänge im Gegensatz zu ökonomischen Zusammenhängen noch kaum wahrgenommen.

So wurde z.B. die mit Beginn der Industrialisierung einsetzende Zentralisierung der Arbeitsplätze in Fabriken und Büros als bedeutsamer Prozeß für die Stadtentwicklung identifiziert, während man die räumlich dezentrale Reproduktionsarbeit in Analysen zur Raumentwicklung nicht thematisierte. Die Auswirkungen dezentral verteilter Reproduktionsarbeit galten als irrelevant für die Struktur der Städte. Erst neuere Arbeiten der feministischen Stadt- und Regionalforschung griffen dieses Thema auf (Terlinden 1990, Rodenstein 1994).

Seit den 20er Jahren wurde die Stadtplanung immer systematischer mit dem Ziel betrieben, Ordnung in das Chaos von Wohnen und Arbeiten zu bringen. Damit war auch eine geschlechtsspezifische Komponente verbunden, denn die Planung enthielt Annahmen über die gesellschaftlich angemessenen Rollen von Männern und Frauen und deren konkrete gesellschaftliche Orte. Es wurden Gebiete für das Wohnen und für das Arbeiten festgelegt, die die patriarchale Vorstellung vom Wohnen als Erholung für den der intensivierten Arbeit ausgesetzten Mann widerspiegelten. Dies fand seinen räumlichen Niederschlag in Siedlungen und Gartenvorstädten im Grünen, wo die Reproduktionsarbeit von der in der Regel nichtberufstätigen Ehefrau ausgeübt werden sollte (Für die berufstätige Arbeiterfrau wurde die „Frankfurter Küche" zur schnelleren Erledigung der Arbeit in der Küche erdacht). Diese Tendenz des „Draußenwohnens" setzt sich über die Nachkriegszeit bis in die 60er Jahre fort und wird nun im Stil der Zeit amerikanisch als „Suburbanisierung" bezeichnet. Die Suburbanisierung produzierte nicht nur verödete Innenstädte und den Siedlungsbrei, der die Grenzen zwischen Stadt und Land verschwimmen ließ, sondern auch pendelnde Väter, grüne Witwen und glückliche Kinder, die mit der Sehnsucht nach der Stadt aufwuchsen.

Erwerbstätige Frauen aber mußten in der Regel weite Wege zu Arbeitsplätzen und Kinderbetreuung zurücklegen. Diese ungünstigen räumlichen Bedingungen, die die Entscheidungs- und Handlungsspielräume von Frauen zwischen Reproduktions- und Erwerbsarbeit begrenzen, haben sicherlich zur Krise der Reproduktionsarbeit seit den

70er Jahren beigetragen. Die von der Reproduktionsarbeitskrise ausgehende Dynamik des Wandels hin zu neuen Reproduktionsformen fand ihren räumlichen Ort in den Innenstädten, in denen es billige Wohnungen für junge Paare, Wohngemeinschaften, Alleinlebende und Geschiedene aus den Einfamilienhausgegenden und Vorstadtsiedlungen gab.

Damit zeigt sich, daß die Veränderung der Reproduktionsformen nicht nur vom lokalen Arbeitsmarkt, sondern auch noch von einigen anderen städtischen Strukturen abhängt. Denn die Frage, ob sich neue Reproduktionsformen realisieren lassen, ist nicht zu beantworten, ohne beispielsweise einen Blick auf den lokalen Wohnungsmarkt zu werfen. Weiterhin ist für die Aufnahme oder Fortsetzung einer Erwerbstätigkeit, wenn noch Kinder zu versorgen sind, der Umfang und die Qualität der lokalen Kinderbetreuungsmöglichkeiten entscheidend (Enders-Dragässer u.a. 1991). In diesem Zusammenhang ist auch die Zeit bedeutsam, die Frauen brauchen, um zum Erwerbsarbeitsplatz zu gelangen. Damit aber ist die Struktur der Stadt selbst in Frage gestellt, denn seit Beginn der feministischen Kritik an Architektur und Planung in den 70er Jahren steht die Stadtplanung, die nach dem Prinzip der Trennung der Funktionen von Arbeiten, Wohnen, Erholung und Verkehr vorgeht, am Pranger. Vor allem das Prinzip der räumlichen Trennung von Wohnen und Arbeiten steuerte die Stadtentwicklung in den 60er und 70er Jahren in verhängnisvoller Weise und liegt heute noch - wenn auch in gewissen Abwandlungen - der Aufstellung der Regionalentwicklungs-, der Flächennutzungs- und der Bebauungspläne zugrunde.

Nachdem sich seit den 60er Jahren immer mehr Dienstleistungen in die City drängten und auch die angrenzenden innenstadtnahen Wohngebiete erfaßten, verlagerte sich gleichzeitig das Wohnen immer weiter an den Stadtrand und darüber hinaus. Dieser Prozeß wurde durch die Planung neuer ausschließlich dem Wohnen dienender Großsiedlungen am Stadtrand verstärkt. Berufstätige Männer konnten das Auto und später ein entsprechend ausgebautes Verkehrsnetz des öffentlichen Nahverkehrs nutzen, um zwischen Arbeitsstätte und Heim zu pendeln. Die Frauen aber lebten mit ihren Kindern überwiegend ohne Auto und ohne ein ihren Bedürfnissen adäquates öffentliches Nahverkehrsnetz meist weit entfernt von qualifizierten Arbeitsmöglichkeiten, verfügten über schlechte Einkaufsmöglichkeiten und eine kaum ausreichende Infrastruktur für die Kinderbetreuung. Fernab vom öffentlichen Leben mußten sie noch ertragen, wie von ihren neuen Lebensräumen als „Schlafstädten" (für die Ehemänner) gesprochen wurde, als ob sie mit ihren Problemen gar nicht existierten.

Während nun im Zuge dieser Entwicklungen von Stadtsoziologen die fehlende Urbanität der Städte beklagt wurde, rückten die Frauenforscherinnen die aus der räumlichen Trennung von Wohnen und Arbeiten und der fehlenden bzw. mangelhaften Infrastruktur resultierenden Zeitstrukturen von Frauen mit Kindern in den Mittelpunkt. Viele Frauen konnten nicht erwerbstätig werden, obgleich sie es wollten, weil die Wege zur Arbeitsstätte zu weit waren, um sich noch halbtags um die Kinder kümmern zu können.

Die Bedeutung der Siedlungsform für die Erwerbstätigkeit von Frauen bestätigte eine niedersächsische Studie von Speil, Kuhnt und Geißler (1988). 1985 wurden erwerbstätige Mütter zwischen 18 und 55 Jahren mit Kindern unter 15 Jahren in verschiedenen Siedlungsformen untersucht. Dabei ergab sich, daß 53% außerhalb des Wohnbereichs, 10% an wechselnden Arbeitstätten und 37% wohnungsnah (bis zu 20 Minuten Fußweg) beschäftigt sind. Wohnungsnahe Erwerbstätigkeit wird aber von den Müttern grundsätzlich der wohnungsfernen vorgezogen, weil dann die Erwerbstätigkeit mit der Kinderbetreuung besser vereinbar ist. Allerdings ist der Wunsch nach einer wohnungsnahen Erwerbstätigkeit bisher aufgrund des Planungsprinzips der Trennung von Wohnen und Gewerbe kaum einlösbar und sind die wenigen dort vorhandenen Arbeitsplätze mit geringfügiger Beschäftigung und schlechter sozialer Absicherung verbunden. Wie leicht nachzuvollziehen ist, sind die Voraussetzungen für die wohnungsnahe Erwerbstätigkeit in kleinstädtischen Siedlungsräumen und in Ballungsrand-Mischgebieten infolge einer engen räumlichen Zuordnung von Wohnungen und Arbeitsstätten und eines vielfältigen Arbeitsplatzangebotes günstiger. Allerdings entspricht auch hier das Angebot zahlenmäßig nicht der Nachfrage und zwingt die Frauen daher oft zu wohnungsferner Tätigkeit. Dies gilt vor allem für Alleinerziehende, die auf einen sicheren Arbeitsplatz angewiesen sind.

Im großstädtischen Siedlungsraum sind die Voraussetzungen für Erwerbstätigkeit zwar bezüglich des Arbeitsplatzangebotes relativ gut, die Möglichkeiten, dieses Angebot zu nutzen, sind jedoch zwischen den Stadtteilen sehr unterschiedlich. Dabei fördert eine gute Verkehrsinfrastruktur die Annahme wohnungsferner Arbeitsplätze.

Die ungünstigste Situation für wohnungsnahe Erwerbstätigkeit findet sich auf den Dörfern. Wohnen auf dem Lande bedeutet für Frauen mit Kindern eine Entscheidung für wohnungsferne Erwerbstätigkeit oder Aufgabe der Berufstätigkeit.

Darüber hinaus hat aber auch die Struktur der Betriebe in Wohnungsnähe unterschiedliche Auswirkungen auf die Frauenerwerbstätigkeit. In der Untersuchung von Speil u.a. zeigte sich, daß sich die besten Voraussetzungen für die wohnungsnahe Erwerbstätigkeit in Gebieten mit kleinen und mittelgroßen Betrieben bieten. Denn je größer ein Betrieb, desto größer ist der überörtliche Einzugsbereich der Beschäftigten und um so geringer die Chance für Mütter, dort wohnungsnah einen Arbeitsplatz zu finden.

Sollen also die wohnungsnahen Erwerbsarbeitschancen von Frauen mit Kindern verbessert werden, die damit nicht selten einen wichtigen Beitrag zur Existenzsicherung der Familie leisten, und ihre Belastung reduziert und die Zufriedenheit erhöht werden, so müßte eine kleinteilige Mischung von Gebieten unterschiedlicher Flächennutzung sowohl bei der Stadterweiterung als auch bei der Stadterneuerung gefördert werden.

Planungsrechtlich kann dies sowohl durch die kleinräumige Zuordnung von Gebieten reiner Funktionen (also reines Wohngebiet, Gewerbegebiet) zustande kommen als auch durch Festsetzung von Nutzungsmischungen (wie allgemeines Wohngebiet, Mischgebiet) geschehen, wobei Experten angesichts der Rechtsprechung für den zweiten Weg plädieren (Geißler 1990, S. 449).

Unter Berücksichtigung dieser Erkenntnisse sind so manche Regionalentwicklungspläne unbefriedigend. Sie werden von Frauenbeauftragten und Frauenorganisationen wie z.B. der Feministischen Organisation von Planerinnen und Architektinnen (FOPA) dementsprechend kritisiert. Es ist allerdings nicht anzunehmen, daß das bestehende Planungsinstrumentarium in nächster Zeit im wohldurchdachten Interesse von Frauen angewendet oder gar verändert wird. Deshalb sind auch weitere Vorstöße dazu im Gang, Frauen und ihre Lebensbedingungen in den raumordnenden Landesgesetzen zu berücksichtigen. Solche Gesichtspunkte werden bereits in den Entwurf zum Landesraumordnungsprogramm von Niedersachsen eingearbeitet.

Enthalten die raumordnenden Gesetze erst einmal Hinweise auf die Lebensbedingungen von Frauen, so sind sie auch in die nachgeordneten Planwerke, wie den Landesentwicklungsplan, den daraus abzuleitenden Regionalplänen, den Flächennutzungs- und Bebauungsplänen aufzunehmen. Davon aber sind wir heute noch weit entfernt. Daneben gibt es bereits Bemühungen, die Berücksichtigung von „Frauenbelangen" in der Bauleitplanung rechtlich zu fundieren (Wallraven-Liedl, Beller-Schmidt 1992), indem gezeigt wird, daß innerhalb der gesetzlich beschriebenen Planungsziele auch die „Frauenbelange" Berücksichtigung finden können.

Die Öffnung solcher Rechtsräume ist ein entscheidender Schritt dazu, daß Graueninteressen in der Planung nun von Frauen in Politik und planender Verwaltung, von Frauenbeauftragten bzw. Gleichstellungsstellen, legitimerweise vertreten und in konkrete Planung umgesetzt werden können (vgl. Rodenstein 1994a).

Daß eine Stadtstruktur, die Arbeiten und Wohnen wieder näher aneinanderrückt, daß ein öffentliches Nahverkehrssystem mit besserer Nahraumerschließung, mehr und ausgedehntere Kinderbetreuungsmöglichkeiten sowie ein vielfältigeres und größeres Wohnungsangebot die Bewältigung der Reproduktionsarbeitskrise erleichtern könnten, zeigt, daß die lokale und regionale Politik viele bisher nicht genutzte Möglichkeiten besitzt, auf die Reproduktionsarbeitskrise einzuwirken.

Abschließend möchten wir auf die Wechselbeziehung zwischen Reproduktionsarbeitskrise und Stadtstruktur aufmerksam machen und der Frage nachgehen, wie die Dynamik im Reproduktionsbereich selbst die Stadtstruktur und die lokale Infrastruktur bereits mitstrukturiert hat.

Im Bereich der Verkehrsinfrastruktur blieben die Veränderungen größtenteils individuelle Reaktionen zur Verbesserung der Vereinbarkeit von Beruf und Familie wie der Kauf des Zweitwagens bzw. die zunehmende Motorisierung der Frauen. Im Bereich des öffentlichen Nahverkehrs wurden die Ansprüche lange Zeit ignoriert, und es gab keine entsprechenden Reaktionen. Erst die Debatte um Angsträume und Gewalt in der Stadt warf die Frage der Akzeptanz des öffentlichen Nahverkehrs auf. Im Zuge dieser Diskussion rückten auch Frauen als größte Nutzerinnengruppe in das Blickfeld, da sie am stärksten auf ihn angewiesen sind, weil sie immer noch in viel geringerem Maße als Männer über ein Auto verfügen. Inzwischen gibt es auch dort, wo die Nutzungszahlen schwinden, wie in Frankfurt, ein Interesse daran, den öffentlichen Nahverkehr besser auf die Nutzungsbedürfnisse von Frauen abzustimmen.

Die Erwerbstätigkeit von Frauen und die Reproduktionsarbeitskrise haben in der öffentlichen Planung des Verkehrsbereichs bisher jedoch wenig Beachtung gefunden, anders als etwa die Kinderbetreuungsmöglichkeiten, für die sich in der Regel verstärkt

Reproduktionsarbeitskrise

die Frauenbeauftragten einsetzen. Die Defizite in der öffentlichen Versorgung mit Einrichtungen zur Kinderbetreuung wurden auch an vielen Stellen durch private Aktivitäten auszugleichen versucht. Dies ist besonders sichtbar in Stadtvierteln mit relativ homogener, gebildeter Mittelschicht, in denen zur Selbsthilfe und Selbstorganisation von Kinderbetreuungsmöglichkeiten gegriffen wurde.

Jetzt aber kommt ihnen und vielen anderen in ihrer Notsituation plötzlich aus unerwarteter Richtung Hilfe. Die Novellierung des § 218 ist mit der Auflage der bedarfsgerechten Ausstattung der Kommunen mit Kindergärten etc. (pro Kind ein Platz) verbunden. Diese staatliche Hilfe soll die Entscheidung für ein Kind erleichtern.

Insofern könnte man das neue Gesetz auch als eine Reaktion auf den Geburtenrückgang sehen und als eine Maßnahme bewerten, die mit der Krise der Reproduktionsarbeit in Zusammenhang steht. Mit dem Gesetz und seinen sozialen Hilfen sollen Frauen zu vermehrter Reproduktionsarbeit angehalten werden. Die bisher artikulierte Abwehr der Kommunen gegen diese neue finanzielle Belastung zeigt, wie fremd ihnen die Krise der Reproduktionsarbeit als politisches Thema zur Zeit noch ist.

Die angespannte Situation auf den Wohnungsmärkten in Agglomerationsräumen ist hingegen ein vertrautes und vieldiskutiertes Thema. Daß auch hier die Reproduktionsarbeitskrise und die von ihr ausgehende Dynamik der Suche und Realisierung neuer Reproduktionsformen eine der Ursachen für die wachsende Wohnungsnot ist, wird unter den Etiketten „neue Lebenstile und neue Haushaltsformen" mehr registriert als analysiert. So ist einer der Faktoren, die die enormen Mietsteigerungen haben möglich werden lassen, nicht nur in der wachsenden Nachfrage, sondern auch in den dahinterstehenden Verdiensten aus der Erwerbstätigkeit von Ehefrauen zu sehen; d.h. die Einkommen der Frauen machen vermutlich zu einem Teil die Mietsteigerungen auf dem Wohnungsmarkt möglich und nicht nur die hohen Verdienste in Spitzenpositionen des Dienstleistungsgewerbes. Auch an den Gentrifizierungsprozessen dürften Haushalte mit zwei Einkommen in hohem Maß beteiligt sein.

Andererseits stellt der derzeitige Wohnungsmarkt vermutlich eine nicht unbeträchtliche Barriere für die weitere Auflösung der traditionellen Familie bzw. der ehegebundenen Reproduktionsform dar. Dies hat mit den relativ geringen Einkommen von Frauen im Verhältnis zu denen der Männer zu tun, die eine selbständige Versorgung auf dem Wohnungsmarkt vor allem in Großstädten erheblich erschweren (vgl. dazu auch Ruth Becker 1992). Hausbesitz und Wohnungseigentum sind überwiegend in männlicher Hand. Der enge Wohnungsmarkt, die hohen Mieten und das relativ geringe Einkommen der Frauen sind wahrscheinlich nicht selten ein Grund für so manchen Familienzusammenhalt, der sich unter günstigeren äußeren Bedingungen längst aufgelöst hätte.

Daß der enge Wohnungsmarkt vor allem in Großstädten eine Bedrohung für die Frauen in neuen Reproduktionsformen sein kann, gilt sicherlich in allererster Linie für alleinerziehende Frauen, die - aus welchen Gründen auch immer - den Schritt zu einer nicht ehegebundenen Reproduktionsform gemacht haben und deren Einkommen mit den steigenden Mieten häufig kaum Schritt halten können.

In dieser Gruppe von Frauen ist die Gefahr der Verarmung und der Obdachlosigkeit besonders groß. Eine Studie von 1991 spricht von 88.000 obdachlosen alleinlebenden Frauen (mit Kindern) in der BRD (Geiger u.a. 1991).

Die jeweiligen Stadtstrukturen sowie die Verkehrs-, Infrastruktur- und Wohnungspolitik haben demnach ihren Anteil an der Ausbildung der Reproduktionsarbeitskrise, aber die städtische Verkehrssituation, der Wohnungsmarkt und die kommunalen Finanzen werden auch von dieser Krise geformt.

V. Perspektiven

Welche Perspektiven für die weitere Entwicklung von Agglomerationsräumen ergeben sich auf der Basis des hier verfolgten Ansatzes? Entscheidend dafür ist, wie in diesen Räumen die Erwerbsarbeitskraft von Frauen genutzt werden soll. Dazu sind verschiedene Szenarien denkbar:

1. Die Erwerbsarbeitskraft von Frauen wird als Wachstumsressource erwünscht.

Dann stehen zwei Wege offen:

Der erste heute wahrscheinliche Weg, der auf eine Modernisierung des Geschlechterverhältnisses hinausläuft, wird im Idealfall auf die Vorbedingungen zur Aufnahme der Erwerbstätigkeit von Frauen mit Kindern eingehen und diese (Wohnungsmarkt, die Kinderbetreuung und die Zeit-/Transportproblematik) langfristig planen. Die Symptome der Reproduktionsarbeitskrise werden dabei kuriert, wobei die Ausdifferenzierung der Reproduktionsformen weiter (in verschärftem Ausmaß) zunimmt und damit auch die Probleme auf dem Wohnungsmarkt etc. anwachsen.

Im Raum München scheint sich eine solche Strategie anzudeuten.

Da auf dem Arbeitsmarkt der Region München bisher qualifizierte Frauen ohne Probleme Arbeit finden konnten und eine weiter steigende Nachfrage nach qualifizierten Kräften prognostiziert wird (Pfeiffer u.a. 1991), scheinen die Chancen für eine Förderung des bisher noch nicht ausgeschöpften Arbeitskräftepotentials von Frauen nicht schlecht zu sein, denn die hohen Preise auf dem Wohnungsmarkt und die Knappheit an Wohnungen deuten darauf hin, daß die benötigten qualifizierten Arbeitskräfte nicht wie bisher durch Zuzug von männlichen Bewerbern rekrutiert werden können, sondern vielmehr auf die Reserven des lokalen Arbeitsmarktes zurückgegriffen werden muß.

Selbst wenn aber eine bewußte Förderung des beruflichen Wiedereinstiegs und der Weiterqualifikation von Frauen während und nach der Familienphase in Angriff genommen wird, wie dies jetzt beim Arbeitsamt München mit einer besonderen Beratungsstelle für solche Fälle geschieht (SZ v. 9.6.92), sind wesentliche Hindernisse für die Wiederaufnahme einer qualifizierten Erwerbstätigkeit für Mütter noch nicht beseitigt.

Ortrud Zettel (1992) ermittelte in einer Studie das bisher nicht ausgeschöpfte weibliche Arbeitskräftepotential für den Raum München und wies darauf hin, daß für die berufliche Integration dieses Potentials über die Arbeitsmarktpolitik hinausgehende Maßnahmen zu ergreifen sind, die sich auf flexible Arbeitszeiten, Kinderbetreuungseinrichtungen, Qualifizierung bzw. Weiterbildung und bessere Vereinbarkeit von Elternschaft und Beruf (S. 55) beziehen müßten.

Zumindest in Ballungsräumen mit einem Wachstumspotential ist daher die Ausschöpfung des weiteren Arbeitskräftepotentials der Frauen neben den Qualifikationsmaßnahmen an die Beseitigung des Engpasses in der Kinderbetreuung gebunden.

Agglomerationsräume mit prosperierenden Unternehmen und einem überteuerten Wohnungsmarkt würden von solchen Maßnahmen zunächst scheinbar besonders profitieren: scheinbar deshalb, weil der Reproduktionsbereich nicht im Blickfeld ist. Wenn wie in München die Ausschöpfung des weiteren Arbeitskräftepotentials von Frauen mit dem hohen Mietniveau begründet wird, das den Zuzug von qualifizierten (männlichen) Arbeitskräften verhindert, dann wird übersehen, daß die zusätzliche Erwerbstätigkeit von Frauen neue Reproduktionsarbeitskrisen mit sich bringt, in deren Folge vermehrt neue Reproduktionsformen entstehen. Dies bewirkt eine weitere Nachfrage nach Wohnungen. Die Überteuerung der Mieten wird sich fortsetzen und die Polarisierung in der Sozialstruktur der Frauen mit einer Zunahme verarmender und obdachloser Frauen einhergehen. Es wäre demnach eine Verschärfung der jetzt bereits aus der Reproduktionsarbeitskrise resultierenden kommunalen Probleme zu erwarten.

Der zweite, heute noch weniger wahrscheinliche Weg der Entwicklung von Agglomerationen beinhaltet den Abbau patriarchaler Beziehungen, d.h. er nimmt die Ursachen für die Reproduktionsarbeitskrise in den Blick: das Geschlechterverhältnis, aus dem resultiert, daß die Reproduktionsarbeit immer noch mit stärkeren Einschränkungen auf seiten der Frauen verbunden ist. Es scheint, daß nur eine Politik, die auf den Wandel des Geschlechterverhältnisses gerichtet ist, erfolgreich die aus den Reproduktionsarbeitskrisen resultierenden Probleme verändern kann.

Eine kommunale Politik in diese Richtung ist noch kaum zu erkennen. Sie müßte die gesellschaftlichen Ursachen der Reproduktionsarbeitskrise aufgreifen, den Wandel der weiblichen Geschlechtsrolle, der nicht von einem komplementären Wandel der Männerrolle begleitet wird. Derartige Perspektiven zur Bewältigung der Reproduktionsarbeitskrise sind bisher in der Politik, auch in der Frauenpolitik, nicht sichtbar. Sie müssen jedoch entwickelt werden, wenn die gesellschaftlichen Kosten der Reproduktionsarbeitskrise nicht noch höher werden sollen. Eine solche Politik müßte Wege zeigen, wie sich das Geschlechterverhältnis so ändern kann, daß die Reproduktionsarbeit nicht Krisen produziert, die auf Kosten und zuungunsten vieler Frauen und Kinder verlaufen. Nicht zuletzt deshalb ist eine Männerpolitik gefragt.

2. Die Arbeitskraft der Frauen ist bei ökonomischer Stagnation oder Rezession nicht erwünscht.

Wird diese Strategie verfolgt, liegt die Erwerbsarbeitskraft der Frauen brach, so daß z.B. in Agglomerationsräumen mit stark ausdifferenzierten Reproduktionsformen viele (alleinerziehende) Frauen, die von ihrem Einkommen lebten, zu Sozialhilfeempfängerinnen werden, d.h. sie und ihre Kinder geraten gerade in Agglomerationsräumen mit moderner polarisierender ökonomischer Struktur in Armut und Wohnungsnot. Auch in diesem Fall hoher Arbeitslosigkeit von Frauen erfordern die Reproduktionsarbeitskrise und ihre heutigen Bewältigungsformen den Preis von den Kommunen in Form von hohen Sozialhilfeausgaben und der Planung von langfristiger Abhilfe.

Über die sozialen Folgen der Rückkehr der berufstätigen Frau an Heim und Herd läßt sich zur Zeit nur spekulieren. Wo Frauen unzufrieden mit ihrer Lage sind, wird sich dies wohl zunächst in den Beziehungen zum Partner und zu den Kindern niederschlagen. Keinesfalls ist zu erwarten, daß sich bei einer Verschlechterung der materiellen Situation die Sozialisationsbedingungen für die Kinder verbessern und die Reproduktionsarbeit weniger krisenhaft verläuft.

Die niedrigere Rate von Eheschließungen in den fünf neuen Bundesländern seit der Wiedervereinigung und der dramatische Rückgang der Geburten deuten aber die möglichen Entwicklungen an, die sich bei dem Versuch einer Ausgrenzung von Frauen aus dem Arbeitsmarkt ergeben. Es scheint, als ob sich Frauen nicht mehr ohne Folgen vom Arbeitsmarkt verdrängen lassen, sondern ihre Lebenssituation als Konsequenz auf Ausgrenzungsversuche verändern, um auf dem Arbeitsmarkt flexibel zu bleiben.

Auf die anfängliche Kritik an bisherigen Überlegungen zur Entwicklung von Agglomerationsräumen zurückkommend, in denen die ökonomische Entwicklung ohne systematischen Bezug auf die Reproduktionsarbeit behandelt wird, zeigt sich, daß eine Reihe von Problemen, die im Zusammenhang mit der Erwerbstätigkeit von Frauen stehen, im städtischen Raum nicht in den Blick kommt. Nur eine Betrachtung, die den systematischen Zusammenhang zwischen Erwerbsarbeit und Reproduktionsarbeit von Männern und Frauen aufgreift, kann die mit der ökonomischen Entwicklung gleichzeitig entstehenden Probleme im Reproduktionsbereich wie ihrer Folgen für die Kommunen erkennen und könnte daraus entsprechende Maßnahmen ableiten.

Literatur

Baethge, M.: Neue Technologien im Dienstleistungssektor: Chancen und Gefährdungen für Arbeits- und Berufsperspektiven von Frauen. In: Schiersmann, Ch. (Hrsg.), Mehr Risiken als Chancen? Frauen und neue Technologien, Bielefeld 1988

Becker, R.: Führt Emanzipation zur Wohnungsnot? Geschlechtsspezifische Analyse der Wohnungsfrage. In: Kommune 12/92, S. 45-50

Brettschneider, H. u.a (Hrsg.): Handbuch einkommens-, vermögens- und sozialpolitischer Daten, 49, 1989

Eckart, Ch.: Der Preis der Zeit. Eine Untersuchung der Interessen von Frauen an Teilzeitarbeit, Frankfurt am Main/New York 1990

Enders-Dragässer, U. u.a: Kind und Beruf. Mütter im Spannungsfeld unterschiedlicher Interessen, Studie zum Zusammenhang von Kinderbetreuung und Erwerbs- und Bildungsverhalten von Frauen mit Kindern in Hessen, Hessisches Ministerium für Frauen, Arbeit und Sozialordnung 1991

Förster, A.: Vergleich und Analyse der Frauenerwerbsarbeit im Deutschland der Nachkriegszeit. In: Assenmacher, M. (Hrsg.), Probleme der Einheit. Frauen am Arbeitsmarkt, Marburg 1991

Geiger, M.; Steinert, E. u.a.: Alleinstehende Frauen ohne Wohnung, Schriftenreihe des Bundesministers für Frauen und Jugend, Bd. 5/1990, Stuttgart

Geißler, C.: Wohnung und Arbeitsplatz - Forschungsergebnisse und Folgerungen für planungsrechtliche Festsetzungen. In: Informationen zur Raumentwicklung Heft 8,9/1990, Frauen und räumliche Forschung, S. 449-462

Gottschall, K.: Frauen auf dem bundesrepublikanischen Arbeitsmarkt: Integrationsprozesse mit Widersprüchen und Grenzen. In: Müller/Schmidt-Waldherr (Hrsg.), FrauenSozialKunde. Wandel und Differenzierung von Lebensformen und Bewußtsein, Bielefeld 1989

Gottschall, K.: Frauenarbeit und Bürorationalisierung. Zur Entstehung geschlechtsspezifischer Trennungslinien in großbetrieblichen Verwaltungen, Frankfurt am Main/New York 1990

Greiwe, U.: Die BRD als Entwicklungsland: Öffentliche Kinderbetreuung und Frauenerwerbstätigkeit. In: Freiräume, Heft 4/1990, S. 61-67

Häußermann, H.; Ostner, I.: Frauenerwerbstätigkeit, Tertiärisierung und Stadtentwicklung. Oder: Verschwindet die Hausfrau? In: Informationen zur Raumentwicklung Heft 8,9/1990 Frauen und räumliche Planung, S. 417-426.

Hess-Diebäcker, D.; Stein-Hilbers, M.: Das neue Leitbild der innerfamilialen „Partnerschaft" in Kinderbetreuung und Haushalt. In: Müller/Schmidt-Waldherr (Hrsg.), FrauenSozialKunde. Wandel und Differenzierung von Lebensformen und Bewußtsein, Bielefeld 1989

Jansen, M.: Zwischen Baby und Büro: Studie zur Vereinbarkeit von Beruf und Familie. In: Frankfurter Rundschau vom 20. Februar 1992, S. ZB 5

Klenner, Ch.: Frauen im Erwerbsleben der DDR. In: Geiling-Maul, B. u.a. (Hrsg.), Frauenalltag: Weibliche Lebensstrukturen in beiden Teilen Deutschlands, Köln 1992

Meyer, S.; Schulze, E.: Balancen des Glücks. Neue Lebensformen: Paare ohne Trauschein, Alleinerziehende und Singles, München 1989

Milroy, B. M.: Planning space and gender: Taking stock. In: Journal of Planning Literature 6 (1) 1991

Möller, C.: Flexibel in die Armut. Empirische Untersuchung und theoretische Verortung ungeschützter Arbeitsverhältnisse, Forschungsbericht des Hamburger Instituts für Sozialforschung, Hamburg 1988

Mohrmann, R.: Weibliche Lebensmuster in Ost und West. In: Geiling-Maul, B. u.a. (Hrsg.), Frauenalltag: Weibliche Lebensstrukturen in beiden Teilen Deutschlands, Köln 1992

Pfeiffer, U. u.a. (Empirica): Zukünftige Chancen und Risiken der Landeshauptstadt München als Wirtschaftsstandort, Bonn 1991

Rodenstein, M.: Wege zur nicht-sexistischen Stadt. Architektinnen und Planerinnen in den USA, Freiburg 1994

Rodenstein, M.: Mehr als ein Dach über dem Kopf. Feministinnen wollen „Raum greifen und Platz nehmen". In: Brückner/Meyer (Hrsg.), Die sichtbare Frau, Freiburg 1994a

Sackmann, R.: Regionale Unterschiede der Frauenerwerbstätigkeit, Arbeitspapier Nr. 3 der ZWE Arbeit und Region, Universität Bremen 1992

Schön, Ch.: Frauenerwerbsarbeitsmarkt in Frankfurt am Main - eine Untersuchung zu Struktur und Entwicklung des Frankfurter Erwerbsarbeitsmarktes für Frauen und ihre Beschäftigungschancen und -risiken, Frankfurter Institut für Frauenforschung, Frankfurt am Main 1991

Seidenspinner, G.; Burger, A.: Mädchen 82, Deutsches Jugendinstitut, Hamburg 1982

Speil/Kuhnt/Geißler: Wohnung und Arbeitsplatz. Analysen zur wohnungsnahen Erwerbstätigkeit von Müttern, Studien des Instituts für Entwicklungsplanung und Strukturforschung an der Universität Hannover 1987

Spiegel, E.: Neue Haushaltstypen. Entstehungsbedingungen, Lebenssituation, Wohn- und Standortverhältnisse, Frankfurt am Main/New York 1986

Terlinden, U.: Gebrauchwirtschaft und Raumstruktur. Ein feministischer Ansatz in der soziologischen Stadtforschung, Stuttgart 1990

Teubner, U.: Neue Berufe für Frauen. Modelle zur Überwindung der Geschlechterhierarchie im Erwerbsbereich, Frankfurt am Main/New York 1989

Wallraven-Lindl, M.-E.; Beller-Schmidt, J.: Frauenbelange in der verbindlichen Bauleitplanung. In: Baurecht. Zeitschrift für das gesamte öffentliche und zivile Baurecht 5/1992, S. 459-557

Willms-Herget, A.: Frauenarbeit. Zur Integration der Frauen in den Arbeitsmarkt, Frankfurt am Main/New York 1985

Willms, A.: Grundzüge der Entwicklung der Frauenarbeit von 1880 bis 1980. In: Müller/Willms/Handl, Strukturwandel der Frauenarbeit 1880 bis 1980, Frankfurt am Main/New York 1983

Wilson, E.: The Sphinx in the City, London 1992

Zettel, O.: Erwerbsbeteiligung und Erwerbstätigkeit gut ausgebildeter Frauen im Raum München, internes Arbeitspapier der Frauenakademie München 1992

Jens S. Dangschat

Zur Armutsentwicklung in deutschen Städten[1]

1. Einleitung

Nachdem „Armut" lange kaum thematisiert wurde, hat dieser Begriff seit zwei, drei Jahren wieder Konjunktur. Armut war in Stadtregionen lange „unsichtbar" und allenfalls vereinzelt oder am Rande der Städte aufgetaucht; nun drängt sie sich bis in die Wahrnehmung und das Leben der städtischen Mittelschicht. Armut wirkt bedrohlich und verunsichernd - sei es, daß Aggressionen, kriminelle Handlungen, Wahlergebnisse gefürchtet werden, daß man nur nicht weiß, wie man sich Obdachlosen gegenüber verhalten soll oder daß man persönlich berührt ist und die räumliche Nähe zur Armut als Zumutung empfindet.

Armut wird daher zunehmend aus den Augen und beiseite geschafft. Die Reaktion der Stadtväter schwankt zwischen laissez-faire, massivem Polizeieinsatz und „Sozialen Brennpunkt-Programmen". Nicht nur das für manche unerwartete Auftauchen von Armut in den Städten, die eher von Wachstum, Wirtschaftskraft und Büro-Bauboom geprägt sind (oder bis vor kurzem waren), sondern die Peinlichkeit, daß sich diese Armut nun vor dem Hintergrund einer allgemeinen Wohlstandsentwicklung ausbreitet, sind die Motive. Es geht also seltener um die Lebenslage der Armen selbst (vgl. Simmel, 1908; Coser, 1992), als vielmehr um eine bürgerliche Reaktion gegenüber der zunehmenden Angst, die gesellschaftliche Entwicklung sei kaum noch steuerbar, langfristig bedrohlich und laufe auf „amerikanische Verhältnisse" zu.

Dabei hätte es seit mindestens zehn Jahren Anlaß gegeben, sich der regional ausgeprägten Armut zuzuwenden, doch es wurde euphemistisch vom „Süd-Nord-Gefälle" gesprochen, einer großräumigen, geographisch beschreibbaren ungleichen wirtschaftlichen Entwicklung in nahezu allen hochindustrialisierten Nationalstaaten. Diese Unterschiedlichkeit wird heute noch immer als Problem einer nachzuholenden Modernisierung aufgefaßt. Die Logik aller nationaler und EU-weiter Regionalentwicklungs- und Wirtschaftsförderungspolitik folgt der Hoffnung, daß es nur eine Frage der Zeit und der gezielten Förderung sei, daß die „hinterherhinkenden" Regionen auf den gleichen Entwicklungspfad einschwenken, den die Wachstumsregionen beschritten haben.

Dieses ist die Logik, die auch hinter der Politik eines regionalen Ausgleichs im Zuge der Vereinigung beider deutscher Teilstaaten steht. Sie läßt den Gedanken nicht zu, daß für die ostdeutschen Regionen gegenüber den ökonomisch starken ein Aufholen nicht oder nur sehr eingeschränkt möglich ist und daß sich die idealtypischen Wachstumspfade für „strukturschwache" Regionen wohl niemals zum Erfolgsmodell umformen lassen. Im Gegenteil: Es steht zu befürchten, daß hier Unmengen staatlicher Transfers und Landes- und kommunale Mittel in Fehlinvestitionen gelenkt werden, indem einem trügerischen Modernisierungskonzept nachgejagt wird. Für einen Teil der ostdeutschen Regionen bedeutet das, daß sie als Produktionsstandorte ohne staatliche

Armutsentwicklung in deutschen Städten

Transfers kaum gebraucht werden und sich deshalb auch die mittelfristig stabilisierenden unternehmensbezogenen Dienstleistungen nicht ausbreiten können. Haushaltsbezogene Dienstleistungen können sich nur in dem Maße entwickeln, wie sich die private Kaufkraft konsolidiert.

Durch die Diskussion des Süd-Nord-Gefälles, das diesbezüglich den alten Stadt-Land-Gegensatz ablöste, ist Armut noch „versteckt" worden (es wurden lediglich Arbeitslosenziffern und wirtschaftliche Leistungskraft diskutiert). Erst als sich Mitte der 80er Jahre Arbeitslosen- und Sozialhilfeanteile auseinanderentwickelten, wurde wahrgenommen, daß „Armut" eine neue Qualität erhalten hat. Dieses drückt sich auch durch die Ende der 80er Jahre einsetzende Flut kommunaler Armuts- und Sozialberichte gerade in den Wachstumskernen aus. In den ökonomisch erfolgreichen Städten entwickelte sich also die ‚'neue' Armut"; hierfür wurde der Begriff „Armut im Reichtum" (Breckner et al., 1989) resp. „Armut im Wohlstand" (Döring et al., 1990) geprägt.

Armut nimmt nicht nur in ihrem Umfang zu, sie konzentriert sich gleichzeitig zunehmend in bestimmten städtischen Teilgebieten - dieses wird deutlich ambivalent wahrgenommen. Einerseits wäre „Armut" kein oder ein kaum nennenswertes politisches Thema, wenn sie sich nicht räumlich konzentrierte; andererseits wird die Diskussion um die Segregation erneut begonnen, und man scheint nach wie vor unisono zur Lösung des Problems einer Dekonzentration von Armut das Wort zu reden.

Die Tatsache, daß gegen die Konzentrationen von Armut vorwiegend mit raumwirksamen Maßnahmen und Instrumenten vorgegangen wird, zeigt, daß die (Konzentration von) Armut als ein räumliches Problem angesehen wird. Sozialen Problemen ist jedoch nicht mit raumwirksamen Strategien zu begegnen - es lassen sich damit allenfalls Symptome verändern und Statistiken „schönen". Weil die Ursachen von Armut von der städtischen Ebene anscheinend nicht beeinflußbar sind, sehen sich die großen Städte zunehmend als Opfer gesellschaftlicher Umstrukturierung und fordern eine allgemeine Solidarität ein (vgl. Kronawitter, 1994). Daß dieser Vorstoß von den Stadtoberhäuptern der Städte gekommen ist, die bislang von der wirtschaftlichen Entwicklung am ehesten profitiert haben, zeigt zweierlei: Erstens sind mittlerweile die langjährigen Profiteure der wirtschaftlichen Entwicklung offensichtlich zum „Verlierer" geworden (was ein umfangreiches Umdenken kommunaler Wachstumspolitiken nach sich ziehen müßte); zweitens wird hier auch eine Entsolidarisierungsstrategie deutlich. Es sollen sehr offensichtlich die Kosten der Armut (Sozialhilfe, sozialer Mietwohnungsbau und deren Unterhalt und Nachsubvention) wieder auf Bundesebene zurückgewälzt und von der gesellschaftlichen Umstrukturierung als eigentliche „Gewinner" weiter profitiert werden.

In diesem Zusammenhang wird Armut zwar als Folge zunehmend globalisierter Arbeitsmärkte gesehen, die von wachsender Polarisierung, Heterogenisierung und Entsolidarisierung gekennzeichnet sind und die städtische Gesellschaft in (neue) soziale Ungleichheiten, Klassenfraktionierungen oder Lebensstil-Kategorien zerfallen lassen. Es wird jedoch kaum diskutiert, welche Rolle die Städte selbst bei der Modernisierung ihrer regionalen Ökonomie und der Regulation der sozialen und politisch-administrativen Strukturen und Entscheidungen haben. Im Zuge der ökonomischen Modernisierung werden den niedrig und mittel qualifizierten Menschen zwangsläufig die Arbeitsplätze eher als normal wegrationalisiert. Auf der anderen Seite sorgt das Konkurrenzverhalten der Städte für eine Aufwertung der Innenstadt und ihrer angrenzenden Wohn- und Mischgebiete (Gentrification). Hier werden die Arenen des finanzstarken und differenzierten Konsums postmodern gestaltet und mit allen denkbaren „weichen" Standortvorteilen ausgestattet; die Zentren werden zum Schaufenster und zur Werbetafel für potentielle Investoren nutzbar gemacht.

Über Logiken des Wohnungsmarktes wird weitere Armut produziert, weil aufgrund fehlender, vor allem preisgünstiger Wohnungen eine wachsende Zahl an Haushalten die steigenden Mietpreise nicht mehr zahlen kann und weil die aktive Zuweisungspolitik der städtischen Verwaltungen die Armen in diejenigen Räume abdrängt und dort konzentriert, welche für die Entwicklung dieser Menschen zusätzlich benachteiligend sind. Daraus können dann die sog. „sozialen Brennpunkte" (Deutscher Städtetag, 1979) entstehen.

Das „neue" Armutsproblem ist also vor allem Bestandteil und Folge polarisierender Tendenzen, die zwischen sozialen Gruppen immer unterschiedlicher werdende Chancen der Teilhabe am Arbeits-, Wohnungs-, Konsum- und Kulturmarkt sowie der politischen Partizipation einräumen.

Der Entwicklung des Reichtums wird demgegenüber in Deutschland noch weniger Aufmerksamkeit geschenkt als der Armut (vgl. als Ausnahme die Diskussion in Huster, 1993a, insbesondere Huster, 1993b, und Schlomann, 1993). Damit ist das soziale Problem „Armut" ein doppeltes: Erstens ist nicht die Armut selbst das Problem, sondern wie sie innerhalb der Gesellschaft eingeordnet und von den nicht Armen bewertet wird. Zweitens ist Armut gerade in ökonomisch wachsenden Regionen zunehmend Ergebnis einer Polarisierung. Auch diese Zusammenhänge werden nach Möglichkeit nicht diskutiert. So gibt es beispielsweise nur kommunale Armutsstudien, kaum aber „Polarisierungsstudien" oder „Soziale Ungleichheitsstudien". Ein weiteres Beispiel: In Hamburg weist die Lohn- und Einkommensteuerstatistik bis 1986 als höchste Kategorie versteuerte Jahreseinkommen über DM 75.000,- aus, d.h. daß die Differenzierung jenseits der etwas gehobenen Mittelschichten nicht möglich ist. Erst mit differenzierten Angaben zur Einkommens- und Vermögensstruktur wäre die unzulässig vereinfachende These des „Fahrstuhl-Effekts" (Beck, 1986) überprüfbar und durch eine differenzierte Betrachtung zu relativieren oder möglicherweise in Frage zu stellen.

Armut hat im vereinigten Deutschland eine zusätzliche Facette: In den neuen Bundesländern sind manche Regionen von einer derart hohen Arbeitslosigkeit gekennzeichnet, wie es selbst aus der Rezession in Deutschland Ende der 20er/Anfang der 30er Jahre nicht bekannt war. Die Arbeitslosenstatistik spiegelt die Armutsstruktur kaum wider, vor allem in den Regionen, in denen weit über die Hälfte aller Arbeitsplätze vernichtet wurde (s. den Beitrag von Niemann/Usbeck in diesem Band). Insbesondere die Erwerbsquote der Frauen hat sich dort im Extremfall halbiert; dieses drückt sich vor allem in einem starken Anstieg der Hausfrauenquote aus. Diese Rückverlagerung der Reproduktionsarbeit (s. den Beitrag von Rodenstein et al. in diesem Band) wider Willen kann ungeahnte Folgen sozialer Unruhe und Destabilisierung haben, die in ihren Zusammenhängen zudem kaum analysiert werden. Ein Halbieren der Fruchtbarkeitsrate und ein hoher Anstieg der „freiwilligen" Sterilisation von Frauen in Ostdeutschland, um sich dem Arbeitsmarkt „verfügbar" zu halten, mögen Hinweise auf das Ausmaß bereits jetzt schon vorhandener Verzweiflung sein.

Man sollte sich hier zudem nicht von der Statistik täuschen lassen, die noch relativ geringe Zahlen an Sozialhilfeempfängern ausweist. Die Ursachen hierfür sind zum einen die ostdeutschen Hilfskonstruktionen zur Abfederung von Arbeitslosigkeit; ihre Schutzwirkungen reichen jedoch nur bis Ende 1994 und werden sich danach in einem abrupten Anstieg der Empfängerzahlen niederschlagen. Zum anderen dürfte auch eine Ursache in hohen Dunkelziffern liegen, die ihrerseits auf eine verbreitete Unkenntnis bei den Betroffenen und den Sachbearbeitern in den Sozialämtern sowie die geringen finanziellen Spielräume der Kommunen (und eine daraus ableitbare geringe Aufklärungsbereitschaft) zurückzuführen ist.

Weder die Bürger Ostdeutschlands zu DDR-Zeiten noch die Westdeutschen (mit Ausnahme der längst verdrängten Nachkriegskrisen) waren es jemals gewohnt, mit einer regional und stadträumlich ausgeprägten Armut in diesem Ausmaß umzugehen. Die Bedeutung dieser immensen Ungleichgewichte zwischen West und Ost ist im Westen Deutschlands bislang noch wenig zu spüren. Im Osten zeigen vereinzelte Hinweise bereits an, welche gesellschaftliche Sprengkraft sich dort aufstaut. Die Unterstützung der PDS ist in diesem Zusammenhang noch eine deutlich demokratische und auf parlamentarische Politik gerichtete Reaktion - die außerparlamentarischen Reaktionen dürften demgegenüber jedoch hochgradig aggressiv ausfallen.

Da sich die finanzielle Situation der Städte und Gemeinden in Westdeutschland jedoch rapide verschlechtert, konzentriert man sich auf „seine eigenen Armen". Es werden Strategien entwickelt, um sich auf die teilweise flächendeckende Armut in Ostdeutschland nicht einlassen zu müssen, und man unterstützt im Sinne des „Durchwurstelns" eine Entsolidarisierung zwischen West- und Ostdeutschland.

Das soziale Problem in Städten ist also vor allem in einem zunehmenden Auseinanderdriften von sozio-ökonomischen Kategorien (Klasse und Schicht, soziale Lage) und von sozial-räumlichen Strukturen (Segregation) zu sehen, das durch eine zunehmende Vielfalt kultureller Ausformungen überlagert wird. Dieses Auseinanderstreben, das die „gesamtstädtischen Interessen", die sich in konsensualen Planungen von Großprojekten und breiter Zustimmung zu mindestens einer der beiden Volksparteien bei Kommunalwahlen ausdrückten, in Frage stellt, wird häufig auch als *Polarisierung* bezeichnet. Dieser emotional besetzte Begriff wurde bisweilen heftiger kritisiert als die dahinter vermuteten oder belegbaren sozialen Differenzierungen selbst. Damit hat auch diese Diskussion die gleiche Funktion wie manche, die über Armut geführt werden: durch die Bemühung sozio-kultureller Dimensionen (Lebensstile, Werte, Tugenden, Kultur) wird von den dahinterliegenden ökonomischen Diskrepanzen und dem politischen Versagen abgelenkt. Diese werden nach der gegenwärtigen Logik der Marktwirtschaft nicht nur nicht abgebaut, sondern erzeugt. Staat als auch Kommunen können und wollen hier - trotz anderslautender Sonntagsreden - nicht regulierend gegensteuern.

2. Die bundesdeutsche Armutsdiskussion

2.1 Begriffe und Definitionen

Die Diskussion über Armut ist nie offen geführt worden; sie war immer verbunden mit einer Gesellschafts- und Kapitalismuskritik einerseits und mit Abwiegeln und Verallgemeinerungen andererseits, denn Armut ist eine Peinlichkeit, ein „Unfall" und erzeugt politischen Handlungsdruck. In Deutschland ist diese Diskussion deshalb zusätzlich verkompliziert, weil wir auf eine lange Geschichte eines sozialen Rechtsstaates zurückblicken und der wirtschaftliche Aufstieg in der Nachkriegszeit in einer sozialen Marktwirtschaft erzielt wurde. Der Nebeneffekt ist, daß Armutsvermeidung und -bekämpfung (fast ausschließlich) als Sache des Sozialstaates angesehen werden, mithin die Menge der Armen und die finanzielle und soziale Lage von dessen Steuerungen und Transfers abhängt. Damit kommt der Tatsache, was und wer als „arm" zu bezeichnen ist - also der Definition von Armut -, eine hohe politische Bedeutung zu. Diese ist abhängig von der „sozialpolitischen Großwetterlage", die wiederum eng an die wirtschaftliche Entwicklung unter Wachstumsbedingungen geknüpft ist.

Als Folge einer langjährigen Diskussion von Armuts-Definitionen geht man heutzutage von einem *relativen Armutsverständnis* aus; hier unterscheiden Armutsforscher in einen *Lebenslagenansatz* und einen *Ressourcenansatz* (vgl. Hauser/Neumann, 1992: 245-248). Der Lebenslagenansatz entspricht einer soziologischen Zugangsweise zu dem Thema „Armut" (er mißt daher auch die *„soziale Armut"*). Er umfaßt neben der materiellen Dimension des Ressourcenansatzes (s.u.) zusätzlich immaterielle Dimensionen (Zufriedenheit, Interaktion, Partizipation, Integration). Jedes Unterschreiten von Minimalstandards in einer der Subdimensionen der Lebenslage führt zu einer Deprivation. Aufgabe dieser Theorie-Richtung ist es, die Zusammenhänge zwischen Deprivationen in verschiedenen Subdimensionen zu analysieren (*„multiple soziale Deprivation"*). Obwohl der Lebenslagenansatz vielfach als plausibel, angemessen und notwendig angesehen wird, hat er in der empirischen Forschung bisher kaum eine Bedeutung erlangt.

Für empirische Zwecke folgt man vorwiegend dem verkürzten Ressourcen-Ansatz. Der Ressourcenansatz basiert auf einem ausschließlich materiellen Verständnis, bei dem die Menge an verschiedenen Ressourcen die sozio-kulturelle Existenz bestimmt (*„potentielle Versorgungslage"*). Ein Unterschreiten des sozio-kulturellen Existenzminimums ist dann mit Armut gleichzusetzen.

Auch zur Abgrenzung der materiellen oder ökonomischen Armut gibt es zwei Vorgehensweisen: die relative Einkommensarmut und die Sozialhilfeschwelle. Die *relative Einkommensarmut* wird i.d.R. als ein relatives Unterschreiten von nach Haushaltstypen gewichteten mittleren Einkommen in einem Land (einer Stadt) angesehen (*Äquivalenzeinkommen*). Als formale Grenze wird ein Unterschreiten des gewichteten Durchschnittseinkommens von 60, 50 und 40 Prozent angesehen; generell, insbesondere für EG-Vergleichsstudien, wird mit der Hälfte des gewichteten nationalen Durchschnittseinkommens (50-Prozent-Linie) gearbeitet.

Die *Sozialhilfeschwelle* als Grenze zu verwenden ist einerseits pragmatisch (weil hierzu Statistiken geführt werden), andererseits entspricht sie dem deutschen Wohlfahrtssystem und -verständnis sehr gut. Da das Unterschreiten der Sozialhilfeschwelle bedeuten würde, daß ein (staatlich anerkanntes) soziales Leben nicht mehr führbar ist, stellt der Sozialhilfebezug (der die Bezieher formal auf dieser Grenze hält) den Beginn der Armut dar. Die Zahl der Sozialhilfeempfänger wird auch als *bekämpfte Armut*[2] bezeichnet.

2.2 Der Stand der bundesdeutschen Armutsforschung

Die gegenwärtige Armutsforschung in der Bundesrepublik Deutschland bezieht sich auf zwei hauptsächliche Themenfelder: erstens auf Analysen des Ausmaßes von materieller Armut (Sozialhilfe-BezieherInnen, niedrige Einkommen), der sozialen Zusammensetzung des Klientels und deren Entwicklung über die Zeit sowie zweitens auf Analysen der Entwicklung von Armutsverläufen einzelner Betroffener („*Armuts-Biographie*" oder „*Armuts-Karriere*"), insbesondere die Bedeutung von Arbeitslosigkeit und die Art der Betreuung durch Soziale Dienste als Verursacher von Verarmung.

Seit knapp zehn Jahren gibt es kommunale Armutsberichte in Deutschland (vgl. Stadt Frankfurt am Main, 1988; Breckner et al., 1989; Landeshauptstadt Stuttgart, 1990; Stadt Essen, 1990; Landeshauptstadt München, 1991; Kommunalverband, 1992; Podszuweit et al., 1992; BAGS, 1993). Sie sind nicht einheitlich aufgebaut und setzen unterschiedliche Schwergewichte (vgl. zur Übersicht Scherer, 1992). Ausgehend von einer Beschreibung der Mengen, Zusammensetzung und räumlichen Verteilung von Sozialhilfebeziehern und Arbeitslosen verharren sie entweder bei der Aufbereitung der Verwaltungsvollzugsdaten der Sozialhilfestatistik oder beziehen vereinzelt ergänzende (Arbeitsmarktentwicklung, Gesundheit, Stadtentwicklung, Wohnungsmarkt etc.) oder erklärende Teile ansatzweise mit ein. Nur wenige beruhen auf direkten Informationen von und über arme Bewohner (vgl. als Ausnahme Busch-Geertsema/Ruhstrat, 1992).

Als ein einheitliches Ergebnis ist festzuhalten, daß in den Städten bis etwa 1990 die Sozialhilfedichte (Anteil der Sozialhilfeempfänger an allen Einwohnern) zunimmt; danach ist die Entwicklung unterschiedlich (vgl. Tab. 2). In der Zusammensetzung sind nach wie vor Frauen überdurchschnittlich häufig betroffen - nur sind es heutzutage in geringerem Maße unterversorgte Witwen, sondern zunehmend Alleinerziehende und Frauen zwischen 25 und 40 Jahren. Weiter ist der Ausländeranteil unter Sozialhilfeempfängern erheblich gestiegen, auch wenn man die Asylsuchenden nicht mitberücksichtigt. Am stärksten hat jedoch der Anteil der Kinder zugenommen, die in Haushalten aufwachsen, die im wesentlichen von der Sozialhilfe leben; in einzelnen Großstädten gibt es bereits Stadtteile, in denen die Hälfte aller Kinder überwiegend von Sozialhilfe lebt. Was hier an gesellschaftlicher Problematik „auf den Weg gebracht" wird, läßt sich in seiner mittel- und langfristigen Bedeutung kaum einschätzen - es gibt Fachleute, die hierin eine vergleichbare Zerstörungskraft sehen, wie es die FCKW-Moleküle für die Ozonschicht darstellen.

2.3 Ursachen von Armut

Als „Ursachen" von Armut nennen Hauser/Neumann (1992: 248-252) vier Bereiche:
- den Arbeitsmarkt,
- die sozialen Sicherungssysteme,
- persönliche Risiken und
- die staatliche Infrastruktur.

Der Arbeitsmarkt gilt als klassisches Feld der Verursachung der ökonomischen Armut, der Abhängigkeit von staatlichen Transferleistungen, der sozialen Ungleichheit und der Ausgrenzung aus gesellschaftlicher Teilhabe. Neben der Arbeitslosigkeit und dem Risiko des Verlustes des Arbeitsplatzes wirkt sich heute zunehmend die Beschäftigung aufgrund befristeter Arbeitsverträge, in Teilzeiten, auf Abruf und unterhalb der Grenze der Sozialversicherungspflicht aus; sie alle gestatten es nicht, von diesem geringen und unstetigen Erwerbseinkommen eigenständig zu wirtschaften, sondern machen private Zuwendungen oder staatliche Transfers notwendig. Da sich die Relationen der Erwerbseinkommen in den Leistungen der Sozialversicherungen und den staatlichen Transfers widerspiegeln, „verlängert" sich die Differenzierung im Arbeitsmarkt zudem in die sozialen Sicherungssysteme hinein, was Frauen und (ehemals) Arbeitslose zusätzlich benachteiligt.

Eine weiteres klassisches Risiko zu verarmen besteht aufgrund von Schicksalsschlägen, die vor allem in Krankheit und Tod des Ernährers gesehen werden; heute kommen in verstärktem Maße Scheidungs- und Trennungsrisiken hinzu. Beide Faktoren stehen in einem engen Wechselverhältnis.

Demgegenüber eher neu sind die Verursachungsfelder der staatlichen Infrastruktur und das soziale Sicherungssystem selbst. Während erstere nur am Rande behandelt werden (dabei wird der Wohnungssektor häufig kurz erwähnt), wird dem Aufbau und der Anwendung des sozialen Sicherungssystems als Verursachungsfaktor von „Armut" eine wachsende Bedeutung beigemessen (daher auch: „Armut im Wohlfahrtsstaat"; vgl. Leisering/Voges, 1992).

Man kann nun daran zweifeln, ob mit diesen Fakten wirklich „Ursachen" von Armut angesprochen sind; es scheint eher, als seien dies letztendlich individuelle Anlässe und strukturelle Probleme. Die eigentlichen Ursachen wären im Rahmen systematischer Prozesse gesellschaftlicher Entwicklung darzustellen, die ökonomische Umstrukturierungen, den sozialen Wandel, die politische Regulation und systematisch verändertes individuelles Verhalten einbezieht.

Diese Veränderungen - ausgehend von ökonomischer Umstrukturierung, der politischen Regulation von scheinbar erreichbarem Wachstum, schließlich der entscheidende Wertewandel, der in unser aller Köpfe stattfindet, und die daraus abgeleitete Entsolidarisierung - scheinen mir die wahren Gründe zu sein für eine Armut, die wir heute als soziales Problem ansehen. Die drei Faktoren stehen untereinander in einem engen

Wechselverhältnis, und sie verursachen zudem die von Hauser/Neumann (1992) genannten vier Anlässe zur Verarmung.

2.4 Raumbezug von Armut

Der Armutsforschung fehlt - ebenso wie den Theorien zur sozialen Ungleichheit - der Raumbezug. Der Sammelband von Leibfried/Voges (1992), der den aktuellen Stand der bundesdeutschen Armutsforschung (im Vergleich zu der in Großbritannien und den USA) darstellt, kommt in den zahlreichen deutschen Beiträgen ohne jeglichen Raumbezug aus. Was aber in diesem Zusammenhang besonders wichtig ist: Es wird an keiner Stelle auf die besondere Problematik der zunehmenden Konzentration von Armut in Großstädten, insbesondere die räumliche Konzentration in bestimmten städtischen Teilgebieten (Segregation) hingewiesen [lediglich Wilson (1992) geht auf das Problem der Zunahme von Armut in den Innenstädten amerikanischer Metropolen ein[3]].

Damit wird in der bundesdeutschen Armuts-Diskussion ein ganz entscheidender Faktor für dauerhafte Armut durch deren sozial-räumliche Konzentration ausgeblendet. Es fehlt in der Armuts-Forschung also eindeutig die Meso-Ebene, d.h. die Bedeutsamkeit des sozial-räumlichen Kontextes (Milieu). Hierzu hat die Stadtsoziologie in den 70er Jahren einzelne beschreibende Ergebnisse im Zusammenhang mit der einsetzenden Stadterneuerung und der zunehmenden Konzentration von Armut in Großsiedlungen geliefert (vgl. als jüngstes Beispiel Herlyn et al., 1992).

3. Armut - ein großstädtisches Phänomen

In der deutschen Armutsforschung wird also der Tatsache, daß sich Armut regional und kleinräumlich immer stärker polarisiert, keine oder nur eine sehr geringe Aufmerksamkeit geschenkt, obwohl Armut zunehmend ein großstädtisches Problem geworden ist. Die Ursachen für die Zunahme von Armut in Großstädten liegen vor allem in den veränderten Arbeits- und Wohnungsmärkten sowie der Steuerung des Wandels durch den Staat und die Städte: Globale ökonomische Entwicklungen haben die Wirtschafts- und Arbeitsmärkte nachhaltig krisenhaft beeinflußt. Städte reagieren darauf mit verstärkten Konkurrenzstrategien, die sich wiederum polarisierend auf die städtische Gesellschaft und die städtischen Räume auswirken. Damit kommt den „urban managers" eine entscheidende Rolle bei der Entwicklung des Ausmaßes, insbesondere der räumlichen Konzentration von Armut zu (vgl. Dangschat, 1994, 1995a).

3.1 Arbeitsmarkt: das Entstehen von „neuer" Armut

Aufgrund von Überproduktion und weltweit mangelnder (kaufkräftiger) Nachfrage ist das kapitalistische Wirtschaftssystem erst ins Stocken, dann in die Krise geraten. Genauer: die Kaufkraft wuchs weltweit langsamer als die Produktivität. Das bedeutet, Güter müssen billiger produziert werden. Dieses kann auf zweierlei Weise geschehen: erstens durch die Verlagerung der Produktion in andere Regionen der Welt, wo die Produktionskosten und/oder die sozialen und ökologischen Auflagen geringer sind, oder zweitens durch eine Produktivitätssteigerung vor Ort durch Rationalisierungsinvestitionen. Beides führt an den Orten mit überwiegend altindustrialisierten Wirtschaftsbetrieben, veralteten Produkten oder Produktionsformen zur „strukturellen Arbeitslosigkeit".

Eine Ausdehnung der strukturellen Arbeitslosigkeit aufgrund von Rationalisierungsinvestitionen ist ein vorzeitiges Wegnehmen von Arbeitsplätzen für die Menschen, die mit der Modernisierung nicht Schritt halten können. Es bildet sich jedoch nicht nur eine Polarisierung zwischen Arbeithabenden und Arbeitsuchenden, sondern auch die aktive Arbeitnehmerschaft trägt ein zunehmend ungleiches Arbeitslosigkeitsrisiko. Die Flexibilisierung des Arbeitsmarktes führt zu einer rasanten Zunahme ungesicherter Arbeitskontrakte (Zeitverträge, Beschäftigungsverhältnisse unterhalb der Versicherungspflicht und damit ohne Sozialversicherungsschutz, außertarifliche Regelungen, Leih- und Teilzeitarbeit). Diese Arbeitskontrakte sind neben dem höheren Risiko der Arbeitslosigkeit so gestellt, daß sie allein nicht zum eigenen Lebensunterhalt ausreichen; sie müssen durch persönliche Zuwendungen oder staatliche Transfers, in zunehmendem Maße durch die Sozialhilfe (vor allem HLU), ergänzt werden.

Diese sogenannte (alte) „neue Armut" zeigt, daß das Risiko zunimmt, den Arbeitsplatz im ersten Arbeitsmarkt zu verlieren. Es scheint zudem, daß soziale Gruppen in unterschiedlichem Maße vom Risiko betroffen sind, insbesondere wenn sie mehrere Risikofaktoren gleichzeitig auf sich vereinigen. Weiter ist die Lehre daraus, daß auch eine hohe Bildung letztlich nicht vor Arbeitslosigkeit schützt, gleichzeitig jedoch auch, daß niedrige Schulabschlüsse völlig entwertet werden.

Eine dritte Form der Polarisierung findet inmitten des Kern-Arbeitsmarktes statt. Löhne und Gehälter entwickeln sich gegenwärtig auseinander; es scheint so, als seien die Unterschiede in der Bundesrepublik hier niemals höher gewesen als gegenwärtig (BAGS, 1993, S. 10-12). Der Staat erweist sich gleichzeitig als zunehmend unwillig und unfähig, die Einkommenspolarisierungen auszugleichen.

Nun ist die unterschiedliche Arbeitsmarktsituation nicht zufällig über Deutschland verteilt, sondern abhängig von den jeweiligen regionalen und internationalen Wirtschaftskreisläufen. Auf diese Weise kommt es zu weiträumigen Disparitäten[4]. Da sich die Regionen aus der Summe der städtisch-regionalen Wirtschaftsstrukturen zusammensetzen, stehen sich auf städtischer Ebene „Modernisierungsgewinner" (beispielsweise München, Frankfurt am Main, Stuttgart, mittelfristig auch Berlin und eventuell Dresden) und „Modernisierungsverlierer" (beispielsweise Duisburg, Saarbrücken, Bremen, Rostock, Magdeburg) gegenüber (s. Tab. 1, insbesondere die auf 1980 standardisierten Arbeitslosenzahlen).

In beiden Entwicklungstypen gibt es unterschiedliche Prozesse der Verarmung, unterschiedliche Ursachenstrukturen, Problemlagen und Lösungswege. Die „Modernisierungsverlierer" sind eher homogene Regionen, die vom Fehlen innovativer Fertigungstechniken, moderner Logistik und Produkte sowie von unterqualifizierten Arbeitnehmern gekennzeichnet sind. Dieses drückt sich in hohen Arbeitslosigkeitsziffern, insbesondere hoher Dauerarbeitslosigkeit sowie dem Wegzug qualifizierter und jüngerer Arbeitnehmer aus („brain drain"); es ist eine Situation, wie sie im Ruhrgebiet, dem Saarland, Ostfriesland, vor allem aber in weiten Teilen Ostdeutschlands besteht.

Armutsentwicklung in deutschen Städten

Tab. 1: Zahl der gemeldeten Arbeitslosen (absolut und 1980 = 100) und Arbeitslosenquoten (%) in ausgewählten deutschen Städten, 1970-1994 (Jahresdurchschnittszahlen, gemäß jeweiliger Gebietsgrenzen und jeweiligem Berechnungsmodus)

		1970	1980	1985	1987	1989	1990	1991	1992	1993	1994
Berlin (West)	abs.	3.915	34.031	80.969	90.611	91.875	90.193	92.908	109.037	120.884	129.691
	Index		100	238	266	270	265	273	320	355	381
	%	0,5	4,3	10,0	10,5	9,8	9,4	9,4	11,1	12,3	13,3
Dortmund	abs.	1.753	13.584	36.691	36.585	34.016	31.322	27.954	28.471	33.367	37.907
	Index		100	270	269	250	231	206	210	246	279
	%	0,7	6,1	17,2	17,7	14,1	13,0	11,5	11,5	13,5	15,3
Dresden	abs.							22.583	25.999	25.337	27.061
	%							8,0	9,1	11,1	12,1
Hamburg	abs.	2.751	23.084	89.162	99.216	83.457	75.493	63.013	57.441	62.929	71.204
	Index		100	386	430	362	327	273	249	273	308
	%	0,4	3,4	12,3	13,6	11,7	10,5	8,7	7,9	8,6	9,8
Frankfurt a.M.	abs.		13.109	34.012	23.408	19.978	17.319	16.084	18.886	22.244	26.278
	Index		100	259	179	152	132	123	144	170	200
	%		2,5	6,5	8,5	6,8	6,1	5,6	6,5	7,5	9,0
Leipzig	abs.							29.345	32.920	33.989	35.805
	%							8,0	10,3	11,9	12,9
München	abs.		22.357	55.974	42.284	33.811	25.645	22.607	25.356	32.313	38.254
	Index		100	250	189	151	115	101	113	145	171
	%		2,5	6,2	7,0	5,9	4,4	3,9	4,3	5,4	6,4
Rostock	abs.								18.209	17.399	19.883
	%								14,7	14,8	14,8

Quellen: Bundesanstalt für Arbeit, Arbeitsamt Dortmund, Arbeitsamt Dresden, Arbeitsamt Leipzig (Zahlen für Leipzig-Stadt und -Land), Arbeitsamt Rostock

Die „Modernisierungsgewinner" sind demgegenüber durch Polarisierungen auf hohem und steigendem ökonomischem Niveau gekennzeichnet. Hier werden Menschen arbeitslos oder geraten in prekäre Beschäftigungsverhältnisse, weil der Rest der regionalen Ökonomie so erfolgreich ist. Diese erzeugt einen hohen und steigenden Bedarf an einfachen Dienstleistungstätigkeiten in den unternehmensbezogenen (Büroreinigung, Wachdienst, Hotellerie, Messewesen) und haushaltsbezogenen Dienstleistungen (Restaurants, Kultur, Reinigung). In „fortgeschrittenen" Phasen bilden sich in diesen Städten isolierte Wirtschaftskreisläufe der Produktion und Konsumtion auf niedrigem Kosten-Niveau, das die Subsistenz dieser Arbeitskräfte sicherstellt (vgl. Kunzmann, 1992). Diese Entwicklung ist unmittelbar von der Zuwanderung (meist illegaler) Arbeitskräfte sowie einem flexibilisierten und deregulierten Wirtschaftsraum abhängig. Hier spricht man von „Armut im Wohlstand" (Döring et al., 1990) oder „Armut durch Wohlstand" (Dangschat, 1991a).

Nun gibt es aber auch Städte, die deutlich zwischen beide Extreme fallen (am deutlichsten wohl Hamburg, aber beispielsweise auch Köln, Düsseldorf und Nürnberg; inwiefern das dauerhaft auch für einige ostdeutsche Städte gilt, ist gegenwärtig noch sehr schwierig einzuschätzen). Die räumliche und zeitliche Überlagerung von Auf- und Abstieg ist keineswegs von Vorteil, denn hier fallen die Polarisierungen besonders stark aus. Sie werden in ihrer Wirkung von städtischen Entscheidungsträgern meist forciert, da sie sich vor allem an der Wachstumsseite orientieren (s. den Beitrag von Dangschat/Wüst in diesem Band). Es hat daher den Anschein, daß sich die Verarmungsfolgen in diesen Städten überlagern und daher zu erhöhten Armuts-Ziffern führen.

3.2 Konkurrenz der Stadtregionen und Stadtmanagement I: Armut durch Wohlstand

Städte und Stadtregionen sind von diesen Prozessen innerhalb der regionalen Arbeitsmärkte in unterschiedlichem Maße betroffen. Zentraler Faktor ist hierbei die regionale Wirtschaftsstruktur, genauer: der Wirtschaftsmix bezogen auf den Grad der Modernität, auf die Stabilität, auf die Produktionsformen sowie auf das Tempo und die Intensität der Modernisierung. Strukturen und Prozesse - scheint es - sind von lokaler Politik beeinflußbar.

Durch diese flexible ökonomische Umstrukturierung sowie eine stärkere Integration aller Wirtschaftsräume in die sogenannte „internationale Arbeitsteilung" nimmt die Konkurrenz der Städte und Stadtregionen untereinander um die gleichen Ressourcen zu:

- Konkurrenz um moderne Dienstleistungsbetriebe (Medien, Werbung, Banken, Versicherungen, Einzelhandel),

- High-Tech-Produktion mit einem hohen Anteil an Forschung und Entwicklung (Medizintechnologie, Chemie, Biotechnologie, Raumfahrt- und Flugzeugbau, Anlagenbau, Maschinenbau) und

- kaufkräftige Konsumenten (daher Ausbau von Messen, Hotels, Restaurants, Einkaufsgalerien, Kultur) (vgl. Krätke, 1990: 31-34).

Jedoch nicht nur die Konkurrenz zwischen den Städten ist gleich, sondern im großen und ganzen auch der Vorrat an eingesetzten Instrumenten. Es läuft darauf hinaus, ein günstiges „Wirtschaftsklima" herzustellen und insbesondere die „weichen Standortfaktoren" zu entwickeln und zu stärken. Dabei scheuen sich die Stadtverwaltungen nicht, ihre Interessen denen der lokalen Wirtschaft gleichzuschalten, zu diesem Zweck beispielsweise Kulturpolitik und Entwicklung der Innenstädte weitgehend zu instrumentalisieren und die städtischen Räume zu den „Spielwiesen" der neuen Konsumenten umzugestalten (vgl. ausführlich: Dangschat, 1991b, 1995b, Häußermann/Siebel, 1993). Bei der Umgestaltung der Zentren gewinnen Architektur und Design eine herausragende Bedeutung.

Diese Konkurrenz fördert die Polarisierung der Entwicklung der Städte untereinander, denn die Städte gehen mit unterschiedlichen Ausgangsvoraussetzungen und Mitteln in diese ungleiche Konkurrenz. Diese führt dazu, daß diejenigen Städte, die einen großen Teil ihrer wirtschaftlichen Basis im Dienstleistungssektor hatten, aus diesem Wettbewerb gestärkt hervorgehen, während die schlechter gestellten, auf (veralteter) Industrie aufbauenden Kommunen ihre Zielsetzungen kaum erreichen und daher in dem überzogenen Modernisierungsprozeß Fehlinvestitionen vornehmen. Zu diesen Fehlinvestitionen kommen steigende Kosten für Sozialhilfe, die sich sehr ungleich in der alten Bundesrepublik entwickeln.

Armutsentwicklung in deutschen Städten

Dieser generell polarisierende Trend auf der Basis alter Strukturen läßt gleichwohl Raum für „newcomer", die in dieser Konkurrenz eine aktive Rolle spielen. Hierfür sind sicherlich Berlin und mittelfristig wohl auch Dresden und Leipzig Beispiele, allerdings eher dadurch, daß dort die entwerteten Strukturen wieder in Wert gesetzt werden und bewußt auf lokalen Fähigkeiten und Fertigkeiten sowie auf alten Wirtschaftsbeziehungen aufgebaut wird. Das amerikanische „Silicon-Valley-Modell" ist ebenso wie die britischen „enterprise zones" in Deutschland dagegen eher unwahrscheinlich.[5]

Polarisierungen entwickeln sich jedoch nicht nur zwischen, sondern zunehmend auch innerhalb von Städten und Regionen. Das „urban management" achtet dabei jedoch fast ausschließlich auf die Gewinner-Seite der Stadtentwicklung, während die Wahrnehmung der Verlierer - und damit diese selbst - verdrängt und deren Viertel „vergessen" werden. Die Gewinner-Seite setzt demgegenüber ihre Lebensstile, Symbolik (Architektur) und Interessen mit Hilfe der „urban manager" durch. Diese Widersprüchlichkeit aus realer Polarisierung und mittlerem wirtschaftlichem Wachstum (wie in den Städten, die in weiten Teilen sowohl zu den Verlierern als auch Gewinnern zu rechnen sind) führt zu einer einseitigen Wahrnehmung politischer Aufgaben.

Auf der Verliererseite in den Städten der drei Typen lassen sich die Auswirkungen am besten in der Zunahme der Zahl der Sozialhilfeempfänger ablesen (vgl. Tab. 2). Betrachtet man die *Sozialhilfedichte*[6], stellt man fest, daß auch Hamburg und Berlin als

Tab. 2: Anzahl der Sozialhilfeempfänger (HLU) (1) und Sozialhilfedichte (HLU) (2) in ausgewählten eutschen Städten, 1970-1993

		1970	1975	1980	1985	1987	1989	1990	1991	1992	1993
Berlin (West)	(1)	64.817	84.075	95.848	105.905	123.200	143.471	150.607	144.527	156.025	255.565*
	(2)	3,1	4,2	5,1	5,7	6,1	6,7	7,0	6,7	7,2	7,4
Dortmund	(1)	12.190	16.866	18.518	36.149	41.192	46.168	47.071	46.031	47.533	52.199
	(2)	1,9	2,7	3,0	6,3	7,1	7,8	7,9	7,7	7,9	8,7
Dresden	(1)								7.504	8.714	10.413
	(2)								1,5	1,8	2,2
Hamburg	(1)	23.159	41.521	56.493	106.771	121.081	145.152	150.770	140.329	149.694	158.946
	(2)	1,3	2,4	3,4	6,8	7,6	8,9	9,1	8,4	8,9	9,3
Frankfurt a.M.	(1)	3.466	10.250	24.571	34.447	39.461	43.727	43.221	44.129	51.803	57.651
	(2)	0,5	1,6	3,9	5,8	6,4	6,9	6,7	6,7	7,8	8,8
Leipzig	(1)							5.260	12.510	16.126	18.462
	(2)							1,0	2,5	3,2	3,8
München	(1)	13.039	23.050	26.279	38.881	45.481	50.342	43.785	46.813	57.682	59.622
	(2)	1,0	1,8	2,0	3,1	3,8	4,2	3,6	3,8	4,6	4,7
Rostock	(1)							1.989	6.043	7.408	8.125
	(2)							0,8	2,5	3,1	3,4

* Berlin insgesamt
Quellen: Statistisches Landesamt Berlin, Landesamt für Datenverarbeitung und Statistik Nordrhein-Westfalen; Amt für Informationsverarbeitung, Statistik und Wahlen der Stadt Dresden; Statistisches Landesamt der Freien und Hansestadt Hamburg; Hessisches Statistisches Landesamt; Amt für Statistik und Wahlen der Stadt Leipzig; Bayrisches Landesamt für Statistik und Datenverarbeitung; Statistisches Landesamt Mecklenburg-Vorpommern.

Armutsentwicklung in deutschen Städten

ambivalente Städte steile Zuwachsraten haben (wie zuletzt auch die „Gewinner"-Stadt Frankfurt). München verbleibt demgegenüber auf niedrigem Niveau. Die ostdeutschen Städte haben 1990 noch niedrige Ausgangsniveaus, allerdings bei stark ansteigenden Anteilen.

Die vier Städte mit den höchsten Niveaus der Sozialhilfedichte nehmen auch die höchsten *Zahlungen pro Sozialhilfeempfänger* vor (s. Tab. 3) - auch hier hat München geringe Pro-Kopf-Werte.[7] Um trotz sehr eingeschränkter Vergleichbarkeit der Höhe der Zahlungen pro Empfänger zumindest tendenziell Vergleiche vornehmen zu können, wurden die Werte auf den Wert von 1970 (=100) standardisiert [Zeile (4) in Tabelle 3]. Allerdings setzt ein Vergleich dieser Indexwerte voraus, daß die Relation zwischen kommunalen und überörtlichen Zahlungen gleich bleibt und daß die Zahlungsarten der unterschiedlichen Träger in etwa gleiche Steigerungsraten aufweisen.

Tab. 3: Ausgaben für Sozialhilfe (HLU) (in 1.000 DM) (1), pro Einwohner (2), pro HLU-Empfänger (3), letzteres standardisiert (1970 = 100) (4) in ausgewählten deutschen Städten, 1970-1993

		1970	1975	1980	1985	1987	1989	1990	1991	1992	1993
Berlin (West)	(1)	73.245	160.527	260.600	382.311	449.906	548.895	600.880	622.623	671.494	1.191.328
	(2)	35	81	137	206	224	258	278	286	309	980
	(3)	1.130	1.909	2.718	3.609	3.652	3.826	3.990	4.308	4.304	4.662
	(4)	100	169	241	319	323	339	353	381	381	413
Dortmund	(1)	16.564	41.875	68.385	129.048	174.231	189.436	198.055	212.085	205.860	242.826
	(2)	26	66	112	226	299	319	331	353	343	532
	(3)	1.359	2.483	3.693	3.570	4.230	4.103	4.208	4.607	4.330	4.652
	(4)	100	183	272	263	311	302	310	339	319	342
Dresden	(1)								11.945	18.489	
	(2)								25	38	
	(3)								1.536	2.122	
Hamburg	(1)	39.535	92.296	156.870	414.179	585.837	684.486	778.569	766.364	853.088	945.826
	(2)	22	54	95	262	367	421	471	459	505	699
	(3)	1.707	2.223	2.777	3.879	4.839	4.716	5.164	5.461	5.699	5.756
	(4)	100	130	163	227	283	276	304	320	334	337
Frankfurt a.M.	(1)	10.481	34.874	84.278	99.514	154.142	187.874	217.448	231.628	233.394	286.298
	(2)	15	55	134	167	248	296	337	354	352	973
	(3)	3.024	3.402	3.430	2.889	3.906	4.267	5.031	5.249	4.505	4.966
	(4)	100	113	113	96	129	141	166	174	149	164
Leipzig	(1)								20.370	39.107	48.502
	(2)								40	79	461
	(3)								1.628	2.425	2.627
München	(1)	16.661	42.790	49.101	96.306	114.241	128.155	144.400	139.203	145.565	169.471
	(2)	13	33	38	76	95	106	117	113	116	236
	(3)	1.278	1.856	1.868	2.477	2.512	2.546	3.298	2.974	2.524	2.842
	(4)	100	145	146	194	197	199	258	233	197	222
Rostock	(1)								11.400	11.200	
	(2)								47	46	
	(3)								1.886	1.512	

Quellen: Statistisches Landesamt Berlin, Landesamt für Datenverarbeitung und Statistik Nordrhein-Westfalen; Amt für Informationsverarbeitung, Statistik und Wahlen der Stadt Dresden; Statistisches Landesamt der Freien und Hansestadt Hamburg; Hessisches Statistisches Landesamt; Amt für Statistik und Wahlen der Stadt Leipzig; Bayrisches Landesamt für Statistik und Datenverarbeitung; Statistisches Landesamt Mecklenburg-Vorpommern.

Die Steigerungen der HLU-Zahlungen pro Empfänger waren zwischen 1970 und 1993 in West-Berlin am stärksten, gefolgt von Dortmund und Hamburg. Die Veränderungen der Zahlungen pro Empfänger sind dagegen in Frankfurt am Main und München eher moderat - es gibt sogar Phasen, in denen sie rückläufig sind. Sozialhilfedichte und Zahlungen an Sozialhilfe-Empfänger überlagern sich also, so daß die höchste relative Belastung (*Ausgaben an HLU pro Einwohner*) für Hamburg notiert wird, gefolgt von Frankfurt am Main, Berlin und Dortmund.

3.3 Wohnungsmarkt: räumliche Segregation, aber auch: Ursachen der neuen großstädtischen Armut

Der Wohnungssektor bildet ein wichtiges Bindeglied zwischen der Entwicklung des Arbeitsmarktes und der Sozialstruktur, insbesondere bezüglich der Konzentration bestimmter Bevölkerungsgruppen in städtischen Teilgebieten und des ungleichen Verteilungsmusters sozialer Gruppen über die Stadt (residentielle Segregation). Man kann bei diesen Zusammenhängen zwei relationale Beziehungen unterscheiden[8]:

- indirekte Zusammenhänge aufgrund von Faktoren, die auf beide Märkte wirken (ökonomische Umstrukturierung und Regulation durch den Nationalstaat und die Städte), und

- direkte Zusammenhänge, welche die Gemeinsamkeiten der Entwicklung im Arbeits- und Wohnungsmarkt beschreiben, die nach je eigener Logik funktionieren (hierunter sind die veränderten Wechselbeziehungen von Angebot und Nachfrage in Abhängigkeit einer veränderten Erwerbs- und Haushaltsstruktur sowie von Investitions- und Disinvestitionszyklen zu verstehen; Beispiele: Gentrification, Suburbanisierungen). Dabei sind ungleichzeitige Zusammenhänge ebenfalls denkbar (werden Arbeitsplätze verlagert, so folgen diesen die Wohnungen und umgekehrt).

Bei einer zunehmenden Polarisierung und Heterogenisierung innerhalb der Gesellschaft können die parallelen Entwicklungen im Arbeits- und Wohnungsmarkt rasch zu mehrfacher Benachteiligung derer führen, die einkommens- und artikulationsschwach sind (s.u.).

Der Wohnungsmarkt selbst wird in westdeutschen Großstädten zunehmend zur Ursache für Armut und soziale Ungleichheit (vgl. Dangschat, 1991a; Specht-Kittler, 1992). Er ist durch deutliche Nachfrage-Überhänge gekennzeichnet (Mengeneffekt). Diese beruhen auf der Angebotsseite auf falschen Bedarfsprognosen (aus der zurückgehenden Bevölkerungszahl wurde Anfang der 80er Jahre eine verringerte Wohnflächen-Nachfrage direkt abgeleitet), auf einer gezielten Verknappungspolitik, auf einer schlechten Konkurrenz-Position um Raum gegenüber der gewerblichen Nutzung (Büros), Grün- und Freiflächen sowie auf schlechten Rahmenbedingungen für den Bau neuer Wohnungen (hohe Zinsen, hohe Baukosten und Baulandkosten, fehlende Flächen). Dieser Mengeneffekt wird von einem Verteilungseffekt überlagert, der vor allem die innenstadtnahen Bestände betrifft. Gerade der Nachfrage-Überhang in attraktiven innenstadtnahen Gebieten im Zusammenhang mit massiven Deregulierungen und Abschreibungsvergünstigungen hat dazu geführt, daß preiswerter Wohnraum dort vernichtet wurde und daß exorbitante Preissteigerungen immer häufiger wurden (Dangschat, 1991a).

Daraus entsteht ein neuer Verdrängungsdruck bei dramatisch schrumpfenden Ausweichmöglichkeiten. Er führt dazu, daß das Risiko, die eigene Wohnung zu verlieren, erheblich zugenommen hat - in den Großstädten steigen die Zahlen der Obdachlosigkeit, insbesondere der Wohnungslosigkeit, rapide an. Darüber hinaus nimmt die Mietbelastung unter gleichzeitiger Polarisierung sprunghaft zu; Mietbelastungen von etwa 50 Prozent des Einkommens sind in westdeutschen Großstädten keine exotische Ausnahme mehr.

3.4 Innenstadt und Stadtmanagement II: Stadterneuerung, Gentrification, „Soziale Brennpunkte"

Gerade die Innenstädte der Großstädte sind also die Orte, an denen die gesellschaftlichen Umbruchs- und Polarisierungsprozesse am deutlichsten ablesbar sind. Dieses ist keine neue Erkenntnis, sondern darin waren und sind sich Sozialwissenschaftler wie Engels, Weber, Simmel, Tönnies, Park, Wirth, Levèbvre und Saunders einig.

Es ist nur knapp 20 Jahre her, da waren die Innenstädte der bundesdeutschen Großstädte noch die Orte einer allgemein als höchst problematisch angesehenen Stadtentwicklung. Die mobile deutsche Bevölkerung hat sich über Randwanderungen davongemacht; in die leerstehenden Wohnungen zogen Ausländer und junge Leute; sie wurden Nachbarn der alteingesessenen, immobilen Bewohner, die durch die vier „A's" gekennzeichnet sind: Alte, Arme, Arbeitslose, Ausländer. Auf Bundes-, Landes- und kommunaler Ebene wurden große Anstrengungen unternommen, den untergenutzten Wohnungsbestand über Modernisierungen wieder marktfähig zu machen. Förderungsprogramme, Steuerermäßigungen (Ausweitung der Abschreibung auf Bestandswohnungen) und zunehmend auch private Mittel brachten seit den 70er Jahren eine Reinvestition und eine ökonomische Revitalisierung der innenstadtnahen Wohngebiete.

Verglichen mit dem Instrumentarium des Anschubs von ökonomischen Aufwertungen ist das der Dämpfung vergleichsweise mager und wird zudem von den Städten nur sehr zögerlich angewandt. Die Instrumente bestehen im wesentlichen in der Sanierungssatzung, der Erhaltungssatzung zum Schutz der Zusammensetzung der Wohnbevölkerung („Milieuschutzsatzung"), den Bau- und Nutzungsgeboten und den Instrumenten der Wohnungspflege.

Die Innenstädte sind - trotz der Aufwertung in räumlich enger Nachbarschaft - immer noch in den Teilen, die für die massiven Modernisierungsstrategien nicht gebraucht werden, die Orte der Armut. Aufgrund der Verdrängung von (relativ) Einkommensschwachen und aufgrund der Verarmung zusätzlicher Teile der Bevölkerung sind in der gesamten städtischen Region zu diesen klassischen „pockets of poverty" weitere räumliche Konzentrationen von Armut hinzugekommen: vernachlässigte, meist kommunale Wohnungsbestände der 50er Jahre, die nicht umgewandelt wurden, und zunehmend die Großsiedlungen der 70er und 80er Jahre (Deutscher Städtetag, 1987; Alisch/Dangschat, 1993).

Solche Konzentrationen wurden vom Deutschen Städtetag (1979) „Soziale Brennpunkte" genannt. Damit werden solche Wohngebiete bezeichnet, „in denen Faktoren, die die Lebensbedingungen ihrer Bewohner und insbesondere die Entwicklungschancen von Kindern und Jugendlichen negativ bestimmen, gehäuft auftreten" (Deutscher Städtetag, 1979: 12).

Der Begriff „Sozialer Brennpunkt" ist sehr unglücklich gewählt. Er suggeriert, daß von bestimmten, noch näher zu bezeichnenden gesellschaftlichen Konstellationen Gefahren für andere ausgehen. Ein solcher gesellschaftlicher Brand muß kompromißlos bekämpft werden. Gleichzeitig sind vorbeugende „Brandbekämpfungen" nötig - dann nimmt es nicht wunder, daß diese in manchen Fällen als „Feuerwehrpolitik" ausfallen.

Mit „Sozialen Brennpunkten" ist jedoch auch ein doppeltes Tabu der Stadtentwicklung und lokalen Politik angesprochen. Das erste ist „Armut" selbst (s.o.), das andere ist deren räumliche Konzentration. Der Gesetzgeber geht sowohl bei der Regional- als auch bei der Stadtentwicklung davon aus, daß „bestehende Disparitäten abzubauen" und „einseitige Bevölkerungsstrukturen zu vermeiden" seien. Gerade bei der beginnenden Verarmung in den innenstadtnahen Wohnvierteln in Großstädten Ende der 60er Jahre wurde das Instrument der Sanierung gezielt dazu eingesetzt, „gesunde Bevölkerungsstrukturen" wiederherzustellen und „untypische Innenstadtbewohner" in andere Wohnstandorte abzudrängen. Es ging den Großstadtverwaltungen, nachdem Zuzugssperren häufig unterlaufen wurden, insbesondere darum, Ausländerkonzentrationen von 30% und mehr zu vermeiden. Dieses wurde durch ein gezieltes Ansiedeln deutscher Mittelschichtfamilien in innenstadtnahen Wohnvierteln angestrebt. Gleichzeitig sollte die Suburbanisierung bekämpft werden. Der Erfolg, aufstrebende deutsche Mittelschichtfamilien in den Städten zu halten, wurde allerdings mit dem Verlust preiswerten Wohnraums bezahlt.

Auch wenn sich die Sanierungsleitlinien (von der Flächensanierung zur „behutsamen Stadterneuerung") gewandelt haben, die Zielsetzung einer Dekonzentration einkommensschwacher Bevölkerung hat dennoch eine hohe Kontinuität. Die „geretteten" Innenstadtviertel sind heute häufig teure, hochspekulative „Schicki"-Viertel aufgrund der angeschobenen Gentrification (vgl. Dangschat, 1988; Blasius/Dangschat, 1990), während die Verdrängten in immer engeren Räumen zusammenrücken müssen (vgl. Breckner/Schmals, 1993).

Es ist eine bisher kaum analysierte Frage, welche Arten sozialer Armut auf welche Weise in Großstädten räumlich segregiert sind. Da in der Regel von materieller Armut ausgegangen wird (Sozialhilfebezug oder niedrige Einkommen), bleiben die wichtigen sozialen Zusammenhänge dieser Personen außer acht. Die breite Diskussion um das Phänomen der Statusinkonsistenz weist zumindest darauf hin, daß materielle Armut nicht notwendigerweise mit niedriger Bildung einhergeht. Aus der Analyse der Prozesse gerade von Innenstädten weiß man, daß es dort beispielsweise Konzentrationen der Konstellationen hoher Bildung und niedriger Einkommen gibt. In diesen Vierteln gibt es integrative Netzwerke und eine Menge unausgeschöpfter Potentiale, die bislang für Konzepte zur nachhaltigen Stadtentwicklung kaum genutzt werden.

3.5 Die Städte sind die Verlierer!

Aber auch die Kommunen selbst gehören zu den Verlierern der polarisierenden Prozesse. Die Probleme der altindustrialisierten Städte, die in das Dilemma aus geringer Steuereinnahme einerseits und steigenden Sozialhilfeleistungen andererseits geraten, sind hinlänglich bekannt. Hier steigen die Verschuldungsraten bereits in den 70er Jahren deutlich an. Aber auch die „Gewinner-Städte" des nationalen und internationalen Wettbewerbs sind eigentliche Verlierer. Hier steigen die Verschuldungsraten seit Mitte oder zum Ende der 80er Jahre ebenfalls deutlich an (vgl. Tab. 4). Auch diese Städte sind nicht mehr in der Lage, den Standortwettbewerb finanziell durchzustehen und gleichzeitig genügend Wohnraum für ihre unteren Einkommensgruppen zur Verfügung zu stellen. Sie können ihren Arbeitern, Angestellten und Beamten in der normalen Laufbahn kaum noch die Löhne und Gehälter zahlen, die für ein angemessenes Leben in der Stadt notwendig wären.

Die absolut höchste Schuldenlast hat Berlin. Die Vereinigungsproblematik und die drastische Kürzung der Berlin-Förderung ließen die absolute Verschuldungsrate der Stadt deutlich ansteigen. Hamburgs sehr hohes Niveau - insbesondere die auf die Zahl

Tab. 4: Verschuldung von ausgesuchten deutschen Städten, absolut (in Mio. DM) (1), standardisiert auf 1970 (=100) (2) und pro Einwohner (3), 1970-1993

		1970	1975	1980	1985	1987	1989	1990	1991	1992	1993
Berlin*	(1)	10.442	12.365	14.890	15.362	15.362	16.918	18.183	21.153	25.561	31.396
	(2)	100	118	143	147	147	162	174	203	245	301
	(3)	4.972	6.121	7.884	8.175	7.572	7.941	8.426	6.138	7.375	9.034
Dortmund	(1)	1.018	1.152	1.107	1.156	1.203	1.247	1.288	1.365	1.365	1.365
	(2)	100	113	109	114	118	122	127	134	134	134
	(3)	1.614	1.894	1.936	1.981	2.026	2.082	2.144	2.272	2.270	2.268
Dresden	(1)								1.078	1.213	830**
	(2)								2.225	2.519	1.733
Hamburg	(1)	3.505	7.567	9.183	15.243	17.083	18.538	19.209	20.347	21.343	23.974
	(2)	100	216	262	435	487	529	548	581	609	684
	(3)	1.935	4.406	5.582	9.648	10.716	11.539	11.625	12.193	12.638	14.078
Frankfurt a.M.	(1)	1.458	1.592	1.711	3.499	3.875	4.400	4.619	5.323	6.163	6.435
	(2)	100	109	117	240	266	302	317	365	423	441
	(3)	2.094	2.503	2.718	5.877	6.236	6.928	7.163	8.138	9.283	9.833
Leipzig	(1)								66	221	3.514
	(2)								130	446	7.159
München	(1)	1.086	1.468	1.103	1.596	2.221	2.718	2.645	3.007	3.809	2.673
	(2)	100	135	102	147	205	250	244	277	351	246
	(3)	828	1.117	849	1.260	1.849	2.252	2.152	2.446	3.031	2.129
Rostock	(1)								112	148	168
	(2)								454	607	701

* bis 1990: West-Berlin; seit 1991: Berlin insgesamt
** Schuldensenkung durch Grundstücksübertragung an die städtischen Wohnungsunternehmen
Quellen: Senatsverwaltung für Finanzen Berlin, Landesamt für Datenverarbeitung und Statistik Nordrhein-Westfalen; Amt für Informationsverarbeitung, Statistik und Wahlen der Stadt Dresden; Statistisches Landesamt der Freien und Hansestadt Hamburg; Hessisches Statistisches Landesamt; Amt für Statistik und Wahlen der Stadt Leipzig; Bayrisches Landesamt für Statistik und Datenverarbeitung; Statistisches Landesamt Mecklenburg-Vorpommern

der Bewohner bezogene Pro-Kopf-Verschuldung - ist auf die tiefe wirtschaftliche Krise der 80er Jahre zurückzuführen. Bei Stadtstaaten sind zudem die kommunalen Schulden von denen des Bundeslandes nicht zu trennen. Beide Städte haben auch deshalb eine so hohe Verschuldungsrate, weil keine unabhängigen Landesregierung die Haushalte der Stadtstaaten kontrolliert und bestätigt und weil keine Transfers von der Landesebene in den kommunalen Haushalt fließen.

Mit deutlichem Abstand folgt Frankfurt am Main, wo der Anstieg der Verschuldung erst in den 90er Jahren deutlich wurde. Hier wirkt sich die flächenmäßig geringe Größe der Kernstadt in der Region aus; auf diese Weise ist der Anteil der zu unterstützenden Wohnbevölkerung in den innenstadtnahen oder peripheren Wohngebieten relativ hoch. Auch in München erhöhte sich die Verschuldung innerhalb der letzten zwei Jahre um knapp 50% - im Gegensatz zu dem „Verlierer" Dortmund, wo, „gedeckelt" durch das Land Nordrhein-Westfalen, die Verschuldungsrate bis 1993 nahezu konstant blieb. Von den Städten in Ostdeutschland hat vor allem Leipzig eine bemerkenswert hohe Verschuldung erreicht, während die Zahlen für Dresden aufgrund von Grundstücksübertragungen abgesenkt wurden.

Eine Ursache der raschen Verschuldung der Kommunen liegt darin, daß sie die gleichzeitige Förderung der Stadt als Wirtschaftsstandort und einen angemessenen sozialen Ausgleich nicht mehr finanzieren können und wollen. Als Versuch zur Lösung dieses Dilemmas begreifen sich die Städte zunehmend als Unternehmen; doch sie sind von effizienter Betriebssteuerung offensichtlich weit entfernt. Zudem unterscheiden sich „Städte-Unternehmen" von privatwirtschaftlichen Firmen in zweierlei Hinsicht:

1. Sie haben zwar auch unterschiedliche „Abteilungen", welche mit unterschiedlicher „Rendite" arbeiten. Dennoch können sie die Verlustabteilungen nicht schließen und ihre Armen entlassen. Alle Versuche, sie über die Grenze ins Umland abzuschieben, schlagen fehl, weil die Umlandgemeinden ihrerseits mit den Kernstädten in Ansiedlungskonkurrenz um attraktive Nutzer stehen.

2. Es werden darüber hinaus zu geringe Gewinne erzielt, denn die Stadtmanager achten zu wenig auf die Einnahmeseite. Um die Löcher in den Kassen zu stopfen, heben sie eher die Gebührensätze an, als (auch) von der Polarisierung zu profitieren. Beispielsweise werden die Investoren kaum zu Gegenleistungen dafür herangezogen, daß sie in den Zentren der Stadt hohe Profite machen, aber gleichzeitig die Infrastruktur belasten, die Wohnungsnachfrage steigern und womöglich von Vorleistungen oder Subventionen der Stadt profitieren. Die Frage nach dem Nutzen für die Stadt darf sich nicht auf Steuermehreinnahmen und vage Zusagen für Arbeitsplätze beschränken. Wohnungsbau, Infrastrukturausbau und Ablösungssummen sind die notwendigen und beispielsweise in den USA gängigen „Zumutungen" an die Investoren.

Auch der Wohnungsmarkt weist zunehmende Polarisierungen auf, und es ist nicht einzusehen, warum die Städte ausschließlich mit öffentlich geförderten Wohnungen gegen die Polarisierung auf dem Wohnungsmarkt anbauen und doch den Kampf verlieren müssen. Warum baut eine Stadt nicht auch Wohnungen für die Reichen - verkauft, verpachtet und vermietet sie jedoch für soviel Geld, wie der Markt hergibt? Die in diesem Segment erzielbaren Einnahmen sollten dann allerdings zweckgebunden in den Erhalt preiswerter Wohnungen fließen oder dem kommunalen Sozialmietwohnungs-Bauprogramm zugute kommen.

4. Strategien zu einer sozial ausgleichenden Großstadtentwicklung

Eine Zunahme von Armut in Städten wird sich auf absehbare Zeit zwangsläufig fortsetzen. Dieses liegt jedoch nur zum Teil an den Aktivitäten der Stadt und in der Stadt selbst und ist im Rahmen einer Marktwirtschaft, die von einer „sozialen" zu einer „freien" mutiert, nicht zu verhindern. Dennoch bleibt den Kommunen die Möglichkeit, die Armutsentwicklung im positiven Sinn zu beeinflussen. Insbesondere liegt es in der Hand der Kommunen, das Ausmaß der Konzentration von Armut zu steuern. Dazu bedarf es eines Überdenkens der Strategien in den traditionellen Politikfeldern und fachbehördlichen Zuständigkeiten (vgl. Alisch/Dangschat, 1993, 1994).

Das beginnt bei der Standortpolitik, die gerade in der Rezession durch eine zunehmende Bereitschaft zur Konkurrenz geprägt ist[9]. Eine solche Standortpolitik vergrößert jedoch die Unterschiede sowohl zwischen den als auch innerhalb der Regionen. Eine Standortpolitik, die über Polarisierungen eben nicht zur Ausweitung und räumlichen Konzentration von Armut beiträgt, muß sozialverträglicher gestaltet werden. Sozialverträglichkeit bedeutet zum einen, daß größere Investitionen vom Vorhaben selbst sowie insbesondere bezüglich ihres Standortes dahingehend zu überprüfen sind, inwieweit sie direkte und indirekte Polarisierungstendenzen fördern. Weiter sind die Investoren im Sinne des Gemeinwohls stärker zu belasten, insbesondere dann, wenn die Stadt selbst Vorleistungen erbringt - dieses Verständnis entspricht der Logik der Umweltverträglichkeit. Ein anderes Verständnis der Sozialverträglichkeit argumentiert über Wohn- und Lebensbedingungen, die allen Bewohnern weitestgehend einen Spielraum zur Entfaltung ihrer sozialen, kulturellen und ökonomischen Möglichkeiten lassen.

Eine zentrale Bedeutung kommt hierbei dem Wohnungsmarkt zu. Durch die Verknappungspolitik sind in (Groß-)Städten Nachfrageüberhänge in nahezu allen Segmenten entstanden. Knappheit allein, aber auch Aufwertungen, die auch über die Grenzen der Marktsegmente hinübergreifen, führen zu überdurchschnittlichen Preissteigerungen. Sie setzen - neben den zunehmenden Eigenbedarfskündigungen - eine Verdrängungswelle zwischen den Segmenten in Gang, wobei sich jeder Haushalt im Preis-Leistungs-Verhältnis bei jedem Umzug verschlechtert. Nur für wenige bleibt beim Auseinanderdriften von Bestands- und Neuvermietungsmieten ein Spielraum für „freiwillige" Umzüge. Immobilität bedeutet aber, daß man den sich verändernden Nachbarschaften kaum noch ausweichen kann.

Vor dem Hintergrund knapper Wohnungsbestände vor allem im preisgünstigen Segment kann kaum noch eine differenzierte Belegungspolitik betrieben werden. Auf diese Weise kommt es zu hohen räumlichen Konzentrationen von Beziehern niedriger Einkommen, Arbeitslosen, Sozialhilfeempfängern, Ausländern und Asylsuchenden. Damit werden Personen mit unterschiedlichen Schwierigkeiten in die Wohnungsmarktsegmente [Großsiedlungen; schlecht ausgestattete, periphere 50er-Jahre-Siedlungen; Altbauquartiere, welche für die Modernisierungsstrategien (noch) nicht benötigt werden] eingewiesen, welche sie zusätzlich benachteiligen (vgl. Alisch/Dangschat, 1993). Da die Enge im Wohnungsmarkt einen Wegzug aus wenig gewünschten Wohn- und Wohnumfeldbedingungen häufig unmöglich macht, müssen die Bewohner in der Nachbarschaft zunehmend andere Lebensstile ertragen. Vor Ort müssen die Zumutungen „fremder" Nachbarn ausgehalten werden; es breitet sich das Gefühl aus, dort, wo man wohnt, nicht mehr zu Hause zu sein (vgl. Stadt Essen, 1993)[10].

Gewöhnlich haben es die Bewohner innenstadtnaher Gebiete gelernt, relativ tolerant zu sein. Diese Toleranz wird dadurch „bestraft", daß diesen Gebieten häufig eine planerisch initiierte Aufwertung und gleichzeitig eine Einweisung von Asylsuchenden oder eine Zunahme von Obdachlosen zugemutet wird. So wird die einkommensschwache Bevölkerungsschicht von zwei Seiten „in die Zange" genommen.

Auch die Stadterneuerung muß sich in den Gebieten, in denen eine hohe Konzentration von Armut vorherrscht, einer erweiterten Aufgabe stellen. Es reicht nicht mehr aus, aus städtebaulichen, ästhetischen oder baulich-funktionalen Gründen die Stadtreparatur vorwärts zu treiben und darüber die Zusammensetzung und die Interessen der Bewohner zu vernachlässigen. Die widersprüchlichen Zielsetzungen - „Aufwertung" der Wohnbevölkerung und Erhalt der Bewohnerstrukturen - wurden kaum einmal zugunsten des Erhalts der Bewohnerstruktur entschieden.

Sozialpolitik wiederum muß einen stärkeren Quartiersbezug bekommen. Die Orientierung an einzelnen Problemgruppen („Klientelismus") oder das Betreiben staatlicher, kommunaler oder intermediärer Einrichtungen führt häufig zu wenig effizienter Parallelarbeit und unterschätzt die integrative Bedeutung der Nachbarschafts- und Quartiersebene.

Um dieses Umdenken in den alten Politik- und fachbehördlichen Feldern zu ermöglichen, bedarf es einer neuen Verwaltungs- und Planungskultur. Querschnittsaufgaben, interdisziplinäre Entscheidungsgruppen und Bürgerbeteiligung sind hierfür die zentralen Begriffe. Dabei sollte eine Organisationsform gefunden werden, deren politische Entscheidungen und Richtlinien sehr weit oben gebildet werden, während die praktische Umsetzung in quartiersbezogenen interdisziplinären Gruppen mit hoher „Vor-Ort-Kompetenz" erfolgt. Die Politik- und Verwaltungsspitzen haben zu entscheiden (und müssen sich dieser Aufgabe in verstärktem Maße stellen), welche zentralen Aufgaben im und durch das Quartier erfüllt werden sollen, und sich dafür ihre Legitimation zu besorgen. Alle anderen Aufgaben sind möglichst weit nach unten und außen zu delegieren und dort - unter einem bewußten controlling - auch zu entscheiden. Dazu muß der Mitteleinsatz dort sehr zeit- und problemnah vorgenommen werden. Die entscheidende Handlungsebene zur sozialen Integration wird also das Quartier sein (vgl. Froessler/Selle, 1989, 1991).

Da gegenwärtig und wohl auch künftig nicht allen Einwohnern ein Arbeitsplatz zugesichert werden kann, auch keine Bezahlung, welche die Menschen unabhängig von manchen Sorgen, Nöten und Entmündigungen macht, müssen auch Lösungen sozialer Integration jenseits des ersten und zweiten Arbeitsmarktes ins Kalkül gezogen werden. Das bedeutet sicherlich auch, die Hoffnung aufzugeben, eine gesamtstädtische Integration könne (wieder) gelingen. Diese Vorstellung (stadt-)gesellschaftlicher Entwicklung ist keine schöne, gleichwohl eine realistische, wenn man die Interessen betriebswirtschaftlicher Optimierung in der Wirtschaft, aber auch in der lokalen Politik und kommunalen Verwaltung berücksichtigt.

Gerade die Stadtplanung kann mit verschiedenen Instrumenten der Bürgerbeteiligung hier mehr erreichen, als „nur" eine breit akzeptierte Stadtteilentwicklung durchzusetzen. Die Quartiere können wieder zur Ebene der sozialen Integration werden, wenn über die Grenzen der gesellschaftlichen Ausdifferenzierungen (sozio-ökonomische Polarisierung, sozio-kulturelle Heterogenisierung und sozio-demographische Verschiebung) hinweg gemeinsame Aufgaben diskutiert und konsensual gelöst werden (vgl. Alisch/Dangschat, 1994).

5. Künftige Konzentrationen von Armut

Die Zahl der armen Menschen wird hierzulande mittelfristig nicht geringer werden - es muß im Gegenteil befürchtet werden, daß deren Zahl weiter ansteigt. Es dürfte dabei deutlich sein, daß mit den klassischen Wachstumsstrategien die Zahl der Armen über Beschäftigtenzuwächse nicht wesentlich verringert werden kann - es ist sogar zu befürchten, daß sich aufgrund immanenter Nebeneffekte die Zahl der Armen vergrößern wird. Kommunale Wachstumsstrategien sollten daher, wenn sie beschäftigungswirksam sein sollen (und daneben Probleme des mismatch aus nachgefragter und angebotener beruflicher Qualifikation sowie lange Pendeldistanzen eingrenzen sollen), stärker auf das Wohnquartier bezogen sein (s. den Beitrag von Läpple in diesem Band).

Armut wird zunehmend „die eine Seite der Medaille" ökonomischer Polarisierung sein. Das bedeutet, daß es länger dauern wird, bis die Kommunalpolitik zu einer „Politik des sozialen Ausgleichs" (s. den Beitrag von Dangschat/Wüst in diesem Band) umgesteuert wird. Je länger die Wachstumsseite eine „erfolgreiche" Stadtentwicklungspolitik suggeriert, um so länger wird dies dauern. Eine Polarisierung der Einkommen bedeutet aber auch, daß die Wohnungsnachfrage in attraktiven Wohnungsmarktsegmenten weiter steigen wird. Dieses wird weiterhin zu Verdrängungsprozessen führen, unter denen die relativ Einkommensschwachen zu leiden haben. Diese wiederum verdrängen als nun relativ Einkommensstarke wiederum Bezieher relativ niedrigerer Einkommen in die nächstschlechteren Segmente. Das Ergebnis ist eine sich verstärkende Welle der Verdrängung, die am Ende zu einer erhöhten Konzentration von Armen in wenig attraktiven und häufig zusätzlich belastenden Wohnungsmarktsegmenten führt. Diese werden zunehmend die Großsiedlungen der 70er und 80er Jahre sein.

Eine sozial ausgewogene Belegungspolitik ist gegenwärtig dort kaum möglich, denn die Schlangen vor den Wohnungsämtern nehmen aufgrund der stark steigenden Mieten und sinkenden Einkommen großer Bevölkerungskreise zu. Ein großer Teil der Belegung mit „Fehlbelegern" (unter Befreiung von der Fehlförder-Abgabe) wird sich kaum noch durchhalten lassen. Zudem sind die Erfolge hier meist nur kurzfristig, weil die Einkommensstärkeren bei einer tendenziellen Entspannung des Wohnungsmarktes zuerst aus den „sozialen Brennpunkten" wegziehen.

Armutsentwicklung in deutschen Städten

Die Anspannung in den Wohnungsmärkten der Agglomerationen, insbesondere in den Beständen mit niedrigen Mieten, hat dazu geführt, daß viele Menschen, die knapp über der ökonomischen Armutsgrenze liegen, hier „gefangen" sind. Sie leiden unter dem Zuzug von Ausländern, Sozialhilfeempfängern und den Menschen, die mit sich und ihrem Umfeld Schwierigkeiten haben, können jedoch nicht ausweichen. Würden sie umziehen, dann droht ihnen aufgrund einer erwartbar höheren Miete selbst die Armut. Diese Ausweglosigkeit ist häufig der Grund für zunehmende Schwierigkeiten in den räumlichen Konzentrationen von Armut.

Die zunehmenden Probleme in den Sozialmietwohnungsbeständen werden vor dem Hintergrund angehobener Einkommensgrenzen dazu genutzt werden, unter den Haushalten mit wenig Geld diejenigen auszuwählen, die sich im Markt am besten behaupten. Das wird dazu führen, daß dort, wo die Kommune die Versorgung der Einkommensschwachen allein zu ermöglichen hat, die Konzentrationen an Armen deutlich zunehmen werden. Wird hingegen der Kreis der Bedürftigsten von allen Trägern im Sozialmietwohnungsbestand (z.B. „Bremer Modell") mit Wohnraum versorgt, dürften die Obdachlosenquoten rasch ansteigen.

Die Kernstädte haben also zunehmend Schwierigkeiten, ihr quantitatives und qualitatives Wohnungsproblem allein zu lösen. Die Umlandgemeinden sind jedoch an Sozialmietwohnungen kaum interessiert. Es gibt zwar Versuche der Kernstädte, ihre WK-Mittel im Umland anzulegen (aus Raummangel, aber auch, weil im Umland die Kosten meist niedriger sind). Die Belegungsrechte dürften aber kaum derart genutzt werden können, einen großen Teil der Armut „über die Grenzen" abzuschieben. Am ehesten werden solche Verträge mit den Umlandgemeinden abzuschließen sein, die in einer eher schwachen Ansiedlungsposition sind. Das hätte zur Folge, daß sich die Umlandgemeinden in stärkerer Weise als bisher in ihrer Kapital- und Wirtschaftskraft, Attraktivität und schließlich im Anteil an ärmeren Menschen unterscheiden werden.[11]

Im Umland verschiebt sich zudem die vorhandene Mieterstruktur aufgrund des Alterungsprozesses. Bislang sind Rückwanderungen der pensionierten Elternpaare, deren Kinder „aus dem Haus" sind, noch nicht in nennenswerter Zahl festzustellen. Wenn, dann dürften diese Wanderungen eher von den aktiven, finanziell bessergestellten unter den Älteren vorgenommen werden. Das bedeutet, daß vor dem Hintergrund zunehmender Ungleichheiten im Umland die Anteile ärmerer Menschen dort zunehmen werden.

Diese Überlegungen berücksichtigen bisher keine nennenswerten Zuwanderungen. Gegenwärtig sind innerdeutsche Wanderungen nur schwierig zu prognostizieren. Dieses hängt in entscheidendem Maß von der ökonomischen Entwicklung, insbesondere der Zahl der künftigen Arbeitsplätze ab. Darüber hinaus sind Wanderungen aus Nicht-EU-Ländern (vor allem aus Mittel- und Osteuropa) denkbar - sie sind sogar notwendig, wenn der bundesdeutsche Arbeitsmarkt und vor allem das Rentensystem hierzulande aufrechterhalten werden sollen.

Deren Unterbringung im Wohnungsmarkt wird jedoch die Zentralisierungstendenzen von Ausländern erhöhen. Damit wird vermehrt wieder über Segregationen diskutiert werden, weil man glaubt, eine stärkere räumliche Konzentration einzelner Ausländergruppen würde die Integration in die deutsche Bevölkerung behindern. Diese Annahme ist jedoch schlicht falsch (vgl. Alpheis, 1990, Fiedler, 1994). Erst durch Konzentrationen in menschenunwürdigen Wohnungen und unter (sozial und baulich-funktional) negativen Wohnumfeldbedingungen werden Probleme erzeugt.

In dem Maße, wie es nicht (mehr) gelingt, eine quantitativ und qualitativ angemessene Wohnungsversorgung für arme Menschen zu leisten, ist mit Obdachlosigkeit und illegalen Ansiedelungen zu rechnen. Diese werden auf innerstädtische Baulücken und Plätze, vor allem jedoch auf „Nischen" an der Peripherie oder im Umland gerichtet sein. Gerade Zuwandernde werden hier ihre erste Anlaufstation finden, von der aus sie versuchen, den Arbeits- und Wohnungsmarkt in einer wachsenden und wohlhabenden Stadt zu erreichen.

Literatur

Alisch, M.; Dangschat, J. S.: Die solidarische Stadt. Ursachen von Armut und Strategien für einen sozialen Ausgleich. Darmstadt 1993.

Alisch, M.; Dangschat, J. S.: Ziele und Strukturen einer Stadtentwicklung des sozialen Ausgleichs. In: Froessler, R.; Lang, M.; Selle, K.; Staubach, R. (Hrsg.): Die Erneuerung benachteiligter Quartiere in europäischen Städten. Stadtforschung aktuell, Basel et al. 1994, S. 176-189.

Alpheis, H.: Erschwert die ethnische Konzentration die Eingliederung?. In: H. Esser/J. Friedrichs (Hrsg.): Generation und Identität. Opladen 1990.

BAGS (Behörde für Arbeit, Gesundheit und Soziales der Freien und Hansestadt Hamburg) (Hrsg.): Armut in Hamburg. Beiträge zur Sozialberichterstattung. Hamburg 1993.

BAJS (Behörde für Arbeit, Jugend und Soziales der Freien und Hansestadt Hamburg) (Hrsg.): Städtevergleich Hamburg-München. Beitrag der BAJS. Hamburg 1987.

Beck, U.: Risikogesellschaft. Auf dem Weg in eine andere Moderne. Frankfurt a. M. 1986.

Blasius, J.; Dangschat, J. S.: Gentrification. Die Aufwertung innenstadtnaher Wohnviertel. Frankfurt a. M. 1990.

Breckner, I.; Heinelt, H.; Krummacher, M.; Oelschlägel, D.; Rommelspacher, Th.; Schmals, K.: Armut im Reichtum. Erscheinungsformen, Ursachen und Handlungsstrategien in ausgewählten Großstädten der Bundesrepublik. Bochum 1989.

Breckner, I.; Schmals, K.: Zwischen Isarbrücke und Luxuswohnung. Wohnungspolitik in der 2/3-Gesellschaft. In: H. Heinelt/M. Mayer (Hrsg.): Politik in europäischen Städten. Fallstudien zur Bedeutung lokaler Politik. 1993, S. 70-98.

Busch-Geertsema, V.; Ruhstrat, E.-U.: „Das macht die Seele kaputt ..." Armut in Bremen. Bremen: Arbeitsgemeinschaft der Freien Wohlfahrtsverbände, 1992.

Coser, L. A.: Soziologie der Armut: Georg Simmel zum Gedächtnis. In: Leibfried/Voges (Hrsg.), 1992, S. 34-47.

Dangschat, J. S.: Gentrification: Der Wandel innenstadtnaher Nachbarschaften. In: Friedrichs (Hrsg.), 1988, S. 272-292.

Dangschat, J. S.: Beletage und Hinterhof - Armut als Folge der ungleichen Wohnraumversorgung im Wohlstand. In: Fachhochschule Hamburg, Fachbereich Sozialpädagogik) (Hrsg.): Thema: Armut im Wohlstand. Hamburg auf dem Wege zur Zweidrittelgesellschaft? standpunkt: sozial. hamburger forum für soziale arbeit, 2+3/1991a, S. 13-19.

Dangschat, J. S.: Welche Zusammensetzung der Wohnbevölkerung ist erhaltenswert? Kommentar zur Anwendung der Milieuschutzsatzung aus soziologischer Sicht. In: R. Dohrendorf (Hrsg.): Die soziale Erhaltungssatzung und ihre Bedeutung für die Stadterneuerung und Stadtentwicklung. Wohnbund. Darmstadt 1991b, S. 7-34.

Dangschat, J. S.: Hausgemachte und importierte soziale Probleme in deutschen Großstädten. In: H. Mäding (Hrsg.), 1994: Stadtperspektiven. Difu-Symposium 1993. Difu-Beiträge zur Stadtforschung, Band 10. Deutsches Institut für Urbanistik, Berlin 1994, S. 73-82.

Dangschat, J. S.: „Stadt" als Ort und als Ursache von Armut und sozialer Ausgrenzung. Aus Politik und Zeitgeschichte B 31-32/1995a, S. 50-62.

Dangschat, J. S.: Raum als Dimension sozialer Ungleichheit und Ort als Bühne der Lebensstilisierung? - Zum Raumbezug sozialer Ungleichheit und von Lebensstilen. In: O.G. Schwenk (Hrsg.): Lebensstil zwischen Kulturwissenschaft und Sozialstrukturanalyse. Opladen 1995b, S. 83-119.

Deutscher Städtetag: Hinweise zur Arbeit in sozialen Brennpunkten. Reihe D, DST-Beiträge zur Sozialpolitik, Heft 10. Köln 1979.

Deutscher Städtetag: Sicherung der Wohnungsversorgung in Wohnungsnotfällen und Verbesserung der Lebensbedingungen in sozialen Brennpunkten. DST, Köln 1987.

Döring, D.; Hanesch, W.; Huster, E.-U. (Hrsg.): Armut im Wohlstand. Frankfurt a.M. 1990.

Fiedler, J.: Immigration und räumliche Verteilung - Hintergründe, Entwicklungen, Problemstellungen. Unveröff. Diplomarbeit. Hamburg 1994.

Friedrichs, J. (Hrsg): Soziologische Stadtforschung. Kölner Zeitschrift für Soziologie und Sozialpsychologie, Sonderheft 29/1988. Opladen 1988.

Froessler, R.; Selle, K.: Die Erneuerung der „Dritten Stadt". Aktivierung von Entwicklungspotentialen in benachteiligten Stadtquartieren. Eine Vorstudie. Werkstattbericht No. 26, Arbeitsgruppe Bestandsverbesserung (AGB). Dortmund/Hannover 1989.

Froessler, R.; Selle, K. (Hrsg.): Selbsthilfe und Stadterneuerung, der Beitrag intermediärer Organisationen zur Entwicklung städtischer Quartiere - eine 6-Länder-Studie. Dokumentation eines Forschungsprojekts in 8 Bänden; Dortmund 1991.

Häußermann, H.; Siebel, W. (Hrsg.): Festivalisierung der Stadtpolitik. Stadtentwicklung durch große Projekte. Leviathan Sonderheft 13/1993. Opladen 1993.

Hauser, R.; Neumann, U.: Armut in der Bundesrepublik Deutschland. Die sozialwissenschaftliche Thematisierung nach dem Zweiten Weltkrieg. In: Leibfried/Voges (Hrsg.), 1992, S. 237-271.

Herlyn, U.; Lakemann, U.; Lettko, B.: Armut und Milieu. Benachteiligte Bewohner in großstädtischen Quartieren. Stadtforschung aktuell, Band 33. Basel et al. 1991.

Huster, E.-U. (Hrsg.): Reichtum in Deutschland. Der diskrete Charme der sozialen Distanz. Frankfurt a.M. 1993.

Huster, E.-U.: Einkommensverteilung und hohe Einkommen in Deutschland. In: E.-U. Huster (Hrsg.), 1993, S. 22-53.

Kommunalverband (Kommunalverband Großraum Hannover): Die sozialen und politischen Strukturen Hannovers in kleinräumlicher Gliederung. Beiträge zur Regionalen Entwicklung, Band 30.1/30.2. Hannover 1992.

Krätke, S.: Städte im Umbruch. Städtische Hierarchien und Raumgefüge im Prozeß gesellschaftlicher Restrukturierung. In: Borst, R.; Krätke, S.; Mayer, M.; Roth, R.; Schmoll, F. (Hrsg.): Das neue Gesicht der Städte. Theoretische Ansätze und empirische Befunde aus der internationalen Debatte. Stadtforschung aktuell, Band 29. Basel et al. 1990, S. 7-38.

Kronawitter, G. (Hrsg.): Rettet unsere Städte jetzt! Das Manifest der Oberbürgermeister. Düsseldorf et al. 1994.

Kunzmann, K. R.: Paris 1990: Vierte Welt in der ersten Welt. In: Petz, U. v.; Schmals, K. M. (Hrsg.): Metropole, Weltstadt, Global City: Neuere Formen der Urbanisierung. Dortmunder Beiträge zur Raumplanung, Band 60. Dortmund 1992, S. 127-146.

Landeshauptstadt München (Sozialreferat): Münchner Armutsbericht ´90. Beiträge zur Sozialplanung, Band 6. München 1991.

Landeshauptstadt Stuttgart: Soziale Ungleichheit und Armut. Allgemeine Bestandsaufnahme und Diskussionsgrundlage für die weitere Arbeit. Sozialhilfebericht für die Stadt Stuttgart. Beiträge zur Stadtentwicklung, Band 30. Stuttgart 1990.

Leibfried, S.; Voges, W. (Hrsg.): Armut im modernen Wohlfahrtsstaat. Kölner Zeitschrift für Soziologie und Sozialpsychologie, Sonderheft 32, Opladen 1992.

Leisering, L.; Voges, W.: Erzeugt der Wohlfahrtsstaat seine eigene Klientel? Eine theoretische und empirische Analyse von Armutsprozessen. In: Leibfried/Voges (Hrsg.), 1992, S. 446-472.

Marcuse, P.: Gentrification, homelessness, and the work process: Housing markets and labour markets in the quartered city. Housing Studies, Vol. 4, No. 3, 1989, S. 211-220.

Naroska, H.-J.: Urban Underclass und 'neue' soziale Randgruppen im städtischen Raum. In: Friedrichs (Hrsg.), 1988, S. 251-271.

Podszuweit, U.; Schütte, W.; Swiertka, N.: Datenhandbuch Hamburg. Analysen, Karten und Tabellen zur sozialräumlichen Entwicklung. Hamburg 1992.

Scherer, W.: Kommunale Armutsberichterstattung. Eine Bibliographie. In: T. von Freyberg, K. Koch/K.H. Petersen (Hrsg.): Armut in Frankfurt. Probleme der Armutsberichterstattung. Offenbach 1992, S 19-34.

Schlomann, H.: Die Entwicklung der Vermögensverteilung in Westdeutschland. In: E.-U. Huster (Hrsg.), 1993, S. 54-83.

Specht-Kittler, T.: Spaltung in der Wohnraumversorgung - Wohnungsnot als Armut im Wohlstand. In: F. Koch/C. Reis (Hrsg.): Wohnungspolitik in sozialpolitischer Perspektive. Arbeitshilfen, Band 4. Frankfurt a.M. 1992.

Stadt Essen (Amt für Entwicklungsplanung, Statistik, Stadtforschung, Wahlen und Stadtarchiv): Soziale Ungleichheit im Stadtgebiet. Kleinräumige Betrachtung der Sozialstruktur. 1990.

Stadt Essen (Amt für Entwicklungsplanung, Statistik, Stadtforschung, Wahlen und Stadtarchiv/Institut für stadtteilbezogene soziale Arbeit und Beratung): Ansätze neuer Kommunalpolitik. Essen 1993.

Stadt Frankfurt am Main (Dezernent für Soziales, Jugend und Wohnungswesen): Stadtteil-Sozialatlas. Ergebnisse für die Gesamtstadt. Reihe Soziales, Jugend und Wohnungswesen, Band 12. Frankfurt a.M. 1988.

Simmel, G.: Soziologie der Armut. In: Ders., Soziologie. Leipzig 1908.

Wilson, W. J.: Ghettoisierte Armut und Rasse. Zur öffentlichen Meinungsbildung in den USA. In: Leibfried/ Voges (Hrsg.), 1992, S. 221-236.

Anmerkungen

[1] Bis auf einige explizite Hinweise beschränken sich die Einschätzungen auf Entwicklungen in westdeutschen Städten; die Entwicklung in den neuen Bundesländern ist mittelfristig nur schwierig einschätzbar und entbehrt noch einer soliden wissenschaftlichen Basis.

[2] Dieser Begriff suggeriert, daß die Empfänger von Sozialhilfe nicht als arm zu bezeichnen sind. Dem widersprechen jedoch die meisten der Armutsforscher und auch einzelne Sozialämter von Städten (vgl. beispielsweise BAGS, 1993, S. 8). Sozialhilfeempfänger als arm zu bezeichnen ist auch deshalb berechtigt, weil die Steigerungsraten der Sozialhilfe deutlich hinter den Zuwächsen der Lebenshaltungskosten zurückbleiben. Zudem werden zur „Sicherung des 'Wirtschaftsstandorts Deutschland'" die Leistungssätze abgesenkt (sie sollen zudem noch weiter abgesenkt werden), um die Mindestlöhne bei Beibehaltung des „Abstandsgebotes" durchsetzen zu können. Dieses Absenken erhöht zudem die Steuereinnahmen des Staates, weil auf diese Weise die Grenzen der Steuerpflicht gesenkt werden.

[3] Wilson weist darauf hin, daß in den USA insbesondere Schwarze und Puertoricaner, zunehmend aber auch Weiße, von Armut betroffen sind. Unter den armen Farbigen sind etwa zwei Drittel jüngere Frauen, die größtenteils alleinerziehend, meist ledig sind. Sie heiraten die Väter ihrer Kinder häufig deshalb nicht, weil diese

arbeitslos sind. Bei den Weißen sind die meisten der Arbeitslosen jüngere Männer. Diese Armutspopulation konzentriert sich aus zwei Gründen in den Innenstädten: Erstens stehen hier die einzig erreichbaren Unterkünfte zur Verfügung, und zweitens ist in den USA die Sozialfürsorge kleinräumig sehr unterschiedlich ausgeprägt und setzt ihre Schwerpunkte in den Konzentrationen der Armut, was eine weitere Konzentration in diesen städtischen Teilgebieten nach sich zieht.

[4] In den 80er Jahren bestand in der BRD und in der DDR jeweils ein Süd-Nord-Gefälle, allerdings aus unterschiedlichen Gründen und mit jeweils anderen strukturellen Verwerfungen. Während im Westen altindustrialisierte Standorte und Produktionseinrichtungen neue Aufgaben suchten, litt im Osten die Landwirtschaft unter einer zu geringen Produktivität. Nach der Vereinigung wurden die jeweiligen regionalen Muster unterschiedlicher Produktivität von einem stärkeren West-Ost-Gefälle überlagert.

[5] Das amerikanische Modell setzt auf eine Besiedelung bislang kaum genutzter Flächen (weitgehend ohne Auswirkungen fordistischer Regulationen). Das britische Modell basiert auf einem Staatsinterventionismus in der Regel in altindustrialisierten Brachen durch „public-private-partnerships". Die Einräumung von Steuervorteilen in den neuen Bundesländern entspricht zwar dieser Vorgehensweise, doch gilt diese Regelung in Ostdeutschland flächendeckend und nicht in städtischen Teilgebieten und in Konkurrenz zwischen Stadtregionen.

[6] Die Sozialhilfedichte ist die Relation aus der Zahl der Sozialhilfeempfänger [genauer: der Zahl der Empfänger von Laufender Hilfe für den Unterhalt (HLU) außerhalb von Einrichtungen] und der Einwohnerzahl.

[7] Wie eine verwaltungsinterne Studie der Hamburger Behörde für Arbeit, Jugend und Soziales (BAJS, 1987) detailliert aufzeigt, sind Vergleiche von Sozialhilfe-Ausgaben zwischen mehreren Kommunen kaum sachgerecht möglich. Dieses gilt insbesondere zwischen Stadtstaaten und anderen Großstädten: Stadtstaaten trennen nicht zwischen lokalen und überregionalen Ausgaben, während städtische Kommunen nur ihre örtlichen Kosten ausweisen. Aber auch hier differieren die Anteile, denn Kommunen handeln mit den Regierungsbezirken, Kreisen und Bundesländern Zuständigkeiten und Finanzen in unterschiedlicher Weise aus. Auf diese Weise geht aus den Sozialhilfezahlungen nicht die soziale Problematik hervor, sondern lediglich deren „Echo": die Belastung der Sozialpolitik-Haushalte der einzelnen Gebietskörperschaftsebenen.

[8] Marcuse (1989) unterscheidet in drei relationalen Beziehungen: interne, externe und indirekte Beziehungen (über eine Drittvariable). Mir erscheint die Unterscheidung in „externe" und „interne" Faktoren methodisch und inhaltlich nicht sauber; daher gehe ich von zwei Arten von Zusammenhängen aus: direkten und indirekten.

[9] Dieses gilt auch dann, wenn die eigene Markt- und Machtposition durch Kooperationen gesichert und ausgebaut wird. Hierbei geht es weniger um ein Handeln nach einer vernetzten Logik, sondern dies ist aus dem sich verschärfenden Konkurrenzdruck geboren. Diese „Zweckehen" halten jedoch nur so lange, wie alle Partner daraus Vorteile ziehen können.

[10] Wie laufende Untersuchungen in vier Wohnquartieren Hamburgs zeigen, fühlen sich in „armen" Stadtteilen besonders diejenigen sehr unwohl, die knapp über der formalen ökonomischen Armutsschwelle liegen. Sie empfinden sich wegen der geringen Auswahlmöglichkeit am Wohnungsmarkt als Gefangene in einem „Rattenloch", wo sich die Lebensbedingungen täglich verschlechtern. Schuldzuweisungen sind dann ganz einfach: die zuletzt gekommenen Bewohner, meist Ausländer, häufig auch Sozialhilfeempfänger („Abschaum"), die ihrerseits Opfer der Verdrängung in zentraleren und attraktiveren Standorten sind.

[11] Es gibt gegenwärtig kaum spezialisierte Segregationsstudien. Aus der Statistik sind sinkende Zahlen der Abwandernden bei etwa konstanten Zuwanderungszahlen abzulesen. Unbekannt sind jedoch die Zusammensetzungen nach den ökonomischen Kategorien.

Detlef Briesen, Jürgen Reulecke

Regionale Identität und Regionalgeschichte:
Kognitive Kartographie und die Konstruktion von Regionalbewußtsein durch Geschichte am Beispiel des Ruhrgebietes

I. Einleitung: Stand und Fragen einer neueren Regionalgeschichte

Dieser Beitrag ist der Versuch, sich der Geschichte des Ruhrgebiets und ihrer Bedeutung für die dort lebenden Menschen in einer zugegeben etwas eigenwilligen Art von „Regionalgeschichte" anzunähern.[1] Das ehemals oft als traditionslose Agglomeration verstandene Ruhrgebiet ist inzwischen zwar in einer ständig wachsenden Zahl wirtschafts- und sozialgeschichtlicher Untersuchungen zum Forschungsgegenstand von Historikern und Historikerinnen geworden, doch wird darin durchgängig die Regionalität dieser Agglomeration bzw. ihre von den angrenzenden Regionen absetzbare regionale Eigenständigkeit undifferenziert vorausgesetzt: Das komplizierte, schwer entwirrbare Wechselspiel der eher raumbezogenen und der eher zeittypischen Komponenten bei der Entstehung der Ruhrgebietshistorizität wird als solches kaum thematisiert, erst recht nicht die Frage, wie die Bewohner des Ballungsraums nördlich der Ruhr dieses Gebilde wahrgenommen haben/wahrnehmen und worauf sich die ihnen zugesprochene „regionale Identität" eigentlich gründet.[2]

Daß eine solche Identität von den Jahren kurz vor dem Ersten Weltkrieg bis heute in programmatischen Äußerungen immer wieder beschworen worden ist - vom ersten Direktor des Ruhrsiedlungsverbands Robert Schmidt, der einen geschlossenen „Gesamtorganismus" anstrebte, bis zum heutigen, von den großen Unternehmen und Verbänden gesponserten „Initiativkreis Ruhrgebiet" -, ist kein Beweis dafür, daß es die genannte Identität so pauschal - wie angenommen - tatsächlich auch gibt, und liefert keine Hinweise darauf, auf welchen Bildern vom Revier sie eigentlich beruht. Da hiermit ein grundsätzliches Forschungsproblem neuerer Regionalgeschichte angesprochen ist, sei der Stand dieser historischen Subdisziplin (falls man von einer solchen überhaupt bereits sprechen kann) kurz skizziert.

Im Grunde taucht der Begriff Region, abgesehen von seinem umgangssprachlichen Gebrauch, als zentrales Konzept einer Regionalgeschichte erst seit den 1970er Jahren verstärkt auf: Wirtschaftshistoriker entdeckten in Absetzung von allzu abstrakten makroökonomischen Theorien ohne Raumbezug die ausgeprägte Regionalität einzelner Gebiete als wichtigen Motor bzw. als anstoßgebende Voraussetzung für den Start der Industrialisierung seit Ende des 18. Jahrhunderts.[3] Solche Regionen waren durchaus nicht deckungsgleich mit administrativ abgegrenzten Gebilden (z.B. Kreise, Regierungsbezirke u.ä.), sondern aufgrund spezifischer gewerblicher, aber auch mentaler Traditionen, besonderer Standortfaktoren sowie sonstiger raumspezifischer Eigenarten und durch die Aktivitäten wirtschaftender Personen geschaffene räumliche Einhei-

Regionale Identität

ten, deren besondere Intensität innerer sozioökonomischer Vernetzungen sie identifizierbar und von anderen Räumen absetzbar machte.

Entsprechende wirtschaftsgeschichtliche Analysen blieben jedoch lange Zeit auf die regionalen Entwicklungsunterschiede im Deutschen Reich, z.B. auf die Frage nach den Pionier- und Nachzüglerregionen, und auf die Auswertung quantifizierbaren Materials fixiert; die wahrnehmungsgeschichtliche Seite der Entstehung von Regionalität im Sinne von Regionalbewußtsein der Bewohner, also die mentale Komponente, wurde weitgehend ausgeklammert. Die Frage hierbei ist allerdings, ob überhaupt diese Komponente ein genuiner Teil des Regionenbegriffs sein sollte. Anders gefragt: Ist Region auch vorstellbar ohne die Voraussetzung, daß die Bewohner eines bestimmten Raumes sich auch bewußt mit dieser „ihrer" Region identifizieren? Immerhin gibt es Ballungsräume, Wirtschaftslandschaften, geographisch abgrenzbare Einheiten u.ä. in großer Zahl, von denen die dort lebenden Menschen durchaus kein geschlossenes Bild im Sinne regionaler Identität besitzen. Wir meinen jedoch - dies gleich vorweg -, daß ein auf die Geschichte des 19. und 20. Jahrhunderts zu beziehender und vor allem auch auf nichtdeutsche Erscheinungsformen von Regionalität anwendbarer Regionenbegriff ohne die mentale Komponente als wesentliches, vielleicht sogar entscheidendes Element nicht auskommen kann: Ob ein Raum als Region gelten kann, ist u.E. in starkem Maße auch davon abhängig, ob die dort lebenden Menschen ihn als solchen akzeptieren und sich mit ihm identifizieren. Region ist also im wesentlichen ein mentales Konstrukt.

Die Frage nach dem Pro und Kontra einer eigenständigen Regionalgeschichte und ihres Gegenstandes entwickelte sich in der bundesrepublikanischen wie übrigens auch - mit anderen Vorzeichen - in der DDR-Historiographie zu einer Streitfrage, als seit Ende der 70er Jahre die in Deutschland traditionsreiche, aber fast ausschließlich auf die vormoderne Zeit fixierte Landesgeschichtsforschung[4] die Provokation aufgriff, die die Diskussion um Gegenstände und Methoden einer Regionalgeschichte für sie darstellte. Hier wurde nun behauptet, die neuere Regionalgeschichte knüpfe eigentlich, ohne es sich klarzumachen, an Traditionen der Landesgeschichte des späten 19. Jahrhunderts an, denn diese habe neben der herkömmlichen politischen Territoriengeschichte bereits die Weichen für eine historische Kulturraumforschung gestellt: Vor allem der in dieser Richtung impulsgebende Karl Lamprecht sei kein Protagonist einer Provinzial- oder Landesgeschichte im engeren Sinn gewesen, sondern habe sich systematisch für die „Regionalität als solche" interessiert.[5]

Eine weitere Dimension von Regionalgeschichte kam schließlich dadurch in die Debatte, daß im Laufe der 1980er Jahre Fragestellungen einer Mentalitäts- und Wahrnehmungsgeschichte verstärkt auch die an der Region interessierten Historiker und Historikerinnen zu beeinflussen begannen. Sie forderten als Erweiterung des Zugriffs der strukturgeschichtlichen und von klassen- bzw. modernisierungstheoretischen Modellen ausgehenden Gesellschaftsgeschichte, wie sie eine sich als „historische Sozialwissenschaft" verstehende Forschungsrichtung der Neueren Geschichte vertrat, die ergänzende Einbeziehung der Denkhorizonte und Wertmuster, Wahrnehmungsweisen und in Handeln (oder Nichthandeln) umgesetzten Erfahrungen der jeweiligen Zeitgenossen in die Analyse und Beurteilung historischer Ereignisse und Prozesse. In diesem Kontext begann der Begriff „Kultur" eine wichtige Rolle zu spielen - verstanden u.a. in Anlehnung an die Wissenssoziologie und Kulturanthropologie als die Art und Weise, in der Gesellschaften ihre konkrete gesellschaftliche Wirklichkeit konstruieren.[6] Kultur soll hier die sich gerade auch in symbolischen Formen niederschlagenden Deutungs-, Austausch- und Kommunikationsprozesse bezeichnen, die zusammengenommen das gesellschaftliche System von innen, also von den Mitgliedern der Gesellschaft her, ausmachen und deren Lebenswelt bestimmen. Regionale Gesellschaften können - hiervon ausgehend - als partiell eigenständige „Kulturen" im Hinblick auf die vorherrschende Kultur der Gesamtgesellschaft verstanden werden, und regionale Identität wäre dann ein spezifischer Teil jener „Konstruktion von Wirklichkeit".

Daß ein Regionenbegriff, der von solchen Überlegungen ausgeht, erst recht umstritten ist, liegt angesichts der schon vorher kontroversen Beurteilung des Gegenstands einer Regionalgeschichte auf der Hand.[7] Wenn er dennoch im folgenden als Ausgangsbasis unserer Erörterungen über die Frage nach der Entstehung „regionaler Identität" am Beispiel des Ruhrgebiets herangezogen wird, dann hängt das mit unserer Auffassung zusammen, daß dieser Zugriff in besonderer Weise auch die Geschichtswissenschaft dazu befähigt, zu den derzeitigen öffentlichen Debatten über die Bedeutung von Regionalität im wiedervereinten Deutschland wie in der Europäischen Gemeinschaft einen Beitrag zu leisten.[8] Anders ausgedrückt: Dem neuen multidisziplinären Forschungsfeld Regionalbewußtsein, in dessen Rahmen die Identifikation der Menschen mit der Region, in der sie leben, als wichtiges endogenes Entwicklungspotential gilt, wollen wir uns aus geschichtswissenschaftlicher Perspektive nähern. Mit Blick auf den exemplarischen Fall des Ruhrgebiets soll also nicht ermittelt werden, wie es im „Kohlenpott" früher ausgesehen hat, wie dort gelebt, gewirtschaftet und geplant worden ist, sondern ob es im Ruhrgebiet von heute ein Regionalbewußtsein gibt, welche Ausprägungen es gegebenenfalls besitzt und welche Rolle Geschichte dabei spielt.[9] Im Mittelpunkt stehen werden also aktuelle mentale Grundstrukturen von konkreten Menschen. Deshalb werden die Ausführungen durch einen psychologischen, konstruktivistischen Ansatz theoretisch abgesichert: durch die Theorie vom Kognitiven Kartieren. Sie versteht jedes Raumbewußtsein als sozial vermittelte symbolische Konstruktion, die aber nur in der Psyche der Individuen adäquat erfaßt werden kann. Regionale Identifikation wird daher als psychische Konstruktion von „Raumbewußtsein" durch den Rückgriff auf regionale Geschichte untersucht. Die klassische geschichtswissenschaftliche Betrachtungsweise wird also umgekehrt; hier interessiert nicht die Rekonstruktion von Vergangenheit durch den Historiker, sondern der heutige Umgang der Menschen mit „ihrer" Geschichte und die aktuelle identifikatorische Funktion des Historischen. Für eine solche „mesoräumliche" Gruppen-Identifikation scheint das Vergangene besonders geeignet zu sein,[10] denn Geschichte definiert einen Raum als einzigartig und erlaubt gleichzeitig den individuellen Zugang zu ihm. Mit anderen Worten: Geschichte besitzt wie die ästhetischen Urteile die erforderliche Polyvalenz zur Formierung von Gruppensymbolen. Um sich mit der Region identifizieren zu können, ist bei der Bevölkerung deshalb unter anderem eine spezifische Aneignung von Vergangenem erforderlich.

Regionale Identität

Nach über 150 Jahren ist das Revier, um hier einem möglichen Einwand entgegenzutreten, alles andere als eine geschichtslose Region; niemand wird dem Ruhrgebiet daher eine spezifische Historizität absprechen können. Das Revier ist durch die Montanindustrie entstanden und geprägt; Geschichte ist im Ruhrgebiet die historische Entwicklung von Kohle und Stahl, von Zechen und Hüttenwerken, von deren Prosperieren und Krisen und der Umgang der Menschen damit. Diese Geschichte hat sich im ehemaligen Panorama von Fördertürmen und rauchenden Schloten materialisiert, das mit dem „Mythos von Kohle und Stahl" verbunden ist. Allerdings: Zur Fundierung eines Regionalbewußtseins reicht es nicht aus, „Geschichte" nur vorweisen zu können. Die regionalen historischen Elemente müssen zusätzlich noch bei der Bevölkerung als verpflichtend gelten und positiv besetzt sein, denn mit einer Region mit heute irrelevanter Geschichte kann sich niemand mehr identifizieren. Das Problem einer - wie mitunter behauptet - nur defizitären Identität im Ruhrgebiet könnte es also sein, so unsere These, daß sich heute die spezifische Geschichte des Reviers nicht mehr zur Identifikation eignet, weil die schwerindustrielle Vergangenheit inzwischen nur noch als „Altlast" empfunden wird. Dieser Problematik soll durch die Analyse einiger qualitativer Interviews nachgegangen werden. Sie wurden im Rahmen einer explorativen Studie im Sommer 1991 mit älteren Bewohnern des Ruhrgebiets geführt. Zuvor sollen jedoch noch einige allgemeine theoretische Aspekte raumbezogener Identifikation im Ballungsgebiet an Rhein und Ruhr erläutert werden. Zu diesem Zweck folgt zunächst ein kurzer Rückgriff auf einen Text von Heinrich Böll. Er scheint noch heute aktuell, denn er enthält einige bemerkenswerte Beobachtungen darüber, wie Identitäten zwischen Hamm und Köln historisch fundiert werden.

II. Anmerkungen über Identitäten zwischen Hamm und Köln und über kognitives Kartieren

Um 1960 erkundete Heinrich Böll durch eine imaginäre Eisenbahnfahrt von Osnabrück nach Köln das Bundesland Nordrhein-Westfalen. So versuchte er, die äußeren Grenzen des Landes und vor allem dessen innere Konturen zu ermitteln. Letztere schienen sich für den fiktiven Reisenden Bölls hinter Münster aufzulösen in das amorphe, strukturlose Irgendetwas der Rhein-Ruhr-Megalopolis. „Mag der Reisende noch Münster als Stadt registrieren ... auf der Weiterfahrt zwischen Hamm und Köln registriert er die Städte nicht mehr, obwohl sie drei-, vier-, fünfmal so groß sind wie Münster; zwischen Hamm und Köln erscheint alles wie eine einzige riesige, anonyme Großstadt."[11] Durch die zunächst vermutete Strukturlosigkeit dieses „Riesengebildes, das keinen Horizont mehr bietet", zieht Böll allerdings zwei Grenzen. Eine von ihnen verläuft mitten durch das Ruhrgebiet: „Zwischen Bottrop und Essen, zwischen Hagen und Wuppertal oder Oberhausen und Gelsenkirchen fährt der Zug wieder über eine unsichtbare Linie, jene, die das Rheinland von Westfalen trennt; und diese Grenze, die irgendwo zwischen Hochöfen, Fördertürmen, Kanälen, Eisenbahnlinien verläuft, ist keineswegs illusorisch; hüben ist man Rheinländer, drüben Westfale."[12] Die andere, noch wichtigere Grenze glaubt Böll bei Köln mit dem Rhein ausgemacht zu haben: „Endlich, bei Köln, der Rhein, der sich deutlich als Grenze präsentiert. Köln ist die Stadt der Brücken ... Brücken verbinden die beiden Ufer, die noch immer nicht ganz miteinander versöhnt sind."[13]

Selbstverständlich waren damals nicht die beiden Ufer des Rheins miteinander verfeindet. Sie sind lediglich Metapher für menschliche Grenzen, die Böll in Nordrhein-Westfalen und besonders in der Megalopolis zwischen Köln und Hamm ausgemacht hat, Grenzen menschlicher Identitäten, mitunter gegeneinander gerichtete Ausprägungen von Regionalbewußtsein. Denn dem Text von Böll liegt eine interessante Beobachtung zugrunde: Böll versteht schon Ende der fünfziger Jahre die Agglomeration zwischen Hamm und Köln als zusammenwachsende, funktionale Einheit.[14] Grenzlinien innerhalb dieser Einheit sieht er nicht mehr durch das „Faktische" der Verkehrsströme, Verwaltungsgrenzen und wirtschaftlichen Zentralitäten bestimmt. Er glaubt vielmehr, entlang der regional differierenden Identifikationen die entscheidenden Grenzen ausgemacht zu haben: „Zwischen Bonn und Hamm, Krefeld und Hagen wächst alles ... zu einer riesigen Stadt zusammen, die mehr Einwohner hat als Schweden und Norwegen miteinander. Die uralten Linien bleiben, zäh wie Grenzen sind; wie lange sie noch Bedeutung haben, wann sie anfangen werden, fiktiv zu sein, ist nicht zu bestimmen; noch ist man Rheinländer von Aachen bis kurz hinter Wuppertal, Sauerländer von Schwelm bis Niedermarsberg."[15]

Für Böll sind die Regionalitäten in der Rhein-Ruhr-Megalopolis also durch Geschichte zustande gekommen: Die Identitäten stützen sich auf das Historische und folgen daher nur verspätet der „tatsächlichen" Entwicklung. Die regionalen Identifikationen sind ein retardierendes Element. Offensichtlich gründen sich die verschiedenen Ausprägungen von Regionalbewußtsein auf eine jeweils spezifische Aneignung von Historischem, und diese kann natürlich immer nur im nachhinein erfolgen. Denn die aktuellen Bewußtseinszustände der Menschen - also die Ein- und Vorstellungen, die ihr Handeln mitbestimmen - sind selbstverständlich keine direkt überkommenen Relikte des Vergangenen. Sicher bestimmen sich die Identitäten von Gruppen häufig durch Geschichte, aber nicht durch das unmittelbare Fortbestehen des Vergangenen. Identifikation mit dem Raum wird vielmehr immer wieder durch den Rückgriff auf das Historische von neuem hergestellt. Die Geschichte existiert ja nicht „aus sich heraus", sie ist kein der Welt immanenter Mahlstrom, sie ist nichts als der Versuch, einige aktuelle Probleme auf eine spezifische Weise zu erklären.[16] Geschichte muß immer wieder vergegenwärtigt werden, und natürlich wird hier nicht behauptet, dabei würden Macht und Konventionen keine Rolle spielen. Man könnte auch sagen: Die Geschichte ist eine Konstruktion, und manchmal wird sie eben verwendet, um Identitäten zu konstruieren.[17] Gruppenidentitäten sind ebenfalls kollektive Konstruktionen, die sich immer von neuem behaupten müssen;[18] und dies ist der Grund, von den Beobachtungen Bölls nun zu einer eher theoretischen Betrachtungsweise überzugehen.

Zu ihr gehört zunächst, die Bedeutung des vieldeutigen Wortes Identität zu präzisieren. Es scheint innerhalb der Sozialwissenschaften für einige Unklarheiten verantwortlich zu sein. Denn „Identität" wird in mindestens drei unterschiedlichen Zusammenhängen benutzt, die besser auseinandergehalten werden sollten:

1. als Zuordnung eines Menschen zu einem sozialen System, als „Identifizierung" eines einzelnen durch „eine Kombination von Merkmalen und Rollenerwartungen, die es kenntlich, identifizierbar macht."[19]

2. als „Identifikation" eines Menschen mit einem sozialen System: „Identität steht hier für bekanntere Synonyme wie Autostereotyp, Heterostereotyp, Wir-Gefühl, Klassenbewußtsein, Image."[20]
3. als „Identität", als „selbstreflexiver Prozeß eines Individuums ... Eine Person stellt Identität über sich her, indem sie ihr Wissen, ihre Erfahrungen über sich verarbeitet."[21]

Regionalbewußtsein fällt also in die zweite Kategorie; es ist das Zugehörigkeitsgefühl von Menschen zu einer räumlich bestimmten Gruppe. Daher wird des weiteren immer von der „Identifikation" der Menschen mit dem Ruhrgebiet gesprochen, wenn Regionalbewußtsein thematisiert wird. Unter Identifizierung wird hingegen die noch zu erläuternde „Selektion" des Ruhrgebietes verstanden, mithin die spezifischen Symbole, über die bestimmt wird, was als zum Ruhrgebiet dazugehörend empfunden wird. Eine solche semantische Klarstellung sollte allerdings mit einer weiteren, theoretischen Präzisierung verbunden werden. Dabei scheint es sinnvoll, „Raumbewußtsein" als kognitive Strukturierung der menschlichen Umwelt zu verstehen. Genau wie die Geschichte, so wirkt ja auch der Raum nicht aus sich selbst heraus, wie dies vor einigen Jahren der Sozialgeograph Robert Geipel festgestellt hat:

„Andererseits sind bei allen Räumen größeren Ausmaßes Geographen zunehmend vorsichtiger geworden, unmittelbar Einwirkungen von Raum auf Verhalten zu behaupten. Zu viele geodeterministische Fehlschlüsse sind uns unterlaufen ... Sensibilisiert durch solche Erfahrungen, sind wir heute geneigt, verhaltensverursachende Wirkungen des Raumes sehr kritisch zu sehen."[22]

Dieser Charakter des Raumes als menschliche Konstruktion wurde bisher am präzisesten durch den sozialpsychologischen Ansatz thematisiert: Daher wird „Raumbewußtsein" im folgenden als „Mental Map" bzw. „Kognitive Karte" verstanden. Dabei ist „Kartieren" selbstverständlich nur eine Analogie für die räumlichen Orientierungsmuster; man sollte sich auf keinen Fall vorstellen, daß Landkarten, Globen oder Lagepläne in den Köpfen von Menschen im Verhältnis 1:1 abgespeichert sind. Der Ansatz wurde bisher weder von der deutschen Geographie noch von der Geschichtswissenschaft[23] adäquat aufgegriffen. Er dient hier als theoretischer Rahmen für den Zusammenhang von Bewußtsein, Raum und Geschichte und soll in seinen Grundzügen vorgestellt werden. Ausgangspunkt ist dabei die konstruktivistische Vorstellung von der Strukturhaftigkeit menschlichen Wissens. Die den „Schemata" entsprechende menschliche Kognition über „Räume" wird als Kognitive Karte bzw. Mental Map bezeichnet.[24] Die bisher stringenteste Ausarbeitung der Theorie stammt von Downs/Stea, auf die sich des weiteren hauptsächlich bezogen wird. Sie definieren folgendermaßen:

„Kognitives Kartieren ist ein abstrakter Begriff, welcher jene kognitiven oder geistigen Fähigkeiten umfaßt, die es uns ermöglichen, Informationen über die räumliche Umwelt zu sammeln, zu ordnen, zu speichern, abzurufen und zu verarbeiten. Diese Fähigkeiten ändern sich mit dem Alter ... und dem Gebrauch (man kann auch ergänzen: sie ändern sich historisch, nach Schicht, Geschlecht oder kollektiven Erfahrungen). Vor allem aber bezieht sich Kognitives Kartieren auf einen Handlungsprozeß: es ist eher eine Tätigkeit, die wir ausführen, als ein Objekt, das wir besitzen. Es ist die Art und

Weise, wie wir uns mit der Welt um uns herum auseinandersetzen und wie wir sie verstehen."[25]

Nach dieser Definition resultiert die Identifikation mit einer Region aus einer spezifischen Mental Map, die mit bestimmten Elementen besetzt ist, in unserem Fall mit Symbolen über die Vergangenheit des Ruhrgebietes. Diese Karte hat für ihre „Benutzer" bestimmte Aufgaben zu erfüllen: Sie ist das Ergebnis von Informationsverarbeitung, sie soll spezifische räumliche Probleme lösen sowie Bezugssysteme für das Verständnis und die Interpretation der menschlichen Umwelt bereitstellen. Kognitives Kartieren kann deshalb unter Umständen zu räumlichem Verhalten führen. Das spezifische räumliche Verhalten, das hier besonders interessiert, ist die Identifikation mit der Region, also eine bestimmte Auffassung einer menschlichen Umwelt bzw. die Einordnung in das soziale System Region. Damit sie zustande kommt, müssen drei Voraussetzungen Kognitiven Kartierens erfüllt sein:

Zunächst ist Kognitives Kartieren ein interaktiver Prozeß, es ist Handlung und Kommunikation. Eine Mental Map entsteht nicht durch bloßes Dasitzen und Nachdenken. Wenn Kognitives Kartieren Lösen von Raumproblemen ist, heißt das, daß diese Fähigkeit zur Orientierung durch das Wann, Wo und Wie im Kontakt mit der Umwelt und mit anderen Menschen erprobt und erlernt wird. Die entsprechenden historischen Symbole, die hier die "Grundlage einer regionalen Identifikation" bilden sollen, können also nicht „von sich heraus" in die Köpfe der Menschen geraten, sie müssen vielmehr durch soziale Institutionen verbreitet werden.

Zweitens ist Kognitives Kartieren ein selektiver Prozeß; für die Konstruktion einer Mental Map werden nur bestimmte Elemente ausgewählt. Identifikationsfähige Kognitive Karten müssen daher durch die notwendige Polyvalenz der Gruppensymbole gekennzeichnet sein.[26] Symbole für die Identifikation mit Mesoräumen sind daher meistens ästhetischer oder historischer Art, wie dies Downs/Stea selbst vorführen.[27] Das bedeutet für die hier interessierende Identifikation mit dem „Mesoraum" Ruhrgebiet: Es muß nicht nur Klarheit darüber herrschen, was überhaupt konstitutiv für das Ruhrgebiet ist; die historischen Elemente der Mental Map Kohlenpott müssen außerdem noch als allgemein verpflichtend gelten und positiv besetzt sein. Sie sollten es verschiedenen Menschen gestatten, ein positiv besetztes Hier zu konstruieren. Dieses Hier kann dann gegen ein andersartiges Dort abgegrenzt und als Wir-Gefühl zur Identifikation benutzt werden.

Drittens hat Kognitives Kartieren eine strukturierende Funktion. Mit Strukturierung ist „Verständlichmachen" gemeint, also das Bemühen, den Dingen einen Sinn zu geben. Damit regionale Identifikation über geschichtliche Elemente zustande kommt, müssen diese den Menschen ihre Umwelt „sinnhaft" machen können, d.h. sie müssen Eigenarten erläutern und Probleme erklären können.

Aus diesen drei Teilaspekten wird deutlich, daß regionale Identifikation auf einer Reihe sehr anspruchsvoller Voraussetzungen beruht. Sie kommt nur zustande, wenn es eine Basis kollektiver Symbole gibt, wenn diese Symbole kommunizierbar sind und wenn sie „Sinn" vermitteln. Regionale Identifikation basiert also auf einer sehr spezifischen Kognitiven Karte. Im folgenden soll versucht werden festzustellen, ob über die

Aneignung der regionalen Geschichte eine solche Mental Map bei den Menschen im Ruhrgebiet vorhanden ist oder ob - das wäre die Alternative - die Geschichte des Ruhrgebietes zwar bekannt ist, in ihrer spezifischen historischen Symbolik aber nicht als identifikationsfähig empfunden wird.

III. Identifikation und Geschichte im Ruhrgebiet

1. Forschungsdesign

Durch die oben skizzierte Theorie abgesichert, soll nun versucht werden, einen ersten Blick darauf zu werfen, ob und wie Geschichte den Menschen im Ruhrgebiet zur Identifikation dient. Dabei gilt es, zuvor das Forschungsdesign vorzustellen und einige Einschränkungen zu berücksichtigen. Zunächst: die kognitive Theorie ist auf die individuelle Bewußtseinslage von Menschen gerichtet. „Mental Maps" kann man also nur dann sinnvoll erforschen, wenn man sich zunächst mit einzelnen Menschen befaßt und dann versucht, von dieser empirischen Basis aus das jeweils Gemeinsame, das Typische für eine menschliche Gruppe zu erfassen. Weiterhin scheint es nicht angemessen zu sein, eine hochkomplexe Theorie direkt in ihrer ganzen Tiefe anzuwenden. Im folgenden wird daher die sogenannte selektive Funktion Kognitiver Karten im Mittelpunkt stehen. Sie wird als Basisfunktion der Mental Maps betrachtet: Wenn die selektiven Kriterien für „Raumbilder" unklar oder widersprüchlich sind, existiert überhaupt keine Kognitive Karte Ruhrgebiet, ist also auch keine Identifikation möglich. Aus geschichtswissenschaftlicher Perspektive interessiert dabei, ob und wie regionale Geschichte selektiv wirkt und dadurch die Identifikation mit dem Ruhrgebiet ermöglicht. Schließlich scheint es für eine explorative Analyse ebenfalls sinnvoll zu sein, sich auf eine bestimmte Gruppe im Ruhrgebiet zu beschränken. Hier gilt das besondere Interesse der Altersgruppe der heute 60- bis 70jährigen. Denn nur sie hat die für das Ruhrgebiet entscheidende Zeitspanne im Blick: vom Prosperieren der Montanindustrie in den frühen fünfziger Jahren über eine Zeit der Krisen zur sich heute andeutenden Regeneration. Von dieser Alterskohorte erwarten wir daher Hinweise auf Brüche und Transformationen einer Ruhrgebietsidentität. Wer könnte aufschlußreicher sein für den Zusammenhang von Identifikation und Geschichte im Ruhrgebiet als diese Gruppe?

Von diesen Überlegungen ausgehend, wurde eine Serie von insgesamt 72 qualitativen, durch einen Leitfaden strukturierten Interviews getätigt. Diese wurden im Sommer 1991 in Einkaufszonen und Freizeitstätten des „Ruhrgebietes" durchgeführt, so wie es klassisch durch den Siedlungs- bzw. Kommunalverband abgegrenzt wird. Aus den oben erläuterten Gründen wurde lediglich die Altersgruppe der 60- bis 70jährigen angesprochen, die Verweigerungsquote lag dabei mit etwa 50% erstaunlich niedrig. Insgesamt 127 Personen äußerten sich in bis zu einstündigen Interviews, davon 73 Männer und 54 Frauen. Es wurde eine offene Fragetechnik angewandt; folgende Fragen wurden allerdings immer gestellt:

- Können Sie sich noch an die Kohle- oder Stahlkrise erinnern?

- Können Sie sich noch an die Ereignisse in Hattingen oder Rheinhausen erinnern?

- Was hat sich nach Ihrer Meinung in den letzten dreißig Jahren hier am meisten verändert?
- Werden Sie mit negativen Äußerungen konfrontiert, wenn Sie im Urlaub sagen, daß Sie aus dem Ruhrgebiet kommen?
- Wie würden Sie das Ruhrgebiet geographisch abgrenzen?
- Gehören Düsseldorf und Köln nach Ihrer Meinung auch zum Ruhrgebiet?

Die Forschungsartefakte und die Grenzen von qualitativen Interviews sind bekannt. Eine mächtige Forschungstradition schreibt ihnen daher hauptsächlich explorative und evaluative Aufgaben zu: Qualitative Interviews eignen sich hervorragend dazu, umfassendere, größere Studien vor- und nachzubereiten.[28] Sie können hilfreich sein, um Hypothesen zu formulieren, deren weitere Überprüfung lohnen könnte; und sie können die Befunde von quantitativen Untersuchungen präzisieren. Da sich auch die folgende Analyse auf qualitative Interviews stützt, versteht sie sich vor allem als Exploration eines neuen geschichtswissenschaftlichen Forschungsfeldes. Es sollen einige Thesen darüber erarbeitet werden, ob Geschichte, wie oben vermutet, im Ruhrgebiet tatsächlich nicht zur Identifikation dienen kann. Die folgenden Aussagen beanspruchen daher weder, repräsentativ für die befragte Altersgruppe zu sein - dazu sind die Fallzahlen zu gering -, noch über die Bevölkerung im Ruhrgebiet schlechthin Aussagen zu treffen. Immerhin wurde das Ruhrgebiet regional möglichst ausgewogen erfaßt, um - für eine qualitative Studie angemessen - das jeweils Typische in den Interviews zu eruieren. Es wird hier natürlich nur angegeben unter dem Vorbehalt einer möglichen repräsentativen Überprüfung. Typisch heißt auch, daß nicht vorschnell auf die bekannten sozialökologischen Variablen zurückgegriffen werden soll, um Varianzen zwischen den diversen Äußerungen zu erklären.

2. Historische Elemente der Mental Map Ruhrgebiet

Gibt es bei den Befragten überhaupt ein einheitliches Vorstellungsbild des Ruhrgebietes, wie sieht dieses aus, welche Symbole konstituieren es, und welche Rolle spielt dabei die regionale Geschichte?

Zumindest nach den uns vorliegenden Statements gibt es auf diese grundsätzliche Frage eine zunächst sehr einfache und plausible Antwort: Das Ruhrgebiet wird von der „Bevölkerung", besser von den Interviewten, offenkundig ausschließlich historisch über das Gewesene bestimmt. Das Ruhrgebiet wird als historisch gewordene Region begriffen; und was diese Region auszeichnet, ist nichts als die Tatsache, als daß es sich um ein Gebiet handelt, in dem es Industrie, und zwar eine bestimmte Form von Industrie, gegeben hat. Dieses „Industrie gegeben hat" muß besonders betont werden: Die Befragten sprachen in der Vergangenheitsform, wenn sie das Ruhrgebiet geographisch abgrenzen sollten, obwohl wir in diesem Zusammenhang immer die Gegenwart thematisiert haben. Die Abgrenzung und Definition des Ruhrgebietes scheint mit der Vergangenheit verwoben zu sein; dazu einige Beispiele aus allen Teilen des Reviers. Sie zeigen zugleich, daß die selektiven Kriterien, mit denen das Ruhrgebiet abgegrenzt wird, über die spezifische Kombination von „historischen" Industrien noch mindestens drei „Versionen" des Ruhrgebietes zulassen.

Da gibt es zum einen die Version Ruhrgebiet: „Das ist dort, wo früher Kohle gefördert wurde". Sie ist nach unserem Eindruck am weitesten verbreitet: „Frage: Gehört Ihrer Meinung nach Bochum zum Ruhrgebiet dazu? Antwort: Aber eisern. Zu meiner Zeit, als ich jünger war, da hatten wir alleine hier über ein Dutzend Zechen und Kokereien. Ich meine, da kann ich mir vorstellen, daß man Bochum doch noch besser gekannt hat als jetzt zur Zeit, wo überhaupt keine Zeche mehr gibt. Ich meine, die haben in Essen ja auch keine mehr. In Recklinghausen oder wo ist noch so ein Pütt."[29] In dieser Fassung hat das Ruhrgebiet beinahe musealen Charakter: „Ist doch gar kein Kohlenpott mehr. Wir haben doch bald keine Zechen mehr. Ich weiß nicht, haben wir noch eine Zeche in Bochum ... Das einzigste, unsere Zeche, ist das Bergbaumuseum."[30]

Version 2: „Ruhrgebiet, Stahl und Eisen. Das war Essen, bis Dortmund rauf"[31] haben wir neben Version 1 am häufigsten angetroffen: „Das Ruhrgebiet ist doch eigentlich das, wo Stahl gekocht wurde und Kohle gefördert wurde. Das ist doch das Ruhrgebiet."[32] Auch in dieser Fassung dominiert, erkennbar am verdoppelten „wurde", die Vergangenheit, wie eine typische Antwort auf die Frage, ob Hagen zum Ruhrgebiet gehört, verdeutlicht: „(Hagen) ist Ruhrgebiet. Man hat ja früher hier Kohlen gegraben, hier auf der anderen Seite. Hier die Zeche Gottessegen ... Früher war sehr viel Eisenindustrie hier. Die Firmen sind alle eingegangen. Gießereien haben alle aufgehört."[33]

Im westlichen Ruhrgebiet, in Duisburg und Oberhausen, sind wir noch auf eine dritte kognitive Karte gestoßen, die allerdings gegenüber Version 1 und 2 deutlich geringere Verbreitung findet; Ruhrgebiet ist heute dort, wo früher die Stahlindustrie war: „Zum Ruhrgebiet regulär, das war früher die Schwerindustrie, das war dann Essen, Krupp und Oberhausen. Dann Gelsenkirchen noch. Und in Duisburg Klöckner, die großen Werke. Aber Düsseldorf schon nicht mehr. Die wollten ja auch nicht zum Ruhrgebiet."[34]

Offensichtlich ist es für die befragte Altersgruppe zum Teil unsicher, was eigentlich konstitutiv für das Ruhrgebiet ist oder besser war. Immerhin scheinen die historischen Elemente - das Ruhrgebiet als Standort nicht mehr vorhandener Industrien - eindeutig zu überwiegen, gleich, ob das Ruhrgebiet nur über den Bergbau, nur über die Stahlindustrie oder über beides definiert wird. Damit ist allerdings noch nicht die Frage beantwortet, wie sich das Ruhrgebiet denn nun eigentlich genauer bestimmen läßt. Die Lage verkompliziert sich dadurch, daß eine weitere, genuin historische Abgrenzung offenkundig weit verbreitet ist: die schon von Heinrich Böll erwähnte Trennung von Rheinland und Westfalen. Sie überlagert tatsächlich noch heute die Mental Map vergangener Kohle- und Stahlstandorte, und neben sie tritt eine sozial begründete Außendifferenzierung. Das führt zu mindestens vier Versionen der äußeren Abgrenzung des Reviers. Man könnte sie bezeichnen erstens als das engere, das Emscher-Ruhrgebiet, zweitens als das eigentliche, das westfälische Revier, drittens das „normale" Ruhrgebiet, das sich mit dem Gebiet des KVR deckt, und schließlich das vielleicht entstehende, neue „Großruhrgebiet".

Das „engere" Ruhrgebiet, das ist die Emscherzone, genauer der östliche Teil von ihr: „Aber Ruhrgebiet, Wanne, das war ursprünglich das, was wir uns unter Ruhrgebiet vorgestellt haben. Der Raum um Wanne, Gelsenkirchen."[35] Dieses „engere" Ruhrgebiet bildet den Kern des „eigentlichen" Ruhrgebietes; es liegt - nach einer im Raum von Gelsenkirchen bis Dortmund und von Hagen bis Lünen weit verbreiteten Mental Map - in Westfalen.[36] Dazu einige, wenige Beispiele: „Wir kommen hier aus Westfalen aus dem Ruhrgebiet,"[37] heißt eine gängige Antwort in Dortmund, und das Bochumer Äquivalent lautet: „Das Ruhrgebiet liegt ja in Westfalen."[38] Tatsächlich wirken bei den Befragten noch die alten Provinzgrenzen, so eine Stimme aus Castrop-Rauxel: „Zum Ruhrgebiet würde ich im äußersten Fall noch Essen dazuzählen, aber wenn es schon weiter nach dem Westen zugeht, dann ist das schon nicht mehr das Ruhrgebiet, dann ist das schon das rheinische Industriegebiet."[39]

Das „normale" Ruhrgebiet deckt sich ziemlich genau mit der Zugehörigkeit zum Kommunalverband; diese Version ist längst nicht so weit verbreitet, wie wir zunächst vermutet haben. Weil unsere Untersuchung statistisch nicht repräsentativ ist, können wir hier nur festhalten, daß diese Version bei den Befragten keineswegs zu überwiegen scheint.

Als weitaus ergiebigster Impuls hingegen für die äußere Abgrenzung des Reviers hat sich unsere Frage erwiesen, ob denn nun auch der metropolitane Kern Nordrhein-Westfalens, also Köln und Düsseldorf, mit zum Ruhrgebiet zu rechnen sei. Die Antworten waren keineswegs so eindeutig, wie dies wegen der genuin historischen Abgrenzung des Reviers durch alte Industriestandorte zu erwarten war. Dabei gilt für das östliche Revier noch ein eindeutigerer Befund: Die „Westfalen" verneinen die Zugehörigkeit der „Rheinschiene". Ganz einfach deshalb, weil dort das gesamte Gebiet westlich von Essen zum Rheinland gerechnet wird, also zu einer völlig anderen historischen Landschaft. Im Westteil des Reviers dagegen sind wir auf eine ganze Fülle von Antworten gestoßen. Dort, in Oberhausen, Duisburg und Essen, aber auch in Bochum, wird besonders Düsseldorf - früher ja immerhin Schreibtisch des Reviers genannt - häufig zum Ruhrgebiet dazugerechnet, aber es herrscht offenkundig Sprachlosigkeit. Düsseldorf und mitunter auch Köln gehören dazu, aber es gibt kein Wort für dieses vergrößerte Revier, das dann mitunter mit Nordrhein-Westfalen gleichgesetzt wird.[40] Werden im westlichen Revier Köln und Düsseldorf ausgegrenzt, geschieht dies nicht aus historischen, sondern aus sozialen Gründen: „Aber Düsseldorf können Sie gar nicht mit dem Ruhrgebiet vergleichen. Ich möchte das aber auch nicht, so großspurig Düsseldorf auch angelegt ist vom Rahmen her, möchte ich nicht Düsseldorf mit Oberhausen vertauschen ... Und Düsseldorf, da werden Sie von einer Seite zur anderen gejagt, wenn Sie einkaufen wollen, und die Preise sind ja so wahnsinnig."[41]

Umgekehrt werden Düsseldorf und Köln mitunter im Westteil dadurch in das Ruhrgebiet vereinnahmt, daß man früher und heute bestehende soziale Unterschiede leugnet: „Frage: Würden Sie denn Düsseldorf oder Köln noch zum Ruhrgebiet zählen? Antwort: Warum nicht. Das Ruhrgebiet ist natürlich wesentlich besser geworden in den letzten 20, 30 Jahren. Attraktiver, schöner, warum soll Düsseldorf nicht dazugehören."[42]

Tendenziell scheint zuzutreffen, daß vor allem den arrivierten sozialen Schichten die Einheit der Megalopolis an Rhein und Ruhr durchaus bewußt ist. Paradigmatisch zi-

Regionale Identität

tieren wir die Äußerungen eines Geschäftsmannes aus Dortmund, der sich zuvor über seine häufigen Flüge ab Düsseldorf-Lohausen ausgelassen hat: „Frage: Gehören Düsseldorf und Köln für Sie zum Ruhrgebiet dazu? Antwort: Selbstverständlich. Das ist für mich Großruhrgebiet. Abgrenzen würde ich den Kohlenpott an sich bis Recklinghausen, Oberhausen, Gelsenkirchen, Bochum, Essen, Dortmund. Das ist der Kern des Kohlenpotts, des ursprünglichen. Aber das kann man ja heute nicht als Kohlenpott bezeichnen ... Aber direkt Kohlenpott, Ruhrgebiet ist Düsseldorf oder Köln nicht mehr. Trotzdem für mich ist Düsseldorf, unsere Landeshauptstadt, ist genauso Ruhrgebiet für mich noch wie Dortmund oder Essen. Die paar Kilometer, die da Unterschied liegen."[43]

Die zunächst sehr einfachen historischen Elemente - Kohle- und/oder Stahlstandort -, die den geographischen Standort des Ruhrgebietes zu bestimmen scheinen, sind also mehrfach überlagert: zum einen durch den Antagonismus von zwei weiteren historischen Landschaften, Rheinland und Westfalen, zum anderen durch eine sozial begründete Abgrenzung nach außen, zur Rheinschiene. Hinzu treten noch die mentalen Identifizierungen von Städten oder Stadtteilen und die Überlagerungen am Rande des Ruhrgebietes. Beides gilt als Gemeinplatz der Forschung; wie ambivalent dadurch die für die Identifikation erforderliche symbolische Zuschreibung sein kann, sei hier nur kurz an einem Beispiel aus Hagen illustriert: „Frage: Gehört Ihrer Meinung nach Hagen zum Ruhrgebiet? Anwort: Das ist so eine Frage. Also irgendwie gehört es schon zum Ruhrgebiet, finde ich ... Das ist so ein Mittelding hier. Radio und Fernsehen, die haben ja jetzt im Fernsehen das dritte Programm, Richtung Siegerland übernommen, Hier und Heute unterwegs. Aber eigentlich interessiert uns eher das, was von Dortmund gesendet wird ... Das von Essen sehen wir nicht allzuoft an, weil nur von Essen gebracht wird, Essen, Herne, Ruhrgebiet oder Uninteressantes."[44]

Das zunächst eindeutig historisch identifizierte Ruhrgebiet wird also mehrfach überlagert: durch weitere, ebenfalls geschichtliche Grenzen ehemaliger preußischer Provinzen, durch soziale Außendifferenzierung, durch die Identifikation mit der Stadt und dem Stadtteil und durch konkurrierende regionale Konzepte. Neben den räumlichen Unklarheiten konnten wir außerdem eine zeitliche Dynamik feststellen. Das Revier scheint sowohl geographisch als auch zeitlich zu fluktuieren, es scheint auf der Landkarte zu wandern, zu wachsen oder zu schrumpfen und sich dabei auch qualitativ zu verändern. Diese Dynamik bezieht sich ebenfalls auch auf historische Elemente. Daher findet sich zum einen die Vorstellung, das Ruhrgebiet sei gewachsen, habe sich in den letzten 30 Jahren ausgebreitet: „Frage: Das würden Sie nicht als Ruhrgebiet bezeichnen? Duisburg, Oberhausen? Antwort: Aus meiner kleinen Sicht damals nicht, heute würde ich das schon eher sagen, daß das dazugehört. Für mich war das Ruhrgebiet hauptsächlich dieser Raum um Gelsenkirchen, Wanne, Herne. Bochum war schon ein bißchen ländlich, Essen noch mehr."[45]

Zum anderen scheint das Ruhrgebiet zu wandern, vor allem nach Norden versteht sich: „Das Ruhrgebiet geht von Dortmund rüber nördlich. Das hat sich weiter verlagert auf den nördlichen Teil. Das geht ja jetzt schon ziemlich nach Haltern zu."[46] Das kann bedeuten, daß das Ruhrgebiet aus dem Ruhrgebiet auswandert, daß es eine Stadt verläßt, daß dort, wo es fortgewandert ist, heute kein Ruhrgebiet mehr ist: „Damals waren die Zechen noch alle da, da gehörte Gladbeck einfach dazu. Aber heute" ist ja gar keine mehr in Gladbeck. Da hat sich die ganze Umwelt verändert. Aber es ist jetzt schön geworden. Vorher war es ein Dreckloch, heute ist es eigentlich ein Urlaubsgebiet."[47]

Daher sind die Menschen im Revier offenkundig Zeugen einer geheimnisvollen, historischen Verwandlung: Dem häßlichen Kohlenpott ist die Metamorphose in die Parklandschaft Ruhrgebiet geglückt. Das Heute verneint das Gestern und wird es doch nicht los, und loswerden möchte man vor allem das schlechte Image des Ruhrpotts. Aus den von uns geführten Interviews lassen sich dazu zahlreiche Äußerungen zitieren, hier einige nach unserem Eindruck typische: "Ich würde doch niemals sagen Ruhrpott. Ich meine der Pott, das ist doch so eine Sache. Heute ist kein Ruhrpott mehr."[48] - "Wir kommen aus Dortmund, aus dem Ruhrgebiet. Nicht aus dem Kohlenpott, das möchte ich auch nicht hören. Das ist nämlich nicht mehr."[49] - "Es ist noch immer das alte Image Kohlenpott. So hieß es ja früher immer hier, das Gebiet, Kohlenpott. Und das ist nun wirklich nicht mehr."[50] - "Ja, die haben schon mal Kohlenpott gesagt, und dann korrigiere ich das sofort, daß das nicht mehr Kohlenpott ist, sondern Ruhrgebiet ist."[51]

Damit wird eine merkwürdige Ambivalenz offenkundig: das Ruhrgebiet, wie stark es auch immer geographisch und zeitlich fluktuieren mag, konstituiert sich für viele seiner Bewohner historisch, als ehemaliger Standort von Montanindustrien. Die Symbole dieser Identifizierung sind allerdings negativ besetzt, sie entstammen aus einem Gestern, das man überwunden glaubt. Das Ruhrgebiet, so könnte man ein kurzes Resümee ziehen, wird also von den Befragten nur diffus und äußerst ambivalent abgegrenzt und identifiziert. Dabei spielen die Vorstellungen über das Gewesene die weitaus wichtigste Rolle, das Früher wird aber negativ gewertet und ist deshalb nicht identifikationsfähig. Das Ruhrgebiet strukturiert daher nur begrenzt die Handlungsfelder seiner Bewohner. Das ist der Grund für die interessante Beobachtung Butzins: „Es zeigt sich, daß das Ruhrgebiet nur eine geringe Bedeutung für das „wirkliche Leben" der Menschen hat. Niemand sieht sich selbst als typischen Ruhrgebietler."[52] Unter welchen Bedingungen ist dann überhaupt heute eine Identifikation mit dem Ruhrgebiet möglich?

3. Regionale Identifikation und Landschaftsästhetik

Der Mythos von Kohle und Stahl wirkt nicht mehr, und vielleicht war er auch nie wirksam. Nur er würde ein angemessenes Pendant zur Identifizierung des Ruhrgebietes über Geschichte sein, wie sie oben herausgearbeitet wurde. Denn der Mythos würde die entsprechenden Raumsymbole positiv „aufladen". Nach unseren empirischen Befunden sind dagegen gerade Kohle und Stahl bei den älteren Bewohnern des Ruhrgebietes heute negativ besetzt.[53] Der Schmutz und die schlechten Arbeitsbedingungen werden nicht nostalgisch glorifiziert, sondern sie werden als die Belastung gesehen, die sie tatsächlich waren. Kohle und Stahl gehören nicht mehr zum „Wir" einer gemeinsamen Lebensform. Deshalb sind die Bewohner des Reviers, zumindest die von uns befragte Gruppe, auch heute damit einverstanden, daß die Zechen geschlossen und die Stahlwerke stillgelegt wurden. Der Strukturwandel hat nach ihrer Meinung die Lebensqualität im Ruhrgebiet entschieden verbessert. Das Verschwinden der schmutzigen Industrien war überhaupt erst die Voraussetzung für die oben skizzierte Metamorphose des Kohlenpotts in das Ruhrgebiet. Diese Wandlung bewerten beinahe alle

Befragten positiv: das Schließen der Zechen wird heute fast uneingeschränkt befürwortet, die Stillegungen im Stahlbereich werden etwas ambivalenter beurteilt. Kohle und Stahl - nur sie scheinen ja trotz aller Unschärfe das Ruhrgebiet abzugrenzen - sind also bei den Befragten nicht oder nicht mehr identifikationsfähig. Diesen Eindruck entnehmen wir den Reaktionen auf unsere Fragen nach Erinnerungen an die Kohle- und Stahlkrisen und an den allgemeinen Wandel der letzten 30 bis 40 Jahre.

Dazu zunächst einige Beispiele zum geringen identifikatorischen Wert der Kohleförderung, in der Regel Antworten auf den Impuls, ob man sich noch an die Kohlekrisen erinnern könne, aber auch auf die Frage, was sich denn in den letzten 30 bis 40 Jahren Entscheidendes geändert habe: „Es hat sich sehr viel geändert; erstmal die ganzen Zechen nicht mehr, die Luft ist besser geworden, alles ist besser geworden seit 40 Jahren."[54] - „Eine Zeit war die Luft ja noch schlechter hier, als der Bergbau hier war. Mehr Zechen. Was ja jetzt doch besser geworden ist."[55] - „Seitdem die Zechen so ziemlich alle stillgelegt worden sind, ist es ja auch besser geworden hier. Damals war viel Dreck, als wir hier herkamen."[56]

Häufig wird die ökonomische und ökologische Sinnlosigkeit des Kohlebergbaus hervorgehoben: „Mann: Wenn man eine Ware nicht absetzen kann und produziert und produziert, kann ja nicht gutgehen und wenn da noch junge Leute da anfangen, so wie heutzutage bei der Kohle auch ... Frau: Daß die da immer wieder angefangen sind, die jungen Leute, das wundert mich. Mann: Und die vielen Bergschäden in Kauf nimmt, so wie in Schloß Cappenberg da. Das ist irgendwie nicht einleuchtend."[57]

Zusätzlich wird entweder eine „montanindustrielle Identität" schlechterdings geleugnet: „Der Oberbegriff fürs Ruhrgebiet, aus der Warte sehen Sie das jetzt wahrscheinlich, alles Bergleute. Sind nicht alle, die meisten gar nicht. Wir haben nämlich nie damit zu tun gehabt..."[58], oder es werden sogar Vorurteile gegen Bergarbeiter artikuliert: „Ich meine, die arbeiten ja nicht mehr so primitiv wie früher. Das ist ja alles mehr maschinell. Automatisch. Haben sie nicht mehr so schwere Arbeit. Müssen auch ein bißchen mehr Köpfchen haben wie früher."[59]

Nach dem Motto „Das eine kostet man aus, das andere bringt natürlich Sorgen"[60] mischen sich mitunter in die Bewertung der Kohlekrise einige ambivalente Zwischentöne sowie die Vorstellung: „Irgendwann brauchen wir die Kohle mal und dann?"[61] Nur ein einziger unserer Befragten - ehemaliger Bergmann und Gewerkschaftsfunktionär aus Castrop - bekannte sich, an Demonstrationen gegen „das Schließen der Pütts" beteiligt gewesen zu sein.[62] Weder die Kohleförderung noch die Kohlekrise, beides schon historische Tatbestände, eignen sich bei den Befragten zur Identifikation. Man kann sich offenkundig nicht mit etwas Negativem identifizieren, das es nicht mehr gibt, das immer noch für das schlechte Image des Ruhrgebietes verantwortlich ist und das einen schmerzhaften Strukturwandel nach sich gezogen hat.

Auch die Stahlindustrie - immerhin wichtiges selektives Symbol des Ruhrgebietes - scheint heute nicht mehr „identifikationsstiftend" zu sein. Die Erinnerungen an die Stahlkrise sind allerdings wesentlich prägnanter als an die Kohlekrise. Der Höhepunkt der letzteren liegt immerhin schon 20 Jahre zurück, das „Image" der Kohlegruben war offenkundig deutlich negativer als das der Stahlbetriebe. Deshalb werden auch noch heute die Stillegungen im Stahlbereich nicht so einmütig gutgeheißen wie das Schließen der Zechen, die Einstellungen zur Stahlkrise variieren stärker als zur Kohlekrise. Insgesamt konnten wir drei Positionen ermitteln, die wir bezeichnet haben als Kleine-Leute-Fatalismus, als Sicht der „wirtschaftlichen Experten" und als Position der engagierten Betroffenen. Sie haben sich aus Äußerungen auf unsere Frage ergeben, ob man sich noch an die Stahlkrise erinnern könne.

Der Fatalismus, das Kleine-Leute-Schema, überwiegt: „Da habe ich dasselbe gedacht wie hier in Oberhausen, daß die Leute da nichts gegen machen können. Das Kapital geht hin, baut ab, baut auf."[63] - „Traurig, aber wahr. Aber die Entwicklung war ja vorauszusehen. Je mehr Technik erfunden wird, desto weniger Menschen werden gebraucht. Das geht noch weiter, das ist noch nicht das Ende."[64] - „Über kurz oder lang wird das dicht gemacht. Genauso wird es mit unseren Zechen gehen. Da nützt jetzt keine Demonstration und den Möllemann niedermachen."[65] - „Wir sind ja nicht betroffen. Das ist das wichtigste. Wenn man den Beruf verliert, das ist immer schlecht."[66]

Daneben spielt noch die Sicht der „wirtschaftlichen Experten" eine gewisse Rolle, die bei einer quantitativen Untersuchung wahrscheinlich mit Sozialstatus und Bildungsgrad korrelieren würde. Auch hier wird aber der Strukturwandel für unvermeidlich gehalten: „Die [Stahlkrise] mußte kommen. So wie wir das sehen, unsere Produktion ist ja hier im Prinzip viel zu teuer."[67] - „Na ja, im Sinne der Leute, die streiken, schon richtig. Aber es ist das alles kaum zu realisieren, wenn die Wirtschaftlichkeit solcher Unternehmen dahinter steht."[68] - „Das ist alles unschön, aber gewisse Dinge oder Veränderungen sind hier ja nicht zu vermeiden ... Also die Monokultur des Ruhrgebietes, der Bergbau plus Stahl, die waren natürlich nicht zu halten, und das kostet natürlich alle Beteiligten etwas, eine ganze Menge sogar. Aber das wird sich nicht aufhalten lassen."[69]

Was für die Kohlekrise gilt, scheint ebenfalls auf die Stahlkrise zuzutreffen: Lediglich ein einziger Befragter, wiederum ein früher engagierter Gewerkschaftler, identifiziert sich unmittelbar mit dem Montanbereich. Er allein beschwört auch den Mythos von der deutschen Wiedergeburt an der Ruhr, den wir viel häufiger erwartet hatten: „Frage: Können Sie sich noch an Hattingen und Rheinhausen erinnern? Antwort: Fand ich super, fand ich gut. Weil ich ja selbst Gewerkschaftler bin. War Jahre im Betriebsrat. Hat aber gewirkt, nicht allzuviel, aber doch etwas. Dadurch sind doch auch die anderen Menschen darauf aufmerksam geworden. Auch wie unten in Bayern und Österreich, damit die wissen, was da oben los ist überhaupt. Komme ich immer in Diskussionen mit den Burschen da unten, das Ruhrgebiet hat euch doch überhaupt stark gemacht, das vergessen die heute alle wieder. Und heute wird das Ruhrgebiet echt im Stich gelassen, meine ich."[70]

Offenkundig besitzen Kohle und Stahl und ihr Mythos, so ein kurzes Resümee, zumindest heute keinen hohen identifikatorischen Wert mehr. Die alten Symbole scheinen nur wenige Emotionen und Motivationen zu mobilisieren. Ein Wir-Gefühl ist, so jedenfalls unser Eindruck, mit dem Montanbereich nicht oder nicht mehr verknüpft. Das bedeutet aber keineswegs, daß sich die Befragten überhaupt nicht mit dem Ruhrgebiet identifizieren. Denn entsprechend der oben skizzierten Metamorphose hat sich die Symbolik der Identifikation verschoben. Sie funktioniert bei den Befragten nicht mehr - vorausgesetzt, er war überhaupt jemals relevant - über den Mythos von Kohle und Stahl, sondern über eine emotionale Umwertung: über die Verwandlung und Überwindung des häßlichen Vergangenen zum Grün der aus dem Kohlenpott mutierten Parklandschaft Ruhrgebiet. Für die Identifikation der Befragten mit dem Ruhrgebiet bilden die historischen Elemente, die das Revier abgrenzen, also nur eine zwiespältige Basis: Sie identifizieren das Ruhrgebiet höchstens, sie bestimmen seine Grenzen, sie geben an, was einmal zum Kohlenpott dazugehört hat. Die Identifikation hingegen basiert auf der ästhetischen Wahrnehmung einer neu geschaffenen oder nun endlich perzipierten Parklandschaft und auf ihrem Freizeitwert. Die häßliche Larve Kohlenpott hat ihre schwarze Haut abgestreift. Man könnte auch sagen, der Kohlenpott wurde grün angestrichen, und nur noch der Anstrich wird überhaupt von den Befragten wahrgenommen. Diese kognitive Strukturierung der Umwelt ist so stark mit Emotionen besetzt, daß die Befragten sie - im Gegensatz zum Thema Kohle und Stahl - offensiv vertreten können. Dazu nur noch einige wenige Beispiele: „Das Ruhrgebiet ist sehr zum Vorteil. Ist nicht zu sehen, daß das irgendwie ein Ruhrgebiet ist. Das Image ist sehr schlecht. Daß das überhaupt so genannt wird. Ich finde, das ist ein Naherholungsgebiet, das gibt es gar nicht."[71] - „Ruhrgebiet ist doch schön. Ich kann mich darüber immer ärgern, wenn sie sagen so im Fernsehen Kohlenpott. Warum denn Kohlenpott, ist doch gar nicht mehr."[72] „Frau: Landschaftlich hat sich doch alles zum Guten verändert. Mann: Überall wo man hinguckt, so wie hier oder in Bochum gibt es auch überall Grünanlagen oder Stadtparks. Ist ja eine Stadt noch bald schöner wie die andere. Essen ja auch oder hier in Dortmund oder Hagen."[73]

IV. Schluß

Am Anfang dieser Ausführungen stand die Frage danach, wie über Geschichte die Identifikation mit dem Ruhrgebiet psychisch konstruiert wird. Da es sich hier um eine erste Annäherung an ein schwieriges Forschungsgebiet aus geschichtswissenschaftlicher Sicht handelt, soll keineswegs behauptet werden, bereits eine endgültige Lösung präsentieren zu können. Außerdem wurde nur die Perspektive einer einzigen Alterskohorte untersucht; die Interviews sind mangels Masse nicht repräsentativ. Trotzdem scheint es sich anzudeuten, daß die spezifische Ruhrgebietsgeschichte - wie oben vermutet - für eine wirkliche Identifikation mit dem Revier nicht ausreichend sein könnte. Die von uns Befragten können der montanindustriellen Vergangenheit nichts Positives abgewinnen, das spezifisch Historische im Ruhrgebiet scheint weder verpflichtend zu sein, noch ist es positiv besetzt. Geschichte bestimmt daher lediglich auf eine bereits sehr diffuse Weise die Grenzen des Ruhrgebietes. Kohle und Stahl haben eine selektive Funktion, die aber keine menschlichen Handlungsfelder mehr strukturiert. Die vergangene Montanindustrie scheint wenig „Sinn" zu vermitteln. Daher wird das Revier zwar über Geschichte identifiziert, aber diese regionale Geschichte fördert kaum noch Identifikation. Dabei wird keineswegs in Abrede gestellt, daß die Mental Map Ruhrgebiet überhaupt nicht existiert; ihren Symbolen fehlen lediglich die emotionalen und motivationalen Elemente. Außerdem wird die Kognitive Karte Ruhrgebiet offenkundig zur Zeit überschrieben durch neue Ansprüche von Menschen, die sich nicht mehr dem Gestern, sondern dem heutigen Freizeitwert ihrer Parklandschaft Ruhrgebiet verpflichtet fühlen. Hier kann man, etwas überspitzt formuliert, ein sympathisches, hedonistisches Element von Identifikation feststellen: Es wäre spannend zu untersuchen, wie sich dieses bei den hier nicht erfaßten Altersgruppen weiterentwickelt hat. Die Gefahr, die mancher bei dieser Form von Identifikation entdecken könnte, ist allerdings, daß das Ruhrgebiet dadurch seine historische „Einmaligkeit" einbüßen könnte und in einigen Jahren vielleicht überhaupt nicht mehr identifiziert werden wird. Tendenzen zu einem mentalen „Großruhrgebiet" im Dreieck von Hamm, Moers und Bonn scheinen sich in den Interviews ja anzudeuten. Deshalb - so vermuten wir - wird sich vielleicht auf Dauer die folgende Sichtweise durchsetzen, mit der ein heutiger Bewohner des „Kleinruhrgebietes" seine Schwierigkeiten mit dem Revier so präzise auf den Punkt gebracht hat:

„Für das ganze Ruhrgebiet irgendwas zu sagen, was das gesamte Gebiet umfaßt, ist sehr schwer, weil das Ruhrgebiet eben nicht mehr das ist, was es mal war."[74]

Anmerkungen

[1] Die empirischen Grundlagen für die folgenden Ausführungen wurden im Rahmen eines Forschungsprojekts erarbeitet, das vom Institut für europäische Regionalforschungen an der Universität-Gesamthochschule Siegen durchgeführt und mit Hilfe des „Förderprogramms Montanregionen" des Bundesbildungsministeriums und des Wissenschaftsministeriums NRW finanziert worden ist. Der Projekttitel lautete: „Historische Ausprägung und historischer Wandel von regionaler Identität in ausgewählten Montanregionen: Siegerland-Saarland-Ruhrgebiet." Ein Abschlußbericht befindet sich zur Zeit im Druck.

[2] S. dazu z.B. das voluminöse Handbuch „Das Ruhrgebiet im Industriezeitalter. Geschichte und Entwicklung", 2 Bände, hg. von W. Köllmann u.a., Düsseldorf 1990, bes. das Vorwort in Band 1.

[3] Als eine besonders impulsgebende Veröffentlichung s. den von S. Pollard hg. Band: Region und Industrialisierung. Studien zur Rolle der Region in der Wirtschaftsgeschichte der letzten zwei Jahrhunderte, Göttingen 1980; s. darin neben der Einleitung des Hg. bes. den Beitrag von G. Hohorst über „Regionale Entwicklungsunterschiede im Industrialisierungsprozeß", S. 215-238.

[4] Den Stand der älteren Landesgeschichtsforschung dokumentiert der Sammelband von P. Fried (Hg.): Probleme und Methoden der Landesgeschichte, Darmstadt 1978.

[5] Schorn-Schütte, L.: Territorialgeschichte-Provinzialgeschichte-Landesgeschichte-Regionalgeschichte, in: Helmut Jäger/Franz Petri/Heinz Quirin (Hg.): Civitatum Communitas. Studien zum europäischen Städtewesen (= Festschrift für Heinz Stoob), Teil 1, Köln/Wien 1984, S. 390-416, bes. S. 393; s. auch die Beiträge in C.-H. Hauptmeyer (Hg.): Landesgeschichte heute, Göttingen 1987. In beiden Veröffentlichungen werden die Positionen ausführlich gegenübergestellt; auf weitere Literaturangaben wird deshalb verzichtet.

[6] S. dazu und zum folgenden die Nachweise bei J. Reulecke: Von der Landesgeschichte zur Regionalgeschichte, in: Geschichte im Westen, Jg. 6 (1991), S. 202-208.

[7] Vgl. z.B. die Polemik bei A. Flügel: Der Ort der Regionalgeschichte in der neuzeitlichen Geschichte, in: S. Brakensiek u.a. (Hg.): Kultur und Staat in der Provinz. Perspektiven und Erträge der Regionalgeschichte, Bielefeld 1992, S. 1-28.

[8] Dieses Argument war ein wesentlicher Diskussionspunkt bei einer Sektion des 39. Historikertags im Herbst 1992 in Hannover mit dem Titel „Regionalismus und Regionalgeschichte: Forschung, Theorie, Praxis"; Kurzfassungen der Vorträge von G. Brunn, K. Rohe, K. Teppe und C.-H. Hauptmeyer demnächst in der Dokumentation des Historikertags (Stuttgart 1993).

[9] Zu diesem Problem: K. Rohe: Regionalkultur, regionale Identität und Regionalismus im Ruhrgebiet: Empirische Sachverhalte und theoretische Überlegungen. In: Industriegesellschaft und Regionalkultur. Hg. von W. Lipp, Köln 1984, S. 123-153. H.H. Blotevogel, B. Butzin, R. Danielzyk: Historische Entwicklung und Regionalbe-

wußtsein im Ruhrgebiet. In: Geographische Rundschau 7-8, 1988, S. 8-13. J. Aring, B. Butzin, R. Danielzyk, I. Helbrecht: Krisenregion Ruhrgebiet; Alltag, Strukturwandel und Planung. Oldenburg 1989, S. 29. J. Reulecke: Metropolis Ruhr? Regionalgeschichtliche Aspekte der Ruhrgebietsentwicklung im 20. Jahrhundert. In: Ders.: Vom Kohlenpott zu Deutschlands „starkem Stück". Beiträge zur Sozialgeschichte des Ruhrgebiets. Bonn 1990, S. 187-209. Die folgenden Ausführungen stützen sich auf eine Serie leitfadenstrukturierter Interviews, die im Rahmen des oben genannten Projekts A. Flender und Th. Schütz im Ruhrgebiet durchgeführt haben.

[10] Die konstruktivistische Theorie Eisenstadts über Identitätskonstitutionen, die Rolle von soziokulturellen Eliten als Erfinder und Inauguratoren von Identität sowie die Funktion primordialer Elemente dabei kann hier nicht angemessen dargestellt werden. Vgl. dazu: D. Briesen/A. Flender/R. Gans: Historische Ausprägung und historischer Wandel von regionaler Identität in ausgewählten Montanregionen. Institut für Europäische Regionalforschungen. Siegen 1993 (Mitte 1993 auch in Buchform) sowie zusammenfassend: Shmuel Noah Eisenstadt: Die Konstruktion nationaler Identitäten in vergleichender Perspektive. In: Nationale und kulturelle Identität. Studien zur Entwicklung des kollektiven Bewußtseins in der Neuzeit. Hg. von B. Giesen. Frankfurt 1991, S. 21-38.

[11] Böll, H.: Nordrhein-Westfalen. In: Der Lokomotive in voller Fahrt die Räder wechseln. Geschichte und Geschichten aus Nordrhein-Westfalen. Hg. von P. Grafe, B. Hombach, R. Grätz. Berlin 1987, S. 11-13.

[12] Böll, S. 11.

[13] Böll, S. 11.

[14] Zur genaueren Information: J. Birkenhauser: Das Rheinisch-Westfälische Industriegebiet. Regionen - Genese-Funktionen. Paderborn 1984.

[15] Böll, S. 13.

[16] Dazu immer noch grundlegend: K.R. Popper: Das Elend des Historizismus. Tübingen 1979^5.

[17] Gute Beispiele dazu aus ideologiekritischer Sicht: The Invention of Tradition. Ed. by Eric Hobsbawm and Terence Ranger. Cambridge 1983. Dazu auch: C. Stewart Applegate: A Nation of Provincials: The German Idea of Homeland in the Rhenish Pfalz, 1870-1955. Stanford 1987.

[18] Eine interessante Systematisierung bei K.E. Müller: Das magische Universum der Identität. Elementarformen sozialen Verhaltens. Ein ethnologischer Grundriß. Frankfurt 1987.

[19] Frey, H.-P.; Haußer, K.: Entwicklungslinien sozialwissenschaftlicher Identitätsforschung. In: Identität. Entwicklungen psychologischer und soziologischer Forschung. Hg. von H.-P. Frey und K. Haußer. Stuttgart 1987, S. 3-25. Zur Problematik „räumlicher" Identitäten allgemein Benno Werlen: Gesellschaft, Handlung und Raum. Grundlagen handlungstheoretischer Sozialgeographie. Stuttgart 1987 sowie P. Weichhart: Raumbezogene Identität. Bausteine zu einer Theorie räumlich-sozialer Kognition und Identifikation. Stuttgart 1990 und Detlef Briesen: „Historische Ausprägung und historischer Wandel von regionaler Identität in ausgewählten Montanregionen". Einleitung zu einem Abschlußbericht. In: Briesen/ Flender/ Gans, S. 1-36.

[20] Frey/Haußer, S. 4.

[21] Frey/Haußer, S. 4.

[22] Geipel, R.: Einführung. In: Geographie des Mikromaßstabes. Stuttgart 1979. S. 4-10, hier S. 4.

[23] Erste Ansätze bei: H. Glaser: Der Rückgriff auf das 19. Jahrhundert: Psychodrom und verrückter Garten. Zwei Beispiele kognitiver Kartographie. In: R. Gries et al.: Gestylte Geschichte. Vom alltäglichen Umgang mit Geschichtsbildern. Münster 1989, S. 265-289.

[24] Der Begriff stammt von Tolman. Vgl. dazu E.C. Tolman: Cognitive Maps in Rats and Men. Psychological Review 55, 1948, pp. 189-208. R.M. Downs/ D. Stea: Kognitive Karten. Die Welt in unseren Köpfen. New York 1982.

[25] Downs/Stea, S. 23.

[26] Zumindest diesen Gedanken kann man der soziologischen Forschungstradition entnehmen. Trotz schon früher Ansätze bei Durkheim und Simmel gilt die symbolische Integration der Gruppe immer noch als weitge-

hend unbeackertes Feld der Soziologie. Vgl. dazu G. Simmel: Soziologie. Untersuchungen über die Formen der Vergesellschaftung. Berlin 1968⁵, besonders die Seiten 375-377 und 396-398 sowie E. Durkheim: Die elementaren Formen des religiösen Lebens. Frankfurt 1981, besonders die Seiten 315-320.

[27] Vgl. Downs/Stea, besonders S. 41-46.

[28] Der Vorschlag, qualitative Interviews sollten empirische Forschungen vor- und nachbereiten, stammt von P. Lazarsfeld: The Controversy over Detailed Interviews - An Offer For Negotiation. In: The Public Opinion Quaterly, 8, 1944, pp.38-60. Neuere Literatur bei S. Lamneck: Qualitative Sozialforschung. München 1988.

[29] Int.1, Bochum, S. 2. Zur Präzisierung der Zitierweise wird des weiteren eine interne Numerierung und der heutige Wohnort des Befragten angegeben. Dabei wird immer der ungeglättete Originalton der Befragten wiedergegeben.

[30] Int. 7, Bochum, S. 4.

[31] Int. 31, Duisburg, S. 2.

[32] Int. 72, Witten, S. 5.

[33] Int. 49, Hagen, S. 3.

[34] Int. 55, Oberhausen, S. 2f.

[35] Int. 3, Bochum, S. 2.

[36] Die Auffassung, das Ruhrgebiet sei genuin westfälisch, wurde bis in die vierziger Jahre von der damaligen preußischen Provinz Westfalen vertreten. Bei den Befragten wirken also offensichtlich „Überreste" früheren Unterrichtes in Heimatkunde. Zur offiziellen „Gegendarstellung" der Rheinprovinz vgl. H. Spethmann: Ruhrgebiet und Raum Westfalen. Wirtschaftskritische Ergänzung zu dem Werk „Der Raum Westfalen". Oldenburg 1933. Spethmann hebt, wie später Birkenhauser, die Impulse aus dem Rheinland hervor, die zur Entstehung des Ruhrgebietes geführt hätten.

[37] Int. 27, Dortmund, S. 2.

[38] Int. 6, Bochum, S. 1.

[39] Int. 9, Castrop, S. 3.

[40] Int. 64, Recklinghausen, S. 2. In Einzelfällen gibt es übrigens interessante Versuche, diese Einheit über die klassischen Merkmale Industrie/Bergbau herzustellen: „Ich würde Ruhrgebiet bezeichnen von Hamm bis Duisburg, vielleicht noch bis Leverkusen, da ist ja auch noch Industrie." Int. 65, Herne, S. 2. Oder: „Ich weiß nicht, ob es in Düsseldorf oder Köln Pütts gibt oder so was. Da oben Düsseldorf, Köln so da diese Richtung oder Euskirchen, da ist doch diese Braunkohle über Tage." Int. 58, Recklinghausen, S. 2.

[41] Int. 54, Oberhausen, S. 3.

[42] Int. 3, Bochum, S. 2.

[43] Int. 13, Dortmund, S. 2.

[44] Int. 48, Hagen, S. 2.

[45] Int. 3, Bochum, S. 2.

[46] Int. 59, Marl, S. 3.

[47] Int. 43, Gladbeck, S. 2, auf die Frage, ob Gladbeck zum Ruhrgebiet gehört.

[48] Int. 27, Dortmund, S. 6.

[49] Int. 15, Dortmund, S. 2.

[50] Int. 15, Dortmund, S. 3.

[51] Int. 15, Dortmund, S. 2.

Regionale Identität

[52] Aring, J.; Butzin, B.; Danielzyk, R.; Helbrecht, I.: Krisenregion Ruhrgebiet? Alltag, Strukturwandel und Planung. Oldenburg 1989, S. 29.

[53] Zum „Image" von Stahl und Eisen vgl. jetzt auch: H.G. Meissner/ E.J. Baumann: Das Bild der Eisen- und Stahlindustrie in der Öffentlichkeit. In: Die Eisen- und Stahlindustrie im Dortmunder Raum. Wirtschaftliche Entwicklung, soziale Strukturen und technologischer Wandel im 19. und 20. Jahrhundert. Hg. von O. Dascher und Ch. Kleinschmidt. Dortmund 1992, S. 561-575.

[54] Int. 15, Dortmund, S. 1.

[55] Int. 63, Recklinghausen, S. 1.

[56] Int. 41, Essen, S. 2.

[57] Int. 48, Hagen, S. 3.

[58] Int. 54, Oberhausen, S. 5.

[59] Int. 59, Marl, S. 2. Zwischen 1950 und 1952 haben Croon und Utermann die heute Sechzigjährigen über den sozialen Status des Bergmannes befragt. Bei dieser Alterskohorte haben sich die negativen Einstellungen gegen den Bergmannsberuf also über 40 Jahre unverändert erhalten. Vgl. H. Croon, K. Utermann: Zeche und Gemeinde. Untersuchungen über den Strukturwandel einer Zechengemeinde im nördlichen Ruhrgebiet. Tübingen 1958, S. 199f.

[60] Int. 51, Herne, S. 3.

[61] Int. 55, Oberhausen, S. 3.

[62] Vgl. Int. 10, Castrop, S. 3.

[63] Int. 56, Oberhausen, S. 3.

[64] Int. 56, Oberhausen, S. 4.

[65] Int. 13, Dortmund, S. 7.

[66] Int. 14, Dortmund, S. 3.

[67] Int. 27, Bochum, S. 5.

[68] Int. 2, Bochum, S. 3.

[69] Int. 8, Castrop, S. 3.

[70] Int. 55, Oberhausen, S. 2.

[71] Int. 69, Wetter, S. 1.

[72] Int. 57, Recklinghausen, S. 1.

[73] Int. 7, Dortmund, S. 1.

[74] Int. 3, Bochum, S. 2.

Walter Siebel

Die Internationale Bauausstellung Emscher-Park -
Eine Strategie zur ökonomischen, ökologischen und sozialen Erneuerung alter Industrieregionen

I. Aufgaben

Das Ruhrgebiet ist auch heute noch der gewichtigste Ballungsraum Deutschlands. 5,346 Mio. Einwohner mit einer jährlichen Kaufkraft von über 100 Mrd. DM wohnen hier. Mehr als 40% der Einwohner der EG sind binnen einer Tagesreise zu erreichen. Mit 2 Mio. Arbeitsplätzen ist es einer der größten regionalen Arbeitsmärkte in Europa. 1989 wurden hier 9% aller Industrieinvestitionen der alten Bundesrepublik Deutschland getätigt. Das Ruhrgebiet verfügt über 5 Universitäten und rühmt sich, neben Paris die dichteste Kulturlandschaft Europas zu sein. Aber dieses „starke Stück Deutschland", wie es in PR-Kampagnen genannt wird, hat eine schwache Seite: den Norden, die Emscher-Region. Sie ist Gegenstand der Erneuerungsstrategie der Internationalen Bauausstellung Emscher-Park.

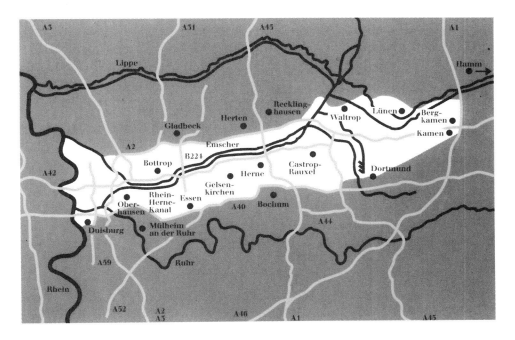

Erneuerung alter Industrieregionen

Die Emscher-Region, also das Planungsgebiet der IBA Emscher-Park, erstreckt sich von Duisburg über Bottrop, Castrop-Rauxel, Wanne-Eickel bis nach Bergkamen, eine Fläche von 803 Quadratkilometern, auf denen heute über 2 Mio. Menschen in 17 Städten leben. Diese Region war das schwerindustrielle Herz der deutschen Wirtschaft und der Motor des deutschen Wirtschaftswunders nach dem Zweiten Weltkrieg. In den 50er Jahren wurde hier das höchste Bruttosozialprodukt pro Einwohner in der Bundesrepublik erwirtschaftet. Heute ist es die Agglomeration der alten Bundesrepublik mit der höchsten Arbeitslosigkeit, durchschnittlich 12%.

Noch vor 150 Jahren war sie eine sumpfige, dünn besiedelte Niederung. Es gab weder traditionsreiche Städte noch eine selbstbewußte Bürgerschaft. Also gab es auch wenig Widerstand gegen die rasante Industrialisierung. So ist die Region durch die Industriegesellschaft fast wie eine Kolonie erobert und besetzt worden. Bis zur Weimarer Republik wurden der Region z.B. kommunale Selbstverwaltung und höhere Schulen bewußt vorenthalten. Innerhalb von nur 60 Jahren entstand ein dichtes Geflecht von Siedlungen, Schienensträngen und Kanälen, ausgerichtet auf die großen Arbeitsstätten, die Zechen und Stahlwerke. Die Emscher Region wurde zu einer riesigen Maschine zur Produktion von Kohle und Stahl.

Heute zieht sich die Montanindustrie zurück. Sie hinterläßt arbeitslose Menschen und Industriebrachen, Bergehalden, riesige leere Gehäuse, Siedlungsgebiete, die zerschnitten sind von überflüssig gewordenen Eisenbahntrassen und Wasserstraßen, eine verbrauchte Landschaft, die gleichwohl ohne Technik nicht mehr lebensfähig ist: allein 800 Pumpen sind notwendig, um zu verhindern, daß sich in den Bergsenkungen Sümpfe und Seen ausbreiten. Aber der Rückzug der Montanindustrie hinterläßt nicht nur leere Flächen. Siedlungen, die um eine Zeche errichtet wurden, verlieren mit der Schließung der Zeche auch ihr Zentrum. Die Krise der Montanindustrie ist zu Recht die Krise einer *Mono*kultur zu nennen. Sie bedroht auch die Identität der Region und der Menschen, die in ihr leben.

Mit der Emscher-Region hat sich die Internationale Bauausstellung Emscher-Park den härtesten Fall für die Erneuerung einer alten Industrieregion ausgesucht, jedenfalls in der alten Bundesrepublik, und zwar aus vier Gründen:

1. Es ist eine Region, die von Deindustrialisierung geprägt ist; bis vor kurzem noch hat die Region Bevölkerung und Arbeitsplätze verloren.

2. Es ist eine verbrauchte Landschaft mit teilweise hochvergifteten Flächen.

3. Die Region ist auch geprägt von den sozialen Problemen der Deindustrialisierung: Hier massieren sich die Arbeitslosen und insbesondere die Langzeitarbeitslosen.

4. Schließlich handelt es sich um eine verstädterte Landschaft ohne Stadt (Niethammer), die gleichsam auch am Rande herkömmlicher Vorstellungen von urbaner Lebensqualität liegt. Sie hat keine Zentren und kein Gegenüber von Stadt und Land, eine gestaltarme, zersiedelte Agglomeration.

Wenn man die Rhein-Ruhr-Region als eine einheitliche Stadtregion begreift, dann ist die Rhein-Schiene von Bonn bis Düsseldorf geprägt von den international wettbewerbsfähigen Strukturen, die Hellweg-Zone von Duisburg über Essen bis Dortmund von oberzentralen Funktionen, von Hochschulen, Verwaltungen und einer integrierten deutschen Mittelschicht. Die Emscher-Region dagegen ist die dritte Stadt, die Stadt der Ausgegrenzten und der Arbeitslosen.

II. Ziele

Die Ziele der Erneuerung einer solchen Region müssen daher sehr weit gesteckt werden:

- Es müssen die ökologischen Altlasten von 150 Jahren industrieller Vergangenheit bewältigt werden;

- es müssen den an den Rand der Gesellschaft gedrängten Gruppen Chancen der Integration eröffnet werden;

- schließlich geht es - und das ist wohl die anspruchsvollste Aufgabe - um eine neue Kultur der Stadt. Die Erneuerung der Region wird dann langfristig erfolgreich sein, wenn es gelingt, sie zu einem attraktiven Ort urbanen Lebens zu machen. Urbanität kann der Region nicht übergestülpt werden. Sie muß sich entwickeln - in der Auseinandersetzung mit den ökologischen, sozialen und baulichen Problemen, die die alte Industriegesellschaft hinterlassen hat, und mit den Anforderungen, die die neue, von Dienstleistungen geprägte Gesellschaft stellt.

Die Erneuerung einer alten Industrieregion beinhaltet also mehr als Bauen: es geht um eine umfassende ökonomische, ökologische und soziale Erneuerung. Sie beinhaltet auch mehr als Heilen und Wieder-Gutmachen. Es geht auch darum, die Region zu öffnen: für die sich wandelnden Formen zu arbeiten und zu leben.

Offenheit für neue Lebens- und Arbeitsformen, eine neue Kultur der Stadt - das mag manchem als etwas überspannte Zielsetzung erscheinen für die Erneuerung einer Region, die doch als Inbegriff der alten Industrielandschaft in ganz Europa gilt. Aber es sind keineswegs so weit hergeholte Ziele. Gerade diese Region bietet dafür auch Potentiale:

1. Das Bild vom Montanrevier ist längst ein überholtes Klischee. Ende der 50er Jahre waren 80% der Arbeitsplätze direkt oder indirekt vom Montansektor abhängig. Heute sind es im gesamten Ruhrgebiet unter 30%. Auch hier dominieren Dienstleistungen im Arbeitsmarkt.
2. Das Ruhrgebiet gehört zu den fünf dichtesten Kulturlandschaften der Welt, neben New York, Paris, London und Tokio.
3. Es liegt an der Entwicklungsachse London/Rhein/Mailand. Speziell die Emscher Region bietet auch endogene Potentiale:

- eine qualifizierte Bevölkerung;
- ein dichtes, manche meinen zu dichtes Netz von Verkehrswegen;
- eine polyzentrische, daher flexible und gleichgewichtige Siedlungsstruktur;

Erneuerung alter Industrieregionen

- eine Vielzahl teilweise wunderschöner Gartensiedlungen;
- eine Fülle von Freiflächen, Schrebergärten, Brachen und Halden, Voraussetzungen für die Hoffnung, einen durchgehenden Landschaftspark zu schaffen;
- Kanäle, die allmählich frei werden für Wohnen und Freizeit;
- beeindruckende Industriedenkmäler;
- sehr wichtig: verfügbare Flächen: ein Großteil der Projekte der IBA Emscher-Park wird auf Flächen realisiert, die der Grundstücksfond NRW in den letzten Jahren erworben hat;
- schließlich Siedlungs- und Lebensformen, in denen Wohnen und Arbeiten räumlich und zeitlich enger verflochten sind, woran eine neue urbane Lebensqualität jenseits der Charta von Athen anknüpfen kann.

Nimmt man all dies zusammen, so weist die Region viele Strukturelemente auf, die die Hoffnung begründen, aus ihr eine urbane Version der Gartenstadt in Fortentwicklung der Howardschen Ideen zu machen.

Vor dem Hintergrund der Probleme und der Potentiale der Region hat die IBA Emscher-Park sieben Leitthemen formuliert:

1. Wiederaufbau von Landschaft - die Idee, von Duisburg bis Bergkamen einen durchgehenden Park zu schaffen, das titelgebende Projekt der IBA Emscher-Park und eine Aufgabe, die landschaftsplanerische Fragen ebenso umfaßt wie soziale und kulturelle: Welche Natur kann denn erhalten oder geschaffen werden in einer so gänzlich verbrauchten und zugleich künstlich geschaffenen Siedlungslandschaft: eine Landschaft, die - wie gesagt - ohne Technik gar nicht mehr funktionsfähig wäre?

2. Fast ebenso langfristig und anspruchsvoll: der ökologische Umbau des größten offenen Abwässersystems der Welt, des Emscher-Entwässerungssystems, der Versuch, aus 380 km offener Abwässerkanäle wieder ein System mäandrierender Flüsse zu machen.

3. Umbau des Rhein-Herne-Kanals mit seinen über 50 Häfen für Wohnen, Arbeiten und Freizeit am Wasser.

4. Erhalt und neue Nutzung von Industriedenkmälern - eine Aufgabe, die mehr ist und mehr sein muß als Musealisierung: zur städtischen Kultur gehört die selbstverständliche Präsenz vergangener Epochen im Alltag des Städters. Mit dem Rückzug der Montanindustrie, die diese Region geschaffen hat, gewinnt die Region eine eigene Geschichte. Es ist eine kulturelle und identitätsrelevante Aufgabe, diese Vergangenheit gegenwärtig zu halten. Dazu müssen ihre Zeugnisse nicht nur erhalten, sondern auch neu genutzt werden für heutige kulturelle, soziale und wirtschaftliche Aktivitäten.

5. Arbeiten im Park, die Wiedernutzung von Industriebrachen für ökologisch, sozial und architektonisch hochwertige Gewerbegebiete.

6. Wohngebiete, die Raum geben für neue Lebensstile und Wohnformen.

7. Neue Angebote für soziale, kulturelle und sportliche Tätigkeiten, für Eigenarbeit und Selbsthilfe.

Damit ist die Aufgabe der Internationalen Bauausstellung Emscher-Park umschrieben. Wie nun, d.h. mit welcher Strategie soll diese Aufgabe gelöst werden? Allgemeiner gefragt: Wie organisiert man Innovation, zumal in einer altindustriellen Region, womit man ja gemeinhin eher eine Anhäufung endogener Restriktionen assoziiert denn einen Springquell endogener Potentiale?

III. Strategien

Idealtypisch lassen sich zwei Strategien unterscheiden: die eine setzt auf die Zugkraft spektakulärer Großprojekte, die andere auf die endogenen Potentiale, also darauf, die Akteure in der Region zu mobilisieren und die in der Region vorhandenen Chancen und Ressourcen zu nutzen.

Herkömmliche Innovationsstrategien konzentrieren alle Kräfte auf ein thematisch zugkräftiges, räumlich und zeitlich überschaubares Großprojekt, etwa eine Olympiade, eine EXPO 2000 oder auch wie in Nordrhein-Westfalen ein schneller Brüter. Man könnte sie als Eiffelturm- oder Kathedralen-Strategien bezeichnen. Von einem solchen Großprojekt erhofft man sich einen Lokomotiveneffekt: Es soll auswärtiges Kapital und überregionale Aufmerksamkeit in die Region ziehen, so die regionalen Akteure mitreißen, Selbstblockierungen und den örtlichen Filz aufbrechen. Aber solche Strategien haben auch Nachteile: Die Region liefert sich den Kriterien fremder Akteure aus. Die Folgekosten solcher Großveranstaltungen sind oft außerordentlich hoch. Außerdem haben sie Oaseneffekte: Sie drängen andere Themen aus der öffentlichen Aufmerksamkeit und entziehen ihnen die finanziellen und planerischen Ressourcen. Vor allem aber: In dem Maße, in dem exogene Ressourcen mobilisiert werden, läuft die Region Gefahr, bloßer Zuschauer zu bleiben. Wenn das Spektakel vorüber ist, hat sich in der Region selber und bei den Menschen, die dort leben, wenig geändert.

Eine Strategie, die langfristig wirksame Innovationen in einer Region erreichen will, muß deshalb in erster Linie die regionalen Akteure und die regionalen Ressourcen mobilisieren. Sie muß auf das endogene Potential setzen. Mobilisierung der eigenen Kräfte ist also weit mehr als eine Saure-Trauben-Strategie, die man aus blanker Alternativlosigkeit ergreift. Sie ist die langfristig erfolgversprechendere Strategie. Wenn die regionalen Akteure selber die Erneuerung der Region betreiben, dann werden in der Region auch die notwendigen Organisationsformen, Planungsinstrumente, das notwendige Know-How und Lösungsmodelle entwickelt. Die Grundidee der IBA Emscher-Park ist deshalb nicht, anderswo erfolgreiche Lösungen und Akteure zu importieren, sondern die Akteure der Region bei der Lösung ihrer eigenen Probleme zu unterstützen. Daraus folgen die besonderen Kennzeichen der IBA-Strategie:

1. Sie ist keine Machtstrategie. Die IBA Emscher-Park verfügt weder über Investitionsmittel noch über hoheitliche Kompetenzen. Alle IBA-Projekte werden nach den normalen Verfahren und Zuständigkeiten geplant, genehmigt und gefördert. Es gibt keinen Sondertopf, noch gibt es Sonderzonen nach dem Muster der britischen Development Areas oder der Free Enterprise Zones. Aber die IBA verfügt über zwei indirekte Instrumente:

Zum einen gibt die Landesregierung Projekten, die in die IBA aufgenommen sind, Priorität bei der Förderung. Wenn ein Projekt das IBA-Etikett erhalten hat, ist damit seine Finanzierung faktisch gesichert, aber eben aus den normalen Fördertöpfen etwa des sozialen Wohnungsbaus und der Stadterneuerung oder des Sozialministeriums.

Zum anderen verleiht eine Aufnahme in die IBA Prestige. Die IBA ist gleichsam eine interne Olympiade und das IBA-Etikett die Goldmedaille. Damit schmeicheln sich IBA-Macher nicht nur selber. Je mehr dies in der Region so gesehen wird, desto erfolgreicher ist die IBA, weil dies bedeutet, daß ihre Qualitätsstandards in der Region akzeptiert sind. Wenn die Ideen der IBA nicht die Akteure in der Region überzeugen, dann werden die Projekte der IBA Eintagsfliegen bleiben. Damit wäre die IBA gescheitert. Die Region ist viel zu groß, um durch 3 Mrd. DM und jetzt 75 IBA-Projekte umgestaltet werden zu können. Die IBA muß Spinn-Off-Effekte, eine Propaganda der guten Tat entfalten. Nur wenn ihre Projekte exemplarische Modelle werden, d.h., wenn sie vervielfältigt werden, dann gelingt die Erneuerung dieser Region.

2. Daher sind die Instrumente der IBA solche des Erfahrungsaustausches und des Wettbewerbs der Ideen: Expertengespräche, Workshops, in denen Fachleute aus verschiedensten Disziplinen handlungsorientierte Lösungen erarbeiten, lokale Foren, in denen vor Ort die IBA-Projekte verhandelt werden, Wettbewerbe, öffentliche Veranstaltungen, Ausstellungen und Publikationen. Die IBA soll Ideen anstoßen, Planungsprozesse organisieren und die Ergebnisse einer breiten Öffentlichkeit bekanntmachen. Kern der IBA ist daher eine Planungsgesellschaft privaten Rechts mit nicht mehr als 30 Beschäftigten.

3. Die IBA ist prozeß- und nicht leitbildorientiert. Sie hat die genannten sieben Leitthemen und sie hat bestimmte Qualitätsstandards. Für das Leitthema Wohnen z.B. sind das einmal ästhetisch-architektonische, die durch Architekturwettbewerbe sichergestellt werden, zweitens ökologische, die in einer Werkstatt ökologisches Bauen erarbeitet worden sind, drittens soziale: nämlich Offenheit für neue Wohnformen und möglichst weitgehende Beteiligung der Nutzer.

4. Die IBA hat keinen Masterplan, nach dem die Region umgestaltet werden soll. Dieser wird sich erst allmählich ergeben aus der Verknüpfung der Grundsätze der IBA mit den lokalen Initiativen aus der Region. Die IBA hat deshalb ihre leitenden Ideen in einem Memorandum zusammengefaßt. Auf dessen Basis erging ein sehr offener Ideenaufruf. Dieser Aufruf erbrachte über 400 Einsendungen von der kurzen Ideenskizze bis zum ausgearbeiteten Projekt, eingereicht von Bürgerinitiativen und Einzelpersonen, von Städten und von Investoren. Die eigentliche Arbeit der IBA besteht darin, in der Auseinandersetzung mit den Initiativen aus der Region ihre Grundsätze zu konkretisieren und die vorgeschlagenen Projekte zu qualifizieren. Mittlerweile sind 75 Projekte in die IBA aufgenommen. Jedes dieser Projekte soll ein Trittstein sein, aus deren Summe sich schließlich ein Weg der Erneuerung der Region zusammenfügen soll.

5. Die IBA ist eine Werkstatt auch im Sinne des Experimentierens. Neue Ideen werden dann entwickelt, wenn man auch ins Unreine denken und Irrtümer begehen kann. Deshalb müssen Planungen rückholbar und Fehler revidierbar sein.

6. Die IBA sucht keine Ideallösungen für isolierte Probleme unter Sonderbedingungen. Die IBA-Projekte sollen modellhafte, aber alltagstaugliche Lösungen bieten, d.h. sie müssen unter den gegebenen Rahmenbedingungen realisierbar sein, und es müssen am selben Projekt verschiedene Ziele eingelöst werden - nicht hier das Soziallabor, dort die ökologische Insel und wieder woanders die große Architekturgeste. Der Landschaftspark Duisburg-Meiderich z.B. verknüpft Wiederaufbau von Landschaft mit der Umnutzung eines Industriedenkmals und mit künstlerischen Aktivitäten, und er soll so realisiert werden, daß dabei ein Maximum an Beschäftigung und Qualifizierung für Arbeitslose erreicht wird.

Die IBA-Strategie ist ein projektorientiertes, schrittweises Vorgehen, das am selben Projekt mehrere Ziele bündelt, sie ist Planung von unten, dezentral und beteiligungsoffen, in ihren Teilprojekten zeitlich befristet und rückholbar.

Die IBA Emscher-Park soll die Emscher-Region nicht dadurch konkurrenzfähig machen, daß sie sie auf einen Zug setzt, der längst von modernen, prosperierenden Regionen wie Frankfurt, München und Stuttgart besetzt ist. Die Region kann vielmehr eine eigene und zukunftsträchtige Modernität gerade dadurch gewinnen, daß sie sich ihren ureigenen Problemen stellt. Wenn es in der Emscher-Region gelingt, in Auseinandersetzungen mit internationalem Sachverstand für die städtebaulichen, ökologischen, sozialen und ökonomischen Probleme eines alten Industriegebiets überzeugende und exemplarische Lösungen zu entwickeln, dann wird diese Region eine hochmoderne Region werden, deren Know-How überall hin exportfähig ist.

Die Krise der Region kann selber als ein produktives Moment aufgefaßt werden. Sie zwingt dazu, neue Wege zu gehen, und sie bietet zugleich den Stoff für die Entfaltung einer eigenen Modernität. Um es paradox zu formulieren: Das endogene Potential einer altindustriellen Region liegt auch in den Problemen und Herausforderungen, die eine solche Region stellt. Die IBA Emscher-Park ist der Versuch, die Akteure der Region bei dieser Aufgabe zu unterstützen. Und eben darin sind die besonderen Merkmale der IBA-Strategie begründet: Das endogene Potential zu mobilisieren setzt nämlich Beteiligung notwendig voraus, verlangt eine dezentrale Organisation, ein schrittweises Vorgehen, eine Planung von unten und vor Ort, Verfahren der Ideenfindung, eine Werkstatt, in der gelernt und in der kooperiert wird.

Der Grad der Verflechtung und der Kooperation zwischen verschiedenen Akteuren einer Region gilt zum Beispiel selber als ein Element des endogenen Potentials. Wenn die Werkstatt IBA Emscher-Park also Kooperationszusammenhänge stiftet und verschiedene Akteure an einen Tisch zusammenbringt, dann trägt sie dazu bei, den Grad der Verflechtung und damit das endogene Potential zu erhöhen.

Aber die IBA Emscher-Park ist mehr als der Versuch, die Vergangenheit der Industriegesellschaft zu bewältigen. Sie soll Modelle entwickeln für die Zukunft des ökologischen Bauens und für künftige Formen des Wohnens und Arbeitens. Die IBA Emscher-Park kann und muß auch mehr sein als ein Sonderprogramm für den Sonderfall einer altindustriellen Region, denn die Aufgaben, die in der Emscher-Region zu lösen sind, stellen sich auch in den modernen Ballungsgebieten. Das nördliche Ruhrgebiet ist typisch für moderne Siedlungsformen, wie sie im verstädterten Umland aller großen

Ballungsgebiete zu finden sind. Stadtentwicklung findet heute vorwiegend im Umland statt. Im nördlichen Ruhrgebiet sind die charakteristischen Züge moderner Stadtentwicklung nur besonders offensichtlich, weil sie nicht von vorindustriellen Stadtstrukturen gebrochen sind. In der Emscher-Region stellen sich Aufgaben, die über die Bewältigung einer industriellen Vergangenheit hinaus allgemeine Aufgaben der modernen Stadtpolitik sind. Sie stellen sich hier aber besonders hart: ökologischer Umbau der modernen, industriellen Stadt, intensives statt extensives Wachstum, Wiederaufbau von Landschaft, Gestaltung des verstädterten Umlands, Verknüpfung von baulichen mit ökologischen und sozialen Maßnahmen.

IV. Soziale Erneuerung

Der Umbau einer alten Industrieregion dergestalt, daß diese künftigen Anforderungen der Gesellschaft genügen kann, verlangt mehr als hervorragende Architektur und ökologische Stadt- und Haustechniken. Erstens bedingt die bauliche und ökologische Erneuerung die soziale Erneuerung und setzt diese zugleich voraus. Ökologischer Stadtumbau wird ohne Änderung der Lebensweise wenig bewirken. Zweitens müssen Städte- und Wohnungsbau Räume schaffen, die auch noch in fünfzig Jahren den dann üblichen Lebensstilen und Wohnformen genügen können. Schließlich wird drittens die Erneuerung der Region nicht gelingen, wenn nicht eine der schwierigsten Folgen der Umstrukturierung bewältigt wird: die große und sich bei einigen Gruppen verhärtende Arbeitslosigkeit. Die soziale Erneuerungsstrategie im Rahmen der IBA beinhaltet daher einerseits, die Region für neue Wohnformen und Lebensstile zu öffnen, andererseits den von Arbeitslosigkeit betroffenen Menschen Zugang zum Arbeitsmarkt zu verschaffen. Das Memorandum benennt entsprechend zwei Aufgaben der sozialen Erneuerung: zum einen andere Wohnungen und Infrastrukturen für neue Lebensstile zu schaffen und zum anderen neue Formen der Erwerbsarbeit, Selbsthilfe und Eigenarbeit, neue Tätigkeiten im soziokulturellen Bereich und auch Erwerbsmöglichkeiten für Frauen zu fördern.

150 Jahre Industriegeschichte haben nicht nur vergiftete Böden, nutzlose Infrastrukturen und leere Gebäude hinterlassen. Zu den negativen Hinterlassenschaften gehört auch eine hohe Arbeitslosigkeit. Viele Menschen haben Qualifikationen erlernt, die nun plötzlich nicht mehr verlangt werden. Viele Frauen sind noch in traditionellen Familienstrukturen aufgewachsen, in denen der Platz der Frau zu Hause, in der Küche und bei den Kindern ist. So kommt bei den Frauen beides zusammen: wenig berufliche Ausbildung und wenig frauenspezifische Arbeitsplätze, denn die Montanindustrie beschäftigte vorwiegend Männer, und die modernen Dienstleistungsbereiche, in denen vor allem Frauen Arbeit finden, fehlen noch im nördlichen Ruhrgebiet. Daher ist die Arbeitslosigkeit gerade bei Frauen besonders hoch, obwohl der Anteil der Frauen, die dem Arbeitsmarkt überhaupt zur Verfügung stehen, die sogenannte Erwerbsquote, im Ruhrgebiet weit unter dem Durchschnitt „moderner" Regionen, wie der Münchener oder der Stuttgarter Region, liegt.

In der Emscher-Region sind 1990 ca. 200.000 Menschen arbeitslos gewesen, davon 88.000 bereits länger als ein Jahr. Langzeitarbeitslosigkeit wird zunehmend zu einem eigenständigen Risikofaktor. Berufliche Kenntnisse und Fertigkeiten gehen ebenso verloren wie soziale Kontakte. Sehr oft ist eine hohe Verschuldung das letzte Glied in dieser verhängnisvollen Kette. Sie bedroht legales Einkommen auf Jahre hin mit Pfändung und läßt daher jede berufliche Arbeitsanstrengung von vornherein als sinnlos erscheinen. Hinzu kommen Resignation aufgrund vielfältiger Erfahrungen des Scheiterns, psychische und gesundheitliche Probleme.

Langzeitarbeitslose sind in einer sich unaufhaltsam drehenden Spirale gefangen: Je länger sie arbeitslos bleiben, desto mehr verringern sich ihre Chancen, von zukünftigen Arbeitgebern berücksichtigt zu werden. Und je länger sie den Anschluß an das erforderliche aktuelle Qualifikationsniveau verpassen, desto stärker nehmen ihre persönlichen Schwierigkeiten zu.

Andererseits gibt es am Arbeitsmarkt eine unbefriedigte Nachfrage nach qualifizierten Arbeitskräften. Diese Kluft beeinträchtigt schon heute einzelne Branchen wie z.B. das Baugewerbe. Nach Schätzungen der Industriegewerkschaft Bau-Steine-Erden fehlen über 100.000 Facharbeiter und mehr als 30.000 Auszubildende im ersten Ausbildungsjahr, auch wenn die Zahl der Ausbildungsanfänger seit 1989 leicht ansteigt. Gleichzeitig gibt es ca. 150.000 (lt. IG BSE) arbeitslose Bauarbeiter.

Altindustriellen Regionen droht damit ein Dilemma: Moderne Industrie- und Dienstleistungsbetriebe fragen qualifizierte (weibliche) Arbeitskräfte nach. Der örtliche Arbeitsmarkt dieser Regionen aber bietet unqualifizierte Arbeitskräfte und männliche Facharbeiter mit veralteten Qualifikationen. So kann sich ein fatales Nebeneinander von Arbeitslosigkeit und offenen, nicht besetzbaren Stellen ergeben. Der entscheidende Standortfaktor wird aber in Zukunft neben der Wohn- und Lebensqualität einer Region die Verfügbarkeit qualifizierter Arbeitskräfte sein, und zwar mehr und mehr gerade auch weiblicher Arbeitskräfte. Aus diesen strukturpolitischen Überlegungen heraus hat das Memorandum der Internationalen Bauausstellung Emscher-Park auch die Aufgabe zugewiesen, „ein realistisches Bild künftig zu verstärkender regionaler Arbeitsmarktpolitik zu entwickeln".

Die arbeitsmarktpolitische Strategie der IBA setzt vor allem auf die Auftragsvergabe. Maßnahmen der Landschaftsgestaltung, der Altlastenbeseitigung, des Städte- und Wohnungsbaus werden verknüpft mit Maßnahmen zur Beschäftigung und Qualifizierung von Arbeitslosen. Oberstes Ziel dabei ist, die Problemgruppen in den ersten Arbeitsmarkt zu integrieren. Daher sollen erstens IBA-Aufträge bevorzugt an Firmen vergeben werden, die anläßlich des Auftrags aus den Problemgruppen des Arbeitsmarktes einstellen, und zwar ebenfalls deshalb, weil damit die größte Nähe zum ersten Arbeitsmarkt erreicht wird.

Zweitens sollen Kooperationsgemeinschaften zwischen Betrieben und Beschäftigungs- und Qualifizierungseinrichtungen gefördert werden. Erst wenn diese Wege nicht gangbar sind, sollen Aufträge direkt an Beschäftigungsinitiativen weitergegeben werden.

Im Rahmen der IBA Emscher-Park werden in den kommenden fünf Jahren ca. 3 Mrd. DM bewegt werden. Diese Investitionen gehen in den ökologischen Stadtumbau, den

Erneuerung alter Industrieregionen

Neubau und die Modernisierung, also in zum Teil zukunftsträchtige Arbeitsfelder. Wenn es gelingen sollte, einen Teil dieser Summe - etwa in Höhe der regionalen Arbeitslosenquote von ca. 12% - für die Integration von Langzeitarbeitslosen verfügbar zu machen, wäre damit sehr viel erreicht.

150 Jahre Industriegesellschaft haben auch die Lebensweisen geprägt. Aber eine ökologisch verantwortliche Dienstleistungsgesellschaft verlangt und ermöglicht, andere Formen zu wohnen, zu arbeiten und zu leben, als es die Industriegesellschaft getan hat. Der wachsende Reichtum an materiellen Gütern wie an berufsarbeitsfreier Zeit, sich lockernde traditionelle Bindungen, die Liberalisierung der Rechtsnormen und die Durchmischung von Menschen verschiedener kultureller Identitäten sind Ursachen für eine weitreichende Individualisierung der Lebensstile. Die Lebensweisen fächern sich auf in sehr verschiedene Formen des Zusammenlebens, des Wohnens, des Arbeitens und der Freizeitgestaltung. Wohnungs- und Städtebau müssen dafür Räume schaffen. Offenheit für neue Wohnformen und Lebensstile ist daher ein weiteres Prinzip der Internationalen Bauausstellung Emscher-Park.

Das gewohnte Bild vom Wohnen ändert sich. Dienstleistungsarbeit läßt sich leichter mit Wohnen vereinbaren als industrielle Arbeit. Die starren Arbeitszeiten werden flexibler. Umschulung und Weiterbildung, lebenslanges Lernen werden integraler Bestandteil des Berufslebens. Eigenarbeit und Selbsthilfe im Mietergarten, in und an der Wohnung, bei der Wartung von Sonnenkollektoren und der umweltverträglichen Müllbeseitigung werden zum normalen Wohnalltag gehören. Dieses alles wird das herkömmliche Bild von der Trennung von Wohnen und Arbeiten - das aus der Sicht der Frauen immer schon ein sehr trügerisches Bild gewesen ist - in Frage stellen. Berufliche und außerberufliche Arbeit, Wohnen und Freizeit werden weder räumlich noch zeitlich in Zukunft so strikt getrennt bleiben wie bisher. Wohnung und Wohnumfeld werden Ort, Gegenstand und Ziel vielfältiger Formen von Arbeit und nicht nur Orte der Erholung und des Konsums sein.

Noch deutlicher zeichnen sich in der Art des Zusammenlebens in Wohnungen Veränderungen ab: die sogenannten „Neuen Haushaltstypen": die Alleinlebenden, die Alleinerziehenden, die unverheiratet zusammenlebenden Paare, die Wohngemeinschaften und Wohnexperimente; Wohnformen jenseits der traditionellen Kleinfamilie, auf die Wohnungsbau von seinen Anfängen bis heute orientiert war.

Die soziale Einheit des Wohnens - der Haushalt - ist heute immer seltener eine Familie. Die Zahl der Einpersonenhaushalte hat sich von 1950 bis heute mehr als verdreifacht. Heute ist mehr als jeder dritte Haushalt in der Bundesrepublik ein Einpersonenhaushalt. 1970 war es noch jeder vierte. Ca. 50% aller Haushalte in Hamburg, Düsseldorf, Stuttgart, München oder Berlin sind Einpersonenhaushalte, d.h. die Zwei-Generationen-Familie ist zumindest unter großstädtischen Lebensverhältnissen eine sehr kleine Minderheit geworden.

Die Zahl der unverheiratet Zusammenlebenden hat sich innerhalb von 10 Jahren vervierfacht. Aufgrund der wachsenden Instabilität der Ehe ist auch ein anderer Haushaltstypus sehr viel häufiger geworden: der der alleinerziehenden Mutter beziehungsweise des alleinerziehenden Vaters. Gleichzeitig setzt sich eine Art experimenteller Lebenshaltung durch, in der verschiedene Lebens- und Wohnweisen bewußt und gleichsam experimentell ausprobiert werden. Der Wohnungs- und Städtebau wird sich demgegenüber offenhalten müssen, d.h. es müssen einerseits sehr spezialisierte Anforderungen bestimmter sozialer Gruppen in bestimmten Lebensphasen befriedigt werden. Andererseits aber muß der Wohnungsbau auch der Tatsache gerecht werden, daß diese Lebensweisen sich sehr schnell wandeln können.

Die Anforderungen, die daraus für Wohnungs- und Städtebau resultieren, sind also keineswegs einfach zu erfüllen: Es geht sowohl darum, sehr spezialisierten Bedürfnissen bestimmter Gruppen in bestimmten Phasen ihres Lebens gerecht zu werden, wie auch darum, die Wohnungen möglichst flexibel, d.h. neutral zu halten, damit sie gegenüber den sich schnell verändernden Verhaltensweisen verschiedener Bewohner anpassungsfähig sind.

Eines der Projekte der Internationalen Bauausstellung Emscher-Park ist ein Vorhaben für alleinerziehende Mütter und Väter. In der alten Bundesrepublik Deutschland gibt es über 1 Mio. alleinerziehende Mütter und Väter mit über 1,5 Mio. Kindern. Zumeist sind es junge Frauen. Sie leben unter teilweise sehr beengten Bedingungen. Geld und Zeit sind extrem knapp. Daher sind sie auf nachbarliche Hilfen und geeignete Wohnformen besonders angewiesen. Die besondere Problemlage und die steigende Zahl haben die IBA veranlaßt, das Projekt „Tor zur Südstadt" aufzunehmen, das von der Wohnungsgesellschaft Recklinghausen eingebracht worden ist. Es handelt sich um 24 bis 30 Wohnungen, vorwiegend für Alleinerziehende, aber auch für „Normalfamilien". Es soll kein soziales Ghetto werden. Drei bis vier Wohnungen sind für Frauen vorgesehen, die vorher in einem Frauenhaus Zuflucht gefunden hatten und nun allmählich in den normalen Alltag zurückkehren können. Schließlich sind eine altersgemischte Zweigruppen-Kindertagesstätte und zwei oder drei Wohnungen für Büros verschiedener sozialer Verbände vorgesehen.

Gemeinschaftliche Wohnformen bieten nicht nur Voraussetzungen für dringend benötigte Hilfen beim Einkaufen, bei der Haushaltsführung und der Kinderbetreuung, sondern auch Möglichkeiten für Kontakte, Gespräche, gemeinsame Feiern. Alleinerziehende leben wegen ihres Zeitmangels oft sehr isoliert. Allerdings sind enge Nachbarschaften auch leicht Quelle von Streit, Ärger und unerwünschten Kontrollen. Es kommt daher für das Funktionieren solcher Projekte entscheidend darauf an, daß die Beteiligten sich kennen und miteinander auskommen. Wer möchte schon gern seine Kinder Fremden anvertrauen, die eine andere Auffassung von Erziehung haben? Gemeinschaftliche Wohnformen setzen daher ein hohes Maß an Übereinstimmung in teilweise sehr privaten Bereichen des alltäglichen Lebens voraus, sollen sie wirklich Arbeitsentlastung und intensive Kommunikation bieten. Die Internationale Bauausstellung Emscher-Park zusammen mit der Recklinghauser Wohnungsgesellschaft haben daher bei diesem Projekt auf möglichst frühe und intensive Beteiligung der Nutzerinnen gesetzt. Beteiligung ist nicht nur notwendig, damit Investoren und Planer nicht an den Bedürfnissen der Bewohner vorbei bauen. Sie ist auch ein Filterprozeß, an dessen Ende eine Gruppe übrigbleibt, die in den für gemeinschaftliches Wohnen wesentlichen Fragen sich einigen konnte. Beteiligung dient dazu, sich der eigenen Bedürfnisse überhaupt bewußt zu werden, und sie dient der Wahl der Nachbarn. Beides ist notwendig für das Gelingen der nachbarschaftlichen Unterstützung und Kommunikation.

V. Schwächen

Eine Erzählung aus dem Paradies? Und ohne Schlange? Leider gibt es eine Menge Schlangen.

Zum einen läuft eine räumlich dezentral und thematisch komplex organisierte Erneuerungsstrategie gerade im nördlichen Ruhrgebiet Gefahr, die diffuse Struktur dieser Region noch einmal zu reproduzieren. 87 Projekte zu den verschiedensten Themen vom Landschaftspark über das Industriedenkmal zum sozialen Wohnungsbau und der Beschäftigungsinitiative für Frauen, verteilt auf 17 Städte und über eine Fläche von 803 Quadratkilometern, können auch eine große Investition in Höhe von 3 Mrd. DM verklecker lassen. Zudem: Was garantiert, daß die Projekte der IBA wirklich die erhofften Multiplikatoreffekte auslösen? Wäre nicht zu befürchten, daß ganz im Gegenteil die IBA-Projekte einsame Inseln der Seligen bleiben in einem Meer von Grau in Grau, daß sie sogar, statt Vorbilder zu werden, als PR-trächtige Vorzeigeprojekte dienen, hinter denen und um die herum die üblichen Ramschinvestitionen und ökologischen Schlampereien um so unbemerkter betrieben werden können?

Zum zweiten ist die IBA gerade als eine notwendig auf vorzeigbare Ergebnisse orientierte politische Anstrengung von einem gewissen Konventionalismus bedroht. Die Projekte der IBA sollen realisiert werden, und zwar möglichst schnell. Projekte, bei denen die Planungen schon weit vorangeschritten, die Flächen und die Finanzierung gesichert sind, lassen sich schneller realisieren. Diese Voraussetzungen sind aber meist bei solchen Projekten gegeben, die schon vor der Einrichtung der IBA geplant wurden, bei denen es keine größeren politischen Konflikte gibt und hinter denen potente Investoren stehen. Das aber sind nicht immer die innovativsten Projekte. Verstärkt wird diese Gefahr des Konventionalismus durch die politische Konstruktion der IBA: Im zentralen Beschlußorgan der IBA, dem Lenkungsausschuß, sind alle relevanten Akteure der Region vertreten: die Landesministerien, die Gemeinden, die Wohnungsbaugesellschaften, die Wirtschaft und die Gewerkschaften. Der Lenkungsausschuß entscheidet, ob ein Projekt in die IBA aufgenommen wird. Wenn die wichtigen Akteure der Region einem Projekt zugestimmt haben - so die Grundidee - , so ist dadurch auch die Realisierung des Projekts gesichert. Aber daß ein so zusammengesetztes Entscheidungsgremium auch die Verkrustungen und Beharrungskräfte der Region, die die IBA gerade aufbrechen soll, repräsentieren kann, ist nicht von der Hand zu weisen.

Zum dritten: Die soziale Strategie der IBA stößt auf besondere Schwierigkeiten, die weniger im fehlenden politischen Willen als in Strukturen staatlichen Handelns verfestigt sind. Soziale Probleme sind Probleme von Menschen. Menschen kann man häufig nur mit Menschen helfen: Meistern, Lehrern, Sozialarbeitern, Beratern und Organisatoren. Im Gegensatz zu Gebäudeinvestitionen gelten aber Personalausgaben als konsumtiv. So läßt sich das Büro für den Stadtteil-Architekten noch leicht finanzieren, aber der Architekt selber, der die Bewohner bei der Selbsthilfemaßnahme im Rahmen der

Modernisierung ihres Stadtteils beraten soll, für den ist nur schwer Geld aufzutreiben. Investitionen in Steine sind Investitionen, Investitionen in Köpfe dagegen gelten als unproduktive Ausgaben.

Zum vierten: Gerade die Politik einer ökologischen und sozialen Erneuerung ist politisch schwach. Umverteilungspolitiken zugunsten sozial benachteiligter Gruppen sind heute Politiken für Minderheiten. Diese Minderheiten leben in unterschiedlichen Situationen und verfolgen oft sehr unterschiedliche Interessen. Sie sind deshalb nur schwer organisierbar. Die Politik sozialer Umverteilung kann sich anders als zu Zeiten der Blüte der Arbeiterbewegung nicht mehr auf eine stabile, organisierte und machtvolle politische Basis stützen.

Politiken der sozialen Erneuerung, die statt der klassischen Verteilungsfragen solche der Lebensqualität thematisieren (Offenheit für neue Wohn- und Lebensformen als ein Ziel der IBA), können heute nicht mehr an ein allgemein verbindliches Lebensmodell anknüpfen, das es gilt, allen zugänglich zu machen, wie es die Wohnungspolitik mit dem Leitbild der Wohnung für die Kleinfamilie lange Zeit konnte. Wohnungspolitik heute muß sich darauf zurückziehen, Spielräume für die individuelle Gestaltung unterschiedlichster Lebensweisen zu schaffen. Die quantifizierbaren und verallgemeinerbaren Interessen (Miethöhe, ausreichende Menge an Wohnungen, Sicherheit der Wohnungsversorgung), an denen eine mehrheitsfähige Politik ansetzen könnte, verlieren an Gewicht gegenüber den differenzierenden Interessen an unterschiedlichen Lebensqualitäten.

Zum fünften: Gerade die Politiken, die sich den heute aktuellen Problemen sozialer Ungleichheit, ökologischen Stadtumbaus und der Differenzierung städtischer Lebensstile stellen, sind auf spezifische Weise von Unsichtbarkeit geschlagen. Den Städte- und Wohnungsbau mit Strategien des zweiten Arbeitsmarkts zu verknüpfen hieße beispielsweise, einzelne Gewerke bei der Modernisierung eines Gebäudes an eine Beschäftigungsinitiative für arbeitslose Jugendliche zu vergeben. Dem modernisierten Gebäude wird man - hoffentlich - nicht anmerken, daß eine Beschäftigungsinitiative daran gearbeitet hat. Investitionen in die informellen sozialen Netze von Nachbarschaft und Verwandtschaft, um diese für Selbsthilfe und Eigenarbeit zu stärken, verlangen vor allem mobile, diese Netze vor Ort unterstützende „intermediäre Organisationen": Helfer, Organisatoren, Berater. Investitionen in soziale Netze sind vorwiegend Personalinvestitionen, daher teuer, aber sie sind anders als solche in die harte Infrastruktur von Verkehrssystemen, Schwimmbädern und Altenpflegeheimen nicht zu besichtigen.

Eine Demokratisierungspolitik, deren Qualitäten sich primär in Prozessen, weniger in Produkten niederschlagen, ist von ähnlich geringer Sichtbarkeit. Dezentrale Maßnahmen im Stadtquartier mögen dort das Alltagsleben nachhaltig verbessern, doch schon die Bewohner des nächsten Stadtteils werden eher zufällig davon erfahren. Die nächste Wahl gewinnt man aber nur mit Leistungen, von denen eine Mehrheit Gutes gehört hat. Auch der ökologische Stadtumbau setzt auf Kleinteiliges und auf Dezentralität. Die Renaturierung einer vergifteten Industriebrache, so daß hier wieder Gras wächst und Kinder spielen dürfen, kann mit hohen finanziellen und technischen Anstrengungen verknüpft sein. Ihr Ergebnis aber ist eine alltägliche Normalität, wie sie überall in nicht von der Industrie vernutzten Regionen selbstverständlich ist. Dem Rasen auf der Industriebrache sieht man den Aufwand nicht an, den es gekostet hat, ihn überhaupt wieder möglich zu machen.

Politik greift die Interessen von Minderheiten auf. Sie stellt mit großem Aufwand alltägliche Normalitäten wieder her. Sie nimmt sich zurück, um Spielräume zu eröffnen für die individuelle Differenzierung von Lebensweisen, anstatt bestimmte Lebensweisen durchzusetzen. Sie ist zentral und prozeßhaft organisiert, betreibt kleinteiliges Gebrösel, und gerade dort, wo sie sozialpolitisch und ökologisch große Leistungen vollbringt, bleibt sie besonders unsichtbar. Damit aber sinkt die Fähigkeit, dauerhafte Mehrheiten an sich zu binden. Sie wird zum Opfer ihrer wohltuenden Alltäglichkeit.

Schließlich: Das nördliche Ruhrgebiet ist vom Industriekapital erobert und besetzt worden wie eine Kolonie. Aber auch die IBA ist eine Strategie von oben und von außen. Sie wurde initiiert von der Landesregierung, und sie wird organisiert von Planern, die fast alle von außerhalb in die Region geholt wurden. Ist auch die IBA eine koloniale Strategie, nur im modernen Gewand wohlmeinender Sozialtherapie? Niethammer hat die Strategie der IBA „Überredungsdirigismus" genannt. Die ironische Formulierung trifft das Grunddilemma jeder Strategie, die das endogene Potential einer Region mobilisieren soll. Auch solche Strategien müssen auf den Anstoß von außen setzen: Geld, Ideen und Personen. Erneuerung einer alten Industrieregion kann eben nur im Märchen nach dem Muster des Baron von Münchhausen gelingen, der sich selber am eigenen Schopf aus dem Sumpf zog. Entscheidend ist, wie Geld und Ideen in die Region Eingang finden: im Rahmen hoheitlicher- und Machtstrategien oder als auf Freiwilligkeit setzende, beteiligungsoffene Angebote.

VI. Eine Sonderstrategie für einen Sonderfall?

Diese genannten Schwächen sind strukturelle Schwächen, d.h. in den objektiven Rahmenbedingungen, unter denen Erneuerungsstrategien in einer alten Industrieregion agieren müssen, angelegt. Sie sind daher keine direkten Einwände gegen die Konzeption dieser Strategie selber. Bleibt zu fragen, wie es überhaupt dazu kommen konnte, daß eine solche Strategie nicht nur formuliert, sondern politisch auch umgesetzt werden konnte.

Die erste Erklärung, die soziologischen Denkmustern eher ferne liegen mag, trotzdem aber im Fall der IBA Emscher-Park Erklärungskraft beanspruchen kann, lautet: Es waren Personen, insbesondere der zuständige Minister des Landes Nordrhein-Westfalen und der jetzige geschäftsführende Direktor der IBA, die die Strategie der IBA formuliert und politisch durchgesetzt haben. Ohne diese personelle Konfiguration in der Landesregierung gäbe es die IBA wahrscheinlich nicht.

Für Soziologen vertrauter mag die Antwort auf die sich notwendig darauf anschließende Frage ausfallen, weshalb sich gerade diese Personen mit dieser Strategie haben durchsetzen können. Sie hätten ja die schönste Strategie formulieren und folgenlos damit in der politischen Versenkung verschwinden können. Eine wichtige Rolle spielen sicher die negativen Erfahrungen, die das Land mit seinen früheren Top-Down-Versuchen gemacht hat: am krassesten das Scheitern des Großprojekts des schnellen Brüters, aber auch frühere Entwicklungsstrategien des Landes, bei denen man die Ziele zentral vorgegeben und dann mit dem goldenen Zügel der finanziellen Anreize und mittels hohheitlicher Maßnahmen durchzusetzen versucht hatte. Lernen aus begangenen Fehlern wäre also die zweite Erklärung.

Die dritte Erklärung ist blanke Alternativlosigkeit. Das Ruhrgebiet war groß geworden mit Großunternehmen, Großinvestitionen und Neuansiedlungen großen Stils. All das gibt es nicht mehr. So blieb der Region gar nichts anderes übrig, als sich auf die sozialen und ökologischen Ideen der IBA einzulassen. Die IBA stieß gleichsam in ein Vakuum, was auch bedeutete, daß keine konkurrierenden Investitionsvorhaben, also kein Verwertungsdruck, vorhanden waren, gegen den IBA-Vorhaben sich hätten durchsetzen müssen. Außerdem hatte das Land frühzeitig begonnen, Industriebrachen aufzukaufen und zu sanieren, so daß zu Beginn der IBA bereits große Flächen verfügbar waren. Ein Großteil der IBA-Projekte wird auf diesen Flächen realisiert.

Für die IBA ist glücklich hinzugekommen, daß seit ihrem Beginn 1989 der konjunkturelle Aufschwung sich auch in der Emscher-Region durchgesetzt hat, schwächer zwar als in anderen Regionen, aber doch spürbar. So machte sich eine optimistische Aufbruchstimmung breit, die sich mit der IBA assoziierte.

Die personelle Konstellation in der Landesregierung, die Lehren aus begangenen Fehlern, die IBA als letzter Strohhalm, die Verfügbarkeit von Flächen und die Chancen eines konjunkturellen Aufschwungs, all das sind kontingente Faktoren. Sie haben die Region die IBA-Strategien akzeptieren lassen. Aber die inhaltliche Konzeption dieser Strategie läßt sich sicherlich nur verstehen vor dem Hintergrund eines tiefgreifenden Umbruchs in der westdeutschen Gesellschaft. Ohne die Verschiebungen von den harten hin zu den weichen Standortfaktoren, von Verteilungsfragen hin zu Fragen der Qualität des Lebens, von beruflicher Arbeit zum außerberuflichen Lebensbereich und von der Ökonomie zur Ökologie wäre die IBA Emscher-Park nicht Realität geworden. Ob diese Verschiebungen nun im Rahmen einer Theorie des Übergangs vom Fordismus zum Postfordismus oder von der Industrie- zur Dienstleistungsgesellschaft adäquat begriffen werden können, mag hier offenbleiben. Regionalpolitische Strategien sind auf diesem Abstraktionsniveau nicht erschöpfend zu diskutieren und schon gar nicht aus solchen Theorien allein stringent abzuleiten. Es bleibt stets ein Rest Kontingenz, ein Stück zufälliger Konstellation, die man zwar im nachhinein glaubhaft erzählen, aber nicht schlüssig erklären kann.

Klaus R. Kunzmann

Das Ruhrgebiet: alte Lasten und neue Chancen

Das Ruhrgebiet gilt in Deutschland und darüber hinaus als der Prototyp einer altindustrialisierten Industrieregion, einer Region, die aufgrund ihrer ursprünglich lokal verfügbaren Ressourcen und geographischen Standortgunst früh industrialisiert wurde, dann über einen langen Zeitraum hinweg nationales und europäisches Zentrum industrieller Produktion war, aber dann, seit der zweiten Hälfte des 20. Jahrhunderts und in der Folge des technologischen Wandels und veränderter globaler Standortbedingungen, ihre ursprüngliche große wirtschaftliche Bedeutung eingebüßt hat. Aus vielerlei Gründen gestaltet sich die notwendige strukturelle Erneuerung dieses industriellen Agglomerationsraumes besonders schwierig, jedenfalls sehr viel schwerer als in anderen Wirtschaftsregionen Westdeutschlands.

Über die Erscheinungsformen, die Prozesse und die Ursachen des strukturellen Wandels im Ruhrgebiet wurde viel geforscht und noch mehr geschrieben[1]. Es gibt unzählige Analysen und empirische Erklärungsversuche, warum in dieser Region die Marktkräfte nicht ausreichen, um die notwendigen strukturellen Anpassungen vorzunehmen; warum diese polyzentrische industrielle Stadtlandschaft so große Probleme hat, ihr negatives Image abzulegen; auch warum die Menschen in dieser Region, trotz der wenig attraktiven Stadtlandschaft und hoher Arbeitslosigkeit, vergleichsweise zufrieden sind.

Einzelne Erklärungsversuche, ob sie aus historischer, aus wirtschafts-, sozial- oder aus politikwissenschaftlicher Perspektive erfolgen, werden der Komplexität des strukturellen Ursachen-Wirkungsgefüges dieser Region im allgemeinen kaum gerecht. Quantitative Analysen des wirtschaftlichen und sozialen Wandels erklären nicht, warum regionale Planungs- und Entscheidungsprozesse so und nicht anders ablaufen, und qualitative, fallbezogene Analysen der Entwicklungsprozesse im Ruhrgebiet erfassen nicht die Komplexität des strukturellen Wandels in der Region. Es ist wirklich nicht leicht, dieser Region gerecht zu werden.

Das Problem fängt bereits bei der Abgrenzung des Ruhrgebietes an: Was ist das Ruhrgebiet? Das Ruhrgebiet ist weder eine politische noch eine administrative Einheit. In der Regionalstatistik der Europäischen Union existiert die Region nicht, weil sie (trotz mancher Bemühungen) kein eigener Regierungsbezirk ist[2]. Auch im System der laufenden Raumbeobachtung der BfLR taucht das Ruhrgebiet als Ganzes nicht auf[3]. Es gibt in der Tat keine allgemeingültige Abgrenzung des Ruhrgebietes, und jeder Versuch, dies zu tun, muß zwangsläufig subjektiv bleiben. Böse Zungen behaupten daher, das Ruhrgebiet definiere sich am besten aus der Summe der Gemeinden, die dem Kommunalverband Ruhrgebiet (KVR) Mitgliedsbeiträge entrichten (Abb. 1). Die altindustrialisierten Städte Wuppertal, Remscheid und Solingen gehören nicht dazu, aber die ländlichen Gemeinden am Niederrhein, Alpen und Xanten. Jede Abgrenzung des Ruhrgebietes ist irgendwie richtig, aber gleichermaßen unbefriedigend. Doch dies ist ein Phänomen dieser Region zwischen Duisburg und Hamm, das für viele Anläufe und Versuche gültig ist, dieser Region gerecht zu werden.

Die immerwährenden, vielfältigen Bemühungen des KVR um regionale Kompetenzen machen aus dem Ruhrgebiet keine Einheit. Nur wenn es darum geht, in Bonn die Bundesregierung auf die besonderen Probleme der Region aufmerksam zu machen und finanzielle Unterstützung einzufordern, sind sich die mächtigen Bürgermeister der großen Städte im Revier einig. Sobald der äußere Anlaß entfallen ist, bestimmt der innere Wettbewerb um infrastrukturelle Einrichtungen und private Investitionen, vielleicht auch um Posten, Privilegien und Macht das politische Tagesgeschäft. Die Anekdoten um das Konkurrenzverhalten der demokratisch gewählten, aber von der traditionellen Mehrheitspartei auserkorenen und abgesicherten „Duodezfürsten" sind Legion.

Der Blick auf die Karte macht ein weiteres Problem sichtbar. Nicht alle Teile des Ruhrgebietes sind altindustrialisiert. Ebenso wie es in den modernen Industrie- und Dienstleistungsregionen Stuttgart oder Frankfurt altindustrialisierte Teilregionen gibt, lassen sich auch im Ruhrgebiet nicht-industrialisierte, ländliche Räume finden. Ruhrge-

Abb.1: Das Ruhrgebiet: Mitglieder des Kommunalverbandes Ruhrgebiet 1994

Quelle: KVR, 1995

biet, das ist eine Metapher für ein komplexes Bündel von Phänomenen struktureller Schwierigkeiten. Man sagt Ruhrgebiet und meint (was schon lange nicht mehr stimmt!) schlechte Luft, Schornsteine, Macht der Gewerkschaften, Stahl und Kohle, hohe Löhne, gesichtslose Städte, Kumpelkultur und vieles mehr. Trotz aller gut gemachten Imagekampagnen des Landes, des KVR, des Initiativkreises Ruhrgebiet und einzelner Städte überwiegt in vielen Köpfen außerhalb der Region noch das negative Bild, zumindest ist es grau, verschwommen und wenig profiliert.

Die besonderen Probleme dieser polyzentrischen Industrielandschaft, deren polyzentrale Raumstruktur von Zechen und Stahlwerken bestimmt war, haben sie über Jahrzehnte hinweg zu einem besonderen Experimentierfeld für Planer gemacht. Seit Robert Schmidt mit seiner Initiative für den Siedlungsverband Ruhrkohlenbezirk (SVR) Anstoß für den ersten, inzwischen zur Legende gewordenen regionalen Planungsverband gegeben hatte - und dies lange bevor in den USA die vielzitierte Tennessee Valley Authority ins Leben gerufen wurde -, ist das Ruhrgebiet ein regionales Laboratorium für die Erprobung von regionalen Entwicklungspolitiken und -strategien, von innovativen Planungen, Programmen und Projekten. Manche dieser Politiken und Programme waren sehr erfolgreich. Auf ihnen gründet sich die Geschichte von der erfolgreichen wirtschaftlichen, sozialen und ökologischen Umstrukturierung dieser Industrieregion, und im unmittelbaren Vergleich zu anderen alten europäischen Industrieregionen verläuft dieser kontinuierliche Anpassungsprozeß auch vergleichsweise schmerzlos und sozialverträglich ab. Andere Programme wurden ohne großes Aufheben beendet, weil ihr Erfolg nicht nachweisbar war oder weil die Proteste anderer Regionen im Lande politische Opfer notwendig machten. Doch die Bewertung aller dieser Initiativen des Landes NRW hängt von den Kriterien ab, die dafür herangezogen werden. Sie ist letztlich auch eine Frage der Perspektive. Von innen, also aus der Perspektive einzelner Betroffener und Akteure in der Region sieht sie anders aus, meist weniger glanzvoll, als aus der Sicht des externen Besuchers oder Investors. Aber es kann auch genausogut umgekehrt sein.

Die folgende Beschreibung der Probleme dieser alten Industrieregion erfolgt nicht auf der Grundlage einer neuen und umfassenden empirischen Analyse der sozialen und wirtschaftlichen Strukturen und Entwicklungsprozesse des Ruhrgebietes. Sie ist vielmehr Ergebnis einer 20jährigen Beobachtung der Bemühungen um die Umstrukturierung und Erneuerung der Wirtschaft und der Raumstruktur in dieser Region. Sie ist auch Ergebnis zahlreicher Forschungs- und Studienprojekte zu einzelnen Aspekten der regionalen Umstrukturierung, und sie beruht auf Erfahrungen, die bei der aktiven Mitwirkung an der Entwicklung, Durchsetzung und Realisierung konkreter regionaler Initiativen gemacht wurden. Diese Beschreibung ist zwangsläufig unvollständig, sie bleibt subjektiv und ist gelegentlich auch bewußt plakativ oder gar polemisch, um der Komplexität der Faktoren gerecht zu werden, die das Auf und Ab der kontinuierlichen Entwicklungs- und Modernisierungsprozesse im Ruhrgebiet bestimmt. Sie soll den Vergleich mit den Entwicklungen und Problemen anderer Agglomerationsräume ermöglichen, denn viele Erscheinungsformen des strukturellen Wandels in der Region sind typisch für die Situation in anderen alten Industrieregionen, im Saarland und in Lothringen, im Baskenland und in Merseyside (GB), in Pittsburgh und in Kitakyushu (Japan).

Auch die Bemühungen um die Anpassung an neue Erfordernisse und Bedürfnisse ähneln sich. Was das Ruhrgebiet heraushebt, sind die Dimensionen dieser etwa 40 mal 60 km großen Region zwischen Sonsbeck am Niederrhein im Westen und dem westfälischen Hamm im Osten, zwischen dem münsteranischen Haltern im Norden und Brekkerfeld im Süden, am Nordrand des Sauerlandes.

1. Struktureller Wandel ohne Ende?

Die quantitativen Dimensionen des permanenten strukturellen Wandels dieser Region sollen hier nur durch sehr wenige Basisdaten und Fakten skizziert werden. Die Daten sind, wenn nicht anders angegeben, offizielle Zahlen des Kommunalverbandes Ruhrgebiet[4]. Anderswo sind sehr viel differenziertere Darstellungen der seit Jahrzehnten ablaufenden Deindustrialisierungs- und Modernisierungsprozesse zu finden[5].

Der demographische Wandel

In den Grenzen des Kommunalverbandes Ruhrgebiet hatte das Ruhrgebiet am 31.12.1993 5,5 Mio. Einwohner, 1128 Einwohner auf den Quadratkilometer. Diese Zahl hat sich gegenüber dem Höchststand im Jahre 1961 (5,7 Mio.) nur unwesentlich verändert (Abb. 2). Damit ist das Ruhrgebiet eine der wenigen alten Industrieregionen der Welt, die es verhindern konnte, daß der strukturelle Wandel und die Modernisierung der Wirtschaft durch Abwanderung der Bevölkerung „erkauft" werden mußten.

In der Region lebt fast ein Drittel der 17,8 Mio. Einwohner Nordrhein-Westfalens, 18% der Bevölkerung sind unter 18 Jahre, 17% über 65 Jahre. Alle wesentlichen demographischen Daten der Region entsprechen im großen und ganzen denen des größten deutschen Bundeslandes. 33,8% der Haushalte im Ruhrgebiet waren Ende 1993 Einpersonen- und 31% Zweipersonenhaushalte. Auch diese Werte lagen nur geringfügig höher als die des Landes NRW: 32,8% bzw. 29,3%.

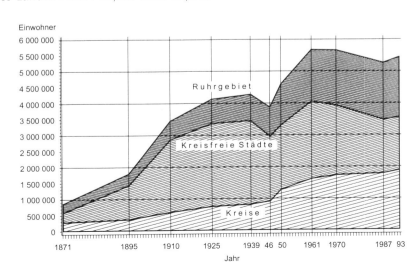

Abb. 2: Bevölkerungsentwicklung im Ruhrgebiet 1871-1993

Quelle: KVR, 1995

Fallstudie Ruhrgebiet

Die Bevölkerungsprognose des KVR für das Jahr 2010 geht davon aus, daß die Bevölkerungszahl des Ruhrgebietes bis dahin nur unwesentlich sinkt, unter durchaus berechtigter Annahme erhöhter Zuwanderung auf 5,4 Mio., ohne diese Zuwanderung auf 5,2 Mio. (Abb. 3).

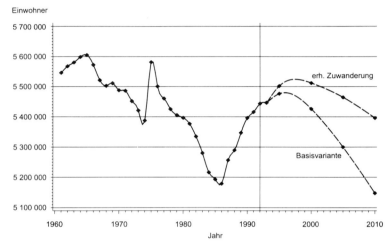

Abb. 3: Bevölkerungsprognose für das Ruhrgebiet bis zum Jahre 2010

Bevölkerungsentwicklung (bis 1993) und -prognose für das Ruhrgebiet

Prognose mit erhöhter Zuwanderung und Basisvariante (Basisjahr = 1992)

Quelle: KVR, 1995

Trotz großer Verluste in den letzten 30 Jahren ist die Stadt Essen mit 622.380 Einwohnern (VZ 1961: 749.040) noch immer die größte Stadt des Reviers, gefolgt von Dortmund mit 601.966 (1961: 646.743), Duisburg mit 536.797 (1961: 663.147) und Bochum 401.058 (1961: 440.584). Es hat also innerhalb des Ruhrgebietes einige Verschiebungen gegeben, aus denen vor allem die nördlichen und östlichen Randgemeinden des Ruhrgebietes Nutzen ziehen konnten. Aber auch Dortmund hat aufgrund seiner großen Flächenreserven seine Bevölkerungszahl im großen und ganzen halten können.

Beträchtliche Einwohnerverluste mußten in den letzten Jahrzehnten jedoch die Städte der Emscherzone hinnehmen. Gelsenkirchen beispielsweise (VZ 1993: 295.037 Einwohner) hat seit dem Jahre 1961 fast ein Viertel seiner Einwohner verloren, Herne (1993: 180.539) 40.000. Davon profitierten hingegen die kleinen Städte am nördlichen und östlichen Rand des Ruhrgebietes, wie Dorsten (+ 32.193), Haltern (+ 11.336) und Unna (+ 15.004), die das Ziel der Randwanderungen jüngerer und mobilerer Haushalte aus der Emscherzone sind.

Die Zahl der Ausländer im Ruhrgebiet (1993: 586.461) ist mit 10,8% gegenüber anderen Städten und Stadtregionen vergleichsweise niedrig (Frankfurt über 30%, Köln 18,9%, Düsseldorf 18,4%), doch sie liegt sogar noch leicht über dem Niveau des Landes NRW (10,6%). Türken haben daran mit 45,6% den größten Anteil, gefolgt von Bürgern des ehemaligen Jugoslawiens (15,5%), Italienern (5,6%) und Griechen (4,3%). Gegenüber 1980 ist die Zahl der Ausländer um 155.430 (36,1%) gestiegen (NRW: + 36,9%).

201.083 Aussiedler wurden den Städten und Gemeinden des Ruhrgebietes seit dem Jahre 1980 (bis 31.12.1993) zugewiesen. Das war fast ein Drittel der 699.236 Aussiedler, die das gesamte Land NRW in diesem Zeitraum aufnehmen mußte. Daran wiederum hatte die Stadt Dortmund mit 27.077 (3,9%) den weitaus größten Anteil.

Im Jahre 1993 waren im Ruhrgebiet 16,7% (NRW: 14,2%) aller Grundschüler Ausländer, 33,8% (26,2%) aller Hauptschüler und 19,8% (18,0%) aller Gesamtschüler, aber nur 6,4% (5,8%) aller Gymnasiasten, wobei einzelne Städte im Bereich der Hauptschulen noch extremere Werte aufweisen: 46,1% aller Hauptschüler in Herne haben einen ausländischen Paß und 44,8% in Duisburg (dazu im Vergleich: 46,7% in Köln und 44,2% in Düsseldorf).

Im wesentlichen wird das Ruhrgebiet auch in Zukunft den demographischen Trends folgen, die im gesamten Land NRW zu erwarten sind, also eine weitere relative Überalterung der Bevölkerung, eine Abnahme der Geburtenrate und eine Zunahme der Haushalte, bei gleichzeitiger Verringerung der Haushaltsgröße. Auch Ausländer werden, jedenfalls solange sich die wirtschaftlichen und politischen Rahmenbedingungen in Deutschland nicht wesentlich ändern, weiter in das Ruhrgebiet kommen. Sie werden in Zukunft, stärker noch als bisher, auf dem regionalen Arbeitsmarkt Arbeit suchen. Im internationalen Vergleich sind vor allem die zahlenmäßige und auch faktische Konstanz der Bevölkerung im Ruhrgebiet und die große Kraft der Region, Ausländer zu integrieren, bemerkenswert[6].

Der wirtschaftliche Wandel

Wie kaum eine andere Region Deutschlands ist das Ruhrgebiet, das über ein Jahrhundert lang das wichtigste industrielle Zentrum Deutschlands war, durch den technologischen Wandel in die wirtschaftliche Krise geraten. Obwohl seine spezialisierte Montanindustrie technologisch immer an der Spitze der Entwicklung stand, und auch heute noch steht, und obwohl die Produktivität dieser Industrie auch ständig gesteigert wurde, ist die nationale und internationale Nachfrage nach den Produkten, die diese Industrie in großen Mengen herstellt, also nach Kohle und, wenn auch konjunkturell unterschiedlich, nach Stahl, in den letzten Jahrzehnten erheblich gesunken, und mit ihr die Zahl der direkten und indirekten Arbeitsplätze. Die Gründe für diese Nachfrageveränderung liegen in besseren Produktionsbedingungen (Kohle), neuen Produkten (Kunststoff, neue Werkstoffe), anderen Energieträgern (Atomkraft, Gas), neuen Transporttechnologien (Automobil und Luftfahrt), in neuen Informations- und Kommunikationstechnologien und natürlich auch in sehr viel stärkerer globaler Konkurrenz. Dieser technologische und wirtschaftliche Wandel hat im Ruhrgebiet viele sichtbare und unsichtbare mentale Spuren und Narben hinterlassen, an denen die Wirtschaft der Region noch immer leidet. Allerdings ist dieser strukturelle Wandel im direkten internationalen Vergleich vergleichsweise erfolgreich verlaufen. Er hat vor allem, und dies ist die wohl positivste Facette dieses Erfolges, ohne massive Abwanderung von Arbeitskräften stattgefunden.

Die Gesamtzahl der Erwerbstätigen im Ruhrgebiet betrug im Jahre 1993 2,14 Mio., geringfügig mehr noch als im Jahre 1987 (2,03 Mio.). Seit 1970 ist die Zahl der Erwerbstätigen im Produzierenden Gewerbe von 1,29 Mio. auf 0,92 Mio. gefallen, und damit

Fallstudie Ruhrgebiet

ist ihr Anteil an der Gesamtzahl der Erwerbstätigen in diesen 23 Jahren von 58,4% auf 43,2% gesunken. Die Zahl der Erwerbstätigen in Handel und Verkehr ist in diesem Zeitraum nur geringfügig von 18,7% auf 18,5% gefallen, während die Zahl der Erwerbstätigen in sonstigen Wirtschaftsbereichen von 21,4% auf 36,9% gestiegen ist. Damit hatte der Dienstleistungssektor im Jahre 1993 bereits einen Anteil von 55,4%. Die Vergleichswerte mit dem gesamten Land Nordrhein-Westfalen weichen von diesen Zahlen nur geringfügig ab (Tab. 1). Seit dem Jahre 1982 sind auch im Ruhrgebiet im Dienstleistungssektor mehr Erwerbstätige als im Produzierenden Gewerbe tätig (Abb. 4).

Die Zahl der sozialversicherungspflichtig beschäftigten Arbeitnehmer im Ruhrgebiet betrug am 31.12.1993 1,68 Mio. Davon waren 43,7% im produzierenden Gewerbe (einschließlich Baugewerbe), 20,7% in Unternehmen und Betrieben des Handels, des Verkehrs und der Nachrichtenübermittlung und 31,1% im übrigen Dienstleistungsbereich tätig (Tab. 2).

Tab. 1: Veränderung der Erwerbsstruktur im KVR, in NRW und in der Bundesrepublik Deutschland (West) in den Jahren von 1970 bis 1993

Sektor	KVR 1970	KVR 1993	NRW 1970	NRW 1993	BRD (West) 1970	BRD (West) 1993
Land- und Forstwirtschaft	1,5	1,4	4,2	1,8	9,1	3,3
Produzierendes Gewerbe	58,4	43,2	55,7	41,2	49,4	39,1
Handel/Verkehr	18,7	18,5	17,6	18,2	17,6	18,0
Sonstige Wirtschaftsber.	21,4	36,9	22,5	38,8	23,9	39,6

Quelle: KVR, 1995

Der strukturelle Wandel des Ruhrgebietes zeigt sich insbesondere auch in der Veränderung der Bildungsstruktur der Erwerbstätigen. Die Zahl der sozialversicherungspflichtig beschäftigten Arbeitnehmer im Ruhrgebiet mit Abitur hat allein in der kurzen Zeit von 1986 bis 1993 um 68,5% zugenommen. Doch die absoluten Zahlen sind

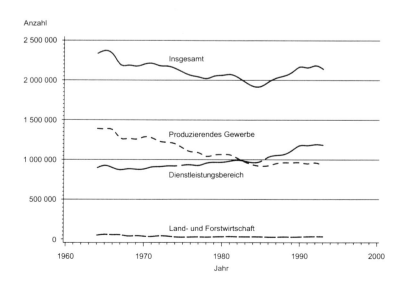

Abb. 4: Erwerbstätige im Ruhrgebiet

Quelle: KVR, 1995; Landesamt für Datenverarbeitung und Statistik, NW; Anmerkung: Ergebnisse des Mikrozensus, KVR-Graphik

noch sehr niedrig. Im Jahre 1993 hatten nur 3,7% der sozialversicherungspflichtig Beschäftigten der Region Abitur als höchsten Bildungsabschluß und 2,4% eine Fachhoch- oder Ingenieurschule erfolgreich abgeschlossen bzw. verfügten nur 3,5% über einen Universitätsabschluß.

Die Zahlen über den hohen Bedeutungsverlust des Bergbaus im Ruhrgebiet sind im allgemeinen, was ihre Größenordnung anbelangt, bekannt. Waren 1960 noch über 250.000 Beschäftigte im Steinkohlenbergbau an der Ruhr tätig, so waren dies im Jahre 1993 nur noch 83.909. Doch selbst diese Zahl wird in den nächsten Jahrzehnten weiter sinken. Die Prognosen darüber sind schwierig, weil sie mehr von den politischen Rahmenbedingungen des hochsubventionierten Steinkohlenbergbaus als von der Nachfrage nach Kohle und Energie abhängen. Werte unter 50.000 dürften für das Jahr 2010 durchaus realistisch sein. Mit dem Niedergang des Bergbaus ist zugleich auch der Bedeutungsverlust der gesamten Zulieferbranche verbunden, in der es in etwa noch einmal so viel Arbeitsplätze wie im Bergbau selbst gibt. Doch diese Branche konnte sich nur in Einzelfällen von der starken Abhängigkeit vom Steinkohlenbergbau im Ruhrgebiet befreien. Die Betroffenheit einzelner Städte im Ruhrgebiet von dem Beschäftigungsabbau ist sehr unterschiedlich. Während die großen Städte am Hellweg, also im Inneren des Ruhrgebietes, wie beispielsweise Bochum, im Jahre 1993 mit nur noch 341 Beschäftigten im Bergbau davon nicht mehr direkt berührt sind, sind es die Städte in der Emscherzone (Herne: 11.131 oder 52% aller Beschäftigten, Gelsenkirchen: 7.110 und Bottrop: 5.693), insbesondere aber die Kreise im südlichen Münsterland (Recklinghausen: 19.222 und Werne: 16.659), die unter dem unabweisbaren weiteren Personalabbau des Bergbaus in den beiden nächsten Jahrzehnten leiden werden.

Tab. 2: Industrielle Großunternehmen im Ruhrgebiet

Unternehmen	Firmensitz	Branchen	Umsatz/1993 in Mio.	Beschäftigte 1994
Deutsche Babcock	Oberhausen	Maschinenbau/Energietechnik/ Umwelt	8.203	39.527
Haniel	Duisburg	Handel/Logistik/Dienstleistungen	24.417	39.295
Krupp/Hoesch	Essen/Dortmund	Stahl/Maschinenbau/Anlagenbau/ Automotive/Handel	20.504	78.376
Mannesmann	Düsseldorf	Stahl/Maschinenbau/Elektro/ Rüstung/Handel	27.963	127.695
Ruhrgas	Essen	Gas	14.349	11.547
Ruhrkohle	Essen	Bergbau/Energie/Chemie/ Immobilien/Umwelt	24.700	111.150
RWE	Essen	Energie/Bergbau/Chemie/Umwelt/ Maschinenbau/Bau	53.094	113.642
Veba	Berlin/Düsseldorf	Energie/Chemie/Mineralöl/Handel/ Transport/Immobilien	66.349	128.348
VEW	Dortmund	Elektrizität/Gas/Umwelt	6.729	11.780

Quelle: Liedtke, 1994

Fallstudie Ruhrgebiet

Die Struktur der Ruhrwirtschaft ist noch immer von Großunternehmen dominiert (Tab. 3). Die Zahl der Klein- und Mittelbetriebe hingegen ist im Vergleich zu anderen Regionen und trotz aller Mittelstandsförderung im Lande noch immer gering. Der Region mangelt es, so heißt es immer wieder, an dem unternehmerischen Geist, der ihre Industrialisierung in Gang gesetzt hat. Trotzdem, die Wirtschaft der Region ist heute sehr viel stärker diversifiziert als noch vor Jahren, in erster Linie auch deshalb, weil die großen Montankonzerne selbst sich weit in andere Branchen diversifizieren[7]. Mannesmann ist dafür ein gutes Beispiel, aber auch die Ruhrkohle AG, deren Tochter Steag AG beispielsweise erfolgreich in der Halbleiterindustrie engagiert ist[8]. Die Branchen, die im Ruhrgebiet neben Bergbau, Energiewirtschaft und Stahlerzeugung nach wie vor regionale Bedeutung haben, sind der Stahl- und Fahrzeugbau, der Anlagenbau und das Baugewerbe.

Tab. 3: Veränderung der Zahl der sozialversicherungspflichtig beschäftigten Arbeitnehmer im Ruhrgebiet in ausgewählten Branchen 1986 bis 1993

Wirtschaftszweig	1986	1993	Zu- bzw. Abnahme 1986 - 1993 in %
Verarbeitendes Gewerbe	567.685	513.831	-9,5
- Energiew., Wasservers.,Bergbau	165.175	125.715	-23,9
- Eisen-, Metallerz., Gießereien	155.985	119.861	-23,2
- Stahl-, Fahrzeugbau, ADV	108.193	104.900	-3,0
- Chemische Industrie	47.404	46.525	-1,9
- Nahrungs- und Genußmittel	44.122	39.867	-9,6
Baugewerbe	113.176	119.393	+ 5,5
Handel	226.865	257.916	+ 13,7
Kredit- und Versicherungswesen	46.668	50.057	+ 7,3
Dienstleistungen A.N.G.	302.350	389.900	+ 29,0
- Wissensch., Kunst, Publizistik	62.605	68.885	+ 10,0
- Rechts-, Wirtschaftsber., Immobilien	50.140	72.542	+ 44,7
- Wirtschaftswerb., Fotograf.	28.430	41.035	+ 44,3
Organisationen ohne Erwerbscharakter	36.636	47.151	+ 28,7
insgesamt	1.636.062	1.697.775	+ 3,8

Quelle: KVR, 1995

Als große Erfolgsgeschichte der Umstrukturierung des Ruhrgebietes gilt die Umweltwirtschaft. Die Zahlen über ihre Beschäftigungswirkung in der Region werden jedenfalls immer wieder in den erfolgspolitischen Vordergrund gestellt. Eine neuere Untersuchung hat für das gesamte Land NRW etwa 150.000 Arbeitsplätze in der Umweltwirtschaft errechnet, davon mehr als die Hälfte im Ruhrgebiet[9].

Aufgrund ihrer im nationalen und internationalen Maßstab als ungünstig eingeschätzten Standortfaktoren, des nach wie vor negativen Image der Region, fälschlicherweise kolportierter hoher Arbeitskosten, des starken Einflusses der Gewerkschaften, der nach wie vor entwicklungshemmenden Bodenpolitik der Montanunternehmen und aufgrund längerer, meist bergbaurechtlich verursachter Genehmigungsverfahren, aber auch in der Folge einer durch Arbeitskräftemangel in den 60er Jahren begründeten, sehr zögerlichen Ansiedlungspolitik hat das Ruhrgebiet in den vergangenen Jahrzehnten wenig Ansiedlungserfolge verzeichnen können. Im Grunde ist die Ansiedlung von Opel in Bochum, die zeitweise bis zu 20.000 Arbeitsplätze sichern konnte, einer der wenigen spektakulären Einzelfälle geblieben. Andere Ansiedlungserfolge bleiben aus. Nationale wie internationale Unternehmen bevorzugten eher Köln und den von Japanern meist gewählten Raum Düsseldorf. Allerdings haben einige internationale Konzerne in den letzten Jahren regionale Unternehmen aufgekauft und modernisiert. Nokia in Bochum ist dafür ein besonders erfolgreiches Beispiel.

Über die Entwicklung des Dienstleistungssektors in der Region gibt es unterschiedliche Einschätzungen. Die Versicherungswirtschaft hat sich in den letzten Jahrzehnten, insbesondere in Dortmund, einen regionalen Schwerpunkt geschaffen. Dies kommt auch in der Zahl von 50.057 Erwerbstätigen im Ruhrgebiet (1993) in dieser Branche zum Ausdruck, die gegenüber 1987 immer noch leicht gewachsen ist (46.668). Doch ob diese Arbeitsplätze auch langfristig der nächsten Rationalisierungswelle im Bereich von Banken und Versicherungen standhalten, muß bezweifelt werden. Die bei weitem größten Zuwachszahlen in der Region hat, zugegeben von einer niedrigen Ausgangszahl, die Medien- und Kulturwirtschaft, die auch in Zukunft mit intensiver Förderung und Unterstützung des Landes rechnen kann[10].

Trotzdem hinkt das Ruhrgebiet in seiner Modernisierung nach wie vor hinter anderen modernen Industrieregionen Deutschlands oder Europas her. Erhebliche Defizite gibt es immer noch im Bereich der produktionsorientierten Dienstleistungen, die aus vielerlei Gründen in der Region in den letzten beiden Jahrzehnten trotz beachtlicher Zuwachsraten nur wenig Boden gutmachen konnten, vermutlich weil Düsseldorf und Köln, die traditionellen Zentren des Landes, für solche Dienstleistungen eben doch zu nahe liegen, vielleicht aber auch weil die industriellen Großunternehmen noch immer viel im eigenen Hause erledigen, weil Klein- und Mittelbetriebe in der Region solche Dienstleistungen immer noch zu wenig nachfragen oder auch weil Dienstleisten keine kulturelle Tradition in der Region hat.

Der wirtschaftliche Wandel im Ruhrgebiet geht also in kleinen Schritten und im wesentlichen unter der Führung der großen Montankonzerne voran, die sich zunehmend, wenn auch nicht immer in der Region diversifizieren. Trotz mancher Erfolge im Dienstleistungssektor liegt der regionale Schwerpunkt der Ruhrwirtschaft nach wie vor im Produktions- und Technologiebereich.

Arbeitslosigkeit und Armut

Die hohe Arbeitslosigkeit im Ruhrgebiet ist immer wieder ein negatives Signal für die Region. Sie ist seit Jahren grundsätzlich höher als in anderen Stadtregionen Deutschlands. Dies macht deutlich, daß der strukturelle Wandel in der Region mit hohen individuellen Opfern erkauft wird. Die Arbeitslosenquote in der Region (Arbeitslose in% der abhängigen zivilen Erwerbspersonen) lag im September 1994 mit 12,9% um 2,5 Prozentpunkte höher als im Bundesland NRW (10,4%) und um 4,1% höher als in der Bundesrepublik Deutschland insgesamt (8,8%). Einzelne Städte in der Region haben sogar noch darüber hinausgehende Quoten: Duisburg 15,3%, Dortmund 15,2%, Gelsenkirchen und Hagen jeweils 14,6%. Lediglich Mülheim liegt mit 9,6% traditionell unter dem Durchschnitt des Landes. Im intraregionalen Vergleich wird immer wieder sichtbar, daß die Zahlen für die Emscherzone als Ganzes in der Regel schlechter sind als für das südliche Ruhrgebiet oder für die ins Münsterland hinreichende Lippezone.

Gegenüber 1988 (jeweils im September) haben sich diese Werte im Ruhrgebiet im wesentlichen aufgrund positiver gesamtwirtschaftlicher Rahmenbedingungen von 15,1% auf 12,9% verringert, auch wenn die absolute Zahl von 271.846 auf 289.995 leicht gestiegen ist. Bemerkenswert ist, daß die Arbeitslosenquote in NRW im gleichen Zeitraum nur von 10,6% auf 10,4% gefallen und die Westdeutschlands sogar von 8,1% auf 8,8% gestiegen ist. Dies zeigt, daß sich die Arbeitsmarktsituation im Ruhrgebiet in den letzten Jahren leicht verbessert hat (Abb. 5).

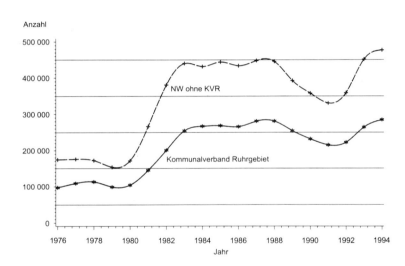

Abb. 5: Arbeitslosigkeit im Ruhrgebiet

Arbeitslosenzahlen im Kommunalverband Ruhrgebiet und übrigen NW - jeweils September

Quelle: KVR, 1995

Trotzdem gibt es Anlaß zur Besorgnis. Jugendarbeitslosigkeit und Langzeitarbeitslosigkeit steigen weiter an, und dies ist ein warnendes Zeichen dafür, daß auch der Gesellschaft des Ruhrgebietes - trotz aller Bemühungen - die (bezahlbare) Arbeit ausgeht. Immer mehr Erwerbstätige der Region haben ab einem Alter von 50 Jahren meist schon keine Chance mehr, noch eine ihrer Qualifikation entsprechende Beschäftigung zu finden. Das früher so perfekte Sicherheitsnetz des Montansektors („...sicher, von der Wiege bis zur Bahre...") läßt immer mehr nicht mehr benötigte ältere Beschäftigte durch die Maschen fallen. Der traditionelle Stolz vieler Facharbeiter der Montanindustrie erschwert es ihnen, Beschäftigungsverhältnisse einzugehen, die unter ihrem früheren Qualifikationsniveau liegen. Daher haben auch staatlich finanzierte Umschulungsprogramme (zum Beispiel vom Bergbau in die Bauwirtschaft) immer nur sehr begrenzten Erfolg.

Armut ist im Ruhrgebiet (noch) nicht sichtbar. Doch die Zahl der Sozialhilfeempfänger in der Region ist seit 1976 kontinuierlich gestiegen. 1993 gab es 475.901 Sozialhilfe-Empfänger im Ruhrgebiet, mehr als doppelt so viele wie 1976 (226.524). Es ist abzusehen, daß diese Zahl in den kommenden Jahren bei unveränderten politischen und wirtschaftlichen Rahmenbedingungen noch weiter steigen wird. Überraschend sind jedoch die Unterschiede zwischen den einzelnen Städten im Revier und in NRW. Während in Bochum im Jahre 1993 auf 1000 Einwohner durchschnittlich „nur" 72,1 Empfänger von Sozialhilfe entfielen (dies liegt möglicherweise an dem hohen Anteil von 45.000 Studierenden an der Einwohnerzahl der Stadt), waren es in Oberhausen 92,2, in Dortmund 104,1 und in Essen sogar 108,1, in Düsseldorf aber immerhin auch noch 86,6. Die Stadt Dortmund mußte im Jahre 1993 mit 319 Mio. DM dreimal soviel für Sozialhilfe-Empfänger aufwenden als die Stadt Bielefeld (107 Mio.).

Auch wenn die steigende Zahl der Sozialhilfe-Empfänger nur teilweise regionale Ursachen hat - sie ist auch auf allgemeine Arbeitsmarktentwicklungen in Europa und in der Bundesrepublik Deutschland zurückzuführen sowie auf Veränderungen der Arbeitslosenunterstützung -, so zeigt sie doch, daß auch das Ruhrgebiet auf dem Weg in eine polarisierte Gesellschaft ist.

Der räumliche Wandel

Vor seiner Industrialisierung im 19. Jahrhundert war das Ruhrgebiet eine vorwiegend ländlich geprägte Region mit einer kleinen Zahl von nur regional bedeutsamen Handelsstädten (Dortmund, Werne), einer wichtigen Bischofstadt (Essen/Werden) und vielen kleinadeligen Höfen. Es gab keine feudalen Residenzen in der Region und keine prunkvollen Klosteranlagen, wie sie anderswo zu Kernen städtischer Raumstrukturen wurden. Die Steinkohle wurde an den Hängen der Ruhr abgebaut und über die Ruhr verschifft. Die Industriedörfer, die dann in der Folge technologischer Veränderungen im Bergbau und in der Stahlindustrie in der Mitte des Ruhrgebietes zwischen Ruhr und Emscher entstanden, waren ausschließlich von den bergbautechnischen Erfordernissen des Steinkohleabbaus bestimmt. Die schnelle Expansion der Industrie im 19. und dann im frühen 20. Jahrhundert verwandelte die einstmals ländliche Region in eine industrielle Stadtlandschaft, die, abgesehen von den immer größer werdenden Zechen und Industrieanlagen, bis heute wenig städtebauliche Höhepunkte aufweist. Das Fehlen eines städtischen Großbürgertums und die Scheu der meisten Zechenbarone aus Angst vor sozialen Unruhen, ihren Reichtum in der Region zu zeigen, führten dazu, daß das Ruhrgebiet bis heute im wesentlichen von kleinstädtischen und kleinbürgerlichen Strukturen geprägt ist. Aber vielleicht ist dies der Preis, den eine Gesellschaft bezahlen muß, die wie in nur wenigen anderen Regionen Europas aus sozialer Tradition immer soziale Ziele in den Vordergrund gestellt hat.

Die Raum- und Siedlungsstruktur ist im Grunde, trotz der Eingemeindungen und funktionalen Reformen in den ersten 75 Jahren dieses Jahrhunderts, eine Ansammlung von vielen, nach wie vor sehr selbstbewußten und auch selbständigen Siedlungen, die selbst als Stadtteile der großen Städte eine vergleichsweise große politische Eigenständigkeit bewahren. Bei der Aufstellung von Kandidaten für die Kommunalwahlen wird dies besonders deutlich. Hinzu kommt, daß das wenige, was an mittelalterlichen oder gründerzeitlichen Wohngebieten und Baustrukturen in der Region vorhanden war, im Verlauf des 2. Weltkrieges weitgehend zerstört wurde, übrigens in viel größerem Umfang als die Industrieanlagen selbst.

Fallstudie Ruhrgebiet

Fortschrittlich und pragmatisch, wie die Region im Grunde immer war, hat sie den innerstädtischen Wiederaufbau nach dem Krieg so organisiert, daß die Stadtzentren von Dortmund, Bochum, Essen und Duisburg nach modernen Erfordernissen, insbesondere mit breiteren Straßen neu aufgebaut wurden. Das Ergebnis der damit verbundenen bodenpolitischen Neuerungen waren moderne funktionale Stadtkerne und Einkaufszentren, die allen urbanen Flair vermissen lassen, auch wenn sie in ihrer gestalterischen Armut und Häßlichkeit von Denkmalpflegern heute als der Nachwelt zu erhaltende Belege der zeitgenössischen Stadtbaukunst und Architektur der 50er Jahre gepriesen und geschützt werden. So gab es im Ruhrgebiet für andernorts in den 80er Jahren in Mode gekommene Reurbanisierungs- und Gentrifizierungsprozesse kaum attraktive bauliche Ansatzpunkte. Nur wenige Baublöcke in Dortmund, Bochum oder Essen waren für akademische und künstlerische Nutzergruppen interessant genug, um dort die angestammte Bevölkerung zu verdrängen. Die vielen inzwischen unter Schutz gestellten Arbeiter- und Zechensiedlungen im Ruhrgebiet konnten frühzeitig vor den Zugriffen interessierter akademischer Mittelschichten geschützt werden.

Die vielgerühmten regionalen Grünzüge im Ruhrgebiet sind bei näherem Hinsehen nicht ganz so eindrucksvoll, wie sie auf den Karten aussehen. Im Grunde sind es von Norden nach Süden verlaufende, landwirtschaftlich genutzte Abstandsflächen zwischen den großen Städten, Korridore für Nord-Süd-Autobahnen, Hochspannungsleitungen und Gas-Pipelines. Erst mit der neuen Initiative zur Entwicklung eines im wesentlichen von Osten nach Westen verlaufenden und im Gegensatz zu den alten Grünzügen auch begeh- und befahrbaren Emscherlandschaftsparks werden sie neues Interesse finden.

Das Ergebnis dieser rein funktionalen und von den Interessen der Montanindustrie jahrzehntelang bestimmten räumlichen Entwicklung ist, daß im Ruhrgebiet heute industrielle neben modernen, ländliche neben städtischen Strukturen zu finden sind, daß diese Region trotz ihrer hohen Einwohnerdichte sehr grün wirkt, aber auch daß in ihr, im Vergleich zu anderen europäischen Stadtregionen, nur wenig städtische Höhepunkte zu finden sind. Mit Ausnahme weniger industrieller Brennpunkte in der Emscherzone wirkt die gesamte Region heute wie eine ungeordnete, gesichtslose Vorstadtlandschaft. Mit Ausnahme der Industrie-Architektur und der Zechensiedlungen gibt es kaum eine Tradition guter privater wie öffentlicher Architektur. Öffentliche Plätze haben wenig dreidimensionale Gestaltqualitäten, und alles, was an öffentlichen Neubauten in den letzten dreißig Jahren in der Region entstand (Hochschulen, Rathäuser etc.), beeindruckt mehr durch seine Größe und seine Funktionalität als durch architektonisch-ästhetische Qualität. Gut gemeinte städtebauliche Wettbewerbe und demokratische Findungsprozesse von anonymen Kommissionen haben angesichts des Mangels an historischen Bindungen und ästhetischer Bildung vieler regionaler Entscheidungsträger daran wenig ändern können. Erst so langsam lenkt und schärft die IBA Emscherpark den Blick auf und für die neue Ästhetik der industriellen Monumente der Region, die die Industrialisierung hinterlassen hat. Ihre Neu-Nutzung ist die einzige Chance, der Montanregion so etwas wie ein Identifikations- und Erinnerungsprofil zu geben.

Natürlich ist auch das Ruhrgebiet von Suburbanisierungsprozessen nicht verschont geblieben. Der Druck auf die landschaftlich schönen Süd- und Nordränder des Ruhrgebietes ist groß. Doch im Süden verhindern Wasserschutz- und Naturschutzbelange sowie eine im großen und ganzen kompromißlose Gebietsentwicklungsplanung die völlige Zersiedlung des Ruhrtales. Im Norden, wo die politisch ungebremste Nordwanderung des Bergbaus den Vorreiter der Siedlungsentwicklung spielt, können landwirtschaftliche Belange die Bautätigkeit nicht wirkungsvoll eindämmen. Hinzu kommt, daß die Flucht mobiler und einkommenstärkerer Haushalte aus der Emscherzone aufgrund der dort nur geringen Wohnumfeldqualität sehr verständlich ist.

Verkehr und Transport

Das polyzentrische Ruhrgebiet ist heute von einem dichten rasterförmigen Netz von Autobahnen durchzogen, das in den 60er Jahren konzipiert wurde und bis auf wenige, von Bürgerinitiativen blockierte Abschnitte in dichtbebauten Stadtgebieten von Bochum, Essen und Dortmund inzwischen fertiggestellt ist. Trotz ständiger lokaler Klagen ist es weniger belastet als Straßennetze in anderen, mehr monozentrisch strukturierten Stadtregionen (München, Stuttgart oder Frankfurt).

Das Netz des öffentlichen Nahverkehrs in der Region hingegen ist noch nicht dem Raster des Straßennetzes angepaßt. Es ist vielmehr die Kombination eines bandförmigen, der Trasse der Bundesbahn folgenden Bahnsystems in Ost-West-Richtung und von sternförmigen, auf die jeweiligen Kerne der großen Städte ausgerichteten Stadtbahnsystemen, einer technologisch aufwendigen und teuren Zwischenform von U-Bahn und Straßenbahn, die nur in den Stadtkernen unterirdisch geführt wird. Der Ausbau der notwendigen Nord-Süd-Linien der S-Bahn ist bislang noch hinter der Planung zurückgeblieben. Die geringen Wohn- und Siedlungsdichten des Ruhrgebietes und das gut ausgebaute flächendeckende Straßennetz machen es schwer, das System des öffentlichen Nahverkehrs dichter, effizienter und attraktiver auszubauen. Ein Versuch in den 60er Jahren, ein an Haltepunkten des öffentlichen Nahverkehrs orientiertes System von Siedlungsschwerpunkten im Ruhrgebiet auszubauen und damit den schienengebundenen öffentlichen Nahverkehr zu stärken, scheiterte kläglich. Die angebotenen und an wenigen Stellen in der Region von der Neuen Heimat realisierten Wohnquartiere des Großsiedlungsbaus (Do-Scharnhorst, Bo-Hustadt, Do-Dorstfeld, Es-Steele) entsprachen nicht den Wohnvorstellungen der angestammten Ruhrgebietsbevölkerung. Diese Quartiere sind meist Durchgangstationen für in die Region zugewanderte Haushalte und werden vor allem von Aussiedlern und Ausländern genutzt.

Die günstige geographische Lage des Ruhrgebietes im Kreuz der zukünftigen ICE-Bahnlinien von Paris/Köln nach Berlin und Moskau und von Basel/Frankfurt nach Hamburg/Skandinavien ist für die Region ein großer Standortvorteil. Stündlich sind Düsseldorf, Köln, Bonn und Frankfurt aus dem Ruhrgebiet zu erreichen. Im Zweistundentakt geht es auf immer schneller werdenden Bahntrassen nach Hamburg (3 Stunden), Berlin (5 Stunden) und Hannover (2 Stunden). Nur die Bahnverbindungen nach Rotterdam und Brüssel (4 Stunden) sind vergleichsweise noch wenig attraktiv.

Der Hafen von Duisburg ist in den letzten Jahren sehr modernisiert und zum größten Binnenhafen Europas ausgebaut worden. Er kooperiert eng mit dem Hafen von Rotterdam (dem nahegelegenen Import- und Exporthafen der gesamten Stadtregion

Rhein-Ruhr). Das dichte Wasser- und Schiffahrtnetz des Ruhrgebietes ist noch voll funktionsfähig. Die Tonnage der über die Wasserwege transportierten Güter hat auch in den letzten Jahren wieder zugenommen.

Abgesehen vom kleinen Regionalflughafen Dortmund, der im letzten Jahrzehnt sehr an Bedeutung zugenommen hat, aber kaum erweiterungsfähig ist (der Plan für einen Großflughafen Drentsteinfurt im Osten Dortmunds wurde leider nie realisiert), ist das gesamte Ruhrgebiet auf den Rhein-Ruhr-Flughafen Düsseldorf ausgerichtet, an den die Region im Laufe der Jahre (auch mit der S-Bahn) immer besser angebunden wurde. Der noch fehlende leistungsfähige Anschluß zum überregionalen Bahnnetz ist derzeit im Bau. Darüber hinaus sind die Flughäfen Frankfurt (zwei Stunden von Dortmund) und Amsterdam (zwei Stunden von Duisburg) in ihrer Bedeutung für den internationalen Geschäfts- und Urlaubsverkehr zu sehen.

Das gut ausgebaute Verkehrsinfrastrukturnetz des Ruhrgebietes erlaubt der regionalen Bevölkerung eine hohe persönliche Mobilität. Dem öffentlichen Nahverkehr gelingt es durch ständige organisatorische Verbesserungen, die Zahl der Nutzer zu erhöhen. Der weitere Ausbau des Straßennetzes wird nur langsam vorangehen, vor allem weil die finanziellen Mittel nicht zur Verfügung stehen, dort, wo Umweltinitiativen den weiteren Ausbau blockieren, durch kostspielige unterirdische Trassenführung Umweltbedenken zu zerstreuen. Aber auch der weitere Ausbau des schienengebundenen öffentlichen Nahverkehrs wird durch finanzielle Restriktionen nur sehr langsam erfolgen können. Trotz der Forderungen mancher Wirtschaftskreise wird der weitere Ausbau der Flughäfen in der Region nur mit Mühe durchzusetzen sein, weil die Anschlüsse des Ruhrgebietes an das europäische Bahnnetz besonders günstig sind.

2. Eine Region zwischen Tradition und Moderne: Hemmnisse der strukturellen Anpassung der Region

Was macht es so schwirig, das Ruhrgebiet, aber auch andere altindustrialisierte Agglomerationen zu modernisieren? Es sind viele Gründe und Hemmnisse, die aus unterschiedlichen ideologischen Perspektiven und aus unterschiedlichen institutionellen wie individuellen Interessen für die Schwierigkeiten verantwortlich gemacht werden, in die altindustrialisierte Regionen weltweit geraten sind.

Wie andere Agglomerationsräume ist auch das Ruhrgebiet in nationale und globale Wandlungsprozesse von Wirtschaft und Gesellschaft eingebunden. Technologischer Wandel und langfristige gesellschaftliche Transformationsprozesse setzen auch für die regionale Entwicklung im Ruhrgebiet neue Rahmenbedingungen, ebenso wie die politisch geforderten und vehement vorangetriebenen Deregulierungsmaßnahmen. Der Wettbewerb der Stadtregionen in Europa und die Herausbildung neuer transeuropäischer Informations- und Infrastrukturnetze schaffen für eine altindustrielle Region wie das Ruhrgebiet zusätzliche Schwierigkeiten. Der vielbeschriebene weltweite Übergang vom Fordismus zum Postfordismus trifft altindustrialisierte Regionen mit ihren tradierten und wenig flexiblen industriellen Großstrukturen in besonderem Maße. Teile des Ruhrgebietes sind daher auch zu Recht sogenannte Ziel-2-Regionen, deren Modernisierung im Rahmen der Regionalpolitik der Europäischen Union gefördert wird.

Auch die Wiedervereinigung der beiden deutschen Länder ist nicht ohne Auswirkungen auf das Ruhrgebiet geblieben. Sie hat die öffentliche und politische Aufmerksamkeit sehr von dieser Region abgelenkt. War das Bild vom Nord-Süd-Gefälle in Deutschland Mitte der 80er Jahre noch Ausdruck der Befürchtungen um die zunehmend disparitäre Entwicklung zwischen alten Industrieregionen im Norden und modernen Technologieregionen im Süden Westdeutschlands, so ist diese Metapher schnell und mit Recht durch die des Ost-West-Gefälles ersetzt worden. Im Vergleich zu den alten Industrieregionen der neuen Bundesländer Mitteldeutschlands nehmen sich jedenfalls die Umstrukturierungsprobleme des Ruhrgebietes trotz mancher intraregionaler Verschärfung gering aus.

Hatte die Konsumgüterindustrie des Ruhrgebietes in der ersten Zeit nach der Wiedervereinigung noch hohe Zuwachsraten zu verzeichnen, so hat sich dieser Effekt in der Folge schnell wieder normalisiert. Auch die großen Hoffnungen der Wirtschaft des Ruhrgebietes, insbesondere die der im Anlagenbau tätigen Großunternehmen und ihrer Zulieferfirmen, die traditionell enge Beziehungen zur alten Sowjetunion hatten, auf umfassende Aufträge aus den GUS-Nachfolgestaaten haben sich bislang kaum erfüllt. Hinzu kommt, daß die ohnehin schon stark verschuldeten Kommunen des Ruhrgebietes sich in der Phase des ersten Zusammenwachsens mit den neuen Bundesländern solidarisch zeigen mußten, was auch finanzielle Transferleistungen mit einschloß. Einer der „Gewinner" der Wiedervereinigung war hingegen der Flughafen Dortmund, der sein Fluggastaufkommen aufgrund der (noch) schlechten Straßen- und Bahnverbindungen in die neuen Bundesländer erheblich ausbauen konnte und damit auch neue Bedeutung als regionaler Flughafen bekam.

Europäischer Binnenmarkt und deutsche Wiedervereinigung haben jedenfalls zur Folge, daß sich das Ruhrgebiet noch sehr viel mehr auf seine eigenen Kräfte verlassen und daß sich die Region auf die bessere Nutzung und systematische Ergänzung ihrer traditionellen bzw. der wenigen modernen endogenen Potentiale besinnen muß. Die Region kann also nicht mehr darauf bauen, daß der Umstrukturierungsprozeß von außen alimentiert wird, sieht man von den jährlichen 7 Milliarden DM Hilfe für den Steinkohlebergbau und den Zuschüssen der EU im Rahmen der Regionalpolitik für Ziel-2-Regionen ab. Damit wird vor allem das Tempo der strukturellen Anpassungsprozesse in den Städten an Ruhr, Emscher und Lippe zurückgehen und der interne Wettbewerb um die verfügbaren Mittel weiter zunehmen.

Die Gründe, die es im Ruhrgebiet zusätzlich so schwierig machen, selbst bei günstigen weltwirtschaftlichen und konjunkturellen Rahmenbedingungen Modernisierungsprozesse voranzutreiben, sind:

- Die ungebrochene Macht der industriellen Großstrukturen: Die Region zwischen Duisburg wurde und wird von wenigen großen Unternehmen dominiert, von Unternehmen, die aus dem traditionellen Montanbereich kommen (wie beispielsweise Krupp, Ruhrkohle oder Veba), und von solchen der Energiewirtschaft (VEW, RWE, Ruhrgas). Zwei Unternehmen haben zwar ihren Unternehmenssitz in Düsseldorf (Mannesmann, Veba), sind aber überall im Ruhrgebiet präsent. Auch wenn diese Unternehmen in den letzten beiden Jahrzehnten sehr erfolgreich umfassende Diversifizierungsstrategien

Fallstudie Ruhrgebiet

verfolgt haben und damit versuchen, Abwärtstendenzen in traditionellen Unternehmensfeldern zu kompensieren, so sind sie doch auch im wesentlichen ihren traditionellen Produkten und Verfahren und damit auch der Region treu geblieben. Damit sind aber auch ihre personellen und institutionellen Netzwerke, die schon immer regionale Meinungsbildungs- und Entscheidungsstrukturen sehr stark bestimmt haben, unverändert einflußreich. In einem von (Montan-)Mitbestimmungsgesetzen und ritualisierten Aushandlungsprozessen geregelten Umfeld sind die personellen Kontakte zwischen Vorstandsebenen der Unternehmen, Gewerkschaftsfunktionären und Repräsentanten der stets ungefährdeten Mehrheitspartei sehr eng. Dies ist auf allen kommunalpolitischen Handlungsfeldern spürbar und hat erheblichen Einfluß auf tagtägliche Entscheidungen über Boden(wieder)nutzung, über die Modernisierung der physischen Infrastruktur, ja auf fast alle Entscheidungen zu industriebezogenen harten wie weichen Standortfaktoren. Innovationen, welcher Art auch immer, lassen sich in der Region kurz- und mittelfristig nur mit diesen Unternehmen durchsetzen, nicht gegen sie. Es gibt keine Angaben darüber, für wieviel Prozent der Arbeitskräfte der Region diese Unternehmen auch Arbeitsplätze in der Region sichern, doch ihre relative Bedeutung und Macht ergibt sich schon aus ihren Jahresumsätzen und der Zahl ihrer Beschäftigten. Hinzu kommt, daß viele Klein- und Mittelbetriebe der Region in erheblichem Umfang von kontinuierlichen Aufträgen dieser Unternehmen abhängig sind.

Ein zusätzlicher Aspekt ist nicht ohne Bedeutung: Fast alle dieser großen Unternehmen engagieren sich zunehmend in zwei raumbedeutsamen Feldern, im Bereich des Umweltschutzes (vor allem Entsorgungstechnologien) sowie im Bereich von Immobilienentwicklung und -verwaltung.

Sehr zielstrebig sind einige der großen Unternehmen der Montanindustrie (RWE, Mannesmann, Thyssen, Veba) seit jüngster Zeit dabei, sich im Rahmen ihrer aus dem politischen Raum immer wieder eingeforderten Diversifizierungsaktivitäten auch auf dem Gebiet neuer Informations- und Kommunikationstechnologien zu etablieren. Sie nützen dafür ihre strukturelle Machtposition, „verkaufen" sich als seriöse und effiziente Industrieunternehmen mit langer Erfahrung und bieten, wie beispielsweise die RWE, ihre materielle Infrastruktur (ihre Hochspannungstrassen) als schnell erschließbare und nutzbare Datenhighways an. Durch diese strategische Besetzung eines zweiten Zukunftssektors - der erste ist der schon erwähnte Bereich der Umwelttechnologien - festigen die großen Unternehmen der Region ihre beherrschende Machtposition und können sich bei ihren Marktdurchdringungsstrategien auf traditionelle regionale Netzwerke und Politikverflechtungen verlassen.

All dies macht sie auch in Zukunft zu einflußreichen Akteuren regionaler Umstrukturierungs- und Modernisierungsprozesse im Ruhrgebiet, deren Interessen regionale wie lokale Politiken, Institutionen sowie Gremien und Entwicklungen bestimmen.

- Montan, von der Wiege bis zur Bahre: Eine bekannte strukturelle Schwäche des Ruhrgebietes war (und ist noch immer) die geringe Zahl an innovativen Klein- und Mittelbetrieben, eine Tatsache, die im wesentlichen auf das die Region dominierende Milieu des großindustriellen Montanbereichs zurückzuführen ist. In diesem Milieu waren die gutbezahlten Arbeitsplätze in den technologisch hoch entwickelten Produktionsstätten so attraktiv, daß es wenig Veranlassung gab, selbst und mit hohem Risiko unternehmerisch tätig zu werden. Die lebenslange Solidarität mit diesen Unternehmen sicherte die Existenz der Angestellten. Entscheidungen wurden meist von anderen oder von Gremien und Kollektiven getroffen. Da die großen Unternehmen auch wenig Aufträge nach außen vergaben, sondern notwendige Dienstleistungen sehr oft im eigenen Hause installierten, gab es zu wenig Masse und zu wenige Alternativen für kleine und mittlere Dienstleistungsunternehmen, sich in der Region zu entfalten. Dies gilt sowohl für den gesamten technologischen Bereich wie auch für produktionsorientierte Dienstleistungen, die traditionell immer in Düsseldorf oder Köln nachgefragt wurden, in der Region selbst aber nur wenig Entfaltungsmöglichkeiten hatten.

Auch die wenigen Ausbildungsstätten der Region waren immer auf die Bedürfnisse der Montanunternehmen ausgerichtet, und qualifizierte Markscheider und Ingenieure, Juristen und Betriebswirte wurden bis in die 70er Jahre in der Regel an Hochschulen außerhalb des Ruhrgebietes (in Clausthal-Zellerfeld, Aachen, Braunschweig und Hannover bzw. in Köln, Bonn oder Münster) ausgebildet. Bis heute gibt es übrigens an keiner der neuen staatlichen Universitäten in der Region eine Fakultät für Montanwissenschaften. Dies hat dazu beigetragen, daß es in dieser Region, im Gegensatz beispielsweise zu Stuttgart oder München, nur ein vergleichsweise bescheidenes Potential an unternehmerisch denkenden und handelnden Personen gab, die bereit waren, Risiken einzugehen, und wenig einflußreiche Banken, die sie darin unterstützten. Erst seit die Absolventen technischer und wirtschaftsbezogener Studiengänge an den neuen Hochschulen der Region ab Mitte der 70er Jahre in die lokale Berufswelt drängen, entsteht ganz langsam - und von der Landesregierung durch vielfältige Einrichtungen des Technologietransfers beträchtlich unterstützt - so etwas wie ein neues regionales Innovationsmilieu unterhalb des traditionellen Energie- und Montankomplexes.

Ein weiterer Aspekt ist erwähnenswert. Ein beträchtlicher Teil der Studierenden an den neuen Hochschulen der Region kam aus Arbeiterfamilien. Dies war sowohl Ziel als auch ein Erfolg der Gründung der neuen Hochschulen im Ruhrgebiet. Doch diese erste Hochschulgeneration war auch noch in den mentalen Strukturen der Großindustrie verhaftet, und erst jetzt, da nun schon deren Kinder in die Berufswelt kommen und strukturelle Veränderungen auch die großen Unternehmen erreicht haben, ändert sich seit Mitte der 80er Jahre so allmählich die Einstellung zu eigener unternehmerischer Tätigkeit.

Es wird noch Jahre dauern, bis diese Strukturschwäche der Region überwunden ist, bis sich ein einigermaßen ausgewogenes Gleichgewicht zwischen den traditionellen Großunternehmen und produzierenden und produktionsorientierten Klein- und Mittelbetrieben eingestellt hat. Die Initiative dazu wird dabei noch lange Zeit von den Großunternehmen kommen müssen, die immer mehr Teilaktivitäten auslagern, aber unter ihrer Kontrolle halten wollen.

- Das kostspielige ökologische Erbe der industriellen Vergangenheit: Ein anderes Erbe der montanorientierten Vergangenheit belastet die Region in großem Maße: die Altlasten. Wie wohl keine andere Stadtregion der Bundesrepublik Deutschland (abgesehen vom mitteldeutschen Industriebezirk in den neuen Bundesländern) sind die Böden der

Fallstudie Ruhrgebiet

Region kontaminiert. Bis zu einem Drittel der Flächen in den einzelnen Städten der Region gelten als Altlastenverdachtsflächen. Auch wenn inzwischen die Verfahren zur Reinigung der kontaminierten Böden bekannt sind und es im wesentlichen keine technischen Probleme der Entgiftung mehr gibt, so müssen die erheblichen Kosten dafür fast ausnahmslos vom Land getragen werden. Die großen Unternehmen der Montanindustrie haben in den vergangenen Jahrzehnten jedenfalls sehr geschickt jede Verantwortung für die Dekontaminierung der Böden auf den öffentlichen Sektor abgewälzt. Aber selbst wenn die Böden entgiftet sind, bleiben noch psychische Hemmnisse, die eine vorurteilsfreie Wiedernutzung ehemals industriell genutzter Flächen (insbesondere für den Wohnungsbau) sehr erschweren oder fast unmöglich machen.

Viele andere Belastungen der regionalen Umwelt sind ebenfalls Folge einer allein auf die Bedürfnisse der Industrie ausgerichteten Raumentwicklung. Dazu gehören industrielle wie haushaltsbezogene Mülldeponien, belastete Oberflächengewässer und offene Abwassersysteme (Emscher). Aber auch die große Verinselung von Freiflächen im gesamten Revier und die großflächige Verlärmung von Wohngebieten an regionalen Durchgangsstraßen gehören zu den negativen Umweltbedingungen, unter denen die Bewohner der Region besonders leiden. Es ist daher nicht verwunderlich, daß der Entwicklungsdruck auf die noch landwirtschaftlich genutzten Randbereiche des Reviers im nördlichen Sauerland und im südlichen Münsterland besonders stark ist; ein Druck, der nur teilweise durch eine sehr strikte und umweltbewußte Regionalplanung aufgehalten werden kann. Die Gemeinden wären in der Regel sehr viel schneller bereit, landwirtschaftliche Böden zu opfern und zu versiegeln.

● Image als Belastung: Einen blauen Himmel über der Ruhr hatte die Politik, hatte Willy Brandt der Bevölkerung des Ruhrgebietes in den 60er Jahren versprochen und damit eine Politik der qualitativen Verbesserung der Lebensbedingungen in der Region eingeleitet, die seitdem in vielen kleinen Schritten und Maßnahmen vergleichsweise erfolgreich war. Doch trotz aller Marketingmaßnahmen, die die diversen Politiken der Umstrukturierung begleitet haben, hat sich das Außen-Image der Region nur unwesentlich geändert. Es wird noch immer von erheblichen Vorurteilen bestimmt, von Bildern einer grauen, kaputten Industrielandschaft mit Stahlwerken, Fördertürmen und Kraftwerken, durchzogen von Eisenbahntrassen und Hochspannungsleitungen, von der Macht von Gewerkschaften, von arbeitnehmerfreundlichen politischen Strukturen, von der Macht der Montanbarone. Zu dem (in vielen Schulgeographie-Büchern) immer noch gepflegten Industrielandschafts-Image (das nur noch in wenigen Teilbereichen zu finden ist) kommt, daß die Region umgekehrt auch nur wenig positiv auffallende und medienwirksame Merkmale oder Ereignisse vorweisen kann und daher auch (noch?) keine Tourismus-Region ist.

Was die Qualität dieser Region für eine breite Bevölkerungsschicht ausmacht (individuelle Lebensqualität, vergleichsweise größere Solidarität, relative gesellschaftliche Offenheit, hohe Arbeitsplatzsicherheit, geringere Lebenshaltungskosten), ist nur schwer nach außen vermittelbar. Selbst dort, wo negative Vorurteile ausgeräumt sind, bleibt ein diffuses Raumbild der Region und seiner Städte und Stadtteile. Dies gilt in besonderem Maße für das europäische Ausland und darüber hinaus, wo diese Region (außer vielleicht in der Welt der Energieunternehmen) wenig bekannt und profiliert ist, auch weil diese Region auf dem internationalen Medienmarkt im Grunde nicht vertreten ist. Das noch immer bestehende negative (oder zumindest wenig positive) Image wirkt sich insgesamt auf die mentale Einstellung zu dieser Region aus. Es hatte in der Vergangenheit schon die Ansiedlung von Unternehmen im Ruhrgebiet sehr erschwert und dokumentiert sich auch in der vergleichsweise geringen Nachfrage nach gewerblichen Grundstücken von auswärtigen oder gar ausländischen Investoren. Das Image der Region wird also bestimmt von einer Mischung aus Tatsachen und Vorurteilen, Mängeln und Schwächen, die anderswo durch einzelne, im Ruhrgebiet weitgehend fehlende lokale „Höhepunkte" kompensiert werden. Versuche, die Region als eine moderne Energie- und Technologielandschaft zu vermarkten, haben bislang nur erreicht, daß die besonders negativen Bilder aus den Köpfen verschwunden sind. Vielleicht schafft es die Internationale Bauausstellung Emscherpark, die Geschichte von der erfolgreichen sozialen und ökologischen Erneuerung der Region nach außen zu tragen und alte Bilder durch neue Erfolgsgeschichten, neue Bilder und zu besichtigende Projekte zu ersetzen. Ihre „flagship"-Projekte und überregionalen Zugpferde sind daher auch die neu genutzten und allgemein zugänglichen Industriedenkmäler.

● Von den harten zu den weichen Standortfaktoren: In den letzten Jahrzehnten sind weiche Standortfaktoren (attraktive Landschaft, kulturelles Angebot, Image etc.) für die Ansiedlung von Unternehmen, für die Sicherung von Arbeitsplätzen und für die Anwerbung von qualifizierten Arbeitskräften immer wichtiger geworden. Traditionelle harte Standortfaktoren (Energie, materielle Infrastruktur) haben demgegenüber für individuelle wie unternehmerische Standortentscheidungen an relativer Bedeutung abgenommen. Diese Entwicklung hat alte Industrieregionen besonders stark getroffen, denn dort sind weiche Standortfaktoren traditionell weniger bedeutsam. Auch das Ruhrgebiet ist von dieser Entwicklung betroffen, obwohl es, was weiche Standortfaktoren anbelangt, objektiv um vieles besser ist als sein diesbezügliches Image. Das Kulturangebot ist sehr vielfältig und hat in Teilbereichen internationales Format, die Landschaft im Süden und Norden der Region ist attraktiv, und die allgemeine Lebensqualität der Menschen der Region ist höher als in vielen anderen Stadtregionen Europas. Tatsache aber ist, daß die ästhetische Qualität der Städte des Ruhrgebietes mit der von vielen anderen Stadtlandschaften, inbesondere von solchen mit feudaler Vergangenheit oder topographischen Besonderheiten (Wasser, Berge, große Flüsse), nicht standhalten kann. Da hilft es auch nicht, wenn sich Duisburg das Affix „am Rhein" zulegt, um sich vom Ruhrgebiet zu distanzieren und vom Image dieses Flusses und der Rheinschiene Nutzen zu ziehen. Ein Mangel dabei ist ganz besonders, daß das (vorindustrielle) architektonische Erbe der Region im Ruhrgebiet nur eine untergeordnete Rolle spielt. Da in der Industrie erworbener Reichtum in der Region (aus welchen Gründen auch immer) nur in Ausnahmefällen (Villa Hügel in Essen) gezeigt wurde, hat diese Region keine die Stadtlandschaft prägende bürgerliche Architekturtradition. Der Region fehlen im internationalen Städtevergleich Kathedralen und prachtvolle Klöster, mittelalterliche Stadtquartiere, große europäische Fürstenhöfe und großbürgerliche Paläste. Und es gibt nur einen sehr gering ausgeprägten Willen für architektonische Qualität, was sicher auch damit zu tun hat, daß die täglichen visuellen Erfahrungen dies nicht sichtbar machen. Erst in jüngster Zeit gibt es Ansätze dazu, die in der Region vorhandenen industriellen Baustrukturen, die Andersartigkeit der industriellen Stadtlandschaft ins regionale und vor allem ins überregionale Bewußtsein zu bringen, ja sie begehbar und nutzbar zu machen (beispielsweise Zeche Zollverein in Essen, Stahlwerk Duisburg-Meiderich). Das Ruhrgebiet ist im wesentlichen charakterisiert durch funktionale Bodennutzung und Räume, vor allem aber durch dezentrale Strukturen. Es gibt keine Konzentrationen von überlokal bedeutsamen Einrichtungen. Die polyzentrische und demokratische Raumstruktur bietet somit wenig Orte und Anlässe zum (großbürgerlichen) Flanieren oder Promenieren. Das Auto spielt folgerichtig in dieser Region (wie in Los Angeles) eine sehr viel größere Rolle als andernorts, doch darunter leidet natürlich die Qualität der Stadtlandschaft.

● Kommunalpolitische Fürstentümer: Konkurrenz statt Komplementarität: In der Region wissen es alle: Die tägliche Konkurrenz zwischen den Städten des Ruhrgebietes läßt wenig Spielraum für regionale Zusammenarbeit. Lokale Eifersüchteleien sind an der Tagesordnung, und der Kommunalverband Ruhrgebiet, diese fast zur Bedeutungslosigkeit reduzierte Nachfolgeorganisation des in seiner inneren Wirksamkeit immer überschätzten Siedlungsverbandes Ruhrkohlenbezirk, ist nicht legitimiert und daher auch nicht in der Lage, übergreifende kommunale Zusammenarbeit tatsächlich zu praktizieren. Die Region ist meist nur dann stark, wenn äußere „Feinde" (eine konservative Regierung in Bonn, ein landesherrlicher Beschluß in Düsseldorf oder die Aufkündigung des Kohlepfennings etc.) ihr drohen. Dann rücken die demokratisch gewählten Fürsten der Ruhrgebietsstädte zusammen und zeigen kurzfristige tagespolitische Einigkeit.

Die die Region strukturierenden Grünzüge sind daher auch nur die „Vorwerke" kommunaler Verteidigungsanlagen, die die einzelnen Stadtfürstentümer und ihre jeweiligen regionalen Herrschaftsbereiche („Oberzentren") voneinander trennen. Zwar gab es immer wieder Ansätze, überkommunale Zusammenarbeit zu praktizieren und funktionale Arbeitsteilung zu organisieren; doch da dies meist nur immer dann geschah, wenn es zu sparen galt (beispielsweise bei der immer wieder diskutierten Zusammenlegung von Orchestern und Theatern), haben derartige Bemühungen immer sofort große Widerstände hervorgerufen, so daß sie schnell wieder in „Vergessenheit" gerieten. Es gibt also fast keine bewußte, von den Städten und Gemeinden selbst gewollte raum-funktionale Arbeitsteilung im Rahmen der geplanten Modernisierung des Ruhrgebietes. Lediglich die Landesregierung arbeitet bei ihrer Förderpolitik auf eine gewisse räumliche Arbeitsteilung hinaus. Doch selbst die von der Landesregierung praktizierte regionalisierte Strukturpolitik, die mit Hilfe sogenannter Regionalkonferenzen verwirklicht werden soll, hat bislang (selbst in den kleineren Teilregionen) wenig echte interkommunale Zusammenarbeit mit sich gebracht.

Noch eines kommt hinzu: Die Städte und Regionen Nordrhein-Westfalens außerhalb des Ruhrgebietes haben in der Vergangenheit immer sehr darauf geachtet, daß die wirtschaftlich ohnehin schon dominante Rolle nicht auch noch durch administrative Strukturen (z.B. Regierungsbezirk Ruhrgebiet) überlagert und noch mehr gestärkt wird.

● Bürokratisierung als System? Politische Entscheidungsprozesse und planungsrechtliche oder betriebliche Genehmigungsverfahren brauchen im Ruhrgebiet länger als anderswo. Dies ist jedenfalls eine oft geäußerte Behauptung. Sie ist vermutlich nicht falsch, auch wenn es objektive und vergleichbare Untersuchungen darüber nicht gibt. Diese längeren Verfahren haben ihre nachvollziehbaren und im einzelnen oft auch berechtigten Ursachen. Sie reichen von der objektiven Problematik der mit der Bergbautätigkeit verknüpften schwierigen Boden- und Gründungsverhältnisse über eine Vielfalt von notwendigen umweltbezogenen Prüfverfahren (Altlastenprüfung, wasserrechtliche Verfahren etc.), die der hochverdichtete Agglomerationsraum notwendig macht, über komplexe, durchaus demokratische, aber auch wenig flexible, von Parteiinteressen bestimmte Entscheidungsstrukturen bis hin zu subjektiven und ideologisch beeinflußten Verhaltensweisen einzelner Sachbearbeiter in kommunalen Stadtverwaltungen. Die vielbeklagte Bürokratisierung ist nicht System, aber sie ist eine Folge der besonderen historischen und sozialen Bedingungen dieser altindustrialisierten Landschaft.

Dieser vielschichtige Problemkomplex und die neue institutionelle Unübersichtlichkeit im Ruhrgebiet machen es denjenigen Investoren, die von außerhalb der Region kommen oder in der Region selbst personell nicht gut vernetzt sind, schwierig, Verständnis für die langwierigen Entscheidungsprozesse und die vielen damit verbundenen Einzelgespräche und Anträge aufzubringen, insbesondere dann, wenn lokale Verwaltungen sich doch eher als Kontroll-, denn als Dienstleistungseinrichtungen verstehen.

So ist bespielsweise auch verständlich, daß der Entwicklungsdruck auf schnell bebaubare Grünflächen in der Region hoch ist, obwohl es ausreichende altindustrielle Flächen in der Region gibt, für die neue Nutzungen gesucht werden. Doch diese Flächen sind nicht immer kurzfristig und nicht ohne Überraschungen bebaubar, selbst dann, wenn, wie es meist geschieht, der öffentliche Sektor das gesamte (und teure) Risiko der Umnutzung übernimmt und die Vorleistungen dazu aus öffentlichen Kassen begleicht.

Doch das Wissen um die langen Entscheidungsprozesse ist ein wesentliches Hemmnis für kurzfristige und spontane unternehmerische Entscheidungen. Nur diejenigen Investoren, die aus der Region selbst kommen, die mit diesem Umstand und den damit verbundenen Mechanismen und Subventionschancen seit Jahrzehnten vertraut sind, wissen damit umzugehen und planen entsprechend langfristiger. Doch solche einheimischen Neu-Gründer gibt es eben nur wenige.

- Politik (fast) ohne Opposition: Die traditionellen Wahlerfolge der sozialdemokratischen Partei in den Städten des Ruhrgebietes sind beeindruckend. Anteile über 50%, auch 60% sind die Regel. Seit Jahrzehnten ist die SPD daher auch in allen großen Städten die ungefährdete Mehrheitspartei. Lediglich die Kommunalwahl 1994 hat in der Stadt Mülheim zum ersten Mal zu einer schwarz-grünen Koalition geführt. Diese kontinuierliche Dominanz einer einzigen Partei und die geringen Chancen anderer demokratischer Parteien, an die lokalpolitische Macht zu kommen, haben dazu geführt, daß es in der Region nur wenig politische Opposition gibt. Selbst die lokalen Industrie- und Handelskammern sind nur gelegentliche und nur halbherzige Kritiker und Widersacher lokaler Politik. Diese Aufgabe fällt in der praktischen Tagespolitik fast allein den GRÜNEN zu, die allerdings auch nur in den Universitätsstädten Dortmund, Bochum, Duisburg und Essen über ein größeres Wählerreservoir verfügen. Kommunalpolitik ohne politische Opposition macht bequem. Wenn diese Politik von einer Partei beherrscht wird, die zwar soziale Ansprüche artikuliert und verteidigt, aber ansonsten ausgesprochen wertkonservativ denkt und handelt, selten über den lokalen Tellerrand blickt und nur wenig innovativ ist, so sind die notwendigen Modernisierungsprozesse in der Region dadurch sehr behindert. Noch eins kommt hinzu: Die traditionellen Mechanismen der Personalerneuerung in der Mehrheitspartei haben Selektionsprozesse mit sich gebracht, die es Seiteneinsteigern und Querdenkern fast unmöglich machen, in den Kommunen Fuß zu fassen und in einflußreiche Entscheidungsebenen zu gelangen. Damit finden innovative oder gar experimentelle Ansätze regionaler Erneuerung selten die notwendige politische Unterstützung, auch weil sich die traditionelle Großindustrie der Region längst in ihrer eigenen Politik auf diese (immer leicht berechenbare) Situation eingestellt und sich mit der lokal und regional herrschenden politischen Klasse arrangiert hat. (Über Jahre hinweg stand in den 70er Jahren ein Drittel der SPD-Fraktion im Rat der Stadt Dortmund auf den Lohn- und Gehaltslisten des Stahlkonzerns Hoesch!)

● Medienpräsenz endet in Soest: Was seine regionalen Medien anbelangt, ist der Ballungsraum Ruhrgebiet ein Stiefkind der deutschen Medienlandschaft. Die alles beherrschende regionale Zeitung, die Westdeutsche Allgemeine Zeitung (WAZ), ist im besten Sinne eine gute Lokalzeitung, die sehr weit ausdifferenziert über lokale Ereignisse berichtet. Was ihre regionale und überregionale Berichterstattung anbelangt, so ist sie keine ernsthafte Alternative zu anderen großen Zeitungen in der Bundesrepublik Deutschland. Die WAZ gehört auch nicht zum Standardrepertoire von überregionalen Zeitungskiosken im In- und Ausland. Andere lokale Zeitungen stehen dem nicht viel nach, auch andere Medien bleiben weitgehend lokal oder sind gleich auf der Landesebene angesiedelt, ohne dort viel regionale Identität zu stützen.

All dies hat zwei Konsequenzen: Zum einen werden Informationen über die Region von Meinungsführern und Multiplikatoren in Politik, Wissenschaft und Wirtschaft nur selten außerhalb der Region wahrgenommen oder gar gelesen. Informationen über die Region unterbleiben also oder beruhen auf selektiven Berichten von Nachrichtenagenturen oder gelegentlichen Ortsbesuchen durchreisender Journalisten. Das Ruhrgebiet ist nicht Sitz von ausländischen Pressekorrespondenten. Sie sitzen in Bonn, bestenfalls in Köln oder Düsseldorf, und berichten von dort aus der kurzen Distanz, auch über Ereignisse im Ruhrgebiet, aber meist nur dann, wenn sie dazu den Auftrag erhalten.

Zum anderen kommen wenig Informationen aus dem Ausland, aus vergleichbaren Regionen in das Ruhrgebiet, jedenfalls nicht über die lokalen Medien. Die große Mehrheit der Bevölkerung der Region erfährt also nicht, wie in England oder Frankreich mit kommunalen und regionalen Problemen umgegangen wird, die die Bewohner des Ruhrgebietes bewegen. Sie erhalten keine Anregungen aus anderen Lebenswelten, keine Hinweise auf mögliche Lösungen lokaler Problemsituationen.

So bleibt die Region seit Jahrzehnten im Windschatten internationaler Informationsnetzwerke. Zwar hat es in der Vergangenheit immer wieder Überlegungen gegeben, die Zeitungslandschaft im Ruhrgebiet zu verändern oder zu komplettieren; doch auch die Hinweise auf die inzwischen sehr veränderte Sozialstruktur der Region mit ihrer dichten Hochschullandschaft haben den das Feld beherrschenden Medienkonzern nicht dazu bewegen können, in eine regionale Alternative zu den anderen großen deutschen Tageszeitungen zu investieren. So endet die regionale Medienpräsenz des Ruhrgebietes an den Grenzen der Vertriebsregion der monopolistischen WAZ, also in Soest.

- Kein Leitbild regionaler Entwicklung: Die soziale und wirtschaftliche Erneuerung des Landes ist das übergeordnete politische Leitbild, dem sich die Modernisierungspolitik des Landes Nordrhein-Westfalen verpflichtet fühlt. Doch konkreter wird es nicht, auch nicht auf untergeordneten Handlungsebenen, weder in den Regierungsbezirken noch in den Landschaftsverbänden, schon gar nicht was den Verdichtungsraum Rhein-Ruhr anbelangt oder das Ruhrgebiet. Obwohl das Ruhrgebiet über die Mitgliedschaft von Gemeinden im Kommunalverband Ruhrgebiet als eine Region definiert ist, gibt es für diese Region kein wie immer geartetes und ausformuliertes regionales Leitbild. Zu unterschiedlich sind die lokalen Interessen, zu stark die zwischengemeindlichen Eifersüchteleien und zu schwach ist die politische Legitimation des Kommunalverbandes, als daß es Ansätze dafür gibt, für diese Region konsensfähige Leitvorstellungen zur zukünftigen räumlichen Entwicklung zu erarbeiten. Die vielzitierten (doch weitgehend nur auf dem Papier bestehenden) regionalen Grünzüge des Ruhrgebietes und das Raster-Stern-Modell des regionalen Verkehrssystems sind die einzigen räumlichen Bilder, die die räumliche Entwicklung dieser Region seit den 60er Jahren leiten.

Sicher ist es objektiv schwirig, ein solches Leitbild inhaltlich zu erstellen. Doch angesichts lokaler und regionaler Empfindlichkeiten ist es fast unmöglich, die politisch-fachliche Beteiligung an einer solchen Leitbild-Diskussion überhaupt zu organisieren, sei es „von unten" oder „von oben". Dies zeigen auch die bereits eingerichteten „Regionalkonferenzen" auf der subregionalen Ebene, wo weitgehend Gleichverteilungsprinzipien die Auswahl von Entwicklungsprojekten bestimmen.

So ist und bleibt die Region zwischen den Interessen des Landes und denen vieler einzelner Kommunen ein handlungspolitisches Feld, in dem das persönliche Beziehungsgefüge einzelner Vertreter von Kommunen und Land eine größere Rolle spielt als regionale Leitvorstellungen. Das Fehlen eines regionalen Leitbildes macht es aber auch unmöglich, eine gewisse intraregionale, raumfunktionale Aufgabenteilung offen zu diskutieren. Selbst wenn es durchaus Argumente dafür gibt, diese Situation als vorteilhaft für die Region zu betrachten, so behindert sie aus übergeordneter europäischer Perspektive eine zukunftsorientierte Profilbildung der Region.

Als einzige kommunenübergreifende Institution bemüht sich die internationale Bauausstellung Emscherpark, zumindest für einen Teilbereich des Ruhrgebietes gemeindegrenzenübergreifende Ziele und Prinzipien zu formulieren, neue Bilder in den Köpfen zu produzieren und sie ihren Projekten zugrunde zu legen. Doch sie kann dies nur über tägliche praktische Arbeit („perspektivischer Inkrementalismus"), nicht über politische Legitimation leisten.

Fazit: Alle hier genannten und kurz skizzierten Hemmnisse einer strukturellen Modernisierung der Region sind eng miteinander verflochten und bedingen sich gegenseitig in einem komplizierten Geflecht von mentalen, modernisierungsfeindlichen Altlasten und sozialer Verantwortung. Diese Hemmnisse lassen sich nicht kurzfristig und nicht ohne negative Auswirkungen auf das bestehende Sozialgefüge aus dem Weg räumen. Dazu ist viel Zeit erforderlich, dazu sind in erheblichem Umfang öffentliche Mittel (als Vorleistungen wie zur sozialen Abfederung) erforderlich, und es bedarf großen politischen Fingerspitzengefühls, um sozialverträgliche und damit politisch akzeptierte Modernisierungsprozesse in der Region in Gang zu setzen. Alte Netzwerke hüten sehr geschickt die überkommenen und im Laufe von Jahrzehnten erarbeiteten und erkämpften Privilegien. Wenn das Ruhrgebiet trotz dieser Hemmnisse, die in ähnlicher Form in vielen alten Industrieregionen Europas und Nordamerikas Umstrukturierungsprozesse verhindert haben oder heute noch behindern, vergleichsweise erfolgreich modernisiert ist, so ist dies sicher auch der Tatsache zuzuschreiben, daß der öffentliche Sektor in diesen Umstrukturierungsprozessen immer die Führungsrolle innehatte und seine langfristigen Modernisierungsziele mit Hilfe vieler Initiativen und Projekte in unzähligen kleinen Schritten umsetzt.

3. Annäherungen an eine schwierige Region

Die Prozesse der Umstrukturierung des Ruhrgebietes und die Probleme, die dabei auftauchen, lassen sich am besten durch die Beschreibung ausgewählter, in der Tagespolitik sehr eng miteinander verwobener Handlungsfelder und der in ihnen tätigen Akteure erklären. Diese Handlungsfelder sind:

● Rettung durch Wissenschaft und Forschung? Hochschule und Region: Die im nachhinein gesehen wohl folgenreichste Entscheidung der 60er Jahre war die Gründung der neuen Universitäten im Ruhrgebiet (Tab. 4). Sie hat sich für die strukturelle Modernisierung der Region als sehr weitblickend erwiesen. Zusammen mit den damals schon vorhandenen, aber inzwischen zu Fachhochschulen ausgebauten Einrichtungen besteht heute in der Region ein regionaler Ausbildungskomplex, an dem im WS 1994/95 über 180.000 Studierende eingeschrieben waren (Tab. 4). Zu diesem Komplex kommt inzwischen ein dichtes Netz von öffentlichen und halb-öffentlichen Forschungs- und Entwicklungseinrichtungen (Max-Planck- und Fraunhofer-Institute), von Transfereinrichtungen sowie eine Fülle von privaten Forschungs-, Entwicklungs- und Beratungsunternehmen im Umfeld der Hochschulen, die inzwischen eng mit der Wirtschaft der Region verwoben sind. Über Kuratorien und Freundesgesellschaften, über Förderpreise und Veranstaltungen bestehen inzwischen auch enge personelle Vernetzungen, von denen beide Seiten, die Hochschulen wie die Wirtschaft, Nutzen

Tab. 4: Studierende an Hochschulen im Ruhrgebiet 1994/95*

Ruhruniversität Bochum	36.500
Universität Dortmund	25.050
Gerhard-Mercator-Universität Duisburg	15.100
Universität Essen	23.500
FernUniversität Hagen	55.658
Privatuniversität Witten/Herdecke	627
Ev. Fachhochschule Bochum	1.808
Fachhochschule Bochum	5.029
Technische Fachhochschule Bochum Georg Agricola	1.313
Fachhochschule Dortmund	9.102
Folkwang-Hochschule Essen	1.008
Fachhochschule für öffentliche Verwaltung Gelsenkirchen	6.381
Fachhochschule Gelsenkirchen	2.437
Märkische Fachhochschule Iserlohn/Hagen	2.938

*Vorläufige Zahlen; Quelle: Bourrée/Claßen, 1995

ziehen. Die Städte in der Region, die nicht Hochschulstandort sind, versuchen durch die Ansiedlung von An-Instituten und durch den Bau von mit den Hochschulen der Region verknüpften Technologiezentren sich der Potentiale der bestehenden Einrichtungen zu bedienen. Leider gibt es keine Zahlen darüber, wieviel der in der Region ausgebildeten Arbeitskräfte von den regionalen Hochschulen kommen. Es ist aber anzunehmen, daß dieser Anteil sehr hoch ist. Trotzdem ist der Anteil der Bevölkerung mit einem Hochschulabschluß im Ruhrgebiet immer noch geringer als in anderen städtischen Verdichtungsräumen Westdeutschlands.

Dieser neue Wissenschaftskomplex des Ruhrgebietes hat inzwischen die volle Akzeptanz der kommunalen politischen Kräfte gefunden, die gelegentlich sogar den weiteren Ausbau der Hochschullandschaft im Ruhrgebiet fordern. Die Hochschulen gelten als großer Hoffnungsträger der Modernisierung. Auf vielen Forschungsfeldern gehören sie inzwischen zu auch international bekannten Spitzeneinrichtungen Deutschlands. Besondere Schwerpunkte dabei sind zukunftsorientierte Forschungsfelder wie Mikroelektronik, Logistik, Robotik, Raum- und Umweltwissenschaften, aber auch traditionelle Forschungsbereiche wie Medizin, Erziehungswissenschaften, Chemietechnik oder Maschinenbau. Gelegentlich übersteigen allerdings die politischen Erwartungen die tatsächlichen Potentiale der Hochschulen[11].

● Abfall statt Kohle: aus Problemen Potentiale machen: Die großen Unternehmen des Ruhrgebietes haben vergleichsweise früh erkannt, daß Abfall ein einträgliches Wirtschaftsgut sein kann. Während die Forderungen der GRÜNEN nach größerem Umweltbewußtsein noch offiziell belächelt oder gar bekämpft wurden (und immer noch werden), wurden gleichzeitig Schritte eingeleitet, die Entwicklungs- und Verwertungschancen dieses Feldes für die Unternehmen zu erkunden. Heute wird der gesamte Recyclingbereich von den großen Energieunternehmen der Region dominiert. Sowohl die Ruhrkohle AG wie die VEW sind heute auf diesem Feld unternehmerisch tätig. Die VEW besitzt 100% der Anteile der Firma Edelhoff AG & Co, eines der größten Entsorgungsunternehmen der Region, 100% der VEW Umwelt GmbH, 50% des Unternehmens Schieder Schwalenberg und 25,1% der Entsorgung Dortmund GmbH. Die Ruhrkohle liebäugelt immer wieder damit, ihre stillgelegten unterirdischen Schachtanlagen für die Lagerung von nicht wieder verwertbarem Industriemüll zu nutzen. Alle Aktivitäten der RWE im Bereich Entsorgung und Abfallbeseitigungswirtschaft sind in einem neu geschaffenen Konzernbereich RWE Entsorgung AG zusammengefaßt. Die Energieunternehmen des Ruhrgebietes bereiten sich schrittweise darauf vor, den immer mehr an Bedeutung verlierenden traditionellen Rohstoff „Kohle" durch den neuen Wertstoff „Abfall" zu ersetzen, dies als umweltbewußtes Engagement in zukunftsorientierte Umwelttechnologien zu verkaufen und öffentlichkeitswirksam zu vermarkten, dabei aber durchaus tradierte Mechanismen und bestehende Montan-Netzwerke einzusetzen. Dabei ändert sich also praktisch nur der Rohstoff, nicht aber die strukturelle Herangehensweise. Erfahrungen bei der Aushandlung und Nutzung öffentlicher Subventionen für den Steinkohlebergbau lassen sich dabei sehr gut nutzen. Hilfreich dafür ist auch die vom Land bewußt geförderte Strategie, das Ruhrgebiet zur deutschen Spitzenregion in Sachen moderner Umwelttechnologien auszubauen. Besonders glaubwürdig ist dabei die erklärte Absicht, regionale Probleme zu wirtschaftlichen Chancen zu erklären.

Fallstudie Ruhrgebiet

- Ruhrgebiet = Kulturgebiet: Kultur zwischen Folkwang, Zeche Karl und Starlight Express: Das Ruhrgebiet ist eine außerhalb der Region meist unterschätzte Kulturregion. Die Dichte der öffentlich geförderten kulturellen Infrastruktur ist beeindruckend, vermutlich übersteigt sie sogar, was die einfache Zahl der Opernhäuser, Theater, Museen und Orchester anbelangt, die vieler europäischer Verdichtungsräume, einschließlich so bekannter Kulturstädte wie München, Amsterdam oder Wien. Doch die Zahl täuscht natürlich darüber hinweg, daß nur wenige kulturelle Einrichtungen und Veranstaltungen der Region ein dauerhaftes überregionales Profil entwickeln konnten, das auch internationalen Qualitätskriterien genügt. Dazu gehören sicher das Bochumer Schauspielhaus, das Theater des Roberto Ciulli in Mülheim an der Ruhr, das Essener Tanztheater, die Museen in Essen (Folkwang), Duisburg (Lehmbruck), Bottrop (Quadrat/Albers) und Hagen (Van der Velde) oder die Ruhr-Festspiele in Recklinghausen sowie, zumindest in Fachkreisen, die Wittener Tage für neue Musik oder die Tage alter Musik in Herne. Das Ruhrgebiet ist über die Region hinaus aber auch insbesondere aufgrund der Vielfalt und Qualität seiner soziokulturellen Zentren bekannt geworden, die an vielen Orten der Region auf Druck "von unten" (beispielsweise in Essen, Bochum, Herne, Dortmund und Unna) in alten Industriegebäuden eingerichtet wurden und die im Laufe der Jahre zu Magneten kulturellen Lebens für die sehr mobilen Jugendlichen der Region geworden sind. Das neue gesellschaftliche Interesse am Musical und kommerzielle Investoren haben dagegen die Einrichtung von Musicalhäusern begünstigt. Starlight Express in Bochum machte den sehr erfolgreichen Anfang, Essen und Duisburg werden in Kürze folgen. Dortmund bemüht sich nun auch. Kommerziell erfolgreicher Kulturtempel ist schließlich auch die Dortmunder Westfalenhalle, die Aida aus Verona und Pavarotti ebenso verkauft wie große Rockkonzerte, Zauberer und Liedermacher.

Das privatwirtschaftliche Förderumfeld der Kultur im Ruhrgebiet hingegen ist noch wenig profiliert. Natürlich fördern die lokalen Sparkassen wie überall kontinuierlich lokale Kulturereignisse, zwar ist die Ruhrgas AG ein großer Sponsor kultureller Ereignisse in der Region, doch die anderen Großunternehmen des Montanbereichs halten sich bei ihrer Kulturförderung sehr zurück und verlassen sich in alter Gewohnheit auf den öffentlichen Sektor. Auch die Bemühungen des Initiativkreises Ruhrgebiet, die überregionale Kultur in der Region zu fördern, haben nicht ganz das gebracht, was sich die Initiatoren davon erwartet haben. Sie haben wahrscheinlich ihre eigenen Anstoßwirkungen falsch eingeschätzt und dabei gleichzeitig unterschätzt, daß die Förderung von einmaligen Veranstaltungen keine nachhaltige regionale Kulturförderung bedeutet.

Das Kulturleben der Region und die öffentliche Kulturförderung im Ruhrgebiet sind sehr stark von lokalen Einzugsbereichen geprägt. Die Zahl der Stadtgrenzen überschreitenden Kulturkonsumenten ist noch immer sehr gering. Sie beschränkt sich im wesentlichen auf interessierte Fachleute und mobile Studierende. Die materielle Kulturinfrastruktur ist an vielen Orten in ausreichender Zahl vorhanden, doch die personellen Apparate übersteigen meist die durch Sozialkosten ohnehin schon überlasteten Budgets der Kommunen. Die politischen Prioritäten "Erst kommt die Kohle, dann die Kultur" sind deutlich, und eine im Grunde überkommunale Aufgabenteilung scheitert immer wieder an traditionellen kommunalen Eifersüchteleien, aber vor allem daran, daß solche Überlegungen immer erst im Zusammenhang von Einsparungsmaßnahmen an die Öffentlichkeit gelangen, nicht aber im Hinblick auf qualitative Verbesserungen initiiert werden. Hinzu kommt vielleicht auch, daß die kulturellen Einrichtungen von Düsseldorf und Köln vom Ruhrgebiet aus - auch mit der Bahn - leicht erreichbar sind.

Der Slogan von der Kultur als weichem Standortfaktor hat in der Region nur kurzzeitig Strohfeuer entfacht[12]. Mit den ersten Haushaltsschwierigkeiten ist die Kultur Anfang der 90er Jahre als politisches Handlungsfeld schnell wieder von der Tagesordnung der kommunalen Parlamente und der Wirtschaftskammern verschwunden. Bemühungen zur Stärkung kulturwirtschaftlicher Aktivitäten, wie beispielsweise die Errichtung eines Musikindustrieparks in Bochum, sind an lokalem Unverständnis gescheitert, obwohl die wirtschaftlichen Potentiale der Region für den High-Tech-Bereich Musik erheblich sind[13].

- Kein Sand in der Wüste: Flächenengpässe und Flächenblockaden

Eine von den Handelskammern der Region immer wieder vorgetragene und von manchen regionalen Analytikern unterstützte Klage ist, daß Flächenengpässe die wirtschaftliche Entwicklung im Ruhrgebiet behindern. Diese Klage beruht teilweise auf realen Fakten, sie ist aber zugleich auch eine strategische Klage, mit der ganz andere Interessen verfolgt werden. Nirgendwo in städtischen Agglomerationen Deutschlands gibt es vermutlich so viele ungenutzte oder nur schlecht genutzte Industrie- und Gewerbeflächen wie im Ruhrgebiet, und nirgendwo sind diese Flächen so preiswert wie in dieser Region. Doch die Verfügbarkeit dieser Flächen ist aus verschiedenen Gründen begrenzt, und weitere Gründe verhindern oder erschweren ihre schnelle Bebaubarkeit: Der in den Flächennutzungsplänen ausgewiesene Bestand an Industrie- und Gewerbeflächen liegt in einer nicht unerheblichen (aber quantitativ nicht ermittelbaren) Höhe in den Händen der traditionellen Montanunternehmen, die die marktfähigen Flächen aus unterschiedlichen Motiven (oder auch Vorwänden) nicht verkaufen möchten. Andere Flächen in ihrem Besitz sind durch Altlasten so belastet, daß ihre Wiedernutzung nur bedingt bzw. nur nach erheblichen Vorleistungen des öffentlichen Sektors möglich ist. Die im allgemeinen gegenüber vormals landwirtschaftlich genutzten Flächen sehr schwierigen Untergrundverhältnisse erfordern zeitaufwendige und kostenintensive bürokratische Verfahren, die alle diejenigen abschrecken, die nicht über die nötigen Beziehungen zum Montanbereich verfügen. Auf der anderen Seite gibt es mitten in der Region landwirtschaftliche Freiflächen, die durch effektive Gebiets- und Flächennutzungspläne (regionale Grünkorridore) und indirekt durch landwirtschaftliche Subventionen geschützt sind. Diese Flächen und solche am Rande des Ruhrgebietes machen begehrlich. So steht die Flächenblockade des Montanbereichs, der sich dadurch auch von den Kosten des Flächenrecyclings befreien möchte, der ökologisch begründeten Freiflächenblockade von Planern und Umweltschützern gegenüber, und der mit dem Montansektor eng vernetzte bürokratisch-politische Apparat der Kommunen ist nicht imstande, die unabhängige Moderatorenfunktion zu übernehmen, es sei denn, es stehen beträchtliche öffentliche Mittel zur Verfügung, die die unrentierlichen Kosten des Recyclings voll übernehmen. Doch selbst dann noch bleiben psychologische Barrieren der Wiedernutzung, die mit der insgesamt wenig attraktiven Stadtlandschaft und mit den Umfeldbedingungen von Gewerbeflächen zusammenhängen oder mit der traditionell großen Erwartungshaltung, daß gewerbliche Flächen lokalen Betrieben zu (öffentlich subventionierten) Minimalpreisen zur Verfügung stehen. Dies macht eines deutlich: im Gegensatz zu anderen modernen Agglomerationen wird der gewerbliche Grundstücksmarkt im altindustrialisierten Ruhrgebiet durch viele strukturelle Rahmenbedingungen und mentale Einstellungen und Erwartungen in seiner Funktionsfähigkeit behindert. Die daraus resultierenden Blockaden und Rituale kennzeichnen die Auseinandersetzungen, verdecken aber auch, daß es nicht die Flächenengpässe sind, die eine beschleunigte strukturelle Erneuerung der Wirtschaft in der Region erschweren.

Der revolvierende Grundstücksfonds Ruhrgebiet, der 1979 eingerichtet wurde und von manchen als wenig verdeckte Subvention des Steinkohlenbergbaus betrachtet wird, konnte nur einen Teil der genannten Probleme lösen. Er hat zwar an einigen Standorten zur Beseitigung von Flächenengpässen beigetragen und die Realisierung von Schlüsselprojekten mit Signalwirkung ermöglicht, dies aber nicht in breiter Front[14].

- Interkommunale Zusammenarbeit am Tropf: die Rettung des KVR durch den Initiativkreis Ruhrgebiet?

Als 1975 aus dem Siedlungsverband Ruhrkohlenbezirk der Kommunalverband Ruhrgebiet hervorging, war das schleichende Ende einer legendären (wenn auch immer schon etwas überschätzten) Institution vorprogrammiert. Im Grunde hat der Kommunalverband Ruhrgebiet seitdem keine richtig wirksame überkommunale Führungs- oder Leitkompetenz mehr. Seine Aktivitäten beschränken sich auf solche Kooperationsfelder, auf die sich die Beteiligten und Beitrag zahlenden Kommunen einigen konnten, wie regionale Kartographie, planerische Dienstleistungen, Betrieb der regionalen Freizeitanlagen, Öffentlichkeitsarbeit und regionales Marketing. Im Grunde ist der Kommunalverband, so wie er heute organisiert und legitimiert ist, überflüssig und vermutlich viel zu kostspielig. Wahrscheinlich wäre seine Auflösung schon längst öffentlich diskutiert worden, gäbe es nicht den Initiativkreis Ruhrgebiet. Diese 1985 von dem damaligen Vorstandsvorsitzenden der Deutschen Bank Otto Herrhausen (auf begrenzte Zeit) gegründete Initiative zur überregionalen Imageverbesserung des Ruhrgebietes hat Ende der 80er und Anfang der 90er Jahre kurzzeitig für frischen Wind in der Region gesorgt. Sie hat das Selbstbewußtsein des Ruhrgebietes gestärkt und viel dazu beigetragen, daß das negative Außenbild der Region an Schärfe verlor[15]. Kommunalverband Ruhrgebiet und Initiativkreis Ruhrgebiet waren über den Verbandsvorsitzenden des KVR personell eng verquickt. Doch die anfängliche Euphorie ist inzwischen verpufft. Viele Projekte, die von einzelnen Mitgliedern des Initiativkreises angeschoben wurden, sind, aus welchen Gründen auch immer, gescheitert oder einfach im Sande verlaufen. Überkommunale Zusammenarbeit zu verbessern war ohnehin kein oder nur ein (über regionale Projekte und „Events" verfolgtes) indirektes Ziel dieser Initiative. Nur dem Kommunalverband Ruhrgebiet stärkte sie in den ersten fünf Jahren den Rücken und brachte den Verband aus der politischen Diskussionslinie, in die er seit dem schnellen Ausscheiden des Verbandsdirektors im Herbst 1994 wieder geraten ist. Vermutlich gibt es aufgrund vieler Hypotheken nur geringe Hoffnung, daß dem aus sachlichen Gründen so wichtigen Kommunalverband Ruhrgebiet jemals wieder zentrale überkommunale Kompetenzen (z.B. im Bereich von Verkehr, Entsorgung oder auch Wirtschaftsförderung) übertragen werden, daß er als Moderator zwischen den Kommunen auftritt, daß er die langfristigen regionalen Perspektiven des Ruhrgebietes vordenkt und aufzeigt oder daß er als „Außenministerium" der Agglomeration anerkannt wird und als solches agiert[16].

- Landschaftsverschönerungsverein mit ökologischer und sozialer Mission: die IBA Emscherpark als Motor und Katalysator der Inwertsetzung des Ruhrgebietes

Die IBA Emscherpark, diese 1988 vom Land Nordrhein-Westfalen etablierte Agentur zur Umstrukturierung der Emscherzone, ist eine der wenigen wirklich visionären und langfristig angelegten Initiativen im Ruhrgebiet[17]. Mit erheblichen finanziellen Mitteln des Landes ausgestattet, versucht die IBA die ökologische und soziale Erneuerung dieser industriellen Kernregion voranzutreiben, die ökologisch am meisten belastet und durch den strukturellen Wandel der Wirtschaft besonders benachteiligt ist. Dies geschieht im Rahmen einer Strategie eines sogenannten „perspektivischen Inkrementalismus", in der anspruchsvolle Einzelprojekte (beispielsweise Wiedernutzung industrieller Denkmäler, neue zielgruppenorientierte Wohnprojekte, umweltverträgliche Gewerbeparks) dort realisiert werden, wo Partner in den Kommunen kooperieren und wo erhebliche Mittel dazu vom Land zur Verfügung gestellt werden[18]. Anspruchsvolle soziale, ökologische und ästhetische Prinzipien leiten die Gestaltung und Realisierung der einzelnen Projekte. Die Grundphilosophie der mit einem im Grunde unglücklichen, aber politisch unverdächtigen Namen ausgestatteten Initiative ist es, durch exemplarische und vor allem sichtbare Projekte notwendige mentale Veränderungen in der Region herbeizuführen, überregionale Aufmerksamkeit auf die Region zu ziehen, die natürliche und bebaute Umwelt in der Region wieder für Bewohner und Touristen attraktiv zu machen, so daß sie auch für regionale wie internationale Investoren wieder interessant wird.

Neben den vielen baulichen Einzelprojekten - es sind im Grunde „flagship"-Projekte mit mehr oder weniger „alternativem" Charakter - sind zwei größer dimensionierte Initiativen längerfristig angelegt: der „Regionale Landschaftspark Emscherzone" und die „Renaturalisierung der Emscher". Diese beiden Projekte mit einer über 25jährigen Perspektive sind überkommunal. Sie überschreiten kommunale Kompetenzgrenzen und werden in Zusammenarbeit mit traditionalen regionalen Institutionen (KVR und Emschergenossenschaft) in kleinen pragmatischen Schritten verwirklicht. Ob die anfänglich sehr hohen Ansprüche an diese beiden Initiativen im Laufe der Tages- und Jahresgeschäfte gehalten werden können, wird sich zeigen. Letztlich wird es davon abhängen, in welchem Umfang sich das Land finanziell engagiert und verpflichtet, aber auch davon, inwieweit einzelne Personen in Schlüsselinstitutionen sich für die IBA und ihre Ideen einsetzen.

- Planung von unten? Regionalisierte Strukturpolitik „von oben"

Unzufriedenheit über die geringe politische Abstimmung und Koordination von interkommunalen Aktivitäten zur lokalen Wirtschaftsförderung und über viel zu lange Entscheidungsprozesse vor Ort hat im Jahre 1990 die Landesregierung NRW veranlaßt, ihre Strukturpolitik zu „regionalisieren", also zu dezentralisieren[19]. Zu diesem Zweck wurde das Land in pragmatischer Anlehnung an Arbeitsmarktregionen und die Reviere der Industrie- und Handelskammern in 15 Regionen aufgeteilt. Dem Ruhrgebiet zugeordnet waren fünf dieser Handlungsregionen: Die Kommunen und wesentliche gesellschaftliche Gruppen (IHKs, Gewerkschaften, Wohlfahrtsverbände) in diesen Regionen wurden gebeten, in selbst organisierten Regionalkonferenzen interkommunale/subregionale Leitbilder der wirtschaftlichen Entwicklung zu formulieren, daraus sinnvolle Projekte abzuleiten und Prioritäten zu setzen. Für diese Leitbilder wurden Leitvorstellungen vorgegeben[20].

Die hohen Erwartungen an diese Form der Selbstorganisation haben sich bislang nicht erfüllt. Die mit sanftem Druck und mit dem Hinweis auf zu erwartende Fördermittel des Landes (und teilweise der EU) erzwungene interkommunale Kooperation hat nur in wenigen Fällen wirklich zu einer neuen Qualität von regionaler Entwicklungsplanung geführt. Verständnis für die Notwendigkeit überkommunalen Handelns und für interkommunale Arbeitsteilung kam selten auf. Die lokalen politischen Gremien fühlten sich durch die neuen regionalen Runden Tische übergangen. Schließlich kam noch hinzu, daß die vorgegebenen Leitvorstellungen die Auswahl von Projekten sehr bestimmten, ja oft wie Auftragskataloge abgearbeitet wurden, um die spätere Finanzierung der vorgeschlagenen Projekte durch die Landesregierung nicht zu gefährden. Der Innovationsgrad der Projekte war gering. Meist wurden nur die jeweils in den Kommunen schon archivierten Schubladenprojekte reaktiviert und nach dem „duodez-"Prinzip ausgewählt und überkommunal abgesegnet. Es gibt daher einige Anhaltspunkte für die These, daß die Praxis der Regionalkonferenzen die Macht der Landesregierung bzw. insbesondere die des für regionale Strukturpolitik zuständigen Wirtschaftsministers eher noch gestärkt hat.

- Und noch eine Entwicklungsgesellschaft und noch eine Agentur: die neue institutionelle Gründerzeit im Ruhrgebiet

In der Folge der allgemeinen Deregulierungsdebatte, die Ende der 80er Jahre auch NRW erreicht hat, wurden seitdem zur Erfüllung einzelner Aufgaben auch in den Städten des Ruhrgebietes zahlreiche neue Agenturen und Gesellschaften gegründet. Die immer wieder kritisierten Effizienzmängel des öffentlichen Sektors werden zum Anlaß genommen, Aufgaben der Verwaltung aus den großen Stadtverwaltungen auszulagern. Wirtschaftsförderungsämter werden selbständig, um den Geruch von Amtsstuben zu vermeiden. Kulturaufgaben werden Kulturbüros übertragen oder „Eigenbetrieben" überlassen. Umweltaufgaben werden „privatisiert". Mit der Organisation der IBA wurde nicht der KVR beauftragt, und an vielen Orten wurden und werden lokale Entwicklungsgesellschaften gegründet, um altindustrialisierte Flächen zu mobilisieren oder um heruntergekommene Stadtteile bürgernah zu modernisieren (z.B. Duisburg-Marxloh). Auch einige Städte der Emscherzone verließen sich nicht auf den KVR und gründeten zusammen mit der Vestischen IHK und einigen privaten Unternehmen 1992 die Emscher-Lippe-Agentur, die überkommunale Initiativen zur strukturellen Erneuerung der regionalen Wirtschaft entfalten soll[21]. Diese Gründungseuphorie hat im Ruhrgebiet eine gewisse Unübersichtlichkeit mit sich gebracht. Dies ist nicht allein nur auf die wachsende Zahl von neuen Institutionen zurückzuführen, sondern auch darauf, daß ihre Aufgaben und Kompetenzen meist nur wenigen bekannt sind. Motivation für die Gründung dieser Institutionen war neben der Hoffnung auf größere Effizienz außerhalb verkrusteter Verwaltungs- und Entscheidungsstrukturen die größere Problem- und

"Kunden"-Nähe, aber auch die Mobilisierung privaten Kapitals. Doch gerade diese Hoffnung hat sich bislang nur in geringem Maße erfüllt. Letztlich hat sich bei den neu gegründeten Institutionen nur der Rechtscharakter geändert, nichts aber an der Tatsache, daß der öffentliche Sektor letztlich doch die Grundkosten für diese Einrichtungen voll übernehmen muß. Hinzu kommt, daß alle diese Institutionen um die ohnehin knapper werdenden öffentlichen Mittel auch noch untereinander konkurrieren, weil der private Sektor sich nur zögerlich an den Kosten beteiligt.

Fazit: Aus dieser kurzen Beschreibung einiger regionaler Handlungsfelder lassen sich fünf Feststellungen ableiten:

1. Die Kräfte des Marktes können eine so große altindustrialisierte Region wie das Ruhrgebiet nicht erneuern. Die großen Unternehmen des Montansektors beteiligen sich zwar im Rahmen ihrer strategischen Unternehmens- und Diversifikationskonzepte an den notwendigen regionalen Modernisierungsmaßnahmen, wissen aber sehr gut, wie sie die nicht-rentierlichen Kosten dieser Modernisierung (Sozialpläne, Altlasten, Modernisierung der Infrastruktur, Inwertsetzung der ausgebeuteten und vernachlässigten Industrielandschaft, Imagekampagnen) im wesentlichen dem öffentlichen Sektor überlassen, der diese Kosten - notgedrungen - über direkte und indirekte Subventionen übernimmt.

2. Die großen Unternehmen des Montansektors und die mit ihnen verbundenen vor- und nachgelagerten Klein- und Mittelbetriebe dominieren weiterhin die regionale Entwicklung in der Region. Ohne sie könnte die schrittweise Modernisierung der Region nicht erfolgen. Die endogenen innovativen Wirtschaftspotentiale außerhalb des Montansektors sind trotz der neuen Universitäten noch immer viel zu gering, als daß sie den Montansektor in kurzer Zeit voll ersetzen können. Die Landesregierung befindet sich daher seit Jahren in dem industriepolitischen Dilemma, sowohl den Aufbau moderner zukunftsorientierter Strukturen zu fördern als auch den traditionellen Unternehmen des Montansektors bei ihrer Modernisierung unter die Arme zu greifen, was außerhalb der Region verständlicherweise schnell als überflüssige Subventionierung unrentierlicher Industrien angeprangert wird. Die Modernisierung der Region wird folglich nur mit, nicht gegen die Montanunternehmen erfolgen können.

3. Alle Modernisierungsprozesse in der Region werden durch mentale Altlasten und tradierte Selektionsmechanismen der ungefährdet regierenden Mehrheitspartei erheblich behindert. Daran haben weder die Hochschulen etwas ändern können noch die Medien. In den Köpfen der Akteure der regionalen Politiknetzwerke dominieren konservative, struktur- und privilegienerhaltende Denkmuster und Verhaltensweisen, die dort, wo es um die Vermeidung von sozialen Problemen und um den Abbau von Solidarität geht, durchaus ihre Berechtigung haben, die aber in vielen Teilbereichen wirtschaftliche und institutionelle Innovationen und kreatives Handeln verhindern. Das totale Fehlen einer überregional bedeutsamen meinungsbildenden und regional engagierten Presse hat erheblichen Anteil an der geringen regionalen Diskurskultur, aber auch die Tatsache, daß die internationalen Medien diese 5 Millionen Einwohner große Region sozusagen von Bonn oder Köln - und in Zukunft gar von Berlin - aus mit abdecken.

4. Die neue institutionelle Unübersichtlichkeit des öffentlichen Sektors stärkt die großindustriellen Strukturen, die sich auf ihre traditionellen politischen Netzwerke stets verlassen können. Sie festigt aber auch die Landesregierung, die ihre Schlüsselrolle bei der regionalen Strukturpolitik nutzt, um sich bei den Kommunen für Kompetenzen, die sie an Bund und Europäische Union verloren hat, zu entschädigen.

5. Die polyzentrische Region leidet unter ihrem „Mangel an Stadt". Ihre unverkennbaren urbanen Defizite lassen sich durch das Wissen um die vergleichsweise hohe Lebensqualität und die im deutschen Vergleich geringeren Lebenshaltungskosten der Haushalte nicht kompensieren. Die interkommunale Konkurrenz behindert eine im Hinblick auf Europa unverzichtbare regionale Arbeitsteilung in vielen Handlungsfeldern. Ihre vergleichsweise große Bürgernähe ist gleichzeitig auch ihr größter Mangel, denn sie behindert oder verhindert notwendige strukturelle Modernisierungsstrategien.

4. Das Ruhrgebiet: struktureller Wandel in sozialer Verantwortung

Trotz dieser sehr kritischen Analyse der vielfältigen Bemühungen zur Modernisierung der Region in den hier kurz skizzierten Handlungsfeldern: das Ruhrgebiet ist ein Modell der Hoffnung. Es ist ein Modell, in dem der wirtschaftliche und räumliche Umstrukturierungsprozeß im wesentlichen ohne hohe soziale Kosten abläuft, jedenfalls mit sehr viel geringeren sozialen Folgen für die vom technologischen Wandel betroffenen Beschäftigten als in vergleichbaren europäischen oder nordamerikanischen Industrieregionen. Gesundung durch passive Sanierung, also das Akzeptieren einer von Marktkräften betriebenen Standortverlagerung in kurzfristig attraktivere Stadtregionen und das Dulden einer systematischen Abwanderung qualifizierter Arbeitnehmer, war in dieser Region nie eine ernsthafte Alternative zu den Politiken und Handlungsstrategien, die (im wesentlichen) das Land Nordrhein-Westfalen für die Region und mit den Städten und Gemeinden im Ruhrgebiet in den letzten 40 Jahren entwickelt und politisch durchgesetzt hat. Diese Strategien lassen sich schon allein deshalb nicht aus rein wirtschaftlicher Perspektive bewerten, weil sie immer auch darauf ausgerichtet waren, wirtschaftliche Erwägungen mit sozialen und ökologischen Erfordernissen und Bedürfnissen abzustimmen. Gedankliche Eckpfeiler dieser Politiken, Strategien und Programme waren:

- Hoffnung und Sicherheit für die Menschen: Die Politiken zur strukturellen Erneuerung des Ruhrgebietes waren in den vergangenen Jahrzehnten immer von dem starken politischen Willen gekennzeichnet, den Bewohnern in der Region Hoffnung zu machen, daß sie in der Region bleiben können, hier Arbeit finden und angemessenen Wohnraum, daß für ihre Kinder vielfältige Schul- und Ausbildungsplätze zur Verfügung stehen und daß sie ihre wachsenden Freizeitbedürfnisse in der Region befriedigen können. Die Abwanderung aus der Region, gelegentlich als „passive Sanierung" propagiert, wurde als Eingeständnis für Schwäche angesehen und nicht als politisch akzeptable Lösung angesehen. Das Vertrauen auf den gesicherten, beinahe unkündbaren Arbeitsplatz (im Bergbau traditionell bekannt als die Verbundenheit des Arbeitnehmers mit dem Unternehmer: „von der Wiege bis zur Bahre") und die Politik der Hoffnung und Sicherheit haben sicher manche notwendigen Innovationen verhindert oder verzögert, aber auch regionale Identitäten gestärkt und qualifizierte Arbeitskräfte an die

Region gebunden. Die fast gänzliche Erhaltung des historischen Bergarbeiterwohnungsbaus für benachteiligte Bevölkerungsgruppen ist eines der Symbole dieses Anliegens.

- Qualifizierung des Humankapitals: Die qualifizierte Ausbildung jugendlicher Arbeitskräfte und die schrittweise Höherqualifizierung des regionalen Arbeitskräftepotentials waren Eckpfeiler aller wirtschaftsorientierten Programme und Projekte zur regionalen Modernisierung. Immer wieder haben bildungspolitische Initiativen eine große Rolle gespielt: die Stärkung des dualen Ausbildungssystems, bei der die großen Industrieunternehmen der Region immer wieder in die Pflicht genommen wurden, der Ausbau der Gesamtschulen, die den Kindern der Facharbeiter den Zugang zu besserer Ausbildung ermöglichten, oder die Gründung der regionalen Universitäten, die der regionalen Bevölkerung neue Chancen für höhere Bildung eröffneten.

- Lebensqualität als Programm: Im Rahmen engagierter und finanziell gut ausgestatteter Städtebau- und Umweltpolitiken hatte die qualitative Verbesserung der Lebenswelten im Ruhrgebiet immer hohe Priorität. Der eingeklagte und dann schrittweise auch realisierte "Blaue Himmel über der Ruhr" war ein wichtiger und politischer Erfolg, aber auch die systematische Durchgrünung der Region und die Erhaltung von regionalen Frischluftschneisen, der Bau von öffentlichen Freizeitanlagen und die systematische Wohnumfeldverbesserung in vielen Altbaugebieten sind Erfolge der nicht immer unumstrittenen politischen Bemühungen des Landes. Die IBA Emscherpark ist die logische Fortsetzung solcher Politiken.

- Kultur für alle: Nicht die große Oper, nicht die international bekannte Philharmonie, kein Guggenheim Museum, aber auch kein neues Babelsberg kennzeichnen das Kulturleben der Region. Daher dringt auch wenig von diesem Kulturleben in internationale Medien, obwohl es immer wieder Ereignisse gibt, die durchaus internationales Format haben und eingeweihten Kennern auch weit über die regionalen Grenzen hinaus bekannt sind. Doch was die Vielzahl von wohnungsnahen, auch soziokulturellen Kulturaktivitäten für unterschiedlichste Bedürfnisse angeht, so ist diese Region Anfang der 90er Jahre besser ausgestattet als viele andere städtische Agglomerationen. Hinzu kommt, daß weltweit vermutlich keine altindustrialisierte Krisenregion, auch nicht die Stadtregion Glasgow (Strathclyde), über ein so umfangreiches, öffentlich gefördertes Kulturangebot verfügt wie das Ruhrgebiet. Diese Kulturpolitik in sozialer Verantwortung bindet auch viele junge Bewohner der Region an den Standort, die sich manche der heute bestehenden sozio-kulturellen Zentren gegen Kulturvorstellungen der aus der regionalen Arbeiterklasse aufgestiegenen bürgerlichen Mittelschicht haben erkämpfen müssen.

Fazit: Diese in ihrer Gesamtheit positive Einschätzung der vielfältigen Bemühungen um eine sozialverträgliche Umstrukturierung dieser Industrieregion erfolgt aus einer internationalen Perspektive, bei der das Ruhrgebiet vergleichsweise sehr positiv abschneidet - auch wenn viele Dinge und Erfordernisse aus lokaler Sicht ganz anders gesehen werden bzw. wahrgenommen werden müssen, weil Versäumnisse und Fehlentwicklungen nicht zu übersehen sind, weil viele Chancen nicht erkannt und nicht genutzt werden.

Fallstudie Ruhrgebiet

Die positive Bilanz ist vor allem Ergebnis umfangreicher staatlicher Eingriffe in die regionale Entwicklung, durch eine gemischte Politik von finanzieller Unterstützung, monetären Anreizen und rechtlichen Kontrollen, durch in ihrer Gesamtheit sozial behutsame Politiken der sanften Modernisierung, die es vermieden haben, die strukturellen Probleme durch Schocktherapien zu bewältigen.

Aus Mangel an regionaler Solidarität und Offenheit gegenüber internationalen Entwicklungen ist es der Region aber nicht gelungen, ihre unbestrittenen Modernisierungserfolge nach außen deutlich zu machen. Auch wenn Initiativkreis Ruhrgebiet und IBA Emscherpark sich darum in den letzten Jahren immer mehr bemühen, so sind die lokalen Ängstlichkeiten und Minderwertigkeitskomplexe noch immer die Hemmnisse, die einem neuen regionalen Selbstbewußtsein entgegenstehen, das nicht auf Kohle und Stahl aufgebaut ist. Vielleicht bestimmt aber auch die in den letzten Jahrzehnten herangewachsene Subventionsmentalität die regionalen Entscheidungsträger so stark, daß diese befürchten, daß sie ihre Privilegien durch Erfolgsmeldungen gefährden.

5. Glück auf: Szenarien zur Zukunft der Region

Die regionale Entwicklung des Ruhrgebietes kann auch in Zukunft nur in öffentlicher Verantwortung erfolgen: Ohne Staat, ohne staatliche Intervention in die Modernisierung harter und weicher Infrastrukturen, ohne ausgleichende, umverteilende, abfedernde soziale öffentliche Hilfe wird es auch in den nächsten beiden Jahrzehnten im Ruhrgebiet (wie auch in Berlin, München oder Dresden) nicht gehen. Die Marktkräfte im durch neue Technologien ständig verschärften internationalen Wettbewerb sind erbarmungslos. Regionen wie das Ruhrgebiet, die auf vieles Rücksicht zu nehmen haben, auf kulturelle und bauliche Traditionen, auf Menschen und auf eine schon bis an ihre Grenzen belastete Umwelt, bleiben bei diesem Wettbewerb auf der Strecke, wenn es nicht gelingt, die Balance zwischen privaten Interessen der Marktkräfte und öffentlichen Interessen der Zivilgesellschaft zu halten. Die vielfältigen und über Jahrzehnte hinweg immer größer werdenden Belastungen in alten Industrieregionen sind so immens, daß der private Sektor sich lieber andere, unverbrauchte Standorte sucht, wo er bei gleichen großräumigen Standortbedingungen ohne bzw. mit weniger Rücksichtnahme produzieren kann. Eine derartige ressourcenverschwendende und kurzsichtige Raumnutzung gleicht allerdings eher dem Prinzip der Brandrodung primitiver Gesellschaften als dem der intelligenten Dreifelderwirtschaft einer aufgeklärten Gesellschaft. Daher muß der öffentliche Sektor die längerfristigeren Perspektiven vertreten und den längeren Atem zeigen. In Nordrhein-Westfalen sind die dafür erforderlichen politischen Rahmenbedingungen trotz aller Deregulierungseuphorien günstig, denn auch im Ruhrgebiet ist „public-private partnership" die inzwischen gerne genutzte Zauberformel und Organisationsform für lokale Projekte, für die sich öffentliche und private Akteure zusammenschließen, weil sie wissen, daß viele lokale Projekte anders weder politisch durchgesetzt noch wirtschaftlich verwirklicht werden können.

Die weitere Modernisierung des Ruhrgebietes wird letztlich nur mit Hilfe der traditionellen Großunternehmen gelingen können. Auch wenn diese Unternehmen in den vergangenen Jahrzehnten sehr schwerfällig waren, haben sie doch im letzten Jahrzehnt ihre Richtung verändert. Sie sind flexibler geworden und schlanker, sie haben sich diversifiziert, sie sind noch rechtzeitig auf den neuen Zug der Informationstechnologien aufgestiegen, und sie lassen sich mehr und mehr, wenn meist auch nur widerwillig auf „grüne" Argumentationen ein. Wenn eine neue Generation von Managern das Sagen in diesen Unternehmen haben wird, gestützt durch mehr zukunftsorientierte als rückwärtsblickende klassenkämpferische Betriebsräte, werden diese Unternehmen schon aus eigenem Interesse mehr zur strukturellen Modernisierung der Region beitragen, selbst wenn sie Teile der Produktion weiter dorthin ins Ausland verlagern, wo sie billigere Produktionsbedingungen vorfinden. Alte Allianzen und politische Verbindungen, auch ihre Erfahrungen aus der Mitbestimmung werden es ihnen ermöglichen, den richtigen Weg zwischen Staat und Markt zu finden. Unter dem international agierenden Dach dieser Unternehmen werden innovative Klein- und Mittelbetriebe der Region, die nicht nur die regionale Gesellschaft und Wirtschaft versorgen, am weltweiten Export von System-Know-How mitwirken. Sie werden dabei von den internationalen Netzen der großen Unternehmen und der lokalen Verbundenheit qualifizierter Arbeitskräfte profitieren. Die Nutzung der bislang viel zu wenig ausgeschöpften ausländischen Potentiale der Region könnte dabei sehr vorteilhaft sein.

Das Ruhrgebiet wird sich in den kommenden Jahren und Jahrzehnten weiter räumlich und politisch auseinanderentwickeln. Wenn die Klammer Kohle ausfällt, und mit ihr die Verbündungsrituale gegenüber den äußeren und inneren Feinden des Ruhrgebietes, wird auch die politische Fragmentierung der Region weiter vorangehen, selbst wenn es gelingen sollte, dem Kommunalverband Ruhrgebiet, statt ihn aufzulösen, eine neue interkommunale Vision einzuhauchen oder ihn gar in einen größeren Verband Rhein-Ruhr zu überführen[22]. Obwohl die seit einigen Jahren von der Landesregierung initiierten Regionalkonferenzen bislang wenig erfolgreich waren, haben sie doch die räumliche Fragmentierung der Region weiter vorangetrieben. Die neu um die großen Städte des Reviers entstandenen Subregionen sind zwar als moderne kooperative Netze anzusehen, doch die Dominanz der jeweiligen Leitstädte (Dortmund, Bochum, Essen und Duisburg) ist nicht wegzudiskutieren. Neben dieser politischen Fragmentierung wird auch die räumliche Fragmentierung im Ruhrgebiet weiter voranschreiten. Das Archipelago Ruhrgebiet des frühen 21. Jahrhunderts wird aus modernen, aus erfolgreich umstrukturierten Inseln bestehen, die neben alten Industriequartieren liegen, und regionalen Schrott- und Abfallplätzen, wo all die Nutzungen untergebracht sind, die keine Bürgerinitiative gerne weder vor noch hinter dem Haus haben möchte, aus Freizeit- und Unterhaltungslandschaften, aus Wohnlandschaften der Mittel- und Oberklassen, aus Quartieren, in denen die ausländische Bevölkerung noch stärker konzentriert ist, als dies heute schon der Fall ist, und aus Franchisequartieren in den ehemaligen Stadtzentren, wo ein uniformierter lokaler Einzelhandel globale Markenprodukte verkauft. Die weitere räumliche und politische Fragmentierung der Region wird das Ruhrgebiet zu einer „Patchwork Region" machen, in der die einzelnen räumlichen Flecken ihr selbstreguliertes Eigenleben führen[23].

Und Europa? Wird das Ruhrgebiet eine Region Europas? Der Ministerpräsident des Landes NRW versteht sich als Vertreter einer Region Nordrhein-Westfalen in Europa, und er ist persönliches Mitglied in den neu eingerichteten Gremien der Regionen Europas. Das Ruhrgebiet hingegen, dessen regionale Klammer zunehmend brüchig wird, versteht sich immer weniger als eine einheitliche Region. Gegenwärtig gibt es wenig Anzeichen dafür, daß die politischen Kräfte der Region neue Initiativen zur Stärkung einer Region Ruhrgebiet in Europa entfalten, entfalten wollen und können.

Am liebsten wäre es den Menschen und den politisch Verantwortlichen in der Region, wenn alles so bliebe, wie es in den letzten beiden Jahrzehnten war, nur hier und dort ein bißchen besser: ein sicherer Arbeitsplatz in einem großen soliden und mitbestimmten Unternehmen oder im öffentlichen Dienst, eine etwas größere und grünere Sozialwohnung nicht zu weit weg von der Innenstadt, ein kürzerer und nicht verstopfter Weg zur Arbeit und zum Kino, noch ein Kindergarten, noch ein paar soziokulturelle Zentren, die Fachhochschule am Ort und weiterhin sechs Wochen Ferien, die Feiertage nicht eingerechnet, vielleicht auch eine noch freundlichere Ausländerbehörde.

Auch die Unternehmer in den Klein- und Mittelbetrieben des Ruhrgebietes halten nicht viel von großer Veränderung. Auch sie möchten, daß der Staat und die Kommunen ihre beharrlich von den fünf IHKs der Region vorgetragenen Wünsche noch besser befriedigen: niedrigere Manteltarife für ihre Beschäftigten und geringe Sozialabgaben, aber Erhaltung der Kaufkraft und großzügige Sicherung des sozialen Netzes durch den Staat, mehr und billigere Flächen für betriebliche Erweiterungen, weiterhin Absicherung des unternehmerischen Risikos, die Ausschaltung der Marktkräfte, wo der Markt zu verschwinden droht oder schon verloren ist, kontinuierliche Anschubfinanzierung für Innovationen sowie mehr und schnellere Straßen durch die Region und zu den Flughäfen.

Aber hat diese Idylle im Kopf der Menschen in dieser Industrieregion eine reelle Chance, erhalten zu bleiben? Wie wird es weitergehen in dieser Region? Dazu zwei kurze Szenarien aus der Perspektive des Jahres 2010, erst ein optimistisches und dann ein pessimistisches Szenario:

- Sozial- und umweltverträgliche Technologieregion Europas: Der rot-grünen Koalition, die ab Mitte der 90er Jahre die politische Verantwortung für die Entwicklung des Landes NRW übernommen hatte, gelang es, das Land auf einen zukunftsorientierten Entwicklungspfad zwischen wirtschaftlichem Wachstum und sozialer und ökologischer Verantwortung zu bringen. Das Ruhrgebiet konnte davon sehr gut profitieren. Die Landesregierung hatte die großen Unternehmen der Region für eine gemeinsame Umstrukturierungsoffensive gewinnen können, in deren Rahmen die in den 80er Jahren begonnenen Bemühungen zur Modernisierung der Region fortgesetzt und akzentuiert wurden. Hilfreich war dabei, daß sich die im Kommunalverband Ruhrgebiet zusammengeschlossenen Städte und Gemeinden nach langen Diskussionen auf eine interkommunale Agentur mit einem völlig neuen Aufgabenprofil einigen konnten. In ausgewählten internationalen Initiativen und Projekten kam es dabei immer wieder zu von der Stadt Duisburg moderierten strategischen Allianzen mit den Städten der Rheinschiene. Hilfreich war auch, daß ein neuer Jahrhundertvertrag die dauerhafte Existenz von zwei technologischen Modellbergwerken der Ruhrkohle AG sicherte.

Die wesentlichen Eckpunkte dieser erfolgreichen, wenn auch auf den ersten Blick widersprüchlichen Entwicklungsstrategie waren die Stärkung intraregionaler Wirtschaftskreisläufe, die Internationalisierung der Region, die Fortsetzung der von der IBA Emscherpark erfolgreich begonnenen Politik zur ästhetischen Neuprofilierung der Industrieregion und die Unterstützung der regionalen Wirtschaft bei der Weiterentwicklung zu globalen Systemlieferanten auf dem Gebiet des Umwelt- und Ressourcenschutzes, der Energiewirtschaft, der Medien- und Kulturwirtschaft und der umweltintelligenten Logistik, aber auch der Humanmedizin und des Sports. Das Ruhrgebiet wurde dadurch zu einer sozial- und umweltverträglichen Technologieregion, deren systemisches Know-how im Ausland stark nachgefragt wurde. Klein- und Mittelbetriebe kooperierten in Systemnetzwerken dabei ebenso mit den großen Unternehmen wie staatliche und kommunale Institutionen, die regionalen Fachhochschulen und Universitäten, die Kammern und die freien Umwelt- und Wohlfahrtsverbände. Sie alle brachten ihr gemeinsames Wissen über Produkte, Verfahren und Durchsetzungsstrategien ein, das in den genannten Förderfeldern des Landes benötigt wurde und international zu vermarkten war. Kooperationsverträge des Ruhrgebietes mit Technologieregionen in Polen und der Ukraine, in Japan, Indonesien, Vietnam und China sowie in Brasilien und Südafrika spielten dabei eine große Rolle, aber auch eine anfänglich sehr umstrittene Hochschuloffensive, die die Universitäten der Region zwang, aus ihrer selbstzufriedenen Lethargie aufzuwachen und mehr internationales Profil zu zeigen, vor allem aber ihre Studienangebote auf Zielgruppen aus dem Ausland auszurichten. Energiefachleute aus der ganzen Welt kamen seitdem in das Ruhrgebiet, um sich dort in besonderen Aufbaustudiengängen und Forschungskollegs mit neuesten technologischen, ökologischen und energiepolitischen Erkenntnissen und Strategien vertraut zu machen.

Die Erfahrungen aus der Mitbestimmung trugen dazu bei, daß für die Unternehmen des Ruhrgebietes zukunftsweisende Arbeitszeitmodelle ausgehandelt werden konnten. Im Verbund mit einer Politik zur Stärkung intraregionaler Wirtschaftskreisläufe, die im Grunde eine umfangreiche mobilitätsreduzierende Beschäftigungsoffensive war, konnten viele Arbeitsplätze in der Region gesichert werden, die fast ausschließlich zur Versorgung ihrer 5,5 Millionen Bewohner mit Waren und Dienstleistungen des täglichen Bedarfs dienten.

Das Ergebnis dieser Politik, in der wesentliche Förderpolitiken der unterschiedlichen Ressorts des Landes auch inhaltlich aufeinander abgestimmt wurden, war, daß das Ruhrgebiet zum weltweiten Symbol einer modernen Technologieregion wurde, die in Europa dafür bekannt war, daß sie den strukturellen Wandel durch eine intelligente Kombination von öffentlichen und privaten Stärken erfolgreich bewältigt hatte und dadurch nicht in die sozial- und umweltunverträgliche Sackgasse der Deregulierung geriet. Die Arbeitslosenquote im Ruhrgebiet lag im Jahre 2005 erstmals unter der der Bundesrepublik Deutschland.

● Modernisierung am Ende?: Von dem Schock des Verlustes der absoluten Mehrheit der Sozialdemokratischen Partei hat sich das Ruhrgebiet in der Mitte der 90er Jahre nicht erholt. Ständiger Zwist zwischen den Koalitionsparteien hatte das Land an der Rand der Unregierbarkeit gebracht. Das Ruhrgebiet war davon besonders betroffen. Den Widerspruch zwischen notwendiger zukunftsorientierter wirtschaftlicher Modernisierung und sozial- und umweltverträglicher Gestaltung des Lebensraumes Ruhrgebiet konnten weder die rot-grüne noch die nachfolgenden rot-schwarzen Koalitionen auflösen.

Die Subventionen der Großunternehmen, die lange strategische Erfahrungen in deren politischer Durchsetzung bei der Landesregierung hatten, wurden in erster Linie zum Aufkauf von innovativen Unternehmen außerhalb der Region aufgewandt oder auch zur Schaffung von neuen Produktionsanlagen in Asien und Südafrika. Arbeitsplätze im Ruhrgebiet wurden dadurch trotz gegenteiliger Beteuerungen nicht gesichert.

Mangelnder Unternehmergeist, die Überschätzung der F&E-Kapazitäten der regionalen Hochschulen, eine undurchsichtige Aufkaufpolitik der Großunternehmen des Montanbereichs und nicht zuletzt auch medienwirksame Zusammenbrüche der in den 90er Jahren so hoffnungsvoll gestarteten Technologiezentren im Ruhrgebiet: das waren die wesentlichen Gründe für das Scheitern des landespolitischen Vorhabens, die Landschaft zwischen Duisburg und Hamm mit innovativen Klein- und Mittelbetrieben zu überziehen.

An den immer knapper werdenden öffentlichen Mitteln scheiterte schließlich auch die IBA Emscherpark. Sie konnte ihre wichtigen identitätsstiftenden und imagewirksamen Ansätze zur räumlichen Modernisierung des Ruhrgebietes nicht weiter fortsetzen und blieb eine nur noch historisch interessante Initiative weitsichtiger Landespolitiker. Die mangelnde Unterstützung durch die traditionellen Netzwerke des politisch-wirtschaftlichen Montanbündnisses hatte ihr im Jahre 1998 den Garaus gemacht. Aber nicht nur die IBA Emscherpark, auch die Kommunen in der Region hatten immer weniger freie Mittel, um ihre kommunale Infrastruktur zu modernisieren. Die unverzichtbaren Standortvoraussetzungen für wirtschaftliche Entwicklung wurden damit von Jahr zu Jahr schlechter.

Die einst innovative Hochschullandschaft der Region, die sich untereinander mehr Konkurrenz machte, als daß sie arbeitsteilig kooperierte, hatte erheblich an Profil verloren. Sie pendelte sich mehr und mehr, und politisch auch so gewollt, auf Fachhochschulniveau ein. Aber die dort ausgebildeten Fachkräfte fanden im Ruhrgebiet keine ihren Ansprüchen gerecht werdenden Arbeitsplätze mehr. Sie wanderten ab oder etablierten sich in wechselnden, staatlich geförderten Beschäftigungsinitiativen.

Die Forderungen nach dem weiteren Ausbau des regionalen Straßennetzes, nach Neuausweisung von Industrie- und Gewerbeflächen (für lokale Handwerksbetriebe!) in bislang unbebauten und landwirtschaftlich nicht mehr nutzbaren Freiflächen, nach Beschleunigung von Genehmigungsverfahren und nach einer Rücknahme umweltbezogener Landespolitiken führten dazu, daß auch die Hoffnungsträger der Region, die Umweltindustrien, erhebliche Arbeitsplatzverluste in Kauf nehmen mußten und ihre Vorreiter- und Führungsfunktion in Deutschland verloren.

International spielte das Ruhrgebiet keine bedeutende wirtschaftliche Rolle mehr. Die technologische Führungsfunktion, von der die Region lange zehren konnte, hatte sie längst an asiatische Regionen verloren. Ihre endogenen Potentiale wollte und konnte sie nicht nutzen.

Die soziale Polarisierung der Region hatte ein Ausmaß erreicht, das diese Region nur in der Frühphase der Industrialisierung gekannt hatte. Die Kommunen waren schon längst nicht mehr in der Lage, ihren Verpflichtungen nachzukommen, weil sich die Zahl derjenigen, die Sozialhilfezahlungen in Anspruch nehmen mußten, ständig erhöht hatte. Kriminalität und Gewaltakte arbeitsloser Jugendlicher wie professioneller Banden waren an der Tagesordnung. Die Arbeitslosenquote im Ruhrgebiet überstieg im Jahre 2007 die 25%-Schwelle.

6. Ausblick

Welches dieser beiden Szenarien die wirkliche Zukunft des Ruhrgebietes besser wiedergibt bzw. die Entwicklungsrichtung, die das Ruhrgebiet bei unveränderten politischen Rahmenbedingungen in Europa in den nächsten beiden Jahrzehnten einschlagen wird, ist eine Frage von mehr optimistischer oder mehr pessimistischer Grundeinstellung. Die Chancen für den positiven Weg sind günstig. Glück auf, diese Grußformel der Bergleute, ist das sprachliche Symbol der Region. Es darf am Schluß keiner öffentlichen Rede in der Region fehlen, und es wird vermutlich selbst dann noch Verwendung finden, wenn der Bergbau, wie geschildert, auf zwei Modellbergwerke geschrumpft sein wird. Glück wird diese Region noch eine Weile brauchen, und vielleicht wird sie es auch haben, aber die geopolitische Lage des Ruhrgebietes, die Identifikation der jugendlichen und alten Bewohner mit der Region, die humanen Potentiale, auch die der Ausländer in der Region, und die langen sozialpolitischen Erfahrungen, nicht zuletzt aber die wirtschaftlichen Potentiale sind gute Voraussetzungen für eine positive Zukunft dieser alten, neuen Industrieregion.

Literatur

Ache, P. et al. (Hrsg.): Die Emscherzone: Strukturwandel, Disparitäten und eine Bauausstellung. Dortmunder Beiträge zur Raumplanung, Band 58. Dortmund 1992

Gryczan, W. et al. (Hrsg.): Zukünfte für alte Industrieregionen. Dortmunder Beiträge zur Raumplanung. Band 38. Dortmund 1984

Kommunalverband Ruhrgebiet (Hrsg.): Kommunalverband Ruhrgebiet. Wege, Spuren. Festschrift zum 75jährigen Bestehen des Kommunalverbandes Ruhrgebiet. Essen 1995

Kreibich, R. et al.: Bauplatz Zukunft. Essen 1994

Projektgruppe Ruhrgebiet (Hrsg.): Parabel: Ruhrgebiet. Vom Modell Deutschland zum starken Stück (= Schriftenreihe des Evangelischen Studienwerks Villigst, Bd. 8). Münster 1986

Reulecke, J.: Vom Kohlenpott zum „starken" Stück. Beiträge zu einer Sozialgeschichte des Ruhrgebietes. Bonn 1990

Schlieper, A.: 150 Jahre Ruhrgebiet. Düsseldorf 1986

Anmerkungen

[1] Köllmann, W. et al. (Hrsg.): Das Ruhrgebiet im Industriezeitalter. 2 Bände. Düsseldorf 1990.

[2] Das Ruhrgebiet ist in der Statistik der Europäischen Union (EUROSTAT) hinter den Zahlen der Regionen (Regierungsbezirke) Arnsberg, Düsseldorf und Münster „versteckt".

[3] Die laufende Raumbeobachtung der BfLR unterscheidet in Agglomerationsraum Rhein-Ruhr-Nord, Rhein-Ruhr-Mitte und Rhein-Ruhr-Süd. Vgl. Bundesforschungsanstalt für Landeskunde und Raumordnung (Hrsg.), Informationen zur Raumentwicklung, Aktuelle Daten und Prognosen zur räumlichen Entwicklung. Heft 11/12, 1989.

[4] Kommunalverband Ruhrgebiet (Hrsg.): Städte- und Kreisstatistik Ruhrgebiet 1994. Essen 1994. Siehe auch: Bourrée, M.; Claßen, L.: Standorte, Jahrbuch Ruhrgebiet 1994/95 (hrsg. für den Kommunalverband Ruhrgebiet). Essen 1955.

[5] Claussen, W.: Raum- und siedlungsstrukturelle Entwicklung im Ruhrgebiet. Arbeitspapier 122 des Instituts für Raumplanung, Universität Dortmund, 1993; Bade, F.-J.: Alte Industrieregionen im Wandel. Zur wirtschaftlichen Entwicklung des Ruhrgebietes. Arbeitspapier 139 des Instituts für Raumplanung, Universität Dortmund, Dortmund 1995; aber wesentlich breiter: Ache, P.: Wirtschaft im Ruhrgebiet. Arbeitspapier 123 des Instituts für Raumplanung, Universität Dortmund, Dortmund 1994; Arbeitspapier 122 des Instituts für Raumplanung, Universität Dortmund. Dortmund 1993.

[6] Claussen, W.; Wegener, A.: Bevölkerung im Ruhrgebiet. Arbeitspapier 120 des Instituts für Raumplanung. Universität Dortmund. Dortmund 1993.

[7] Liedtke, R.: Wem gehört die Republik? Die Konzerne und ihre Verflechtungen. Frankfurt 1994.

[8] Westdeutsche Allgemeine Zeitung vom 29.8.1995.

[9] Nordhause-Janz, J.; Rehfeld, D.: Umweltschutz made in NRW: eine empirische Untersuchung der Umweltwirtschaft in Nordrhein-Westfalen. München 1995.

[10] AG Kulturwirtschaft (Benkert, W.; Gnad, F.; Ebert, R.; Kunzmann, K. R.; Söndermann, M.; Wiesand, A. J.): Kultur- und Medienwirtschaft in den Regionen Nordrhein-Westfalens. 2. Kulturwirtschaftsbericht, hrsg. vom Ministerium für Wirtschaft, Mittelstand und Technologie des Landes Nordrhein-Westfalen. Düsseldorf 1995.

[11] Kunzmann, K.R.: Ein Leitbild für die Stadtregion Rhein-Ruhr? Barch, D.; Karrasch, H. (ed.), Proceedings of the Deutscher Geographentag Bochum 1993, Band 1, S. 52-66.

[12] Sieverts, T.; Ganser, K.: Vom internationalen Aufbaustab Speer bis zur Internationalen Bauausstellung Emscherpark und darüber hinaus. In: Kreibich, R. et al.: Bauplatz Zukunft. Essen 1994, S. 247-258.

[13] Kunzmann, K.R.: Hochschule und Region: eine Ideenskizze für die Stadtregion Rhein-Ruhr. Arbeitspapier 115, Institut für Raumplanung, Universität Dortmund. Dortmund 1992.

[14] Kunzmann, K.R.: Erst die Kohle, dann die Kultur: Passage (Essen), Nr. 02/92, S. 10-14.

[15] Erny, R. et al.: Handbuch Kultur 90. Essen 1988.

[16] Gnad, F.; Kunzmann, K.R.: MusikGewerbePark Bochum. Projektskizze. Arbeitspapier 77, Institut für Raumplanung, Universität Dortmund und MusikGewerbePark „PrinzRegent" Bochum. Berichte aus dem Institut für Raumplanung, Bd. 27, Universität Dortmund. Dortmund 1990.

[17] Vgl. Kreibich a.a.O.; aber auch Müller, S.; Schmals, K.M. (Hrsg.): Die Moderne im Park? Ein Streitbuch zur internationalen Bauausstellung im Emscherraum, Dortmund 1993 und Ache, P. et al. (Hrsg.): Die Emscherzone: Strukturwandel, Disparitäten und eine Bauausstellung. Dortmunder Beiträge zur Raumplanung, Band 58. Dortmund 1992 sowie Kunzmann, K.R.: Innovative Handlungskonzepte für die strukturelle Erneuerung des Ruhrgebietes. In: ILS (Hrsg.): Perspektiven der Landesentwicklung Nordrhein-Westfalens im neuen Europa, ILS-Taschenbücher, Dortmund 1991, S. 135-149.

[18] Krings, J.; Kunzmann, K. R.: Agentur Rhein-Ruhr (unveröffentlichtes Manuskript). Duisburg/Dortmund 1995.

[19] Ministerium für Wirtschaft, Mittelstand und Technologie des Landes Nordrhein-Westfalen (Hrsg.): Neue Wege der Strukturpolitik Nordrhein-Westfalens. Düsseldorf 1992.

[20] Die Leitvorstellungen konzentrieren sich auf drei Schlüsselbereiche: auf Qualifikation, Technologie und auf Flächenrecycling.

[21] Vgl. Blaffert, S.: Neue Institutionen im Ruhrgebiet. Berichte aus dem Institut für Raumplanung der Universität Dortmund, Heft 30, Dortmund 1992.

[22] Krings, J.; Kunzmann, K. R.: Eine kommunale Agentur Rhein-Ruhr (A.R.R.). Ideenskizze zur Zukunft des KVR (unveröffentlichtes Manuskript), 1995.

[23] Kunzmann, K. R.: World City Regions in Europe. Structural Change and Future Challenges. Manuskript für die Pre-Habitat II Conference "World Cities and the Urban Future", Tokyo 1995 (Druck in Vorbereitung).

Jens S. Dangschat, Thomas Wüst

Entwicklungen und Probleme der Agglomerationsräume in Deutschland

Fallstudie Hamburg

1. Einleitung

Seit den 70er Jahren unterliegen die Volkswirtschaften der industrialisierten westlichen Länder erheblichen Umstrukturierungen, die - oftmals in enger räumlicher Nachbarschaft oder innerhalb einer Region - zu gegenläufigen Prozessen des wirtschaftlichen Aufstiegs und Verfalls geführt haben. Das ist in den großen Agglomerationen besonders augenfällig, insbesondere in den innenstadtnahen Gebieten der Großstädte, der „global cities", „Europolen" und der nationalen Zentren.

In Städten und Regionen, in denen niedergehende Industrien ihren Standort haben, sinken die Steuereinnahmen, gehen die Investitionen zurück, steigt die Zahl der Arbeitslosen, wandern qualifizierte Arbeitskräfte in strukturstärkere Gebiete ab und steigen die Belastungen durch Ausgaben im sozialen Bereich. Bisherige Gewichtungen und Aufgabenverteilungen im politischen und wirtschaftlichen System der Städte drücken sich in geographischen Gefällen aus.[1] Durch industrielle Monostrukturen geprägte Städte und Regionen in Europa und Nordamerika verlieren im nationalen und internationalen Wirtschaftsgefüge zunehmend an Bedeutung. Die betroffenen Standorte müssen nach neuen Möglichkeiten und Wegen für die Ansiedlung anderer, zukunftsträchtiger Unternehmen suchen.

Ursachen für diese dramatischen Veränderungen sind die wachsenden globalen Effekte der ökonomischen Umstrukturierungen und die damit verbundenen Gesetzmäßigkeiten der Kapitalakkumulation sowie die politischen und individuellen Reaktionen auf diese Rahmenbedingungen. Diese Prozesse erzeugen einen Wettbewerb der Städte untereinander und suggerieren den Entscheidern in den Städten, die Karten könnten zugunsten ihrer eigenen Stadt oder Region neu gemischt werden.

Tatsächlich haben seit Mitte der 80er Jahre bestimmte Großstädte wieder Konjunktur. Vorbei ist die Zeit, in der ihre Innenstädte verwahrlosten, die relativ einkommensstarken Bewohner abwanderten, Wohnungen leerstanden, die Alten und Armen zurückblieben und allenfalls Ausländer und „Alternative" nachzogen. Die neue Prosperität verführt dazu, die wirtschaftliche Entwicklung optimistisch zu betrachten, und unterstellt wieder zunehmende finanzielle Handlungsspielräume der lokalen Politik und kommunalen Planung und damit auch ein Ende der sozialen Probleme.

Die ökonomischen Umstrukturierungen äußern sich zwar in einer veränderten Beschäftigtenstruktur, doch auch in struktureller Arbeitslosigkeit und in differenzierteren Arbeits- und Produktionsbedingungen. Eine wachsende Anzahl von Beschäftigten, insbesondere in Dienstleistungsbranchen, wird häufig als vollzogene Umstrukturierung „gefeiert".[2] Als die statistisch erfaßte Arbeitslosigkeit Mitte der 80er Jahre geringer wurde, nahm die Armut in den Großstädten (gemessen an der Zahl der Sozialhilfeempfänger) trotzdem weiter zu. Diese „Armut im Wohlstand" wurde lange nicht beachtet, weil man, wie wir heute wissen, vergeblich hoffte, (wie früher) mit einer erfolgreichen Wachstumspolitik einen sozialen Ausgleich leisten zu können. Erst ein erneutes Ansteigen der Arbeitslosigkeit und eine weltweit tiefe Rezession seit Beginn der 90er Jahre brachten das Problem polarisierter Sozialstrukturen auf die politische und planerische Agenda.[3]

Die Konjunktur seit Mitte der 80er Jahre ist also ambivalent; Städte sind zugleich Zentren der Hoffnung und des Verfalls. Als Zentren der Hoffnung einer kränkelnden Nationalökonomie sind sie Orte höchster Modernisierung, wirtschaftlicher Umstrukturierung und eines neuen Lebensgefühls, das mit Wahlfreiheiten, Kulturkonsum, Lebensstilisierungen und Vielfalt einhergeht. Die Stadtregionen sind untereinander in einen Wettbewerb getreten, der, in der Hoffnung auf ökonomische Erfolge, durch selbststrukturierende Kräfte in der Form von „public-private partnerships" und Stadt-Management geprägt ist. Städte sind andererseits Zentren des Verfalls, weil der Wettbewerb um wirtschaftliche Prosperität Arbeitslosigkeit, Wohnungsnot, soziale Polarisierung und - damit verbunden - Werteverlust und abweichendes Verhalten induziert und zunehmend zum Alltag werden läßt. Somit steht zu befürchten, daß auch die vermeintlichen Gewinner dieser Städte-Konkurrenz zu den Verlierern zu rechnen sind, weil der Wettbewerb von ihnen verlangt, ein „großes Rad" zu drehen, es aber fraglich ist, ob sich die Investitionen im Sinne eines wirklich allgemeinen Wohlstandes amortisieren werden. Das Gemeinwohl als Ziel des „Gemeinwesens Stadt" wird zugunsten einzelner „betriebswirtschaftlicher Optimierungen" in stadteigenen GmbHs oder Fachbehörden ersetzt, deren Summe jedoch nicht notwendigerweise ein volkswirtschaftliches - geschweige denn gesellschaftliches - Optimum bedeutet (vgl. Dangschat, 1994a).

Unter den westdeutschen Regionen durchlebte Hamburg wohl das intensivste Wechselbad der Gefühle. Herabstürzend von der Position als kaufkraftstärkste Region der EG fand sich die Stadt in der ersten Hälfte der 80er Jahre im Mittelfeld der deutschen Großstädte wieder. Dieser tiefe Fall war allerdings die Voraussetzung für den schnellen Wiederaufstieg des zur „boomtown" gewandelten Hamburg in die Spitzengruppe, der in der Presse besondere Aufmerksamkeit fand.[4]

Das heftige Ab und Auf der Hansestadt geht einher mit erheblichen wirtschaftlichen Umstrukturierungen, fundamentalen Veränderungen der lokalen Politik und einer zunehmenden Polarisierung zwischen sozialen Gruppen einerseits und städtischen Teilräumen andererseits.

Die Fallstudie Hamburgs gliedert sich in fünf Teile: Zuerst werden die globalen Prozesse erläutert, die den Hintergrund der lokalen Entwicklungen bilden. Dann wird die Entwicklung zentraler Prozesse während der vergangenen 20 Jahre illustriert. Vorstellungen und Handlungen lokaler Entscheidungsträger werden im dritten Abschnitt ins Blickfeld der Analyse genommen. Es folgen eine Diskussion der Ambivalenz der jüngsten Entwicklung und die Darstellung zukünftiger Planungsvorhaben für die Region Hamburg.

Fallstudie Hamburg

2. Der Hintergrund

2.1 Globalisierung und Internationale Arbeitsteilung

Die weltweiten ökonomischen Rezessionen seit den 70er Jahren waren für das Wirtschaftssystem der westlichen Welt ein massives Krisenzeichen, auf das dieses mit massiven Umstrukturierungen reagierte. Es ist ein neues, ein „globales System" entstanden, das sich „durch eine erstaunliche Flexibilität in bezug auf Arbeitsmärkte, Arbeitsprozesse, Waren- und Konsummuster" auszeichnet und „rapide Verschiebungen im Muster der ungleichen Entwicklung sowohl von Branchen als auch von Regionen bewirkt", „ein Prozeß, der durch die schnelle Herausbildung von völlig neuen Finanzsystemen und -märkten unterstützt" wird (Harvey, 1990: 39).

Die Folge war und ist, daß die an den traditionellen Standorten für nicht mehr rentabel erachteten Produktionslinien und -prozesse in Regionen und Länder ausgelagert werden, in denen das Lohnniveau niedrig ist, geringe arbeitsrechtliche, gesundheitliche und Umweltschutzauflagen, aber steuerliche Ausnahmeregelungen, ein geringer Organisationsgrad der Arbeitnehmerschaft, eine wirtschaftsfreundliche Politik, Zollfreiheit u.a.m. bestehen oder angeboten werden. Das Neue an der „new international division of labour" sind neben der weltweit verknüpften Produktion von Waren, Halbfertigwaren und Bauteilen der rasche Austausch von Informationen und flexible Investitionen sowie ein weltweites Angebot an allen Formen von Dienstleistungen der Organisation und Steuerung dieses globalen Wirtschaftssystems (vgl. Cohen, 1981).

Eine zentrale Bedeutung im Prozeß der ökonomischen Umstrukturierung kommt dem technischen Fortschritt und den neuen Technologien zu, die etwa im Bereich von Telekommunikation, Transport- und Produktionstechnik zu teilweise revolutionären Innovationen geführt haben: Neue Logistik-Techniken haben das Verhältnis von Lohn- zu Transportkosten umgekehrt und führen zu einer hohen Standortfreiheit der Güterproduktion; insbesondere die Nähe zu vor- und nachgelagerten Lieferanten und Kunden nimmt zu. Eine qualitative und quantitative Erhöhung der Produktivität wird in allen Bereichen der Wirtschaft ermöglicht. Dies gilt für die Land- und Forstwirtschaft ebenso wie für die industrielle Produktion und den Dienstleistungssektor.

Von dieser Umstrukturierung ist der Arbeitsmarkt unmittelbar betroffen. Da die Qualifikationen der Arbeitnehmerschaft nicht ausreichend schnell und umfangreich den neuen Erfordernissen anpaßbar sind und durch Rationalisierungsmaßnahmen ohnehin viele Arbeitsplätze entbehrlich werden, kommt es in den traditionellen Standorten der westlichen Industrienationen zu struktureller Arbeitslosigkeit. Die Zahl der Vollzeit-Beschäftigten im Ersten Arbeitsmarkt nimmt ab, während die der „geringfügig", vorübergehend oder in prekären Arbeitsverhältnissen Beschäftigten deutlich zunimmt. Innerhalb der Kernbelegschaften werden zudem die Einkommensunterschiede größer, was wiederum erhebliche Auswirkungen auf die Sozialstruktur hat.

Die neue internationale Arbeitsteilung erfordert allerdings auch ein höheres Maß an Organisation, Steuerung, Beratung, Entscheidung, Logistik, Finanzierung, Versicherung, Forschung und Entwicklung, Aus- und Weiterbildung, Werbung und Datenverarbeitung. Da solche Funktionen aus Kostengründen aus den Unternehmen ausgelagert werden (vertikale Desintegration), wächst der Bedarf an Arbeitskräften im Dienstleistungssektor: zum einen in den unternehmensbezogenen, zum anderen in den haushaltsbezogenen Dienstleistungen, weil immer mehr Menschen Beruf und Hausarbeit in Einklang bringen müssen und sich das häufig nur durch Inanspruchnahme von Dienstleistungen realisieren läßt (vgl. den Beitrag von Rodenstein et al. in diesem Band).

Die Verschiebung der ökonomischen Bedeutung von der Herstellung zu Organisation und Kontrolle läßt für die Standortwahl andere Qualitäten an Bedeutung gewinnen. Waren früher in erster Linie „harte" Standortfaktoren (Rohstoffvorkommen, Verkehrswege etc.) von elementarer Bedeutung, rücken heute die Bedingungen des Arbeitsmarktes (Deregulierung, Flexibilisierung, Kostenvorteile) und „weiche" Standortfaktoren (kulturelle Infrastruktur, Gastronomie, Einkaufspassagen, Freizeitmöglichkeiten, internationales Flair, attraktive Wohngebiete, Lebensqualität usw.) immer stärker in den Vordergrund. Sie werden von den politisch Verantwortlichen instrumentalisiert und im Wettstreit um die Ansiedlung von wirtschaftlichen Steuerungs- und Entscheidungszentralen eingesetzt (vgl. Krätke, 1991).

Allerdings ist zu beobachten, daß sich die Bemühungen um die Entwicklung eines eigenen Profils von Stadt zu Stadt nur wenig unterscheiden. Die Gründung und Einrichtung von Technologieparks, der Auf- bzw. Ausbau von Messe- und Kongreßzentren sowie die Schaffung kostspieliger Freizeitinfrastruktur haben inflationären Charakter. Harvey (1990: 54) fragt deshalb zu Recht: „Wie viele erfolgreiche Mehrzweckhallen, Sportstadien, Disney-Worlds und Hafenanlagen kann es geben?" und weist darauf hin, daß „Konkurrenz oder alternative Innovationen anderswo (...) Erfolge oft kurzlebig und strittig (machen). Überinvestitionen in allen Bereichen, von der Einkaufspromenade zur kulturellen Einrichtung, machen die im städtischen Raum eingeschlossenen Werte hochgradig anfällig für Entwertung". Da die Erhaltung bzw. Herstellung der Standortattraktivität einen immensen Kapitaleinsatz erfordert, sieht er die Gefahr, daß „der Verbrauch immer knapperer Ressourcen zum Anziehen wirtschaftlicher Entwicklung bedeutet, daß der soziale Konsum der Armen vernachlässigt (wird), um Bedingungen zu schaffen, die die Reichen und Mächtigen in der Stadt halten" (Harvey, 1990: 53).

2.2 Umstrukturierung der Stadtgesellschaft

Parallel - als unmittelbare Folge der ökonomischen Umstrukturierungen - wachsen die Unterschiede innerhalb der Gesellschaft, insbesondere in Großstädten. Sie drücken sich unter anderem in einer eklatanten Auseinanderentwicklung der Erwerbseinkommen und der Einkommens- und Arbeitsplatzsicherheit aus (sozio-ökonomische Polarisierung). Gleichzeitig - als Folge einer generellen Wohlstandsentwicklung - differenzieren sich Lebens- und Wohnformen aus, was sich in starken Veränderungen der Haushaltsstrukturen zeigt. Späte Heiraten sowie hohe Trennungs- und Scheidungsziffern lassen die Haushalte statistisch kleiner werden und deren Zahl auch bei rückläufigen Bevölkerungszahlen weiter ansteigen (sozio-demographische Ungleichheit). Hinter dieser strukturellen Ausdifferenzierung stehen erhebliche multikulturelle Ausdifferenzierungen und eine Pluralisierung von Lebensstilen (sozio-kulturelle Heterogenisierung) (vgl. Dangschat & Blasius, 1994).

Fallstudie Hamburg

Ursache für das Entstehen „neuer" Haushaltsformen ist vor allem ein Einstellungswandel unter jüngeren, formal gut gebildeten und einkommenskräftigen Menschen. Unter ihnen - insbesondere unter Frauen - herrscht eine verstärkte berufliche Orientierung und ein zunehmendes Bedürfnis nach Selbstverwirklichung und Individualisierung vor. Der Zeitraum individueller Experimente hinsichtlich Ausbildungen, Jobs, Partnerschaften und Wohnformen wird ausgedehnt (vgl. Spiegel, 1986). Mit diesen neuen Werten geht ein ökonomisch orientiertes Verhalten einher, man will flexibel sein und seinen Bedürfnissen möglichst jederzeit nachkommen können. Dabei werden feste partnerschaftliche Bindungen häufig und Kinder in der Regel als einschränkend empfunden, Schwangerschaften zeitlich verschoben oder ganz abgelehnt.

Lebensstile werden zunehmend dazu eingesetzt, sich von anderen abzugrenzen oder andere auszugrenzen (vgl. Hitzler, 1994). Lebensstilisierung ist immer demonstrativ, provozierend und konfliktreich und bedient sich der städtischen Räume als Bühnen der (Selbst-)Darstellung. Eine Inbesitznahme von öffentlichen Räumen durch funktionale und/oder ästhetische Festschreibung für eine soziale Gruppe führt deshalb zum Protest der auf Dauer oder zeitweilig verdrängten Gruppen (sozial-räumliche Polarisierung) (vgl. Dangschat, 1994b).

Neben der quantitativ wachsenden Nachfrage nach Wohnraum haben sich die qualitativen Ansprüche an die Wohnungsausstattung und insbesondere den Wohnstandort verändert. Zentrale Standorte werden von kleinen Haushalten nicht nur wegen der Nähe zum Arbeitsplatz, zu Einkaufs-, Freizeit- und kulturellen Einrichtungen bevorzugt, sondern auch aus der Notwendigkeit, den Berufsalltag und die sozialen Kontakte zu organisieren (vgl. Alisch, 1993).

2.3 Politische Regulation des „lokalen Staates"

Zentralstaatliche Politik ist von den lokalen Problemen und Erfordernissen zu weit entfernt, als daß sie das durch das flexibilisierte System erwachsende set von ökonomischen und sozialen Maßnahmen jeweils vor Ort bereitstellen könnte. Der lokalen Ebene kommt daher eine veränderte Bedeutung zu. „Lag der Schwerpunkt der Funktionen lokaler Politik im Fordismus auf dem Vollziehen und Verwalten, Abfedern, Filtern und Kleinarbeiten von zentralstaatlich gesetzter Politik, so erfordern die neuen deregulierten Bedingungen und die neue interregionale Konkurrenzstruktur die Entwicklung eigener unternehmerischer Strategien" (Mayer, 1991: 40). Getragen von der Hoffnung, ein innovatives und wachstumsförderndes Klima schaffen zu können und gleichzeitig die Entwicklung angemessener Formen zur Regulation der negativen sozialen Folgen des veränderten Systems zu ermöglichen, setzt lokale Politik im Rahmen des „urban management" vornehmlich auf Flexibilisierung und Deregulierung. Durch Flexibilisierungen sollen Entscheidungen schlanker, leichter handhabbar und reaktiver gestaltbar werden; mittels Deregulierung werden bislang in der Verantwortung von Politik und Verwaltung liegende Bereiche privatisiert, langwierigen Entscheidungsprozessen und direkten Eingriffsmöglichkeiten seitens der Politik entzogen (vgl. Heinelt & Wollmann, 1991).

Ein vermeintlich probates Mittel ist die korporatistische Zusammenarbeit zwischen Politik, Verwaltung und Wirtschaft (public-private partnership), etwa durch die Gründung privatwirtschaftlich organisierter Wirtschaftsförderungsgesellschaften, deren Arbeit zwar meist effizienter als die der kommunalen Verwaltung ist, „allerdings um den Preis, daß sie der parlamentarischen Kontrolle weitgehend entzogen und nicht in die Zielsetzung der sonstigen Stadtentwicklungsplanung und -politik eingebunden" ist (Dangschat, 1993: 31). Das führt dazu, daß nicht nur die stadteigenen GmbHs, sondern auch Fachbehörden und Ämter eine betriebswirtschaftliche Optimierung anstreben. Die Summe dieser mikroökonomischen Optimierungen ist allerdings nicht notwendigerweise auch das beste für das „Gemeinwesen Stadt" (vgl. Dangschat, 1994a).

Die treibenden Kräfte der Interessenkoalition aus lokaler Politik und Wirtschaft sind zunehmend weniger unterscheidbar. Die im Wettbewerb um wirtschaftliche Kommando-Funktionen, um Produktions- und Konsumpotentiale stehenden Städte sind bereit, die Stadt nach den Wünschen der „neuen" Nachfrager zu gestalten. Eine zunehmende funktionale Spezialisierung, unterschiedliche Formen der Segregation und eine polarisierte Gesellschaft sind die offenbar zwangsläufigen Folgen, die dann als „Sterben des unabhängigen Einzelhandels", als „Verlust preiswerten Wohnraumes" und als „amerikanische Verhältnisse" von jenen beklagt werden, die gleichzeitig dieser forcierten Standortpolitik das Wort reden.

Wie jedes private Unternehmen ist auch das „Unternehmen Stadt" bestrebt, die Erträge zu maximieren und die Kosten zu minimieren. Minimierung der Kosten geht jedoch mit der Einschränkung des öffentlichen Leistungsangebotes einher: räumliche Konzentration der Verwaltung und Stellenabbau, Kürzung von Lehrmitteln in Bildungseinrichtungen, Schließung von Stadtteilbüchereien, Schwimmbädern und anderer kultureller oder Freizeiteinrichtungen. Mit dem Bestreben der Städte, sich zur „Speerspitze der Innovation und des Fortschritts" (Esser & Hirsch, 1987: 48) zu entwickeln, sind Sparmaßnahmen verbunden, die vor allem diejenigen treffen, die wegen mangelnder finanzieller, kultureller oder sozialer Kompetenzen gerade auf das öffentliche Leistungsangebot angewiesen sind.

Von solchen benachteiligenden Entwicklungen ist auch der Wohnungsmarkt geprägt. Die bundesweit massive Verknappungspolitik der 80er Jahre im Wohnungssektor führte in den Agglomerationen zu eklatanten Wohnungsfehlbeständen, was die Konkurrenz um Wohnraum in allen Wohnungsmarktsegmenten verschärfte. Die gegenläufige Entwicklung von abnehmenden mietpreisgünstigen, mietpreis- und belegungsgebundenen Beständen und wachsenden Anteilen der Bevölkerung, die für eine angemessene Wohnungsversorgung gerade auf diese Bestände angewiesen sind, trägt neben dem Arbeitsmarkt zusätzlich zur Polarisierung der Bevölkerung bei (vgl. Schubert, 1990). Dies verweist nicht nur die Filtering-Theorie in das Reich der Ideologie, sondern zeigt, daß die Verbesserung der Wohnsituation derer, die es sich leisten können, auf Kosten der Einkommensschwachen vorgenommen wird. Diese Markt-Prozesse werden im Rahmen von Standortpolitiken zumindest indirekt gefördert und verstärkt.

Im folgenden sollen diese generellen Trends für Hamburg im einzelnen belegt werden. Die Fallstudie soll verdeutlichen, wie anfangs der ökonomische Niedergang mit

Strategien in traditionell fordistischer Logik gebremst werden sollte und wie dann mit flexibleren Strukturen die wirtschaftliche Krise erfolgreich bekämpft, andererseits eine soziale und sozialräumliche Polarisierung in Kauf genommen wurde.

3. Entwicklung Hamburgs und der Region

Um die Entwicklung Hamburgs der letzten etwa 20 Jahre besser einschätzen zu können, werden in diesem Abschnitt die Bevölkerungsentwicklung, die wirtschaftliche Entwicklung und die Stadtentwicklungspolitik und -planung kurz dargestellt. Auf die Ursachen der Entwicklungen wird kursorisch eingegangen.

Zuvor soll jedoch eine kurze allgemeine Einordnung der Stadt vorgenommen werden: Seinen Reichtum verdankt Hamburg seit der Hanse dem Hafen, dem Handel und den Dienstleistungen sowie den Produktionen, die unmittelbar dem Hafen und dem Handel dienen. Das hat seit Generationen dazu geführt, daß sich die städtische Elite, die Politik, die Verbände und die Interessenvertretungen an dem Ziel orientierten, den Hafen wettbewerbsfähig zu halten und dessen Kapazitäten und das Tempo des Umschlags auszubauen. Stadtentwicklung und Politik waren immer zurückhaltend hanseatisch, eher einem gleichmäßigen Aufschwung verschrieben als spektakulären Zuwächsen (vgl. Dangschat & Ossenbrügge, 1990).

Erst durch das Groß-Hamburg-Gesetz vom 1.4.1937 wurden Hamburg von der nationalsozialistischen Regierung die Nachbarstädte Altona, Harburg und Wandsbek zugeschlagen. Altona und Harburg waren Konkurrenzgründungen der Dänen und Preußen, die, da sie über keinen zollfreien Hafen verfügten, ihre wirtschaftliche Basis in der Industrie suchten. Erst durch diese Eingemeindungen wurde Hamburg (nach Berlin) zur zweitgrößten Industriestadt des Deutschen Reiches und blieb lange die größte Industriestadt der Bundesrepublik. Gleichwohl spielte die Industrie keine entscheidende Rolle[5] - allenfalls als seehafenorientierte Weiterverarbeitungs- und Veredelungsindustrie. Die wirtschaftliche Basis der Stadt war während des gesamten 20. Jahrhunderts der Dienstleistungssektor, und bis heute ist Hamburg unter den bundesdeutschen Großstädten die Stadt mit dem höchsten Anteil an Beschäftigten im Tertiären Sektor.

Hamburg war bis Mitte der 70er Jahre die kaufkraftstärkste Region der damaligen EWG (es gibt - je nach verwendetem Indikator - Zahlen, die dieses heute wieder bescheinigen). Der Reichtum in der Region verteilte sich jedoch seit den 70er Jahren zugunsten des Umlandes, deren schleswig-holsteinischer Teil die entscheidende Wachstumsregion jenes Landes ist („Speckgürtel").

Hamburg wird - anders als die Großstädte Berlin, München und Frankfurt a.M. - seit dem Zweiten Weltkrieg durchgängig von der SPD regiert (allein, mit der F.D.P., mit der GAL (den Hamburger Grünen) und gegenwärtig mit der STATT-Partei). Lediglich zu Beginn der 50er Jahre war die SPD kurz in der Opposition. Diese lange Dynastie hat dazu geführt, daß nahezu alle städtischen, stadt-nahen und gewerkschaftlichen Betriebe von „verdienten Genossen" geleitet werden. Auch in Fachbehörden und Ämtern sitzen SPD-Mitglieder an entscheidenden Posten. Das führt häufig dazu, daß Fachvorlagen der Verwaltung auch auf ihre „Senatsverträglichkeit" hin geprüft werden und somit nicht immer die beste fachliche Lösung politisch legitimiert wird.

Eine Besonderheit Hamburgs besteht im Stadtstaat-Status. Er sichert dem Bundesland Hamburg zwar ein höheres Gewicht (durch die Direktvertretung im Bundesrat sowie auf EU-Ebene eine direkte Vertretung in Brüssel (Hanse-Office)), das aber wegen der geringen Stimmenzahl und der gegenüber den Flächenstaaten anderen Interessenlage oftmals nicht umgesetzt werden kann. Dieser Status hat jedoch auch Nachteile, denn es fehlt praktisch die kommunale Politik-Ebene. Die Landesminister (Senatoren) und das Landesparlament (Bürgerschaft) entscheiden auch über sehr spezielle kleinräumige Fragen. Notfalls kann der Ministerpräsident (Erster Bürgermeister) jede Entscheidung an sich ziehen (evozieren). Unter der „Landesregierung" gibt es sieben Bezirksparlamente ohne bedeutsame Entscheidungsbefugnis und mit nur sehr kleinen eigenen Etats. Gleichwohl „regiert" jeder Bezirksbürgermeister eine Großstadt (Wandsbek, der größte Bezirk, hatte Ende 1992 etwa 390.000 Einwohner und läge damit in der Rangordnung zwischen Bochum und Wuppertal). Die Gliederung der Fachbehörden orientiert sich zudem eher an der eines Flächenstaates als an der anderer Großstädte. All dies erschwert Planungen und koordiniertes Verwaltungshandeln über die Grenzen der Fachbehörden, oftmals auch der Ämter innerhalb einer Behörde hinweg.

Ein weiteres Manko des Stadtstaat-Status ist, daß Hamburg während der 70er Jahre nicht eingemeinden konnte, um die Suburbanisierungsverluste zurückzuholen. Heute fehlt der Stadt Entwicklungsfläche, insbesondere für Wohnungsbau und Entsorgung von Müll und Baggergut aus dem Hafen. Schließlich sind die finanziellen Möglichkeiten eingeschränkt, denn im Gegensatz zu München oder Frankfurt am Main bekommt die Kommune Hamburg vom Land Hamburg keine Ausgleichszahlungen. Im Gegenteil: Ab 1995 wird Hamburg mit fast 650 Mio. DM einer der Hauptzahler aller Bundesländer sein.[6]

Die geographische Abgrenzung der Region Hamburg wirft verschiedene Probleme auf, denn zwischen Kernstadt und Umland besteht ein komplexes Beziehungsgeflecht diverser Funktionen. Da über die Beschaffenheit dieser Beziehungen nur wenige Informationen vorliegen, bleibt die Abgrenzung der Region immer auf Arbeitslösungen beschränkt. Der um die Stadtmitte Hamburgs mit einem Radius von 40 km geschlagene Kreis bezeichnet den „Umkreis Hamburg", der im wesentlichen die Berufspendlerströme abdeckt. Zwar ist der Umkreis gemeindescharf abgegrenzt, doch steht auf dieser Ebene zu wenig statistisches Material zur Verfügung, um eine sinnvolle Planung zu gewährleisten. Diesem Mißstand wird durch die Erweiterung der Region auf die sechs an Hamburg angrenzenden Kreise abgeholfen, für die Regionalstatistiken zur Verfügung stehen und die auch der Abgrenzung als Raumordnungsregion entspricht (siehe Abschnitt 6).

Abb. 1: Die Region Hamburg (mit 40-km-Radius-Umkreis)

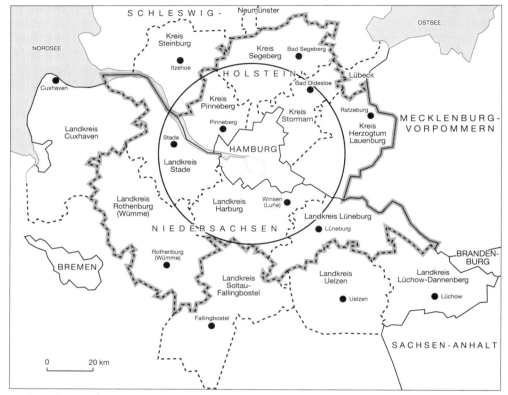

Quelle: Stadtentwicklungsbehörde Hamburg; eigene Ergänzungen

3.1 Bevölkerungsentwicklung

Die Bevölkerungszahl Hamburgs wuchs nach dem Zweiten Weltkrieg relativ rasch wieder an und machte Hamburg lange zur unangefochten größten Stadt der Bundesrepublik. Hamburg ist jedoch auch eine der bundesdeutschen Großstädte, deren Bevölkerungszahl nach dem langanhaltenden Anstieg sehr früh wieder zurückging; nach dem historischen Höchststand von über 1,857 Mio. Ende 1964 setzte ein über 20 Jahre andauernder Bevölkerungsrückgang ein, wodurch sich die Einwohnerzahl Hamburgs bis Ende 1986 um etwa 300.000 verringerte - seither nahm die Bevölkerungszahl wieder um über 135.000 zu. Im April 1994 lebten hier 1,703 Mio. Menschen.

Etwa drei Viertel der zwischen Mitte der 60er und 80er Jahre zu verzeichnenden Bevölkerungsverluste sind auf die natürliche Bevölkerungsentwicklung zurückzuführen: Ende der 60er Jahre sank die Zahl der Geburten erstmalig unter die Sterbeziffer. 1973 wurde mit einem natürlichen Bevölkerungssaldo von -12.207 ein Tiefststand er-

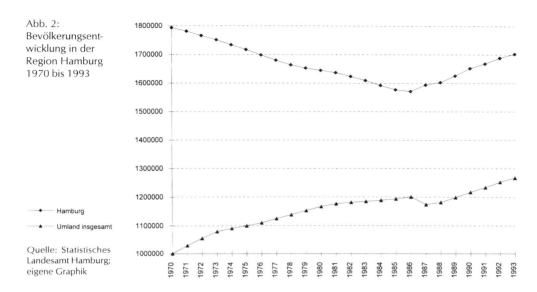

Abb. 2:
Bevölkerungsentwicklung in der Region Hamburg 1970 bis 1993

Quelle: Statistisches Landesamt Hamburg; eigene Graphik

reicht. Dieser Saldo verblieb bis Mitte der 80er Jahre auf hohem Niveau (s. Abb. 3). Etwa ein Viertel des Bevölkerungsverlustes ist auf Wanderungen zurückzuführen: Die während der 70er Jahre anhaltend negative Wanderungsbilanz erreichte Mitte der 70er Jahre Höchstwerte mit Verlusten von etwa 7.000 Menschen. Ende der 70er Jahre gingen die Verluste wieder zurück, 1980 und 1981 zogen jeweils gut 2.000 Menschen mehr nach Hamburg zu als weg, danach stellten sich bis 1984 (-7.500 Menschen) wieder zunehmende Verluste ein. Seitdem gehen die Bevölkerungsverluste zurück,

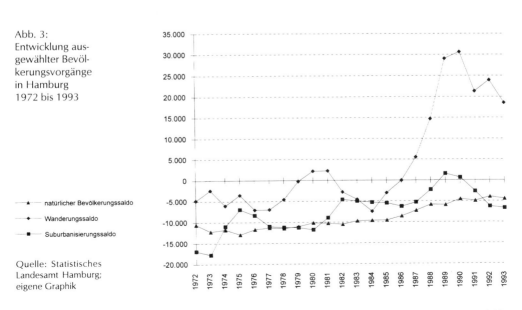

Abb. 3:
Entwicklung ausgewählter Bevölkerungsvorgänge in Hamburg 1972 bis 1993

Quelle: Statistisches Landesamt Hamburg; eigene Graphik

Fallstudie Hamburg

seit 1986 ist die Wanderungsbilanz wieder positiv (mit etwa 30.000 Menschen in 1989 und 1990 als Maximum).

Die Suburbanisierungsverluste seit der zweiten Hälfte der 60er Jahre zeigen einen ähnlich wellenförmigen Verlauf: Bis 1973 stiegen die Suburbanisierungsverluste auf über 18.000 und schwankten dann bis 1981 um etwa -10.000 Menschen. Bis 1983 gingen die Verluste an das Umland zurück. Seitdem ist der negative Wanderungssaldo mit dem Umland zwar rückläufig, aber, außer 1989 und 1990, permanent negativ.

Die Zahl der Umlandbewohner nahm seit den 50er Jahren beständig zu und erreichte 1970 erstmals mehr als eine Million. Die Folgen der Ölkrise Anfang der 70er Jahre ließen bis Mitte der 70er Jahre die jährlichen Zuwächse von über 25.000 auf nahe Null zurückgehen; bis zum Ende des Jahrzehnts stiegen sie dann wieder auf deutlich über 10.000 an, in den 80er Jahren sanken die Zuwächse auf unter 5.000. Seit 1990 macht sich der auf der Region liegende Zuwanderungsdruck auch im Umland bemerkbar: Zwischen 1990 und 1992 nahm die Bevölkerungszahl im Umland um 36.000 zu.

Tab. 1: Zusammenhang zwischen Bevölkerungs- und ökonomischer Entwicklung in der Region Hamburg

	N: 1970 - 1986	A: 1987 - 1992
Region Hamburg	- 22.137	+ 169.971
Hamburg	- 222.373	+ 117.518
6 Umlandkreise	+ 200.236	+ 52.453

Vergleicht man die Bevölkerungsentwicklung in der Region seit 1970 mit den Phasen des wirtschaftlichen Niedergangs (N) und des wirtschaftlichen Aufschwungs (A) (s. Tab. 1), wird deutlich, daß sich in Zeiten ökonomischer Krisen eine Bevölkerungsumverteilung zu Lasten der Kernstadt zeigt, bei geringen Verlusten der Region insgesamt; in der Phase der Prosperität dagegen besteht ein starker, insbesondere auf die Kernstadt gerichteter Bevölkerungszuwachs.

3.2 Wirtschaftliche Entwicklung

3.2.1 Wirtschaftliche Trends

Das Bruttoinlandsprodukt Hamburgs wuchs zwischen 1970 (33,5 Milliarden DM) und 1992 (123,9 Milliarden DM) um deutlich mehr als das Dreifache. Im gleichen Zeitraum ergaben sich erhebliche Verschiebungen vom Sekundären zum Tertiären Sektor: Betrug der Anteil des Sekundären Sektors am Bruttoinlandsprodukt 1970 noch 42,5 Prozent, fiel er bis 1992 auf 23 Prozent, der Anteil des Tertiären Sektors dagegen stieg von 56,8 auf 71,1 Prozent.

Diese Entwicklung spiegeln auch die Zahlen der sozialversicherungspflichtig Beschäftigten wider: In der Phase der ökonomischen Krise, zwischen 1977 und 1987, gingen Hamburg per Saldo etwa 36.000 Arbeitsplätze verloren.[7] Im Sekundären Sektor wurden in diesem Zeitraum mehr als 38.000 Arbeitsplätze abgebaut, während die Zahl der Beschäftigten im Tertiären Sektor um über 3.000 anstieg. Doch der Tertiäre Sektor entwickelte sich sehr widersprüchlich: Im Handel ging die Zahl der Beschäftigten um über 14.000, bei Verkehr- und Nachrichtenübermittlung um über 16.000 zurück (was eine entscheidende Schwäche Hamburgs gegenüber süddeutschen Städten bezeichnet), in den sonstigen Dienstleistungen wurden aber annähernd 28.000 Menschen mehr beschäftigt. Leichte Zuwächse verzeichneten auch die Bereiche Kreditinstitute und Versicherungsgewerbe, Organisationen ohne Erwerbszweck sowie Gebietskörperschaften und Sozialversicherung.

Die Beschäftigtenverluste des Sekundären Sektors in Hamburg sind unter anderem auf die Verlagerung von Betrieben in das Umland zurückzuführen. Die Umlandgemeinden sahen in der Ausweisung von Gewerbegebieten schon Ende der 50er Jahre eine Chance und boten in geschlossenen Komplexen Industriegrundstücke an. „Investitionshilfen und verschiedene Subventionspraktiken (...) erhöhten die Attraktivität des Flächenangebotes der Umlandgemeinden ebenso wie ihre zumeist geringen Gewerbesteuerhebesätze (wegen der im östlichen Umland geltenden Zonenrandförderung, d. Verf.). (...) Im Zeitraum von 1965 bis 1976 zeigte das Verhältnis von Betriebszuwanderungen zu Betriebsabwanderungen für Hamburg einen negativen Saldo von 155 Betrieben mit 114.119 Beschäftigten". Von diesen Betrieben „siedelten sich 126 im Umkreis Hamburg (40-km-Radius) an" (Möller, 1985: 214-215; vgl. auch Dangschat & Krüger, 1986).

Abb. 4:
Entwicklung der Beschäftigtenzahl in ausgewählten Wirtschaftsabteilungen in Hamburg 1970 bis 1993

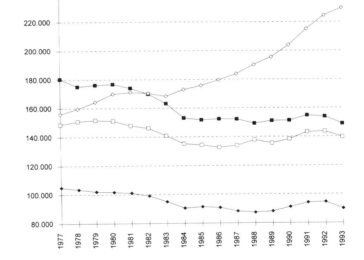

Quelle: Statistisches Landesamt Hamburg; eigene Graphik

Mit einer jahresdurchschnittlichen Arbeitslosenquote von 0,4 Prozent war 1970 in Hamburg Arbeitslosigkeit praktisch kein Thema. Bis Mitte der 70er Jahre verfünfzehnfachte sich aber die Zahl der Arbeitslosen. Seit 1980 (23.000) stieg die Arbeitslosenzahl steil an, überschritt 1982 den Durchschnittswert der Bundesrepublik und erreichte 1987 einen historischen Höchststand (knapp 100.000), mit einer Quote von 13,9 Prozent. Seither ist die Arbeitslosenzahl trotz der zusätzlichen Nachfrage nach etwa 90.000 Arbeitsplätzen durch Zuwandernde gesunken, aufgrund der Rezession seit 1993 allerdings wieder angestiegen.

Fallstudie Hamburg

Abb. 5: Entwicklung der jahresdurchschnittlichen Arbeitslosenzahl in der Region Hamburg 1970 bis 1993

Quelle: Statistisches Landesamt Hamburg; eigene Graphik

Wegen der Situation auf dem Arbeitsmarkt nahm auch die Zahl derjenigen zu, die ihren Lebensunterhalt nicht mehr aus eigener Kraft bestreiten können und auf staatliche Transferleistungen angewiesen sind. Im Zeitraum von 1970 bis 1992 hat sich die Zahl der außerhalb von Einrichtungen lebenden Empfänger Laufender Hilfe zum Lebensunterhalt auf knapp 150.000 deutlich mehr als versechsfacht (s. Abb. 6), die Ausgaben stiegen jedoch um annähernd das Zwanzigfache auf etwa 766 Mio. DM in 1991 (vgl. BAGS, 1993). Wie andere Stadtregionen verlor auch Hamburg durch die Stadt-Umland-Wanderungen hauptsächlich relativ einkommensstarke Bevölkerungsschichten und damit Kaufkraft- und Steuerpotential. Die durch wirtschaftspolitische Fehlinvestitionen einerseits und durch soziale Ausgleichsmaßnahmen ständig steigenden Kosten andererseits machten ein Umdenken dringend erforderlich.

3.2.2 Wirtschaftspolitik

Die wirtschaftspolitischen Reaktionen des Hamburger Senats auf die in den 70er Jahren aufkommenden ökonomischen Krisen (Kern-Plan) waren von einer groben Fehleinschätzung der weltwirtschaftlichen Entwicklung gekennzeichnet. Aus einer stärker auf Industrie und Handwerk aufbauenden Wirtschaftsstruktur der süddeutschen Städte, die sich damals schon erfolgreicher entwickelten, wurde Mitte der 70er Jahre gefolgert, zur Krisenbewältigung verstärkt auf eine nachträgliche Industrialisierung (Re-Industrialisierung) setzen zu müssen. Um nicht allein auf den Erfolg der maritim ausgerichteten, traditionell von hafen-, handels- und transportorientierten Dienstleistungen sowie von Werft- und Nahrungsmittelindustrien geprägten Hamburger Wirtschaft vertrauen zu müssen, die in den Jahren des Wiederaufbaus ein rasches Wachstum ermöglichten, wurde die Unterelbe zwischen Hamburg und ihrer Mündung zum Standort für rohstoffverarbeitende Industrien umgewandelt. Damit sollte nicht nur der Branchen- und Beschäftigten-Mix verbessert und ein Einstieg in die vermeintlich zukunftsweisende Atomenergie gefunden, sondern vor allem der niedergehende Hafen durch den Import von Rohstoffen und den Export von Halbfertig- und Fertigwaren besser ausgelastet werden.

In einem finanziellen Kraftakt wurden - neben einer Reihe von Chemie- und Metallverarbeitungsunternehmen stromabwärts in Brunsbüttel und Stade - in Hamburg eine Aluminiumhütte und ein Stahlwerk errichtet. Zusätzlich gingen an der Unterelbe drei Atomkraftwerke zur Versorgung der energieintensiven Industrie ans Netz. Dies geschah in der Hoffnung, nachgelagerte Industrien anziehen zu können, welche „als Entwicklungspole für industrielle Komplexe mit ausdifferenzierten horizontalen und vertikalen Produktions- und Dienstleistungsverflechtungen dienen" sollten (Läpple, 1991: 20). Die damaligen wirtschaftspolitischen Leitlinien Hamburgs bringt Krüger (1991: 37) auf die treffende Formel „Atomkraft + seeschifftiefes Fahrwasser = Industrialisierung".

Durch diese Anstrengungen des Ausbaus der hafenbezogenen Produktion und die begleitende Einrichtung eines Zweiten Arbeitsmarktes über Arbeitsbeschaffungsmaßnahmen wurden große Teile der Haushaltsmittel des Stadtstaates gebunden, zumal Hamburg sich finanziell an den Metallwerken beteiligte, um eine drohende Schließung zu verhindern. Diese „keynesianischen" Strategien erhöhten den Anteil des städtischen Etats, der nicht durch Einnahmen gedeckt ist, von 12 Prozent in 1980 auf etwa 20 Prozent in 1983.

Weltweit verstärkte sich jedoch die Entwicklung und Einführung neuer, innovativer Technologien und entwertete die Bedeutung der Schwerindustrie. Zwar sind in Hamburg große technologieorientierte Unternehmen (Philips, MBB, Lufthansa) und diverse innovative mittelständische Betriebe etwa im Bereich des Maschinenbaus und der Medizintechnik ansässig, jedoch unzureichend in die regionale Wirtschaft integriert (s. den Beitrag von Läpple et al. in diesem Band). Im Gegensatz zu den technologisch geprägten Regionen um München oder Stuttgart vermochte es die Hamburger Wirtschafts- und Strukturpolitik nicht, „differenzierte Produktions- und Innovationsmilieus" (Krüger, 1991: 42) zu schaffen.

3.3 Stadterneuerung

Hamburgs innere Stadt verlor schon vor dem Zweiten Weltkrieg absolut und relativ an Wohnbevölkerung. Auch der Suburbanisierungsprozeß über die Stadt- und Landesgrenzen hinaus setzte früher und intensiver als in anderen bundesdeutschen Städten ein. Dieser quantitative Verlust war auch ein qualitativer, denn jüngere, besser ge- und ausgebildete Familien der aufstrebenden Mittelschichten zogen in überdurchschnittlichem Maße über die Grenzen in das prosperierende Umland. Damit entgingen dem Stadtstaat nicht nur die kommunalen, sondern auch die Landesanteile der Lohn- und Einkommenssteuer. Zudem wanderte ein hohes Kaufkraftpotential in die Nachbarkreise Schleswig-Holsteins, später auch Niedersachsens ab.

Fallstudie Hamburg

Aus diesem Bevölkerungsverlust an das Umland (zwischen 1970 und 1986 insgesamt etwa 146.000 Menschen, also durchschnittlich über 9.000 pro Jahr) wurde in Hamburg alljährlich ein Politikum, bei dem die konservative Springer-Presse in Koalition mit der oppositionellen CDU und der Handelskammer erheblichen Druck auf die regierende SPD ausübte. Diese Diskussion führte zu einer frühzeitigen und intensiven Umsteuerung von der Expansion der Stadt[8] zu einer Erneuerung und Wieder-in-Wert-Setzung des Wohnungsbestandes.

Ein weiterer Grund für die einsetzende intensive Sanierungs- und Modernisierungstätigkeit war, daß in den 60er und 70er Jahren viele private Besitzer - aber auch die Stadt - in Erwartung eines kräftigen Wachstums der City-Funktionen in der Innenstadt den Wohnungsbestand planmäßig verfallen ließen.

In den 60er und 70er Jahren war es explizites Ziel, die verbliebene kaufkraftschwache Bevölkerung durch die gezielte Ansiedlung junger deutscher mittelständischer Familien „aufzuwerten". Im Zusammenhang mit der bundesweiten Verschiebung der städtebaulichen Leitbilder wurde jedoch die Bestandssicherung für die alteingesessene Bevölkerung zunehmend in den Vordergrund gerückt. Gleichwohl konnte der sich auf drei Ebenen zeigende Grundwiderspruch der Sanierung nicht aufgehoben werden:

- Bevölkerungsstruktur erhalten vs. Bevölkerungsstruktur „aufwerten",
- „sozial" sanieren vs. Investoren gewinnen und
- Stadtteil-Interessen vs. gesamtstädtische (Landes-)Interessen.

Inwieweit man einer der beiden Seiten eher gerecht wurde als der anderen, ist schwierig abzuschätzen, da es in Hamburg keine offiziellen Evaluationen der Sanierung, Modernisierung und Instandsetzung gibt. Das Amt für Stadterneuerung (jetzt: Stadterneuerung und Bodenordnung) sieht sich selbst erfolgreich in der Sicherung preiswerten Wohnraums für einkommensschwache Bevölkerungskreise. Dafür spricht, daß nach den Ergebnissen der Volkszählung 1987 die überwiegende Mehrheit der Sanierungsgebiete eine - verglichen mit dem städtischen Durchschnitt - ärmere Bevölkerung und einen höheren Ausländeranteil aufweist.

Dagegen spricht, daß dort die „Aufwertung" im Sinne einer Gentrifizierung zwischen 1978 und 1987 über dem Durchschnitt der inneren Stadt lag (vgl. Fölsch, 1993). Auch Bremer (1987) ist eher skeptisch. Nach ihrer Analyse ist der Großteil der Fördergelder der Hamburger Modernisierungsprogramme außerhalb der Fördergebiete verwendet worden, vor allem vom stadteigenen Wohnungsunternehmen SAGA zur Modernisierung der 50er-Jahre-Bestände. In den Fördergebieten dagegen wurde der Bestand mit privaten Mitteln aufgewertet und damit der Belegungs- und Mietpreisgestaltung der Stadt entzogen. Ein weiteres Indiz für die geringe Bereitschaft Hamburgs, den innenstadtnahen, preiswerten Altbaubestand zu sichern oder durch Vorkauf auszuweiten, ist der Verzicht auf die Anwendung der „sozialen Erhaltungssatzung" gemäß Baugesetzbuch (vgl. Alisch & Dangschat, 1993).[9]

Neben dem bundeseinheitlichen Sanierungsprogramm nach Städtebauförderungsgesetz hat Hamburg eigene, flächenbezogene und objektbezogene Modernisierungsinstrumente geschaffen. Die Stadtteilentwicklungsplanung (STEP) gab Entwicklungsziele für die Stadtteile der inneren Stadt vor, ohne allerdings ein verbindliches Planungsinstrument zu sein. Darüber hinaus fehlte die Einbindung in die fachbehördlichen Zuständigkeiten resp. gab es auf Stadtteilebene keine koordinierende Einrichtung, welche die Zielsetzung der STEP hätte umsetzen können. Erfolgreicher war dagegen die „Stadterneuerung in kleinen Schritten" (SikS), die sich durch eine Straffung der Abläufe (als Vorgriff auf die Beschleunigungsnovelle der Sanierung nach Städtebauförderungsgesetz) und den Verzicht auf einen Bebauungsplan auszeichnete.

Nach dem hamburgischen Modernisierungsprogramm sind zwischen 1974 und 1987 rund 58.000 Wohnungen modernisiert, nach dem hamburgischen Instandsetzungsprogramm zwischen 1970 und 1987 knapp 30.000 Wohnungen instandgesetzt worden. Eine zahlenmäßig wesentlich kleinere Rolle spielt die Förderung alternativer Wohnprojekte, mit deren Hilfe und unter Einsatz von fünf Millionen DM öffentlicher Mittel zwischen 1984 und 1987 gerade 75 Wohnungen instandgesetzt wurden. Rund 150.000 Wohnungen im Altbaubestand sind seit 1970 modernisiert worden. In 37 besonders ausgewiesenen Gebieten (ohne Großsiedlungen) wurden 22.000 Wohnungen und 2.750 Betriebe in städtebauliche Sanierungsmaßnahmen einbezogen. Durch öffentliche Mittel in Höhe von DM 1,8 Milliarden wurden Gesamtinvestitionen von DM 3,8 Milliarden ausgelöst (vgl. Baubehörde, 1988: 4).

4. Politische Maßnahmen zur Krisenregulierung

Einen Wendepunkt der Wirtschaftspolitik markierte 1983 die „Unternehmen Hamburg"-Rede des Ersten Bürgermeisters Klaus von Dohnanyi. Er brach mit der bis dahin betriebenen Politik der Stützung der „declining industries" und forderte, die Zukunft Hamburgs „nicht mehr in erster Linie auf dem Wasser, sondern immer stärker auf dem Lande" zu suchen (Dohnanyi, 1983: 11). Zwar seien der Hafen und die hafenorientierte Wirtschaft auch zukünftig wichtige Standbeine für die Stadt, doch müsse daneben aktiv eine Wirtschaftsförderungspolitik betrieben werden, die an den Erfordernissen weltweit sich verändernder Wirtschaftsstrukturen orientiert sei. Dazu stellte Dohnanyi einen umfangreichen Maßnahmenkatalog auf:

- Ausbau moderner Kommunikationstechnologien, um die geographische Randlage auszugleichen,
- Ausbau eines Zweiten Arbeitsmarktes, um „die soziale Qualität unserer Stadt noch stärker zu einer Attraktion des Standortes Hamburg zu machen",
- Ausbau der Messe durch Spezialmessen, die mit den im Congress Centrum Hamburg stattfindenden Kongressen verbunden sind,
- Ansiedlung neuer und Ausbau vorhandener Film- und Fernsehmedieninstitutionen,
- Ansiedlung und Entwicklung wissenschafts- und technikorientierter Industrien,
- rascher Ausbau der neu gegründeten TU Hamburg-Harburg,
- Verbesserung der Voraussetzungen für eine engere Zusammenarbeit zwischen Wissenschaft und Wirtschaft,
- Vertiefung der Zusammenarbeit zwischen Politik und Wirtschaft,

Fallstudie Hamburg

- Deregulation auf politischer Ebene, um Entscheidungswege zu verkürzen,
- Gründung einer privatwirtschaftlich organisierten Wirtschaftsförderungsgesellschaft,
- Entwicklung von Wohnqualität, Freizeitwert und Kultur, ausgerichtet am Geschmack einer „neuen Intelligenz", „die Schöpfer der neuen Industrien und Dienstleistungen" ist (vgl. Dohnanyi, 1983: 11-26).

Die avisierten Maßnahmen waren sämtlich darauf gerichtet, eine Politik zu betreiben, „die den Wettbewerb Hamburgs gegenüber anderen Städten (...) in allen Bereichen offensiv aufnimmt" (Dohnanyi, 1983: 11), indem sie die Korporation mit der Wirtschaft sucht. Zwar forderte Dohnanyi, „daß wir in Hamburg eine Politik betreiben müssen, die stets an der Spitze des sozialen Ausgleichs steht" (Dohnanyi, 1983: 13), stellte aber klar, daß Hamburg sich nicht in eine Stadt verwandeln dürfe, in der die „sozial Starken, also die Besserverdienenden, d.h. die kräftigeren Steuerzahler, sich abgewiesen fühlen", denn „die sozial Schwachen in Hamburg werden nur dann wirklich geschützt werden können, wenn die Starken in Hamburg auch als Steuerzahler bleiben" (Dohnanyi, 1983: 21) - ein nachdrückliches Bekenntnis zur Beibehaltung der keynesianischen Wohlfahrtspolitik.

Nur ein halbes Jahr nach Dohnanyis Rede legte die Handelskammer Hamburg nach. Sie hielt es für unverzichtbar, daß „ein höheres Maß an vertrauensvoller Zusammenarbeit (...) zwischen Staat und Wirtschaft angestrebt und verwirklicht" wird (Handelskammer, 1984: 18), und verlangte „eine andere Haltung vieler Hamburger Politiker und Verwaltungsstellen gegenüber der Wirtschaft. Dies setzt nicht nur Kenntnisse von ökonomischen Zusammenhängen, sondern auch die Einsicht voraus, daß 'Wirtschaftsklima' und 'Standort-Image' keine leeren Worte" sind (Handelskammer, 1984: 22). Auch hier wurde die Gründung einer aus der Verwaltung ausgegliederten Wirtschaftsförderungsgesellschaft gefordert. „Voraussetzung ist allerdings, daß sich eine solche Gesellschaft der uneingeschränkten Rückendeckung der wesentlichen politischen Kräfte und der Kooperationsbereitschaft der Verwaltung sicher sein kann" (Handelskammer, 1984: 23). Angesichts der Notwendigkeit zur Umstrukturierung forderte die Handelskammer eine wirtschaftsfreundlichere, effizientere und optimistischere Politik und Planung, die auch unter Umgehung bestehender Bauvorschriften, Planungs- und Umweltschutzauflagen durchgesetzt werden sollte. Zwar seien „sozialer und umweltpolitischer Flankenschutz durch den Staat (...) Bestandteil unserer Wirtschaftsordnung, aber weniger geeignet, wettbewerbsfähige Arbeitsplätze zu schaffen oder zu erhalten" (Handelskammer, 1984: 17). Die Wirtschaft war sich der negativen Folgen ökonomischer Umstrukturierungen sehr wohl bewußt, gleichwohl nahm sie diese billigend in Kauf: „Da Rationalisierung gleichzeitig Effizienzsteigerung bedeutet, wäre eine Behinderung oder Verzögerung solcher Entwicklungen selbst dort nicht vertretbar, wo möglicherweise negative Beschäftigungseffekte auftreten" (Handelskammer, 1984: 30). Wer für Hamburg wichtig ist und auf wessen Interessen die Anstrengungen der Stadtentwicklungspolitik fokussiert werden müssen, war für die Handelskammer unstrittig: „Da Wohnungen im Bereich der Innenstadt bekanntlich nur in begrenztem Umfang zu schaffen sind, sollte der Wohnungsbau auch in den citynahen Bereichen gefördert werden. Hier sollte besonders gehobener Wohnungsbau entstehen, der für kaufkräftige Kunden für den Einzelhandel, die Gastronomie und das kulturelle Angebot sorgt" (Handelskammer, 1984: 32).

Darüber hinaus wurden zahlreiche weitere Forderungen an die Ziele und Schwerpunkte der Stadtentwicklungspolitik und deren Durchführung erhoben: Zurückstellen der lokalen Interessen hinter die gesamtstädtischen; verstärkte Ausweisung von attraktiven Gewerbegebieten; Ausbau des Verkehrssystems; Ausbau der City-Ost, Neubau der City-Süd sowie Schaffung eines „urbanen" Ambiente durch Einkaufsgalerien, Restaurants, Architektur und kulturelle (Groß-)Ereignisse - allesamt Forderungen, die bis heute tatsächlich umgesetzt wurden.

Am 1. Juli 1985 wurde als herausragendes Beispiel für public-private partnerships die Hamburgische Gesellschaft für Wirtschaftsförderung mbH (HWF) gegründet, die mittlerweile auch Repräsentanzen in St. Petersburg, Prag, Riga und Wilna unterhält. Vertreten durch die Wirtschaftsbehörde hält Hamburg 31% der Gesellschaftsanteile, Handelskammer und Handwerkskammer halten 15% bzw. 14%. Die restlichen 40% sind unter dreizehn Banken aufgeteilt, von denen allerdings allein auf die Hamburgische Landesbank 20% entfallen. Rechnerisch ergibt sich demnach zwar eine 51%-Majorität für Hamburg, faktisch, und das war von vornherein so beabsichtigt, wirtschaftet die Gesellschaft aber außerhalb staatlicher Einflußnahme. Dies wird auch dadurch unterstrichen, daß für die Leitung der HWF nicht ein Beamter, sondern ein Top-Manager eines der größten deutschen Industrieunternehmen verpflichtet wurde. Den Etat der HWF trägt allerdings ausschließlich die Wirtschaftsbehörde, mithin die öffentliche Hand. Zu den Aufgaben der HWF gehören neben der Betreuung in Hamburg ansässiger Firmen die Anwerbung neuer Unternehmen und ein aktives Standort-Marketing. Hauptsächlich umwirbt die HWF Unternehmen der Luft- und Raumfahrttechnik, Elektronik, Kommunikations- und Informationstechnik, Medizin- und Pharmatechnik, Umwelt- und Biotechnologie, Software-Entwickler, Medienunternehmen, Banken, Versicherungen und internationale Handelsunternehmen. Bei der Ansiedlung von Produktionsbetrieben arbeitet die HWF arbeitsteilig mit den norddeutschen Bundesländern Schleswig-Holstein und Mecklenburg-Vorpommern zusammen, da dort größere und preisgünstigere Flächenreserven vorhanden sind. Für den Zeitraum von Juli 1985 bis Dezember 1994 bilanziert die HWF die Schaffung von über 16.700 zusätzlichen Arbeitsplätzen durch begleitete Expansionsprojekte Hamburger Unternehmen und von über 6.500 Arbeitsplätzen durch erfolgreich betriebene Neuansiedlungen. Insgesamt seien für diesen Zeitraum Investitionen in Höhe von über 6,4 Milliarden Mark auf das Engagement der HWF zurückzuführen.

Die Liste der privatwirtschaftlich organisierten Institutionen zur Zusammenarbeit zwischen Wirtschaft, Politik und Verwaltung ist lang und reicht von sozialen über kulturelle Einrichtungen bis zu Gebäude- und Grundstücksverwaltung und -besitz. Solche Deregulierungen betreffen auch privatwirtschaftlich organisierte Unternehmen, die sich ausschließlich im Besitz der Stadt befinden. In beiden Fällen ist die parlamentarische Kontrolle weitgehend außer Kraft gesetzt. Es wird an behördlichen Instanzen vorbei entschieden, insgesamt also die Möglichkeit genommen, durch Zusammenarbeit verschiedener Behörden eine integrierte sozial- und umweltverträgliche (Wirtschafts-)Politik zu betreiben.

Fallstudie Hamburg

Die Forderungen Dohnanyis und der Handelskammer fanden schnell Eingang in die offizielle Politik und die Haushaltsdispositionen des Senates der Hansestadt (vgl. Senat, 1986), der angesichts der wirtschafts- und arbeitsmarktpolitischen Lage ein „Sonderprogramm" für erforderlich hielt, „das einerseits Maßnahmen zur Stützung der Schiffbauindustrie (...), andererseits aber auch Impulse für die Schaffung von neuen Arbeitsplätzen in anderen Wirtschaftsbereichen gibt". In diesem Programm waren die vier Aktionsfelder „Förderung neuer Technologien zur ökologischen Modernisierung und Verbesserung der Wettbewerbsfähigkeit der Hamburger Wirtschaft", „Modellprojekte zur Förderung von Existenzgründungen und jungen Unternehmen", „Diversifizierung der Hamburger Schiffbauindustrie" und „Qualifizierungsinitiative Hamburger Arbeitnehmer" enthalten. Für die Realisierung der Vorhaben waren für die Jahre 1987 und 1988 Mittel in Höhe von 90 Mio. DM vorgesehen.

Auch die Stadtentwicklungspolitik wurde in ihren sozialen Komponenten flexibilisiert, jedoch nicht so intensiv dereguliert, sondern weiter am „goldenen Zügel" der Fachbehörde angebunden. Die komplexe Aufgabe der Stadterneuerung war noch bis Ende der 80er Jahre ausschließlich Behördensache. Die Regulation der zunehmenden sozialen Probleme insbesondere in innenstadtnahen Gebieten wurde immer schwieriger, und die Baubehörde stellte 1988 fest, daß es „politisch geboten und organisatorisch vorteilhaft" sei, die Verwaltung der Stadterneuerung auf andere Füße zu stellen und „die Betreuung der Durchführungsaufgaben zusammengefaßt von einer Sanierungsbetreuungsgesellschaft erfüllen zu lassen, ohne unmittelbare Abhängigkeit von der Baubehörde" (Baubehörde, 1989: 1). Hintergrund der Konzeption einer solchen Gesellschaft war die Erkenntnis, daß Stadterneuerung nicht allein aus technisch-städtebaulicher Sicht betrieben werden kann, sondern daß Konzepte entwickelt werden müssen, „die wohnungs-, sozial-, arbeitsmarktpolitische und stadtteilkulturelle Ziele zu einem integrierten Ansatz verbinden. Daraus folgte, daß zur Umsetzung dieser Überlegungen Personen und Träger gebraucht werden, die fachübergreifend, sozial-innovativ, vor allem in erforderlichem Abstand zu bürokratisch-behördlichen Handlungsstrukturen arbeiten sollen. Im praktischen Vorgehen bedeutete das auch, Planung und Umsetzung zeitlich stärker aneinander zu rücken und gemeinsam mit den Betroffenen als 'Plan-volles' Handeln umzusetzen" (Baubehörde, 1989: 2).

1989 wurde dann die Stadterneuerungs- und Stadtentwicklungsgesellschaft mbH (STEG) gegründet, an der die Stadt Hamburg mit 90 Prozent, die Hamburger Gesellschaft für Gewerbebauförderung mbH (HaGG) mit zehn Prozent beteiligt ist. Ihr Arbeitsschwerpunkt liegt in der westlichen Inneren Stadt, wo sie die Trägerschaft für insgesamt neun Sanierungsgebiete von den bisherigen Trägern übernahm. Die STEG ist allerdings in wichtigen Belangen von der Baubehörde [heute: Stadtentwicklungsbehörde] abhängig und daher weniger flexibel als angekündigt, denn „während die Umsetzung der Stadterneuerungsvorhaben außerhalb der Verwaltung durch die STEG erfolgt, verbleiben in dem fachlich zuständigen Bereich der Baubehörde die hoheitlichen und ministeriellen Aufgaben", zu denen auch die „Formulierung der Rahmenbedingungen für die Stadterneuerungspolitik" und die „Bereitstellung der zur Durchführung erforderlichen Haushaltsmittel" gehören (Baubehörde, 1989: 30).

Um dem Anspruch einer integrierten Stadterneuerungspolitik gerecht zu werden, wurde im gleichen Jahr auch die Satzung der HaGG neugefaßt und die Gesellschafterstruktur erweitert. War die Aufgabe der bereits 1977 als städtisches Dienstleistungsunternehmen gegründeten Gesellschaft bis dato auf die Vorhaltung von Flächen für die Verlagerung sanierungsbetroffener Gewerbebetriebe beschränkt, ist sie heute „auf dem Wege zu einem umfassend agierenden Gewerbebauträger mit wachsenden Aufgaben" (HaGG, 1993: 3). Neben der Freien und Hansestadt Hamburg, vertreten durch die Stadtentwicklungsbehörde, halten Handwerks- und Handelskammer je 20 Prozent der Gesellschaftsanteile, die STEG neun Prozent. Vor dem Hintergrund eines heute wieder hoffähigen städtebaulichen Leitbildes verstärkter Funktionsmischung setzt die HaGG auf den Bau von Gewerbehöfen. Durch die Umstrukturierung in enger Nachbarschaft zum Wohnen erhaltener oder untergenutzter Gewerbeflächen wird kleinen und mittleren Gewerbebetrieben durch langfristige Verträge sowie günstige Mieten und moderate Anpassungen eine hohe Standortsicherheit gegeben. Dabei wird viel Wert auf den Erhalt städtebaulicher Strukturen gelegt. Fünf solcher Gewerbehöfe existieren bereits, acht weitere sind im Entstehen. In diesem Zusammenhang haben sich die Aufgaben der HaGG stark erweitert. Sie bewirtschaftet und verwaltet den Bestand, entwickelt neue Projekte, reaktiviert Brachen, baut im eigenen Bestand neu, leistet Baubetreuung und Beratung.

Auch das „Instandsetzungprogramm für Altbauten zur Schaffung preiswerten Wohnraums" (ABB-Programm) dient einer sozialverträglichen Zielsetzung: Mit ihm werden Gruppen, die alternative Wohnformen praktizieren wollen, finanzielle Mittel zu deren Realisierung zur Verfügung gestellt, um niedrige Mieten zu ermöglichen. Damit werden Erhaltungsmaßnahmen unterstützt, vorzugsweise im städtischen Bestand, unter der Bedingung, daß Selbsthilfe eingebracht wird. Als Mittler zwischen dem „Staat" und den Gruppierungen arbeiten zwei intermediäre Organisationen - die Johann Daniel Lawaetz-Stiftung e.V. und die Stattbau GmbH -, die insofern „staatsnah" sind, als die Stellen durch die Stadt finanziert werden. Sie beraten die Gruppen bei der Finanzierung, vermitteln gegenüber den Fachbehörden und fungieren als „alternative Sanierungsträger". Das Programm beabsichtigt, „der wachsenden Gruppe von Mietern, die aus finanziellen, wirtschaftlichen wie sozialen Gründen preiswerten Wohnraum benötigt oder behalten will, mehr Chancen für eine dauerhafte und wirtschaftlich vertretbare Nutzung nach eigenen Vorstellungen zu geben. Gleichzeitig geht es um die Integration von Problemgruppen des Arbeitsmarktes in den beschäftigungsintensiven Stadterneuerungsbereich" (BAGS et al., 1994: 16). Mit diesem ABB-Programm wurden seit 1984, erst langsam, seit zwei, drei Jahren deutlich intensiver, 26 Projekte durchgeführt. Weitere zehn befinden sich im Bau sowie zwei in Planung (vgl. BAGS et al., 1994: 177-178). Dabei wurden bzw. werden 266 Wohnungen für 655 Menschen umgebaut und 41, 3 Mio. DM an Baukosten eingesetzt (davon 34,4 Mio. DM als Zuschüsse und 6,9 Mio. DM in Selbsthilfe); die Kosten liegen bei 1.724 DM pro Quadratmeter.

„Das ABB-Programm hat seine Bedeutung nicht in der Quantität, sondern in seinem konzeptionellen Ansatz: Schaffung kleiner Netze, Selbstverwaltung der Beteiligten, Ausschluß der Spekulation mit Böden und Gebäuden ... (und) ... Eröffnung kollektiver Überlebensstrategien in immer unwirtlicheren Städten" (Reinig, 1994: 174). Auch wenn

Fallstudie Hamburg

sich alle Beteiligten anläßlich der Jubiläumsschrift zum ABB-Programm sehr positiv über die Zusammenarbeit aussprechen, gibt es zwei strukturelle Probleme: Zum einen wird das Programm wiederholt für sachfremde Zwecke genutzt (und damit in seiner Reichweite eingeschränkt). Der Grund liegt im Vorteil der gebotenen hohen Flexibilität, die es zuletzt sogar ermöglicht hat, mit den Fördergeldern für Wohnraum auch gewerbliche Flächen instandzusetzen, auch wenn hierfür kein langfristiges Nutzungskonzept vorgelegt werden konnte. Zum anderen bedeutet ein positives Grußwort der Senatoren noch nicht, daß die Mittel in ausreichendem Maße fließen (etwa 1,3 Prozent des Modernisierungsprogramms wurden über das ABB-Projekt abgewickelt) - die Stadt sieht seine investiven Schwerpunkte nach wie vor in den Wachstumsstrategien und weniger in Ausgleichspolitiken.

Die durch die deutsche Vereinigung, den Europäischen Binnenmarkt und die Öffnung Osteuropas veränderte geopolitische Position Hamburgs sowie die wachsenden gesellschaftlichen Schieflagen erforderten einen „neuen konzeptionellen und programmatischen Ansatz", eine „Stadtentwicklungsplanung aus einer Hand", der die „bestehenden Organisationsstrukturen nicht gerecht" werden konnten (Senat, 1991: 2). Zur Beseitigung der strukturellen Defizite wurde im zweiten Halbjahr 1991 durch das Neueinrichten und Zusammenlegen von Ämtern verschiedener Fachbehörden die Stadtentwicklungsbehörde (STEB) gegründet. Ihr wurden die Flächennutzungs-, Programm-, Landschafts- und Verkehrsplanung übertragen. „Ihre Hauptaufgabe liegt in der Erstellung der entsprechenden Rahmenplanungen einschließlich des Zwangs, sie miteinander kongruent zu machen" (Senat, 1991: 2). Die Gründung der STEB führte zu offen ausgetragenen Konflikten mit den Behörden, die Fachabteilungen abgeben mußten; das wichtige, für die Stadterneuerung zuständige Amt für Stadterneuerung und Bodenordnung wurde zwar organisatorisch der STEB zugeordnet, verblieb aber demonstrativ im Gebäude der Baubehörde. Ein weiteres Ergebnis der behördlichen Machtkämpfe war die Rückübertragung der Verkehrsplanung an die Baubehörde. Trotz aller Schwierigkeiten versucht die STEB seitdem, mit einer „sozialen" und „ökologischen" Stadtentwicklung dem Anspruch des neuen konzeptionellen und programmatischen Ansatzes gerecht zu werden.

Teil des neuen Ansatzes sind auch offenere Beteiligungsverfahren. Die im Herbst 1992 begonnene Arbeit an einem langfristigen Stadtentwicklungskonzept (STEK) für Hamburg will die Stadtentwicklungsbehörde „nicht allein behördenintern vollziehen. Die einzelnen Arbeitsschritte bei der Erstellung des Konzepts sollen einer öffentlichen Diskussion unterzogen werden" (STEB, 1993: 7). Deshalb wurde 1993 der erste „stadtdialog Hamburg" durchgeführt, an dem neben Vertretern aus Politik, Wirtschaft, Verwaltung, Verbänden, Initiativen und Wissenschaft auch „normale Bürger" teilnahmen. Ihrem Bestreben, die Planungsarbeit innovativ zu gestalten, behördenexternen Sachverstand frühzeitig einzubeziehen und Dialoge über Zukunftsfragen der Stadt zu initiieren, um Konflikte und Konsensmöglichkeiten zu ermitteln, konnte die STEB damit aber nur teilweise gerecht werden, denn die große Zahl von 130 Teilnehmern machte eine fruchtbare Diskussion unmöglich. Der ursprüngliche Plan, noch im gleichen Jahr zwei weitere und 1994 fünf „stadtdialoge" durchzuführen, scheiterte. Der Wechsel des Präses, Neuwahlen und Koalitionsverhandlungen führten zu einem etwa einjährigen Moratorium der neuen Beteiligungsform. Erst im Sommer 1994 kam es zum zweiten (und wohl auch letzten) „stadtdialog", diesmal allerdings nur unter Beteiligung der Fachöffentlichkeit und ohne Beteiligung „normaler Bürger".

„Maßnahmen, die nicht hinreichend miteinander verknüpft sind und nur immer mehr vom gleichen wie bisher bieten, werden angesichts der komplexen und eigendynamischen Probleme in benachteiligten Stadtgebieten zunehmend wirkungsloser" (STEB, 1994: 4). Auf Basis dieser Erkenntnis wurden „Maßnahmen zur Armutsbekämpfung" entwickelt, für die zwischen 1995 und 1997 30 Mio. DM zur Verfügung stehen. Damit soll in ausgewählten Gebieten auf Quartiersebene Armut als Phänomen sich mehrfach überlagernder Probleme mit Handlungsansätzen bekämpft werden, die verschiedene Politikfelder einbeziehen. Leitziele sind dabei:

- Verbesserung der Zugangschancen der benachteiligten Bevölkerung zum Arbeitsmarkt,

- Förderung, Entwicklung und Erhalt des Gewerbes und der damit verbundenen Arbeitsplätze,

- Einleitung und Förderung von Prozessen, welche die vorhandenen lokalen Potentiale bündeln und eine nachhaltige, selbsttragende quartiersnahe Wirtschaftsstruktur fördern,

- Sicherung preiswerten Wohnraums und Förderung lebenslagenorientierter Nachbarschaften,

- Schaffung zusätzlicher Beschäftigungsmöglichkeiten im Ersten und Zweiten Arbeitsmarkt sowie Verknüpfung von städtebaulichen Maßnahmen mit solchen öffentlich geförderter Beschäftigung und Qualifizierung und quartiersbezogener Wirtschaftsförderung,

- Aufbau und Entwicklung von Kooperationen öffentlicher und privater Akteure sowie von lokalen sozialen Netzwerken und Verbesserung der Problemwahrnehmungs- und Problemlösungskompetenz kommunaler Verwaltung und Politik,

- Stärkung der Beteiligungs- und Mitwirkungsmöglichkeiten der Bewohner bei allen das Quartier betreffenden Fragen,

- Wiederherstellung des Vertrauens der Bewohner in deren eigene Handlungsfähigkeit und Abbau sozialer Ausgrenzung (vgl. STEB, 1994: 5).

Dazu werden mit Beginn des Jahres 1995 in acht ausgesuchten Pilotgebieten jeweils „Projektentwickler" eingesetzt, die ein den jeweiligen Strukturen entsprechendes Handlungskonzept erarbeiten sollen, das unter Einbeziehung des privaten Sektors, der impulsgeberischen Potentiale und Fähigkeiten der Bewohner sowie der Instrumentalisierung einer verstärkten Kooperation zwischen sozialen Einrichtungen ein soziales und ökonomisches „empowerment" ermöglicht. Damit eng verknüpft ist ein vorwiegend investives und beschäftigungsorientiertes Sonderprogramm, für das drei Viertel der Mittel bereitstehen. Durch die Entwicklung neuer Gewerbestandorte, die Förderung und Beratung von Existenzgründern und das Initiieren von Interessengemeinschaften in Verbindung mit den Bausteinen „Sanierung als Element der Städtebauförderung", den „Hamburgischen Programmen der Stadterneuerung" und integrierbaren Programmen anderer Fachbehörden soll versucht werden, Arbeitslose wieder in den Ersten Arbeitsmarkt zu integrieren, sie über den Zweiten Arbeitsmarkt zu qualifizieren oder in längerfristigen Prozessen überhaupt wieder an Erwerbsarbeit heranzuführen, Fähigkeiten, Erfahrung und Zeitbudgets der unterschiedlichen Bewohnergruppen produktiv anzuwenden, sozial integrative Netzwerke zu fördern und die Chance zur Existenzsicherung im Quartier zu bieten. In diesem Rahmen sollen auch neue Formen der Bürgerbeteiligung erprobt werden, da die „soziale Stadtentwicklung" nur erfolgreich umgesetzt werden kann, „wenn die eigentlichen Adressaten unmittelbar erreicht werden, einen Sinn und eigenen Nutzen in den Maßnahmen vor Ort erkennen können und befähigt werden, die Entwicklung langfristig selbst mitzugestalten und zu tragen" (STEB, 1994: 11).

5. Zeitliche Koinzidenz und Folgen der ökonomischen Umstrukturierung und ihrer Regulation im „Unternehmen Hamburg"

Die Liberalisierung der Auslandsinvestments in Schweden, die Einrichtung des Europäischen Binnenmarktes, welche eine Standortsuche für europäische „headquarters" vor allem in Deutschland auslöste, sowie die deutsche Vereinigung und die Öffnung Mittel- und Osteuropas boten in Hamburg günstige Voraussetzungen für die Gründung zahlreicher kontinentaler und nationaler Unternehmenszentralen, meist unter Beteiligung der HWF. Einen deutlichen Schwerpunkt haben hierbei asiatische Unternehmen der Schiffs-, Elektronik- und Finanzbranche. Hamburg zieht stolz Bilanz und stellt seine Superlative gerne und deutlich zur Schau:

Von den 300 größten deutschen Konzernen (ohne Banken) haben 30 ihren Hauptsitz in Hamburg, mehr als in jeder anderen deutschen Stadt (vgl. Covill, 1991). Hamburg ist der deutsche Versicherungsplatz schlechthin, insgesamt haben 110 Gesellschaften hier ihren Hauptsitz. Mehr als 200 Banken, Sparkassen und andere Finanzinstitute unterhalten über 740 Filialen im Stadtgebiet. Dazu kommen eine Vielzahl anderer Finanzdienstleister wie Leasingunternehmen, Bürgschaftsbanken, Pfandleiher, Fondsgesellschaften, Finanzberater sowie im Bereich Mergers & Acquisitions tätige Unternehmen. Damit ist Hamburg nach Frankfurt am Main der zweitwichtigste deutsche Finanzplatz (vgl. HaLaBa, 1993). Mit einer Ausnahme unterhalten alle in Deutschland tätigen Mineralölkonzerne in Hamburg ihren Hauptsitz. Da in Hamburg die Hälfte der in Deutschland verkauften Tonträger aufgenommen, die Hälfte der Auflage aller bundesweit verbreiteten Zeitungen und Zeitschriften verlegt wird, sich hier neben 80 Buchverlagen, 300 Film-, Video- und Tonstudios und einer Vielzahl international sehr erfolgreicher Werbeagenturen auch Redaktionen aller großen Fernsehsender versammeln, wird Hamburg als die Medienmetropole Deutschlands bezeichnet. Das Congress Centrum Hamburg (CCH) ist Europas erfolgreichstes Kongreßzentrum. Durchschnittlich finden jährlich 300 Kongresse statt, darunter zahlreiche Weltkongresse. In Hamburg leben etwa 4.000 Millionäre, das Bruttoinlandsprodukt je Einwohner ist höher als irgendwo sonst in Europa. Damit gilt Hamburg als reichste Stadt Europas. Die internationale Orientierung und Attraktivität der Stadt wird auch durch 97 konsularische Vertretungen unterstrichen, mehr als irgendwo sonst weltweit.

Zweifelsohne ließe sich die Aufzählung fortsetzen, aber die Tendenz ist eindeutig: Tertiärisierung bestimmt die wirtschaftsstrukturelle Entwicklung der Stadt. Dabei ist die internationale Ausrichtung unverkennbar. Die Umsetzung der durch Dohnanyi (1983: 10) erhobenen Forderung, Hamburg müsse „Anziehungskraft auf diejenigen Menschen ausüben, die Schöpfer der neuen Industrien und Dienstleistungen sind", scheint weitgehend gelungen zu sein.

In einer von der Hamburger Wirtschaftsbehörde in Auftrag gegebenen Studie stellten die Gutachter vor allem die „weichen" Standortfaktoren (Kultur, Freizeit, Lebensqualität), die breite Bildungsinfrastruktur und das dichte Netz von Dienstleistungsunternehmen (Fühlungsvorteile) als Stärken des Standortes Hamburg dar. Die Fachleute konstatierten aber auch verschiedene Schwächen: Engpässe im Wohnungsbau und im Verkehr, die aufzuheben seien, wenn die Stadt die Expansionspotentiale aufgrund der gewandelten geopolitischen Situation nutzen will (vgl. ifo/kienbaum, 1991). Das Gutachten stärkt jedoch die konventionelle Wachstumsstrategie, die auch von der Handelskammer und weiten Teilen des politischen Spektrums getragen wird. Dieser „Wirtschaftsflügel", der sich in den langen Koalitionsverhandlungen im Herbst 1993 mit der SPD-STATT-Koalition durchsetzte, erfuhr zudem Rückenwind aus der eingangs zitierten überregionalen Presse. Dort hatte der ökonomische Erfolg der Mitte der 80er Jahre angeschobenen wirtschaftspolitischen Maßnahmen Aufsehen erregt. Dieser Erfolg hält aber nur einem flüchtigen Blick stand und entpuppt sich bei näherem Hinsehen als Milchmädchenrechnung (vgl. den Beitrag von Läpple et al. in diesem Band). Die Gründe und Zusammenhänge dieser Ambivalenz werden im folgenden expliziert:

Zu den direkten Effekten gehören Veränderungen der Beschäftigtenzahl und -zusammensetzung: Während des Aufschwungs zwischen 1987 und 1992 verzeichnete nur der Tertiäre Sektor nennenswerte Beschäftigungszuwächse mit einer Zunahme von per Saldo 54.000. Die Analyse der Entwicklung nach Wirtschaftsabteilungen zeigt, daß innerhalb des Tertiären Sektors die „sonstigen Dienstleistungen" den weitaus größten Beitrag zum Wachstum leisteten; kontinuierlich gestiegen ist auch die Zahl der in Organisationen ohne Erwerbszweck Beschäftigten.

Einen Einblick in die strukturellen Veränderungen der beschäftigungswirksamen Bereiche innerhalb dieser Wirtschaftsabteilungen ermöglicht die Analyse zusammengefaßter Wirtschaftszweige nach folgender Kategorisierung (vgl. Wüst, 1993: 35-44):

- höherqualifizierte unternehmensbezogene Dienstleistungen (Kredit- und sonstige Finanzinstitute, Versicherungsgewerbe; Rechts- und Wirtschaftsberatung sowie Wirtschaftsprüfung; Architektur-, Ingenieur- und sonstige technische Büros; Grundstücks- und Wohnungswesen, Vermögensverwaltung; Werbung und Ausstellungswesen; Berufsorganisationen, Wirtschaftsverbände),

- minderqualifizierte unternehmensbezogene Dienstleistungen (Gebäudereinigung; Bewachungs- und Botendienste; Auskunfts-, Schreib- und Übersetzungsbüros; Arbeitnehmerüberlassung),

- haushaltsbezogene Dienstleistungsbereiche (Personenbeförderung; Reisebüros; Gaststätten- und Beherbergungsgewerbe; Gebäudereinigung; Kunst, Theater, Film, Rund-

Fallstudie Hamburg

funk und Fernsehen; Verlags-, Literatur- und Pressewesen; Vermietung beweglicher Sachen) und

- soziale Dienstleistungsbereiche (Kinder-, Jugend-, Alters- und andere Heime; Erziehungsanstalten, Kindergärten, -horte und -krippen; von Organisationen ohne Erwerbscharakter betriebene Sporthallen und -plätze; Organisationen der freien Wohlfahrtspflege; Kirchen).

Zwischen 1980 und 1992 sind in Hamburg in allen vier Bereichen Zuwächse der sozialversicherungspflichtig Beschäftigten zu verzeichnen. Den mit über 111.000 Beschäftigten in 1992 bedeutendsten Bereich stellen die höherqualifizierten unternehmensbezogenen Dienstleistungen dar. Dieser Bereich ist jedoch relativ am wenigsten stark gewachsen (+22 Prozent). Der Bereich haushaltsbezogener Dienstleistungen (etwa 68.000 Beschäftigte in 1992) nahm um 24 Prozent zu, bei sozialen Dienstleistungen (über 34.000 Beschäftigte in 1992) stieg die Beschäftigtenzahl um 61 Prozent. Mit etwa 29.000 Beschäftigten in 1992 hat der Bereich minderqualifizierter unternehmensbezogener Dienstleistungen zwar die quantitativ geringste Bedeutung, mit 77 Prozent aber die weitaus höchste Zuwachsrate.

Die Beschäftigtenzunahme im Bereich der höherqualifizierten Dienstleistungen und deren Gewicht innerhalb des gesamten Dienstleistungsbereiches zeigen, daß der wirtschaftspolitisch inszenierte Wettstreit der Städte um die Ansiedlung von Headquarter-Funktionen in Hamburg erfolgreich war. Daß parallel dazu der Bereich der haushaltsbezogenen Dienstleistungen expandierte, hängt ursächlich mit den Bedürf-

Abb. 6: Entwicklung der Zahl der Empfänger Laufender Hilfe zum Lebensunterhalt (HLU) und der Zahl der Arbeitslosen in Hamburg 1982 bis 1992[10]

Quelle: Statistisches Landesamt Hamburg, eigene Graphik

nissen einer wachsenden Zahl hochbezahlter Angestellter zusammen, oder, wie Brake (1991: 99) es formuliert: „Neben einem Heer von nur noch zur Hand gehender, technisch, sanitär, verpflegend, säubernd und sichernd tätiger 'Diener' wächst (...) eine Gruppe von Beschäftigten, die einen Ausgleich in anregendem Milieu verlangt und neuartige hohe Ansprüche an die Qualität von Arbeits- und Wohn-Umfeld stellt."

Seit Mitte der 80er Jahre verringert sich der bislang enge Zusammenhang zwischen der Zahl der (Dauer-)Arbeitslosen und der Anzahl der Sozialhilfeempfänger: Trotz des Rückgangs der Arbeitslosigkeit steigt die Zahl der auf Sozialhilfe Angewiesenen ständig weiter.

Der Anstieg dieser „bekämpften Armut" ist vor allem zurückzuführen auf

- die starke Zuwanderung von Menschen, die nicht in die Lage versetzt werden, ihren Lebensunterhalt selbst zu bestreiten und für eine angemessene Unterkunft zu sorgen,
- den hauptsächlich durch steigende Mieten verursachten Anstieg der Lebenshaltungskosten, die von einem wachsenden Teil der Bevölkerung nicht mehr ohne staatliche Unterstützung getragen werden können, und
- die wachsende Zahl derjenigen, die lediglich die Möglichkeit haben, befristete und schlecht bezahlte Arbeitsverhältnisse einzugehen, und damit zwar ein Ein-, jedoch kein Auskommen haben.

Diese aus dem Arbeitsmarkt gedrängten Menschen sind gegenüber dem größten Teil der Gesellschaft nicht nur hinsichtlich ihrer ökonomischen Situation benachteiligt, sondern, damit eng zusammenhängend, in nahezu sämtlichen Lebensbereichen. Solche Benachteiligungen zeigen sich bei physischem und psychischem Wohlbefinden, Bildungsniveau, sozialer Sicherung, sozialer Achtung, Selbstwertgefühl, Kontakten zu Mitmenschen, Krankheit, medizinischer Versorgung, Ernährung, Wohnung, Kleidung und ungesunder, gefährdender Umwelt. Derart benachteiligte Menschen sind nicht einfach arm, sondern vielfach depriviert. Die Reaktionen auf diese Lage äußern sich auf unterschiedlichste Weise: Während sich viele in ihren Wohnungen von der Umwelt abkapseln, sich resigniert unkontrolliertem Alkohol- oder Tablettenkonsum hingeben, sich der Beteiligung an Wahlen enthalten und fremdenfeindlichen Gesinnungen gegenüber empfänglicher werden, lassen andere, vor allem Jugendliche, ihrem Unmut freien Lauf. Das zeigen in den letzten Jahren neu bzw. verstärkt auftretende Phänomene wie Drogenkonsum, Kriminalität, Fremdenfeindlichkeit, Vandalismus, Politikverdrossenheit, Crash-Kids und Gewalt.

Die Erwartung positiver Wirtschaftseffekte durch den Europäischen Binnenmarkt hatte die Ansiedlung zahlreicher internationaler Unternehmen in Hamburg zur Folge. Die sich daraus ergebenden Beschäftigungseffekte sind jedoch - im Gegensatz zum optimistischen Cecchini-Gutachten (vgl. Cecchini, 1988) - marginal und nur bei Eintreten der verheißenen spin-offs von Nutzen. Die Euphorie heizte allerdings den Büromarkt an und hatte damit negative Einflüsse auf den Wohnungsmarkt. Der Büroflächenabsatz stieg von 70.000 qm in 1985 auf 215.000 qm in 1990, gleichzeitig sank die Leerstandsrate um etwa fünf Sechstel auf 40.000 qm. Dieser aufgrund des Zusammenfallens einer Reihe von Wachstumseffekten hohe Nachfrageschub wurde als stabiler Trend gedeutet, und die Erstellung von Büroflächen wurde forciert, mit der Folge, daß gegenwärtig über 200.000 qm Bürofläche leerstehen. Dieses Angebots-Nachfrage-Mismatch drückt auf die Mietpreise, was von der Wirtschaftsbehörde aber als positiv erachtet wird, weil niedrige Büromieten schließlich ein zusätzlicher Standortvorteil für Hamburg seien.

Dieses Argument gilt jedoch offenbar nicht für den Wohnungsbau, denn in Hamburg fehlen zwischen 80.000 und 100.000 Wohnungen, insbesondere im preiswerten Segment. Hamburg hat Mitte der 70er Jahre über den größten Bestand an öffentlich geförderten Wohnungen verfügt. Ein großer Teil dieser Wohnungen scheidet aber gegenwärtig aufgrund planmäßiger und vorzeitiger Ablösung der Kredite aus dem Mietpreis- und Belegungsbindungs-Reservoir aus. Zur Jahrtausendwende werden nur noch knapp 100.000 solcher Wohnungen vorhanden sein, denen dann aber etwa 170.000 Haushalte gegenüberstehen, die von Sozialhilfe leben müssen. Das eigentliche Ziel, breite Bevölkerungsschichten mit öffentlich gefördertem Wohnraum zu versorgen, kann jedoch nicht realisiert werden, wenn der verfügbare Wohnraum nicht einmal für die Bedürftigsten ausreicht. Die Knappheit hat darüber hinaus in allen Segmenten zu enormen Mietpreissteigerungen geführt, welche in der Phase des wirtschaftlichen Aufschwungs realisiert werden konnten.

Tab. 2: Entwicklung der Wohnungsmieten in Hamburg 1985 bis 1992

Jahr	Altbau, vor 1948 Wohnwert		Neubau, nach 1948 Wohnwert		Erstvermietung Wohnwert	
	mittel	gut	mittel	gut	mittel	gut
1985	8,50	11,50	10,00	12,50	12,00	14,00
1986	8,50	11,50	9,50	12,00	11,50	13,00
1987	8,50	9,50	9,50	12,00	11,50	13,00
1988	8,50	10,00	10,00	11,50	11,50	15,00
1989	8,50	11,00	10,00	12,50	12,00	15,00
1990	10,50	14,50	12,00	15,00	15,00	18,50
1991	12,00	16,00	13,00	17,00	17,00	20,00
1992	12,50	16,50	15,00	18,00	20,00	22,50
Veränderung in % pro Jahr						
1985-1992	6,7	6,2	7,1	6,3	9,5	8,7
1985-1989	0,0	-1,1	0,0	0,0	0,0	1,8
1989-1992	15,7	16,7	16,7	14,7	22,2	16,7

Quelle: RDM-Mietpreisspiegel

Das Anziehen der wirtschaftlichen Konjunktur Ende der 80er Jahre führte zu einer wachsenden Nachfrage nach gut ausgestatteten und großen Wohnungen in attraktiver Lage, mit der Folge, daß die Miet- und Verkaufspreise dort deutlich anzogen. Dieses setzte eine Verdrängungswelle in Gang, die ausgehend von den Stadtteilen der Gründer- und Jugendstilzeit Eppendorf, Harvestehude und Winterhude über Rotherbaum, Hoheluft, Eimsbüttel, nach Ottensen, St. Georg, St. Pauli rollte. Die Welle der Aufwertung wird in jedem Verdrängungsschritt größer, weil in der Regel die verdrängenden Haushalte kleiner sind als die ansässigen und weil die Verdrängungsketten auf jedem Segment einsetzen (vgl. Dangschat, 1991). Die Ausweichmöglichkeiten für die Verdrängten werden aus mehreren Gründen erheblich eingeschränkt:

- durch das Herausfallen öffentlich geförderter Sozialwohnungen aus der Mietpreisbindung,
- durch den sprunghaften Anstieg der erteilten Abgeschlossenheitsbescheinigungen für die Umwandlung von Miet- in Eigentumswohnungen, welche dann entweder dem Mietwohnungsmarkt gänzlich entzogen sind oder nur noch für ausgesuchte Nachfragergruppen erschwinglich sind,
- durch die zweckentfremdende Nutzung von Wohnungen als Büros, Kanzleien, Praxen etc.,
- durch demographische Effekte, weil die geburtenstarken Jahrgänge der 60er Jahre eigene Haushalte gründen, jedoch immer später heiraten, so daß Paare zwei Wohnungen in Anspruch nehmen, andererseits steigt die Scheidungsrate stetig, aus einem Haushalt werden zwei,
- durch Wohnungszusammenlegungen aufgrund des Wunsches nach immer mehr individueller Wohnfläche speziell in der einkommensstarken Mittelschicht,
- durch die knappen Hamburger Flächenreserven, um welche Nutzungskonflikte ökonomischer, sozialer und ökologischer Art immer verbissener ausgefochten werden.

Dabei ist das untere innerstädtische Wohnungssegment unter erheblichen Preisdruck geraten. Dies hat zur Folge, daß der preiswerte Restbestand in der inneren Stadt endgültig verlorengeht und daß diese Bestände rasch heruntergewohnt werden, weil eine hohe Rendite trotz oder wegen geringer Reinvestition erzielbar ist. Die Ursache der Preisgabe der letzten preisgünstigen Bestände liegt im generellen Wohnraummangel und der verhängnisvollen Wohnungspolitik Hamburgs.

Die fatale Wohnungsmarktsituation spiegeln sowohl die steigende Zahl der Wohngeldempfänger als auch die der Wohnungslosen wider. Versteht man unter Wohnungslosigkeit, „kein Zuhause zu haben, nicht in einer Wohnung (oder einer Nachbarschaft) zu leben, die minimale Anforderungen an Schutz, Privatheit, persönliche Sicherheit, Sicherheit der Wohndauer, Ausstattung, Raum für die wesentlichen wohnbezogenen Tätigkeiten, Kontrollierbarkeit der nächsten Umgebung und Erreichbarkeit erfüllt" (Marcuse, 1993: 208), belief sich die Zahl der Wohnungslosen in Hamburg 1991 nach konservativen Schätzungen auf etwa 76.000. Dies wird dadurch bestätigt, daß 1991 einer Zahl von 867.600 Haushalten lediglich 793.757 Wohnungen gegenüberstanden.

Für den sozial-räumlichen Polarisierungsprozeß (residentielle Segregation) haben Stadtentwicklungspolitik und Stadtplanung eine entscheidende Bedeutung. Aufgrund der interkommunalen und interregionalen Konkurrenz sind alle Städte bemüht, ihre Innenstadtbereiche hervorzuheben. Dieses wurde in Hamburg durch den Bau von neun miteinander verbundenen Einkaufspassagen in der City-West bereits in den 80er Jahren eingeleitet und setzte sich im Büro-Bauboom im postmodernen Stil fort. Hinzu kamen ein „face-lifting" in der City-Ost sowie eine innerstädtische Ausweitung des Büro-, Messe- und Hotelsektors vor allem in der City-Süd, wo unter Verwendung von Gewerbebrachen am Hafenrand auch zukünftig Erweiterungen vorgesehen sind, mit den städtebaulichen „Perlen" Kehrwiederspitze und Ericusspitze. Oberbaudirektor Kossak - verantwortlich für die Leitplanung und die bauliche Gestaltung der Stadt - baut

Fallstudie Hamburg

im Rahmen einer offensiven Stadtentwicklungspolitik auf dem Weg zur europäischen Hafenmetropole auf die Wirkung einer qualitativ hochwertigen Architektur. Bausenator Wagner konstatiert die Notwendigkeit zum Ausbau des „städtischen Milieus" für die „neuen städtischen Mittelschichten".

Mit der Aufwertung der Innenstadt setzt die Hamburger Stadtentwicklungspolitik auf die „Erste Stadt", die an den Interessen von kaufkräftigen und mobilen Kongreß-, Tagungs- und Einkaufstouristen sowie an denen der gehobenen mittleren Schichten ausgerichtet ist. So werden die „Gentrifier" angesprochen - die Verkörperung einer neuen Leitfigur und das Symbol des wirtschaftlichen Aufschwungs.

Aus sozialer Ungleichheit sowie ungleich verteilten Wohnbaustrukturen und (sozialer) Infrastruktur entstehen sozial-räumliche Polarisierungen und die soziale Schließung wachsender Bevölkerungsteile. Schlechte und wenig attraktive Wohnungen sind jedoch nicht nur durch eine schlechte Wohnbausubstanz und eine mangelnde Infrastruktur gekennzeichnet, sondern hinsichtlich ihrer Erreichbarkeit und/oder ökologischen Situation auch durch benachteiligende Lagen.

Durch die Ästhetisierung der „Ersten Stadt" wurden zugleich symbolische Grenzen zwischen Territorien derer gezogen, die für den weiteren Aufschwung und die zunehmende Konkurrenz mit anderen Stadtregionen zu gebrauchen sind, und derer, die eher zu den Kostgängern der Stadt gehören. Sie werden über den Wohnungsmarkt, eine Veränderung der Nutzungsstruktur und schließlich eine Ästhetisierung im Zentrum an die Peripherie gedrängt, also in Räume, welche die ohnehin benachteiligten Menschen in ihren Entwicklungs- und Partizipationschancen zusätzlich benachteiligen (vgl. Alisch & Dangschat, 1993).

Solche peripheren Räume sind Großsiedlungen, die nicht so groß und spektakulär sind, daß sie in eines der BMBau- oder Landesprogramme der Nachbesserung aufgenommen wurden, Bestände der 50er Jahre, deren Lage und Ausstattung für eine Privatisierung (noch) nicht ausreichen, und schließlich auch Nischen in der inneren Stadt, die vorläufig noch nicht dem Gentrifizierungs- oder Sanierungsprozeß anheimgefallen sind, weil auch sie noch zu versteckt liegen oder wo der Anteil an Genossenschaftswohnungen zu hoch ist. Diese überlagernden Konzentrationen Benachteiligter und von Benachteiligung werden vor dem Hintergrund struktureller Arbeitslosigkeit, zunehmender Auflösung institutioneller Bindungen (Familie, Nachbarschaft, Kirche) und einer allgemein um sich greifenden Entsolidarisierung sehr leicht zu „Sozialen Brennpunkten", in denen entsprechende „Feuerwehr-Politiken" gefahren werden oder in denen die Ratlosigkeit der Fachleute in „Pilot-Projekte" umfunktioniert wird.

Der Boom hat zudem Zuwanderungen großen Umfangs induziert, denn wirtschaftlich erfolgreiche und aufstrebende Städte ziehen Menschen an, die in der Hoffnung zuwandern, am Wohlstand partizipieren zu können. Die Zuwandernden kommen fast ausschließlich aus dem Ausland. Von 1989, als die Ausreise aus der DDR über das Ausland und hier vorwiegend über Ungarn möglich war, bis Ende Juni 1992 siedelten über 28.000 Ostdeutsche nach Hamburg über. Der bei weitem überwiegende Teil der Zuwanderer kommt aus osteuropäischen Ländern, allen voran Polen mit über 44.000

Menschen zwischen 1988 und 1991. Unter den Zuwanderern aus Osteuropa bilden die Aussiedler die größte Gruppe. Seit 1989 hat Hamburg offiziell 24.107 Aussiedler aufgenommen. Neben den Aus- und Übersiedlern kamen zwischen 1989 und 1992 offiziell 48.852 Asylsuchende nach Hamburg. Zwischen 1987 und 1992 stieg der Ausländeranteil um vier Prozentpunkte auf 13,7 Prozent. Da der größte Teil der Zuwanderer hier keine Arbeit aufnehmen darf, sind sie auf staatliche Leistungen angewiesen. Dies belegt die Entwicklung des Anteils der Ausländer an allen Sozialhilfeempfängern, der 1980 noch bei etwa 15 Prozent lag und bis 1991 auf 35 Prozent anwuchs, bei einem damaligen Ausländeranteil an der Gesamtbevölkerung von lediglich 12,7 Prozent.

Multikulturalität, wachsende sozio-ökonomische Polarisierungen und zunehmende soziokulturelle Heterogenisierungen, sozialräumliche Konzentrationen und Segregationen, Brüche in den Werte-Strukturen zwischen den Generationen und eine zunehmende Orientierung am eigenen oder der eigenen Gruppe Vorteil (Entsolidarisierung) machen eine kommunale Steuerung und Planung zunehmend schwieriger.

Wirkliche Bürgerbeteiligung als Bestandteil einer „neuen" Planungskultur ist in Hamburg bisher noch keineswegs entdeckt worden. Hinsichtlich der drei Entwicklungsstufen von Bürgerbeteiligung - Anhörungsverfahren, Diskussion im Vorfeld, Entscheidung durch die Bürger (vgl. AGB, 1992, sowie Froessler et al., 1994) - dümpelt Hamburg meist noch immer auf der ersten Stufe. Die Versuche, gemäß Stufe zwei „runde Tische", „Stadtteilkonferenzen" oder „Koordinierungsausschüsse" einzurichten, sind in Großsiedlungen, Sanierungsgebieten und auch innerstädtischen Problemgebieten zwar zahlreich, doch für die meisten Beteiligten voller frustierender Schlüsselerlebnisse. Die Befragung von Bürgern im Zusammenhang mit vorbereitenden Untersuchungen im Rahmen von Sanierungsprozessen ist in Hamburg bis auf die enggesteckten Räume konfligierender Wohn- und Gewerbenutzung abgeschafft worden.

6. Probleme der Steuerung und Entwicklung der Hamburger Region

Probleme der Organisation in den Bereichen Wohnen, Verkehr, Wasserversorgung, Erholungsflächen oder Schulen führten in der Agglomeration Hamburg schon in den 50er Jahren zu gemeinsamen Planungen. 1955 bzw. 1957 wurde die „Gemeinsame Landesplanung Hamburg/Schleswig-Holstein" und die „Gemeinsame Landesplanung Hamburg/Niedersachsen" initiiert. Hamburg gründete mit den beiden Landesregierungen je einen Förderungsfonds, der den Hamburger Umlandgemeinden finanzielle Hilfe bei der Umsetzung notwendiger Infrastrukturmaßnahmen zur Verfügung stellte. Da die Probleme sich dadurch aber nicht lösen ließen, sondern sich durch ökonomische, soziale und politische Veränderungen eher noch verstärkten, beschlossen die Regierungen Hamburgs, Schleswig-Holsteins und Niedersachsens 1991, „ihre Zusammenarbeit in der Metropolregion zu verstärken und auf eine neue, langfristige Grundlage zu stellen" (REK, 1994: 1). Die Metropolregion Hamburg umfaßt neben den sechs direkt an Hamburg grenzenden Kreisen jetzt auch die niedersächsischen Kreise Lüneburg und Rotenburg (Wümme) (siehe Abb. 1). „Darüber hinaus sollen die Verflechtungen und Beziehungen in die angrenzenden Räume der Länder Niedersachsen und

Fallstudie Hamburg

Schleswig-Holstein in den Blick genommen werden. Dieser zusätzliche Betrachtungsraum umfaßt in Niedersachsen die Landkreise Cuxhaven, Soltau-Fallingbostel, Lüchow-Dannenberg und Uelzen, in Schleswig-Holstein den Kreis Steinburg und die kreisfreien Städte Neumünster und Lübeck" (REK, 1994: 1-2), nicht jedoch geographisch näher gelegene Kreise in Mecklenburg-Vorpommern.

Zur Formulierung der auf die Region gerichteten Landespolitik der Länder Hamburg, Niedersachsen und Schleswig-Holstein wurde ein Regionales Entwicklungskonzept (REK) erarbeitet, das die zukünftigen Anforderungen an die Region beschreibt:

Die Grundlage für alle Überlegungen bildet die Annahme, daß die Bevölkerung der Metropolregion auch zukünftig wachsen wird. Zwischen Anfang 1987 und Ende 1992 ist sowohl die Zahl der Hamburger Bevölkerung als auch die des Umlandes stark angestiegen (siehe Abb. 2). Im Gegensatz zum Umland ist der Zuwachs in Hamburg überwiegend auf Zuwanderungen aus dem Ausland zurückzuführen. Auch in Zukunft wird sich die Zuwanderung aus dem Ausland vornehmlich auf die Kernstadt richten. Wegen des ungewissen Zuwanderungsumfanges wird bei der Bevölkerungsprognose nicht mit konkreten Zahlen operiert, sondern mit einem Korridor, der sich aus zwei auf unterschiedlichen Annahmen basierenden Bevölkerungsprognosen ergibt.

Das unterstellte Bevölkerungswachstum stellt die Metropolregion in verschiedener Hinsicht vor große Probleme: Bis zum Jahr 2010 wird sich ein zusätzlicher Bedarf an Wohnungen in der Größenordnung von zwischen 113.500 und 184.000 Einheiten verschiedenster Größe, Lage und Ausstattung ergeben. Diese Schätzung berücksichtigt allerdings nicht den derzeitigen Fehlbestand, der sich allein in Hamburg auf zwischen 80.000 und 100.000 Einheiten beläuft. Die Deckung dieses Bedarfes stößt wegen der hier sehr beschränkten Flächenreserven schnell an enge Grenzen. Hinzu kommt, daß viele Umlandgemeinden die Ausweisung zusätzlichen Baulandes scheuen, da dies mit der Schaffung kostenintensiver Ver- und Entsorgungsinfrastruktur verbunden ist. Daneben steht der Flächenbedarf für Wohnungsbau in Konkurrenz zu Landschafts- und Umweltschutzgebieten und dem regionalen Bedarf an Freizeit- und Erholungsgebieten.

Der durch das Bevölkerungswachstum erwartete zusätzliche Bedarf an Arbeitsplätzen von zwischen 25.000 und 125.000 bis zum Jahr 2010 sowie die Notwendigkeit, sich in der Standortkonkurrenz mit anderen Regionen zu behaupten, erfordern eine aktive Wirtschaftspolitik, die auf eine wertschöpfungsintensive Technologieproduktion und Dienstleistungen gerichtet sein soll. Hier wird vor allem auf ein qualifiziertes Arbeitskräftepotential gesetzt, daß durch entsprechende Maßnahmen gefördert werden soll, denn „Qualifikation bestimmt nicht nur die Beschäftigungs- und Einkommenschancen des einzelnen, sondern auch die zukünftige Produktivität und Wettbewerbsfähigkeit der ansässigen Unternehmen" (REK, 1994: 13). Die während des Hamburger Booms sich vergrößernde Distanz zwischen einkommensstarken Mittelschichten und aus dem Arbeitsmarkt Ausgegrenzten wird sich mit dem avisierten Handlungsrahmen des Regionalen Entwicklungskonzeptes wohl kaum entschärfen lassen. Hierzu wären Arbeitsplätze notwendig, die den Qualifikationen des Arbeitnehmerpotentials entsprechen. Dieser sozialpolitischen Forderung schließt sich die Handelskammer Hamburg zwar mittlerweile an, doch die intensivierte Umstrukturierung und die Flächenknappheit führen eher zu einer Verlagerung dieser Arbeitsplätze aus der Region hinaus. Einerseits konstatieren die Planer: „Da mit zunehmender Qualifikation in der Regel aber auch die Mobilität von Arbeitskräften wächst, wird es darauf ankommen, gerade die Gruppe der hochqualifizierten Berufstätigen durch die Schaffung und Erhaltung eines attraktiven Lebens- und Arbeitsumfeldes an die Region zu binden" (REK; 1994: 13), was exakt der Dohnanyischen Politik der 80er Jahre entspricht. Auf der anderen Seite herrscht die Meinung vor, daß parallel zur Schaffung neuer Arbeitsplätze die Arbeitslosen mittels einer „Verknüpfung der Instrumente von Arbeitsmarkt- und Qualifizierungspolitik in einer Förderkette von ABM-Beschäftigung, betrieblichen Praktika, Fortbildungs- und Umschulungsmaßnahmen einschließlich Einarbeitungszuschüssen" wieder in das Beschäftigungssystem eingegliedert werden müssen. „Die Finanzierbarkeit dieser Maßnahmen setzt voraus, daß der Bund die entsprechenden Mittel wieder aufstockt" (REK, 1994: 13). Zur Verbesserung der Situation Benachteiligter soll also der Staat herangezogen werden, während für die „wichtigen" Beschäftigten endogene Potentiale mobilisiert werden.

Weitere Problemfelder für die Entwicklung der Metropolregion stellen die Bereiche Verkehr sowie Ver- und Entsorgung dar. Zur Abwicklung des vermehrten Wirtschaftsverkehrsaufkommens wird der Ausbau verschiedener Verkehrsträger ebenso gefordert wie im Bereich des ÖPNV zur Abwicklung des Berufspendler- und Konsumverkehrs. Hinsichtlich der Ver- und Entsorgung wird die regionale Entwicklung vom Bedarf Hamburgs determiniert. Die Versorgung mit Wasser aus dem Umland ist für die Kernstadt von vitaler Bedeutung. Dies gilt auch für die Entsorgung sowohl von Hausmüll als auch von Klärschlamm, Baurest- und Sonderstoffen sowie Baggergut aus dem Hamburger Hafen. Die notwendige Schaffung von Entsorgungskapazitäten einerseits und „sauberen" Gewerbegebieten andererseits sorgt für harte Verteilungskämpfe zwischen den Kreisdirektoren und Bürgermeistern des Umlandes und den Verantwortlichen der Kernstadt.

Wie dieser komplexe Interessenausgleich in der Region jedoch hergestellt werden kann, wird im Regionalen Entwicklungskonzept nicht diskutiert. Er wird nur möglich werden, wenn sich die Entscheidungsträger der Region als Solidargemeinschaft verstehen (und nicht als Zweckbündnis, um die ökonomische Konkurrenz auf europäischem Niveau besser durchstehen zu können). „Kuhhandel", wie noch in den 70er Jahren an der Tagesordnung (Müllverbrennungsanlage gegen Schwimmhalle), werden immer unmöglicher. Es ist daher erforderlich, daß in die Auseinandersetzung neben der verständlichen Wahrung der eigenen Interessen wieder Solidarität zurückkehrt und nicht der unsägliche Versuch dominiert, für „seine Leute" das beste herauszuholen.

7. Zusammenfassung

Am Fallbeispiel Hamburg ist die Ambivalenz heutiger Stadt- und Regionalentwicklungen deutlich gemacht worden. Hamburgs starke Position im nationalen und europäischen Städtesystem hat dazu geführt, daß die „urban manager" auf die Krisenzeichen erst sehr spät und mit zu wenig Intensität reagiert haben. Daß ergriffene Maßnahmen und Instrumente häufig nicht angemessen waren, verschärft die Situation zusätzlich. Die Ursache für die Fehlentscheidungen ist in der Orientierung an vergangenen Trends zu sehen, die linear in die Zukunft fortgeschrieben werden. Und nach wie vor glaubt man an Lösungen, die früher oder an anderer Stelle erfolgreich waren. Das bedeutet, daß die aktuellen Kontexte falsch eingeschätzt und deren Dynamiken unterschätzt werden. Schließlich wird die Komplexität anstehender Probleme nicht erkannt, und die Nebeneffekte werden zu wenig beachtet. Zudem glaubt man in Hamburg, aus eigener Erfahrung genügend Wissen zum Umsetzen von Programmen mitzubringen, und orientiert sich zu wenig an den Entwicklungen in anderen Städten. Indikatoren hierfür sind die geringe Einbindung in Stadt-Netzwerke auf europäischer Ebene (s. zum Vergleich den Beitrag von Schußmann in diesem Band) und eine geringe Partizipation an EU-Förderprogrammen.

Eine weitere Erkenntnis ist (und hierfür sprechen auch die Fallbeispiele Frankfurt am Main und München), daß Städte keine Unternehmen und „urban manager" eben doch keine Unternehmer sind. Sie können sich - trotz aller Versuche auch auf kommunaler Ebene - nicht von ihren Kosten-Verursachern und defizitären Bereichen trennen. Auch wenn es offensichtlich ist, daß sich Städte finanzielle Spielräume neu eröffnen müssen, scheitern alle Versuche, die einkommensschwachen Mieter ins Umland abzuschieben, an der Gegenwehr der Umlandgemeinden. Theater, Schwimmhallen und Bücherhallen zu schließen ist nur gegen den Widerstand nennenswerter Bevölkerungskreise durchsetzbar und bestenfalls in der Summe aller Einsparungen interessant. Einstellungsstops zu verhängen löst die lokalen Arbeitsmarktprobleme nicht, sondern erhöht im Zweifelsfall die kommunalen Sozialhilfezahlungen.

Auch die Einnahmeseite kann nicht nach unternehmerischen Richtlinien gestaltet werden. Zum einen wird über die Höhe der wichtigsten Einnahmen auf höheren Ebenen entschieden (vgl. Häußermann, 1991), zum anderen werden die Etat-Ansätze durch die Länder kontrolliert (bei Stadtstaaten entfällt die Kontrolle, was auch ein Grund dafür ist, daß die Verschuldung der Stadtstaaten unter allen Großstädten am höchsten ist). Gleichwohl werden die Spielräume in der Ansiedlungspolitik nicht ausgereizt. Städte engagieren sich selbst auffällig zurückhaltend in den Wachstumsbereichen, und auch die Möglichkeit des Verkaufs städtischen Vermögens wird bislang noch vernachlässigt.

Bezüglich der Auffassung, bis zu welchem Maß Investoren an den Folgekosten ihrer Investitionen (Erschließung, Bau von Wohnungen, soziale Infrastruktur etc.) zu beteiligen sind, erzeugt die Konkurrenzsituation unter den Kommunen bei den Stadtvätern eher defensive Strategien, und das Verursacherprinzip kommt nicht zur Anwendung. Nicht einmal die Polarisierung in der Gesellschaft machen sich die Kommunen zunutze. Statt sich als stadteigenes Unternehmen an den Projekten mit höheren Renditen in oberen Wohnungsmarktsegmenten zu beteiligen, um die Gewinne in die

Sicherung oder den Bau von preisgünstigen Wohnungen mit Belegungsrechten zu investieren, bauen die Kommunen mit ihren zu gering dimensionierten Sozialmietwohnungsprogrammen ohne Erfolg gegen die negativen Auswirkungen der Polarisierungen an.

Das Beispiel Hamburg zeigt auch deutlich, in welch unterschiedlichem Maße die unternehmerische Seite flexibilisiert und dereguliert wird (HWF) und wie trotz aller Lockerungen die „sozialen Projekte" finanziell schlechter ausgestattet und viel stärker kontrolliert werden (STEG, alternative Wohnprojekte, Armutsbekämpfung), so daß zu vermuten ist, daß das Ziel der Flexibilisierung im „sozialen Segment" nicht Effizienzsteigerung, sondern das Verschieben von Konfliktfronten nach außen ist.

Weitere Probleme stellen die Zunahme einkommensschwacher Bevölkerungsgruppen, deren Konzentration und die daraus resultierenden Verhaltensauffälligkeiten dar (Kriminalität, Drogen, Wahlverhalten etc.). Die Organisation der nötigen Hilfen zur Selbsthilfe überfordert die Sachbearbeiter und die eingefahrenen Verwaltungsstrukturen, andererseits zögert die Verwaltung, professionelle Hilfe von außen zu integrieren.

Die in der strukturellen Krise verstärkten Bemühungen zur Standortsicherung und des Ausbaus insbesondere der „weichen" Standortfaktoren binden auf der einen Seite hohe investive Mittel und führen zu laufenden Kosten, auf der anderen Seite steigt der finanzielle Bedarf des sozialen Sektors aufgrund einer wachsenden Klientel. Das bringt die Kommunen in fiskalische Engpässe, aus denen - wie in Hamburg - versucht wird, über tiefe Einschnitte in den Haushalt einen Ausweg zu finden. Es gibt eine mindestens zeitliche Koinzidenz „erfolgreicher" wirtschaftlicher Entwicklung, zunehmender Verschuldung und Verarmungstendenzen. Ob kausale Zusammenhänge bestehen, ist unbedingt und eingehend zu prüfen.

Fest steht, daß aufgrund der vielfältigen globalen Verknüpfungen und der weltweiten Wettbewerbssituation die traditionellen Wachstumsmodelle nicht mehr greifen. Selbst wenn sie - im Sinne einer Flexibilisierung fordistischer Strukturen - mittelfristig einen wirtschaftlichen Aufschwung nach sich ziehen, gehen sie doch mit zunehmenden sozialen Spaltungen einher, die sich auch in verfestigenden Segregationsmustern niederschlagen. Es bedarf also neuer Regulierungsformen, wenn das „Erfolgsmodell" Soziale Marktwirtschaft unter den globalen Einflüssen nicht mehr konkurrenzfähig ist. Hier herrscht bundesweit tiefe Ratlosigkeit, während die Deregulierungen uns immer dichter an „amerikanische Verhältnisse" führen. Hierauf ist die bundesdeutsche Gesellschaft nicht vorbereitet, da sie dazu erzogen wurde, sich auf den Staat zu verlassen - was ihr seitens der Politik gegenwärtig zum Vorwurf gemacht wird.

Damit entsteht für die Stadtregionen, die es sich aufgrund ihrer Geschichte, ihrer Größe und ihrer Bedeutung nicht leisten können (und wollen), ins Mittelfeld der Stadtregionen abzusinken, die Frage, wie ein wirtschaftlicher Aufschwung nachhaltig, d.h. nicht nur an einem kurzfristigen Erfolg orientiert, bewerkstelligt werden kann, ohne (zu viel) soziale Polarisierung und - damit verbunden - gesellschaftliche Heterogenisierung, Ausgrenzung und Entsolidarisierung in Kauf nehmen zu müssen. Dies ist eine Frage, die sich anhand eines Fallbeispiels nicht lösen läßt, zumal Hamburg die Antwort offensichtlich noch nicht gefunden hat. Will man den sozialen Frieden (notfalls als Argument der wirtschaftlichen Standortsicherung) aufrechterhalten, muß die Antwort jedoch bald gefunden und rasch in die Tat umgesetzt werden. Sie ist entscheidend für das Fortbestehen einer sozial und marktwirtschaftlich orientierten Demokratie in den großen Agglomerationen.

Literatur

AGB (Arbeitsgruppe Bestandsverbesserung) (Hg.): Lokale Partnerschaften. StoffSammlung 15. Dortmund 1992

Alisch, M.: Frauen und Gentrification. Der Einfluß von Frauen auf die Konkurrenz um den innerstädtischen Wohnraum. Wiesbaden 1993

Alisch, M.; Dangschat, J.S.: Die solidarische Stadt. Ursachen von Armut und Strategien für einen sozialen Ausgleich. Darmstadt 1993

BAGS (Behörde für Arbeit, Gesundheit und Soziales): Armut in Hamburg. Beiträge zur Armutsberichterstattung. Hamburg 1993

BAGS et al. (Behörde für Arbeit, Gesundheit und Soziales, Johann Daniel Lawaetz-Stiftung, Stattbau und Stadtentwicklungsbehörde) (Hg.): Selber wohnen - anders machen. Das alternative Baubetreuungsprogramm in Hamburg. Darmstadt 1994

Baubehörde (Baubehörde Hamburg): Einrichtung einer Stadterneuerungsgesellschaft in Hamburg. Dokumentation der Fachanhörung in der Baubehörde. Hamburg 1989

Baubehörde (Baubehörde Hamburg): Erhalten - Bewahren - Entwickeln. Stadterneuerung in Hamburg. Hamburg 1988

Borst, R.; Krätke, S.; Mayer, M.; Roth, R.; Schmoll, F. (Hg.): Das neue Gesicht der Städte: Theoretische Ansätze und empirische Befunde aus der internationalen Debatte. Basel, Boston, Berlin 1990

Brake, K.: Polarisierung der Städte in der Marktwirtschaft. In: Marcuse, P.; Staufenbiel, F. (Hg.), Wohnen und Stadtpolitik im Umbruch. Perspektiven der Stadterneuerung nach 40 Jahren DDR. Berlin 1991

Bremer, D.: Die räumlich-soziale Bedeutung von städtebaulichen Umstrukturierungsprozessen am Beispiel von Altona-Altstadt, St. Pauli-Süd. Hamburg 1987

Bukhold, S.; Thinnes, P. (Hg.): Boomtown oder Gloomtown? Strukturwandel einer deutschen Metropole: Hamburg. Berlin 1991

Capital: Immobilien mit sicherem Gewinn, 1989, Heft 2/89: 95-109

Cecchini, P.: Europa '92: Der Vorteil des Binnenmarktes. Baden-Baden 1988

Cohen, R. B.: The new international division of labor, multinational corporations and urban hierarchy. In: Dear, M.; Scott, A.J. (eds.), Urbanization and urban planning in capitalist society. New York 1981: 287-315

Covill, L. (ed.): Germany's Top 300. A handbook of Germany's largest corporations. Frankfurt a.M. 1991

Dangschat, J. S.: Hausgemachte und importierte Probleme in deutschen Großstädten. In: Mäding, H. (Hg.), Stadtperspektiven. Difu-Symposium 1993. Difu-Beiträge zur Stadtforschung 10. Berlin 1994a: 73-82

Dangschat, J. S.: Segregation - Lebensstile im Konflikt, soziale Ungleichheiten und räumliche Disparitäten. In: Dangschat & Blasius, 1994b: 426-445

Dangschat, J. S.: Konzeption, Realität und Funktion „Neuer Standortpolitik" - am Beispiel des „Unternehmens Hamburg". In: Heinelt, H.; Mayer, M. (Hg.): Politik in europäischen Städten. Fallstudien zur Bedeutung lokaler Politik. Basel, Boston, Berlin 1993: 29-48

Dangschat, J. S.: Beletage und Hinterhof - Armut als Folge der ungleichen Wohnraumversorgung im Wohlstand. In: Fachhochschule Hamburg, Fachbereich Sozialpädagogik (Hg.), thema: armut im wohlstand. hamburg auf dem weg zur zweidrittelgesellschaft? standpunkt sozial, hamburger forum für soziale arbeit, 1991, Heft 2+3: 13-19

Dangschat, J. S.; Blasius, J.: Lebensstile in den Städten. Konzepte und Methoden. Opladen 1994

Dangschat, J. S.; Ossenbrügge, J.: Hamburg: Crises Management, Urban Regeneration, and Social Democrats. In: Judd, D.; Parkinson, M. (eds.), Leadership and Urban Regeneration. Cities in North America and Europe. Urban Affaires Annual Reviews, Vol. 37. Newbury Park et al. 1990: 86-105

Dangschat, J. S.; Krüger, T.: Hamburg im Nord-Süd-Gefälle. In: Friedrichs, J.; Häußermann, H.; Siebel, W. (Hg.), Nord-Süd-Gefälle in der Bundesrepublik? Opladen 1986: 188-213

DIHT (Deutscher Industrie- und Handelstag): Wirtschaftslagen und Erwartungen. Ergebnisse der DIHT-Umfrage bei den Industrie- und Handelskammern. Bonn 1992

Dohnanyi, K. v.: Unternehmen Hamburg. In: Der Übersee-Club Hamburg (Hg.), o.J.: Vorträge vor dem Übersee-Club von Dr. K. v. Dohnanyi. Sonderdruck. Hamburg: 3-28

Esser, J.; Hirsch, J.: Stadtsoziologie und Gesellschaftstheorie. Von der Fordismuskrise zur „postfordistischen" Regional- und Stadtstruktur. In: Prigge, W. (Hg.), Die Materialität des Städtischen. Stadtentwicklung und Urbanität im gesellschaftlichen Umbruch. Basel, Boston, Berlin 1987: 31-56

Fölsch, P.: Die Aufwertung innenstadtnaher Ortsteile in Hamburg zwischen 1968 und 1987. Eine Aggregatdatenanalyse. Unveröffentlichte Diplomarbeit, Universität Hamburg 1993

Froessler, R.; Lang, M.; Selle, K.; Staubach, R. (Hg.): Lokale Partnerschaften. Die Erneuerung benachteiligter Quartiere in europäischen Städten. Basel, Boston, Berlin 1994

Häußermann, H.: Lokale Politik und Zentralstaat. Ist auf kommunaler Ebene eine „alternative Politik" möglich? In: Heinelt & Wollmann, 1991: 52-91

HaGG (Hamburger Gesellschaft für Gewerbebauförderung mbH): Aufgaben und Projekte der HaGG. Hamburg 1993

HaLaBa (Hamburgische Landesbank), Finanzplatz Hamburg. Hamburg 1993

Handelskammer (Handelskammer Hamburg): Herausforderungen für den Norden. Zur Diskussion um das wirtschaftliche Süd-Nord-Gefälle. Manuskript 1984

Harvey, D.: Flexible Akkumulation durch Urbanisierung. Reflektionen über „Postmodernismus" in amerikanischen Städten. In: Borst et al., 1990: 39-61

Heinelt, H.; Wollmann, H.: Brennpunkt Stadt. Stadtpolitik und lokale Politikforschung in den 80er und 90er Jahren. Basel, Boston, Berlin 1991

Hitzler, R.: Radikalisierte Praktiken der Distinktion. Zur Politisierung des Lebens in der Stadt. In: Dangschat & Blasius 1994: 47-58

ifo-Institut für Wirtschaftsforschung, Kienbaum Unternehmensberatung GmbH: Auswirkungen der Vollendung des EG-Binnenmarktes, der deutschen Vereinigung sowie der Öffnung der osteuropäischen Märkte auf Hamburg. Gemeinschaftsgutachten im Auftrag der Wirtschaftsbehörde Hamburg 1991

Krätke, S.: Strukturwandel der Städte. Städtesystem und Grundstücksmarkt in der 'post-fordistischen' Ära. Frankfurt a.M., New York 1991

Kronawitter, G. (Hg.): Rettet unsere Städte jetzt! Das Manifest der Oberbürgermeister. Düsseldorf, Wien, New York, Moskau 1994

Krüger, T.: Ökonomischer Strukturwandel in der Region Hamburg - Theorie und Empirie. In: Bukhold & Thinnes, 1991: 29-70

Läpple, D.: Thesen zum Zusammenhang von ökologisch-technologischem Strukturwandel und regionaler Entwicklung. In: Bukold & Thinnes, 1991: 15-27

Marcuse, P.: Wohnen in New York: Segregation und fortgeschrittene Obdachlosigkeit in einer viergeteilten Stadt. In: Häußermann, H.; Siebel, W. (Hg.), New York. Strukturen einer Metropole. Frankfurt a.M. 1993: 205-238

Mayer, M.: „Postfordismus" und „lokaler Staat". In: Heinelt & Wollmann, 1991: 31-51

Möller, I.: Hamburg. Stuttgart 1985

Reinig, K.J.: Perspektiven. Vorhand auf! In: BAGS et al. (Hg.), 1994: 174-176

REK (Lenkungsgruppe für das Regionale Entwicklungskonzept) (Hg.): REK - Regionales Entwicklungskonzept für die Metropolregion Hamburg. Regionalatlas - Bevölkerung, Beschäftigte, Pendler, Flächennutzung, Wohnungsbestand. Hamburg 1993

Schubert, D.: Wohnungsbestand und Wohnungsneubau - oder warum neue Wohnungen nicht die „neue" Wohnungsnot lösen. In: Huke-Schubert, B. (Hg.), Wohnen morgen - Wohnungsbau in den 90er Jahren. Darmstadt 1990: 41-59

Senat (Senat der Freien und Hansestadt Hamburg): Mitteilungen des Senats an die Bürgerschaft: Änderung der Behördenstruktur zur Schwerpunktbildung in den Bereichen Frauenpolitik und Stadtentwicklungspolitik. Drucksache 14/12, 1991

Senat (Senat der Freien und Hansestadt Hamburg): Mitteilungen des Senats an die Bürgerschaft: Hamburger Aktionsprogramm Wirtschaft. Drucksache 12/137, 1986

Spiegel, E.: Neue Haushaltstypen. Entstehungsbedingungen, Lebenssituationen, Wohn- und Standortverhältnisse. Frankfurt a.M., New York 1986

STEB (Stadtentwicklungsbehörde Hamburg) (Hg.): Armutsbekämpfung in Hamburg. Zusätzliche Maßnahmen gegen Armut als Bestandteil sozialer Stadtentwicklung. Rahmenkonzept des Senats vom 6.12.1994

STEB (Stadtentwicklungsbehörde Hamburg) (Hg.): Stadtdialog Hamburg. Hamburg 1993

Wüst, T.: Das Tor zur Welt? Überlegungen zur Zukunft der Freien und Hansestadt Hamburg im Spannungsfeld von EG-Binnenmarkt, deutscher Vereinigung und Umstrukturierungen in Osteuropa vor dem Hintergrund des globalen ökonomischen Wandels. Unveröffentlichte Diplomarbeit, Universität Hamburg 1993

Anmerkungen

[1] Das unbemerkte, weil von Vollbeschäftigung gekennzeichnete West/Nord-Süd-Gefälle in der Bundesrepublik der 50er und 60er Jahre wandelte sich unter strukturellen Krisenphänomenen Ende der 70er Jahre in ein Süd-Nord-Gefälle; dieses wird seit der Vereinigung von einem West-Ost-Gefälle überlagert. Auch die DDR war von einem Süd-Nord-Gefälle geprägt. Im Unterschied zur Bundesrepublik lag dieses jedoch an einem strukturellen Übergang von der Landwirtschaft zum industriellen Sektor.

[2] Es deutet jedoch vieles darauf hin, daß die Umstrukturierung innerhalb des Dienstleistungssektors gerade erst begonnen hat und hier für die Zukunft erhebliche negative Beschäftigungseffekte zu erwarten sind.

[3] Vgl. den Aufruf der sechs Bürgermeister „Rettet die Städte jetzt!" (Kronawitter, 1994), insbesondere den Beitrag des Hamburger Ersten Bürgermeisters Voscherau; s. auch den Beitrag von Dangschat in diesem Band.

[4] Zum „Siegeszug der Saupreiß`n" konstatiert der SPIEGEL (31/1991): „München ist out, Hamburg ist in". DIE ZEIT (23/1991) sieht Hamburg an der „Spitze der Bundesliga" und behauptet: „Die Metropole im Norden hat die erfolgreichen Südländer eingeholt". Der Deutsche Industrie- und Handelstag (DIHT, 1992) stellt fest: „Das Süd-Nord-Gefälle (...) hat sich nun völlig umgekehrt".

[5] Dies läßt schon der Name der Interessenvertretung der lokalen Unternehmen erkennen: In Hamburg gibt es - wie in Bremen - keine Industrie- und Handelskammer, sondern lediglich eine Handelskammer.

[6] Von den insgesamt 649 Mio. DM entfallen 300 Mio. auf den Länderfinanzausgleich, für den Fonds Deutsche Einheit sind 235 Mio. zu zahlen, 113 Mio. wegen des Wegfalls der Strukturhilfe sowie eine Mio. DM als Aufbauhilfe.

[7] Die Statistik der sozialversicherungspflichtig Beschäftigten liegt erst seit 1977 vor.

[8] Gleichwohl hat der Stadtstaat sein ehrgeiziges und umfangreiches Sozialmietwohnungsbauprogramm bis zum Ende der 70er Jahre weiter betrieben. Bis 1985 wurden in Hamburg 325.000 Wohnungen mit öffentlichen Mitteln gefördert.

[9] Die Zeitschrift Capital (1989) prognostizierte in einem Vergleich der sieben größten westdeutschen Städte für die Sanierungsgebiete Hamburgs die höchsten Renditen, u.a. weil die Stadt sehr viel Geld in die Aufwertung des jeweiligen Wohnumfeldes investiert.

[10] Wir beziehen uns hier lediglich auf diejenigen Empfänger Laufender Hilfe zum Lebensunterhalt, die außerhalb von Einrichtungen, also „mitten unter uns" leben.

DIETER LÄPPLE

Städte im Umbruch

Zu den Auswirkungen des gegenwärtigen Strukturwandels auf die städtischen Ökonomien - Das Beispiel Hamburg

1. Zur aktuellen Problemlage deutscher Großstädte

„RETTET UNSERE STÄDTE JETZT!"[1] Mit diesem dramatischen Appell wandten sich 1994 die Oberbürgermeister der acht größten deutschen Städte an die Öffentlichkeit. Angesichts der strukturellen Probleme der Wirtschaft, der wachsenden Massenarbeitslosigkeit und einer weiteren Zuwanderung von Flüchtlingen und Asylbewerbern sahen die Bürgermeister von Berlin, Hamburg, München, Köln, Frankfurt, Stuttgart, Dresden und Düsseldorf ihre Städte in Gefahr. Bei immer knapperen finanziellen Mitteln spitzen sich die sozialen, politischen und ökologischen Konflikte in den Städten zu: Wohnungsnot und Obdachlosigkeit, Kriminalität, Drogensucht und Vandalismus haben ein bisher ungekanntes Ausmaß angenommen. In den Innenstädten hat sich ein konfliktreiches Nebeneinander von „Wohlstandsinseln" und „Inseln der Armut" herausgebildet. Ganze Stadtteile befinden sich in einer Abwärtsspirale von ökonomischer, sozialer und baulicher Erosion, kulturelle und soziale Einrichtungen können nicht mehr finanziert werden, und städtische Infrastrukturen drohen zu verfallen.

Die Parole „Rettet unsere Städte jetzt!" ist jedoch nicht neu. Mit einem wortgleichen Hilferuf hat schon 1971 der „Deutsche Städtetag", die Vereinigung der deutschen Städte, an die Öffentlichkeit appelliert.[2] Anfang der 70er Jahre schienen die Städte allerdings aus ganz anderen Gründen in Gefahr zu sein. Damals sah man das zentrale Problem in einem „unbeherrschten" wirtschaftlichen Wachstum, das die traditionellen Stadtformen zu sprengen und die städtischen Lebensqualitäten zu zerstören drohte.

Innerhalb der letzten zwanzig Jahre hat sich die Problemlage der deutschen Städte offensichtlich grundlegend verändert. Nicht mehr „unbeherrschtes" wirtschaftliches Wachstum, sondern mangelnde wirtschaftliche Dynamik, Massenarbeitslosigkeit und öffentliche Verschuldung scheinen heute die Entwicklung der Städte zu gefährden.

Sehr deutlich wird die Veränderung der Problemlage der Städte, wenn man die Entwicklung der Arbeitslosigkeit betrachtet. In Abb. 1 sind für sechs ausgewählte Städte die Arbeitslosenquoten im zeitlichen Verlauf von 1979 bis 1994/95 dargestellt.[3]

Noch 1979 war die Arbeitslosigkeit in den deutschen Städten - trotz der Weltwirtschaftskrisen der 70er Jahre - relativ niedrig. Bei den in Abb. 1 ausgewählten Städten bildet Essen, die Montan-Metropole an der Ruhr, eine gewisse Ausnahme. Hier macht sich die seit Anfang der 60er Jahre anhaltende Krise des Montansektors in einer überdurchschnittlich hohen Arbeitslosenquote bemerkbar. Ab 1980 stieg die Arbeitslosig-

Städte im Umbruch

keit jedoch in allen Großstädten nahezu sprunghaft an. In den süddeutschen Städten München, Stuttgart und Frankfurt stabilisierte sich die Arbeitslosigkeit allerdings bereits 1983, wogegen sie in den norddeutschen Städten Hamburg und Bremen sowie in der Ruhrgebietsstadt Essen weiter anstieg. Spätestens jetzt zeigte sich eine Polarisierung in der Entwicklung städtischer Agglomerationen: Während sich in den traditionellen Industriezentren der Montanregionen und den norddeutschen Hafen- und Dienstleistungsstädten ernste Formen struktureller Arbeitslosigkeit herausbildeten, gelang es

Abb. 1: Arbeitslosenquoten im Städtevergleich 1979 - 1994/95

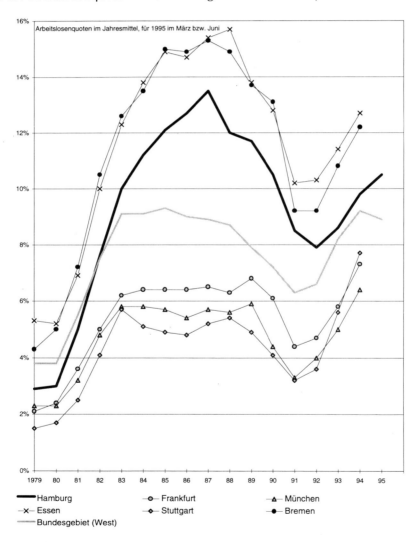

Quelle: Abb. 1 bis 10: Technische Universität Hamburg, AB 1-06 Stadt- und Regionalökonomie; Bearbeitung: Axel Menze

den süddeutschen Stadtregionen aufgrund ihrer innovativen Dynamik wesentlich besser, Arbeitsplatzverluste zu begrenzen oder zu kompensieren. Diese polarisierte Entwicklung städtischer Verdichtungsräume wurde in der Diskussion der deutschen Stadtforschung als „Süd-Nord-Gefälle" thematisiert.[4]

Die Vereinigung der beiden deutschen Staaten war und ist mit tiefgreifenden ökonomischen, sozialen und vor allem auch fiskalischen Veränderungen verbunden, deren Auswirkungen auf die Agglomerationsräume in Deutschland bisher noch kaum zu übersehen sind. Für die Stadtregionen im Westen brachte die Vereinigung ab 1989 zunächst eine Verbesserung der Wirtschafts- und Arbeitsmarktsituation. Durch das umfangreiche staatliche Finanzierungsprogramm zum Aufbau des Ostens wurde ein starker Nachfrageboom ausgelöst, mit dem sich die deutsche Wirtschaft von der weltweiten Rezession abkoppeln konnte. In dieser Boomphase gelang es den meisten Städten in den alten Bundesländern, das Niveau ihrer Arbeitslosigkeit deutlich zu senken. Das „Süd-Nord-Gefälle" schien sich abzubauen, wurde aber nun durch ein „West-Ost-Gefälle", d.h. durch einen weit schärferen und komplexeren Gegensatz zwischen westdeutschen und ostdeutschen Regionen überlagert. Mit dem Zusammenbruch des Staatssozialismus und der schockartigen Einführung der Marktwirtschaft sind im Osten große Teile der Wirtschaft zusammengebrochen, wodurch in den ersten vier Jahren mehr als 40% der erwerbstätigen Bevölkerung mit Arbeitslosigkeit konfrontiert wurden.

Der Vereinigungsboom erwies sich von begrenzter Dauer. Bereits im Verlauf des Jahres 1992 wurde die deutsche Wirtschaft - mit zeitlicher Verzögerung, aber nun besonders nachdrücklich - von der weltweiten Rezession erfaßt. In den westdeutschen Städten stieg die Arbeitslosigkeit wieder deutlich an. Besonders ausgeprägt war dieser Anstieg in den bisher erfolgsverwöhnten süddeutschen Städten. Trotz des sich gegenwärtig stabilisierenden Aufschwungs bleibt die Arbeitsmarktentwicklung sehr angespannt. Es ist zu befürchten, daß die Städte auf längere Zeit mit einer sich verfestigenden Massenarbeitslosigkeit und deren Folgen konfrontiert sein werden.

Um die Frage der wirtschaftlichen Zukunftsperspektiven der Städte besser beurteilen zu können, wird im folgenden zunächst auf die veränderten wirtschaftlichen und politischen Rahmenbedingungen eingegangen. Daran anschließend soll der spezifische Charakter des strukturellen Umbruchs der Wirtschaft geklärt werden, um dann exemplarisch die Auswirkungen der gegenwärtigen Umstrukturierungswelle auf eine Stadtregion - die Stadtregion Hamburg - zu untersuchen.

2. Aktuelle nationale und internationale Rahmenbedingungen

Die drei großen Hoffnungen für die Wirtschaftsentwicklung der neunziger Jahre, von denen dauerhafte Wachstumsimpulse für die deutschen Stadtregionen erwartet wurden: die Vereinigung der beiden deutschen Staaten, die Öffnung Osteuropas und die Vollendung des Europäischen Binnenmarktes, müssen - zumindest gegenwärtig - deutlich relativiert werden.

- Der schockartige Transformationsversuch von Wirtschaft und Gesellschaft in den neuen Bundesländern erwies sich als konflikträchtiger und kostspieliger „Kaltstart"[5], der bisher nur zur inselhaften Herausbildung tragfähiger Wirtschaftsstrukturen geführt hat. Die inzwischen beeindruckenden Wachstumsraten können nicht darüber hinwegtäuschen, daß die ostdeutsche Wirtschaft auf absehbare Zeit eine von externen Transferleistungen abhängige Dependenzökonomie[6] bleiben wird. Durch das bereits erreichte Ausmaß der öffentlichen Verschuldung und die weiterhin erforderliche finanzielle Unterstützung der ostdeutschen Wirtschaft wird sich der finanzielle Handlungsspielraum für staatliche Wirtschafts- und Beschäftigungspolitik - auch auf der Ebene der Länder und Kommunen - weiter verengen. Gleichzeitig muß mit einer Zuspitzung gesellschaftlicher Verteilungskämpfe und sozialen Polarisierungen gerechnet werden.

- Die Vollendung des europäischen Binnenmarktes Ende 1992 - die mit der Erwartung starker Entwicklungsimpulse für die europäische Wirtschaft verbunden war (vgl. den sog. Cecchini-Bericht 1988) - fiel mit der tiefsten Wirtschaftsrezession in der Geschichte der Europäischen Gemeinschaft zusammen. Angesichts immer neuer Krisen im europäischen Währungssystem ist es unwahrscheinlich, daß der Terminplan für die Einführung einer gemeinsamen europäischen Währung eingehalten werden kann. Zunächst brachte der Binnenmarkt vor allem eine verstärkte Konkurrenz zwischen Regionen, Städten und Unternehmen sowie einen dramatischen Anstieg des Straßengüterverkehrs mit sich.

- Die Öffnung Osteuropas, von der sich viele die Erschließung riesiger Märkte für westliche Waren erhofft hatten, führte zu einer teilweise bedrohlichen Destabilisierung der östlichen Gesellschaften und einem mehr oder weniger starken Zerfall ihrer Ökonomien. Statt der erwarteten Absatzmärkte entstanden konkurrierende Niedriglohn-Standorte unmittelbar „vor der Haustür". Die Folgen sind bereits deutlich spürbar. Durch die Auslagerung lohnintensiver, energieintensiver und umweltbelastender Produktionsfunktionen und Betriebe in östliche Länder wie Ungarn, Tschechien, Polen, Rußland oder Litauen ist die Bundesrepublik gegenwärtig mit einem neuen Deindustrialisierungsschub konfrontiert.

Gerade in dieser prekären nationalen und internationalen Wirtschaftslage zeigt sich, daß das deutsche „Wirtschafts- und Produktionsmodell" sich in einer gravierenden Strukturkrise befindet.[7] Die deutsche Gesellschaft ist somit nicht nur mit der schwierigen Aufgabe des deutschen Einigungsprozesses konfrontiert, sondern befindet sich zugleich in einer neuen Phase eines wirtschaftsstrukturellen Umbruchs.

3. Die Wirtschaft in einer neuen Phase strukturellen Umbruchs

In der gegenwärtigen Phase des Strukturwandels wird die Frage der Anpassung von Branchen- und Sektorstrukturen an veränderte Marktbedingungen überlagert von der viel grundsätzlicheren Frage nach dem zukünftigen Entwicklungspfad der Modernisierung der Wirtschaft. Von dieser Frage sind Unternehmen nahezu aller Branchen und Sektoren betroffen.

Viele Unternehmen haben in den letzten beiden Jahrzehnten ihre Produktions- und Unternehmensorganisationen nur unzureichend an die veränderten weltwirtschaftlichen, technologischen und gesellschaftlichen Rahmenbedingungen angepaßt.[8]

Die tiefe Strukturkrise der deutschen Wirtschaft ist vor allem geprägt durch die Krise der tayloristischen Massenproduktion bzw. des tayloristisch organisierten Massengeschäftes. Die starke Globalisierung der Märkte, neue Formen internationaler Arbeitsteilung, immer kürzere Produkt- und Innovationszyklen sowie der Übergang von „Verkäufer-" zu „Käufermärkten" haben das dominante Rationalisierungsmodell der Nachkriegszeit, die tayloristische Massenproduktion, obsolet werden lassen.

3.1 Die Suche nach einem neuen „Produktionsmodell"

In der deutschen Wirtschaft wurden zwar schon seit Anfang der 80er Jahre Wege aus der Krise der tayloristischen Massenproduktion gesucht, die Lösungsversuche waren jedoch lange Zeit stark technikzentriert. Der entscheidende Rationalisierungsansatz wurde in den Flexibilisierungspotentialen neuer Produktionsstechnologien gesucht. In der Tradition des Taylorismus wurden perfekte Systemlösungen angestrebt. Inzwischen ist deutlich, daß dieser Neo-Taylorismus ein Weg in die falsche Richtung war und dringend einer Korrektur bedarf. Gefragt sind heute Konzepte einer flexiblen und diversifizierten Qualitätsproduktion, die sich an sich ständig verändernde Märkte und Konkurrenzbedingungen anpassen können. Dies erfordert vor allem flexible innerbetriebliche Strukturen, eine Neubewertung der menschlichen Arbeit sowie die Fähigkeit zur zwischenbetrieblichen Kooperation.

Der seit Anfang der 90er Jahre propagierte Entwicklungspfad, durch den die gegenwärtigen Umstrukturierungsprozesse bestimmt sind, läßt sich mit den folgenden Stichworten umreißen:

- „Lean production" und „lean management" im Sinne eines "Schlankheitsregimes" für die "fetten" und "starren" Organisationsformen der Massenproduktion bzw. des Massengeschäfts von Mittel- und Großbetrieben. Dabei wird u.a. versucht, durch die Schaffung kleinerer sowie möglichst selbständiger und flexibler Organisationseinheiten (z.B. „cost and profit centers" oder Fertigungsinseln) die Flexibilität und Innovationskraft der Unternehmen zu erhöhen. Unmittelbares Ziel ist jedoch eine allgemeine Kostensenkung durch die systematische Einsparung von Personal, Werkzeugen und Maschinen.[9]

- "Outsourcing", d.h. die Auslagerung von Fertigungs- und Dienstleistungsfunktionen durch eine Neubestimmung des Verhältnisses von Eigenfertigung und Fremdfertigung („make-or-buy"-Entscheidung). Angestrebt wird eine Reduktion der Fertigungs- und Dienstleistungstiefe und die Konzentration der betrieblichen Ressourcen auf das sog. Kerngeschäft.

- „Networking", also Aufbau zwischenbetrieblicher Zulieferer- und Kooperations-Netzwerke. Dazu müssen u.a. die veränderten innerbetrieblichen Funktionsabläufe und Organisationsstrukturen mit denen der Zulieferer abgestimmt und miteinander verknüpft werden sowie einheitliche Qualitätssicherungssysteme und Produktionsnormen festgelegt werden. Die Ausgestaltung derartiger zwischenbetrieblicher Netzstrukturen ist vielfach verbunden mit Konzepten des „simultaneous engineering" und neuen Logistikstrategien wie der „just-in-time"-Produktion.[10]

Es ist nicht mehr das vertikal integrierte Großunternehmen gefragt, das auf standardisierte Großserienfertigung oder tayloristisch organisierte Massengeschäfte ausgerichtet ist. Das Leitbild der gegenwärtigen Umstrukturierungsprozesse ist das „schlanke Unternehmen", das eingebunden ist in zwischenbetriebliche Netzwerke. Dabei gilt dieses Leitbild gleichermaßen für Industrie- wie für Dienstleistungsunternehmen. Mit derartigen flexiblen und kooperativen Formen der Produktions- und Unternehmensorganisation reagieren die Unternehmen auf die Anforderungen durch immer komplexere Produkte und kundenorientierte Systemlösungen sowie immer kürzere Produkt- und Innovationszyklen.

Der diesem Leitbildwandel zugrundeliegende Bruch des Modernisierungspfades soll durch Abb. 2 verdeutlicht werden. In diesem Schema sind zwei Entwicklungspfade der Modernisierung dargestellt. Der mit den Worten „Konzentration" und „vertikale Integration" bezeichnete Pfeil (von I. nach II.) repräsentiert den Modernisierungspfad der Nachkriegszeit, die tayloristische Massenproduktion. Die damit verbundene Modernisierungsstrategie ist darauf ausgerichtet, ein möglichst großes Marktsegment zu beherrschen, um über eine zunehmende Spezialisierung und Standardisierung die produktionsökonomischen Vorteile der Massenproduktion auszunutzen. Im Mittelpunkt dieser Strategie steht die Stückkostendegression („economies of scale"). Die zentralen Akteure sind vertikal integrierte Großunternehmen mit einer tayloristischen Produktions- und Unternehmensorganisation.

Dieser sehr erfolgreiche Modernisierungspfad hat allerdings seine Schattenseiten: Die Produktionsprozesse werden immer rigider und kapitalintensiver. Gleichzeitig ersticken Innovationen in der innerbetrieblichen Hierarchie und Bürokratie. Der tradi-

Abb. 2: Bruch und Neuorientierung des Modernisierungspfades

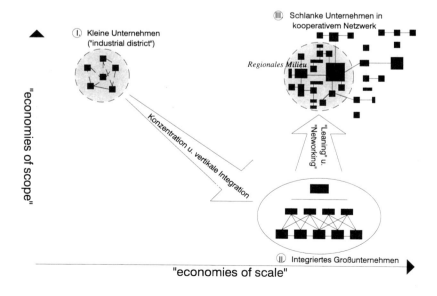

tionelle regionale Produktionskontext („industrial district") löst sich auf in die unternehmensinterne Logik funktionaler Spezialisierung und Arbeitsteilung. Die Region wird auf den Status eines im Prinzip austauschbaren Standorts reduziert. Die Krise dieses Modernisierungspfades ist vielfach beschrieben[11] und soll hier nicht weiter diskutiert werden.

Der Pfeil, der mit „Leaning" und „Networking" gekennzeichnet ist, repräsentiert den Modernisierungspfad flexibler und diversifizierter Qualitätsproduktion. Die damit verbundene Modernisierungsstrategie ist auf die ökonomischen Vorteile flexibler Marktanpassung („economies of scope") ausgerichtet. Dies heißt allerdings nicht, daß Massenproduktionsvorteile keine Rolle mehr spielen, sondern daß sie eingebunden sein müssen in die flexiblen Strukturen inner- und zwischenbetrieblicher Netzwerke. Im Gegensatz zu Taylors Vorstellung vom „one best way" ist dieser Modernisierungspfad durch eine Vielzahl von Zukunftsoptionen und unterschiedlichen Organisationsvarianten gekennzeichnet. Es lassen sich somit auch keine eindeutigen Aussagen über "das" zukünftige Modell post-tayloristischer Produktions- und Unternehmensorganisation machen.

3.2 Neubewertung regionaler Wirtschaftszusammenhänge

Einer der wichtigsten Trends des gegenwärtigen Strukturwandels ist die zunehmende Globalisierung der Wirtschaft verbunden mit neuen Formen der internationalen Arbeitsteilung. Diese Globalisierungstendenzen führen jedoch nicht - wie man zunächst annehmen könnte - zu einer Entwertung lokaler und regionaler Produktions- und Kooperationszusammenhänge. Im Gegenteil: Trotz wachsender Konzentration des Kapitals, globalisierter Märkte, elektronischer Datennetze und einer extrem hohen Mobilität der Akteure hat die Bedeutung der Region mit ihren endogenen Potentialen und Interaktionsformen nicht ab-, sondern zugenommen.

Durch die turbulenten Marktverhältnisse und instabilen Währungssysteme einer globalisierten Ökonomie sowie den Trend zu immer komplexeren Produkten und kürzeren Innovationszyklen wird die Möglichkeit der Einbindung von Produktions- und Dienstleistungsfunktionen in regionale Kooperationsnetzwerke zu einer wichtigen Voraussetzung für die Innovations- und Anpassungsfähigkeit von Unternehmen. Die Orientierung auf die Region steht somit nicht im Gegensatz zur Globalisierung, sondern heißt Rückbesinnung auf die regionalen Potentiale zur Bewältigung der globalen Herausforderungen.

Für die wirtschaftlichen Entwicklungsperspektiven von Städten ist diese Neubewertung des städtischen bzw. des regionalen Umfeldes ein äußerst wichtiger Aspekt. Die Stadt bzw. die Stadtregion ist somit nicht nur Standort, sondern vor allem sozialökonomisches Wirkungsfeld bzw. räumliches Kooperations- und Innovationsmilieu[12] für die ansässigen oder anzusiedelnden Betriebe sowie ein Kommunikations-, Lern- und Handlungssystem für die verschiedenen städtischen bzw. regionalen Akteure.

Städtische bzw. regionale Milieus sind aber nicht notwendigerweise innovativ, sondern sie können auch die Wirkung von sklerotischen Entwicklungsblockaden haben und zu einer Hermetik des regionalen Entwicklungspfades führen.[13] Je erfolgreicher zum Beispiel eine Region auf dem Modernisierungspfad der tayloristischen Massenproduktion war, desto stärker ist in der Regel das entsprechende Milieu von diesem Entwicklungspfad geprägt und um so schwieriger wird somit eine Korrektur oder ein Verlassen dieses Entwicklungspfades sein.

4. Die Auswirkungen des strukturellen Umbruchs auf die städtischen Ökonomien

In der Folge der veränderten nationalen und internationalen Rahmenbedingungen und der neuen Umstrukturierungswelle der Wirtschaft sind - wie bereits ausgeführt - alle größeren Städte, auch die süddeutschen "Boomstädte der 80er Jahre", mit einer stark ansteigenden Arbeitslosigkeit konfrontiert. Immer mehr Unternehmen des verarbeitenden Gewerbes verlassen die Stadt oder bauen Arbeitsplätze ab. Dieser beschleunigte Deindustrialisierungsprozeß der städtischen Ökonomie wird auch nicht mehr durch ein Beschäftigungswachstum der Dienstleistungsfunktionen kompensiert, denn die meisten Dienstleistungsbereiche sind inzwischen selbst von Rationalisierungsprozessen erfaßt.

4.1 Die „Auflösung" der Stadt in die Region

Besonders betroffen von Beschäftigungsverlusten sind die Kernstädte. Die städtischen Verdichtungszentren gehören seit langem zu den Verlierern des wirtschaftlichen Strukturwandels, während das Umland der Zentren - aber auch Gebiete außerhalb der Verdichtungsräume - überdurchschnittliche Arbeitsplatzgewinne erzielen. Die Arbeitsplatzdynamik verlagert sich offensichtlich zunehmend von der Kernstadt auf das Umland. Die Städte lösen sich auf in Stadtregionen mit sehr differenzierten Verflechtungs-, Kooperations- und Konkurrenzbeziehungen zwischen Kernstadt und Umland.

Die Untersuchung der wirtschaftlichen Entwicklungsprozesse der Städte kann deshalb auch nicht auf die Kernstädte beschränkt werden, sondern muß sich auf die Ebene der Stadtregionen beziehen.

4.2 Polarisierung und Segmentierung der städtischen Ökonomie

Die polarisierte Entwicklung städtischer Verdichtungsräume in der Form des „Süd-Nord"- und des „West-Ost-Gefälles" wird überlagert von vielfältigen Polarisierungs- und Segmentierungstendenzen innerhalb der städtischen Agglomerationen (Tendenz zur „geteilten Stadt").

In vielen Stadtregionen zeigen sich derartige Polarisierungs- und Segmentierungstendenzen in der Form eines gleichzeitigen Nebeneinanders von dynamischen „Wachstumsinseln" und stagnierenden oder schrumpfenden Wirtschaftsbereichen.

Diese Polarisierungs- und Segmentierungsprozesse der städtischen Ökonomien haben wiederum vielfältige Auswirkungen auf die Segmentierungen des städtischen Arbeitsmarktes sowie die Polarisierung von Lebenschancen und Einkommen der städtischen Bevölkerung.

Bisher waren städtische Entwicklungskonzepte meist - in der Tradition der Exportbasis-Theorie - auf die Förderung außenorientierter "Leitsektoren" ausgerichtet. Dabei wurde unterstellt, daß diese außenorientierten Wirtschaftsbereiche auf die anderen wirtschaftlichen Aktivitäten ausstrahlen und diese gewissermaßen im "Huckepack" in die wirtschaftliche Dynamik einbeziehen würden. Durch die Tendenz zur Reduktion der Fertigungs- und Dienstleistungstiefe sowie die Polarisierung und Verinselung städtischer Ökonomien wird dieses Konzept städtischer Strukturpolitik in Frage gestellt. Es ist ausgesprochen fraglich, ob es noch so etwas wie "Leitsektoren" gibt, die die wirtschaftliche Perspektive einer Stadt prägen.

4.3 Das Problem der Teilökonomien der Stadt - Von der Branche zum Cluster

Bei dem Versuch, die Entwicklungsperspektiven der Städte zu untersuchen und dabei insbesondere die zentralen Fragen nach der Beschäftigungsentwicklung und nach den Gestaltungsspielräumen und Strategien zukünftiger Stadtentwicklung zu klären, sind wir mit einem schwierigen methodischen Problem konfrontiert. Angesichts der Differenzierungs-, Segmentierungs- und Verinselungsprozesse der städtischen Wirtschaft und Gesellschaft macht es keinen Sinn, diese Fragen im Hinblick auf „die" Wirtschaft einer Stadtregion beantworten zu wollen. Die Wirtschaft von Großstädten besteht aus verschiedenen Teilökonomien mit je spezifischen historischen Traditionen und mit sehr unterschiedlichen Integrationsformen in lokale, nationale oder internationale Konkurrenz- und Entwicklungszusammenhänge. Daraus resultieren wiederum jeweils unterschiedliche Problemlagen, Gefährdungspotentiale und Standortanforderungen.

Aber wie lassen sich diese Teilökonomien identifizieren, voneinander abgrenzen und in einer empirischen Analyse erfassen?

Das gängige Prinzip zur strukturellen Differenzierung der Wirtschaft einer Stadtregion in Teilbereiche ist - in Anlehnung an gesamtgesellschaftliche Strukturanalysen - das Branchen- und Sektorenkonzept. Allein schon die Verfügbarkeit der statistischen Informationen läßt diese Strukturgliederung naheliegend erscheinen.

Sektoren bzw. Branchen lassen sich definieren als statistisch "konstruierte", gesamtwirtschaftliche Aggregate, in denen Betriebe nach dem Kriterium der Gleichheit oder Ähnlichkeit der hergestellten Güter zusammengefaßt sind. Dabei wird vorausgesetzt, daß die einer Branche zugeordneten Betriebe - vermittelt über das gemeinsame Produktionsprogramm bzw. über die gemeinsamen Dienstleistungen - auch mit gleichen Marktbedingungen konfrontiert sind. Bei dem Branchenkonzept wird somit unterstellt, daß die Betriebe der gleichen Branche in einen gemeinsamen Markt eingebunden sind und damit zu einer einheitlichen Entwicklung tendieren.

In der städtischen oder regionalen Strukturpolitik geht man deshalb auch vielfach von der impliziten Unterstellung aus, daß sich die wirtschaftliche Entwicklung von Stadtregionen durch ihre jeweilige sektorale bzw. branchenmäßige Struktur erklären läßt. Das dabei unterstellte Determinationsverhältnis, demzufolge regionale Entwicklungsunterschiede auf die Sektor- oder Branchenzugehörigkeit der in der jeweiligen Region angesiedelten Betriebe zurückgeführt werden, ist durch verschiedene empirische Studien problematisiert worden.[14] Nach den Ergebnissen dieser sektoralen Strukturanaly-

sen sind Entwicklungsprozesse von Regionen durch Branchen- oder Sektorstrukturen nur sehr unzureichend zu erklären.

Bestimmend für Entwicklungsunterschiede zwischen Regionen ist offensichtlich nicht nur die unterschiedliche Sektor- oder Branchenzugehörigkeit der Betriebe der Region, also die Frage, was produziert wird, sondern auch die Frage, wie bzw. unter welchen Bedingungen produziert wird. Neben die Frage der Branchenzugehörigkeit treten somit Fragen wie zwischenbetriebliche Kooperationsformen und Kontrollstrukturen, die Stellung von Betrieben in der Zulieferpyramide sowie die unterschiedlichen Formen der Marktintegration von Betrieben.

Bedeutsam für die Erklärung der Entwicklungsperspektiven von Regionen sind jedoch auch Aspekte, die über die unmittelbare Betriebs- und Unternehmensebene hinausgehen. Dazu gehören das Qualifikationsrepertoire der in der Region lebenden Menschen, die wissenschaftlichen, sozialen und technischen Infrastrukturen, die institutionellen Arrangements und politisch-administrativen Strukturen sowie die wirtschaftshistorischen und kulturellen Traditionen der Region.[15]

Bei der Strukturanalyse einer Region muß deshalb der traditionelle „top-down"-Ansatz, bei dem das gesamtwirtschaftlich konzipierte Branchen- und Sektorkonzept gewissermaßen auf die Region projiziert wird, korrigiert bzw. ergänzt werden. Durch einen entsprechenden „bottom-up"-Ansatz müssen die spezifischen regionalen Entwicklungsbedingungen - insbesondere die historisch gewachsenen Produktions- und Wertschöpfungsstrukturen sowie Verflechtungszusammenhänge - in die Analyse einbezogen werden.

Das Konzept der Funktionscluster, wie es beispielsweise von Porter verwendet wird, ist ein solcher Analyseansatz, bei dem die Branchenanalyse erweitert wird durch die Analyse spezifischer, vielfach branchenübergreifender Kooperations- und Interaktionsbeziehungen. Dieses Konzept geht davon aus, daß sich durch die zunehmende Komplexität von Produkten und Dienstleistungen - über die Sektor- und Branchengrenzen hinweg - mehr oder weniger integrierte Funktionszusammenhänge bzw. Funktionscluster herausbilden. In seiner international vergleichenden Studie stellt Porter fest: „Das Phänomen des industriellen Clusters ist so weit verbreitet, daß es offensichtlich ein zentrales Merkmal der fortgeschrittenen Volkswirtschaften ist."[16]

In einer Studie über die Entwicklungsperspektiven der Hamburger Wirtschaft habe ich zusammen mit meiner Forschungsgruppe versucht, das Konzept des Funktionsclusters für die Analyse einer Stadtregion fruchtbar zu machen. Ehe ich den methodischen Ansatz und die Ergebnisse dieser Studie darstelle, möchte ich zunächst eine kurze Skizze der wirtschaftsstrukturellen Situation der Stadtregion Hamburgs geben.

5. Zum Verlauf des Strukturwandels in Hamburg

Hamburg ist geprägt durch eine jahrhundertelange Tradition einer Kaufmanns- und Hafenstadt und galt lange Zeit als eine der reichsten und wirtschaftlich erfolgreichsten Städte Europas. Als selbständiger Stadtstaat hat Hamburg seine Wirtschaftspolitik traditionsgemäß auf die Förderung seines Hafens und die damit verbundenen Handels- und Industriefunktionen ausgerichtet. Ende der 70er Jahre wurde die Hamburger Wirtschaft von einer tiefgreifenden Strukturkrise erfaßt, die die Arbeitslosenquote bis auf 13,5% (1987) ansteigen ließ (vgl. Abb. 1). Die Krise ging aus von der traditionellen ökonomischen Basis der Wirtschaftsregion, dem maritim orientierten Komplex von Hafen, Handel und Seehafenindustrien.

In dieser Phase brachen weite Teile der traditionellen Industrien weg. Besonders stark war der Einbruch in den Seehafenindustrien, also vor allem in den grundstoffverarbeitenden Industrien sowie im Schiffbau und seinen Zulieferern. In den traditionellen Schwerpunkten des Hamburger Dienstleistungsgewerbes, dem Groß- und Außenhandel sowie dem Verkehr, insbesondere der Schiffahrt und dem Hafen, schrumpfte die Beschäftigung zum Teil erheblich.

Allerdings verfügt Hamburg auch über technologisch hochentwickelte Industrien wie die Flugzeugbauindustrie sowie über sehr dynamische Dienstleistungsbereiche wie z.B. die Werbewirtschaft. Die wirtschaftliche Entwicklung Hamburgs in der Phase beschleunigten strukturellen Wandels der 80er Jahre läßt sich als ein Nebeneinander von „Wachstumsinseln", stagnierenden und schrumpfenden Bereichen kennzeichnen.

Von der deutschen Vereinigung hat Hamburg besonders stark profitiert. Es ist aus einer nordöstlichen Randlage in eine neue Zentralität zwischen Nordsee- und Ostseeregion sowie zwischen Mittel- und Nordeuropa gerückt. Die ökonomischen und demographischen Auswirkungen der Überwindung der europäischen Spaltung und der Verlagerung der wirtschaftlichen Schwerpunkte des europäischen Kontinents nach Norden und Osten sind für Hamburg erst in Ansätzen erkennbar. Das bisher offensichtlichste Ergebnis der neuen Standortkonstellation ist der Trendumschwung in der Bevölkerungsentwicklung: Hamburg wurde von einer schrumpfenden zu einer wachsenden Stadt bzw. von einer stagnierenden zu einer stark expandierenden Stadtregion.

Viel schwieriger sind allerdings die Veränderungen bei der Wirtschafts- und Beschäftigungsentwicklung einzuschätzen. Nach der ausgeprägten Strukturkrise in der ersten Hälfte der 80er Jahre zeichnete sich 1986/87 eine Trendwende ab. Aufgrund seiner geographischen Lage und seiner spezifischen Wirtschaftsfunktionen wurde Hamburg ab 1989/90 von dem starken Nachfrageboom der deutschen Vereinigung besonders begünstigt. Mit deutlich überdurchschnittlichen Wachstumsraten erlebte die Hamburger Wirtschaft eine ausgesprochene „Boomphase".

Die Wirtschafts- und Beschäftigtenentwicklung seit der Rezession von 1992/93 läßt jedoch vermuten, daß die Hamburger Wirtschaft noch deutliche Strukturschwächen hat. Bei einer nach wie vor überdurchschnittlich hohen Sockelarbeitslosigkeit nimmt in Hamburg seit dem Frühjahr 1994 die Arbeitslosigkeit wieder stärker als im Bundesdurchschnitt zu. Das reale Wirtschaftswachstum, das von 1989 bis Anfang 1993 unter den alten Ländern eine Spitzenposition eingenommen hat, liegt seit Ende 1993 wieder unter dem Durchschnitt der alten Länder.

5.1 Das Verhältnis Kernstadt - Umland

In den letzten zwanzig Jahren hat sich die Stadtregion Hamburg immer stärker zu einem zusammenhängenden Wirtschaftsraum entwickelt. Trotz der zunehmenden ökonomischen, sozialen und infrastrukturellen Verflechtungen zwischen Kernstadt und Umland hat sich bisher allerdings noch keine einheitliche Wirtschaftsregion herausgebildet.

1994 waren in der Stadtregion insgesamt 1.114.000 sozialversicherungspflichtige Arbeitnehmer beschäftigt.[17] Mit 771.000 Beschäftigten ist die Kernstadt Hamburg das überragende Arbeitsplatzzentrum im norddeutschen Raum. Im Hamburger Umland[18] haben 343.000 Beschäftigte ihren Arbeitsplatz. Die Beschäftigten verteilen sich also ungefähr im Verhältnis von 70% zu 30% auf Kernstadt und Umland.

Der Beschäftigungsanteil des Dienstleistungssektors an der Gesamtwirtschaft beträgt in der Region rd. 68%, in der Kernstadt 74% und im Umland 54% (Bundesdurchschnitt 55%). Die Tertiärisierung der Wirtschaft ist also in der Kernstadt sehr viel weiter fortgeschritten als im Umland.

In einem Vergleich mit anderen Stadtregionen zeigt die Wirtschaftsregion Hamburg vor allem in der ersten Hälfte der 80er Jahre eine deutlich schwächere Beschäftigtenentwicklung als die süddeutschen Stadtregionen Frankfurt, Stuttgart und München (vgl. Abb. 3). In der zweiten Hälfte der 80er Jahre konnte der Verdichtungsraum Hamburg zum Entwicklungstrend der anderen Stadtregionen aufschließen, und ab 1989/90 entwickelte er sich überdurchschnittlich. Seit 1992 ist die Beschäftigtenentwicklung allerdings wieder rückläufig.

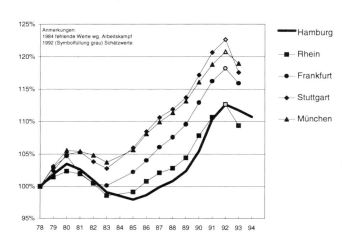

Abb. 3: Entwicklung der Gesamtbeschäftigung in Auswahlregionen

Bei einem Vergleich von Kernstadt und Umland zeigt sich für die Region Hamburg eine stark polarisierte Entwicklung: Während das Hamburger Umland durchgängig eine überdurchschnittliche Beschäftigtenentwicklung aufweist, entwickelte sich die Kernstadt durchgängig schlechter als der Durchschnitt der Kernstädte (West) (vgl. Abb. 4).

Die Arbeitsplatzentwicklung von Kernstadt und Umland zwischen 1980 und 1993 ist in Abb. 5 nach Branchen in absoluten Zahlen dargestellt. Dabei

Abb. 4: Entwicklung der Beschäftigung Wirtschaftsbereiche insgesamt

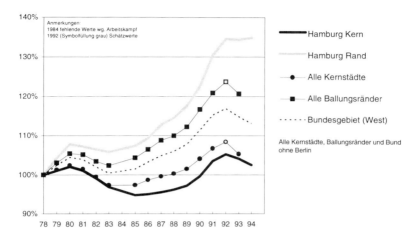

wird noch einmal deutlich, daß die Kernstadt in den Bereichen der Industrie und den traditionellen Dienstleistungszweigen Handel und Verkehr über 60.000 Arbeitsplätze verloren hat, während das Umland in diesen Bereichen im Saldo 32.600 dazugewonnen hat. Insgesamt konnte das Umland zwischen 1980 und 1993 per Saldo 67.500 Arbeitsplätze dazugewinnen. Die Kernstadt hatte in diesem Zeitraum ebenfalls eine positive Beschäftigungsentwicklung mit einem Saldo von 15.600 zusätzlichen Arbeitsplätzen. Die weitaus größten Beschäftigungsgewinne erzielte die Kernstadt allerdings in dem Bereich der sozialen Dienstleistungen (+ 25.000), der stark von staatlichen Transferzahlungen abhängig ist.

Die ungleiche Arbeitsplatzentwicklung zwischen Kernstadt und Umland wird zusätzlich akzentuiert durch sehr einseitige Pendlerströme. 1987 pendelten rund 189.000 Erwerbstätige mit Wohnsitz im Umland nach Hamburg. Damit waren gut 20% aller Arbeitsplätze in Hamburg von Pendlern aus dem Umland besetzt. In die entgegengesetzte Richtung, d.h. von Hamburg ins Umland, pendelten 1987 rund 33.600 Erwerbstätige, das waren 4% aller Erwerbstätigen in Hamburg.[19]

Der Arbeitsmarkt in der Stadtregion weist eine ausgeprägte Segmentierung auf: Trotz ihrer deutlich höheren Arbeitslosigkeit ist die Kernstadt für die Bevölkerung des Umlandes als Arbeitsort sehr viel bedeutsamer als umgekehrt das Umland für die Bevölkerung der Kernstadt. Dabei gehören die Pendler aus dem Umland überwiegend qualifizierten Berufsgruppen an, wogegen unter den Arbeitslosen der Kernstadt die Gruppe der Un- und Angelernten überrepräsentiert ist.

Die starke Polarisierung der Wirtschaftsentwicklung von Kernstadt und Umland kann nur zum Teil durch Abwanderungen von Unternehmen aus der Kernstadt erklärt werden. Die unterschiedliche Beschäftigungsdynamik hat inzwischen ihre wesentliche Ursache in der unterschiedlichen wirtschafts- und sozialstrukturellen Basis von Kernstadt und Umland.

Städte im Umbruch

Die Kernstadt ist trotz der starken Veränderungen der Wirtschaftsstrukturen - insbesondere der deutliche Rückgang der maritim- und rohstofforientierten Bereiche - immer noch durch die Tradition einer Kaufmanns- und Hafenstadt geprägt. Diese Tradition spiegelt sich sowohl in ihrer strukturellen Spezialisierung als auch ihrer institutionellen Ausformung wider. Der industrielle Bereich war - im Vergleich mit anderen Kernstädten - nie stark entwickelt bzw. ist heute durch Deindustrialisierungsprozesse stark ausgehöhlt. In dem noch verbleibenden industriellen Sektor sind die Bereiche, die aus der maritimen Tradition hervorgegangen sind, immer noch überrepräsentiert, wogegen die Bereiche, die als besonders technologieintensiv gelten können, unterdurch-

Abb. 5: Zu- bzw. Abnahme der Beschäftigung in der Region Hamburg 1980 - 1993 nach Branchen

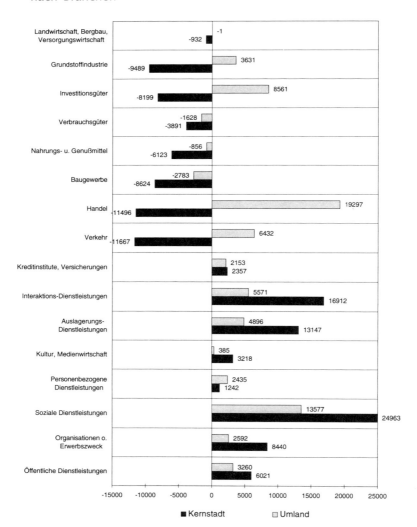

schnittlich vertreten sind. Entsprechend verhält es sich bei dem hohen Anteil der Dienstleistungen in der Hamburger Wirtschaft. Trotz eines deutlichen Bedeutungszuwachses von "modernen" Dienstleistungen haben die traditionell maritim orientierten Bereiche Groß- und Außenhandel, Hafen, Lager und Transport immer noch ein relativ großes Gewicht.

Das Umland hat eine sehr viel ausgeglichenere und "modernere" Wirtschaftsstruktur. Seine wirtschaftliche Entwicklung weist ein ähnliches Muster auf wie das der Ballungsräume Süddeutschlands: die Beschäftigungsexpansion bei den Dienstleistungen beruht im wesentlichen auf Interaktionsprozessen mit ebenfalls expandierenden industriellen, logistischen und konsumorientierten Funktionen. Die wirtschaftliche Dynamik des Umlandes profitiert allerdings in vielfältiger Weise von den Metropolfunktionen der Kernstadt: den Transport-, Logistik- und Telekommunikationsnetzen, den Kultur- und Wissenschaftseinrichtungen sowie den hochwertigen Dienstleistungsfunktionen. Darüber hinaus ist die Bevölkerung des Umlandes geprägt durch einen selektiven Suburbanisierungsprozeß, wobei jahrelang vor allem jüngere und finanzstarke Haushalte die Kernstadt verließen.

5.2 Die "Binnenstruktur" der städtischen Wirtschaft in Form von Funktionsclustern bzw. "Teilökonomien"

Die Wirtschaft Hamburgs gliedert sich - ebenso wie die anderer Großstädte - in verschiedene Teilökonomien, die in unterschiedlicher Weise in Konkurrenz- und Entwicklungszusammenhänge eingebunden und durch je spezifische Problemlagen und Standortanforderungen gekennzeichnet sind.

Zur empirischen Erfassung und Analyse dieser Teilökonomien wurde im Rahmen eines umfangreichen Gutachtens[20] der Versuch unternommen, die Branchen und Sektoren so umzugruppieren, daß einerseits möglichst zusammenhängende ökonomische Funktionsbereiche (Funktionscluster) entstehen und andererseits eine möglichst übersichtliche Gesamtstruktur erhalten bleibt.

Ziel dieser Studie war es, durch die Identifikation der entwicklungsrelevanten Teilökonomien der Hamburger Wirtschaft[21] eine bessere Einsicht in die spezifischen Entwicklungsperspektiven, Problemlagen und Gefährdungspotentiale der städtischen Ökonomie zu erhalten. Damit sollte eine empirische Grundlage für eine Reformulierung städtischer Politik gelegt werden.

Bei diesem Analyseansatz wurde ein zweistufiges Verfahren gewählt:

- In einem ersten Schritt wurden die gesamten Beschäftigten der städtischen Wirtschaft, erfaßt über Clusterbildung, auf möglichst kohärente Teilökonomien verteilt. Dies sollte zunächst eine Gesamtübersicht über die Größenproportionen und Entwicklungstendenzen der verschiedenen Funktionsbereiche der städtischen Wirtschaft ermöglichen.

- In einem zweiten, vertiefenden Schritt wurden für einzelne Teilökonomien die Auswirkungen und Ausprägungen des gegenwärtigen wirtschaftlichen Umbruchs exemplarisch untersucht.

Bei dem ersten Analyseschritt - auf dem auch das Hauptgewicht der Untersuchung lag - wurde von folgenden Kriterien für die Bildung und Abgrenzung der Cluster ausgegangen:

(a) zwei überregional orientierte Kriterien, die sich eng an das Aggregationsprinzip des Branchenkonzeptes anlehnen:
- vergleichbare Marktbedingungen;
- vergleichbare Produktions- und Wertschöpfungsstrukturen;

(b) vier "regionsspezifische" Kriterien, mit denen die spezifischen regionalen bzw. städtischen Kooperations- und Interaktionsformen erfaßt werden sollen:
- historisch gewachsene Verflechtungszusammenhänge (innerhalb des Clusters);
- gemeinsame Arbeitsmärkte (spez. Qualifikationen);
- gemeinsame Infrastrukturen;
- gemeinsame Standortstruktur und Flächennutzung.

Anhand der oben genannten Kriterien wurden für die Hamburger Wirtschaft 11 Cluster identifiziert. Die statistische Grundlage für die Clusteraggregation bildete die Gliederung aller sozialversicherungspflichtig Beschäftigten nach 96 Wirtschaftszweigen, die wiederum funktional unterteilt sind nach Funktions- bzw. Berufsgruppen: Fertigung, Logistik, Technik und Dienstleistungen[22].

Die Verteilung der Beschäftigten der verschiedenen Wirtschaftszweige auf die 11 Cluster erfolgte in einem iterativen Verfahren von quantitativen und qualitativen Untersuchungen auf den Ebenen von Unternehmen, Branchen und Kooperationsnetzwerken sowie auf den Ebenen des Arbeitsmarktes, der Infrastrukturen und der räumlichen Standortstrukturen.

Die Teilökonomien der Kernstadt Hamburg

Die Hamburger Wirtschaft wurde in die folgenden Cluster bzw. Teilökonomien aufgeteilt:

● Hafen, Lager, Transport: überregional orientierte Verkehrsfunktionen (inklusive Hafen) und daran gekoppelte Dienstleistungen;

● Handel, Niederlassungen: überregional orientierter Handel bzw. Vertrieb und angekoppelte Dienstleistungen;

● „Seehafenindustrien": Industrien, die historisch auf den Hafen ausgerichtet und im Hafengebiet ansässig sind (v.a. Verarbeitung von Grundstoffen, Schiffbau);

● Stadtindustrien: Industrie, produzierendes Handwerk und Baugewerbe mit einem hohen Anteil von Beschäftigten in Fertigungsberufen. Die Stadtindustrien waren historisch ausgerichtet auf den großstädtischen Absatzmarkt Hamburgs. Als Zulieferer oder Hersteller für den Endverbrauch sind die Stadtindustrien heute vielfach mit überregionalen und internationalen Märkten konfrontiert;

- Technologieindustrien: Industrien mit einem hohen Anteil an technisch qualifizierten Beschäftigten und Dienstleistungsfunktionen sowie einer starken Ausrichtung auf internationale Märkte;

- unternehmensorientierte Dienstleistungen: Dienstleistungen, die in die Wertschöpfung anderer Unternehmen bzw. Wirtschaftsbereiche eingehen (z.B. Unternehmensfinanzierung, Beratung, Planung sowie Gebäudereinigung, Bewachung etc.);

- Medienwirtschaft: Printmedien (u.a. die großen Verlagshäuser), private und öffentliche Rundfunk- und Fernsehveranstalter und -produzenten, die Tonträgerindustrie sowie die Unternehmen der Werbewirtschaft;

- Versicherungen: die Unternehmen bzw. Beschäftigten im Bereich der Individualversicherungen (Lebens-, Kranken-, Haftpflichtversicherung etc.). Die Transport-, Kredit- bzw. Außenhandelsversicherungen werden dem Cluster Hafen, Transport, Lager oder Handel, Niederlassungen zugeordnet;

- Großstadtdienstleistungen: Dienstleistungen, die auf dem Einzugsbereich bzw. der Metropolfunktion Hamburgs beruhen, u.a. „hochwertiger" Einzelhandel, regionaler Verkehr, Ver- und Entsorgung, Messe- und Ausstellungswesen, Wissenschaft und Forschung, Teile der Gastronomie und des Gesundheitswesens;

- Stadtteil- und Quartiersbetriebe: Dienstleistungen und Handwerksbetriebe, die stark lokal eingebunden sind durch örtlichen Absatz, den Wohnsitz der Erwerbstätigen oder den bestehenden preisgünstigen Gewerberaum. Zu den Stadtteil- und Quartiersbetrieben zählen u.a. Teile des Einzelhandels, des Gesundheitswesens, der Gastronomie und des produzierenden bzw. Reparaturgewerbes. Diese Betriebe bieten zum überwiegenden Teil Leistungen für den Endverbrauch privater Haushalte an.

In der Tab. 1 „Clusterstruktur in Hamburg - Sozialversicherungspflichtig Beschäftigte" ist die absolute und relative Größe der Teilökonomien nach Beschäftigten für die Jahre 1980 und 1990 dargestellt. Diese Tabelle zeigt außerdem die Verteilung der Beschäftigten der einzelnen Teilökonomien auf die Funktions- bzw. Berufsgruppen Fertigung, Logistik, Technik und Dienstleistungen sowie die Veränderungen der Beschäftigten innerhalb dieser Funktionsgruppen.

Das Beschäftigungsvolumen der einzelnen Cluster im Jahr 1990 und die jeweiligen Veränderungen seit 1980 sind in Abb. 6 „Städtische Teilökonomien in der Kernstadt Hamburg" noch einmal visualisiert. Die relative Größe der Kreise entspricht dem jeweiligen Beschäftigungsanteil der Teilökonomien an der Gesamtbeschäftigung. Die gestrichelte Linie gibt das Beschäftigungsvolumen von 1980, die geschlossene Linie das von 1990 an. Ein dunkler äußerer Ring deutet das jeweilige Beschäftigungswachstum, ein weißer Ring den entsprechenden Beschäftigungsverlust an.

Die für die Hamburger Wirtschaft spezifischen Cluster befinden sich im unteren, die in jeder Großstadtregion vertretenen Teilökonomien im oberen Bereich der Graphik. Mit der jeweiligen Nähe bzw. den Überlagerungen der Kreise werden funktionale Verflechtungen zwischen den Teilökonomien angedeutet.

Städte im Umbruch

Tab. 1: Clusterstruktur in Hamburg - Sozialversicherungspflichtig Beschäftigte

Sozialversicherungspflichtig Beschäftigte in Hamburg (Stadtgebiet):

	1980 abs.	in %	1990 abs.	in %	1980-1990 abs.	in %
Hafen, Transport, Lager	75 789	9,9	62 554	8,3	- 13 235	- 17,5
Handel	77 226	10,1	71 542	9,5	- 5 684	- 7,4
"Seehafenindustrien"	29 158	3,8	19 622	2,6	- 9 536	- 32,7
Stadtindustrien	81 028	10,6	68 172	9,1	- 12 856	- 15,9
Baugewerbe	43 793	5,7	33 770	4,5	- 10 024	- 22,9
Technologieindustrien	75 916	9,9	75 771	10,1	- 145	- 0,2
Unternehmensorient. Dienstl.	57 729	7,5	73 033	9,7	15 305	26,5
Medien	22 268	2,9	24 856	3,3	2 588	11,6
Versicherungen	19 763	2,6	19 423	2,6	- 340	- 1,7
Großstadtdienstleistungen	129 494	16,9	140.078	18,7	10 584	8,2
Stadtteil- u.Quartiersbetriebe	111 326	14,6	116 849	15,6	5 523	5,0
Öffentlicher Sektor	41 425	5,4	43 609	5,8	2 184	5,3
Summe	764 914	100,0	749 279	100,0	- 15 635	- 2,0

Anteile der Funktionsgruppen 1990 in v. H.:*

	Fertigung Hamburg	Kerne	Logistik Hamburg	Kerne	Technik Hamburg	Kerne	Dienstleistungen Hamburg	Kerne
Hafen, Transport, Lager	7	8	43	37	3	3	47	52
Handel, Niederlassungen	10	9	10	11	6	6	75	74
"Seehafenindustrien"	51	48	5	7	13	10	31	35
Stadtindustrien	61	61	4	4	8	8	27	27
Technologieindustrien	42	42	5	5	20	21	33	32
Unternehmensorient. Dienstl.	8	9	4	3	10	14	79	75
Medien	5	9	3	5	5	5	88	81
Versicherungen	1	1	1	0	1	1	97	97
Großstadtdienstleistungen	13	13	12	12	4	4	70	71
Stadtteil- u.Quartiersbetriebe	14	14	2	3	1	1	83	82
Öffentlicher Sektor	8	11	5	5	9	9	78	76

* Alle Kernstädte der Ballungsräume der (alten) Bundesrepublik

Veränderung der Funktionsgruppen in den Clustern 1980-90 absolut:*

	Fertigung	Logistik	Technik	Dienstleistungen
Hafen, Transport, Lager	- 1 389	- 7 626	365	- 4 585
Handel, Niederlassungen	- 966	- 1 050	609	- 4 277
"Seehafenindustrien"	- 5 669	- 853	- 596	- 2 417
Stadtindustrien	- 8 057	- 1 580	- 515	- 2 704
Baugewerbe	- 8 140	- 506	- 262	- 1 116
Technologieindustrien	- 1 911	- 532	2 525	- 227
Unternehmensorient. Dienstl.	827	7	792	13 678
Medienwirtschaft	- 918	- 233	- 22	3 762
Versicherungen	- 29	- 20	23	- 314
Großstadtdienstleistungen	1 179	339	805	8 261
Stadtteil- u.Quartiersbetriebe	515	- 636	66	5 577
Öffentlicher Sektor	23	- 480	495	2 146
Gesamt	- 24 534	- 13 170	4 284	17 785

* "Fertigung" = Beschäftigte in Fertigungsberufen; "Logistik" = Beschäftigte in Transportberufen; "Technik" = Beschäftigte in technischen Berufen; "Dienstleistungen" = Beschäftigte in Dienstleistungsberufen (ohne Logistik und Technik)

In Abb. 7 ist die Veränderung der Beschäftigten nach Funktionen bzw. Berufsgruppen für die einzelnen Teilökonomien graphisch dargestellt.

Im Hinblick auf die Beschäftigungsentwicklung zwischen 1980 und 1990 zeigen die Teilökonomien folgendes Bild:

Beschäftigungsentwicklung insgesamt

In den traditionellen Bereichen der Hamburger Wirtschaft, den Teilökonomien Hafen/Lager/Transport, Handel/Niederlassungen und Seehafenindustrien sowie im Bereich der Stadtindustrien gab es deutliche Arbeitsplatzverluste.

Die Teilökonomie der Technologieindustrien konnte ihr Beschäftigungsniveau halten.

Starke Zuwächse hatten die unternehmensorientierten Dienstleistungen, die vom aktuellen Strukturwandel allgemein begünstigt werden. Die

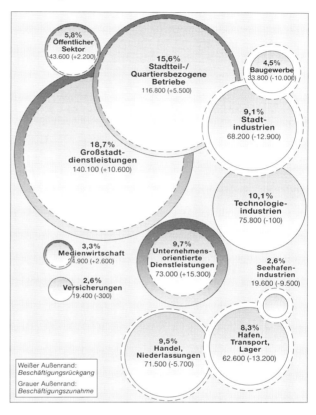

Abb. 6: Städtische Teilökonomien der Kernstadt Hamburg

Expansion der Medienwirtschaft beruhte auf einem besonderen Wachstumsschub der Hamburger Werbewirtschaft und des privaten Fernsehens in den 80er Jahren.

Beschäftigungsgewinne hatten die Teilökonomien Großstadtdienstleistungen, Stadtteil- und Quartiersbetriebe sowie Öffentlicher Sektor (Arbeiter und Angestellte in der öffentlichen Verwaltung). Die Entwicklung dieser Teilökonomien ist in hohem Maße vom regionalen Einkommen und/oder von staatlichen Transferzahlungen abhängig.

Beschäftigungsentwicklung nach Funktionsbereichen

Der dramatische Verlust von Arbeitsplätzen in der Fertigung wurde durch das Wachstum der Dienstleistungen nicht aufgefangen. Zusätzlich gingen in erheblichem Umfang Arbeitsplätze in dem Funktionsbereich „Logistik" verloren, besonders in der Teilökonomie Hafen/Lager/Transport (vgl. Abb. 7). Die Strukturkrise in den traditionellen Schwerpunkten der Hamburger Wirtschaft wird akzentuiert durch erhebliche Beschäftigungsverluste in dem Funktionsbereich „Dienstleistungen" innerhalb der Teilökonomien Hafen/Transport/Lager, Handel/Niederlassungen, Seehafenindustrien und Stadtindustrien im Verlauf der 80er Jahre.

In der Teilökonomie Technologieindustrien, die weitgehend isoliert ist, geht die stabile Beschäftigungsentwicklung zurück auf einen Zuwachs technischer Funktionen, d.h. auf ein „upgrading" der Qualifikationsstrukturen. Das Wachstum der Dienstleistungsbeschäftigung in Hamburg beruhte vor allem auf der Expansion von Bereichen, die von

Abb. 7: Veränderung der Funktionen in den Clustern der Kernstadt Hamburg 1980-90

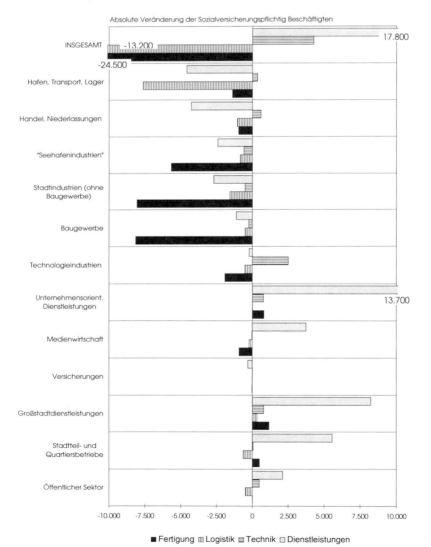

staatlichen Transfers bzw. staatlicher Regulation bestimmt werden, nämlich den Teilökonomien Großstadtdienstleistungen, Stadtteil- und Quartiersbetriebe und Öffentlicher Sektor.

5.3 Verflechtungszusammenhänge und Kooperationsformen innerhalb der Teilökonomien: Das Beispiel Maschinenbau

Um eine tiefere Einsicht in die Auswirkungen und Ausprägungen des gegenwärtigen wirtschaftlichen Umbruchs zu bekommen, wurden in einem zweiten Analyseschritt Verflechtungszusammenhänge und Unternehmensstrategien innerhalb einzelner Teilökonomien untersucht. Am Beispiel des Maschinenbaus, einem Teilbereich des Clusters der Technologieindustrien, sollen kurz einige zentrale Ergebnisse dieser Untersuchung dargestellt werden.[23]

Der Strukturwandel innerhalb des Maschinenbaus ist - neben einer zunehmenden Globalisierung der Märkte - vor allem durch die folgenden Aspekte bestimmt:

- die Einführung der Mikroelektronik, wodurch sich der Maschinenbau zu einer Hybridbranche („Mechatronik") entwickelt;

- die Tendenz zu sogenannten Systemangeboten, also kompletten Problemlösungen (inklusive „after sales service") statt einzelner Maschinen oder Komponenten;

- veränderte überbetriebliche Verflechtungen in der Form von Zuliefer- oder Kooperationsnetzwerken, „strategischen Familien" oder „strategischen Allianzen"[24].

Durch die Tendenz zu sogenannten Systemangeboten stellt sich für die Unternehmen das Problem, Systemkompetenz zu entwickeln. Dies beinhaltet:

- die technische Beherrschung des systemischen Charakters des Produktes (inklusive der Mikroelektronik und der erforderlichen Software),

- die organisatorische Kompetenz und entsprechende Marktmacht zur Organisation zwischenbetrieblicher Verbundsysteme sowie

- die logistische Beherrschung des Entwicklungs-, Herstellungs-, Verkaufs- und Servicezusammenhanges (dabei zeichnet sich eine Schwerpunktverschiebung von der Technik zum Service ab).

Es ist einsichtig, daß nur wenige Unternehmen in der Lage sind, dieses komplexe Problem zu meistern und sich vom traditionellen Maschinenbau-Unternehmen zum Systemanbieter zu entwickeln. Diejenigen, die es nicht schaffen, werden - soweit sie "überleben" - "degradiert" auf die Rolle von Nischenproduzenten oder von abhängigen Zulieferern, Subunternehmern oder Komponentenfertigern.

Für eine Region ist es von außerordentlich großer Bedeutung, über Unternehmen mit Systemkompetenz zu verfügen. Diese Unternehmen bilden gewissermaßen die Kristallisationskerne und regionalen Ankerpunkte für Kooperationsnetzwerke. Je stärker Systemkompetenz in einer Region verankert ist, desto eher lassen sich auch Fertigungs- und Dienstleistungsfunktionen in der Region halten und Innovationskompetenzen weiterentwickeln. Die Region muß allerdings auch über ein entsprechend differenziertes Potential an Zuliefer- und Kooperationsbetrieben als regionale Basis für derartige Kooperationsnetzwerke verfügen.

Die Folge neuer Unternehmenskonzepte: Von der „Zwiebel" zur „Sanduhr"

Die Herausbildung neuer Produktions- und Unternehmenskonzepte hat tiefgreifende Auswirkungen, sowohl auf die interne Struktur von Unternehmen als auch auf die überbetrieblichen Verflechtungszusammenhänge. Mit Abb. 8 und 9 soll dies verdeutlicht werden. In Abb. 8 wird zunächst die Beschäftigungsstruktur eines traditionellen Maschinenbau-Unternehmens (entsprechend der relativen Verteilung der Beschäftigten auf die verschiedenen Funktionsgruppen Forschung, Konstruktion usw.) in schematischer Weise dargestellt. Aufgrund der Kontur seines Beschäftigungsaufbaus wurde dieser traditionelle Unternehmenstyp „Zwiebel-Typ" genannt. Forschungs- und Konstruktionsaktivitäten sind nur marginal vorhanden. Auch Vertrieb und Kundendienst sind durch die geringe Produktkomplexität nur gering besetzt. Dagegen gibt es in den Bereichen Fertigung und Montage relativ viel Beschäftigte.

In Abb. 9 wird der Beschäftigungsaufbau des Maschinenbau-Unternehmens „neuen Typs", also eines Systemanbieters oder Systemführers, dargestellt. Durch „Outsourcing", d.h. die Auslagerung von Fertigung- und Montagefunktionen (in der Abb. angedeutet durch die Pfeile) sind die traditionellen Produktionsfunktionen innerhalb des Unternehmens sehr stark reduziert. Gleichzeitig wurden die strategisch wichtigen Funktionsbereiche Forschung, Konstruktion, Vertrieb und „after sales service" stark ausgeweitet, um die immer komplexeren Produkte mit immer kürzeren Produktzyklen be-

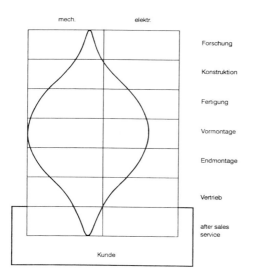

Abb. 8: Schematische Darstellung der Beschäftigungsstruktur Maschinenbau-Unternehmen "traditionellen Typs"

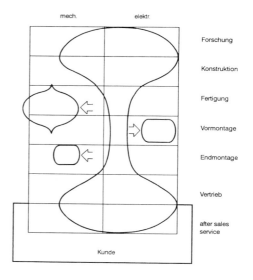

Abb. 9: Schematische Darstellung der Beschäftigungsstruktur Maschinenbau-Unternehmen "neuen Typs" - "Systemführer"

herrschen zu können. Durch diese Entwicklung transformiert sich der „Zwiebel"-Typ zur „Sanduhr"[25] oder zum sichtbar „schlanken" Unternehmen mit ausgeprägter Taille. Außerdem verschieben sich alle Funktionsbereiche aus der Dominanz der Mechanik in Richtung Elektronik (Hybridbranche „Mechatronik")

Zur Verdeutlichung der empirischen Relevanz dieser neuen Produktions- und Unternehmenskonzepte werden in Abb. 10 die Verflechtungsbeziehungen und Strategie-Typen im Hamburger Maschinenbau dargestellt. Innerhalb der komplexen regionalen und überregionalen Verflechtungsbeziehungen sind exemplarisch vier Gruppen von Unternehmen markiert, die durch jeweils unterschiedliche Formen der Systembeherrschung und damit verbundene Strategiekonzepte charakterisiert sind.

I. "Systemanbieter"/"Strategische Familie"

Um den Systemanbieter G2 hat sich ein komplementäres Netzwerk von kooperierenden Unternehmen herausgebildet, die alle über Eigentums- und Kontrollverflechtungen mit diesem „global player" verbunden sind. Das Netzwerk ist überregional ausgerichtet, hat jedoch eine starke regionale Basis.

II. "Systemanpasser"

Das Maschinenbau-Unternehmen MK1 ist der verlängerte Arm eines ausländischen Systemkonzerns. Es hat keine eigene Fertigung, sondern beschränkt sich auf Vertriebs-, Engineering- und Serviceaufgaben („customizing" und „after sales service")

III. Komponentenhersteller

Das Unternehmen G5 ist eines der größten Maschinenbau-Unternehmen in Hamburg. Durch die Eigentumsverhältnisse ist es stark eingebunden in einen multinationalen Systemkonzern und hat nur sehr geringe eigene Entwicklungsspielräume.

IV. Traditionelles Maschinenbau-Unternehmen im "Übergang"

Das Unternehmen G3 verfügt über eine ausgeprägte Subsystemkompetenz und befindet sich auf dem Weg zum Systemanbieter. Zur Stärkung seiner Wettbewerbsposition ist es in eine strategische Allianz mit einem Systemkonzern eingetreten.

Die hier für den Maschinenbau skizzierte Durchsetzung neuer Produktions- und Unternehmenskonzepte läßt sich für fast alle Bereiche und Teilökonomien der Hamburger Wirtschaft feststellen. Kaum ein Bereich ist ausgespart von den Entwicklungen, die oben - im Zusammenhang mit den Ausführungen über die Neuorientierung des Modernisierungspfades - mit den Stichworten „Lean production" und „Lean Management", „Outsourcing" und „Networking" angedeutet wurden. Von diesen Entwicklungen sind nicht nur die industriellen Bereiche, sondern gleichermaßen die Dienstleistungsbereiche erfaßt.

Städte im Umbruch

Abb. 10: Verflechtungen und Strategie-Typen im Hamburger Maschinenbau

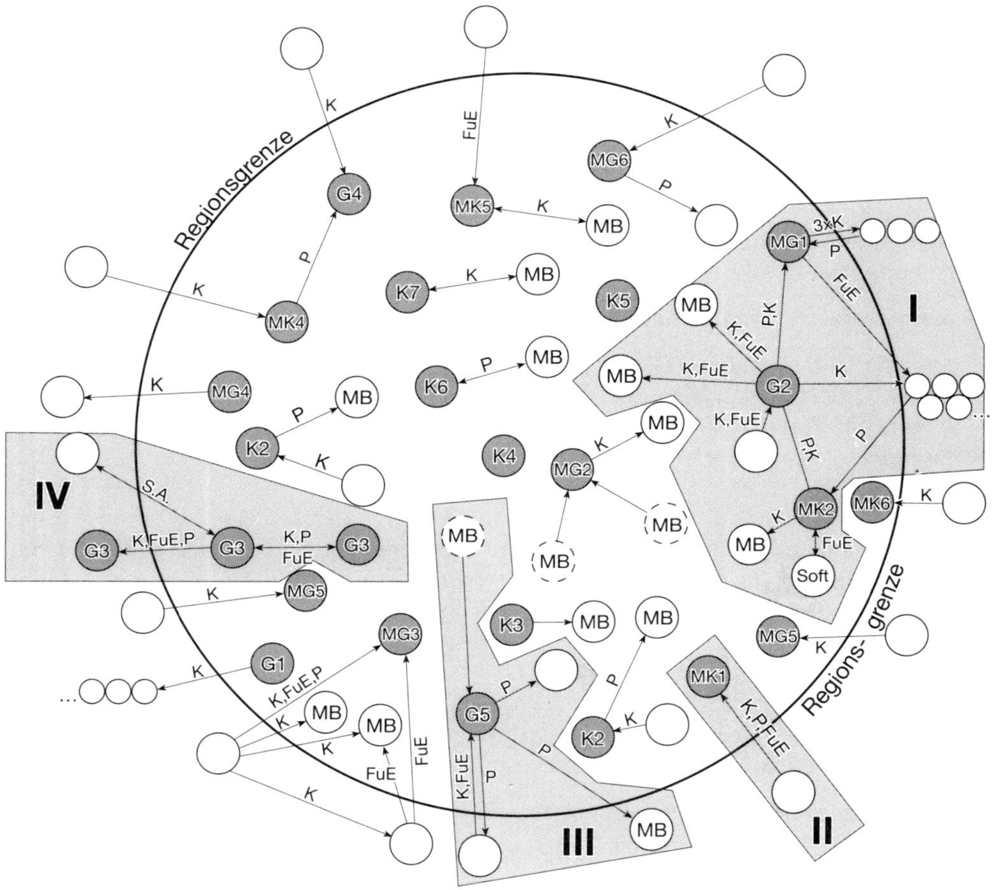

Die untersuchten Maschinenbauunternehmen sind in vier Größenklassen gruppiert:

 = Großes Unternehmen
über 1000 Beschäftigte

 = Mittelgroßes Unternehmen
500 - 1000 Beschäftigte

 = Mittelkleines Unternehmen
100 - 500 Beschäftigte

 = Kleines Unternehmen
unter 100 Beschäftigte

(Durch die Zahlen hinter den Buchstaben sind die Unternehmen nach dem Zufallsprinzip durchnumeriert: z.B. G1, G2, ...)

Die Verflechtungsbeziehungen sind wie folgt gekennzeichnet:

K = Kontrollbeziehung
FuE = Beziehung über Forschung und Entwicklung
P = Produktionsverflechtungen oder Zulieferfunktionen
S.A. = Strategische Allianz

Unternehmen mit denen Verflechtungsbeziehungen bestehen bzw. bestanden:

(MB) = Maschinenbauunternehmen

(MB) = früheres Maschinenbauunternehmen

(Soft) = Softwarehaus

◯ = sonstige Unternehmen

5.4 Abschließende Anmerkungen zur Beschäftigungsentwicklung in Hamburg

Bei der Beurteilung der zukünftigen Beschäftigungsentwicklungen in den verschiedenen Teilökonomien dominieren die negativen Tendenzen. Trotz des sich festigenden konjunkturellen Aufschwungs wird Hamburg mit teilweise tiefgreifenden Arbeitsplatzverlusten konfrontiert sein. Die einzigen Ausnahmen bilden die unternehmensorientierten Dienstleistungen, wo weiterhin mit einem deutlichen Beschäftigungswachstum zu rechnen ist, sowie die Großstadtdienstleistungen, deren Beschäftigungsdynamik allerdings stark von öffentlichen Transferzahlungen abhängig sein wird.

Der im Vergleich zu den anderen deutschen Stadtregionen überdurchschnittlich hohe Dienstleistungsanteil in Hamburg wird vielfach als besondere Stärke bzw. als Resultat eines bereits sehr weit fortgeschrittenen, erfolgreichen Strukturwandels interpretiert.

Eine Analyse des sektoralen Strukturwandels auf städtischer bzw. regionaler Ebene ergibt jedoch ein differenzierteres Bild. So zeigen empirische Untersuchungen westdeutscher Stadtregionen einen engen Zusammenhang zwischen der Beschäftigungsentwicklung von Industrie und Dienstleistungen („regionale Parallelität sektoraler Entwicklung"): Regionen mit einer dynamischen Entwicklung im Warenproduzierenden Gewerbe zeigen auch überdurchschnittliche Zuwachsraten im Dienstleistungssektor. Umgekehrt hatten die Regionen mit den stärksten Beschäftigungsverlusten im Industriesektor in der Regel auch die geringsten Wachstumsraten im Dienstleistungsbereich. Mit Ausnahme der Finanz- und Versicherungsdienstleistungen konnte sich der Dienstleistungsbereich seit Mitte der 70er Jahre in keiner Region von der Entwicklungsdynamik des sekundären Sektors abkoppeln.[26]

Eine dynamische Expansion von Dienstleistungen vollzieht sich offensichtlich weniger in der Form einer abnehmenden Bedeutung der Industrie und ist auch nur zu einem geringeren Teil Ergebnis einer Umschichtung des Budgets privater Haushalte zugunsten konsumnaher Dienstleistungen. Eine solche Expansion ist viel eher das Resultat einer zunehmenden Arbeitsteilung und funktionalen Ausdifferenzierung in der Form komplementärer Beziehungen zwischen Produktions- und Dienstleistungsfunktionen. Dabei vollzieht sich sowohl eine „Tertiärisierung der Produktion" - die Produkte werden immer „intelligenter" und dienstleistungsintensiver - als auch eine „Industrialisierung der Dienstleistungen", d.h. die Produktion von Dienstleistungen wird auf der Grundlage neuer Technologien und Organisationskonzepte rationalisiert und flexibilisiert.

Die Potentiale regionaler Beschäftigungsentwicklung von Stadtregionen liegen vor allem im Grenz- und Überlagerungsbereich zwischen Industrie- und Dienstleistungssektor bzw. in den interaktiven Beziehungen und Netzwerken zwischen Industrie- und Dienstleistungsfunktionen („manufacturing-service-link").

Hier jedoch liegt eine der zentralen Schwächen der Hamburger Wirtschaft, denn gerade diese Interaktionsbeziehungen zwischen Dienstleistungs- und Industrieunternehmen sind in Hamburg nur unterdurchschnittlich ausgeprägt.

Das Problem der interaktiven Kooperationsbeziehungen und Netzwerke ist unmittelbar verbunden mit der Einführung neuer Produktions- und Unternehmenskonzepte. Wie bereits angedeutet, ist damit zu rechnen, daß die Einführung neuer Unternehmenskonzepte in nahezu allen Bereichen der Wirtschaft, quer über die verschiedenen Teilökonomien - mit Ausnahme der unternehmensorientierten Dienstleistungen -, zu Beschäftigungsverlusten führen wird. Ihr Ausmaß wird wesentlich davon bestimmt, ob flexible Netzwerke und Kooperationsstrukturen in und zwischen den Teilökonomien bzw. innerhalb der Region geschaffen bzw. gestärkt werden. Mit derartigen Netzwerken und Kooperationsstrukturen würden die vorhandenen ökonomischen Potentiale der Region im Hinblick auf ihre Wettbewerbsfähigkeit auf überregionalen bzw. internationalen Märkten gestärkt. Zugleich würde damit auch eine wichtige Basis gelegt für die Entstehung neuer Innovationspotentiale und somit für die zukünftige Beschäftigung bzw. Wertschöpfung in der Stadtregion.

Anmerkungen

[1] Kronawitter, G. (Hrsg.): Rettet unsere Städte jetzt! Das Manifest der Oberbürgermeister, Düsseldorf 1994.

[2] Deutscher Städtetag (Hrsg.): Rettet unsere Städte jetzt! Vorträge, Aussprachen und Ergebnisse der 16. Hauptversammlung des Deutschen Städtetages vom 25. bis 27. Mai 1971 in München, Köln 1971 (Neue Schriften des Deutschen Städtetages, H. 28).

[3] Wegen mangelnder oder unzuverlässiger statistischer Daten sind in die Abb. weder Berlin noch ostdeutsche Städte aufgenommen.

[4] Vgl. dazu u.a.: Friedrichs, J./Häußermann, H./Siebel, W. (Hg.): Süd-Nord-Gefälle in der Bundesrepublik?, Opladen 1986 sowie Läpple, D.: Trendbruch in der Raumentwicklung. In: Informationen zur Raumentwicklung, Heft 11/12, (Bonn) 1986.

[5] Vgl. u.a. Sinn, G./Sinn H.-W.: Kaltstart. Volkswirtschaftliche Aspekte der deutschen Vereinigung, Tübingen 1991 sowie Offe, C.: Der Tunnel am Ende des Lichts. Frankfurt/New York 1994.

[6] Vgl. Nolte, D. u. Sitte, R.: Ostdeutschland als Dependenzökonomie, in: WSI Mitteilungen 5/1995, S. 300 ff.

[7] Vgl. u.a. Dichtl, E. (Hrsg.): Standort Bundesrepublik Deutschland. Die Wettbewerbsbedingungen auf dem Prüfstand.,Frankfurt/M. 1994 sowie Kern, H.; Sabel, Ch.: Verblaßte Tugend - Zur Krise des deutschen Produktionsmodells. In: Beckenbach, N.; van Treeck, W. (Hrsg.): Umbrüche gesellschaftlicher Arbeit, Soziale Welt, Sonderband 9, Göttingen 1994.

[8] Vgl. u.a. Löbbe, K. et al.: Strukturwandel in der Krise, Essen 1993 sowie Jürgens, U.; Naschold, F.: Arbeits- und industriepolitische Entwicklungsphasen in den neunziger Jahren. In: Zapf, W.; Dierkes, M. (Hrsg): Institutionenvergleich und Institutionendynamik, Berlin 1994.

[9] Die wohl einflußreichsten Vertreter des aus Japan importierten Leitbildes des 'schlanken Unternehmens', Womack, Jones und Roos, formulieren das zentrale Ziel dieser Rationalisierungsstrategie wie folgt: „'Lean Production' ... ist 'schlank', weil sie von allem weniger einsetzt als die Massenfertigung - die Hälfte des Personals in der Fabrik, die Hälfte der Produktionsfläche, die Hälfte der Investition in Werkzeuge, die Hälfte der Zeit für die Entwicklung eines Produktes. Sie erfordert auch weit weniger als die Hälfte des notwendigen Lagerbestandes, führt zu viel weniger Fehlern und produziert eine größere und noch wachsende Vielfalt von Produkten." (Womack, J.P.; Jones, D.T.; Roos, D.: Die zweite Revolution in der Autoindustrie, Frankfurt/New York 1992, S. 19) Ein wahres Zauberkonzept, wenn man den Propagandisten glauben will.

[10] Vgl. dazu u.a. Läpple, D.: Transport, Logistik und logistische Raum-Zeit-Konfigurationen. In: Ders. (Hrsg.): Güterverkehr, Logistik und Umwelt, Berlin 1995 (1993).

[11] Vgl. u.a. Piore, M.J.; Sabel, C.F.: Das Ende der Massenproduktion, Berlin 1985.

[12] Mit dem Konzept des Milieus sollen die für Innovations- und Entwicklungsprozesse relevanten räumlichen Interaktions- und Kooperationsformen erfaßt werden, durch die unterschiedliche ökonomische, soziale und politische Akteure und Institutionen einer Region oder Stadtregion verbunden sind. Dabei handelt es sich um ein offenes theoretisches Konzept, das von verschiedenen Autoren je nach Fragestellung unterschiedlich ausgearbeitet und präzisiert wird. Zu dem Konzept der „regionalen Innovationsmilieus" siehe vor allem die Arbeiten der „Groupe de Recherche Européen sur les Milieux Innovateurs - GREMI; u.a. Camagni, R. (ed. on behalf of GREMI): Innovation networks: spatial perspectives, London/New York 1991 und Maillat, D.; Perrin, J.-C.: Entreprise innovatrices et développement territorial, Neuchatel 1992.

[13] Vgl. Läpple, D.: Zwischen gestern und übermorgen. Das Ruhrgebiet - eine Industrieregion im Umbruch, in: Kreibich, R. et al. (Hrsg.), Bauplatz Zukunft, Essen 1974, S. 37 ff.

[14] Vgl. u.a. Bade, F.-J.: Regionale Beschäftigungsprognose 1995. In: Bundesforschungsanstalt für Landeskunde und Raumordnung (Hrsg.), Forschungen zur Raumentwicklung Band 21, Bonn 1991.

[15] Vgl. dazu die Ausführungen zum Kooperations- und Innovationsmilieu unter 3.2 sowie Fußnote 13.

[16] Porter, M.E.: Nationale Wettbewerbsvorteile. Erfolgreich konkurrieren auf dem Weltmarkt, München 1991, S. 174.

[17] Die folgenden Angaben zur Beschäftigung basieren auf der Statistik der sozialversicherungspflichtig Beschäftigten, die eine sehr differenzierte und genaue Datenbasis zur Verfügung stellt. Allerdings werden durch sie nur etwa 80 Prozent aller Erwerbstätigen erfaßt. Selbständige und formell "freischaffende" Erwerbstätige sowie Beamte werden in dieser Statistik der Sozialversicherung nicht erfaßt.

[18] Zu dem Umland von Hamburg werden hier die an die Kernstadt angrenzenden Landkreise Pinneberg, Segeberg, Hzgtm. Lauenburg, Stormarn, Harburg und Stade gerechnet.

[19] Vgl. Institut für Weltwirtschaft: Die Wirtschaft im nördlichen Hamburger Umland, Kiel, Juni 1994, S. 16.

[20] Vgl. Läpple, D., Deecke, H., Krüger, T.: Strukturentwicklung und Zukunftsperspektiven der Hamburger Wirtschaft unter räumlichen Gesichtspunkten. Clusterstruktur und Szenarien. Technische Universität Hamburg-Harburg, Hamburg 1994. In den folgenden Ausführungen werden einige Ergebnisse dieser Studie dargestellt, die im Zusammenhang mit der Erarbeitung eines neuen Stadtentwicklungskonzepts für Hamburg entstand.

[21] Durch die begrenzten Finanzmittel und datenmäßige Beschränkungen konnte die Identifikation von Teilökonomien durch Clusterbildung leider nur für die Wirtschaft der Kernstadt durchgeführt werden.

[22] Die Statistik der sozialversicherungspflichtig Beschäftigten stellt eine sehr differenzierte und genaue Datenbasis zur Verfügung; allerdings werden durch sie nur etwa 80 Prozent aller Erwerbstätigen erfaßt. Selbständige und formell "freischaffende" Erwerbstätige, Beamte sowie mithelfende Familienangehörige werden in dieser Statistik der Sozialversicherung nicht erfaßt.

[23] Diese Ausführungen basieren vor allem auf einer Studie über den Maschinenbau in Hamburg, die Steffen Bukold und Egon Endress an meinem Arbeitsbereich durchgeführt haben. Siehe Bukold, S., Endres, E.: Maschinenbau in Hamburg. TUHH - Arbeitsbereich Stadt- und Regionalökonomie, Hamburg 1991.

[24] Vgl. dazu u.a. Albach, H.: Strategische Allianzen, strategische Gruppen und strategische Familien. WZB-discussion paper FS IV 92-1, Berlin 1992.

[25] Die Idee, die beiden Unternehmensprofile „Zwiebel"- und „Sanduhr"-Typ zu nennen, stammt von Steffen Bukold.

[26] Vgl. u.a. Bade, F.-J.: Sektorale Entwicklungszusammenhänge. Typoskript Uni. Dortmund 1992 (Publikation angekündigt in: Ewers, H.-J. et al. (Hrsg.), Beschäftigungsdynamik und Regionalentwicklung, Berlin) sowie Reissert, B./Schmid, G./Jahn, S.: Mehr Arbeitsplätze durch Dienstleistungen? Ein Vergleich der Beschäftigungsentwicklung in Ballungsregionen der Bundesrepublik Deutschland (WZB, discussion paper FS I 89-14), Berlin 1989.

Wolf Schriever

Impulse, Perspektiven, Probleme der regionalen Entwicklung des Frankfurter Raumes

Vorbemerkung

Viel ist bereits über Frankfurt geschrieben worden - über die Wirtschaftsmetropole, die Bankenstadt, das Mainhattan, die unregierbare Stadt, die Stadt der Drogenmafia und der Obdachlosen, aber auch der postmodernen Architektur. Hat es Sinn, Dinge, die im großen ganzen sowieso schon bekannt sind, nochmal im Detail auszuführen? Ist es nicht wichtiger, nach den Hintergründen zu fragen, die damit im Zusammenhang stehen, die zukünftige Probleme deutlich machen und erkennen lassen und die das Bewußtsein dafür schaffen, daß die einfache Trendverlängerung selbst schon Probleme hervorruft, so daß man nicht länger in Trendverlängerung am Symptom kurieren kann? Deshalb soll die dokumentierende Beschreibung des Frankfurter Ballungsraums auf ein knapp erläuterndes Mindestmaß beschränkt werden. Daran an schließen sich Thesen, zu denen zwar keine Datendokumentationen vorliegen, mit denen sie bewiesen werden können, deren Plausibilität sich aber aus der Zusammenschau der Informationen anbietet.

Frankfurt und das Entstehen einer verstädterten Region

Die Frankfurter Region oder der Ballungsraum Rhein-Main ist ein polyzentrisches verstädtertes Gebiet. Es umfaßt neben Frankfurt die Städte Offenbach, Wiesbaden, Mainz, Darmstadt und Hanau und die dazwischenliegenden Landkreise, auf rund 4.000 qkm reichlich 3 Mio. Einwohner und ca. 1,8 Mio. Beschäftigte. Sie sind verknüpft durch ein dichtes Netz von Stadtautobahnen und werden vom Frankfurter Verkehrs-Verbund im Taktverkehr der S- und U-Bahnen bedient. Mitten im Zentrum liegt der Flughafen Frankfurt, vom Personenaufkommen der zweite, vom Frachtaufkommen der größte Flughafen in Europa.

Wenn man heute von der Finanzmetropole Frankfurt spricht, so meint man einerseits die beeindruckende Konzentration von Banken und Hochhäusern in dem engen Bereich der westlichen Frankfurter City, andererseits aber die gesamte Agglomeration des Rhein-Main-Gebietes. Das heutige Frankfurt wäre in dieser Form nicht lebensfähig ohne die benachbarten Städte und Gemeinden, und der großstädtische Gesamtraum wäre nicht entstanden ohne die wirtschaftlichen Impulse der Frankfurter City.

Für ihre Bewohner und Nutzer gliedert sich die Region mittlerweile stärker durch die Verkehrsverbindungen als durch die kommunalen Grenzen. Frankfurt liegt nicht im geometrischen Zentrum der Region, sondern am „ärmeren" östlichen Rand der Region. Die leistungsfähigen Erschließungsnetze Stadtautobahn und S-Bahn/U-Bahn brechen gegenwärtig noch im Osten der Frankfurter Innenstadt ab, dahinter beginnt schon auf Frankfurter Stadtgebiet „Groß-Offenbach", Standortqualität zweiter Klasse. Ein zweites Zentrum im Westen, Wiesbaden (und Mainz), ist der wohlhabendere und der „schönste Stadtteil" der Region. Wiesbaden/Mainz haben gegenwärtig noch sehr viel größere Reserveflächen für neue Wohngebiete und Gewerbeansiedlung als die Stadt Frankfurt. Die prozentual höchsten Zuwächse hatte bis in die Gegenwart der dazwischenliegende Main-Taunus-Kreis auf einer Fläche, die ähnlich groß wie die Gemarkungsfläche von Frankfurt oder Wiesbaden ist. Damit füllt sich das Zentrum der Region allmählich auf.

Bis zum Ende des letzten Krieges war Frankfurt eine unter vielen Großstädten in Deutschland, vergleichbar etwa mit Düsseldorf oder Leipzig. Durch Eingemeindungen vor und nach dem 1. Weltkrieg (z.B. Bockenheim, Hoechst) hatte sie ihr Stadtgebiet den städtischen Wachstumsansprüchen entsprechend erweitern können und Reserven für weitere Entwicklungen gewonnen. Frankfurt als „die Stadt" war umgeben von ländlich geprägten Dörfern und Kleinstädten, von denen allenfalls einige am Taunusrand als Villen-Vororte auf Frankfurt bezogen waren. Weit ab lagen einige mittelgroße Städte wie Wiesbaden, Darmstadt und Hanau, jede mit eigener Geschichte und eigenen zentralen Funktionen für ihr Umland.

Durch die mit dem Ende des 2. Weltkriegs geschaffene Situation befand sich Frankfurt in der völlig neuen Lage, zentral innerhalb der drei westlichen Besatzungszonen zu liegen. Es wurde Sitz der amerikanischen Militärregierung und der ersten deutschen Wirtschaftsverwaltung. Die „Rhein-Main-Airbase" der Amerikaner (heute Flughafen Frankfurt/M.) und die Bank deutscher Länder (heute Deutsche Bundesbank) begründeten damals die neue Entwicklung Frankfurts. Zusammen mit der zentralen Lage in den Verkehrs- und Kommunikationsnetzen der Bundesrepublik haben sie dazu geführt, daß alle deutschen Großbanken, viele ausländische Banken und Wirtschaftsvertretungen, Handelsniederlassungen und Wirtschaftsverbände sich hier angesiedelt haben. Frankfurt wurde zwar nicht Hauptstadt der Bundesrepublik, aber doch Hauptstadt der deutschen Wirtschaft.

Der Vergleich der statistischen Eckwerte für Einwohner und Arbeitsplätze innerhalb der Region für die zurückliegenden Zeitabschnitte zwischen den Großzählungen charakterisiert die einzelnen Entwicklungsphasen dieses Raumes in den letzten Jahrzehnten:

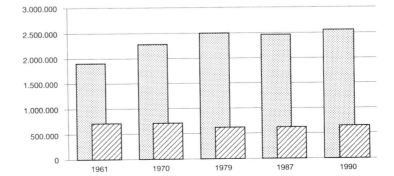

Abb. 1: Einwohner in Frankfurt und der umliegenden Region

 Region ohne Frankfurt

 Stadt Frankfurt

■ Fallstudie Frankfurt a.M.

Für die Region insgesamt zeigen sie ein starkes Wachstum, das für die Einwohner von Beginn an außerhalb Frankfurts stattfand, während Frankfurt in abgeschwächtem Maße an dem Wachstum der Arbeitsplätze teilhatte:

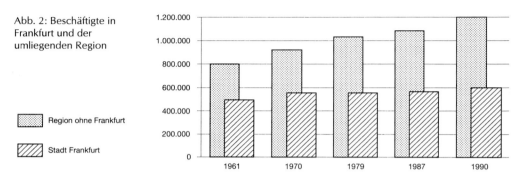

Abb. 2: Beschäftigte in Frankfurt und der umliegenden Region

Region ohne Frankfurt

Stadt Frankfurt

Die Übernahme zentraler Aufgaben für die Wirtschaft der neu gegründeten Bundesrepublik brachte schon in den 50er Jahren eine starke Zuwanderung von Arbeitskräften und Bevölkerung. Dieses Wachstum konnte bereits in den 60er Jahren nicht mehr vom Frankfurter Stadtgebiet allein bewältigt werden. Starke Zuwächse wanderten in die umliegenden Landkreise und führten dort zu einer zunehmenden Verstädterung. Die Aufschlüsselung der Veränderungen bei Einwohnern und Beschäftigten auf die Städte und Kreise innerhalb der Region verdeutlicht diese Entwicklung. In dieser Periode entstand das noch heute in den Umlandgemeinden nachwirkende Vorurteil: Frankfurt rafft alle Arbeitsplätze an sich.

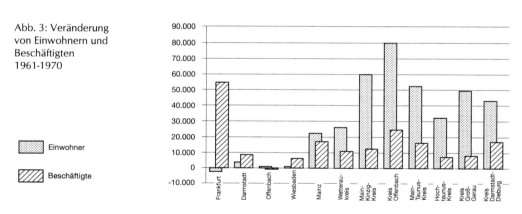

Abb. 3: Veränderung von Einwohnern und Beschäftigten 1961-1970

Einwohner

Beschäftigte

In den 70er Jahren wurde der Frankfurter Raum durch intensiven Ausbau der Verkehrsnetze (Stadtautobahnen und S-Bahn) auch technisch zu einem zusammenhängenden Stadtgebiet zusammengefaßt. Das „Umland" war tatsächlich zu „Stadtteilen von Frankfurt" geworden, und der neu geschaffene Umlandverband Frankfurt (UVF) übernahm zentral übergreifende Aufgaben der technischen Ver- und Entsorgung. Gleichzeitig wurde es schwieriger, nicht zuletzt durch die restriktive Flächennutzungsplanung des UVF, im Frankfurter Raum weiterhin großräumige neue Baugebiete zu erschließen. In Frankfurt entstand bei fast konstanter Beschäftigtenzahl eine „dramatische" Abnahme der Einwohnerzahl, die in der Frankfurter Stadtpolitik noch heute als angstbesetztes Vorurteil nachwirkt mit der sachlich falschen Interpretation: Stadtflucht aus der „unregierbaren Stadt".

Abb. 4: Veränderung von Einwohnern und Beschäftigten 1970-1979

Einwohner

Beschäftigte

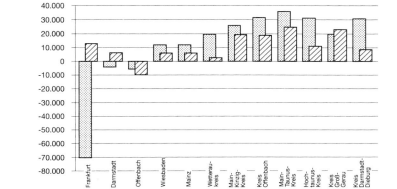

Die Stadt Frankfurt bemühte sich in den 80er Jahren um Qualität und überwand die Defizite des schnellen Wachstums, der Baustellen und der hohen Verdichtung. Das Image, früher eher negativ besetzt, wird inzwischen von spannungsreicher Lebensqualität und urbaner Kultur geprägt. Während der 80er Jahre hat aber trotz guter Wirtschaftskonjunktur nicht nur die Stadt Frankfurt mit ihrem beengten Stadtgebiet, sondern der gesamte Frankfurter Raum (der inzwischen weit mehr als die Flächen des UVF umfaßt) an Bevölkerung und Beschäftigten kaum noch zunehmen können. Heftige Preissteigerungen für Grundstücke, Mieten und Immobilien sowohl bei Wohnungen wie bei Gewerbebauten zeigen aber, daß die Nachfrage ungebrochen hoch ist. Offenbar konnten schon in den 80er Jahren nicht mehr genügend Erweiterungsflächen mobilisiert werden:

Abb. 5: Veränderung von Einwohnern und Beschäftigten 1979-1987

Einwohner

Beschäftigte

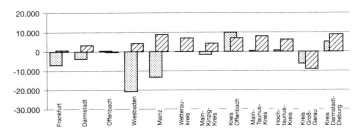

Gegen Ende des Jahrzehnts führte der starke Preissprung im Immobilienbereich dazu, daß der Flächenverbrauch pro Kopf kaum noch weiter zunahm (ärmere Einwohnergruppen rückten sogar wieder enger zusammen). Gleichzeitig wurde das Baugeschehen im Wohnungs- und Bürobereich stimuliert und verstärkt. Beides führte dazu, daß die Bevölkerungs- und Arbeitsplatzzahlen in allen Teilen der Region wieder ansteigen konnten:

Fallstudie Frankfurt a.M.

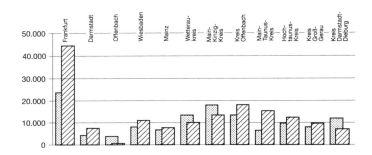

Abb. 6: Veränderung von Einwohnern und Beschäftigten 1987-1991

Einwohner

Beschäftigte

Heute, zu Beginn der 90er Jahre, bildet der Frankfurter Wirtschaftsraum, die Region Rhein-Main, als zusammenhängender großstädtischer Bereich einen einheitlichen Arbeits- und Wohnungsmarkt mit rund 3,2 Mio. Einwohnern und rund 1,8 Mio. Arbeitsplätzen. Daran angrenzende Städte und Landkreise mit zusammen nochmals 1,5 Mio. Einwohnern sind in ihren Lebens- und Wirtschaftsbeziehungen eng mit der Großstadtregion verflochten. Die expansive Entwicklung konzentrierte sich dabei überwiegend auf einen zentralen Bereich, der die westliche Hälfte des Frankfurter Stadtgebietes, das Taunus-Vorland von Bad Homburg bis Wiesbaden und die Mainschiene von Frankfurt-Süd über den Flughafen bis Mainz umfaßt. Im Umkreis von 100 km wohnen insgesamt fast 10 Mio. Menschen. Dieses Einzugspotential, das weit größer ist als das von Berlin oder München, unterstreicht Bedeutung und Chancen dieser Wirtschaftsmetropole.

Durch die historisch gewachsenen und heute gegenüber der Nutzungsfunktion willkürlich erscheinenden Gebietsgrenzen ergeben sich für die einzelnen Einheiten sehr unterschiedliche statistische Kennwerte: So ist in Frankfurt und Darmstadt das Verhältnis von Beschäftigten zu Einwohnern mit etwa 0,8 besonders hoch. Auch für die Gesamtregion in der hier gewählten Abgrenzung reicht bei 1,8 Mio. Arbeitsplätzen und 3,2 Mio. Einwohnern (Quotient 0,56) die Mantelbevölkerung der regionalen Wirtschaft noch über die Region hinaus.

Die Stadt Frankfurt selbst ist von der Fläche her sehr klein (249 qkm). Die Gegend, in der sich das intensive Trading-up der Tätigkeiten abspielt, die nach Westen erweiterte Innenstadt, ist ungefähr einen Quadratkilometer groß. Alle Entfernungen sind fußläufig zu bewältigen. Damit hat der Bereich der Hochhäuser und Bankgebäude in der Flächenausdehnung noch sehr „menschliche" Maßstäblichkeit.

Die Wirtschaftsstruktur

Frankfurt wußte während der Gründerzeit des 19. Jahrhunderts eine Industrialisierung im Stadtgebiet zu verhindern (Schutz des örtlichen Handwerks). Industrie wurde nur außerhalb Frankfurts geschaffen (Offenbach, Hoechst, Bockenheim) und später teilweise eingemeindet. Daher bleiben Frankfurt 100 Jahre später industrielle Strukturprobleme weitgehend erspart. Frankfurt hat gegenwärtig eine relativ moderne Wirtschaft mit einem hohen Anteil tertiärer Betriebe (wirtschaftsorientierte Dienstleistungen) in einer ausdifferenzierten Branchenstruktur. In der Region hat das produzierende Gewerbe seit 1970 etwa 150.000 Arbeitsplätze abgebaut, im tertiären Bereich sind währenddessen mehr als 350.000 hinzugekommen. Die vorhandene Produktion hat starke Affinität zu Forschung und Entwicklung. Von Frankfurt bis Wiesbaden ist der Bereich nördlich des Mains der Standort der intensiven Tertiärisierung der Wirtschaft. Südlich des Mains von Hanau über Offenbach, Darmstadt, Groß-Gerau bis Mainz ist die Tendenz zu modernen Industrien (Hochtechnologie) stärker ausgeprägt. Darmstadt ist das „Technologiezentrum" der Region.

Damit entspricht die Wirtschaftsstruktur in der Region weitgehend dem in allen Industrienationen feststellbaren Trend: zunehmende Arbeitsteilung und Internationalisierung in der Produktion von Waren und Dienstleistungen, dies erfordert eine hohe Produktivität, hohe Qualifikation, Spezialisierung und Teamwork. Die Wertschöpfung wird aus der eigentlichen Produktion herausverlagert.

Die Rhein-Main-Region zählt weltweit zu den Regionen mit den höchsten Realeinkommen. Hinzu kommt bei einem steigenden Bevölkerungsanteil eine nennenswerte Vermögensbildung, die zusätzliches Einkommen bereitstellt bzw. Ausgaben substituiert (besonders durch Wohnen im Eigentum).

Dieser Wohlstand, der große, aber nicht alle Bevölkerungskreise erreicht, ist nur möglich auf der Basis einer sehr hohen Arbeitsproduktivität, die ständig neuen Verhältnissen angepaßt wird. Sie setzt eine überdurchschnittlich hohe Qualifikation bei einem großen Teil der Beschäftigten voraus. Zuwanderer, die diese gefragten Qualifikationen mitbringen oder sich in kurzer Zeit aneignen können, waren in dieser Region als Arbeitskräfte schon immer gesucht und willkommen, denn der Arbeitsmarkt ist in diesen Sektoren ausgebucht. Sie haben auch wenig Schwierigkeiten, eine Wohnung nach ihren Ansprüchen zu erhalten, da ihr Einkommen ausreicht, selbst die hohen Preise bei Neuvermietung zu bezahlen. Schwierig ist es für Arbeitskräfte, die die geforderten Qualifikationen nicht bringen können. Für sie herrscht seit langem eine spürbare strukturelle Arbeitslosigkeit. Häufig liegen ihre Chancen eher in den verschiedenen Schattierungen der Schattenwirtschaft als in der Produktion, beispielsweise mitzuhelfen im Familienbetrieb der ausländischen Gastwirtschaft oder in anderen tarifrechtlich schwer zu kontrollierenden Arbeitsbereichen (Gebäudereinigung, Autoverschrottung etc.).

Verdrängungswirkungen

Der Nachfragedruck auf ein zunehmend begrenztes Angebot von Neubauflächen führte zu steigenden Boden- und Immobilienpreisen und explosiven Steigerungen der Mieten. Diese erzeugen in bestimmten Teilräumen Verdrängungsprozesse für bestimmte Nutzungen und Unternehmen sowie soziale Gruppen. In den Zentren werden die sozialen Konfliktpotentiale spürbar.

Im Frankfurter Raum sind in den vergangenen Jahrzehnten die Preise für Grundstücke, Immobilien und Mieten sehr viel stärker angestiegen als die sonstigen Lebenshaltungskosten. Die „Immobilienbörse" der Industrie- und Handelskammer Frankfurt, eine seit 1968 halbjährig von den zur Kammer gehörigen Frankfurter Maklern veröffentlichte Marktübersicht, läßt (bei aller Vorsicht der Interpretation von Spannweiten und Abweichungen im Einzelfall) für den zurückliegenden Zeitverlauf die folgenden Angaben entnehmen:

■ Fallstudie Frankfurt a.M.

Abb. 7: Entwicklung der Wohnungsmieten (Neuvermietungen) zwischen 1969 und 1992 in Frankfurt, in DM/qm monatlich (o = Untergrenze, ● = Obergrenze)

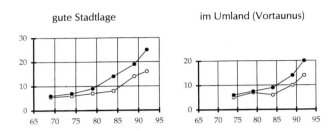

Die Preissprünge im Wohnungsbereich wurden kommunalpolitisch besonders kritisch verfolgt und diskutiert. Genauso wie die Mieten betreffen sie auch die Eigentumsmaßnahmen:

Abb. 8: Entwicklung der Preise für Eigentumswohnungen zwischen 1969 und 1992 in Frankfurt in DM/qm (o = Untergrenze, ● = Obergrenze)

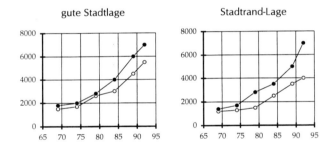

Preise sind Indikatoren: die Region Frankfurt ist immer attraktiver geworden, die Nachfrage verstärkte sich zunehmend gegenüber dem knappen Angebot. Dank hoher Neubauleistungen hat die Bevölkerung der Region zwar ihre gestiegenen Flächen- und Qualitätsansprüche an Wohnungen und Arbeitswelt umsetzen können, darüber hinaus aber keine zusätzlichen Kapazitäten für Zuzügler schaffen können. Statt dessen ist der Einzugsbereich dieses Arbeitsmarktes erheblich größer geworden, die Region hat sich entlang der leistungsfähigen Verkehrssysteme ausgedehnt (Intercity, Interregio, Autobahnen).

Gleiche Preissteigerungen sind auch bei den gewerblichen Standortkosten festzustellen:

Abb. 9: Entwicklung der Büromieten zwischen 1969 und 1992 in Frankfurt in DM/qm monatlich
(o = Untergrenze, ● = Obergrenze)

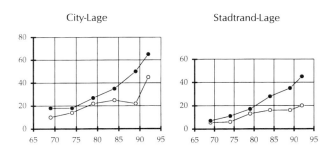

Abb. 10: Entwicklung der Grundstückspreise zwischen 1979 und 1992 in Frankfurt in DM/qm
(o = Untergrenze, ● = Obergrenze)

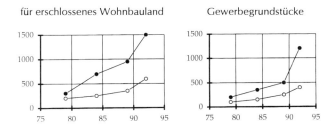

Die gestiegenen Immobilien- und Standortpreise schlagen durch als Kostenkomponente auf alle örtlichen Gewerbe und Dienstleistungen. Es entsteht insgesamt eine Erhöhung der Standortkosten, sie wirken wie eine lokale Inflation. Wer diese Kosten seinerseits im Preis für seine Leistungen nicht weitergeben kann, ist dem Verdrängungsdruck an den Rand der Region ausgesetzt. Dadurch entwickelt sich selbstverstärkend zusätzliche Attraktivität im zentralen Bereich, weil das schwächere, ältere und unansehnliche Gewerbe abzieht und durch propere Neubauten ersetzt werden kann.

Wohin entwickelt sich die Wirtschaft im Rhein-Main-Gebiet?

Jüngst erhob sich die Frage, ob sich durch die deutsche Vereinigung für Frankfurt die Situation von 1871 wiederholen könnte, als die wichtigste Frankfurter Funktion, nämlich Stadt der privaten international tätigen Bankhäuser zu sein (Rothschild, Bethmann, Warburg u.a.), zusammenbrach als Folge der neu geschaffenen einheitlichen Reichswährung und Gründung der Deutschen Reichsbank in Berlin. Damals gründeten oder verlegten die großen deutschen Industrie- und Geschäftsbanken ihren Sitz nach Berlin.

Fallstudie Frankfurt a.M.

Diese Diskussion kann als abgeschlossen betrachtet werden: Berlin wird nicht wieder zentralistische Reichshauptstadt sein, sondern Sitz einer föderalen Bundesregierung. Es reiht sich damit in die polyzentrale und arbeitsteilige Zentrenstruktur Deutschlands ein, ohne alle zentralen Funktionen auf sich zu vereinigen. Das Bundesbankgesetz wurde dahingehend geändert, daß Frankfurt endgültiger Sitz der Bundesbank ist, und die Bundesregierung tritt für Frankfurt als Sitz der künftigen Europäischen Zentralbank ein. Damit bleibt Frankfurt die Steuerungszentrale der deutschen Wirtschaft.

Obgleich die Banken als Branche in der Frankfurter Wirtschaftsstatistik nicht den ersten Platz der Beschäftigtenzahl belegen (die Frankfurter Banken haben rund 50.000 Beschäftigte, allein der Flughafen Frankfurt beschäftigt ebenfalls 50.000 Personen und ist damit nach Siemens und VW der drittgrößte Arbeitgeber in Deutschland), sind die Banken das Signet für die Steuerung der Wirtschaft mit ihrer wichtigen Funktion der Beratung und Kontrolle der Wirtschaftsunternehmen (Aufsichtsratsfunktionen und Consulting).

Die Firmen, die Wirtschafts- und Finanzberatung ausführen, ohne selbst Bank zu sein, haben mehr als doppelt so viele Beschäftigte wie die Banken und sind die Gruppe, die den stärksten Arbeitsplatzzuwachs hatte. Sie bearbeiten ihre Aufgaben in problemorientiert wechselnden Teams von Fachleuten. Diese Fachleute sind nicht alle in Frankfurt ansässig, aber sie können aufgrund der guten internationalen Verkehrsverbindungen jederzeit in Frankfurt zusammentreffen. Dies macht die spezielle Standortqualität Frankfurts für diesen Wirtschaftssektor aus.

Daher ist für Frankfurts Zukunft die Frage, ob der Flughafen Frankfurt auch weiterhin das kontinentaleuropäische Drehkreuz der internationalen Flugverbindungen bleibt oder ob ein Zentralflughafen im Berliner Raum diese Funktion übernimmt, wohl entscheidender als die Wahl des Standortes der Europäischen Zentralbank. Sollte der Großflughafen Berlin neben Paris der zweite Knotenpunkt auf dem Kontinent werden, würde dies für Frankfurt eine Verschiebung in der Standortqualität für die Steuerungs- und Beratungsfunktionen der Wirtschaft bedeuten.

Die Wertschöpfung zieht sich aus der Produktion zurück, so wie sie sich bereits in den zurückliegenden Jahrzehnten aus der Landwirtschaft zurückgezogen hat. In beiden Bereichen werden mit immer weniger Arbeitseinsatz immer mehr Produkte erzeugt werden. Generell bleiben in der Produktion zunehmend weniger Arbeitskräfte beschäftigt, aber ein hoher Arbeitseinsatz ist erforderlich, um die Produktion vorzubereiten, die Produktionsanlagen zu schaffen und die Produkte zu vermarkten. Diese Leistungen finden überwiegend in Büros statt und können auch räumlich abseits der eigentlichen Produktion geschehen. So wurden Anfang der 90er Jahre in Frankfurt in der Industriestatistik noch reichlich 100.000 Beschäftigte geführt; davon sind aber nur noch etwa 25.000 in der Produktion tätig, die übrigen sind in den Bereichen, die der Produktion vor- oder nachgelagert sind, beschäftigt.

Die regionale Wirtschaft wird ihre zukünftige Leistungs- und Konkurrenzfähigkeit in teilweise schmerzhaften Umstrukturierungsprozessen sicherstellen, die sich trotz hinhaltenden Gegensteuerns der örtlichen Politik weiterhin realisieren und durchsetzen werden. Sie sind gekennzeichnet von den Trends, die in allen Wirtschaftsräumen mit hohem Kostenniveau und dem Zwang zu entsprechend hoher Produktivität wirken: steigende Qualifikationsanforderungen an die Beschäftigten, kreative Flexibilität anstelle erstarrter Routinetätigkeit, steigende internationale Vernetzung, beschleunigt ablaufende Produktzyklen. Deshalb nehmen die Investitionen in human capital an Bedeutung zu gegenüber den Investitionen in Anlagen und Gebäude („footloose industries").

Insbesondere die Kernstadt Frankfurt erleidet dabei eine Arbeitslosenquote (sie wird am Wohnort erfaßt), die seit Jahren über dem Bundesdurchschnitt liegt. Dagegen liegt die Arbeitslosigkeit in dem Kranz der Kreise um Frankfurt bei der Hälfte des Bundesdurchschnitts, weil die dort ansässige Bevölkerung die Qualifikationsanforderungen besser erfüllt. Daß die Kernstädte durch hohe Sozialleistungen und relativ billige Altbau- und Sozialwohnungen die sozialen Probleme der regionalen Ballungsräume auf sich gezogen haben, ist allerdings keine allein Frankfurt-spezifische Erscheinung.

Problembewußtsein, Steuerbarkeit der künftigen Entwicklung

Im Vergleich zu einem weitgehend statischen Gemeinwesen, das nur geringen Antriebskräften der Entwicklung ausgesetzt ist, überfordert die Steuerung einer dynamischen Region, in der vielfache Entwicklungsimpulse wirken und konfliktreiche Spannungen hervorrufen, bereits die Möglichkeiten des eingespielten Instrumentariums kommunaler Verwaltungen und demokratischer Politik. Diese forcierte Entwicklung kann durch zwei Parameter gekennzeichnet werden:

1. Die Unterschiede zwischen sozialen Gruppen oder Schichten nehmen auf vielen Gebieten zu

Das beginnt mit der Spreizung des materiellen Wohlstandes in der Gesellschaft auf insgesamt hohem Durchschittsniveau. Nicht nur die Einkommen, sondern zunehmend die Vermögen bestimmen den Wohlstand. In der sozialpolitischen Argumentation wird überwiegend von der Einkommenssituation ausgegangen und die Vermögensbildung außer acht gelassen. Sie beginnt aber ebenfalls die soziale Schichtung und Disparität zu prägen. Für die kommenden 10 Jahre wird in der Bundesrepublik mit einem zu vererbenden Privatvermögen von 200 Mrd. DM gerechnet.

Hinzu tritt eine Spreizung der Bewußtseinsinhalte. Die Kenntnis der realen Umwelt und ihrer Wirkungsmechanismen und die Möglichkeit zur rationalen Verarbeitung sind in der Bevölkerung sehr unterschiedlich ausgebildet. Die Mediengesellschaft bringt zwar die theoretische Möglichkeit, über alles genauestens informiert zu sein, tatsächlich wird aber das gleichzeitig bestehende Angebot zum Konsum von vereinfachten oder tendenziösen Scheinwelten aufgegriffen und wirkt als eine zusätzliche Abkehr von der Wahrnehmung der Realitäten.

Von der gesellschaftlichen Umwelt und den Problemlagen besteht im Bewußtsein kein einheitliches Bild mehr, innerhalb dessen politischer Konsens gesucht und erreicht werden könnte. Die Unterschiede und Konflikte innerhalb der Organisationen (Parteien, Kirchen, Gewerkschaften, Unternehmungen, Nationen) sind oft größer als die Unterschiede und Konflikte zwischen ihnen. Koalitionen quer durch die Organisationen zeichnen sich zunehmend ab. Die unterschiedlichen Bewußtseinsstände beim Wähler

Fallstudie Frankfurt a.M.

führen zum Zwang der Vereinfachung in den politischen Zielaussagen und Versprechungen. Das der Demokratie zugrundeliegende Bild vom mündigen und entscheidungsfähigen Bürger ist auch in der Kommunalpolitik zweifelhaft geworden.

2. Der Wandel beschleunigt sich, das führt zur Überforderung bei der Wahrnehmung und den Anpassungsleistungen

Es bildet sich Angst vor jeder Veränderung. Begründbare rationale Ängste vor Umwelt- und Gesundheitsschäden, Arbeitsplatzverlust usw. infolge technischer Entwicklung und Ressourcenausbeutung und vor der Nichtbeherrschbarkeit gesellschaftlichen Zusammenlebens (Weltkrieg / Bürgerkrieg) überlagern sich mit irrationalen Ängsten vor Veränderungen und dem Verlust von „Heimat". Der Fortschritt erscheint als Feind: „Geld", „Beton", „die Politik" werden zu Sinnbildern der Bedrohung. In den gesellschaftlichen und politischen Organisationen verstärken sich konservatives Verhalten und reaktionäre (Wunsch-)Ziele.

Die Intelligenz rettet sich in die „Multi-minded society": in unterschiedlichen Themenbereichen handeln dieselben Personen nach unterschiedlichen Bewußtseinslagen. Die sich widersprechenden Weltbilder und Einsichten werden durch selektives oder konsekutives Ausblenden von Bewußtsein zu einer scheinbaren Vereinbarkeit gebracht. Typische Beispiele sind anzutreffen in der Wohnungspolitik, der Verkehrspolitik und der Umweltpolitik.

Politische Gegenkräfte als Reaktion auf die Wirtschaftsentwicklung

Die beschleunigte Modernisierung und Umstrukturierung der Frankfurter Wirtschaft bringt Brüche und Pressionen, die kommunalpolitisch schwer zu verkraften sind. Die steigenden Kosten für Wohnen und viele Dienste des täglichen Lebens, die Konzentration der Büroarbeitsplätze, die mit den Frankfurter Hochhäusern zugleich so augenfällig den Vormarsch der Hochqualifizierten symbolisiert, lösen auch Gegenkräfte aus. Wer artikuliert sich politisch dafür oder dagegen? Der Wunsch der Bevölkerung „Schluß mit der Entwicklung der Wirtschaftsmetropole! Es ist genug mit den Veränderungen, die uns Schwierigkeiten bereiten!" wird in allen Frankfurter kommunalpolitischen Parteiprogrammen berücksichtigt. Er geht nicht allein nur von den Menschen und Bevölkerungsschichten aus, die sich aufgrund steigender Mieten oder aufgrund neuer Anforderungen am Arbeitsplatz in ihrer angestammten Lebensumgebung bedroht fühlen.

Es besteht ein unausgesprochener Widerspruch bei den einkommensstarken Gruppen: einerseits wird erhöhte Lebensqualität gefordert (Erhalt der vertrauten Stadtumgebung, Einschränkung des Verkehrs usw.), andererseits sollen die Einkommen sicher sein und steigen. Diese Bevölkerung müßte also Modernisierung und Strukturwandel der Wirtschaft fordern. Für die breite Schicht der gut ausgebildeten Beschäftigten ist der sichere Arbeitsplatz in der Vergangenheit aber derart zur Selbstverständlichkeit geworden, daß sie ihre Protesthaltung gegen „die Banker", Bürobauten und Straßenverkehr nicht mit ihrer eigenen ökonomischen Zukunft in Verbindung bringen. Die Stadt Frankfurt geht politisch eine Gratwanderung zwischen der Ablehnung in der Bevölkerung, die Metropolfunktionen auszubauen (die von der Kommunalpolitik verbal aufgegriffen wird), und den tatsächlichen politischen Entscheidungen, mit denen sie sich trotzdem den neuen Ansprüchen einer Wirtschaftsmetropole anpaßt.

Den Firmen kann bisher noch deutlich gemacht werden, daß zwar für neue Bauflächen und Verkehrsausbauten keine weiteren Zugeständnisse gemacht werden, daß dadurch die Firmenentwicklung aber nicht behindert werden muß. Die Verträglichkeit wird dadurch hergestellt, daß notwendige Erweiterungen als Nachverdichtung ohne neue Ausweisungen von Flächen möglich gemacht werden, daß der Ausbau des noch unvollständigen Nahverkehrs Priorität hat und daß einzelne Wirtschaftsunternehmen notgedrungen und künftig auch in Übereinstimmung an das Umland abgegeben werden. Unter manchen Arbeitnehmern wird die Bedrohung ihres gegenwärtigen Arbeitsplatzes jedoch der Tertiärisierung (der „Büro-Monostruktur") angelastet, und sie erleben den Ausbau der zukunftsicheren Wirtschaftsunternehmen als Bedrohung und Vertreibung ihrer angestammten Arbeitsumwelt.

Kommunalpolitisches Handeln

Die Handlungsweisen einer demokratisch verfaßten Kommunalpolitik müssen sich notgedrungen am subjektiven Bewußtsein und Problemverständnis einer Mehrheit der Bevölkerung ausrichten. Wenn deren Bewußtsein in Teilen die Realität auszublenden beginnt und wenn das Problemverständnis nicht mehr ausreicht, um die Wirkungskomplexität innerhalb der Gesellschaft und im Verhältnis Mensch-Wirtschaft-Natur zu bearbeiten, wird sich die Kommunalpolitik von der sachorientierten Argumentation hin zu Wunschdenken, vereinfachten emotionalisierten Versprechungen und ideologischen Richtungskonflikten fortentwickeln.

Die rückläufige politische Fähigkeit, die aufgrund komplexer Anpassungsprozesse anstehenden Probleme sachgerecht anzugehen, soll hier anhand einiger gängiger alltäglicher Themenbereiche nur kurz angerissen werden. Sie trifft in verstärktem Maße, nämlich bis zur Verweigerung der Problemsicht, zu auf andere übergreifende Prozesse, die unsere gesellschaftlichen und wirtschaftlichen Bedingungen künftig stärker beeinflussen werden, wie z.B.

● die ökologischen Grenzen, die dem „Durchstarten" zu weiterem Wirtschaftswachstum als Lösungsmuster gegenwärtiger Probleme künftig entgegenstehen,

● die weltweiten Spannungen, die sich mit dem Gefälle zwischen einer wirtschaftlich ausgebauten und abgeschotteten „Wohlstandsfestung" gegenüber den (bevölkerungsexplodierenden) Ländern der 3. Welt verstärken und sowohl Konfliktpotential wie Wanderungsdruck erzeugen,

● die auch international beobachtbare Tendenz, sich der Bewältigung komplex strukturierter Aufgaben zu entziehen durch Hinwendung zu emotionalen Bekenntnissen (Religion, Nationalismus).

Fallstudie Frankfurt a.M.

Wohnungspolitik

Es wird oft in der Kommunalpolitik gesagt, daß etwas für „unsere Einwohner" getan werden muß. Wer ist eigentlich Frankfurter? Von den heute in Frankfurt gemeldeten Einwohnern leben 17% seit ihrer Geburt in der Stadt (überwiegend junge Menschen unter 30 Jahren, großenteils Ausländerkinder). Weitere 42% wohnen seit 15 Jahren und länger in der Stadt, sind aber nicht in Frankfurt geboren (überwiegend Menschen älter als 50 Jahre). 22% der Einwohner wohnen erst seit weniger als 5 Jahren in der Stadt. Frankfurt hat bei rund 630.000 Einwohnern eine Wanderung über die Stadtgrenze von jährlich 40.000 Zuziehenden und 40.000 Wegzügen, dabei etwa 10.000 Personen Austausch mit den Nachbarkreisen. Zusätzlich ziehen jährlich etwa 40.000 Menschen innerhalb Frankfurts um, so daß jährlich etwa 80.000 Personen eine neue Wohnung finden. Auch die 11.000 beim Wohnungsamt registrierten Wohnungsuchenden sind bereits in Frankfurt wohnhaft.

Angesichts dieser Wanderungsströme (die ja bereits einen Ausgleich zwischen den Wohngebieten herbeizuführen versuchen) muß jede Anstrengung, das Problem der Wohnungsversorgung auf der Mengenseite durch Neubau zu lösen, erfolglos bleiben. Es ist nicht vorrangig ein Mengenproblem, sondern ein Problem der Verteilung und Zugänglichkeit. Es als Verteilungsproblem anzugehen würde bedeuten, konform mit sozialer Marktwirtschaft bewußt zuzulassen, daß das Kostenniveau für Wohnungen insgesamt ansteigt (mit dem Doppeleffekt des sparsameren Umgangs mit Wohnfläche und der erhöhten Investitionsneigung in den Wohnungsbau), und stärker hineinzusubventionieren in die betroffenen Schichten, die da nicht mithalten können. Die Stadt Frankfurt ging in den letzten Legislaturperioden den umgekehrten Weg. Sie versuchte, die Wohnungsproduktion wieder auf jährlich 1.500 Sozialwohnungen und 2.500 freifinanzierte Wohnungen anzuheben und gleichzeitig Mietanhebungen zu erschweren. Dies gelang ihr mit Anstrengung aller Verwaltungskräfte und mit einem Einsatz von jährlich 250 Mio. DM verlorener Zuschüsse aus Mitteln des städtischen Haushalts, der damit an den Rand der Erschöpfung gebracht wurde, und es ändert an der objektiven und subjektiv empfundenen Wohnungsnot nichts. Die wenigen „glücklichen Gewinner" einer neuerbauten Sozialwohnung werden mit diesen Subventionen Empfänger einer lebenslangen Rente von über 1.500 DM im Monat aus dem öffentlichen Haushalt, während die meisten gleichgelagerten Haushalte sich weiterhin am Wohnungsmarkt versorgen müssen. Wahrscheinlich wäre der Erfolg spürbarer, wenn man diese Mittel einsetzen würde für eine unmittelbare und zeitlich begrenzte Subjektförderung der Haushalte, die aufgrund des gestiegenen Preisniveaus obdachlos werden könnten.

Restriktive Flächenpolitik aus ökologischen Gründen oder Wachstum

Hier wird ein weitgehend scheinbarer Gegensatz aufgebaut: Eine restriktive Flächenpolitik beeinflußt das Wachstum in der Mitte und am oberen Ende der Qualifikationsansprüche nicht. Die qualifizierten Arbeitskräfte brauchen wenig Grundfläche pro Arbeitsplatz, diese können sie sich zu jedem Preis erkämpfen. Frankfurt hat zudem durch Planungsrecht vorgesorgt, daß durch eine Nachverdichtung in bestehenden Gewerbegebieten zu den jetzt bestehenden etwa 10 Mio. qm Büroflächen weitere 4

Mio. qm gebaut werden können. Dies bringt keine ökologische Strukturveränderung des Stadtraums mit sich. Die Menschen, die dort arbeiten werden, können sich aufgrund ihres Einkommens immer mit Wohnungen versorgen, allerdings auf Kosten derer, die das dann nicht mehr können. Und sie können auch immer ihre Verkehrsprobleme lösen, weil sie sich ihre Firmenparkplätze ertrotzen oder die Wohngebiete entlang der S- und U-Bahnen in Anspruch nehmen (gespaltener Wohnungsmarkt).

Die Wohnungsprobleme verschärfen sich als Folge der Verkehrseinschränkungen und der ökologisch motivierten Standortverknappung. Für eine Wohnung, die vom Arbeitsplatz mit U- oder S-Bahn erreichbar ist, wird inzwischen doppelt so viel bezahlt wie für eine Wohnung, die abseits der Schienenverkehre liegt. Wenn man restriktive Flächen- und Verkehrspolitik betreibt, so werden die sozialen Probleme der Stadtentwicklung vermehrt, aber nicht die wirtschaftlichen Entwicklungsmöglichkeiten der Stadt tangiert. Zu berücksichtigen wäre nicht der scheinbare Widerspruch zwischen Wachstum und Ökologie, sondern letztlich der Widerspruch zwischen Ökologie und Sozialverträglichkeit.

Wirtschaftsförderung

Es liegt weit zurück in der Vergangenheit, daß Arbeitskräfte in der Produktion mit geringeren Qualifikationen auskamen als im Dienstleistungsbereich. Das ist heute umgekehrt. Heute bindet ein durchschnittlicher Arbeitsplatz in der Produktion etwa eine halbe Mio. DM Kapital, und entsprechend verantwortlich und qualifiziert muß die Arbeitskraft besetzt werden. Die Produktionsstillegungen in Frankfurt, die spektakulär durch die Presse gingen, wurden überwiegend durch den Mangel an qualifizierten Facharbeitern ausgelöst. Ziel der Firmen war es, die Produktion in eine Region zu verlagern, wo verantwortlich engagierte Facharbeiter noch zu bekommen waren.

Eine Bevorzugung von Produktionsbetrieben in der Planungspolitik der Region ist also kaum geeignet, die strukturelle Arbeitslosigkeit zu vermindern. Es kommt vielmehr darauf an, den zukunftsorientierten Arbeitsplätzen mit gesicherten Einkommen die geforderte Standortqualität und Expansionsmöglichkeit zu bieten. Diese befinden sich in der Rhein-Main-Region (auch innerhalb der Industrie-Unternehmen) überwiegend im wirtschaftsorientierten Dienstleistungsbereich (Büro-Standorte).

Beschäftigungsmöglichkeit für Minderqualifizierte besteht vorwiegend in den Dienstleistungen, und zwar bei den unmittelbar verbraucherorientierten Service-Leistungen (Gaststätten, Hotels, Einzelhandel, Reinigungsbetriebe, Transportdienste, Gartengestaltung). Diese Betriebe sind kaum auf größere Flächen und Standorte angewiesen. Eine Politik, die solche Arbeitsplätze fördern will, kann also nicht als Flächen- oder Gewerbegebietsausweisung instrumentiert werden. Die Betriebe sind vielmehr auf eine zahlungsbereite Kundschaft angewiesen. Sie können in größerer Zahl nur existieren, wenn eine breite Bevölkerungsschicht bereit und in der Lage ist, diese Dienste regelmäßig in Anspruch zu nehmen. Sie setzen also eine breite Schicht gehobener Einkommen voraus. Durch deren Stärkung kann indirekt die Nachfrage nach minderqualifizierten Diensten aufrechterhalten und erweitert werden.

■ Fallstudie Frankfurt a.M.

Standort- und Flächenengpässe im gewerblichen Bereich bestehen vor allem für die Unternehmen des Gütertransports. Sie sind nicht in der Lage, gleiche Standortpreise wie andere Gewerbebranchen zu verkraften. Wenn sie innerhalb der Rhein-Main-Region weiterhin in der Konkurrenz um Standorte unterliegen, werden sie an den Rand der Region hinauswandern und lieber längere Anfahrtwege in Kauf nehmen. Dies kann weder verkehrspolitisch noch ökologisch sinnvoll sein, wird aber wirtschaftlich verkraftet, indem Dienstleistungen des Transports dann generell teurer werden.

Frankfurt bemüht sich um Flächenneuausweisung für Handwerks- und Produktionsbetriebe gegen die Restriktionen der übergeordneten Planung. Am Rand der Region (Raum Mainz und Hanau-Nordbayern) sind aber noch genügend Standorte für Produktionsbetriebe erschließbar. Dort sind heute die regionalen Schwerpunkte der technologisch anspruchsvollen modernen Produktionen.

Koordinierung regionsübergreifender Lösungen

Nach einer Periode des politischen Vertrauens in die Kompetenz interdisziplinärer Fachleutegremien und umfassender Rahmen- und Koordinierungspläne, die Anfang der 70er Jahre umschlug in eine Kritik an den Ergebnissen und Versäumnissen dieser Planungen, hat sich bei der Bevölkerung und der politischen Basis inzwischen ein tiefes Mißtrauen gegenüber einer „Administration von oben" eingestellt. So notwendig die Planung und Koordinierung komplexer Entwicklungen von der Sache her sein mag, so suspekt ist jede „Machtanmaßung" der Behörde, die übergreifende Maßnahmen durchsetzen möchte. Auch die weiterhin bestehenden großräumigen Raumordnungspläne und Landesentwicklungsämter sind dort zum Scheitern verurteilt, wo im Einzelfall für ein Teilgebiet vorgesehene unbequeme Maßnahmen durch Bürgerinitiativen mit Unterstützung der örtlichen Politik verhindert werden und so die Gesamtplanung unterlaufen wird. Politikverdrossenheit und die geringe Neigung, komplexe Zusammenhänge als Begründung für abgeforderte eigene Einschränkungen oder Belastungen anzuerkennen, gehen Hand in Hand und beschränken eine administrative Koordinierung auf ein wirkungsloses Mindestmaß.

Der Umlandverband Frankfurt, Mitte der 70er Jahre anstelle der nicht durchsetzbaren Frankfurter Eingemeindungsbestrebungen geschaffen, um eine einheitliche Planung zu ermöglichen und koordinierte öffentliche Leistungen (Wasser, Abwasser, Müll, Freizeit) zu schaffen, hat den Geburtsfehler, daß er zu klein geschnitten wurde und die wichtigen Städte Wiesbaden, Mainz und Darmstadt nicht umfaßt. Seine nachträgliche räumliche Ausweitung hat keine politische Chance. Gegenwärtig bildet sich, um diese Lücke zu überbrücken, auf freiwilliger Basis eine zweite Ebene der interkommunalen regionalen Zusammenarbeit heraus durch Gesprächsrunden der Oberbürgermeister und kommunaler Fachbehörden. Dennoch wirkt die Kommunalpolitik aufgrund der Polyzentralität weiterhin nicht in Abstimmung, sondern in innerregionaler Konkurrenz und Widersprüchlichkeit.

Problemlösung durch Problemexport oder Einkapselung (Ghettobildung)?

Es besteht die Gefahr, daß künftig möglicherweise zwei Mechanismen stärker zur (scheinbaren) Bewältigung der Probleme in der Ballungsregion beitragen werden: der Export von Problemen und die Ghettoisierung von Problemen.

Der räumliche Export von Problemen fördert eine Stadt- und Gesellschaftsstruktur, die sich selbst verstärkt. Wenn eine Teilregion es einmal geschafft hat, die aus der Segregierung hervortretenden Problemfälle und Problemstrukturen räumlich herauszuverlagern und damit aus dem Bewußtsein zu verdrängen, wird sie dadurch gleichzeitig so attraktiv, daß ihr weiterer Aufstieg befördert wird. Das gleiche gilt umgekehrt.

Der Frankfurter Raum z.B. exportiert ökologische Probleme schon allein dadurch, daß er nicht eine Produktionsregion, sondern eine Verbraucherregion ist. Die nach Frankfurt und in sein näheres Umland hineintransportierte Tonnage ist etwa eineinhalb mal so groß wie die, die heraustransportiert wird. Die Produktionsemissionen werden weit weg an anderem Ort verursacht, Frankfurt hat nur noch die Verbrauchsemissionen, den eigenen Müll, zu bewältigen; auch dieser wird zum Teil exportiert. Dies verbessert die Lebensqualität und begleitet eine Entwicklung, die es den Steuerungszentren ermöglicht, weiter an Einfluß zu gewinnen und attraktive Aufgaben an sich zu binden. Dies würde in verstärktem Maße gelten, wenn nicht nur ökologische, sondern auch soziale Probleme exportiert werden, wenn z.B. die Lebensbedingungen und Kosten in einer Teilregion für eine sozial schwächer gestellte Bevölkerung untragbar geworden sind, so daß diese die Region verlassen muß.

In der unterschiedlichen politischen Durchsetzungsfähigkeit von Wirtschaftszweigen und Bevölkerungsgruppen öffnet sich die Schere weiterhin, beeinflußt von den steigenden Unterschieden im Qualifikationsniveau. Diese Unterschiede sind heute gravierender als noch vor einer Generation. Geringe ökonomische Stärke (Einkommen, Vermögen) ist häufig mit geringer Artikulationsfähigkeit verbunden; beides zusammen bedeutet reduzierte politische Einflußnahme. Wenn diese Schichten im Zuge stadträumlicher Segregationsprozesse zusammenrücken, können ihre Probleme aus dem allgemeinen Gesichtsfeld und Bewußtsein rücken. Dabei wird Ghettoisierung von denen, die im Ghetto sind, durchaus auch positiv gesehen. Man ist unter sich, man ist lieber unter seinesgleichen als konfrontiert mit der Andersartigkeit. Die Probleme konzentrieren und verstärken sich, ohne daß sie der politischen Öffentlichkeit in der notwendigen Dringlichkeit bewußt werden.

Beide Mechanismen der räumlichen und gesellschaftlichen Segregation tendieren nicht zu einem Gleichgewicht, das sich einpendelt und Extreme abbremst, sondern bauen langfristig verschärfte Gegensätze und Spannungen auf. Das Nebeneinander von Armut und Reichtum mit seinen vielfältigen Ausdrucksformen ist dazu geeignet, auch zu Konflikten innerhalb der Region und zwischen Gebietsteilen zu führen. Bereits heute nimmt die Kriminalität zu und bekommt ein höheres Gewicht in der politischen Diskussion.

Klaus Schussmann

Entwicklungen und Probleme der Agglomerationsräume in Deutschland - Fallstudie München

1. Europäische Raumentwicklung im Wandel

Im Konzert der wirtschaftlich bedeutendsten Stadtregionen Europas hat der Raum München in seiner jahrhundertelangen vorindustriellen Phase keine herausragende Rolle gespielt. Die Entwicklung Münchens und seines Umlandes zu einem Wirtschaftsraum von europäischer Dimension ist erst im Zuge der erst spät einsetzenden Industrialisierung und ganz besonders in wenigen Jahrzehnten nach dem Zweiten Weltkrieg erfolgt. Mittlerweile befindet sich die Region München - auf dem Weg in die Dienstleistungs- und Informationsgesellschaft - in einer neuen Entwicklungsphase. Die Beschleunigung des technologischen und wirtschaftlichen Wandels ist typisch für die neue Epoche. Durch eine „Globalisierung" der Märkte nimmt die Standortbindung einer Vielzahl von betrieblichen Funktionen ab, und es ist auch mit einer international zunehmenden Mobilität der Bevölkerung zu rechnen.

Der EU-Binnenmarkt, die Ostöffnung und die weitere weltwirtschaftliche Entwicklung (USA, Japan, Südostasien) werden zu einer deutlichen Veränderung der wirtschaftspolitischen Landkarten führen. Wahrscheinlich werden sich der EU-Binnenmarkt und die deutsche Wiedervereinigung für die Region München eher evolutionär, und zwar längerfristig insgesamt positiv auswirken. Weit unsicherer erscheinen die Auswirkungen der osteuropäischen Öffnung: Wichtige neue Märkte können entstehen, aber es muß mit Blick nach Osten auch mit erheblichen Risiken - mit der Verlagerung von Produktionspotentialen, u.U. auch mit umfangreichen destabilisierenden Wanderungsbewegungen - gerechnet werden. Schließlich ergeben sich aus dynamischen außereuropäischen wirtschaftlichen Entwicklungen neue Herausforderungen für das wirtschaftliche Agieren europäischer Regionen, den Raum München eingeschlossen.

Die Regionen, so auch der Münchner Raum, werden in dieser Epoche politisch neu gefordert:

Die europa- und weltweit wachsende Konkurrenz der Regionen stellt erhöhte Anforderungen an innerregionale Koordination und Kooperation, zumal regionale Wirtschafts- und Lebensräume bei wirtschaftlichem Wachstum zusehends enger vernetzt sind und sich gleichzeitig ausdehnen. Herausgefordert werden die europäischen Regionen auch als Gegengewicht zu Zentralisierungstendenzen auf EU-Ebene bzw. als bedeutende Akteure beim Aufbau des neuen Europa nach dem Subsidiaritätsprinzip.

Zahlreiche bedeutende europäische Städte arbeiten deshalb in Städtenetzwerken wie Eurocities zusammen, um ihre Belange in den EU-Integrationsprozeß einzubringen und gemeinsame Probleme zu lösen („best practice").

Insgesamt wird die Rolle der Stadtregionen - als Zentren der wirtschaftlichen Entwicklung, der Innovation, der Kultur und der Politik - an Bedeutung zunehmen, wobei das relative Gewicht der Regionen untereinander und ihr Attraktivitätsgefälle erheblichen Veränderungstendenzen ausgesetzt sind. Neben der regionalen Ausgangslage bestimmen globalere Einflüsse und regionale Entwicklungs- und Kooperationsstrategien über den künftigen Erfolg.

Im folgenden sollen Entwicklungstendenzen und Perspektiven für den Agglomerationsraum München dargelegt werden. Besonders wichtige Aspekte sind hier die wirtschaftliche, demographische und soziale Entwicklung sowie die ökologischen, verkehrlichen und räumlichen Entwicklungstendenzen. Die erkennbaren Entwicklungslinien sollen hinführen zu Prognosen und Entwicklungsperspektiven für den Raum München. Dabei soll deutlich werden, wie der Raum München mit seinen Stärken und Schwächen für die künftige Entwicklung gerüstet ist und welche besonderen Herausforderungen auf ihn zukommen.

2. Wirtschaftliche Entwicklung im Raum München

2.1 Wirtschaftliche Entwicklung der Stadt München

2.1.1 Münchens Entwicklung zum Industriestandort

Die Entwicklung Münchens vor dem Industriezeitalter verlief eher gemächlich, sie bereitete aber den „Humus", der später ein fast beispielloses Wachstum ermöglichen sollte.

Die Residenzstadtfunktion Münchens war jahrhundertelang entwicklungsbestimmend: Noch vor ca. 200 Jahren - München zählte erst ca. 40.000 Einwohner - stand die Hälfte der damals Erwerbstätigen im Hof- oder Staatsdienst.

Das wirtschaftlich bedeutsame Erbe der Feudalzeit Münchens ist in einer großflächig angelegten, unverwechselbaren Stadtarchitektur zu sehen - die Münchner Geschichte ablesbar repräsentiert - sowie in reichen Kunstsammlungen und bedeutenden wissenschaftlichen Einrichtungen. Dieser Fundus - zusammen mit einer gewachsenen Stadtkultur, die stets starke Assimilationskraft gegenüber den zahlreichen Zuwanderern aufwies - macht einen Großteil der sog. „weichen Standortfaktoren" dieser Stadt und Region aus (DIFU 1994), mit denen sich auch in Zukunft wuchern läßt.

Der Rohstoffmangel in der Region München und die „Revierferne" ließen den Raum München von der ersten Welle der Industrialisierung nahezu unberührt. Münchens „nachholende Industrialisierung" (Geipel 1986) erwuchs im wesentlichen aus den beiden Komponenten „Forschung" und „handwerkliche Tradition der Bevölkerung" (Winkel 1990). So kam es zu einem „Vorrang der Qualitätsindustrie vor der Massenproduktion" (Geipel 1986).

Mitte der 60er Jahre des 19. Jahrhunderts waren in München zwar schon über 500 Lokomotiven gebaut worden (seit 1841), ansonsten gab es hier 1865 erst 166 meist kleinere Fabrikationsbetriebe: u.a. Maschinen und Geräte für die bedeutende Brauereiwirtschaft, für die Lederproduktion und die Holzverarbeitung, Landmaschinenbau und einige chemische Fabriken (Winkel 1990).

In Anlehnung an die berühmten Institute von Fraunhofer und Reichenbach entwickelte sich dann in München eine Reihe von optisch-feinmechanischen Unternehmen, die rasch weltweit hohes Ansehen erreichten; hinzu kamen die Bereiche photographische Apparate, optische und meteorologische Instrumente. Ab 1870 war auch die Rubrik „Kunstverlag und Kunstindustrie" in den Kammerberichten gut besetzt. 1882 übersiedelte die optische Firma Rodenstock nach München, deren Fabrikation rasch weltweite Bedeutung erlangte.

Bis 1913 hatten sich die industriellen Ansätze der Jahrhundertmitte weiter entwickelt und zahlreiche Ergänzungen erfahren. Die neuen Bereiche der Elektrotechnik, der Optik und Feinmechanik sowie des Fahrzeugbaus rückten in den Vordergrund. Gegensätze zwischen Kunst und Industrie lösten sich auf: technisch-künstlerisches Gestalten, Vielseitigkeit und ständiges kreatives Suchen wurden wichtig. Von Jahr zu Jahr wuchs die Palette jener Unternehmen, die sich neuen Techniken und Produkten zuwandten.

Phototechnische Fabriken entstanden (Perutz 1880, Agfa 1896), Metzeler-Gummiwaren wurden 1871 gegründet. Die Maschinenfabrik Meiller entstand um die Jahrhundertwende, 1918 kam es zur Gründung der Bayerischen Flugzeugwerke AG - ab 1922 „Bayerische Motorenwerke" (BMW).

Der Raum München war aber immer noch weniger industrialisiert als etwa das Rhein-Main-Gebiet oder der Rhein-Neckar-Raum (Winkel 1990).

Durch die Rüstungsproduktion im 1. Weltkrieg schritt die Industrialisierung fort, und Großbetriebe traten erstmals nachhaltig in Erscheinung (Geipel 1986). Die Wirtschaftsstruktur der Stadt München um 1930 stellt sich nach einem Befund des Statistischen Amts der Stadt aber immer noch wie folgt dar: „Industrie, Gewerbe und Handel bilden nur etwas mehr als die Hälfte der ursprünglich wirtschaftlichen Grundlage der Stadt, ... kulturell ist dieses München aber ohne Zweifel noch viel höher zu bewerten als das industrielle und kommerzielle München" (Winkel 1990, S. 94).

Den stärksten Industrialisierungsschub erfuhr München nach dem 2. Weltkrieg bis in die 70er Jahre.

Die Verlagerung des Siemens-Konzerns von Berlin nach München (Ende 1945 ff.) war „der Funke, der das Feuer entfachte" (Winkel 1990), wodurch die Region München schließlich zum Zentrum der Mikroelektronik in Deutschland wurde. Weitere Unternehmensverlagerungen aus der damaligen „Ostzone" nach München - das Verlagswesen (Leipzig), das Messewesen, die Filmindustrie (UFA-Babelsberg) - sowie die Flugzeugindustrie und später die Raumfahrtindustrie brachten erhebliche Wachstumsimpulse.

Ein starker Flüchtlingszustrom sorgte nach dem Kriege für ein rasch wachsendes Angebot an qualifizierten Arbeitskräften und erfahrenen Unternehmern.

1970 hatte München mit rund 200.000 Industriebeschäftigten eine Spitzenstellung unter allen deutschen Städten erreicht (Winkel 1990). Diese Stellung hat München bis zur Gegenwart halten können, trotz Abnahme der Industriebeschäftigung auf ca. 173.000 (IHK 1988) bzw. 150.000 in 1993 (Soltmann 1994).

Die Investitionsgüterindustrie dominiert, in der 1987 rd. 74% der Beschäftigten im verarbeitenden Gewerbe tätig sind. Innerhalb der Investitionsgüterindustrie sind die Elektrotechnik (Siemens usw.) und der Straßenfahrzeugbau (BMW, MAN, Krauss-Maffei) hervorzuheben, die in der Stadt über 50% der Beschäftigten des verarbeitenden Gewerbes stellen. Die Bereiche Maschinenbau, chemische Industrie, Druckereigewerbe sowie Feinmechanik und Optik folgen mit einigem Abstand.

Die Innovationsstärke des Raums München - die insbesondere von einem hohen Besatz an Hochschuleinrichtungen, Forschungsstätten, einem „High-Tech-Messeverbund" und den positiven Standortwirkungen des Deutschen und Europäischen Patentamts herrührt - verschafft der Münchener Industrie weltweit entscheidende Grundlagen für den Markterfolg (Soltmann 1994).

Auf internationalen Märkten ist Münchens Industrie gut vertreten: Die Exportquote beträgt ca. 45%. Etwa die Hälfte der Exporte entfällt auf EU-Partnerländer; wenn man die EFTA-Länder hinzunimmt, sind es sogar rund 2/3 (IHK 1988). Insgesamt verfügt München über eine hochmoderne „saubere" und gut in das Stadtgefüge eingepaßte Industrie. Allerdings treten allgemeine Tendenzen zur sog. „Deindustrialisierung" auch im Münchner Raum in Erscheinung (s.u.).

2.1.2 Tertiärisierung der Münchner Wirtschaft

Die Beschäftigung im produzierenden Gewerbe hatte 1970 in München einen Höhepunkt erreicht: rd. 360.000 Beschäftigte machten knapp die Hälfte der in München insgesamt Beschäftigten (rd. 784.000) aus. Zwischen den Zensusjahren 1970 und 1987 trat in München eine starke Verschiebung vom produzierenden zum sekundären Sektor ein, und zwar bei einer nur geringen Veränderung der Gesamtarbeitsplätze (rd. 799.000 in 1987). Einer starken Abnahme der Beschäftigung im produzierenden Sektor (ca. -34% auf rd. 237.000) stand eine entsprechend starke Zunahme der Tertiärarbeitsplätze (ca. + 40% auf rd. 559.000) gegenüber. In den letzten Jahren ist die Tertiärisierung weiter fortgeschritten: aufgrund eines starken Zuwachses 1987/92 im tertiären Sektor um ca. + 50.000 Arbeitsplätze und infolge eines zwar auch rezessionsbedingten, aber wohl nachhaltigen Abbaus von ca. 30.000 Arbeitsplätzen im produzierenden Sektor 1987/94 (Bayerisches Landesamt für Statistik, Jahreswirtschaftsbericht 1994 sowie Berechnungen des Referats für Arbeit und Wirtschaft der Stadt München).

Aber auch die interne Tertiärisierung im produzierenden Sektor, d.h. die „white-collar-Beschäftigung", schreitet weiter voran. Diese Tertiärisierung der Industrie ergibt sich im wesentlichen aus einer kontinuierlichen „Technologisierung" der Betriebsabläufe infolge von verstärkten Produkt- und Prozeßinnovationen (Brake et al. 1994).

Gegenwärtig verfügt München - mit ca. 610.000 bzw. 73% aller Beschäftigten im Dienstleistungssektor - über einen Tertiärisierungsgrad, der für die BRD insgesamt erst nach dem Jahr 2000 erwartet wird (empirica 1991). Die Diversifizierung des Münchner Dienstleistungssektors ist mit der Gesamtstruktur in der Bundesrepublik vergleichbar und kann deshalb als relativ ausgewogen und risikoresistent bezeichnet werden.

Die Tertiärisierung der Münchner Wirtschaft läßt sich auch durch hervorragende Positionen im Städtevergleich kennzeichnen: Der Versicherungsbereich (Rangplatz 1), der Bankensektor (Rangplatz 2 nach Frankfurt) und München als zweitgrößte Verlagsstadt der Welt sind hier besonders hervorzuheben (RAW 1994 a).

Besonders bemerkenswert ist die Symbiose, die der Dienstleistungssektor vielfach mit dem produzierenden Sektor eingegangen ist. Der Elektroniksektor, der High-Tech-Sektor insgesamt (Neugebauer 1994) und der Medienbereich sind hier besonders anzusprechen - in diesen Bereichen hat München europaweite Bedeutung erlangt. Bei der Expansion des Dienstleistungssektors spielen die produktionsnahen Tertiärbereiche eine erhebliche Rolle: Dienstleistungen für Unternehmen nahmen von 1970 bis 1987 um über 80.000 Arbeitsplätze zu. Dies entspricht etwa 1/4 der gesamten Zunahme im Dienstleistungsbereich (Brake et al. 1994).

Die relative Stabilität des Arbeitsplatzangebotes in München ist seit den 70er Jahren vor allem der Expansion des tertiären Sektors zu danken, der Beschäftigungsverluste im produzierenden Bereich wettmachte bzw. überkompensierte. Münchens Wachstum erfolgte dabei funktional breit gefächert: Bei einem - relativ zu anderen Agglomerationen - zusehends stabilisierten Fertigungssektor kam es zu einer starken Akzentuierung bei der hochwertigen Produktion und deutlichen Zunahmen in den Bereichen FuE, Planning und Controlling sowie bei Montage und Wartung, bei produktionsnahen und bei sozialen Dienstleistungen (empirica 1991, Brake et al. 1994).

2.1.3 Die wirtschaftliche Entwicklung im Umland Münchens

In der gewerblichen Entwicklung hinkte das Umland der ohnehin spät einsetzenden Industrialisierung der Kernstadt erheblich hinterher. Das einstige „agrarische Hinterland" der Metropole entwickelte sich vor allem nach dem 2. Weltkrieg auch im gewerblichen Sektor. Zusammen mit weiteren Schwerpunkten wie Ingolstadt, Rosenheim, Altötting oder Traunstein entstand eine beachtliche Industrieregion (Winkel 1990).

Das Umland i.e.S. (Planungsregion 14) stand in seiner wirtschaftlichen und demographischen Entwicklung in der stürmischen Wachstumsphase der Kernstadt, bis etwa zum Olympia-Boom um 1972, noch ganz in deren Schatten.

Bis 1970 erhöhte zunächst die Kernstadt ihre Anteile am starken Zuwachs an Arbeitsplätzen und Bevölkerung. Seit 1970 hat jedoch das Umland der Stadt München (in der Region 14, vgl. Abb. 1) absolut und relativ ein starkes Wachstum an Arbeitsplätzen und Bevölkerung erfahren (vgl. Tab. 1 u. 2).

Tab. 1: Arbeitsplatzentwicklung und -verteilung

	München in %	Umland in %	München	Umland	Planungsregion 14
1970	76,6	23,4	729.982	222.583	952.565
1987*	68,3	31,7	850.136	394.722	1.244.858
1994**	66,2	33,8	860.000	440.000	1.300.000
Saldo 87-94			9.864	45.278	55.142
			1,16%	11,47%	4,43%

* Volkszählung 1987: Arbeitsstättenzählung
** Hochrechnung des RAW basierend auf der Entwicklung der SV-Beschäftigung

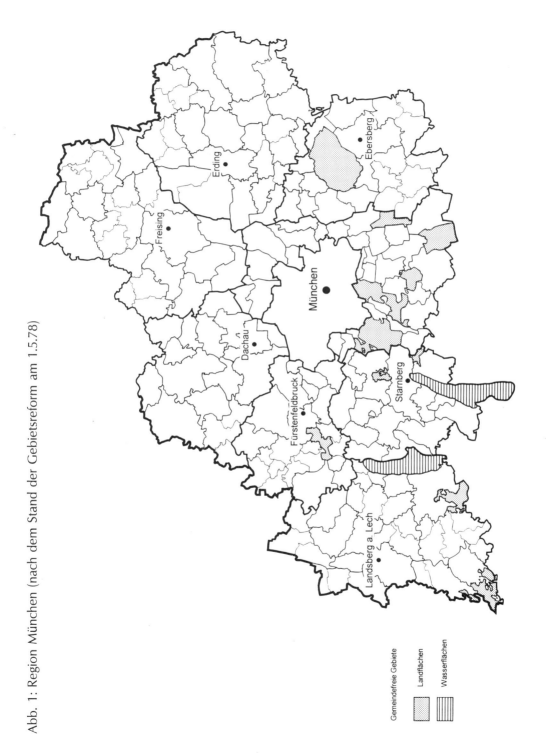

Abb. 1: Region München (nach dem Stand der Gebietsreform am 1.5.78)

Fallstudie München

Die Arbeitsplätze haben 1970/87 im Umland um 77% zugenommen, während die Kernstadt ein Plus von 16% aufwies. Der Anteil an der Gesamtbeschäftigung der Region hat damit im Umland von 23,4% auf 31,7% (1987) und bis 1994 auf knapp 34% zugenommen. Die Bevölkerung wuchs im Umland um ca. 25%, während sie in der Kernstadt rückläufig war; der Umlandanteil an der Gesamtbevölkerung der Region erhöhte sich damit von 37,7% (1970) auf 46,3% (1987) bzw. auf 48% (1994).

Die deutlich gewachsene Arbeitsplatzdichte im Umland läßt sich am Verhältnis der Einwohner ablesen, das von 1970 auf 1994 von ca. 0,25 auf ca. 0,4 angestiegen und seither in etwa konstant ist. Die entsprechenden Werte für die Kernstadt (ca. 0,6 bzw. 0,7) weisen aber auf eine weiterhin starke räumliche Orientierung der Beschäftigten der Region auf die Kernstadt hin (vgl. Abb. 2). Dementsprechend beträgt die Zahl der Berufseinpendler nach München derzeit ca. 250.000 (AZ 87).

Tab. 2: Bevölkerungsentwicklung und -verteilung

	München in %	Umland in %	München	Umland	Planungsregion 14
1970	62,40	37,60	1.293.599	780.645	2.074.244
1987*	53,70	46,30	1.185.421	1.023.314	2.208.735
1994**	52,00	48,00	1.244.676	1.150.236	2.394.912
Saldo 87-94			59.255	126.922	186.177
			5,00%	12,40%	8,43%

* Volkszählung 1987. ** Fortschreibung des Statistischen Landesamtes auf Basis der Volkszählungsergebnisse 1987 - Wohnberechtigte Bevölkerung

Abb. 2: Arbeitsplatzdichte

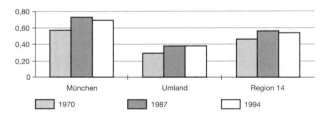

Der Grundtrend einer gewerblichen Suburbanisierung ist etwa seit den 70er Jahren unverkennbar. Fast 60% des 1970 bis 1987 verzeichneten Zuwachses von ca. 300.000 Beschäftigten in der Region entfielen auf das Umland (empirica 1991).

Besonders das verarbeitende Gewerbe nahm im Umland 1970/87 eindrucksvoll zu - bei den Arbeitsstätten um 27,4% und bei den Beschäftigten sogar um rund 30% -, was die Strukturverschiebungen in der Kernstadt zu Lasten des produzierenden Gewerbes weitgehend kompensierte (Brake et al. 1994). Hier spielten neben endogenem Wachstum und Betriebsneugründungen im Umland auch zahlreiche Betriebsverlagerungen aus der Kernstadt eine wesentliche Rolle (Winkel 1990).

Beispielsweise hat das Umland in der Feinmechanik und Optik einen hohen Stellenwert erreicht (45% der Beschäftigten). Noch höhere Anteilswerte an den Beschäftigten weist das Umland in den Bereichen Reparaturgewerbe, Ernährungsgewerbe und vor allem in der chemischen Industrie sowie im Luft- und Raumfahrzeugbau auf (Brake et al. 1994).

Hohe Zuwachsraten erzielte der Handel im Umland infolge des starken Bevölkerungswachstums. Auch im Speditionsgewerbe sowie bei den Dienstleistungen für Unternehmen stieg hier die Beschäftigung relativ stark an. Derzeit (1991) sind im Umland schon über 60% (Kernstadt rd. 75%) der sozialversicherungspflichtig Beschäftigten in Dienstleistungsberufen tätig (Brake et al. 1994).

2.1.4 Standortqualität der Wirtschaftsregion München

Die fast beispiellose Entwicklung der Wachstumsregion München ist auf eine Reihe von ererbten und fortentwickelten Standortqualitäten sowie auf außergewöhnliche Entwicklungsimpulse durch die Folgewirkungen des Krieges - eine starke Zuwanderung von qualifizierten Arbeitskräften und von bedeutenden Unternehmen (s.o.) - zurückzuführen.

Als Voraussetzungen und Triebkräfte der Entwicklung sind hervorzuheben:

- ein reiches historisches Erbe der Stadt in den Bereichen Wissenschaft und Forschung (Meitinger 1994), Kunst, Architektur und Stadtkultur sowie überaus attraktive Naherholungsgebiete als weiche Standortfaktoren (RAW 1994 a, DIFU 1994)

- ein „impliziter Entwicklungskonsens" (empirica 1991) mit den Komponenten: Wiederaufbau des historischen Stadtbildes, aktive Industriepolitik und Ausbau eines zukunftsweisenden Verkehrssystems

- eine günstige geographische Lage der Stadt, „mitten in Europa", und eine gute Einbindung in das nationale und europäische Eisenbahn- und Fernstraßennetz, ergänzt durch einen bedeutenden Luftverkehr (vgl. Punkt 4)

- ein traditionell hochwertiges Handwerk mit stabilen Arbeitsplätzen und hoher Ertragskraft (Traublinger 1994)

- ein starker Industriesektor mit modernem Branchenmix (Soltmann 1994) und die Rolle des Münchner Raums als eines der bedeutendsten High-Tech-Zentren Mitteleuropas (RAW 1994 a)

- ein ausgereifter und differenzierter Dienstleistungssektor, der stark mit den regionalen Produktionsstätten vernetzt ist (Biehler et al. 1994)

- ein hochentwickeltes Messewesen (Marzin 1994) und ein bedeutender Kongreß- und Fremdenverkehrssektor (DWIF 1994)

- ein großes Potential an qualifizierten Arbeitskräften (empirica 1994, Rademacher 1994, Brake et al. 1994).

Im Vergleich zu ausgewählten Agglomerationen (Hamburg, Hannover, Essen, Düsseldorf, Köln, Frankfurt, Stuttgart, Nürnberg) ist die Region München gekennzeichnet durch (PROGNOS 1992):

- eine überdurchschnittliche Entwicklung der Bruttowertschöpfung je Einwohner
- ein überdurchschnittliches Beschäftigungswachstum
- den höchsten Anteil von hochqualifizierten Beschäftigten und den niedrigsten Anteil Geringqualifizierter

- eine niedrige Arbeitslosenquote und eine im Regionalvergleich noch relativ moderate Sozialhilfeempfänger-Quote (empirica 1991)
- eine überdurchschnittliche Erwerbsbeteiligung und eine relativ hohe Frauenerwerbsquote
- den höchsten Anteil der in innovativen Bereichen (Forschung und Entwicklung) Beschäftigten
- die höchste Exportquote.

Mittlerweile sind aber auch Engpaßfaktoren des Wachstums im Münchner Raum ins Bewußtsein getreten. Dies sind insbesondere: Flächenknappheit, Engpässe am Wohnungsmarkt, wachsende Verkehrsbelastungen bzw. Kapazitätsgrenzen des Verkehrssystems, strukturelle Probleme in einigen Wirtschaftsbereichen, wie Luft- und Raumfahrt, aber auch in den Bereichen Textil, Optik, Chemie, Werkzeug- und Maschinenbau (Bleyer 1994), sowie angewachsene Arbeitslosenzahlen und eine insgesamt abgeschwächte Dynamik der wirtschaftlichen Entwicklung (PROGNOS 1992; Biehler et al. 1994).

Der Wirtschaftsraum München muß sich demnach trotz hoher Standortgunst auch einer Anzahl von strukturellen Problemen stellen (s.u.), und zwar unter den Rahmenbedingungen einer zunehmenden internationalen Konkurrenz der Regionen.

3. Wohnungsmarktentwicklung

Angespannt waren die Wohnungsmärkte im Münchner Raum in der Nachkriegszeit fast immer. Erst konnte den starken Bevölkerungszuwächsen - allein München hatte über Jahre hinweg Zuwächse von 30.000 Einwohnern im Jahr zu verkraften (Geipel 1986) - und dem hohen Nachholbedarf auch durch Rekordleistungen im Wohnungsbau kaum begegnet werden. 1970 bis 1987 war die Situation auf dem Wohnungsmarkt dadurch gekennzeichnet, daß der Wohnungsbestand in der Kernstadt zwar noch um 30% zugenommen hatte, daß es aber trotz stagnierender bzw. rückläufiger Bevölkerung (empirica 1991) zu keiner nachhaltigen Entspannung auf den Wohnungsmärkten gekommen war. Dabei waren die Wohnbauleistungen in München (je 1000 Einwohner) im Städtevergleich überproportional hoch (PlR 1994 a), und im Umland ist anteilsmäßig am Wohnungsbau der gesamten Region mehr gebaut worden, als es dem Bevölkerungsanteil des Umlandes entspricht (Bulwien 1992).

3.1 Wohnungsmarktsituation in München

Neben Berlin ist München die deutsche Großstadt mit der angespanntesten Wohnungssituation, wenngleich aktuell im Münchner Raum eine Entspannung auf dem Wohnungsmarkt zu verzeichnen ist (PlR 1995 a).

Die Nachfrageüberhänge auf dem Münchner Wohnungsmarkt wurden 1987 auf 6.000 bis 50.000 geschätzt (GEWOS 1991, Bulwien 1992) und werden mittlerweile mit 18.000 - 25.000 beziffert (GEWOS 1993).

Die Preise für Wohnimmobilien sind 1975/90 um 187% (effektiv 7,3%/a) gestiegen, mehr als doppelt so stark wie im Bundesgebiet; dabei sind die Grundstückspreise wesentlich stärker gestiegen (Bulwien 1992) als die Baukosten. Der starke Preisanstieg für Wohngrundstücke in München hat den Wohnungsbau stark verteuert und ist gleichzeitig ein Indikator für die hohe Wohnortgunst, die München genießt. Die Mieten sind in den 80er Jahren stärker als die Lebenshaltungskosten und z.T. auch stärker als die Haushaltseinkommen gestiegen: Bestandsmieten + 4%/a; Wiedervermietungsmieten + 6%/a (Neuvermietungen) bzw. + 7%/a (Althausbestand). Wohnungswechsler mußten i.d.R. höhere Mietsteigerungen hinnehmen, weil die Wohnungsmieten mit wachsender Wohndauer durchwegs hinter dem Neuvermietungsniveau zurückbleiben; beim Neubezug einer Wohnung kommt es damit zu Mietsteigerungen zwischen 20% und 25% gegenüber der Miete beim ausziehenden Haushalt.

Die Wohnungsversorgung (qm/Person) und die Mietbelastungsquoten in München reflektieren eine Polarisierung auf dem Wohnungsmarkt (PlR 1995 a). Die durchschnittliche Versorgungssituation (alle Haushalte) ist durch ca. 37 qm/Person und eine Mietbelastungsquote von knapp 20% (Mieterhaushalte: 27%) gekennzeichnet, während sich bei benachteiligten Personengruppen i.d.R. deutlich ungünstigere Werte ergeben.

Die Erstbezugsmieten netto kalt betrugen in München 1994 bei mittlerer Qualität ca. 20 DM/qm (Berlin ca. 18 DM/qm) und bei guter Qualität ca. 22 DM/qm (Berlin ca. 23 DM/qm).

Die Hauptursachen in der lange anhaltenden Wohnungsknappheit sind in Zunahmen des durchschnittlichen Wohnflächenverbrauchs und in einem ständigen Abgang an preisgünstigen Wohnungen aus dem Bestand zu sehen:

- Im langjährigen Durchschnitt hat die Wohnfläche je Einwohner und Jahr um ca. 0,5 qm zugenommen (PlR 1995 a). Die Neubautätigkeit gegen Ende der 80er Jahre (ca. 7.000 Wohneinheiten pro Jahr) korrespondierte in etwa mit dieser durchschnittlichen Wohnflächenzunahme je Einwohner und Jahr. Diese Nachfragekomponente entfällt allerdings gegenwärtig, da die Wohnflächennachfrage je Kopf der Bevölkerung erstmals seit 1945 stagniert (Bleyer 1994).

- Der Abgang an preiswerten Wohnungen wird auf jährlich 10.000 bis 15.000 geschätzt. Allein durch Auslaufen der Bindungen bei Sozialwohnungen zwischen 1987 und 1995 verschwinden ca. 50.000 WE aus dem Segment preiswerter Wohnungen. Hinzu kommt das Abschmelzen preiswerter Bestände durch Modernisierung, Abriß und Umwidmung sowie durch Mietpreissprünge bei Neuvermietungen. Dieses Abschmelzen an preiswerten Wohnungen im Bestand kann durch Neubau von Sozialwohnungen nicht aufgefangen werden (PlR 1995 a). Mit einem Anwachsen der Mietbelastungsquoten für Mieterhaushalte auf ca. 30% bis zum Jahre 2000 wird gerechnet (GEWOS 1993, PlR 1994).

3.2 Wohnungsmarktentwicklung im Umland

Wohnungsknappheit herrscht auch im Umland: Wohnungsmarktrelevante Haushalte überstiegen den Wohnungsbestand (1987) um 14.000; auch für die Folgezeit wird mit einem erheblichen Fehlbestand gerechnet (GEWOS 1993).

Der Wohnungsbestand in den Landkreisen der Region München ist 1970/89 von ca. 250.000 auf ca. 410.000 angewachsen. Spitzenwerte zwischen 18.000 und 20.000 Fertigstellungen/a wurden zu Beginn der 70er Jahre erreicht. Seit 1985 sind ca. 8.000 WE/a und weniger die Regel. Die Wohnungsnachfrage im Umland ist aufgrund der Bevölkerungszuwächse stark angestiegen: 1970/87 ist die Bevölkerung im Umland um gut 40% gewachsen, die Haushalte haben gar um 70% zugenommen; zahlreiche weitere Haushalte kamen hinzu, und auch steigende Flächenansprüche je Kopf wurden stark nachfragewirksam.

Der durchschnittliche Haushalt ist im Umland mit 2,52 Personen deutlich (um 36%) größer als in der Kernstadt (GEWOS 1993), und dementsprechend spielen die Ein-Personen-Haushalte bei der Wohnungsbelegung im Umland (29%) eine geringere Rolle als in der Kernstadt (51%). In den letzten 20 Jahren hat sich aber auch in den Landkreisen des Münchner Umlandes die durchschnittliche Haushaltsgröße verringert, und zwar deutlicher als in der Kernstadt selbst.

Im Vergleich zur Kernstadt ist der Anteil unterversorgter Haushalte im Umland etwas niedriger, der Anteil sog. überversorgter Haushalte aber höher als in der Kernstadt München (GEWOS 1993). Auch im Umland steigt die Unterversorgung prozentual mit der Haushaltsgröße, und die Überversorgung nimmt ebenfalls tendenziell mit zunehmender Haushaltsgröße anteilsmäßig ab.

Das Mietniveau (1987) im Umland ist gegenüber dem der Kernstadt nicht sehr viel niedriger - nur um ca. 10% (nicht strukturbereinigt!): Das Neuvermietungsniveau liegt in attraktiven Landkreisen sogar um bis zu ca. 10% über dem Niveau in der Kernstadt, in weniger attraktiven Teilbereichen der Region aber um etwa bis zu 30% unter dem Kernstadtniveau (GEWOS 1993).

Die Mietbelastungsquote liegt im Umland bei 23% (ohne Rentner); Rentnerhaushalte müssen ca. 47% ihres Einkommens für Wohnen aufbringen.

Bei der Wohnungsversorgung im Umland spielt eine günstigere Einkommensstruktur als in der Kernstadt (allerdings sind auch die Haushalte größer) eine Rolle und wohl auch das Angebot an billigeren Wohnungen in weniger attraktiven Landkreisen. Nimmt man jedoch die Kosten für Wohnen und für das Pendeln zur Arbeit zusammen, so lassen sich die Lebenshaltungskosten der in München Beschäftigten durch ein Ausweichen auf die Wohnungsmärkte im Umland i.d.R. nicht wesentlich senken. So spiegelt der Wohnungsmarkt im Umland nicht zuletzt Standortpräferenzen und -entscheidungen von Haushalten mit Kindern und von Eigentümerhaushalten wider. Der wachsende Wohnflächenkonsum führt schließlich zur räumlichen Ausdehnung des Wohnungsmarktes und der Pendlereinzugsbereiche. Allerdings verlangsamt sich dieser Prozeß durch eine Entspannung auf dem regionalen Wohnungsmarkt, wie sie gegenwärtig mit verringerten Wanderungsgewinnen und stagnierenden Masseneinkommen einhergeht.

3.3 Fazit

Trotz eines mittlerweile erreichten hohen durchschnittlichen Versorgungsstandards stellt der Wohnungsmarkt ggf. einen Engpaßfaktor für eine dynamische weitere Entwicklung im Raum München dar - jedenfalls wenn wieder erhöhte Zuwanderungen bzw. wohlbestandsbedingte Nachfragesteigerungen auftreten. Knappheiten auf dem Münchner Wohnungsmarkt machen sich insbesondere als Zuzugshemmnis bei deutschen Zuwanderern - wie z.B. Auszubildende/Studenten, Fachkräfte, Beschäftigte im öffentlichen Dienst mit starrer Besoldungsstruktur - bemerkbar. Erschwert ist damit auch die Personalgewinnung im Münchner Raum. Dagegen sind für Zuwanderer aus dem vornehmlich osteuropäischen Ausland die Chancen auf dem Münchner Arbeitsmarkt der ausschlaggebende Zuzugsanreiz; dabei werden u.U. schlechte Wohnbedingungen in Kauf genommen, die meist ohnehin besser sind als im Heimatland (PlR 1995 a).

Rigiditäten des Münchner Wohnungsmarktes bzw. relativ hohe Mietpreissprünge beim Umzug reduzieren zudem die Mobilität der Bevölkerung innerhalb der Region, behindern das Ausnutzen von Arbeitsmarktchancen und tragen auch zu einer Mehrung des Verkehrs bei. Angespannte Wohnungsmärkte im Raum München verstärken außerdem soziale Polarisierungstendenzen in der Kernstadt und fördern die soziale Segregation zwischen Stadt und Umland. Somit werden auch künftig sowohl die Lebensqualität als auch die Entwicklungsmöglichkeiten im Münchner Raum ganz erheblich von der Wohnungsmarktentwicklung und der Wohnungspolitik bestimmt werden.

4. Soziale Entwicklung

4.1 Bevölkerungsentwicklung

Das starke, z.T. sprunghafte Bevölkerungswachstum in der Region München in der Nachkriegszeit fand bis etwa zur Olympiade (1972) überwiegend in der Kernstadt statt. Anschließend - bis etwa Ende der 80er Jahre - war die Bevölkerungszahl in der Kernstadt rückläufig, während die Regionsbevölkerung aufgrund anhaltender Zuwächse im Umland zunahm. Seit 1987 wuchs die Bevölkerungszahl in der Kernstadt durch eine Zunahme der Ausländer weiter auf mittlerweile ca. 1,3 Mio. Im Umland ist die Bevölkerung weiter stark angewachsen (vgl. Tab. 3 u. Abb. 3).

Seit 1985 weist die Stadt München nur noch positive Wanderungssalden auf, die binnen 6 Jahren einen Wanderungsgewinn von ca. 53.000 Einwohnern ergaben. Dabei ist der vor 1985 und auch noch danach hohe Wanderungsüberschuß an Deutschen zusehends von einem Wanderungsüberschuß an Ausländern abgelöst worden (PlR 1995 b). Im Umland

Tab. 3: Bevölkerungsentwicklung und -verteilung zwischen Stadt und Umland

	München in %	Umland in %	München	Umland	Planungsregion 14
1950	59,2	40,8	830.833	573.150	1.403.983
1961	63,3	36,7	1.085.067	629.270	1.714.337
1970	62,4	37,6	1.293.599	780.645	2.074.244
1987*	53,7	46,3	1.185.421	1.023.314	2.208.735
1994**	52,0	48,0	1.244.676	1.150.236	2.394.912

* Die Volkszählung von 1987 erfaßt nur Hauptwohnsitze
** Fortschreibung des Statistischen Landesamtes auf der Basis der Volkszählungsergebnisse 1987
- wohnberechtigte Bevölkerung in München (I/95):1.322.731

Fallstudie München

spielt die Ausländerzuwanderung eine geringere Rolle; das Bevölkerungswachstum ist dort stärker auf innerdeutsche Wanderungen und insbesondere auf Suburbanisierungstendenzen zurückzuführen.

Die durchschnittliche Haushaltsgröße ist in der Kernstadt erheblich niedriger als im Umland (s.o., Punkt 3). Ein-Personen-Haushalte überwiegen in der Kernstadt (51,2%), während hier Haushalte mit 3 und mehr Personen nur noch relativ gering (10,3%) vertreten sind (PlR 1995 b). Im Umland liegt die durchschnittliche Haushaltsgröße noch bei ca. 2,5 - allerdings mit sinkender Tendenz (s.o.).

Abb. 3: Bevölkerungswachstum und -verteilung in der Region München

Einwohner 1950

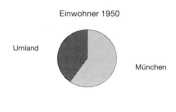

Einwohner 1994

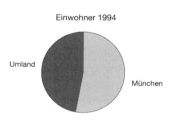

4.2 Wohnsituation der Haushalte

Bereits in Punkt 3 (s.o.) wurde die (gruppenspezifische) Wohnungsversorgung im Raum München eingehender dargestellt. Unter sozialen Aspekten bleibt festzuhalten, daß in der Kernstadt knapp 9,4% aller Haushalte, in denen 18,3% der Bevölkerung leben, in überbelegten Wohnungen wohnen. Tendenziell nimmt die Überbelegung mit steigender Haushaltsgröße zu, und die Unterversorgung bei Haushalten mit Kindern ist wesentlich häufiger als bei Erwachsenen-Haushalten (PlR 1995 b). Im Umland liegen hier die Verhältnisse etwas günstiger (s.o.).

Die tendenziell steigenden Mietbelastungsquoten in Stadt und Umland (s.o.) tangieren besonders die sozial benachteiligten Bevölkerungsgruppen.

4.3 Arbeitslosigkeit

Betrachtet man den Verlauf der Arbeitslosigkeit seit 1980, so lassen sich vier Phasen erkennen:

- 1981 bis 1983 (Rezession) stiegen die Arbeitslosenzahlen um ca. 150% auf ca. 55.000.

- Auf dem hohen Niveau von ca. 55.000 Arbeitslosen im Arbeitsamtsbezirk blieb es bis 1988. Bis zur nächsten Rezession (ca. 1992) ging die Arbeitslosigkeit wieder deutlich zurück, um danach erneut - bis auf gegenwärtig ca. 6% - anzusteigen.

Im gesamten Zeitraum war die Arbeitslosigkeit im Umland im allgemeinen geringer als in der Kernstadt. Überproportional von der Arbeitslosigkeit betroffen waren die Frauen und insbesondere die Ausländer. Auch die weniger Qualifizierten und Ältere waren bei höheren Arbeitslosenzahlen besonders betroffen; und mit Zunahme der Arbeitslosen änderte sich auch die Dauer der Arbeitslosigkeit, bzw. die Langzeitarbeitslosigkeit nahm überdurchschnittlich zu (PlR 1995 b).

4.4 "Neue Armut"

a) Kernstadt

In den letzten Jahren haben Studien zur Armutsentwicklung in München starke Beachtung in Öffentlichkeit und Politik gefunden (SozR 1987 und 1991; PlR 1995 b).

Das Armutspotential betrug 1989 in München rd. 122.000 Personen, gegenüber ca. 83.000 Personen im Jahre 1986; dies entspricht einer Zunahme um 46%. Die Definition von „Armut" umfaßt die bekämpfte und verdeckte Armut der Bezieher von Sozialhilfe bzw. der Sozialhilfeberechtigten, die nicht um Sozialhilfe nachsuchen, und erstreckt sich auf den Bereich der sog. relativen Armut, die nach einer EU-Konvention bei Einkommen unterhalb 50% des Durchschnittsnettoeinkommens gegeben ist. Die Armutsgrenze verläuft nach dieser Definition derzeit bei ca. 530,- DM/Person/m.

Die Entwicklung bei den Sozialhilfeempfängern hat sich tendenziell stabilisiert (86/89 nur relativ geringe Zunahme), während eine starke Zunahme, nahezu eine Verdoppelung, bei der „relativen Armut" zu verzeichnen ist.

In hohem Maße - Tendenz steigend - sind Haushalte mit Kindern von Armut betroffen: 77 von 1.000 Kindern unter 15 Jahren (rd. 10.600) sind mittlerweile auf laufende Hilfe zum Lebensunterhalt angewiesen; demgegenüber liegt die durchschnittliche Sozialhilfedichte bei 37 pro 1.000 Einwohner.

Im Bereich der Älteren hat sich die Situation zwar stabilisiert, allerdings sind Frauen besonders betroffen; die Sozialhilfedichte beträgt bei den über 65jährigen Frauen 35 pro 1.000 und bei gleichaltrigen Männern 22 pro 1.000.

Ausländer, auch ohne Asyl-Bewerber, sind überproportional von Armut betroffen: 48/33 je 1.000 Einwohner (SozR 1990).

Als Hauptgründe für Armut sind Arbeitslosigkeit, familiäre und persönliche Schwierigkeiten wie Scheidung und gesundheitliche Einschränkungen zu nennen.

Gerade in einer Stadt mit hohen Lebenshaltungskosten wie in München erweisen sich die sozialen Sicherungssysteme als unzureichend. Dies gilt insbesondere für Sozialhilfesätze, Wohngeld und z.T. auch für Rentenansprüche.

Die Armutspotentiale sind innerhalb des Stadtgebiets zwar unterschiedlich verteilt, aber Armut kommt in allen Stadtteilen vor.

b) Umland

Vergleichbare Untersuchungen wie für die Kernstadt liegen nicht vor; trotzdem gibt es Anhaltspunkte dafür, daß die „Neue Armut" im Umland weniger stark ins Gewicht fällt und daß die Polarisierungstendenzen in der Kernstadt begleitet werden von einer Polarisierung zwischen Stadt und Umland in bezug auf „arm" und „reich".

- Die Einkommensstruktur im Umland ist günstiger, untere Einkommenssegmente sind schwächer, höhere stärker besetzt; allerdings muß berücksichtigt werden, daß die durchschnittliche Haushaltsgröße im Umland auch erheblich über der in der Kernstadt liegt (GEWOS 1993).

- Die Arbeitslosenquote im Umland ist im Zeitverlauf geringer als in der Kernstadt: z.B. lag die Arbeitslosenquote in München im September 1992 bei 4,1%, in den umliegenden Landkreisen zwischen 2,6 und 3%.
- Die Ausländerquote ist im Umland niedriger, und auch der Anteil der Asylbewerber an der Bevölkerung im Umland liegt niedriger als in der Kernstadt.
- Die Wohnungsversorgung im Umland ist durchschnittlich besser (vgl. 3.2).
- Der Sozialwohnungsbestand im Umland (ca. 5%) und der Anteil des Umlandes am sozialen Wohnungsbau der Gesamtregion (7% bei einem Bevölkerungsanteil von ca. 45%) sind relativ gering, u.a. wohl auch als Folge eines geringeren geltend gemachten Bedarfs.

4.5 Fazit

Die eingehende fachliche und politische Diskussion des Armutsproblems im Raum München ergab neben der Sozialpolitik die Arbeitsmarkt- bzw. Beschäftigungspolitik und die Wohnungspolitik als wichtigste Ansatzpunkte. In all diesen Politikfeldern ist München sehr engagiert: Der Sozialetat beträgt gegenwärtig 1,5 Mrd. DM/a (Tendenz stark steigend); ein extensives Beschäftigungs- und Qualifizierungsprogramm unterhält ca. 600 Stellen für Problemgruppen des Arbeitsmarktes (in 10 Jahren waren hier über 4.200 Personen beschäftigt, und durchschnittlich werden über 1.000 Sozialwohnungen jährlich gebaut etc.).

Das Instrumentarium der lokalen Instanzen zur Lösung sozialer Probleme ist allerdings begrenzt. Die sozialen Sicherungssysteme werden ganz wesentlich auf staatlicher Ebene gestaltet. Auch das Steuersystem, diskutiert wurde z.B. eine „negative Einkommensteuer" für schlechter Verdienende - wird mittlerweile ebenfalls seitens der EU angeregt (EU-Kommission 1993) -, unterliegt vornehmlich staatlicher Kompetenz.

Die Bekämpfung sozialer Polarisierung - wie sie besonders in Städten auftritt - hat längst eine europäische Dimension erlangt (Europäische Kommission 1994, Parkinson 1994). Von der künftigen Gestaltung der Sozialsysteme auf europäischer und nationaler Ebene wird die Zukunft der Städte sehr stark abhängen. Auch eine relativ wohlhabende Stadt wie München mit einer im europäischen Vergleich relativ günstigen Ausgangslage (Arbeitslosigkeit, Sozialhilfedichte, Qualifikationsstruktur etc.) kann soziale Probleme zwar abmildern, aber nicht selbständig bzw. allein lösen.

5. Verkehr

München kann als Drehscheibe im europäischen Verkehrsnetz bezeichnet werden. Der Raum München ist als Wirtschafts- und Wohnstandort hervorragend an den überregionalen Schienen-, Straßen- und Luftverkehr angebunden: 2 ICE-Linien und 4 EC-Linien, 7 Autobahnen und 6 Bundesstraßen, 1 internationaler Großflughafen sowie ein moderner Rangierbahnhof und ein leistungsfähiger Umschlagbahnhof stellen eine hohe Erreichbarkeit des Münchner Raums auch in Zukunft sicher. In der Region und innerstädtisch schaffen insgesamt weit verzweigte und dichte S-, U-, Trambahn- und Busliniennetze die Voraussetzungen für einen regional- und stadtverträglichen Personennahverkehr (PIR 1995 c).

5.1 Verkehrsanbindung des Münchner Raumes

a) Eisenbahnverkehr

Seit Beginn des Eisenbahnwesens in Deutschland wurde München kontinuierlich als Eisenbahn-Verkehrsknoten ausgebaut (Winkel 1990). München verfügt deshalb über eine sehr gute Anbindung an das überregionale Schienennetz und die international bedeutsamen Eisenbahnstrecken. 226 Fernverkehrszüge kommen täglich im Münchener Hauptbahnhof an oder fahren dort ab, mit einem gesamten Passagieraufkommen von 47.000 (Lisson 1994).

Nach den Planungen der Deutschen Bahn AG wird eine Verdichtung der Zugfolge durch Umstellung vom Stunden- auf den Halbstundentakt bei IC-/ICE-Zügen angestrebt. So ist z.B. eine Verdoppelung des Zugaufkommens zu erwarten auf den Strecken München - Augsburg, München - Ingolstadt - Nürnberg; durch eine IC-/ICE-Verbindung von Norden wird Berlin über Ingolstadt in viereinhalb Stunden erreichbar sein (Ausbau 2000 bis 2004). Von Norden wird München im Halbstundentakt und von Westen im Einviertelstundentakt durch IC-/ICE-Züge angefahren werden. Die Interregio-Züge werden stärkere Bedeutung erlangen; so ist z.B. eine Verbindung aus der Schweiz über Lindau - München nach Sachsen und Berlin geplant. Auch die Aufwertung zu einer Intercity-Linie, insbesondere bei einer erweiterten Verkehrsbeziehung über die Schweiz nach Südfrankreich und Spanien (Barcelona), ist im Gespräch.

Im Fernverkehr werden die Linien über Wien nach Budapest (in Verbindung mit dem TGV Paris - Straßburg - München) und die über den Brenner nach Italien (Flachbahnstrecke zwischen München und Verona mit einem Basis-Tunnel unter dem Brenner) stark an Bedeutung gewinnen (Winkel 1990).

Für den Güterverkehr sind mit dem neuen Rangierbahnhof und dem Containerbahnhof in München in jüngerer Zeit zukunftsweisende Infrastruktureinrichtungen geschaffen worden. Im schienengebundenen Güterverkehr gilt München als „Drehscheibe des Südens": Alle Wirtschaftszentren Deutschlands werden im Nachtsprung erreicht, und „Eurail Cargo" verbindet München mit ausgewählten europäischen Wirtschaftszentren bis zu 1500 km Entfernung innerhalb von 36 Stunden mit garantierten Lieferfristen (Lisson 1994).

b) Straßenverkehr

Die gesamte Region ist sehr gut eingebunden in das Verkehrssystem Bayerns bzw. der Bundesrepublik und insbesondere gut vernetzt mit den Nachbarstaaten im Süden und Osten. Der Münchner Raum ist Hauptdurchzugsgebiet des Wirtschafts- und Ferienreiseverkehrs von Nord nach Süd und umgekehrt. Den größten Teil des regionalen Verkehrsaufkommens bewältigt die Straße.

Seitens der Wirtschaft wird nachdrücklich ein Autobahnausbau auf den Strecken A 94 München - Mühldorf - Simbach a. Inn und A 96 München - Landsberg a. Lech -

Lindau gefordert, um eine Erschließung des „Chemiedreiecks" und eine Anbindung an den südwestdeutschen und Schweizer Verkehrsraum sowie eine leistungsfähige, durchgehende Ost-West-Verbindung zu erreichen. Auch eine Weiterführung der A 95 / B 2 München - Garmisch-Partenkirchen ab Eschenlohe und ein erheblicher Ausbau bei den Bundesstraßen wird befürwortet (Winkel 1990).

Diesen Forderungen ist bereits im Bundesverkehrswegeplan weitgehend Rechnung getragen worden.

c) Luftverkehr

Seit Kriegsende ist das Luftverkehrsaufkommen in München rapide gewachsen: 1950 waren es 70.000 Passagiere, 12 Jahre später (1962) wurde die Grenze von 1 Mio. Passagieren überschritten, und 1988 waren es 10 Mio. Fluggäste (Winkel 1990).

1992 hat schließlich der neue Flughafen MUC II den mittlerweile überlasteten Flughafen München-Riem abgelöst. 1993, im ersten kompletten Betriebsjahr, hat MUC II bereits 12,7 Mio. Passagiere befördert: 200 wöchentliche Linienverbindungen bestehen zu attraktiven weltweiten Zielen, und im kontinentalen Luftverkehr werden wöchentlich ca. 2000 Linienverbindungen angeboten (Hermsen 1994).

Technisch ist ein Ausbau des neuen Flughafens auf eine Kapazität von ca. 30 Mio./ a möglich. Vom neuen Flughafen werden erhebliche Entwicklungsimpulse nicht nur im Flughafenumland, sondern für den gesamten Wirtschaftsraum München erwartet (ifo 1990). Der Wirkungsgrad des neuen Flughafens wird sich noch stark erhöhen, wenn die geplante zweite S-Bahn-Anbindung und eine ICE-Anbindung verwirklicht sein werden.

5.2 Innerregionale Verkehrsentwicklung

a) ÖPNV

„Das öffentliche Personennahverkehrssystem blieb bis heute das Markenzeichen Münchner Verkehrspolitik und eine beispielgebende Lösung für die Bundesrepublik insgesamt" (empirica 1991, S. 105).

Im Zuge des Infrastrukturausbaus für die „Olympischen Spiele" (1972) ist es im Münchner Raum gelungen, ein zukunftsweisendes S-Bahn- und U-Bahn-System aufzubauen. Mittlerweile werden die ca. 405 S-Bahn-Kilometer des Münchner Verkehrsverbundes (MVV) pro Tag von 617.000 Fahrgästen genützt und auf ca. 73 U-Bahn-Kilometern täglich über 760.000 Fahrgäste befördert (PlR 1995 c). Die S-Bahn-Endhaltepunkte rund um die Kernstadt liegen ca. 40 - 45 km vom Stadtzentrum entfernt. In der Kernstadt werden zudem 61 Straßenbahnkilometer und ca. 430 km Buslinien bedient. Die Landkreise im Umland unterhalten ebenfalls ein relativ dichtes Busnetz.

Dieses ÖPNV-System hat dem Münchner Raum einen günstigen „modal split" zugunsten des öffentlichen Personennahverkehrs beschert (empirica 1991, S. 105): In der Kernstadt ist der ÖPNV-Anteil an der Verkehrsmittelwahl zwischen 1976 und 1992 von 19% auf 25% angestiegen, und der Pkw-Anteil (Fahrer/Mitfahrer) hat von 42% auf 36%

abgenommen. Sehr hoch ist der ÖPNV-Anteil - auch im internationalen Vergleich - insbesondere bei Fahrten in die Innenstadt (75%).

Die vom Münchner Verkehrsverbund (MVV) auf S- und U-Bahnen beförderten Fahrgäste sind stark angewachsen von ca. 360 Mio. (1973) auf ca. 490 Mio. (1988); damit sind die Kapazitätsgrenzen des Systems erreicht und in den „rush-hours" auch schon überschritten. Durch die laufenden Planungen eines starken ÖPNV-Ausbaus soll die Leistungsfähigkeit des öffentlichen Verkehrssystems im Raum München erneut nachhaltig gesteigert werden (vgl. Punkt 7.4). Ein Ausbau durch eine Verdichtung des Taktes aufgrund signaltechnischer Neuerungen ist nur noch begrenzt möglich. Eine umfassende Steigerung des Fahrtenangebots erfordert erhebliche Finanzaufwendungen zur Überwindung technischer Engpässe: einen Südring für die S-Bahn, weitere Zugausrüstungen, Investitionen in die Energiezufuhr, Signaltechnik usw. Dies bleibt im Zuge der geplanten Neuordnung des regionalen Schienenverkehrs und des MVV - möglichst unter verstärktem Engagement der Landkreise und staatlicher Stellen - umzusetzen. Angestrebt wird eine erhebliche Angebotssteigerung bei der S-Bahn (10-Minuten-Takt), ein weiterer U-Bahnausbau (auf ca. 110 km bis 2010) und eine günstige Abstimmung des Systems mit den Regionalverkehrszügen und -bussen.

b) Individualverkehr

Die Belastung der Region durch den Individualverkehr (MVV) nimmt in absoluten Zahlen kontinuierlich zu. Werktäglich finden durchschnittlich im Binnenverkehr (Quelle und Ziel im Stadtgebiet) ca. 1,2 Mio. Pkw-Fahrten, im Stadt-Umland-Verkehr 0,66 Mio. Pkw-Fahrten und im Durchgangsverkehr 0,1 Mio. Pkw-Fahrten statt. Hinzu kommen im Schwerverkehr ca. 0,16 Mio. Kfz-Fahrten (PlR 1995 d). „Von allen Pkw-Fahrten, die in München stattfinden, sind also 62% Binnenverkehr, 33% Quell-/Zielverkehr und 5% Durchgangsverkehr. Ähnliche Anteile gelten für den Schwerverkehr" (ebd., S. 8).

Obwohl die Nutzungsquote der in München zugelassenen Pkw tendenziell sinkt (1989: 61%, 1992: 57%) und auch die Anzahl der Pkw-Fahrten sowie die durchschnittliche Pkw-Fahrtdauer rückläufig sind (Umweltverbund 1994), wird aber die Belastung der Stadt durch Pkw-Verkehr tendenziell weiter zunehmen. Ein starkes Anwachsen der Umlandbevölkerung, zunehmende „Querverkehre" durch Münchener Gebiet und ein zunehmender Wirtschafts- und Güterverkehr dürften hierbei maßgeblich sein (vgl. Punkt 7.4).

In den vergangenen Jahren wurden trotz Priorisierung des ÖPNV erhebliche Mittel (ca. 400 Mio. DM) für den Ausbau und den Erhalt des Straßennetzes für den Autoverkehr in der Kernstadt investiert. Auf Dauer werden aber keine wesentlichen Vorteile durch weiteren Straßenbau im Stadtgebiet gesehen (PlR 1995 c). Regionsweit, vor allem in der Kernstadt, wird insbesondere auf eine Priorisierung des ÖPNV und eine entsprechend angepaßte Siedlungsentwicklung gesetzt (vgl. 7.4) (PlR 1995 c).

5.3 Mobilitätsverhalten

Die Münchnerinnen und Münchner legen im Durchschnitt täglich 2,7 Wege zurück und sind dabei durchschnittlich ca. 1,25 Stunden unterwegs. Wie im bundesweiten Trend sind die Wege länger geworden: 1977 waren es jeweils ca. 17 km/Tag, 1991 verzeichnete man bereits ca. 26 km/Tag an durchschnittlicher Mobilität. Bei relativ stabilem Zeitbudget für die Fortbewegung hat sich die Reisegeschwindigkeit erhöht.

Die Münchner Bevölkerung ist immerhin nahezu die Hälfte ihrer im Verkehr verbrachten Zeit (43 Min., d.h. 47% von insgesamt 92 Min.) zu Fuß oder mit dem Fahrrad unterwegs. 20 Min. verbringen sie durchschnittlich im ÖPNV und 29 Min. im MIV.

Die Münchner Bevölkerung nutzt heute für 3 von 5 Wegen die Verkehrsmittel des „Umweltverbundes": die Füße, das Fahrrad oder den ÖPNV. Im Vergleich zu vielen anderen deutschen Städten verlief diese Entwicklung in jüngerer Zeit günstig.

Im Umland stellt sich die Entwicklung ungünstiger dar. Die Siedlungsstruktur erfolgt nicht hinreichend in Übereinstimmung mit den S-Bahn-Achsen bzw. den Einzugsbereichen der S-Bahnhöfe. Die z.T. geringen Besiedlungsdichten und Tendenzen zur Zersiedlung in den letzten Jahren erschweren eine attraktive ÖPNV-Erschließung. So entstehen lange Wege, und damit wird zunehmend - auch für Wege von und nach München - das Auto verwendet (PIR 1995 c). Bei der Verkehrsmittelwahl über die Stadtgrenze hinweg spielt der Individualverkehr (MIV) die größte Rolle (78%). Je näher das Ziel beim Zentrum liegt, um so stärker ist die Bedeutung von ÖPNV, und auch das Fahrrad bzw. Bewegungen zu Fuß gewinnen insgesamt an Bedeutung. Der unter Umweltgesichtspunkten günstigste „modal split" ergibt sich bei Fahrten in die Altstadt (vgl. Abb. 4) (PIR 1995 c).

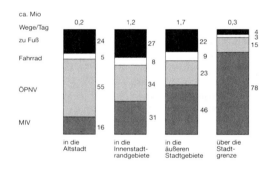

Abb. 4: Verkehrsmittelnutzung der Münchner nach Wegeziel 1991: Nutzungsdichte nützt dem Umweltverbund

5.4 Fazit

Die großräumige Verkehrsanbindung Münchens ist im Regionalvergleich sehr vorteilhaft und gestaltet sich weiterhin positiv. Auch die innerregionale Verkehrsbedienung des Münchner Raumes gilt gegenüber vergleichbaren Regionen als relativ günstig; die innerregionalen Verkehrsprobleme des Münchner Raums sind keinesfalls untypisch für Großstadtregionen und in vergleichbaren Räumen oft schon viel eher aufgetreten (empirica 1991).

Bei der Wahrung bzw. Stärkung der innerregionalen verkehrlichen Standortgunst des Wirtschaftsraums München kommt dem ÖPNV-Ausbau (inkl. P & R-Angebot), dem

Ausbau des regionalen Schienen- und Busverkehrs, dem Ausbau von Verkehrsleitsystemen und der Siedlungspolitik erhebliche Bedeutung zu. Alle beteiligten Akteure, staatliche Stellen (inkl. EU), Stadt und Landkreise sowie die Unternehmen, sind hier gefordert (vgl. Punkt 7.4).

6. Chancen und Risiken des Wirtschaftsraums München durch EU-Binnenmarkt, Ostöffnung und außereuropäische Entwicklungen

6.1 Europäische Region „Südbayern"

Die Frage nach den Chancen und Risiken des Wirtschaftsraums München, die sich durch EU-Binnenmarkt, Ostöffnung und weitere weltwirtschaftliche Einflüsse ergeben, wirft auch die Frage nach einem geeigneten Regionsumgriff im europäischen Maßstab auf. Vergleiche mit anderen EU-Ländern sind wenig hilfreich, weil dort die regionale

Abb. 5: Berufseinpendler in die Landeshauptstadt München

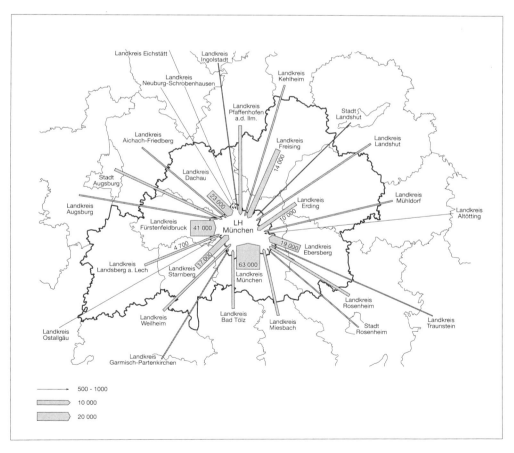

Quelle: Bayrisches Landesamt für Statistik 1990

Ebene z.T. nicht oder kaum institutionalisiert ist und ansonsten die Regionsumgriffe größenmäßig ganz erhebliche Schwankungsbreiten aufweisen.

Ungeachtet der administrativen Abgrenzungen für Regionen in den EU-Mitgliedsländern werden sich im zunehmenden Wettbewerb der Regionen die Umgriffe faktisch danach bestimmen, wie Investoren und die mobiler werdende Bevölkerung in Europa im Quervergleich Wirtschaftsräume als hochgradig vernetzt und funktional zusammengehörig wahrnehmen.

Vieles spricht dafür, daß die Region 14 (vgl. Abb. 1), die bisher im Mittelpunkt der Betrachtung stand, im europäischen Kontext einen zu engen Umgriff aufweist. Die Arbeitsmarktregion mit München als Oberzentrum weist zusehends über diesen Umgriff hinaus. Zwar kommen immer noch ca. 75% der Einpendler nach München aus dem Umland innerhalb der Region 14, aber die Einpendler von außerhalb dieser Regionsgrenze haben bereits erhebliches Gewicht und weisen starke Wachstumsraten auf (vgl. Abb. 5).

Von daher zeichnet sich ein Wirtschaftsraum ab, der die Regionen Augsburg, Ingolstadt sowie Landshut, Rosenheim und Teile Oberbayerns mit umfaßt. In europäischem Maßstab erscheint es auf längere Sicht zweckmäßig, hier von einer Region „Südbayern" auszugehen (vgl. MAI-Initiative der Städte München, Augsburg, Ingolstadt unter Pkt. 8.), zumal sich in Bayern eine zweite Region - die „Nordbayern"-Großregion um Nürnberg, Erlangen, Fürth - abzeichnet (Nerb 1992).

6.2 Entwicklungsperspektiven des Wirtschaftsraums München im EU-Binnenmarkt

Diese Regionalstudien zum EU-Binnenmarkt beziehen sich auf verfügbare Daten zur Wirtschaftsstruktur, zu den regionalen Arbeitsmärkten, zur regionalen Infrastruktur und z.T. auch auf Unternehmensbefragungen, die Einschätzungen von Standortqualitäten und Entwicklungsperspektiven mit umfassen.

Der folgende Überblick zu den Ergebnissen der o.a. EU-Studien verdeutlicht insgesamt sehr günstige Entwicklungsperspektiven für den Raum München und macht besondere Stärken, aber auch einige Schwächen und Engpaßfaktoren deutlich. Bei den Vergleichen im folgenden Text werden im weiteren jeweils nur die Ziffern o.a. Studien angegeben.

a) Die Arbeitsmarktqualität, gemessen an der Arbeitslosenquote, ist für München im europäischen Quervergleich (1990) besonders hervorzuheben: Unter 17 ausgewählten europäischen Vergleichsregionen (ifo/Kienbaum 1991) hatte nur Stuttgart eine geringfügig niedrigere Arbeitslosenquote als München (vgl. auch Abb. 6).

b) Die Wirtschaftsstruktur Münchens bzw. der Region München wird in den Studien übereinstimmend sehr positiv bewertet. Entwicklungsstand und Dynamik der Münchner Wirtschaft erhalten nahezu maximale Indikatorenwerte im Regionalvergleich (vgl. Abb. 7); gleiches gilt für die Bruttowertschöpfung (ifo 1990, DATAR 1989). Die Industriestruktur wird relativ günstig beurteilt (ifo 1990, Agnelli 1989, EU-Kommission 1991).

Etwas ambivalent wird dagegen das politisch administrative Umfeld eingeschätzt (Agnelli 1989; ifo 1989, 1990).

c) Die Raumlage Münchens wird günstig beurteilt. Zu nennen ist hier die zentrale Lage Münchens im europäischen Raum, die Anschlußdichte der Fernstraßen und des Fernbahnnetzes, der international bedeutende neue Flughafen sowie der neue Container- und Rangierbahnhof (vgl. Pkt. 4).

d) Die Raumqualität - gemessen vor allem an Arbeitsmarktkriterien, an der Infrastrukturausstattung, der Wohnqualität, an Konsum-, Umwelt- und Freizeitmöglichkeiten - wird in den meisten Studien überwiegend sehr günstig beurteilt.

e) Die Innovationskraft der Wirtschaft im Münchner Raum wird in den EU-Regionalstudien positiv bewertet, wenn auch mit dieser Ausnahme i.d.R. keine maximalen Bewertungen im internationalen Vergleich vorgenommen werden.

f) Den Befragungen (IHK 1993) zufolge werden die Unternehmen im Raum München auf die Binnenmarktentwicklung vor allem durch die Verstärkung von F&E-Aktivitäten und Rationalisierungsinvestitionen reagieren; z.T. (20%) denkt man auch an verstärkte Kooperation bei der Produktion mit ausländischen Unternehmen bzw. an die Verlagerung von Produktionskapazitäten (ifo 1989, IHK 1993). Im übrigen haben viele

Abb. 6: Arbeitslosenquoten in ausgewählten Regionen* der EG

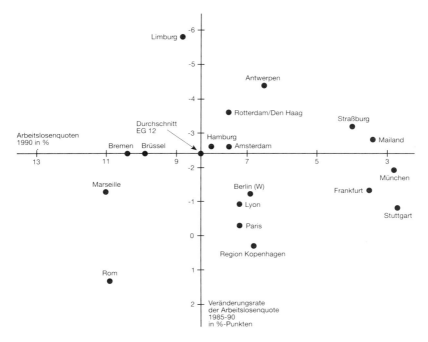

* Angaben für die Regionen der Gebietsklassifikationsebene NUTS II, in der sich die jeweiligen Städte befinden.
Quelle: EC-Commission 1991

Fallstudie München

Unternehmen die EU-Binnenmarktentwicklung „antizipiert" oder sich mittlerweile darauf eingestellt, so daß in der Zukunft evolutorische Auswirkungen des Binnenmarkts wahrscheinlicher sind als sprunghafte Entwicklungsanstöße.

g) Die Tertiärisierung der Wirtschaft im Münchner Raum und ihre Internationalisierung erhalten Impulse aus dem EU-Binnenmarkt. München dürfte seine Stellung in vielen Branchen ausbauen können: Versicherungen, Medien, High-tech usw. Dem Raum München wird allgemein die Chance zuerkannt, sich zu einem „europäischen Zentrum" zu entwickeln (ifo 1989, 1993).

h) Längerfristig können allerdings Engpaßfaktoren - die Kehrseite einer dynamischen Wirtschaftsentwicklung, etwa im Umweltbereich und im Wohnungssektor - zu einer wesentlichen Verschlechterung der Wettbewerbsbedingungen führen. Dies hat der Raum München mit einer Reihe anderer hochentwickelter Regionen gemeinsam, deren Chancen im EU-Binnenmarkt zunächst als sehr günstig beurteilt werden. Vor allem aufstrebende Regionen im Dunstkreis der etablierten und womöglich aufgrund von Engpaßfaktoren in ihrer weiteren Dynamik behinderten Wachstumszentren haben hier gute Wettbewerbsaussichten auf längere Sicht.

Als problematische Faktoren im Raum München werden vor allem Gewerbeflächenengpässe, der angespannte Wohnungsmarkt und ein Mangel an qualifizierten Arbeitskräften angeführt. Relativ ungünstig werden auch „sozialer Friede", gemessen an den Indikatoren, Sozialklima und Überalterung der Bevölkerung sowie „kommunale Ko-

Abb. 7: Produktivitätsniveau und -wachstum in ausgewählten Regionen* der EG[1]

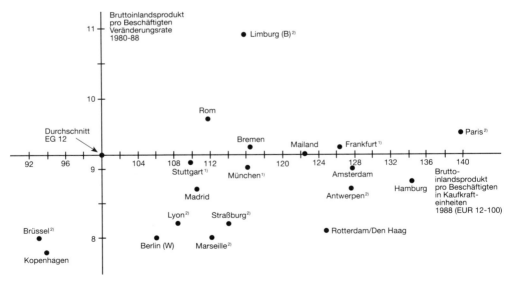

* Angaben für die Regionen der Gebietsklassifikationsebene NUTS II, in der sich die jeweiligen Städte befinden.
[1] Schätzung des ifo-Instituts; [2] 1981-88.
Quelle: EC-Commission 1991, Berechnungen des ifo-Instituts

sten" beurteilt (Agnelli 1989, ifo 1990). Dies signalisiert besondere Problempunkte für die künftige Entwicklung (Schussmann, Giesecke, Müller 1993).

Fazit:

Zusammenfassend ist festzustellen, daß der Raum München nach den hier verglichenen Regionalstudien außergewöhnlich günstige Voraussetzungen im EU-Binnenmarkt aufweist. Die seit längerem günstige Wirtschaftsentwicklung und die hohe Entwicklungsdynamik, der moderne und günstige Branchenmix, die hohe Exportorientierung, die günstige Qualifikationsstruktur - insgesamt die hohe Qualität der harten und weichen Standortfaktoren - belegen dies. Neuere Prognosen (ERECO 1993), die nicht vorrangig auf die Binnenmarktentwicklung abstellen, weisen für München ein deutlich über dem europäischen Durchschnitt liegendes reales Wirtschaftswachstum auf (Schussmann, Giesecke, Müller 1993). Aber auch Engpaßfaktoren sind zu beachten, insbesondere auf dem Gewerbeflächen- und Wohnungsmarkt sowie auf dem Arbeitsmarkt (empirica 1994) und im sozialen Bereich.

6.3 Auswirkungen der Wiedervereinigung auf den Raum München

Das Deutsche Institut für Urbanistik hat die Auswirkungen der Wiedervereinigung auf die Deutsche Städtestruktur näher untersucht (DIFU 1993). Danach ergeben sich für München folgende Auswirkungen:

- München gehört nicht zu den größten Gewinnern der deutschen Wiedervereinigung - wie Berlin als Hauptstadt und Regierungssitz bzw. durch Öffnung des Hinterlandes sowie Hamburg, Hannover oder Städte in ehemaligen Grenzregionen, d.h. traditionelle Handelsstädte mit starkem Ostbezug.

- Die politische Aufwertung Berlins hat dazu geführt, daß München - genauso wie Hamburg, Köln oder Frankfurt - sich nun in einen der neuen Hauptstadt nachgeordneten Rang gestellt sieht. Funktionsverluste für München scheinen aber damit nicht verbunden zu sein. Über Einzelfälle hinaus wird keine Abwanderung bzw. Rückkehr von Firmen nach Berlin oder Leipzig erwartet.

- Ein erstarkender sächsischer und mitteldeutscher Wirtschaftsraum erhöht sowohl die Konkurrenz als auch die Absatzchancen für den Münchner Raum - Risiken und Chancen halten sich die Waage.

- Wie andere Regionen auch hat der Raum München nach einer wiedervereinigungsbedingten Sonderkonjunktur mit den bekannten finanziellen Belastungen des kommunalen Haushalts durch Finanzausgleich und Gewerbesteuerminderungen (Investitionen und Sonderabschreibungen ansässiger Unternehmen im Osten) sowie der Privathaushalte (Solidaritätszuschlag) zu rechnen. Durch den gewollten „Aufbau Ost" entstehen allerdings auch weitere Marktchancen für westliche Wirtschaftsregionen. Der Münchner Raum erscheint hier aufgrund seiner modernen Wirtschaftsstruktur eher begünstigt (s.u.).

6.4 Auswirkungen der Ostöffnung

Eine neuere Studie des ifo-Instituts (Nerb, Reuter, Hasenstab 1993) im Auftrag der Stadt kommt zu dem Schluß, daß München von den kurzfristigen, eher negativen Auswirkungen vergleichsweise wenig, dafür aber von den längerfristig erwarteten positiven Auswirkungen verstärkt betroffen sein wird:

- Die kurzfristig - infolge wachsender Importkonkurrenz und aufgrund von Produktionsverlagerungen - durch die Ostöffnung negativ betroffenen Branchen sind u.a. die Textil- und Bekleidungsindustrie, die Nahrungs- und Genußmittelindustrie sowie die Bereiche Holzbe- und -verarbeitung, die Gußindustrie oder auch arbeitsintensive Teile des Maschinenbaus. Diese Branchen sind in München eher unterdurchschnittlich vertreten, so daß stärkere Markteinbrüche bzw. Arbeitsplatzabnahmen von daher kaum zu erwarten sind. Allerdings finden auch aus dem Raum München Produktionsverlagerungen nach Osten statt (Bleyer 1994).

- Längerfristig wird vom ifo-Institut davon ausgegangen, daß bis Ende der 90er Jahre zumindest in den osteuropäischen Staaten mit weit fortgeschrittenen Reformmaßnahmen (Polen, Ungarn, Tschechische Republik) der Tiefpunkt überwunden sein wird; auch für die Slowakische Republik, Rumänien, Bulgarien, Slowenien und die Baltischen Staaten wird bis dahin mit einer weitgehenden Konsolidierung gerechnet. In einigem Abstand folgen dann erwartungsgemäß die GUS, Ex-Jugoslawien (ohne Slowenien) und Albanien.

- Im Zuge der sich verbessernden Kaufkraft-, Einkommens- und Produktionsbedingungen eröffnen sich für westliche Unternehmen neue Absatzmöglichkeiten. Vor allem Branchen mit viel technischem Know-how sowie kapitalintensive Bereiche, deren komparative Vorteile von östlichen Herstellern nicht wettgemacht werden können - Elektrotechnik, Fahrzeugbau, ADV etc. -, werden, wenn sie an einem Standort wie München stark vertreten sind, Marktverluste in anderen Bereichen kompensieren. Als Systemanbieter haben sie kaum Konkurrenz aus Osteuropa zu befürchten. München wird hier, aufgrund seines im Regionalvergleich günstigen Branchenbesatzes, längerfristig überdurchschnittlich hohe Wachstumsimpulse erfahren.

- Der „Osteuropa-Effekt" wird jedoch hinsichtlich seines für Weststandorte positiven Wachstumsbeitrags wegen des niedrigen Ausgangsniveaus (die Ostexporte Bayerns machen rd. 2 - 3% seines Exportvolumens aus) in den nächsten 10 - 20 Jahren noch relativ gering sein.

- Der Standort München ist für auswärtige Investoren als „Brückenkopf für Osteuropa" weniger attraktiv als Konkurrenzstandorte wie Wien, Leipzig oder Berlin. Folglich ist für München auch nicht mit verstärkten Ansiedlungen von Betrieben zu rechnen, die einen bevorzugten Ausgangspunkt für wirtschaftliche Aktivitäten in Osteuropa suchen.

- Ein erheblicher Steuerungsbedarf wird künftig v.a. bei der Zuwanderungspolitik und -integration gesehen. Nach Prognosen des ifo-Instituts könnte die Bevölkerung der Region München (Planungsregion 14) bis zum Jahr 2010 um rd. 23% auf ca. 2,85 Mio. Einwohner wachsen, wenn sich die Präferenzen der Zuwanderer nicht grundlegend ändern und politisch keine Ausgleichsmaßnahmen getroffen werden.

Münchner Unternehmen und Organisationen stellen sich den längerfristig sich bietenden Chancen. Deshalb werden jetzt Positionen auf diesen Märkten aufgebaut, damit diese nicht durch die bereits jetzt aktive Konkurrenz aus anderen Regionen besetzt werden. So ist z.B. die Firma Siemens in Rußland in den Bereichen Medizintechnik, Anlagen- und Automatisierungstechnik sowie Telekommunikation, Informationstechnik und Kraftwerktechnik über „joint ventures" und Minderheitsbeteiligungen tätig (Schussmann, Giesecke, Müller 1993). Auch andere bekannte Münchner Firmen haben sich im Osten ein Standbein geschaffen (Bleyer 1994).

6.5 Münchens Position in räumlichen Szenarien zur Wirtschaftsentwicklung im neuen Europa

Zu den bekanntesten neuen Raumbildern, zu den Wachstumszentren in der EU gehört die sog. „Blaue Banane" (DATAR 1989). Aufbauend auf Regionalstudien werden hier die aufgrund ihrer ökonomisch besonders leistungsfähigen Verdichtung dominierenden Wirtschaftsstandorte in der EU auf der Achse London - Rhein - Main - Mailand und zum anderen in der besonders im High-tech-Bereich aufstrebenden Sun-

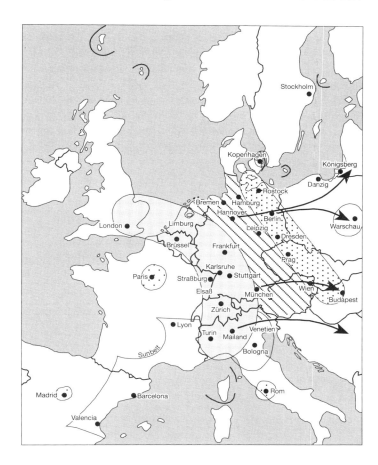

Abb. 8: Wirtschaftszentren im geopolitisch neuen Europa

Quelle: ifo-Institut (Nerb 1992)

belt-Region mit den Zentren Valencia, Barcelona, Lyon und Nizza liegen (vgl. Abb. 8). Nur wenige der wichtigsten Wirtschaftsräume liegen außerhalb dieser sog. Hauptentwicklungsräume.

Durch die Ostöffnung und die Wiedervereinigung haben sich die räumlichen Konstellationen abermals verändert. Dem Raum München ist auf diese Weise die Funktion eines Tors zum Osten zugefallen, auf einer sich abzeichnenden Schiene München - Wien - Budapest. Weitere Ost-West-Schienen scheinen sich mit Hamburg - Berlin, Ruhrgebiet - Hannover - Berlin - Warschau, Ruhrgebiet - Leipzig - Prag herauszubilden.

Auch bei einer eher dispersen Entwicklung im Osten würden die wichtigsten Wachstumsimpulse den Agglomerationen, wie München, Hamburg, Berlin, Leipzig, Dresden, Prag, Warschau, Wien und Budapest, zugute kommen.

Nach ifo (ifo-Institut, München) könnte längerfristig auch eine Nord-Süd-Achse parallel zur „Banane" entstehen, wobei die zentralen Orte Kopenhagen, Rostock, Berlin, Dresden, Prag, Wien und Budapest die eigentlichen Wachstumsmotoren darstellen, die auch ihr jeweiliges Umland miterfassen. Beide „Nord-Süd-Achsen" würden zu einer wechselseitigen Verstärkung der Wirtschaftsbeziehungen führen; womöglich würden die Achsen zusammenwachsen, was vor allem größeren deutschen Regionen zugute käme - so auch dem Münchner Raum (ifo 1992). Bei allen o.a. Szenarien bzw. bei den für plausibel gehaltenen Varianten nimmt der Raum München eine günstige Wettbewerbsposition ein und dürfte deshalb bei der künftigen Entwicklung wirtschaftlich günstig abschneiden. Notwendig ist hier eine verstärkte Kooperation im Binnenverhältnis der sich herausbildenden europäischen Region (Nerb 1992), aber auch eine verstärkte interregionale Kooperation. Die MAI-Initiative (Intensive Kooperation der Städte München, Augsburg und Ingolstadt seit 1992) und das Engagement Münchens in Städtekooperationen und -netzwerken tragen diesem Umstand Rechnung (vgl. Pkt. 8.).

7. Prognosen und Szenarien

7.1 Erwerbstätigenprognose für die Region München

Die vorliegende Erwerbstätigenprognose (PROGNOS 1992) beruht auf gesamtwirtschaftlichen Prognosen unter Berücksichtigung der regionalen Entwicklungsdynamik und der örtlichen Besonderheiten. Als Randbedingungen der Prognose sind hervorzuheben:

- Von 1989 bis 2010 wird mit einem realen Wachstum von 2,4% p.a. in der Bundesrepublik gerechnet.

- Die Erwerbstätigenzahl im alten Bundesgebiet nimmt noch bis zum Jahr 2000 stärker zu (Bevölkerungszunahme um 2 Mio.); danach werden nur noch geringe Veränderungen erwartet, insbesondere aufgrund einer stärker zunehmenden Arbeitsproduktivität.

- Das verarbeitende Gewerbe weist einen verlangsamten Strukturwandel auf mit nur wenig absinkenden Beschäftigungszahlen von 7,2 Mio. (1990) auf 6,9 Mio. (2010).

- Gesamtwirtschaftliche Beschäftigungszunahmen sind dem tertiären Sektor zuzurechnen, obwohl dessen Wertschöpfungsanteil nicht steigt.

- Die günstige Beschäftigungsentwicklung in der Region München im Vergleich zum Bundesgebiet setzt sich tendenziell fort (Potential-Variante); u.U. kommen aber die Engpaßfaktoren in der Region verstärkt zum Tragen (Engpaß-Variante).

Ausgehend von ca. 1,29 Mio. Erwerbstätigen in der Region München (1991) rechnet PROGNOS bis zum Jahr 2000 mit einem Arbeitsplatzangebot für 1,38 Mio. Erwerbstätige, d.h. mit einer Zunahme um 90.000. Bis zum Jahr 2005 wird (gegenüber 1991) eine Erwerbstätigenzunahme um 120.000 erwartet (vgl. Abb. 9).

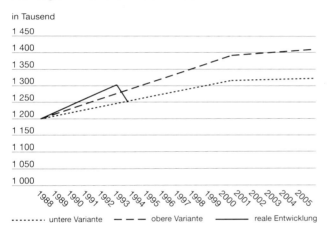

Abb. 9: PROGNOS-Erwerbstätigenprognose für die Region München 1988-2005

Bei der Ableitung dieser Prognose wird auf die günstige Wirtschaftsstruktur der Region München, auf detailliertere Untersuchungen zum EU-Binnenmarkt-Effekt für die Region, auf die Ostöffnung und auf Sondereinflüsse wie den neuen Flughafen und Entwicklungsperspektiven der Rüstungsindustrie besonders eingegangen.

Eine Engpaßvariante der Prognose rechnet für 1991 bis 2000 nur noch mit zusätzlich 20.000 Erwerbstätigen bzw. bis zum Jahr 2005 nur mit etwa 30.000 zusätzlichen Erwerbstätigen in der Region gegenüber 1991. Hier wird angenommen, daß die spezifischen regionalen Engpässe, z.B. bei den verfügbaren Flächen, im Verkehrsbereich und beim Angebot an Arbeitskräften zum Tragen kommen. Ergänzende Modellrechnungen hierzu (RAW 1992) haben ergeben, daß selbst längerfristig pessimistische gesamtwirtschaftliche Wachstumserwartungen (z.B. nur ca. 0,6% p.a.) zu keinen niedrigeren Erwerbstätigenzahlen für das Jahr 2000/2005 führen würden als in der o.a. Engpaßvariante.

Nach diesen Prognosen ist mit einem stabilen bzw. weiter expansiven Arbeitsplatzangebot in der Region München zu rechnen, wenn auch die Entwicklungstrends eine erhebliche Abschwächung der Dynamik in der Beschäftigungsentwicklung gegenüber vergleichbaren Zeiträumen in der Vergangenheit erwarten lassen. Selbst bei der oberen Prognosevariante ergeben sich nur noch geringe Arbeitsplatzzunahmen in München, während im Umland der ganz überwiegende Zuwachs stattfände. Bei der unteren Prognosevariante gäbe es leichte Arbeitsplatzzunahmen nur noch im Umland, bei geringen Abnahmen in der Kernstadt. In jedem Fall wird mit einer stärkeren Entwicklungsdynamik im Umland gerechnet.

7.2 Bevölkerungsprognosen

Regionale Bevölkerungsprognosen sind unsicherer geworden, weil sich Wanderungsbewegungen aus den östlichen Bundesländern und vor allem aus dem Ausland mit der Ostöffnung weniger zuverlässig abschätzen lassen als früher.

Das ifo-Institut (ifo 1992) prognostiziert ein Anwachsen der Bevölkerung in der Region München auf 2.849.000 im Jahre 2010 gegenüber 2.319.000 in 1990. Demnach würde im Prognosezeitraum ein natürlicher Bevölkerungsrückgang um 88.000 und ein Wanderungsgewinn von 618.000 auftreten. Aufgrund eines relativ hohen angenommenen Außenwanderungsanteils an den Wanderungsgewinnen der Region München (neben Aussiedlern hoher Ausländeranteil) käme es nach der ifo-Prognose zu einer Zunahme des Ausländeranteils in der Region von 14,1% auf 20,6% (1990/2010). Die Entwicklung seit 1990 stützt zunächst diese Prognose; allerdings haben mittlerweile die Außenzuwanderungen in die Region München ganz erheblich abgenommen (BStMLU).

In einer Arbeitsmarktuntersuchung hat empirica aus der ifo-Prognose 2010 für 2005 eine Regionsbevölkerung von 2.769.000 Personen abgeleitet (empirica 1994), d.h. einen Zuwachs von 450.000 gegenüber 1990: Binnenwanderungssaldo von 77.000, etwa 400.000 an Außenwanderungssaldo und ein Sterbeüberschuß von ca. - 27.000. Dieser Bevölkerungszuwachs wäre immer noch ca. doppelt so hoch, wie ihn der Arbeitskreis Regionalentwicklung München für den Zeitraum 1992 und 2000 erwartet (AKR 1994). Dieses Prognosespektrum reflektiert die hohe Unsicherheit über das Ausmaß von Außenzuwanderungen in den Raum München. Somit eröffnet sich nach den verfügbaren Bevölkerungsprognosen auch ein weites Spektrum an Entwicklungsmöglichkeiten auf dem Arbeits- und Wohnungsmarkt usw.

7.3 Arbeitsmarktprognosen

Stellt man die Erwerbstätigenprognosen (PROGNOS) den verfügbaren Bevölkerungsprognosen gegenüber, so zeichnet sich folgendes Spektrum für die Arbeitsmarktentwicklung ab: Die biometrische Entwicklung in der Region München würde - jedenfalls ohne eine drastische Erhöhung der Erwerbsbeteiligung - einen erheblichen Arbeitskräftemangel in der Region auslösen. Die Wirtschaftsregion München ist deshalb auch künftig auf erhebliche Zuwanderungen von Erwerbspersonen angewiesen bzw. müßte andere Strategien für ein Arbeitsmarktgleichgewicht finden (Infratest 1993).

Nach den o.a. Prognosen dürfte ein Ausgleich auf dem Arbeitsmarkt in der Region 14 künftig weniger ein Mengenproblem bzw. kaum eine Frage der Zahl der Arbeitskräfte insgesamt sein.

Vielmehr stellt sich die Frage, ob die für einen Marktausgleich notwendigen und zahlenmäßig wohl auch hinreichend vorhandenen Arbeitskräfte die gesuchten Qualifikationen aufweisen werden. Allgemein wird heute von einem ständig steigenden Qualifikationsbedarf ausgegangen. Die Beschleunigung des wirtschaftlichen und technologischen Wandels, die Internationalisierung der Märkte und die Verschiebung der Wirtschaftsstruktur spielen hier eine wesentliche Rolle. Die Tätigkeit „Gewinnen" von Rohstoffen und Materialien, „Herstellen" und gering qualifizierte Büroarbeiten nehmen ab; die Bedeutung von F&E, Betreuung, Beratung, Ausbildung und auch von Reparaturdiensten wächst. Der Bedarf an Führungsqualifikationen und Spezialistentätigkeiten nimmt zu (PROGNOS 1992).

Die empirica-Arbeitsmarktanalyse (1994) kommt auf der Basis der PROGNOS-Prognosen (1992) und der leicht modifizierten ifo-Prognose von 1992 (Annahme nachlassender Binnenwanderung) zu folgenden Ergebnissen für die Arbeitsmarktentwicklung in der Region München:

- Bei hohem Wirtschaftswachstum, entsprechend der oberen PROGNOS-Variante, wird bis 2005 ein Überschuß an Arbeitskräften ohne abgeschlossene Berufsausbildung (50.000) auftreten; dem steht ein Mangel an Arbeitskräften mit abgeschlossener Berufsausbildung (64.000) gegenüber. Eine geringere Knappheit besteht bei Fachhochschulabsolventen (6.600), während ein Überschuß an Hochschulabsolventen auftritt (20.000).

- Bei niedrigem Wirtschaftswachstum, entsprechend der unteren PROGNOS-Variante (s.o.), würde ein noch stärkerer Überschuß an An- und Ungelernten erwartet (63.000), aber kein Mangel mehr an Arbeitskräften mit abgeschlossener Berufsausbildung (+ 1.700) bzw. an Fachhochschulabsolventen (+ 1.000). Der Überschuß an Hochschulabsolventen wäre höher (31.000).

Beide Arbeitsmarktprojektionen machen plausibel deutlich, daß die Beschäftigungsprobleme in Zukunft auch im Raum München bei An- und Ungelernten kulminieren. Ausländer dürften davon besonders betroffen sein, und die Situation würde sich mit verstärkter Außenzuwanderung wohl noch verschärfen.

Fachkräfte bleiben eher knapp, zumal aufgrund hoher Lebenshaltungskosten im Raum München etwaige Defizite hier kaum durch Zuwanderung ausgeglichen werden.

Hochschulabsolventen sind erwartungsgemäß reichlich vorhanden, obwohl die Zuwanderungsgewinne aus Binnenwanderungen eher abnehmen. Hier machen sich starke „endogene" Zunahmen der Studentenzahlen bemerkbar, jedenfalls wenn nicht eine stärker zunehmende Akademisierung der Beschäftigung erfolgt, als in der Studie zunächst angenommen. Per Saldo muß auch in der Region München mit einer anhaltend latenten Unterbeschäftigung gerechnet werden bei gleichzeitigen strukturellen Verwerfungen („mismatches") auf dem Arbeitsmarkt. Geeignete Qualifizierungspolitiken und - soweit möglich - Einflußnahme auf die strukturelle Entwicklung der Wirtschaft könnten hier gewisse Erleichterungen bringen. Eine möglichst gezielte Bekämpfung der Arbeitslosigkeit bleibt aber für den Raum München wie überall in Europa (Europäische Kommission 1993) eine vordringliche Herausforderung.

7.4 Wohnungsmarktprognosen

Nach den neuen Prognosen (GEWOS 1993) ist in der Planungsregion 14 (bis 2000) künftig in allen Teilbereichen des Wohnungsmarktes mit einer weiteren Anspannung bei entsprechend steigenden Kaufpreisen und Mieten zu rechnen („obere Variante"). Das weitere Bevölkerungswachstum (angenommene Regionsbevölkerung in 2000: 2,587 Mio.) und eine noch stärkere Zunahme der Zahl der Haushalte sowie ein weiteres Einkommenswachstum - annahmegemäß zwischen 1% und 2% p.a. real - führen zu Nachfragezuwächsen, mit denen die weiterhin als gleichmäßig hoch erwartete Angebotsausweitung (ca. 13.000 p.a.) nicht Schritt hält. Problematisch ist hier auch das erwartete Abschmelzen des Sozialwohnungsbestands in der Region von 136.000 WE (1987) auf 90.000 WE im Jahr 2000. Allerdings wird ein Versorgungsgrad (Wohnungen/Haushalte) von über 95% in der Region für den gesamten Prognosezeitraum erwartet.

Lediglich bei einem gemäßigten Bevölkerungswachstum im unteren Bereich des Prognosekorridors und sehr gemäßigten Einkommenssteigerungen würde bei einem unverändert hohen Neubauangebot (fraglich!) der Nachfrageüberhang nicht zunehmen (Eigentümerwohnungen) bzw. nachhaltig abnehmen (Mietwohnungen).

Bei der unter Wachstumsbedingungen weiterhin erwarteten Knappheit auf dem Münchner Wohnungsmarkt (Stadt und Umland) ist nach den o.a. Wohnungsmarktprognosen auch künftig mit gewissen Nachteilen bei der Personalgewinnung, beim Halten von wichtigen Qualifikationen in der Region, im Bereich der sozialen Polarisierung und schließlich auch bei den wirtschaftlichen Entwicklungsmöglichkeiten zu rechnen.

7.5 Flächenbedarfsprognosen

a) Wohnbauflächen

Nach der GEWOS-Prognose (1993) wird sich der Wohnungsbestand in der gesamten Region zwischen 1987 (ca. 1,03 Mio. WE) und 2000 um 11% erhöhen (in der Stadt München um 8,4%, im Umland um 19,5%). Tatsächlich dürften sich noch höhere Flächenbedarfszuwächse ergeben, als es diesen Prozentzahlen entspricht, weil mit einer Strukturverschiebung hin zu größeren Eigentümerwohnungen zu rechnen ist. Rein rechnerisch ergibt sich ein zusätzlicher Wohnflächenbedarf in der Region 14 von ca. 1.380 ha. bis zum Jahr 2000 (AKR 1994).

Diesem Flächenbedarf stehen rechnerisch folgende Reserveflächen (FNP und Umstrukturierungspotentiale) gegenüber:

- Stadt: 685 ha; Wohnungsneubauflächen durch Baurechtsschaffung werden bilanziert für + 60.000 WE (PlR 1995 a); hinzu kommen erfahrungsgemäß erhebliche Wohnbaupotentiale in Verdichtungsgebieten (§ 34).
- Umland: 1100 ha (allein im FNP), für ca. 100.000 Ew.

Diese Flächenpotentiale erscheinen zunächst reichlich. Tatsächlich ist aufgrund mangelnder Disponibilität nur ein Teil des rechnerischen Flächenangebots im Prognosezeitraum verfügbar. Die Schaffung zusätzlicher Wohnbauflächen, die Erhöhung der

Disponibilität von Bauland und eine Lösung der damit verbundenen siedlungsstrukturellen und verkehrlichen Anforderungen ist für die Regionsentwicklung von großer Bedeutung.

b) Gewerbeflächen

Auf der Basis der Beschäftigtenprognose (1992) hat PROGNOS (1993) den Gewerbeflächenbedarf für München, Stadt und Umland, bis zum Jahre 2005 ermittelt. Hierfür wurden branchenspezifische, dynamisierte Flächenkennziffern herangezogen, die zwischen 45 qm und 95 qm Bruttogeschoßflächenbedarf pro Arbeitsplatz bei Gewerbe und Industrie sowie zwischen 30 qm und 50 qm im Bürobereich bzw. bei tertiären Nutzungen variieren.

Nach der oberen Variante der Flächenbedarfsprognose werden in München bis 2005 ca. 650 ha an zusätzlicher Fläche für gewerbliche Zwecke (im Umland ca. 1200 ha) benötigt; gemäß unterer Prognosevariante sind bis 2005 in München ca. 550 ha und im Umland ca. 950 ha Gewerbeflächen erforderlich. Im Umland sind die angegebenen Flächenbedarfe nach den gültigen Flächennutzungsplänen - entsprechende Aktivierbarkeit vorausgesetzt - für ca. 50.000 bis 60.000 Beschäftigte ausreichend (RPV 1994), aber dennoch knapp gegenüber den o.a. Bedarfen. Aber auch die Kernstadt, jedenfalls wenn die obere Prognosevariante zutrifft, stößt an die Grenzen der noch für möglich erachteten Gewerbeflächenpotentiale (Baulandbericht 1992, PlR 1995 a).

7.6 Verkehrsprognosen und -szenarien

Für die großräumige Verkehrsanbindung des Münchner Raums sind für erwartete Zunahmen des Luftverkehrs und des Bahnverkehrs günstige Voraussetzungen gegeben (s.o.). Problematischer ist - wie bei allen deutschen Großstädten - die großräumig sich abzeichnende Schere zwischen MIV-Verkehr und den absehbaren Straßenausbaukapazitäten: Allein im Güterverkehr wird bis zum Jahr 2010 großräumig eine Zunahme um ca. 40 - 90% erwartet (Winkel 1990; PlR 1995 c). Die Verkehrsentwicklung in der Region ist von der großräumigen Entwicklung des MIV-Verkehrs zwar erheblich tangiert, die Regional- und Stadtpolitik kann aber darauf nur in begrenztem Umfang reagieren: z.B. durch Infrastrukturangebote (P+R etc.), Parkraumbewirtschaftung und offensiven ÖPNV-Ausbau gegenüber dem individualisierten MIV sowie durch die Entwicklung von Güterverkehrszentren und von Logistiksystemen (City-Logistik etc.) gegenüber dem Güterverkehr; hinzu kommen u.U. Steuerungsmöglichkeiten durch „Road-Pricing" usw. (s.u.).

Für München sind Prognosen und Szenarien zur Entwicklung der Kfz-Fahrten erarbeitet worden (Retzko, Topp 1995), die tendenziell eine erhebliche Zunahme des MIV signalisieren und eine Verbesserung der gegenwärtigen Belastungssituation nur unter günstigen Bedingungen bzw. bei einem erheblichen Finanzaufwand (insbesondere für den ÖPNV) in Aussicht stellen (vgl. Abb. 10).

Die Verkehrszunahmen (MIV) im Umland werden - zumindest relativ - erheblich höher sein als unter Trendbedingungen im Stadtgebiet. Dies ergibt sich aus höheren

Abb. 10: Gegenüberstellung der Kfz-Fahrten im Stadtgebiet München (pro Werktag in Tsd.) und Kosten der Szenarien (in Mio. DM pro Jahr)

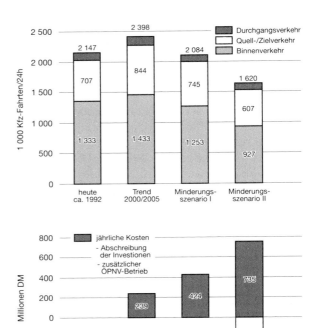

Einwohner- und Beschäftigtenzunahmen (s.o.), einer höheren Motorisierung im Umland sowie aus ebenfalls mehr tangentialen Verkehrsbeziehungen und noch zunehmenden Fahrtweiten im Umland (PlR 1995 d).

Bei den sog. Verkehrsminderungsszenarien für die Stadt wird von folgenden Voraussetzungen ausgegangen: Das Szenario I enthält städtische Maßnahmen im heutigen rechtlichen Rahmen und konkrete Maßnahmen des Freistaats Bayern und der Bundesrepublik Deutschland. Das Szenario II geht in der Intensität der Maßnahmen weiter und bezieht auch höhere Mineralölsteuer und Road-Pricing mit ein.

Die wesentlichen verkehrspolitischen Strategie-Elemente bei den Verkehrsminderungsszenarien für die Landeshauptstadt München bzw. für die künftige Verkehrspolitik in der Region München erscheinen in jedem Fall die folgenden:

• Abstimmung der Siedlungsentwicklung mit der ÖPNV-Entwicklung: dezentrale Konzentration, d.h. Verdichtung entlang der ÖPNV-Achsen und insbesondere um Haltepunkte des ÖV (Regionalplan 1992, PlR 1995 f, g).

• Ausbau des ÖPNV: Das U-Bahnnetz soll von gegenwärtig 73 km auf 108 km ausgebaut werden; etwa 20 km sind bereits im Bau. Für die S-Bahn ist die Einführung des 10-Minuten-Taktes (derzeit überwiegend 20-Minuten-Takt) vorgesehen, bei einem entsprechenden Ausbau des Netzes (u.a. S-Bahn-Südring), der Signaltechnik und der Zugkapazitäten. Zudem ist ein umfassendes Maßnahmenprogramm zur ÖPNV-Beschleunigung (u.a. Vorrangschaltungen bei Signalanlagen) ausgearbeitet worden (PlR 1995 d, e). Im übrigen soll die Neuordnung des regionalen Schienennahverkehrs (Freistaat Bayern, Stadt und Landkreise als „Auftraggeber") Verbesserungen der öffentlichen Verkehrsbedienung im Raum München bringen.

- Verbesserung von Tangentialverbindungen - Straßenausbau nach Bundesverkehrswegeplan etc.
- Kooperatives Verkehrsmanagement (Koordination von MIV und ÖPNV mittels moderner Telematik unter Priorisierung des ÖPNV) soll eine bessere Auslastung der Straßennetze, der ÖPNV-Kapazitäten sowie möglichst auch Entlastungen der Umwelt zur Folge haben. Ein europaweit beachteter Feldversuch, der von der EU und von Münchner Industrieunternehmern unterstützt wird, steht kurz vor dem Abschluß.
- Für den Güterverkehr ist eine dezentrale Konzeption von vernetzten Verteilzentren entwickelt worden. Der Ausbau von Logistik-Systemen (City-Logistik etc.) und verstärkte Kooperation von Transportunternehmen sind integrale Bestandteile des Konzepts (RAW 1995 c).
- P+R-Programme und ein Parkraumbewirtschaftungssystem für die Stadt bzw. Region sollen weitere Entlastungen vom MIV hervorbringen. Für „Road-Pricing" wird gegenwärtig eine „Insellösung" (etwa nur für das Stadtgebiet) abgelehnt.
- Im MIV soll der Wirtschaftsverkehr priorisiert werden.

Zusammenfassend ist festzustellen, daß die laufenden Planungen zum Ausbau des Verkehrssystems erhebliche Mobilitätsgewinne für die Bevölkerung im Raum München versprechen und gleichzeitig ein Eindämmen der MIV-Belastungen auf gegenwärtigem Niveau - günstigenfalls sogar deutlich darunter - in Aussicht stellen. Damit dürfte der Raum München seine relativ günstige Position im Verkehrsbereich im Verhältnis zu konkurrierenden Regionen zumindest behaupten können.

7.7 Szenarien für die Gesamtentwicklung im Raum München

Für den Raum München sind einige Szenarien entwickelt worden (empirica 1991), die dazu dienen sollen, das Spektrum möglicher Entwicklungsstrategien für diesen Raum deutlich zu machen. Obwohl diese Szenarien während der zurückliegenden Rezession relativiert zu sehen waren, gewinnen sie bei einer nachhaltigen Wachstumsentwicklung im Münchner Raum wieder an Relevanz:

a) Szenario: Modell Zürich/Schweiz

In Zürich vollzieht sich der Strukturwandel sehr rasch und sehr intensiv mit einem Rückgang des produzierenden Gewerbes und einem Wachstum des Dienstleistungssektors. Zuwanderungen werden in der Schweiz zwar nicht grundsätzlich verhindert, aber stärker kontrolliert und reglementiert. Damit werden Ausländer zum „Konjunkturpuffer" auf dem Arbeitsmarkt, fallen aber dem kommunalen Schweizer Sozialsystem langfristig kaum zur Last. Die Beschäftigung hochqualifizierter Ausländer wird auf die Fälle konzentriert, in denen sich kein Schweizer mit entsprechender Qualifizierung für den Job findet.

Der rasche Strukturwandel wird unter wachstumspolitischen Gesichtspunkten gefördert, verteilungspolitische Aspekte treten weniger stark in Erscheinung.

Die Abwanderung von flächenintensiven Gewerbeunternehmen zugunsten eines prosperierenden tertiären Sektors wird begrüßt, jedenfalls hingenommen. Die Arbeitsplatzentwicklung in hochwertigen Dienstleistungen wird begünstigt. Wohnraumknappheit erschwert die Ansiedlung unerwünschter Zuwanderer.

In diesem Szenario ist zweifellos die ansässige Bevölkerung - insbesondere die Oberschicht - begünstigt. Sozial schwächere Gruppen, insbesondere Beschäftigte im produzierenden Sektor, sind benachteiligt und unterliegen einem Druck zur Abwanderung bzw. kommen als Zuwanderer kaum in Frage. Ausländer haben hier insbesondere die Funktion der Abfederung von Konjunkturschwankungen auf dem Arbeitsmarkt.

Das Szenario Zürich/Schweiz beschreibt eine wachstumspolitisch und in bezug auf regionalen Wettbewerb erfolgversprechende Strategie, allerdings zu Lasten sozialer Gesichtspunkte bei der regionalen Entwicklung.

b) Szenario: Modell Kalifornien

In den 80er Jahren sind in Kalifornien die Bevölkerung, das Sozialprodukt und der Anteil der Beschäftigten im nicht-agrarischen Sektor wesentlich stärker als sonst in den USA gewachsen. Charakteristisch für dieses Szenario sind eine extensive, wirtschaftsfreundliche Flächenausweisungspolitik und ein forcierter Infrastrukturausbau für den Wirtschaftsverkehr sowie eine offensive Anwerbungspolitik für hochqualifizierte und auch minderqualifizierte Beschäftigte. Hier herrscht noch stärker als sonst in den USA eine Grundeinstellung zugunsten der Verwirklichung von Individualbedürfnissen vor: Wunsch nach Einfamilienhaus im Grünen, Wunsch nach Nutzung von Individualverkehrsmitteln, Wunsch nach individueller Zeitgestaltung.

Eine räumlich disperse Entwicklung bzw. eine starke Suburbanisierung ist die Folge, funktioniert aber entgegen vielen Befürchtungen über längere Zeit. Als schwierig erweist sich jedoch die Einbindung der dicht bebauten und engen Kernstadt in das sich herausbildende Siedlungsmuster. Längerfristig stößt die flächenintensive und auf Individualverkehr ausgerichtete Entwicklung an Grenzen, da trotz Straßenausbau und guter Leitsysteme das Verkehrsvolumen auch wegen der dispersen Siedlungsstruktur ständig ansteigt.

c) Szenario: „München den Münchnern"

Bei einer Strategie „München den Münchnern" steht die Vermeidung von Wachstumskosten - in Form steigender Lebenshaltungskosten, zunehmender Verkehrsbelastung und sozialer Polarisierungstendenzen - im Vordergrund. Dabei darf nicht übersehen werden, daß Wachstumskosten vielfach hausgemacht sind: z.B. hat zwischen 1970 und 1987 die Münchner Bevölkerung abgenommen, und obwohl der Wohnungsbestand - aufgrund der ständig steigenden Flächennachfrage je Kopf der Bevölkerung - erheblich angestiegen ist, haben auch die Mietbelastungsquoten im Durchschnitt nachhaltig zugenommen.

Eine Reihe von Politikansätzen in diesem Szenario ermöglicht zwar einen gewissen Schutz der ansässigen Bevölkerung gegenüber überbordenden Wachstumskosten: Maßnahmen zur Sicherung preiswerten Wohnraums, u.U. zurückhaltende Gewerbeflächenausweisungen, Zurückhaltung bei der Schaffung unternehmensnaher Infrastruktur, Verkehrsberuhigung, Forcierung des sozialen Wohnungsbaus mit Bonus für Ortsansässige usw., zweifellos ist aber eine Reihe dieser Ansätze auch derart kontraproduktiv, daß sie einer Stabilisierung des Arbeitsmarktes und der Beschäftigung sowie der Innovation im Wirtschaftssektor entgegenstünden. Im übrigen werden derartige Politikversuche durch die faktisch herrschenden Nachfrageverhältnisse immer wieder konterkariert. Die Folge ist u.a., daß weniger wünschenswerte Facetten der Szenarien Zürich/Schweiz und Kalifornien auch hier zur Geltung kämen: Aufgrund der Verknappung auf dem Grundstücksmarkt ergäbe sich eine gravierende Verdrängung wirtschaftlich schwächerer Funktionen durch stärkere und ein Überborden der expansiven Kräfte „in die Fläche", d.h. abseits von Entwicklungsschwerpunkten und Entwicklungsachsen, wie sie den vorherrschenden räumlichen Ordnungsvorstellungen entsprechen.

d) Szenario: „Öko-Land"

Eine stark ökologisch ausgerichtete Entwicklungsstrategie setzt voraus, daß auf kommunaler bzw. regionaler Ebene enge Emissionsrichtwerte eingehalten werden können. Offen ist allerdings, wie die Wettbewerbsfähigkeit der Region insgesamt durch eine stark ökologisch ausgerichtete Politik beeinflußt wird. Einerseits wird sich der Arbeitsmarkt für die Unternehmen günstiger gestalten, und Standorte werden höher bewertet werden. Andererseits wird versucht werden, ökologisch bedingten Kosten durch Verlagerung von Funktionen in weniger anspruchsvolle Regionen auszuweichen. Das Denkmodell einer Vermarktung von Verschmutzungsrechten z.B. macht deutlich, daß enger werdende Umweltrestriktionen zu einer ökologisch orientierten Auslese von Unternehmen und Produktionsformen in der Region führen würden. Hohe ökologische Standards im Wohnungssektor fördern auch eine Auslese im Bereich privater Haushalte und können zu negativen sozialen Auswirkungen führen.

„Im Szenario „Öko-Land" wird der Zielkonflikt zwischen privaten Gütern und Umweltgütern direkt spürbar und wird stärker zugunsten der Umweltgüter entschieden" (empirica 1991).

Eine optimale Umweltschutzpolitik für die Region wird - abgesehen von den dominanten Rahmenbedingungen, die „weltpolitisch", auf EU-Ebene und durch staatliche Politik gesetzt werden - schließlich erheblich von den Präferenzen der Regionsbevölkerung - für Umweltgüter im Vergleich zu anderen Gütern - abhängen. Ob die regionsspezifisch gewollte Politik durchsetzbar ist, hängt auch davon ab, inwieweit einzelne Gruppen mehrheitsfähige Umweltschutzziele durch Mobilitätsvorgänge usw. unterlaufen können.

7.8 Fazit

Keines der skizzierten Szenarien erscheint uneingeschränkt als Leitbild für die Region München geeignet; alle enthalten jedoch Komponenten der tatsächlichen bzw. der anzustrebenden Entwicklung:

● Das Szenario Zürich/Schweiz kollidiert mit wirtschaftspolitischen Zielsetzungen der Stadt zur Gewerbepolitik, die auf die Erhaltung einer diversifizierten Wirtschaftsstruktur abzielt und auch dem lokalen Arbeitsmarkt Rechnung tragen soll. Auch die soziale Abfederung von marktgesteuerten Verdrängungsprozessen wäre in diesem Szenario unzureichend. Allerdings stellt sich auch der Münchener Raum den Herausforderungen des Strukturwandels (vgl. Punkt 8.) und ist dabei nicht frei von (legitimen) regionalen „Egoismen".

● Das Szenario Kalifornien läuft den räumlichen Ordnungsvorstellungen für den Raum München zuwider. Auch die damit verbundenen Umweltbelastungen wären kaum hinnehmbar und die Wohlfahrtseffekte für die Regionsbevölkerung zweifelhaft. Bei einer exorbitanten Ausweitung des Flächenangebots käme es auch zu verstärkten Zuwanderungen, die bestehende soziale Sicherungssysteme und den Arbeitsmarkt bei weitem überfordern dürften. Tatsächlich droht auch dem Münchener Raum eine gewisse „Kalifornisierung" durch Zersiedlungstendenzen, die eine politische bzw. regional und mit dem Freistaat abgestimmte Gegensteuerung erfordern (s.o.).

● Das Szenario „München den Münchnern" läßt sich faktisch nicht durchhalten oder wird laufend durch Marktprozesse durchbrochen. Die einzelnen Fachpolitiken - z.B. in dem Bereich Wohnen und Verkehr - sind nicht mehr in der Lage, den wachsenden Problemdruck von sich aus aufzufangen. Erforderlich sind integrierte, regionale Entwicklungspolitiken. Wachstumssteuerung ist nur begrenzt möglich und in sich voller Widersprüche: z.B. zukunftsorientierte Infrastrukturpolitik und auch von daher herrührende „Wachstumskosten". Eine restriktive Wachstumspolitik würde nicht zuletzt innovative Entwicklungsprozesse hemmen, auf die auch die Region München in Zukunft besonders angewiesen ist.

● „Öko-Land" in Reinkultur ist kaum realistisch (s.o.), erhebliche Annäherungen sind aber durch konsequente ökologische Politik durchaus möglich. Münchens Umweltpolitik kann auf erhebliche Erfolge verweisen, z.B. bei der Energieversorgung (Konzept Energiedienstleistungen, Kraft-Wärme-Kopplung, Rauchgaswäsche etc.), bei der ökologisch ausgerichteten Wasserversorgung in der Abfallwirtschaft, in der Verkehrspolitik, im ökologischen Wirtschaften (ökologischer Gewerbebau, Förderung von Öko-Audits usw.), beim „ökologischen Tourismus", durch Agenda 21 und Klimabündnis usw.

Erforderlich ist für die Regionalentwicklung schließlich ein offensives Leitbild, das den wirksamen Veränderungskräften Rechnung trägt. Das Zentren-/Achsenmodell erscheint als räumliches Bezugsmuster weiterhin geeignet (Regionalplan 1992, PIR 1955 e, f) - allerdings sind wirksame Politiken zur Stärkung der besonders geeigneten Zentren und Achsen erforderlich. Besondere Aufmerksamkeit verdienen hier die großräumige und teilräumliche Verkehrsinfrastruktur und das Verkehrsmanagement (s.o.).

Das sternförmige Siedlungsgefüge der Region, das weit in das Umland hinausreicht, erscheint längerfristig nicht mehr hinreichend aufnahmefähig für künftige Entwicklungen. Die Förderung einer großräumigeren bandförmigen Siedlungsentwicklung - einer Entwicklungsachse Landshut, München, Augsburg - oder aber eine Stärkung der Mittelzentren wurde zur Diskussion gestellt (empirica 1991). Eine verstärkte Orientierung von Entwicklungspotentialen hin zu den Mittelzentren im näheren Umland würde dem herrschenden Leitbild von Achsen entlang der S-Bahnen und Entwicklungsschwerpunkten an wichtigen S-Bahn-Haltepunkten entsprechen. Eine schon länger gewollte, verstärkte Entwicklung der Mittelzentren würde wohl, von der nötigen Zustimmung der betroffenen Zentren abgesehen, eine stärkere Förderung durch den Freistaat - etwa durch Infrastrukturangebote und durch bessere Querverbindungen zwischen den Zentren - bedingen. In jedem Fall ist eine stärkere Kooperation zwischen Stadt und Umland in der Flächenpolitik notwendig. Die Kernstadt braucht Entlastung, wenn sie - auch im Interesse des Umlandes - attraktiv und offen für die Entwicklung höchstzentraler Funktionen bleiben soll. Die im Umland bestehenden Möglichkeiten, regional bedeutsame Potentiale an Wirtschaftskraft, Arbeitsplätzen und Einwohnern aufzunehmen und für die eigene Entwicklung im Nahbereich einzusetzen, sind zu nutzen. Konflikte entstehen vor allem aus kleinräumig widerstrebenden Interessen und müssen möglichst aufgrund übergreifender Konzepte mit geeigneter Instrumentierung gelöst werden (empirica 1991). Neue Ansätze der Organisation von Regionalpolitik werden verstärkt (politisch) diskutiert, und auch die Forderung nach einem Regionalparlament wird z.B. seitens der Regionalplanung nachhaltig vertreten.

8. Wirtschaftspolitisches Strategiekonzept für Münchens künftige Entwicklung

Strategischen Konzepten wird ein hoher Stellenwert für eine erfolgreiche Stadt- und Regionsentwicklung zugemessen (Commission of the European Communities 1992). Europäische Städte sehen sich bei der Entwicklung und Umsetzung von Entwicklungsstrategien zusehends in der Rolle von „Unternehmen" (Parkinson 1994), die ein komplexes Gut - Stadt bzw. Region - auf Zielgruppen ausgerichtet fortentwickeln und hierbei gefordert sind, „City management" bzw. „Regional management" nach modernen Managementgrundsätzen, analog der Führung erfolgreicher privater Unternehmen, auszuüben. Erfolgreiches „City"- bzw. „Regional management" erfordert die Einbeziehung der wichtigen städtischen bzw. regionalen Akteursgruppen außerhalb der eigenen Administration in die Entwicklung und Umsetzung strategischer Konzepte. Der lokalen Ebene wird damit wachsende Bedeutung für die Politikgestaltung attestiert: „the growing importance of the local level, at which all the ingredients of political action blend together most successfully" (Kommission der Europäischen Gemeinschaften, Weißbuch, 1993).

Eine Reihe von europäischen Städten hat eindrucksvolle Strategiekonzepte, z.T. aufgrund ausgefeilter Methodologie, entwickelt (Commission 1992; Eurocities Economic Development and Urban Regeneration Committee 1994), während z.T. weiterhin mit Ad-hoc-Maßnahmen und einer Abfolge von Einzelprojekten operiert wird.

Fallstudie München

München hat vergleichsweise frühzeitig strategische Konzepte entwickelt: Stadtentwicklungspläne wurden verabschiedet 1963, 1975 und 1983; eine Neuauflage ist in Bearbeitung. In den letzten Jahren gewannen Ansätze eines „City"- und „Regionalmarketing/management" zusehends an Gewicht. Die regionale und die öffentlich-private Kooperation sowie die Zusammenarbeit zwischen den Gebietskörperschaften, inkl. EU-Ebene, sind verstärkt worden. Die Wirtschaftspolitik der Stadt hat an strategischer Ausrichtung, Akzentuierung und Differenzierung gewonnen - ihr Stellenwert als integraler Bestandteil der städtischen und regionalen Entwicklung hat zugenommen.

Im folgenden werden die wesentlichen Elemente des wirtschaftlichen Konzepts für die Landeshauptstadt München umrissen (Wieczorek 1994, Schussmann 1994, RAW 1994 b), das seinerseits als wesentliche Vorgabe für den neuen Stadtentwicklungsplan angesehen wird.

8.1 Stärkung des Produzierenden Sektors

München will den produzierenden Sektor möglichst stärken und seine Modernisierung begünstigen: aus Gründen einer diversifizierten Wirtschaftsstruktur unter arbeitsmarktlichen Gesichtspunkten, wegen der relativ hohen Wertschöpfung dieses Sektors und aufgrund seiner Bedeutung für unternehmensorientierte Dienstleistungen. Eine Fortführung der erfolgreichen Gewerbehofpolitik und gezielte Gewerbeflächenvergabe stellen hier wesentliche Maßnahmenbereiche dar:

- Münchens Gewerbe- und Handwerkerhöfe - derzeit 5 mit über 40.000 qm Geschoßfläche und über 1200 Arbeitsplätzen - sollen im nächsten Jahrzehnt auf ca. 10 aufgestockt werden.

- Gewerbeflächen mit interessantem Grundstückszuschnitt für mittelständische Betriebe werden seitens der Stadt offensiv angeboten (ca. 200 ha innerhalb von 5 Jahren). Kommunale Kriterien - wie Fläche/Arbeitsplatz, Gewerbesteuer/Fläche, Wachstumserwartungen, Innovations- und Umweltcharakteristika, Beschäftigung von Zielgruppen und Qualifizierungsaktivitäten - regeln die Vergabe von Flächen. Gestaltungskonzepte für ansprechenden, umweltverträglichen Gewerbebau werden den Vergaben zugrunde gelegt.

- Standorte für das in München stark vertretene Handwerk werden möglichst gesichert.

- Eine Reihe von sektoral übergreifenden Politiken, wie Technologietransfer, Messepolitik, Förderung der Güterverkehrslogistik usw., stärkt zudem den produktiven Sektor (s.u.).

8.2 Ausbau des Dienstleistungssektors

Die „flagship sectors" Versicherungen, Finanzdienstleistungen und Medien, aber auch der Handel und vielfältige sonstige Dienstleistungen versprechen neue Arbeitsplätze und sollen nach Kräften kommunal gefördert werden. Planerische Maßnahmen zur Flächenverfügbarkeit und -vermarktung und eine Optimierung kommunaler Rahmenbedingungen sowie Mediationsaktivitäten spielen hier eine wesentliche Rolle.

Akzente setzt z.B. ein neu zu schaffendes „Haus der Literatur". Das bald entstehende Internationale Kongreß- und Messezentrum auf dem ehemaligen Flughafen Riem (s.u.) wird der regionalen Wirtschaft und besonders dem Dienstleistungssektor starke Entwicklungsimpulse verleihen.

8.3 Förderung von High-Tech und von neuen Sektoren

München ist ein High-Tech-Zentrum von europäischer Bedeutung. Der Wissenschaftsstandort München, die starke Vernetzung des High-Tech-Sektors mit anderen Wirtschaftsbereichen (Brake et al. 1994) und die hohe Qualität weicher Standortfaktoren eröffnen weiterhin gute Entwicklungsmöglichkeiten, obwohl die internationale Konkurrenz zunimmt. Auch neue Sektoren, wie Umweltschutztechnologien und -dienstleistungen, Bio- und Gentechnik (z. T. gesellschaftspolitisch kritischer Zugang), haben gute Chancen aufgrund münchenspezifischer Standortqualitäten. Eine Förderung der o.a. Bereiche soll stärker als früher erfolgen, u.a. durch „Machbarkeitsstudien", durch Förderung des Technologietransfers, durch aktive Öffentlichkeitsarbeit und Imageförderung, durch Mediation etc.; u.a. will München sein Technologiezentrum ausbauen.

8.4 München als Messe- und Kongreßstadt

Das Messewesen Münchens genießt internationalen Ruf, und München gilt auch als bedeutende Kongreßstadt. Aber das gegenwärtige Messezentrum „platzt aus den Nähten", und im Kongreßbereich fehlt es, trotz eines Angebots von ca. 100 Tagungsstätten, an einem größeren Kongreßzentrum. Auf dem aufgelassenen Flughafen München Riem wird ein neues Messezentrum (140.000 qm Ausstellungsfläche, ausbaufähig auf 200.000 qm) entstehen und eng damit verbunden ein Internationales Kongreßzentrum für 3000 Besucher im größten Versammlungsraum (6000 Besucher bei Empfängen, zahlreiche kleinere Versammlungsräume usw.).

Das neue Messe- und Kongreßzentrum wird Münchens Wirtschaft starken Auftrieb geben. Nicht nur 2,3 Mrd. Investitionssumme und ein erwartungsgemäß zunehmender Tourismus sind hier zu nennen; neben neuen Arbeitsplätzen bei den Einrichtungen selbst und Kostenersparnissen für die Münchner Wirtschaft beim Messe- und Kongreßbesuch fallen vor allem verbesserte Geschäftskontakte, „Know-how-transfer" und im Gefolge Markterweiterungen für Unternehmen im Raum München ins Gewicht. Das Messe- und Kongreßprojekt kann als eine der großen Zukunftsinvestitionen im europäischen Maßstab angesehen werden.

8.5 Tourismusförderung

München als führende Tourismusstadt in Deutschland verdankt ca. 7% der Arbeitsplätze und ca. 4% der Wertschöpfung dem Tourismus. Durch Marketing-Aktivitäten auf allen wichtigen Tourismusmärkten, weltweit, ist München ständig bemüht, seine Stellung zu halten und auszubauen. Bei der Erschließung neuer Märkte, wie etwa in China, ist die Tourismuswerbung auch Vorbote der Münchener Wirtschaftsförderung, die hier Unternehmenskontakte verstärken will.

8.6 Technologietransfer und Innovationspolitik

Technologietransfer und innovationspolitische Ansätze stellen Schwerpunkte der künftigen Wirtschaftspolitik dar. Hier ist vor allem die Moderatorenfunktion der Stadt gefragt: Informationsvermittlung über einschlägige Institutionen und -programme (z.B. seitens der EU), Unterstützung der Kooperation zwischen Hochschuleinrichtungen, Instituten und den Unternehmen sowie Förderung internationaler Projekte (z.B. im Rahmen von Eurocities) sind hier als vorrangige Maßnahmen - auch in Kooperation mit der MAI-Initiative - zu nennen.

Qualifizierungspolitiken sind wesentlicher Bestandteil einer städtischen regionalen Innovationspolitik. Die Stadt hat einen „Verbund Strukturwandel" ins Leben gerufen: in Zusammenarbeit mit Arbeitsverwaltung, Unternehmen und Gewerkschaften soll hier die gezielte Weiterbildung von Arbeitskräften, deren Arbeitsplatz vom Strukturwandel bedroht ist, gefördert werden.

Schließlich unterliegt der kommunale Sektor selbst den Erfordernissen permanenter Innovation. Deshalb wird in München ein neues Steuerungsmodell für die Kommunalverwaltung verfolgt, das mehr dezentrale Ressourcenverantwortung und besseres Management auf der Basis von geeigneten Input-Output-Bewertungen erbringen soll. Nicht zuletzt sollen innerstädtische Innovationsprozesse auch über Messekontakte wie CEBIT/Hannover oder Citytec/Barcelona etc. gefördert werden.

8.7 Innovative Infrastruktur

Das neue Internationale Messe- und Kongreßzentrum ist als besonders innovationsfördernde Infrastruktur - mit einer neuen Dimension, die auch Qualitätssprünge erlaubt - schon angesprochen worden.

Einen europaweit beachteten Versuch, mittels Einsatz von Telematiksystemen und neuer ÖPNV-Infrastruktur (mit P&R-Anlagen etc.) zu einer höheren Effizienz des Verkehrssystems zu gelangen, stellt das sog. Kooperative Verkehrsmanagement (KVM) in München dar (vgl. Pkt. 5.2 b). Im Norden Münchens werden die neuen Systeme erprobt, die verbesserte Verkehrsinformation, verbesserte Park- und ÖPNV-Angebote samt Information über Parkplatzverfügbarkeit und Fahrpläne unter Einsatz moderner Telematik zur Verfügung stellen. Eine bessere Ausnutzung von ÖPNV-Kapazitäten und des Straßenraums, erhöhte Effizienz im Verkehr (Routenoptimierung, „fleet management" etc.) sowie u.U. reduzierte Umweltbelastungen werden erwartet.

Weitere infrastrukturelle Innovationen werden angestrebt über eine verbesserte Güterverkehrslogistik und eine damit verknüpfte dezentrale Güterverteilszentrenkonzeption.

Nicht zuletzt dürften die angestrebte TGV/ICE-Verbindung Paris-Straßburg-München-Wien-Budapest und die Entwicklung von Datenautobahnen mit Kristallisationspunkt München neue Entwicklungsimpulse bringen.

8.8 Strategische Entwicklungsprojekte

Um das o.a. Internationale Messe- und Kongreßzentrum in Riem soll auf insgesamt ca. 300 ha ein neuer Stadtteil mit ca. 10.000 Einwohnern und ca. 13.000 Arbeitsplätzen entstehen. Auf knapp ca. 70 ha Gewerbeflächen soll ein moderner Block für innovative Gewerbenutzungen entstehen, zudem traditionelles, nicht störendes produzierendes Gewerbe sowie Einzelhandel und Dienstleistungen mit örtlichem und z.T. überörtlichem Bezug.

Weitere strategisch bedeutsame Projekte eröffnen sich auf mittlerweile ungenutztem Bahngelände vom Hauptbahnhof nach Westen (ca. 150 ha) und auf mehr als 100 ha aufgelassenen Kasernenflächen. Hier und auf weiteren Entwicklungsflächen, z.B. entlang des Mittleren Ringes, ist für Teilbereiche auch eine Hochhausbebauung im Gespräch, die bisher in München, von wenigen prominenten Beispielen abgesehen (BMW, HYPO), nicht üblich war. Das innere Stadtgebiet soll zwar weiterhin von Hochhausbauten freigehalten werden, aber neue städtebauliche Akzente werden sich im o.a. Rahmen sicherlich ergeben.

8.9 Ökologisches Wirtschaften

Umweltschutzpolitik wird als Querschnittsbelang in München als sehr wichtig angesehen. Erfolgreiche Bemühungen um umweltfreundliche Planung, Wasserversorgung, Luftreinhaltung und Energieversorgung mit beispielhafter Kraft-Wärme-Kopplung, Rauchgaswäsche etc. (Ihnken 1994) sind hier zu nennen. Die städtische Wirtschaftspolitik unterstützt ökologischen Gewerbebau (s.o.), ökologisches Wirtschaften durch Information, Förderung von Öko-Audits etc., Unterstützung von Ansätzen zum umweltverträglichen Güterverkehr und durch die Förderung von Umweltindustrien (eine Studie des ifo-Instituts hierzu im Auftrag der Stadt/RAW steht in 1995 vor dem Abschluß). Fragen des ökologischen Wirtschaftens werden auch in internationaler Zusammenarbeit („Know-how-transfer") usw. weiterverfolgt.

8.10 Regionale und internationale Zusammenarbeit

München hat die regionale Zusammenarbeit in der Planungsregion und auf der Ebene einer europäischen Region Südbayern mit dem zentralen Bereich MAI (München, Augsburg, Ingolstadt) verstärkt. Auf der Planungsregionsebene stehen regionalplanerische Fragen - z.B. die Gestaltung des regionalen Schienenverkehrs, das „Harmonisierungsgebot" für die Entwicklung von Gewerbe und Wohnen oder regionale Entwicklungsgesellschaften etc. - im Vordergrund. MAI konzentriert sich auf Marketing im internationalen Maßstab - regelmäßig werden Unternehmenstreffen im Ausland organisiert (wie z.B. in Sofia, Budapest, Ljubljana und Krakau) sowie Präsentationen des Wirtschaftsraums auf „Conventions" (z.B. Atlanta/USA) und Messen (z.B. MIPIM/Cannes) durchgeführt. Ein umfassenderes Marketing-Konzept ist in Vorbereitung. Weitere Schwerpunkte von MAI bilden eine gemeinsame Tourismuswerbung und Standortberatung, großräumige Verkehrsfragen sowie Fragen der regionalen Wohnungspolitik, des Technologietransfers etc. und schließlich die Frage eines gemeinsamen regionalen Leitbildes. Damit soll die Wettbewerbsposition der Region im europäischen

■ Fallstudie München

Maßstab verbessert werden. Mittlerweile ist ein Verein „MAI" gegründet worden, der sowohl natürlichen als auch juristischen Personen offensteht und auf starkes Mitwirkungsinteresse stößt. Auch eine weitere Ausdehnung der MAI-Region - MAI als Nukleus einer europäischen Region Südbayern - erscheint möglich.

Die internationale Zusammenarbeit ist seitens München in den letzten Jahren über die Organisation von internationalen Unternehmenstreffen hinaus (s.o.) deutlich verstärkt worden. München ist Mitglied von Eurocities (der Städteverband umfaßt jetzt 66 bedeutende europäische Städte) und hält gegenwärtig den Vorsitz des Economic Development and Urban Regeneration Committee. Auch mit dem GUS-Städtenetzwerk Eurograd, das ca. 100 Städte umfaßt und mehr als 300 Städte mit seinen Publikationen erreicht, arbeitet München kontinuierlich zusammen. Zudem besteht eine Reihe bilateraler oder multilateraler Kooperationen mit anderen Städten. Diese Städtekooperationen werden als wichtig angesehen: für das Verfolgen gemeinsamer Projekte, als Basis für die weitere Entwicklung wirtschaftlicher Beziehungen und als Möglichkeit, eigene Belange etwa auf EU-Ebene einzubringen. Auch Imagegewinne der Wirtschaft angesichts einer fortschreitenden Globalisierung sind durch eine Öffnung für Europa zu erwarten.

8.11 Kommunikation, Kooperation und Image

Die Kommunikation mit anderen wichtigen Akteuren der städtischen und regionalen Entwicklung wird in München seit Jahren verstärkt gesucht, und Kooperationslösungen mit allen wesentlich Beteiligten durch Bündelung der Kräfte und Entwicklung gemeinsamer Strategien und Umsetzungsmaßnahmen werden angestrebt. Die Fortentwicklung eines attraktiven Images nach innen und außen - auf der Basis nachvollziehbarer Standortqualitäten und neuer Politikansätze - wird hier als wichtig angesehen und von vielen Seiten unterstützt.

9. Schlußbemerkung

Der Wirtschaftsraum München befindet sich in einer günstigen Ausgangslage für den europa- und weltweit zunehmenden regionalen Wettbewerb. Die Standortgunst dieser Region liegt in einer Vielfalt von vorteilhaften harten und weichen Standortfaktoren begründet, die in ihrer Zusammensetzung außergewöhnlich sind. Die Region wird ihren Stellenwert in der Hierarchie europäischer Stadtregionen wahrscheinlich ausbauen können, zumal sie zur Gruppe der „modernen Zentren" gehört, die gegenüber „älteren Zentren" und insbesondere gegenüber peripheren Regionen nach wie vor im Vorteil sind (Europäische Kommission 1992, Schussmann 1995). Für die Regionsbevölkerung bedeutet dies eine mögliche weitere Aufwertung ihrer Chancen zur Verwirklichung persönlicher Ziele im ggf. bevorzugten Lebensraum.

Die gleichwohl hohen, z.T. zunehmenden Belastungen - wirtschaftspolitische Herausforderungen und Arbeitsmarktanforderungen, Wohnen, Soziales sowie Verkehr bzw. Umwelt sind hier besonders zu nennen - erfordern neue Lösungen in einer sich rasch verändernden Welt.

In einem „know-how-intensiven" Europa, mit - funktional gesehen - wachsenden Regionen ist bei zunehmender regionaler Konkurrenz eine permanente effiziente Innovationspolitik vonnöten. Möglichst alle wichtigen städtischen, regionalen und überregionalen Akteure müssen bei den aufgezeigten Ansätzen und Lösungsstrategien konstruktiv zusammenwirken, und auch die internationale Kooperation gewinnt stetig an Bedeutung. Die Stadt hat hier eine bedeutende Moderatorenrolle wahrzunehmen. Es gilt, ein bedeutendes politisches Architekturwerk anzugehen: eine innovative und kooperationsgeprägte Region von europäischer Dimension, in der möglichst alle Gruppen ihre Chance haben, an einer positiven Entwicklung teilzuhaben.

Literatur

Agnelli, F.: Effetto città. Sistemi urbani ed innovazione: prospettive per l'Europa alle soglie degli anni '90. Torino 1989.

Arbeitskreis Regionalentwicklung München: Ausblick auf die Entwicklung der Region München/Abgestimmte Flächenprognosen. München 1994 (AKR 1994).

Biehler, H.; Brake, K.; Ramschütz, E.: Standort München, Sozioökonomische und räumliche Strukturen der Neo-Industrialisierung. München 1994 (IMU-Inst.).

Bleyer, B.: Wirtschaftsstandort Region München. Beitrag zur Festschrift der Geographischen Gesellschaft in München zu ihrem 125jährigen Bestehen. München 1994.

Brake, K.; Biehler, H.; Ramschütz, E.; Richter, U.: Stadträumliche und sozialökonomische Strukturveränderungen in München. München, Oldenburg 1994.

Brunet, R. et al.: Les Villes „Européennes", Rapport pour la DATAR, Mai 1989; DATAR 1989.

BSTMLU: Daten des LfStaD über Fachdatenbank STMLU, 1994.

Bulwien, H.: Wie entwickeln sich die Märkte für Gewerbeimmobilien? Vortrag beim 7. Management Contact für Führungskräfte der Industrie sowie der Bau-, Immobilien- und Finanzwirtschaft. München 6./7.2.1992.

Commission of the European Communities, Directorate General for Regional Policies: Regional Development Studies 4, Urbanization and the Functions of Cities in the European Community. Brussels, Luxembourg 1992.

DIFU (Deutsches Institut für Urbanistik): Auswirkungen der Wiedervereinigung auf die deutsche Städtestruktur, Berlin 1993.

DWIF (Deutsches Wirtschaftswissenschaftliches Institut für Fremdenverkehr e.V.): Situationsbeschreibung des Fremdenverkehrs in München - Entwicklungsmöglichkeiten und Risiken. Veröffentlichungen des Referats für Arbeit und Wirtschaft, Heft Nr. 44, München 1994.

empirica: Zukünftige Chancen und Risiken der Landeshauptstadt München als Wirtschaftsstandort. Bonn, München 1991.

empirica: Langfristige Entwicklung von Angebot und Nachfrage auf dem Münchner Arbeitsmarkt. Bonn 1994.

ERECO, European Economic Research And Advisory Consortium: European Regional Prospects, Analysis and Forecasts to 1997, 1993.

Eurocities, Economic Development And Urban Regeneration Committee: Urban Economic Development and Regeneration, Volume I and II. Brüssel, München 1994.

Geipel, R.: Münchens Images und Probleme. In: München, ein sozialgeographischer Exkursionsführer. Münchner geographische Hefte Nr. 55/56, S. 17-42, München 1987.

GEWOS: Wohnungsmarktanalyse und -prognose für die Region München. München 1993.

Hermsen, W.: München beflügelt. Der Flughafen München. In: München. Die Wirtschaft mit der Stadt. Landeshauptstadt München, Referat für Arbeit und Wirtschaft 1994.

ifo-Institut für Wirtschaftsforschung (Hrsg.): München und der Europäische Binnenmarkt. Auswirkungen der Maßnahmen zur Vollendung des Europäischen Binnenmarktes auf München und die Planungsregion 14, erstellt im Auftrag der Landeshauptstadt München, München 1989.

ifo-Institut für Wirtschaftsforschung: EU-Regionalvergleich. München 1990.

ifo-Institut für Wirtschaftsforschung: Die Auswirkungen der internationalen Wanderungen auf Bayern. München 1992.

ifo-Institut für Wirtschaftsforschung (Nerb, G.; Reuter, J.): Der Standort München und die Öffnung Osteuropas; Auswirkungen und mögliche Strategien. Veröffentlichungen des Referats für Arbeit und Wirtschaft, Heft Nr. 18, München 1993.

IHK für München und Oberbayern: Standort M. München 1990.

IHK für München und Oberbayern: Betriebsverlagerungen und Regionalpolitik. München 1993.

Ihnken, E.: Energy supply and thermal waste disposal with the heat/power plant Munich North. In: Citytec 94, Tubsa, Seminar on advanced urban technologies. Barcelona 1994.

Infratest: Beitrag der ausländischen Bevölkerung für die Wirtschaft Münchens und der Region. Veröffentlichungen des Referats für Arbeit und Wirtschaft, Heft Nr. 7, München 1992.

Irmen, E.; Sinz, M.: Zur Wettbewerbsfähigkeit der Regionen in der Europäischen Gemeinschaft. In: Informationen zur Raumentwicklung, Heft 8/9, 1989.

Kommission der Europäischen Gemeinschaften, Generaldirektion Regionalpolitik: Europa 2000, Perspektiven der künftigen Raumordnung der Gemeinschaft. Brüssel, Luxemburg 1991 (EU-Kommission 1991).

Kommission der Europäischen Gemeinschaften ("Weißbuch"): Wachstum, Wettbewerbsfähigkeit, Beschäftigung; Herausforderungen der Gegenwart und Wege ins 21. Jahrhundert. Brüssel, Luxemburg 1994 a.

Kommission der Europäischen Gemeinschaften: Europa 2000. Brüssel, Luxemburg 1994 b.

Landeshauptstadt München, Planungsreferat: Socialdata, München setzt auf den Umweltverbund. München 1992.

Landeshauptstadt München, Planungsreferat: Baulandbericht. München 1992.

Landeshauptstadt München, Planungsreferat: Analysen zur Stadtentwicklung. München 1995 (PlR 1995 a).

Landeshauptstadt München, Planungsreferat: Münchner Sozialstudie - Soziale Entwicklung und Lebenssituation der Münchner Bürgerinnen (PIR 1995 b).

Landeshauptstadt München, Planungsreferat: Verkehr in München - eine Bestandsaufnahme 1995 (PIR 1995 c).

Landeshauptstadt München, Planungsreferat: Münchner Perspektiven einer stadtverträglichen Mobilität. München 1995 (PlR 1995 d).

Landeshauptstadt München, Planungsreferat: Perspektiven für die Region München. München 1995 (PIR 1995 e).

Landeshauptstadt München, Planungsreferat: Perspektiven für die räumliche Entwicklung. München 1995 (PlR 1995 f).

Landeshauptstadt München, Planungsreferat: München kompakt, urban, grün. München 1995 (PlR 1995 g).

Landeshauptstadt München, Planungsreferat/Planungsbüro Retzko, Topp: Verkehrsminderungskonzept für die Landeshauptstadt München. München 1995.

Landeshauptstadt München, Referat für Arbeit und Wirtschaft (RAW): Erwerbstätigenprognose 1995 - 2000 - 2005. Stadtratsbekanntgabe in der gemeinsamen Sitzung des Ausschusses für Arbeit und Wirtschaft und des Ausschusses für Stadtplanung und Bauordnung vom 10.11.92 (RAW 1992).

Landeshauptstadt München, Referat für Arbeit und Wirtschaft: „München, die Wirtschaft mit der Stadt". München 1994 (RAW 1994 a).

Landeshauptstadt München, Referat für Arbeit und Wirtschaft: Wirtschaftspolitisches Konzept für die Landeshauptstadt München 1994 (RAW 1994 b).

Landeshauptstadt München, Referat für Arbeit und Wirtschaft: Kooperatives Verkehrsmanagement, Gestaltung des Güterverkehrs in München. München 1995 (RAW 1995).

Landeshauptstadt München, Sozialreferat: Neue Armut in München. München 1987 (SozR 1987).

Landeshauptstadt München, Sozialreferat: Münchner Armutsbericht '90. München 1991 (SozR 1991).

Lisson, P.: Zugkraft für die Zukunft. Der Münchner Schienenverkehr. In: München. Die Wirtschaft mit der Stadt. Landeshauptstadt München, Referat für Arbeit und Wirtschaft 1994.

Marzin, W.: Wo wir´s allen zeigen. Messeplatz München. In: München. Die Wirtschaft mit der Stadt. Landeshauptstadt München, Referat für Arbeit und Wirtschaft 1994.

Meitinger, O.: Wo die größten Erfinder klein anfangen. Innovationen aus der Technischen Universität München. In: München. Die Wirtschaft mit der Stadt. Landeshauptstadt München, Referat für Arbeit und Wirtschaft 1994.

Nerb, G.: Die Zukunft der wirtschaftlichen Metropole Augsburg - München - Ingolstadt - Nürnberg, im Spannungsfeld des europäischen Binnenmarktes und der neuen Märkte in Berlin und Ostdeutschland; ifo-Institut München 1992.

Nerb, G.; Reuter, J.; Graf, H.A.; Schückhaus, U.; Ruppert, W.; Städtler, A.: Auswirkungen der Vollendung des EG-Binnenmarktes, der deutschen Vereinigung sowie der Öffnung der osteuropäischen Märkte auf Hamburg. Gemeinschaftsgutachten des ifo-Instituts für Wirtschaftsforschung, München, und der Kienbaum Unternehmensberatung GmbH, Düsseldorf. München, Düsseldorf 1991.

Nerb, G.; Reuter, J.; Hasenstab, M.: Der Standort München und die Öffnung Osteuropas: Auswirkungen und mögliche Strategien, Gutachten im Auftrag des Referats für Arbeit und Wirtschaft, Heft Nr. 18, München 1993 (ifo 1993).

Neugebauer, K.: Prima Klima für die High-Tech-Industrie. In: München. Die Wirtschaft mit der Stadt. Landeshauptstadt München, Referat für Arbeit und Wirtschaft 1994.

Parkinson, M.: European Cities Towards 2000 - The New Age of Entrepreneurialism? Paper delivered to: Seminar on Advanced Urban Technologies, CITYTEC '94, Barcelona 1994.

Planungsverband Äußerer Wirtschaftsraum München: S-Bahn-nahe Siedlungsflächen: Auswirkungen auf die Regionalentwicklung, 1994.

PROGNOS: Teilräumliche Erwerbstätigen- und Flächenprognosen für die Stadt und Region München 2000 - 2005; im Auftrag der Landeshauptstadt München. Basel 1992.

Regionaler Planungsverband: Regionalplan München 1992.

Schussmann, K.: Structural Change and Urban Economic Development Strategies in Munich. In: Eurocities, Economic Development And Urban Regeneration Committee: Urban Economic Development and Regeneration, Volume II. Brüssel, München 1994.

Schussmann, K.: Wirtschaftlicher Wandel in Westeuropa - Perspektiven westeuropäischer Städte. In: Loccumer Protokolle 51/94, Planen für städtische Räume, Loccum 1995.

Schussmann, K.; Giesecke, E.; Müller, U.: München im „neuen Europa" - Analysen, Standortbestimmung und Strategien für die Landeshauptstadt München. Veröffentlichung des Referates für Arbeit und Wirtschaft, Heft Nr. 17, München 1993.

Soltmann, D.: Logenplatz der Wirtschaft, Industriestadt München. In: München. Die Wirtschaft mit der Stadt. Landeshauptstadt München, Referat für Arbeit und Wirtschaft 1994.

Traublinger, H.: Münchner Meisterstück. Das Handwerk. In: München. Die Wirtschaft mit der Stadt. Landeshauptstadt München, Referat für Arbeit und Wirtschaft 1994.

Wieczorek, R.: Eine Stadt hat sich viel vorgenommen. In: München. Die Wirtschaft mit der Stadt. Landeshauptstadt München, Referat für Arbeit und Wirtschaft 1994.

Winkel, H.: Wirtschaft im Aufbruch. Der Wirtschaftsraum München - Oberbayern und seine Industrie- und Handelskammer im Wandel der Zeit. München 1990.

Heinz Niemann, Hartmut Usbeck

Aktuelle Entwicklungsprozesse der Agglomerationsräume Leipzig und Dresden

Die gegenwärtig in den ostdeutschen Agglomerationen ablaufenden Prozesse des Strukturwandels und auch die Rangfolge der dringlich zu lösenden Fragen unterscheiden sich erheblich von denen in den westdeutschen Verdichtungsräumen. Dabei wird immer deutlicher, daß es in den neuen Bundesländern nicht schlechthin um das Aufholen von Rückständen aller Art geht, sondern daß es sich dabei um einen spezifischen Anpassungsprozeß handelt, der in seinen Etappen, in den Dimensionen und hinsichtlich staatlicher Regulierungserfordernisse einzigartig ist und einen Zeitraum von mehreren Jahrzehnten umfassen wird.

Es scheint uns deshalb nützlich, noch vor der Darstellung der Fallbeispiele Leipzig und Dresden die übergreifenden Besonderheiten und Ausgangsbedingungen der ostdeutschen Agglomerationen wenigstens skizzenhaft zu kennzeichnen.

Als „Ballungsgebiete" (synonym zum Terminus „Agglomeration" verwandt) wurden in der DDR Wirtschaftsgebiete bezeichnet, die eine Fläche von mindestens 1 000 km² einnahmen, in denen mehr als 1 Mio. Menschen wohnten und welche mindestens über einen großstädtischen Kern verfügten. Zusätzlich dazu wurden i.d.R. eine allgemeine Bevölkerungsdichte von mehr als 250 EW/km², eine Industriedichte von mehr als 50 Industriebeschäftigten je km² sowie ein Industrialisierungsgrad (Industriebesatz) von mehr als 20 Industriebeschäftigten je 100 Einwohnern als Abgrenzungskriterien verwendet (Scholz 1964, 1966, Mohs 1964).

Die Abgrenzung der Ballungsgebiete wurde gelegentlich auf Gemeindebasis, meist aber auf Kreisbasis vorgenommen. Für grobe Trenddarstellungen wurden als Stellvertretergrößen häufig auch die Durchschnittswerte der „Ballungsbezirke" (Dresden, Leipzig, Halle und Chemnitz - Karl-Marx-Stadt) zur Hilfe genommen, da diese Daten praktisch laufend in gleichbleibender Tiefe vorhanden waren und eine Repräsentanz für den Gebietstyp insoweit gegeben war, als 60-80% der infrastrukturellen und betrieblichen Anlagen, Mittel und auch der Beschäftigten dieser Bezirke dem Gebietstyp „Ballungsgebiet" zuzuordnen waren.

Nach diesem Verständnis gab es auf dem Territorium der neuen Bundesländer die drei Ballungsgebiete
- Halle-Leipzig-Dessau
- Chemnitz-Zwickau
- Dresden (Oberes Elbtal)

sowie die metropolitane Region Berlin (vgl. Tab. 1).

Tab. 1: Strukturdaten der ostdeutschen Ballungsgebiete 1989 (Abgrenzung auf Kreisbasis)

Ballungsgebiet	Fläche (1000 km²)	EW (1000 Pers.)	Dichte (EW/km²)	Beschäftigungsgrad (Besch./1000 EW)	Anteil der Beschäftigten an Sektoren		
					Land/Forstwirtschaft	Prod. Gewerbe (Bergbau, Industrie, Bauwirtschaft)	Sonstige Bereiche
Halle-Leipzig-Dessau darunter:	5.76	1 967	342	539.8	5.3	53.3	41.4
Halle-Stadt		231	1 846	624.4	0.6	41.9	57.5
Leipzig-Stadt		530	3 630	539.5	0.1	45.6	54.3
Dessau-Stadt		101	804	546.7	0.5	59.2	40.3
Chemnitz-Zwickau darunter:	2.91	1 252	429	544.0	4.6	54.4	41.0
Chemnitz-Stadt		302	2 322	591.0	0.3	52.0	47.7
Zwickau-Stadt		119	2 086	602.0	0.1	53.5	46.4
Dresden (Oberes Elbtal) darunter:	1.92	906	471	530.3	5.3	46.1	48.6
Dresden-Stadt		501	2 219	550.2	1.9	46.0	52.1

Quelle: Berechnet nach Daten aus „Mitteilungen aus der Arbeitsmarkt- und Berufsforschung", Heft 4/1990, S. 487 ff., Stuttgart, Berlin, Köln, Mainz.

Folgende Punkte zählen zu den gravierendsten Merkmalen der ostdeutschen Ballungsgebiete:

1. Diese Gebiete sind in ihrer Struktur und Entwicklung bis in die 80er Jahre hinein vorrangig als Industriegebiete betrachtet und entwickelt worden. Tab. 2 belegt, daß gerade in den Jahren zwischen 1955 und 1970, als in der Alt-BRD die Tertiärisierung der Wirtschaft rasch zunahm, in der DDR der industrielle Sektor generell und auch in den Ballungsgebieten extensiv ausgedehnt wurde.

Ab 1971 wurde bekanntlich auch in der DDR in den wirtschaftspolitischen Zielstellungen darauf orientiert, durch umfassende Effektivitätssteigerungen zunehmend Arbeitskräfte aus der Industrie (und Landwirtschaft) freizusetzen, um so bereits sichtbar werdende Rückstände in bestimmten Bereichen des tertiären Sek-

Tab. 2: Anteil der Beschäftigten in der Industrie und Bauwirtschaft in der DDR von 1955-1988 (%)

Bezirk	1955	1960	1970	1980	1988
Karl-Marx-Stadt (Chemnitz)	60.6	63.1	62.7	59.7	58.7
Halle	50.9	53.0	53.6	53.6	52.6
Leipzig	52.9	52.3	50.8	50.0	49.9
Dresden	53.0	54.5	55.2	53.5	52.5
(Ungewichtetes) Mittel der Ballungsbezirke	54.4	55.7	55.6	54.2	53.4
DDR gesamt	45.0	47.5	48.9	48.3	48.1
Anteil der 4 Bezirke an der Industrie-Bruttoproduktion der DDR	55.4	54.3	51.9	47.7	46.8

Quelle: Berechnet nach den Daten des Statistischen Jahrbuches der DDR 1989, S. 65 ff.

tors aufzuholen. Zu Beginn der 80er Jahre wurde gelegentlich sogar konkret eine *jährliche* Umverteilungsgröße von 3% der Beschäftigten aus dem sekundären in den tertiären Sektor als Richtwert genannt. Tab. 2 ist allerdings zu entnehmen, daß demgegenüber die realen Freisetzungseffekte in der Industrie und Bauwirtschaft sehr bescheiden geblieben sind.

Sie betragen im (ungewichteten) Mittel der Ballungsbezirke für den gesamten Zeitraum 1970-1988 lediglich 2,2% (das ist etwa ein Zehntel des vergleichbaren Rückgangs in den industriellen Verdichtungsräumen der Alt-BRD) und im Mittel der DDR insgesamt nur 0,8%! Die doch merkliche Abnahme des Anteils der vier Ballungsbezirke an der industriellen Bruttoproduktion des Landes um ca. 5% in diesem Zeitraum weist darüber hinaus darauf hin, daß in den 70er Jahren in den anderen Landesteilen noch größere extensive Industrialisierungsprozesse abgelaufen sind.

Selbst die Tertiärisierung der Beschäftigtenstruktur in den großstädtischen Ballungskernen hat sich in eher bescheidenen Grenzen vollzogen, denn die drei Bezirksstädte Halle, Leipzig und Dresden, die in den 70er Jahren überdurchschnittliche Zuwendungen zum Ausbau ihrer Funktion als Wissenschafts-, Kultur- und Touristikzentrum erhielten, lagen 1989 im Beschäftigtenanteil des tertiären Sektors immer noch um 15-20% (was zeitlich gesehen auch einem Abstand von ca. 20 Jahren entspräche) hinter vergleichbaren altbundesdeutschen Städten zurück.

2. Im Gegensatz zu den altbundesdeutschen Ballungsgebieten haben die ostdeutschen Regionen dieses Typs zu keiner Zeit einen stabilen Bevölkerungszuwachs aufweisen können. Wie Tabelle 3 zeigt, übertraf der Bevölkerungsschwund der Ballungsgebiete seit den sechziger Jahren die leicht negative Bevölkerungsbewegung der DDR insgesamt beträchtlich und wies auch gegenüber den Großregionen der DDR die einschneidensten Bevölkerungsverluste auf.

Summiert für die vier „Ballungsbezirke", ergibt sich seit 1950 eine Bevölkerungsabnahme von 1,45 Mio. Menschen, d.h. in dieser Region leben heute nur noch 82% der Bevölkerungszahl von 1950, während im Verhältnis dazu im gleichen Zeitraum die Bevölkerungszahl der DDR auf nur 92,2% des Ausgangsbestandes absank.

Tab. 3: Entwicklung der Wohnbevölkerung der DDR nach Bezirksgruppen 1950-1988 (jeweiliges Basisjahr gleich 100 %)

	1950/ 1964	1964/ 1971	1971/ 1981	1981/ 1988
Berlin	90.0	101.6	107.1	111.4
Nordbezirke	91.5	101.8	100.3	101.5
Mittelbezirke	93.9	101.6	99.5	99.9
Südwestbezirke	93.8	100.8	99.2	100.1
Ballungsbezirke	91.9	98.6	95.2	96.7
DDR insgesamt	92.5	100.2	98.1	99.8

Quelle: Nach Autorenkollektiv 1988, ergänzt nach Stat. Jahrbuch der DDR 1989.

Selbst in der Zeitspanne zwischen ca. 1950-1970, in der die altbundesdeutschen Ballungsgebiete einen Gesamtzuwachs an Bevölkerung von über 15% zu verzeichnen hatten, verloren die ostdeutschen Ballungsgebiete rund eine dreiviertel Million Einwohner durch Abwanderung und Sterbefallüberschuß. Die Vermutung, daß zumindest bis 1961 diese gegenläufigen Prozesse durch großräumige Ost-West-Wanderungen miteinander verbunden waren, ist durch einige Darstellungen unterstützt worden (z. B. Wendt 1991).

Diese negative Bevölkerungsentwicklung, die bis heute angehalten hat und in den 80er Jahren zunehmend durch das überzogene „Hauptstadtprogramm" mit beeinflußt worden ist, hat mit Öffnung der innerdeutschen Grenze noch einmal eine dramatische Zuspitzung erfahren. Auf die vier Ballungsbezirke und Berlin mit einem Bevölkerungsanteil von 48,2% entfielen im Zeitraum vom 1.1.-31.10.1989 56,7% aller Abwanderungen in die Alt-BRD (Schmerl 1990). Vom 31.12.1989 bis zum 3.10.1990 verloren die Ballungsgebiete insgesamt noch einmal ca. 96 000 Menschen, das sind 2,34% der Bevölkerung vom Vorjahresende. (In der gesamten DDR betrug der Schwund der Bevölkerung in diesem Zeitraum ca. 1,5%!)

Die Folgen dieses Auszehrungsprozesses sind bekannt. So liegt die Abhängigkeitsrate (Personen im nichtarbeitsfähigen Alter je 100 Personen im arbeitsfähigen Alter) gegenwärtig 4-5% über dem ostdeutschen Länderdurchschnitt. Insbesondere durch die seit 1989 überdurchschnittlich gestiegenen Abwanderungen in die alten Bundesländer hat sich das Potential der jüngeren, besonders flexibel einsetzbaren und hochqualifizierten Bevölkerungsgruppen merklich verringert.

Die kumulativen Effekte von Überalterung, drastisch gesunkener Geburtenrate und negativen Wanderungssaldi werden nach übereinstimmenden Einschätzungen der Bevölkerungsprognostiker dazu führen, daß die Bevölkerungszahl der ostdeutschen Agglomerationsräume bis über das Jahr 2000 hinaus weiterhin jährlich um 0,6-0,7% abnehmen wird (Regionale Bevölkerungsprognose der BfLR 1993).

3. Die intraregionale Bevölkerungsbewegung und auch das Wandern der Wachstumspole sind in den Regionen dieses Typs in West und Ost geradezu entgegengesetzt verlaufen (vgl. Abb. 1).

Während bekanntermaßen das enorme gleichzeitige Wachstum von Ballungskernen und entsprechenden Umlandregionen bis Mitte der 60er Jahre in der BRD durch kräftige Fernwanderungsgewinne sowie der voll ausgeprägte Suburbanisierungsprozeß Anfang der 70er Jahre durch zusätzliche Wanderungsgewinne der Umländer aus weiter entfernten Regionen gekennzeichnet waren, erreichten die Wanderungssalden der ostdeutschen Ballungsgebiete mit entfernteren Gebieten längst nicht solche Größenordnungen und waren außerdem - häufig sogar finanziell stimuliert - im Zusammenhang mit dem Errichten von ganzen Industriekomplexen auf der „Grünen Wiese" im Osten („Schwarze Pumpe", Cottbus, Guben, Frankfurt/O., Schwedt) und im Norden (Rostock, Schwerin, Neubrandenburg) mehrfach negativ.

Der gleichzeitige Schwund von dem Ballungskern und seinem Umland bis 1961 wurde außerdem durch die erheblichen Abwanderungsquoten aus der DDR in die Alt-BRD mit verursacht.

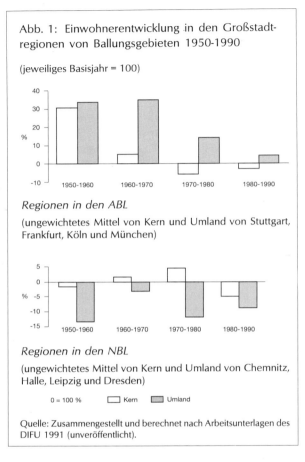

Abb. 1: Einwohnerentwicklung in den Großstadtregionen von Ballungsgebieten 1950-1990

(jeweiliges Basisjahr = 100)

Regionen in den ABL
(ungewichtetes Mittel von Kern und Umland von Stuttgart, Frankfurt, Köln und München)

Regionen in den NBL
(ungewichtetes Mittel von Kern und Umland von Chemnitz, Halle, Leipzig und Dresden)

0 = 100 %   ☐ Kern   ▨ Umland

Quelle: Zusammengestellt und berechnet nach Arbeitsunterlagen des DIFU 1991 (unveröffentlicht).

Die in den 60er Jahren einsetzende gegenläufige Entwicklung von Kernstadt und Umland - aber mit den entgegengesetzten Vorzeichen wie in der Alt-BRD -, die in den 70er Jahren ihre stärkste Ausprägung hatte, resultiert aus einer zunehmenden nahräumlichen Land-Stadt-Wanderung (Ausnahme Berlin), die in der Regel 40-50 Distanzkilometer nicht überschritt und in den unmittelbar an den Ballungskern angrenzenden Landkreisen sogar die größten Migrationsverluste verursachte (Usbeck, Neumann 1988).

Verständlich wird diese doch etwas merkwürdige kleinräumige Umverteilung der Bevölkerung in Größenordnungen allerdings nur, wenn man weiß, daß über das angelaufene „Wohnungsbauprogramm" ab Anfang der 70er Jahre das weitere Migrationsgeschehen in der DDR über eineinhalb Jahrzehnte sehr stark kanalisiert wurde. Mit diesem Instrumentarium war es möglich, nicht nur das Konzept von der „führenden Rolle der Stadt" und der „territorialen Absicherung" ihres Wachstums durchzusetzen, sondern auch die benötigten Arbeitskräfte für bedeutende Standortneugründungen oder -erweiterungen über das Angebot einer Neubauwohnung zu gewinnen.

Dieses Wachstum der Ballungskerne auf Kosten ihres Umlandes hatte einen weiteren ungewöhnlichen Struktureffekt zur Folge. Eines der unter sozialpolitischen Aspekten formulierten Ziele des Wohnungsbauprogramms war darauf gerichtet, solchen Werktätigen, insbesondere Pendlern, die einen längeren Arbeitsweg hatten (45'-Isochrone als Zumutbarkeitsgrenze), eine Neubauwohnung in der Nähe der Arbeitsstelle anzubieten. Dafür erhielten die Großbetriebe jährlich größere Wohnungskontingente zur Verfügung gestellt. Das Resultat dieser Ansiedlungspolitik war eine deutliche Einengung der ohnehin gegenüber westlichen Vergleichsgebieten kleineren Pendlereinzugsbereiche der Ballungszentren sowie eine weitere Reduzierung des Einpendlerüberschusses.

In den 80er Jahren ließen die Wanderungsgewinne der Städte infolge weitgehender Erschöpfung des nahräumlichen Migrationspotentials und der beginnenden Orientierung auf Werterhaltung und Modernisierung sowie Eigenheimbau auch außerhalb der Zentren langsam nach und schlugen schließlich durch die Kombination von Sterbefallüberschuß und Abwanderung nach Berlin in Bevölkerungsabnahme um, die sich ab 1989 durch die in Größenordnungen einsetzende Außenwanderung rasch steigerte.

Tab. 4:
Einpendlerüberschuß ostdeutscher Ballungskerne

		Pendler-überschuß	Veränderung (abs.) von 1971-1981
Leipzig	1981	15 700	-11 977
Dresden	1981	17 000	-11 317
Chemnitz	1981	22 600	-6 395
Zum Vergleich:			
München	1987	199 300	
Stuttgart	1987	158 300	

Quelle: Ergebnisse der VBWGZ 1971 und 1981 sowie der VZ 1987.

4. Die charakteristischste Besonderheit der ostdeutschen Ballungsgebiete war ihre durchgängige Polarisierung in räumlicher, siedlungsstruktureller, wirtschaftlicher und demographischer Hinsicht. Obwohl die Territorialplanung der DDR den „territorialen Niveau-Ausgleich" als eines der grundsätzlichsten Ziele ihres gesamten Wirkens begriff, hat sie ihn höchstens in solchen makroökonomischen Dimensionsstufen vorantreiben können wie etwa der Niveauangleichung zwischen den agrarisch dominierten Nordbezirken und den traditionell industrialisierten Südbezirken, dem Durchsetzen von speziellen Förderprogrammen für zurückgebliebene Gebiete (z.B. Eichsfeld, Oberlausitz, Bezirk Frankfurt/Oder) oder der Verteilung der Wohnungsbaukontingente auf die „Städte der Makrostruktur" usw.

Unterhalb einer solchen Vergleichsebene bewirkten die permanenten „ökonomischen Zwänge" und die zentrale - d.h. punkthafte - Verteilung der finanziellen und materiellen Mittel allerdings zunehmende Unterschiede sowohl in der regionalen Dimension (z.B. zwischen altindustrialisierten Ballungsgebieten und jung-industrialisierten strukturbestimmenden Entwicklungsgebieten) als auch in der lokalen Ebene zwischen Siedlungen (z.B. Bezirks-, Kreis- und kreisangehörigen Städten) und selbst innerhalb von Siedlungen (z.B. zwischen randstädtischen Neubaugebieten und innerstädtischen Gründerzeitwohn- und Mischgebieten) (Werler 1990).

Unter diesem Aspekt ist darauf zu verweisen, daß die im vorhergehenden Abschnitt besprochene Entleerung der Umländer kein gleichmäßiger Ausdünnungsprozeß war, sondern bestimmte Räume und Siedlungskategorien in ganz besonderer Weise betroffen hat. Hinsichtlich der Siedlungen haben die kleineren Ortsteile und kreisangehörigen Kleinstädte die größten Verluste erlitten. Die Ursache dafür war der Entzug ihrer ökonomischen Basis durch Konzentration und Zentralisierung der Produktion (so wie in den Ortsteilen die landwirtschaftliche Produktion im Sinne einer filialen Restnutzung betrieben wurde, verloren die doch zahlreichen Klein- und Mittelbetriebe in den Kleinstädten spätestens in den 70er Jahren ihre Selbständigkeit und wurden Arbeitsstätten von Großbetrieben, die begrenzte Teilaufgaben zu erfüllen hatten).

Entscheidend war, daß diese Teilbetriebe über keine eigenen Mittel für Sachinvestitionen verfügten, als Glied eines übergeordneten technologischen Flusses auch keinen "tertiären Bereich" brauchten und daß die sie beherbergenden Siedlungen bei der Haushaltszuteilung durch die übergeordnete Kreisstadt auf Grund ihrer ökonomischen Bedeutungslosigkeit auch zumeist zu kurz kamen (Hasenpflug, Kowalke 1990).

5. Verteilungsmuster, Zustand und Organisationsform der Industrie sind von dem durchgängigen Prinzip der Konzentration ebenfalls nachhaltig beeinflußt worden.

Historisch übernommen war bereits eine gewisse arbeitsteilige Spezialisierung der Produktion zwischen den sächsischen Ballungsgebieten und auch eine regelhafte Verteilung der Industrie innerhalb dieser Gebiete.

Mit den tiefgreifenden Veränderungen der Organisationsstruktur der DDR-Industrie zu Beginn der 70er Jahre, die eine Konzentration auf strukturbestimmende, d.h. die künftige Entwicklung besonders tragenden Zweige bringen sollte, wurden auch die historisch gewachsenen Zweigstrukturen der Industrie nachhaltig verändert. Hervorzuheben sind folgende Prozesse:

● Mit der durchgängigen Zuordnung aller Industriebetriebe in das Hierarchiesystem von z.T. neugegründeten Kombinaten in den 70er Jahren verlor auch in den Ballungszentren eine größere Zahl von Klein- und Mittelbetrieben ihre ökonomische und juristische Selbständigkeit. Ohne daß damit bemerkenswerte Fortschritte in der beabsichtigten Verringerung der organisatorischen wie räumlichen Zersplitterung der Produktion erreicht worden wären, wirkte sich diese Maßnahme jedoch nachhaltig in Form einer erheblichen Verringerung des gesamten Diversifikationsgrades der Industrie aus.

● Während in den Ballungskernen in der Regel im Zusammenhang mit der Gründung der Großkombinate zugleich leistungsfähige Forschungs- und Entwicklungseinrichtungen lokalisiert wurden und damit der Konzentrationsprozeß des Humankapitals auch in qualitativer Hinsicht verstärkt wurde (bei einem Anteil von ca. 47% an der industriellen Bruttoproduktion des Landes entfielen Mitte der 80er Jahre ca. 55% der gesamten Industrieforschung auf die Ballungsbezirke (Heinzmann 1984)), war die Entwicklung in den Umlandregionen vor allem durch die engere Verzahnung der einzelnen Betriebsstandorte mit den Hauptproduktionsrichtungen des jeweiligen Kombinates gekennzeichnet, womit bei insgesamt wachsender Betriebsgröße durch mehrere Großinvestitionen zugleich in der Regel eine Reduzierung der Erzeugnispalette und auch eine wachsende technologische Abhängigkeit der kombinatsangehörigen Betriebe verbunden waren. Obwohl diese Veränderungen unter den Bedingungen der DDR-Wirtschaft hinsichtlich des Konzeptes zur Schaffung innergebietlicher Produktionszyklen und der Konzentration auf strukturbestimmende Zweige Fortschritte in der beabsichtigten Richtung gebracht haben, hat sich beim Übergang in die Marktwirtschaft gezeigt, daß gerade diese Regionen von dem Zusammenbruch der Hauptproduktionsrichtungen der DDR-Industrie besonders hart getroffen wurden und in der Umstellung auf selbständige Akteure des Weltmarktes die größten Schwierigkeiten haben.

6. In den bisherigen Ausführungen wurde an verschiedenen Stellen betont, daß die Wechselbeziehungen zwischen den Ballungskernen und ihren Umländern im wesentlichen dadurch gekennzeichnet waren, daß die Entwicklung des einen auf Kosten des anderen erfolgt ist. Dieser Prozeß ist aber noch vielschichtiger, als für den Bereich der

Industrie dargestellt. Bezogen auf das produzierende und dienstleistende Gewerbe haben die o.a. Verstaatlichung der Klein- und Mittelbetriebe, aber auch die Zulassungs- und Steuerregelungen für Privatunternehmen im Dienstleistungssektor außerdem dazu geführt, daß die in den Altbundesländern stattgefundene Strukturverschiebung der Umlandregionen in eine breitgefächerte kundenorientierte Gewerbe- und Dienstleistungsregion nur in sehr bescheidenen Ansätzen und dann auch nur in der weiteren Stadtrandzone zu beobachten war.

Hinzu kommt, daß die Erholungsressourcen des Umlandes weniger von den Umlandgemeinden selbst vermarktet werden konnten, sondern durch die zentrale Verfügungsgewalt des Staates über das Volkseigentum praktisch unentgeltlich den Großbetrieben und gesellschaftlichen Organisationen (FDGB, Sport, Parteien, bewaffnete Organe) zur exlusiven Nutzung zur Verfügung standen. Das hat die praktische Bedeutung der Umländer als Naherholungsraum der Großstädte ständig verringert und den Rückstand der tourismusrelevanten Infrastruktur gegenüber den Altbundesländern weiter anwachsen lassen.

Schließlich sei darauf verwiesen, daß mit dem Konzept von der „territorialen Absicherung" des Städtewachstums und dem „Wohnungsbauprogramm" ab den 70er Jahren eine sich rasch ausdehnende Flächenbeanspruchung in der weiteren Stadtrandzone durch die Kernstadt verbunden war (Wohnungsneubau an Großstandorten, Großanlagen der technischen Infrastruktur und der industriemäßigen Tierproduktion, Datschensiedlungen usw.), ohne daß die Stadt selbst in ihren politisch-administrativen Grenzen wesentlich gewachsen wäre.

Die Eigenarten der Eigentumsverhältnisse sowie die weitestgehend von solchen Prozessen unabhängige zentrale Zuweisung der Finanzmittel an die Gemeinden ermöglichten diese kompensationsfreie Verlagerung von stadtbedienenden Funktionen in das Umland, welches nicht selten durch solche Vorgänge regelrecht devastiert worden ist.

Eine der gegenwärtig sehr brisanten Nachwirkungen dieser Periode ist, daß die Haltungen von Großstädten bzw. Umlandgemeinden und -kreisen in Fragen der anstehenden Gemeinde- und Kreisreform ausgeprägt konträr und verhärtet sind.

Insgesamt läßt sich für den Gebietstyp „Ballungsgebiet" der DDR feststellen:

Die ostdeutschen Ballungsgebiete zeichnen sich durch eine Reihe von Besonderheiten aus, die dem gegenwärtigen wirtschaftlichen, wirtschaftsräumlichen und sozialen Strukturwandel ein besonderes Gepräge geben.

Obwohl diese Besonderheiten z.T. mit erheblichen strukturellen Defiziten verbunden sind, zeigt die aktuelle Investitionsentwicklung in den neuen Bundesländern, daß solche klassischen Standortfaktoren wie Aufnahmefähigkeit des Marktes, Infrastrukturausstattung, verkehrsgeographische Lage, Qualität des Humankapitals u.a. diese Gebiete gegenüber den weniger verdichteten Räumen in Ostdeutschland nach wie vor als Präferenzräume erscheinen lassen.

Einige Merkmale, Chancen und Risiken dieser Entwicklung sollen deshalb im folgenden am Beispiel der funktionalen Stadtregionen Leipzig und Dresden gekennzeichnet werden.

Literatur

Autorenkollektiv: Ergebnisse der regional differenzierten Urbanisierung in sozialistischen Ländern, Wissenschaftliche Mitteilungen Nr. 25, Institut für Geographie und Geoökologie der AdW der DDR, Leipzig 1988

Bucher, H.; Siedhoff, M.; Stiens, G.: Regionale Bevölkerungsentwicklung in Deutschland bis zum Jahr 2000. In: Informationen zur Raumentwicklung Heft 11/12 1992, Regionale Bevölkerungsprognose der BfLR, Bonn 1993

Hasenpflug, H.; Kowalke, H.: Analyse und Bewertung territorialer Reproduktionsbedingungen in den Dichtegebieten der DDR unter besonderer Berücksichtigung der Industrie, Dissertation B, Pädagogische Hochschule Dresden, 1990

Heinzmann, J.: Neuere Tendenzen in der Industrieentwicklung der DDR und ihre regionalen Wirkungen, Wissenschaftliche Mitteilungen Nr. 12, Institut für Geographie und Geoökologie der AdW der DDR, Leipzig 1984

Mohs, G.: Das Ballungsproblem beim Aufbau des Sozialismus, Wiss. Zs. der Karl-Marx-Universität Leipzig, Math.-nat. Reihe 13, 1964

Schmerl, L.: Sozialstruktur und Lebensweise im Ballungsgebiet Oberes Elbtal, Dissertation A, Pädagogische Hochschule Dresden, 1990

Schmidt, R.; Schumann, R.; Sägert, B.: Die Industrie im Freistaat Sachsen - Grundlagen für einen Strukturwandel, Institut für Geographie und Geoökologie d. AdW der DDR, Manuskript, unveröffentlicht, 1991

Scholz, D.: Die Ballungsgebiete der DDR. Eine geographische Übersicht, Wiss. Zs. der Karl-Marx-Universität Leipzig, Math.-nat. Reihe 15, 1966

Scholz, D.: Die Siedlungen des Leipziger Landes. In: Das Leipziger Land, Leipzig 1964, S. 347-379

Usbeck, H.; Neumann, H.: Trends und Perspektiven von Großstadtregionen in der DDR, Wissenschaftliche Mitteilungen Nr. 27, Institut für Geographie und Geoökologie der AdW der DDR, Leipzig 1988, S. 12-24

Wendt, H.: Die deutsch-deutschen Wanderungen. In: Deutschland-Archiv, H. 24/91, S. 390 ff.

Werler, K.: Entwicklungstendenzen und -probleme von Kleinstädten in südlichen Ballungsgebieten der DDR, Wissenschaftliche Mitteilungen Nr. 34, Institut für Geographie und Geoökologie der AdW der DDR, Leipzig 1990

HEINZ NIEMANN

Entwicklungen und Probleme der Agglomerationsräume in Deutschland - Fallstudie Dresden

1. Historische Entwicklung

Die Landeshauptstadt des Freistaates Sachsen gilt heute als einer der attraktivsten und ausbaufähigsten Wirtschaftsstandorte in den neuen Bundesländern. Ungeachtet aller aktuellen Probleme vereint die Stadt eine Reihe geschichtlich überkommener, natürlicher und politischer Standortvorzüge, die ihre Chancen im Wettbewerb der deutschen Großstadtregionen außerordentlich positiv beeinflussen.

Die Wurzeln der überregionalen Bedeutung liegen vor allem im 16. Jahrhundert, als Dresden als spätmittelalterliche Residenzstadt europäische Bedeutung erlangte. Aufbauend auf den reichen Schätzen des Erzgebirges und begünstigt durch die weitsichtige Wirtschaftspolitik der sächsischen Kurfürsten konnte Sachsen die Verwüstungen des 30jährigen Krieges schneller als andere deutsche Lande überwinden und unter Friedrich August I. (August dem Starken) zum ersten Gewerbeland des Deutschen Reiches aufsteigen.

Der starke Aufschwung des Bürgertums im 19. Jahrhundert, der mit der liberalen Staatsverfassung für das Königreich Sachsen von 1831 und der Einführung der Städteordnung von 1832 sehr starke Impulse erhalten hatte, hat den Ruf der Stadt als Ort interessanter Sehenswürdigkeiten, außergewöhnlicher Kultur- und Kunsterlebnisse sowie wichtiger Begegnungen bewahrt und weiter ausgeformt.

Auch die Industrialisierung des Dresdener Raumes erfuhr durch die eigentümliche Verquickung von kulturellen, künstlerischen und wissenschaftlichen Potentialen mit den wirtschaftlichen Möglichkeiten eine besondere Prägung.

Mit der Gründung spezieller, bis dato in Deutschland unbekannter Hochschulen wie der Bergakademie in Freiberg (1765), der Forstakademie in Tharandt (1811) und der Überführung der seit 1828 bestehenden Technischen Bildungsanstalt in eine Technische Hochschule (1890) waren für die Durchdringung von Wissenschaft und Wirtschaft einmalige Voraussetzungen geschaffen worden.

Zahlreiche Pionierleistungen Dresdener Erfinder, Konstrukteure und Unternehmer im Bereich des Verkehrswesens, des Maschinenbaus, der Feinchemie, der Feinmechanik/Optik oder Elektrotechnik markieren den Prozeß der industriellen Revolution.

Bereits Ende des 19. Jahrhunderts nahm Dresden hinsichtlich der Industriebeschäftigten nach Berlin, Hamburg und Leipzig den vierten Platz in Deutschland ein.

Nach 1870 griff die Industrialisierung verstärkt auf das Umland über. Mit ihr verbunden war ein überaus kräftiger Verdichtungs-, Erweiterungs- und Verstädterungsprozeß der Ortschaften in der Dresdener Elbtalweitung, der zur Herausbildung einer fast geschlossenen bandförmigen Siedlungszone von ca. 30 Kilometern Längs- und zehn Kilometern Querausdehnung führte. Am Vorabend des Zweiten Weltkrieges bildete Dresden so den großstädtischen Kern einer Industrieagglomeration, in der fast eine Million Menschen wohnten.

Am 13. Februar 1945 wurde die Stadt, insbesondere ihr kulturhistorisches Zentrum, durch massierte anglo-amerikanische Luftangriffe schwer zerstört. Etwa 35 000 Einwohner und Flüchtlinge kamen in dem Inferno um. Von den 220 000 Wohnungen der Stadt wurden 75 000 total zerstört, 18 000 schwer und 81 000 leicht beschädigt. 15 Quadratkilometer im Zentrum der Stadt waren unbewohnbar. 30 weltbekannte Architekturdenkmale, wie der Zwinger, die Frauenkirche, die Semperoper, das Ensemble der Brühlschen Terrasse u.a., wurden entweder total zerstört oder schwer beschädigt (Grundmann 1984).

Nach dem Kriege zählte Dresden zu jenen Städten in Ostdeutschland, in denen der Wiederaufbau mit besonderer Energie und - an historische Vorbilder anknüpfend - recht frühzeitig begonnen wurde.

Aufbauend auf der historisch gewachsenen Vielseitigkeit der Industrie, dem hohen Qualifikationsniveau der Beschäftigten sowie dem Wissenschaftspotential der Stadt wurden nach 1945 die bestehenden Industriekapazitäten wesentlich erweitert und neue Branchen (Medizintechnik, Isotopenproduktion, Elektronik, Kältetechnik, Hochvakuumtechnik, Reinstmetallurgie u.a.) angesiedelt.

Vor allem aber der bedeutende Ausbau der Hochschul- und Forschungslandschaft (Gründung der Technischen Universität, von weiteren sieben Hochschulen und zehn Fachschulen sowie die sukzessive Ansiedlung von mehr als 150 Forschungseinrichtungen aus Wissenschaft und Wirtschaft) erwies sich für die im Verhältnis zur übrigen DDR-Wirtschaft weit vorangeschrittene Verflechtung von Industrie und Forschung als bedeutsam. Bis in die 70er Jahre galt Dresden als ein Innovationszentrum von europäischem Rang.

Obwohl Dresden mit der 1952 in der DDR vorgenommenen Auflösung der Länder seine mehr als 400jährige Hauptstadtfunktion einbüßte, der jetzt als „Bezirk" zugeordnete Verwaltungsbereich weniger als ein Drittel der ehemaligen Landesfläche ausmachte und der Wiederaufbau der Stadt viele Wünsche offenließ, hat es dennoch seinen Ruf als vielseitige Kunst- und Kulturstadt sowie als Ort wissenschaftlicher Begegnungen wahren können.

Neben den Reichtümern der Staatlichen Kunstsammlungen (über 30 Galerien, Museen und Sammlungen) sind die Dresdener Klangkörper (Staatsoper, Staatskapelle, Philharmonie, Kreuzchor) ein besonderer Anziehungspunkt. Wesentliche Teile des barocken Ensembles zwischen Brühlscher Terrasse und Zwinger sind im alten Glanz wiedererrichtet worden und bieten den jährlichen Musikfestspielen und anderen künstlerischen Festivals eine besonders reizvolle Kulisse.

Mehr als 6 Millionen Besucher jährlich (das ist das 12fache der Einwohnerzahl) unterstreichen dies nachdrücklich. Viele von ihnen verbinden ihren Besuch mit einigen

Ausflügen in die Dresdener Umgebung, die eine Fülle natürlicher, aber auch kunsthistorisch bedeutsamer Ensembles (Schloß Moritzburg mit Teichlandschaft, Schloßanlage Pillnitz, Tharandter Wald mit Grillenburg, die malerischen Weinberge im Radebeuler und Meißner Raum u.v.a.m.) aufzuweisen hat. Die „Weiße Flotte" ermöglicht besonders reizvolle Fahrten in die Felsenlandschaften der Sächsischen und Böhmischen Schweiz oder auch flußabwärts über Meißen bis Riesa.

Im Gefolge der deutschen Wiedervereinigung haben sich für die Stadt Dresden neue Entwicklungsmöglichkeiten aufgetan. In der gesamtdeutschen und europäischen Dimension hat Dresden die Chance, als Stadt mit einer breit gefächerten Wissenschafts- und technisch orientierten Forschungslandschaft, als Standort vorwiegend innovationsorientierter Industrien sowie als Kultur- und Touristenzentrum einen seiner früheren Bedeutung nahe kommenden Platz einzunehmen. Durch die erneute Übernahme der Hauptstadtfunktion erhält die Stadt wesentliche Funktionszuwächse, die auf den Städtebau, den Arbeitsmarkt und die Einkommensstruktur sowie auf das geistig-kulturelle Leben längerfristig ausstrahlen. Dieser Zentralitätsgewinn bringt die Stadt zugleich gegenüber den ehemaligen benachbarten Bezirksstädten sowie innerhalb der verstädterten Dresdener Industrieregion in eine „Lokomotivfunktion" für den im Gang befindlichen Wirtschafts- und Gesellschaftsumbau.

Mit der abzusehenden Öffnung Südost- und Osteuropas fallen die Nachteile der gegenwärtig noch peripheren Lage weg und verkehren sich in gewichtige Gunstfaktoren. Als eines der führenden Zentren einer Euroregion Böhmen, Sachsen, Schlesien (zusammen ca. 17 Millionen Einwohner) könnte Dresden so ein multifunktionales Zentrum von europäischem Rang werden. Nicht wenige Investitionsentscheidungen von heute bauen auf diese ungewöhnlich aussichtsreiche Brückenfunktion von morgen.

2. Gegenwärtige Situation

2.1 Größe und Struktur des Untersuchungsraumes

Dresden bildet den großstädtischen Kern eines industriellen Ballungsgebietes, welches eine Fläche von ca. 1 900 km² mit einer Bevölkerungszahl von 900 000 Personen umfaßt.

Diese Industrieregion ist in einem 150jährigen Wachstums- und Differenzierungsprozeß zu einem wirtschaftsräumlichen Organismus zusammengewachsen, der sich durch sehr intensive arbeits- und sozialräumliche, aber auch produktionsräumliche Verflechtungen auszeichnet.

Die naturräumlichen Gegebenheiten der Elbtalweitung bei Dresden haben wesentlich mit bewirkt, daß die mit dem Industriezeitalter einsetzenden regionalen Verdichtungsprozesse im wesentlichen auf den Talbereich beschränkt blieben und sich so eine ca. 30 km von Pirna bis Meißen erstreckende, nahezu geschlossene bandförmige Siedlungszone herausgebildet hat, die an den wenigen Nebentälern - am ausgeprägtesten im Freitaler Raum - bis zu einigen Kilometern ausgewuchert ist.

Fallstudie Dresden

Im Gegensatz dazu ist auf den angrenzenden Hochflächen der ländliche Charakter der Siedlungen weitestgehend erhalten geblieben und bietet heutigen flächenintensiven Vorhaben nahezu ungehemmte Entfaltungsmöglichkeiten.

Die Dresdener Agglomeration umfaßt - wenn sie auf Kreisbasis abgegrenzt wird - neben der Kernstadt die Landkreise Dresden, Freital, Meißen und Pirna. Wesentliche Strukturmerkmale dieser Region werden in der folgenden Übersicht dargestellt:

Tab. 1: Größe und Wirtschaftsstruktur

	Fläche (km²)	EW 31.12.91	Berufstätige ges. (einschl. Azubis)	Beschäftigtenanteile nach Wirtschaftsbereichen (Stand 30.11.1990) davon in %			
				Land- u. Forstwirtsch.	prod. Gewerbe	Handel, Verkehr, Nachrichten	Sonstige Wirtschaftsbereiche
Dresden-Stadt	225.80	485 132	269 824	1.94	43.31	17.08	37.66
Landkrs. Dresden	356.50	100 114	46 926	7.16	58.27	6.94	27.62
Landkrs. Freital	313.70	74 970	33 059	9.04	54.78	13.41	22.76
Landkrs. Meißen	505.70	108 035	43 923	11.21	51.53	14.72	22.54
Landkrs. Pirna	521.00	103 842	50 793	5.58	55.00	13.20	26.22
Gesamt	1 922,7	872 093	444 525	4.35	47.89	15.06	32.70

Quelle: Statistisches Jahrbuch Sachsen 1991, Angaben des Statistischen Landesamtes des Freistaates Sachsen.

Obwohl auch in Dresden noch 1990 die Industrie der stärkste Wirtschaftsbereich war, können die Umlandkreise der Stadt als ausgeprägte Industrieregion gekennzeichnet werden.

Da von den Strukturbrüchen im Zusammenhang mit der Vereinigung neben der Land- und Forstwirtschaft in besonderer Weise die Industrie betroffen ist, liegt die Arbeitslosenquote in den Umlandbereichen auch deutlich über der der Kernstadt (Dresden Stadt, Anfang 1993 zwischen 9 und 10%, Umlandregion bei 15%).

2.2 Bevölkerungsentwicklung

Mit fast 650 000 Einwohnern erreichte Dresden 1933 seine maximale Einwohnerzahl. Schwere Kriegsverluste, anhaltende Abwanderungen bis 1961 (Schließung der innerdeutschen Grenze) sowie zunehmender Sterbeüberschuß in den 60er und 70er Jahren haben die Einwohnerzahl auf etwa 520 000 zu Beginn der 80er Jahre schrumpfen lassen.

Mit dem Anlaufen des Wohnungsbauprogramms 1971 wurden innerhalb von zwölf Jahren ca. 55 000 Zuzügler in Dresden angesiedelt, womit eine effektive Zunahme der Bevölkerung von 22 000 Personen erreicht werden konnte. Ab 1984 überwogen trotz eines beibehaltenen Wanderungsgewinns von 2 000 bis 3 000 Personen/Jahr die Sterbefallüberschüsse, so daß bei einer insgesamt leicht abnehmenden Bevölkerungszahl in den 80er Jahren sich deren demographische Struktur verbesserte (Verjüngung).

Wie in den anderen ostdeutschen Ballungsgebieten auch sind die demographischen Gewinne des Ballungskernes allerdings durch relativ kleinräumige Bevölkerungsumverteilungen auf Kosten des Umlandes erreicht worden (vgl. Tab. 2).

Recht deutlich vermittelt diese Übersicht die Erkenntnis, daß mit kleiner werdender Siedlungsgröße bzw. mit abnehmender Zentralität der Bevölkerungsschwund ansteigt. Diese Prozesse wurden staatlich durch die Konzentration des Wohnungsneubaus auf die Siedlungszentren und die bewußte Ansiedlung von Pendlern im Arbeitsort gefördert (vgl. Einführung).

Naturgemäß war unter diesen Bedingungen der Pendlereinzugsbereich nicht sehr ausgedehnt (45'-Isochrone mit öffentlichen Verkehrsmitteln galt als Zumutbarkeitsgrenze) und zeigte Tendenzen der weiteren Schrumpfung. In sozialdemographischer Hinsicht führten die beständigen Wanderungsverluste der Umlandgemeinden, die seit den 70er Jahren die natürlichen Zuwachsraten in den ländlichen Gebieten überstiegen, zu einer Überalterung sowie zu Strukturveränderungen, die mit den „Brain-Drain"-Effekten vergleichbar sind.

In welchem Maße diese Prozesse mit der Vereinigung noch nachwirken bzw. welche Veränderungen eingetreten sind, verdeutlicht Tab. 3.

Auf folgende neue Tendenzen in der Bevölkerungsbewegung des Ballungsgebietes Dresden soll besonders hingewiesen werden:

Tab. 2: Bevölkerungsentwicklung im Ballungsgebiet Dresden nach Siedlungskategorien*

	Bevölkerungszahl in 1000			
	1964	1981	1988	1991
Dresden-Stadt	503.9	521.1	518.1	485.1
Mittelzentren	235.4	233.7	221.5	204.0
Unterzentren	42.9	38.8	36.6	34.2
Restl. Gemeinden	208.4	168.0	157.1	148.8
Gesamt	990.6	961.6	933.3	872.1

Indizes der Bevölkerungsveränderung 1964 = 100

Dresden-Stadt	100	103.4	102.8	96.3
Mittelzentren	100	99.3	94.1	86.7
Unterzentren	100	90.4	85.4	79.7
Restl. Gemeinden	100	80.6	75.4	71.4
Gesamt	100	97.1	94.2	88.0

* Zuordnung entsprechend der Festlegung im Gesetz über die vorläufigen Ziele zur Siedlungsentwicklung und Landschaftsordnung im Freistaat Sachsen v. 20.6.1991

Zusammengestellt und berechnet nach:
- Schriftenreihe der Volks- und Berufszählung am 31.12.1964; Wohnbevölkerung nach Gemeinden, Staatliche Zentralverwaltung für Statistik, Berlin 1965.
- Bauakademie der DDR: Gemeindekatalog zum Zentralspeicher Städtebau, Berlin 1989.
- Volks-, Berufs-, Wohnraum- u. Gebäudezählung 1981, Staatliche Zentralverwaltung für Statistik, Berlin 1982.
- Statistisches Landesamt des Freistaates Sachsen: Verzeichnis der Gemeinden im Freistaat Sachsen, Dresden 1992.

1. Alle Siedlungskategorien des Ballungsgebietes weisen eine negative Bevölkerungsbewegung auf, die sich aus der Kombination von Wanderungsverlust und Sterbefallüberschuß ergibt.

Die intraregionale Umverteilung der Bevölkerung ist in dieser Übergangsphase faktisch zum Erliegen gekommen.

2. Am stärksten sind von der Abwanderung die größeren Industriestädte und Kleinstädte des Umlandes betroffen. Sie büßen damit einen ihrer wichtigsten Standortvorzüge - Vorhandensein eines flexiblen und gut qualifizierten Arbeitskräftepotentials - sukzessive ein.

Fallstudie Dresden

Tab. 3: Natürliche und räumliche Bevölkerungsbewegung in der Stadtregion Dresden 1989-1992

	Bevölkerungsstand 31.12.1989	Bevölkerungsveränderung 31.12.1990			Bevölkerungsveränderung 31.12.1990 zum 31.12.1991		
		Gesamt (absolut)	davon		Gesamt (absolut)	davon	
			Wanderung	Geborene- bzw. Sterbeüberschüsse		Wanderung	Geborene- bzw. Sterbeüberschüsse
Dresden-Stadt	501 417	-10 162	-9 062	-1 100	-5 439	-2 314	-3 125
Mittelzentren	215 352	-7 347	-6 245	-1 102	-4 005	-2 152	-1 853
Unterzentren	35 760	-1 058	-828	-230	-507	-268	-239
Restl. Gemeinden	153 790	-3 682	-2 867	-815	-1 428	-182	-1 246
Gesamt	906 319	-22 249	-19 002	-3 247	-11 379	-4 916	-6 463
Indizes der Bevölkerungsveränderung 1989-1991 (1989 = 1000 °/..)							
Dresden-Stadt	1 000	-20,3	-18,1	-2,2	-11,1	-4,7	-6,4
Mittelzentren	1 000	-34,1	-29,0	-5,1	-19,2	-10,3	-8,9
Unterzentren	1 000	-29,6	-23,2	-6,4	-14,6	-7,7	-6,9
Restl. Gemeinden	1 000	-23,9	-18,6	-5,3	-9,5	-1,2	-8,3
Gesamt	1 000	-24,6	-21,0	-3,6	-12,9	-5,6	-7,3

	Bevölkerungsveränderung 31.12.1991 zum 31.12.1992		
	Gesamt (absolut)	davon	
		Wanderung	Geborene- bzw. Sterbeüberschüsse
Dresden-Stadt	-3 456	-268	-3 188
Mittelzentrum	-2 172	-410	-1 762
Unterzentrum	-242	39	-281
Restl. Gemeinden	-1 282	86	-1 363
Gesamt	-7 152	-553	-6 599
Indizes der Bevölkerungsveränderung 1989-1991 (1989 = 1000 °/..)			
Dresden-Stadt	-7,1	-0,5	-6,6
Mittelzentrum	-11,6	-2,2	-9,4
Unterzentrum	-6,7	1,1	-7,8
Restl. Gemeinden	-8,0	0,5	-8,5
Gesamt	-8,3	-0,6	-7,6

Zusammengestellt und berechnet nach: Statistisches Landesamt des Freistaates Sachsen: Bevölkerung der Gemeinden des Freistaates Sachsen 1990 bzw. 1991, Dresden 1992 bzw. 1993.

3. Die Abwanderungsintensität, die um die Jahreswende 1989/1990 bereits ihr Maximum erreicht hatte, hat sich im Verlauf des Jahres 1991 besonders für Dresden und sein ländliches Umland so drastisch verringert, daß sie für die quantitative Veränderung der Bevölkerung kein ausschlaggebender Faktor mehr ist. Demgegenüber hat als Nachwirkung der selektiven Abwanderung und durch das dramatische Fallen der allgemeinen und spezifischen Geburtenraten der Sterbefallüberschuß stark zugenommen, so daß längerfristig für das Gesamtgebiet mit weiter abnehmender Bevölkerung zu rechnen ist.

Für die längerfristige Bevölkerungsentwicklung in Dresden gehen verschiedene Studien von folgender Entwicklung aus:

- Stabilisierung der Geburtenrate auf niedrigem Niveau
- Anwachsen des Anteils der Gruppe der Bürger über 60 Jahre an der Gesamtbevölkerung

- Erzielung von Wanderungsgewinnen, die etwa ab 1995 eine Umkehr der jetzigen Bevölkerungsbewegung bewirken werden[1].

Da Dresden zu den ostdeutschen Großstädten zählt, die eine Vorreiterrolle in der Angleichung der Lebensverhältnisse zwischen den west- und ostdeutschen Bundesländern spielen, und in Verbindung mit dem Ausbau der Landeshauptstadt auch bestimmte Zuwanderungen speziell gefördert werden[2], nimmt die Stadtplanung in ihren Szenarien für das Jahr 2005 mindestens 450 000 und maximal 520 000 Einwohner an.

3. Verwaltungsgliederung und Siedlungsstruktur

Es ist zu keiner Zeit gelungen, den Raum des Ballungsgebietes verwaltungsmäßig oder im Rahmen eines Planungsverbandes als Einheit zu behandeln, obwohl es sowohl Ende der 20er und in den 60er Jahren nicht an entsprechenden Versuchen gemangelt hat.

Tab. 4 und Abb. 1 stellen die siedlungsstrukturelle Situation in der engeren Stadtregion Dresden dar.

Tab. 4: Bevölkerungs- und Flächenanteile nach Gemeindegrößengruppen in der Stadtregion Dresden

	Landgemeinden					Städte				
	bis 500 EW	500 - 1000 EW	1001 - 2000 EW	2001 - 5000 EW	über 5000 EW	unter 5000 EW	5000 - 10000 EW	10001 - 20000 EW	20001 - 50000 EW	über 50000 EW
Anzahl der Kommunen	22	31	27	11	4	3	-	1	6	1
EW gesamt	7 306	20 986	37 482	33 804	17 527	14 518	-	14 671	195 161	493 174
Fläche in ha	75.4	231.6	284.1	199.6	36.9	77.2	-	15.9	163.5	225.8
Anteil an den EW der Region (in %)	0.88	2.51	4.49	4.05	2.10	1.74	-	1.76	23.38	59.09
Anteil an der Regionsfläche (in %)	5.75	17.68	21.69	15.24	2.82	5.90	-	1.21	12.48	17.23

Berechnet auf der Grundlage: Schlüsselverzeichnis der Gemeinden und Städte in Sachsen, Statistisches Landesamt des Freistaates Sachsen, Dresden 1991.

Die natürliche Konsequenz dieser Strukturen besteht bekanntlich darin, daß die aus verschiedenen Gründen hier konzentrierte Baulandentwicklung von einer unverhältnismäßig großen Zahl von Entscheidungsgremien mit überwiegend lokalem Gesichtswinkel abhängig ist. Neben wichtigen und dringend erforderlichen Entwicklungen sind so aber auch in kürzester Zeit eine Reihe großflächiger Einzelhandels- und Logistikzentren sowie überdimensionierter Gewerbegebiete entstanden bzw. als genehmigte Planungen vorhanden, die bei voller Belegung die Gefahr in sich bergen, nicht nur die landschaftlichen Ressourcen des Stadtumlandes zu entwerten, sondern auch das funktionsräumliche Wechselspiel der Stadt mit ihrem Umland empfindlich zu stören.

■ **Fallstudie Dresden**

Abb. 1: Stadtregion Dresden - Siedlungsstruktur

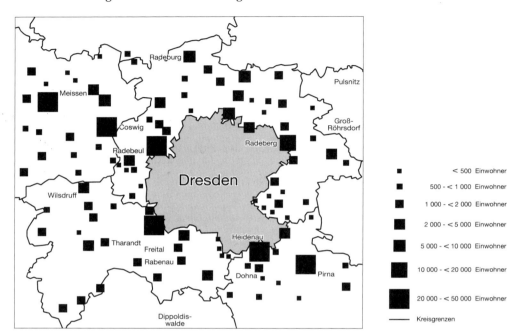

Nachdem einige Versuche der Großstädte in Sachsen, ihre harmonische Entwicklung über den Weg großzügiger Eingemeindungen sichern zu wollen, bereits im Ansatz gescheitert sind, vollzieht sich die Anpassung der Planungs- und Verwaltungsstrukturen an die aktuellen Erfordernisse sowohl über den Weg wachsender interkommunaler Kooperation als auch durch gesetzgeberische Akte.

Mit dem Gesetz zur Raumordnung und Landesplanung des Freistaates Sachsen vom 24. Juni 1992 wurde der Freistaat in fünf Planungsregionen untergliedert. Für sie sind durch die Regionalen Planungsverbände als Körperschaften des öffentlichen Rechts auf der Grundlage des Landesentwicklungsplanes gesonderte Regionalpläne aufzustellen.

Mit der Fertigstellung beider Dokumente ist 1994 zu rechnen. Für die Stadtregion Dresden bedeutet dies, daß ihre weitere Entwicklung im Rahmen des Planungsverbandes Oberes Elbtal/Osterzgebirge eingeordnet werden kann, welcher etwa die doppelte Fläche der eingangs genannten Stadtregion sowie zusammen mehr als 1 Mio. Einwohner umfaßt.

Mit dem Gesetz zur Kreisgebietsreform vom 24. Juni 1993 wurde die Zahl der Landkreise durch die Bildung von Großkreisen mehr als halbiert. Für die Planungsregion Dresden bedeutet das, daß mit Wirkung vom 1.8.1994 die jetzt noch bestehenden 8 Landkreise in 4 Großkreise (Sächsische Schweiz, Weißeritzkreis, Meißen-Dresden und Riesa-Großenhain) übergehen.

Damit ist aber auch das Raster der Verwaltungsgliederung in der Stadtregion Dresden so großflächig geworden, daß das Merkmal „Verdichtung von Bevölkerung, Industrie und Infrastruktur" nur noch für Teilflächen dieser Kreise gilt. Andererseits sind damit neue Möglichkeiten gegeben, die funktionsräumlichen Beziehungen der Kernstadt mit ihrem Umland auch verwaltungsmäßig gebündelter zu planen und auszugestalten.

Etwa parallel dazu wurden mit dem Gesetz vom 21.4.1993 die Gemeindeordnung für den Freistaat Sachsen und mit Wirkung vom 19.8.1993 das Gesetz über die kommunale Zusammenarbeit verabschiedet. Mit den in diesen Werken vorgenommenen Festlegungen wird der Prozeß der Bildung von tragfähigen Großgemeinden bzw. von Gemeindeverbandsformen forciert. Angestrebt wird, daß bis 1996, dem Jahr der Gemeindereform in Sachsen, die kommunale Verwaltung und Planung für Größenordnungen von mindestens 3 000 - 5 000 EW gesichert werden kann. Über das Sächsische Finanzausgleichsgesetz vom 21.1.1993 wird überdies der Zusammenschluß zu größeren Kommunen auch finanziell stimuliert.

Unabhängig davon sind gerade in den letzten Monaten verstärkte Bemühungen zu erkennen, über Zweckverbandsformen, darunter Stadt-Umland-Verbände, den komplexen Prozeß der Strukturentwicklung von Großstadtregionen besser beherrschen zu können.

4. Aktuelle Wirtschaftsprozesse

Obwohl die wirtschaftlichen Umgestaltungsvorgänge anhalten, sind folgende Tendenzen und Veränderungen relativ deutlich erkennbar:

4.1 Die überkommene industrielle Basis der Dresdener Region, die nach Berlin (O) und Leipzig durch eine besondere Konzentration von Kombinats-Großbetrieben gekennzeichnet war, ist in irreversibler Weise zusammengebrochen. Die folgende Übersicht zeigt am Beispiel des Beschäftigtenabbaus ehemals führender Dresdner Betriebe das Ausmaß dieser Veränderung (Tab. 5).

Diese Entwicklung hat im Verlaufe des Jahres 1992 angehalten. Im Dezember 1992 waren in den 168 Betrieben des Verarbeitenden Gewerbes mit einer Beschäftigtenzahl ab 20 Mitarbeitern noch 25 848 Arbeitskräfte beschäftigt, das sind noch ca. 27 % des Standes vom November 1990[3]. Noch gibt es im Bereich des Verarbeitenden Gewerbes keine Wirtschaftsabteilung mit steigenden Beschäftigtenzahlen. Insofern ist es berechtigt, von einer flächenhaften und anhaltenden Deindustrialisierung zu sprechen. Seit Januar 1991 sank die durchschnittliche Betriebsgröße, bezogen auf die Beschäftigten, von ca. 375 auf 154 Beschäftigte je Unternehmen.

Diese Entwicklung, die durch noch ausstehende Treuhandentscheidungen sicherlich 1993 anhalten wird, hat unter anderem zur Folge, daß

- die Entstehung eines leistungsfähigen Mittelstandes (Zulieferbetriebe) verzögert wird sowie

Fallstudie Dresden

Tab. 5: Veränderung der Beschäftigtenzahl ehemals führender Dresdener Betriebe

Betrieb	Erzeugnisse	Beschäftigte 1989	Anfang 1992
Robotron Elektronik	Rechentechnik	3 000	800
Robotron Projekt	Software	1 100	430
Zentrum Mikroelektronik	Mikroelektronische Bauelemente	3 300	1 000
Meßelektronik	Elektronische Meßgeräte	2 500	340
Elektromat	Funktechnik	1 200	0
Mikromat	Präzisionsmaschinen	2 000	400
Elektroschaltgeräte/ Elektronik Dresden	Elektrotechnische und elektronische Bauelemente	2 000	0
Vakuumtechnik	Oberflächenveredelung	2 000	400
Elektromotorenwerke („Sachsenwerk")	Elektromotoren	2 600	640
Lufttechn. Anlagen	Klimatechnik	2 500	200
Luft- und Kältetechnik	Klimatechnik	1 800	700
Pentacon	Kameras	6 000	190
Insgesamt		30 000	5 100

Quelle: Zusammengestellt nach Presseinformationen.

Tab. 6: Veränderung von Beschäftigtenumfang und Umsatz im Verarbeitenden Gewerbe der Stadt Dresden Januar 1991 - Dezember 1992

Hauptwirtschaftsgruppen		Beschäftigte Veränderung in %	Anteil an den Gesamtbeschäftigten in %	Umsatz Veränderung in %	Anteil am Gesamtumsatz in %
Investitionsgüter produz. Gewerbe	Januar 1991		69.0		44.5
	Dezember 1991	62.1	65.5	87.7	40.3
	Dezember 1992	37.7	64.1	141.5	47.2
Verbrauchsgüter produz. Gewerbe	Januar 1991		10.2		8.6
	Dezember 1991	98.1	15.1	121.0	10.7
	Dezember 1992	43.7	14.5	130.4	8.4
Nahrungs- und Genußmittelgew.	Januar 1991		10.4		40.0
	Dezember 1991	73.9	11.6	106.0	43.7
	Dezember 1992	56.3	11.7	120.5	36.1
Verarb. Gewerbe insgesamt	Januar 1991				
	Dezember 1991	66.1		96.8	
	Dezember 1992	41.5		134.9	

Zusammengestellt und berechnet nach: Stadtverwaltung Dresden, Amt für Wirtschaftsförderung, Dresdens Wirtschaft in Zahlen - Jahr 1991 und 1992.

- die an die Großbetriebe gebundene Industrieforschung in der Region ihre Auftraggeber im wesentlichen verloren hat und nur noch rudimentär existiert, was sich auf das Innovationsniveau der ansässigen Industrie spürbar ausgewirkt hat.

Allerdings darf sich die Betrachtung des Strukturwandels nicht auf die personalbezogene Betriebsgrößenveränderung beschränken. Besonders in der Stadt Dresden sind im Verlaufe des Jahres 1992 erste Anzeichen einer qualitativen Aufwärtsentwicklung festzustellen (vgl. Tab. 6).

Obwohl die rezessiven Einbrüche das Investitionsgüter produzierende Gewerbe, welches die Hochtechnologietraditionen des Dresdener Raumes verkörpert, zuerst und am stärksten betroffen haben, signalisieren sowohl die steigenden Umsatzzahlen dieses Bereiches als auch sein wieder ansteigender Anteil am Gesamtumsatz, daß es in den letzten Monaten gelungen ist, erste Voraussetzungen für eine längerfristige Trendwende zu schaffen. Diese Aussage wird auch dadurch untermauert, daß es 1992 gelungen ist, die konkurrierenden sächsischen Großstädte Chemnitz und Leipzig im Umsatz je Beschäftigten im Verarbeitenden Gewerbe deutlich zu übertreffen (Dresden 13,5 TDM/Monat und Beschäftigter, Chemnitz ca. 7 TDM/Monat und Besch. und Leipzig ca. 7,5 TDM/Monat und Besch.)[4].

Welche Wegstrecke hier allerdings noch zurückzulegen ist, mag allein durch den Fakt illustriert werden, daß der Monatsumsatz je Beschäftigter im Verarbeitenden Gewerbe z.B. in Düsseldorf bei ca. 28 TDM und in Hamburg sogar bei 68 TDM liegt[5].

4.2 Im Gegensatz zum Verarbeitenden Gewerbe hat das Baugewerbe den Umstrukturierungsprozeß relativ rasch vollzogen und im Laufe des Jahres 1991 seinen Beschäftigtenumfang und den Umsatz fast verdoppeln können. Allerdings haben sich die Proportionen zwischen den Sachbereichen des Bauhauptgewerbes im Verlaufe des Jahres 1991 deutlich verschoben. Entfielen Ende 1990 noch 47,6 % des Umsatzes auf den Wohnungsbau, waren es im Januar 1992 nur noch 7,6 %. In der gleichen Zeit erhöhte sich der Anteil für den öffentlichen und Verkehrsbau von 14,7 % auf 70,4 %. Die Anteile für den gewerblichen und Industriebau blieben hingegen wenig verändert bei ca. 25 %.

Ginge es nur nach dem Bedarf, müßten die Kapazitäten des Bauwesens noch um ein Mehrfaches erweitert werden.

Für die Funktionsfähigkeit als Landeshauptstadt wären u.a. notwendig:

- 10 000 bis 45 000 WE Wohnungsneubau, wobei mindestens 1 000 WE jährlich zu errichten wären
- die Erweiterung der jetzt 1,4 Millionen Quadratmeter Büroflächen auf 3 bis 4,4 Millionen m² bis zum Jahr 2005
- die Erweiterung der Verkaufsraumfläche der Stadt um 250 000 - 350 000 m² bis zum Jahr 2005
- die Neuerschließung von ca. 800 ha für die gewerblich-industrielle Nutzung (Rahmenkonzept Stadtentwicklung Dresden 1992).

Fallstudie Dresden

Mit einem Steueraufkommen von 43,69 DM/EW im II. Quartal 1992 (II/1991 waren es 32,79 DM) und tendenziell abnehmenden Finanztransfers aus den alten Bundesländern ist die Stadt allerdings nicht in der wünschenswerten Weise in der Lage, sich an Neubauvorhaben zu beteiligen und ihre eigenen Gebäude, Anlagen und Netze zu erhalten und auszubauen (im gleichen Quartal betrugen z.B. die Gewerbesteuereinnahmen der von der EW-Zahl her gleichgroßen Stadt Nürnberg 310,62 DM/EW, also rund das 8fache des Dresdener Aufkommens)[6].

Mit der erfolgten Verabschiedung von 94 Bebauungsplänen für eine Stadtfläche von ca. 2 800 ha sowie von 42 Vorhaben- und Erschließungsplänen mit einer Bruttofläche von 107 ha bis Ende 1992 sowie der größtmöglichen Beschleunigung in der Bearbeitung der vorliegenden rund 40 000 Restitutionsansprüche sollen deshalb die Voraussetzungen für den Einstieg privaten Kapitals umfassend verbessert werden.

4.3 Mit dem Einstieg von AEG (Starkstromanlagenbau), Siemens (Großtransformatorenbau), Asea Brown Boveri (Energieanlagenbau) und ASTA Medica Frankfurt (Arzneimittel) in die Dresdener Wirtschaft sind günstige und mit Signalwirkung verbundene Chancen gegeben, klassische Felder der Dresdener Industrie auch unter den neuen Bedingungen mit ansehnlichen internationalen Marktpositionen weiterzuführen.

Von größter Wichtigkeit ist aber auch, daß die Dresdener Industrie über die Teilnahme an der Produktion von ausgesprochenen Hochtechnologielinien den Weg zum sich selbst tragenden Innovationszentrum Ostdeutschlands findet. Dafür ist vorwiegend durch die Landesregierung eine Reihe günstiger Voraussetzungen geschaffen worden:

- Dresden ist der relative Gewinner bei der Neugestaltung der sächsischen Wissenschaftslandschaft. Die Technische Universität hat durch die Angliederung von Pädagogischer Hochschule (Medizinische Akademie beabsichtigt) und eines Teils der Verkehrshochschule an Breite gewonnen. Die Erweiterung ihres Ausbildungsspektrums um einige geistes- und sozialwissenschaftliche Bereiche (insbesondere juristische und wirtschaftswissenschaftliche Fakultät) verschafft ihr ein Wissenschaftsspektrum von europäischem Format, welches im Zusammenhang mit einer anspruchsvollen Berufungspolitik ohne Zweifel auf das Geistes- und Wirtschaftsleben der Region ausstrahlen kann.

- Mit der Ende 1991 festgelegten Struktur und Verteilung der außeruniversitären öffentlich-rechtlichen Forschungsinstitute in Sachsen sind weitere weitreichende Entscheidungen zu Entwicklungspotentialen der sächsischen Großstädte gefallen. Von den insgesamt 25 Standorten dieser Art sind 23 auf die Städte Dresden, Leipzig und Chemnitz in folgender Weise verteilt:

Dresden 13 Einrichtungen mit insgesamt 1.504 Mitarbeitern

Leipzig 9 Einrichtungen mit insgesamt 700 Mitarbeitern

Chemnitz 1 Einrichtung mit 95 Mitarbeitern.

Ohne Zweifel ist damit auch eine gewisse Rangfolge vorgegeben, die Dresden insbesondere auf dem Gebiet der Kernforschung, der Festkörperphysik, der Werkstofforschung, der Mikroelektronik sowie bei der Entwicklung neuartiger Technologien einen gewissen Vorsprung verschafft.

- Das als Gemeinschaftsunternehmen der Technischen Universität Dresden, der Stadt Dresden sowie des Technologie-Zentrums Dortmund bereits 1990 gegründete Technologiezentrum Dresden versucht, die synergetischen Potentiale dieser Entwicklung zu mobilisieren (bis hin zur weitreichenden Förderung von Spin-off-Unternehmen). Mehr als 30 Firmen haben hier bereits einen Sitz bezogen. Am ehesten haben der Münchener und Nürnberger Raum auf diese Aktivitäten reagiert. Das Vorhandensein ausgezeichneter Fachkräfte unterschiedlichen Profils wird zum Anlaß genommen, um Auslagerungs- und Ergänzungsgründungen in Dresden anzusteuern. In ähnliche Richtung - Förderung des neu entstehenden Mittelstandes und Initiierung eines innovativen Klimas in der Wirtschaft - arbeitet die im Juli 1992 gemeinsam durch Stadt, IHK und Handwerkskammer getragene „Beratungsgesellschaft für Technologietransfer und Innovationsförderung mbH (BTI)".

Unabhängig davon zeigen die vereinbarte Einbeziehung der neu gegründeten Elbe-Flugzeug-Werke in die Air-Bus-Produktion, die Beteiligung ehemaliger Robotron-Unternehmen an der Herstellung von Siemens-Nixdorf-Großrechnern, die erhebliche Erweiterung der pharmazeutischen Industrie u.a., daß erste Schritte in Richtung forschungs- und technologieorientierter Produktion bereits wieder gegangen worden sind.

4.4 Der tiefgreifende Strukturwandel ist von Beginn an von erheblichen intraregionalen Verschiebungen der gewerblichen Lokalisationsschwerpunkte und Entwicklungsachsen begleitet worden. Wie inzwischen durch zahlreiche Darstellungen bekannt, wird der konkrete Verlauf der wirtschaftsräumlichen Umgestaltung durch einen tragischen Wettlauf zwischen Stadt und Umland und dort wiederum zwischen den Kommunen um die Ansiedlung neuer Gewerbe- und Wohngebiete überlagert, der zur Folge hat, daß eine generelle Orientierung auf den Ausweis übergroßer unbebauter Flächen vorherrscht.

Obwohl sich in der Stadt Dresden praktisch von Monat zu Monat das Baugeschehen beschleunigt und 1993 nach Angaben des Dezernates Wirtschaft mit der Erschließung von insgesamt mehr als 400 ha für die Neuansiedlung von vorrangig produzierendem Gewerbe begonnen worden ist, behält das Umland in der Bebauung von Standorten auf der „grünen Wiese" die Nase vorn.

Faßt man alle Bauleitplanungen in der engeren Stadtregion - unabhängig von dem jeweiligen Nutzungsziel - zusammen, ergeben sich folgende Werte:

- als potentielles Bauland in den Flächennutzungsplanentwürfen ausgewiesen: 2 833,7 ha
- als Bauland in Bebauungs- sowie Vorhaben- und Erschließungsplänen beplant: 1 615,5 ha
- von der höheren Baubehörde als Bauland genehmigt: 827,7 ha (Niemann 1993).

Fallstudie Dresden

Hinsichtlich der räumlichen Anordnung der neuen Gewerbe- und Wohngebiete ist generalisierend festzustellen:

- Der Landkreis Dresden weist als unmittelbare Umlandzone der Stadt sowohl die größten Flächenausweisungen als auch den am weitesten vorangeschrittenen Prozeß des Planungsverfahrens auf.

- Besonders die großflächigen Einzelhandelseinrichtungen, aber auch größere Wohnungsneubaustandorte sind oder werden zwar außerhalb der Verwaltungsgrenze der Stadt, aber möglichst an den Ausfallstraßen im Bereich der Stadtrandzone errichtet.

- Hauptsammler für die Lokalisation von Gewerbekomplexen sind die Zugangsstellen und Knotenpunkte des überregionalen Straßenverkehrs (Autobahn, Bundesstraßen). Demgegenüber spielen die historisch gewachsenen und am Eisenbahnnetz orientierten Industriegassen der Dresdener Agglomeration eine völlig untergeordnete Rolle. Damit sind langfristig Tendenzen der regionalen Dekonzentration und der weiteren Zunahme des KFZ-Wirtschaftsverkehrs festgeschrieben worden.

Vergleicht man allerdings die im Dresdener Raum anvisierte Baulandentwicklung mit der der Stadtregion Leipzig, ergibt sich, daß allein die jetzt bereits durch die höhere Baubehörde befürworteten Flächen des Leipziger Raumes etwa das Doppelte der Dresdener Bauvorhaben betragen. Allerdings zeigen sich auch strukturtypische Besonderheiten insofern, als den 1 400 ha geplanten Sondergebietsflächen der Leipziger Region nur 220 ha im Dresdener Raum gegenüberstehen, andererseits aber die Wohnbaulandentwicklung der Leipziger Region (760 ha) weit hinter den angestrebten Entwicklungen des Dresdener Raumes (1 300 ha) zurückbleibt (Niemann 1993). Ohne Zweifel wird damit auch eine gewisse strukturelle und funktionale Spezialisierung der beiden Ballungskerne längerfristig ausgeprägt.

5. Zusammenfassung

Die Stadt Dresden ist die ersten Schritte auf dem Weg vom Zentrum eines industriellen Ballungsgebietes zum multifunktionalen Entwicklungszentrum eines Bundeslandes gegangen.

Mit der Vereinigung haben sich neue Möglichkeiten ergeben, die historisch erworbenen Lage- und Standortvorzüge als Entwicklungspotentiale zu nutzen. In wirtschaftlicher Hinsicht zeigen sich erste Ansätze, die das Aufgreifen der technologieorientierten Traditionslinien des Dresdener Raumes signalisieren. Dabei erweisen sich die immer noch vorhandene Branchenvielfalt der ansässigen Industrie und das herausragende Humankapital als wertvolle Ausgangsbedingung, die aber erst durch das Verkoppeln mit den wissenschaftlichen und Forschungseinrichtungen der Region jene Synergieeffekte bringt, die für das Bestehen im europäischen Wettbewerb notwendig sind.

Wie in anderen Ballungsräumen auch vollzieht sich die wirtschaftsräumliche Entwicklung der Region - begünstigt durch das Fehlen verbindlicher raumordnerischer Festlegungen und Entwicklungsprogramme - weitestgehend im Wildwuchs. Die Zersiedelung des Dresdener Umlandes hat zwar noch nicht die Dimensionen des Leipziger

Raumes angenommen, ist nichtsdestoweniger ein geschaffener Tatbestand, der sich weiter ausweitet.

Die Geschichte Dresdens hat aber hinlänglich bewiesen, daß sich gerade aus der Verschmelzung und gegenseitigen Befruchtung von Kunst, Kultur, Urbanität, Wissenschaft und Wirtschaft die wichtigsten Triebkräfte der Stadtentwicklung ergeben haben. Insofern ist die rasche Erweiterung und Aufwertung der infrastrukturellen Kapazitäten, der anspruchsvolle Ausbau des Stadtzentrums und die gemeinsam mit den Umlandgemeinden in Angriff zu nehmende Mobilisierung der einmaligen Fremdenverkehrsressourcen nicht nur ein beträchtlicher Wirtschaftsfaktor, sondern zugleich elementare Voraussetzung für eine auf Dauer beständige Stadt- und Gebietsentwicklung.

Literatur

Grundmann, S.: Die Stadt - Gedanken über Geschichte und Funktion, Berlin 1984, S. 213

Niemann, H.: Regionalexpertise über die Stadtregion Dresden zum Baulandbericht III, USBECK GmbH, Leipzig 1993 (unveröffentlicht), S. 45 bzw. S. 62

Stadtverwaltung Dresden, Dezernat für Stadtentwicklung: Rahmenkonzept Stadtentwicklung. Dresden 1992

Anmerkungen

[1] Obwohl der gegenwärtige Ausländeranteil an der Stadtbevölkerung nur 1,8 % beträgt (das ist weniger als ein Drittel des Anteils von vor 150 Jahren), seit 1989 leicht abgenommen hat und die von der Bundesregierung festgelegten Aufnahmequoten für Asylbewerber und Übersiedler bei weitem nicht realisiert werden, ist mittelfristig kaum mit nennenswertem Einwohnerzuwachs durch Immigration zu rechnen, weil

- der Arbeitsmarkt z. Zt. den in der Regel weniger qualifizierten ausländischen Zuwanderern kaum eine Chance bietet. Damit werden diese häufig in einen zwielichtigen informellen Sektor abgedrängt, der die Vorbehalte der Bevölkerung gegen sie verstärkt und das Leistungsvermögen der ohnehin knappen Sozialhilfekassen übersteigt;
- es keinen freien Wohnungsmarkt und auch keine staatliche Wohnungsreserve gibt. So bleibt die ghettoisierte Unterbringung in freigewordenen Heimen oder Kasernen oft der einzige Ausweg, womit Ausgrenzung und permanente Konfliktsituationen vorprogrammiert sind.

[2] Allein der Bedarf der Landesregierung wird auf 8 000 bis 10 000 Arbeitsplätze geschätzt, von denen ein größerer Teil durch fachlich erfahrene Zuwanderer abzudecken ist. Ähnliches gilt für die Führungsbereiche in der Wirtschaft, im Finanz- und Rechtswesen, für Körperschaften usw., bei denen erfahrungsgemäß mehr als 70 % Fachkräfte aus den alten Bundesländern sind.

[3] Berechnet nach: Statistische Berichte des Statistischen Landesamtes des Freistaates Sachsen, Beschäftigte im Freistaat Sachsen am 30.11.1990 und Dresdens Wirtschaft in Zahlen 1992.

[4] Angabe nach: Stadtverwaltung Dresden, Amt für Wirtschaftsförderung: Dresdens Wirtschaft in Zahlen 1992, S. 4.

[5] Ebenda, S. 5.

[6] Berechnet nach Anmerkung 4, S. 44.

Hartmut Usbeck

Entwicklungen und Probleme der Agglomerationsräume in Deutschland - Fallstudie Leipzig

1. Einleitung

Entwicklungen und Entwicklungsperspektiven ostdeutscher Agglomerationsräume zu skizzieren ist gegenwärtig kein einfaches Unterfangen, da diese mit der Vereinigung Deutschlands und der Wirtschafts- und Währungsunion in ein völlig neues politisches, sozialökonomisches und auch räumliches Umfeld gestellt sind. Auswirkungen des EG-Binnenmarktes und der Öffnung Osteuropas sind bisher kaum untersucht worden, wogegen mit dem weitestgehenden Ausfall der traditionellen osteuropäischen Märkte vor allem viele der bisher strukturprägenden Betriebe des Verarbeitenden Gewerbes schmerzhafte „praktische" Erfahrungen sammeln konnten.

Ein Entwicklungsbild kann nicht als strukturelle Trendverlängerung mit eventuell marginalen Anpassungen gezeichnet werden, da tradierte Strukturen weitestgehend aufgelöst sind und neue sich erst im Aufbau befinden. Die ostdeutschen Großstädte und Agglomerationsräume haben es mit tiefgreifenden Strukturbrüchen zu tun, ihre Entwicklungschancen werden gegenwärtig sehr differenziert eingeschätzt (Henckel u.a. 1993). Solche Einschätzungen basieren auf den vorhandenen und neu hinzugekommenen Entwicklungspotentialen (u.a. veränderter Lagefaktor).

Nach verbreiteter Auffassung besitzt die Region Leipzig neben Berlin unter den ostdeutschen Stadtregionen die günstigsten Entwicklungschancen. Ihr wird die Funktion eines „Entwicklungsmotors" für den gesamten „Mitteldeutschen Wirtschaftsraum" Leipzig-Halle zugesprochen. Der Slogan „Leipzig kommt!" einer Stadtmarketingaktion soll das Selbstbewußtsein zum Ausdruck bringen, mit dem man dieser Funktion gerecht werden will.

Gegenstand der Fallstudie soll es sein, Potentiale, aktuelle Probleme und denkbare Entwicklungen der Stadtregion Leipzig zu charakterisieren.

2. Grundcharakteristik der Stadtregion Leipzig

2.1 Abgrenzung

Die Stadtregion Leipzig wird hier als funktionale Stadtregion aufgefaßt, die durch ein breites Spektrum funktionsräumlicher Beziehungen zwischen der Kernstadt und dem Umland charakterisiert ist. Die intensivsten Verflechtungen hat Leipzig mit dem sie ringförmig umgebenden Landkreis Leipzig[1]. Dieser Raum und einige daran unmit-

---

[1] Die Kreise finden in ihren bisherigen administrativen Grenzen Verwendung. Die mit der Gebietsreform ab Juni 1994 gültigen neuen Kreise konnten aus Datengründen noch nicht berücksichtigt werden.

telbar angrenzende Gemeinden der Nachbarkreise Delitzsch, Eilenburg, Wurzen, Grimma und Borna bilden die *engere Stadtregion*. Die funktionsräumlichen Beziehungen (Pendlerverflechtungen) lassen nach außen hin nach und reichten bisher in nennenswerter Größe noch bis zu den umliegenden Kreisstädten, so daß die gegenwärtige funktionale Stadtregion (weitere Stadtregion) etwa mit dem Kranz der benachbarten Kreisstädte abgegrenzt werden kann (Abb. 1). Nach Westen bildet die ehemalige Bezirksgrenze zu Halle und heutige Landesgrenze zwischen Sachsen und Sachsen-Anhalt gegenwärtig noch, bis auf wenige Randgemeinden, eine relativ scharfe funktionale Trennlinie. Nur wenige sächsisch-anhaltinische Gemeinden sind funktional auf Leipzig orientiert.

Es ist zu erwarten, daß sich die funktionale Stadtregion Leipzig in ihrer räumlichen Ausdehnung (Pendlerbereiche) den Größenordnungen vergleichbarer westdeutscher Großstädte annähert und somit eine Erweiterung erfährt. Unter diesem Gesichtspunkt kann die *Stadtregion Leipzig* als der Raum aufgefaßt werden, der neben dem Stadt- und Landkreis Leipzig auch das Gebiet der Kreise Borna, Delitzsch, Eilenburg, Grimma und Wurzen in ihrem jetzigen administrativen Zuschnitt erfaßt. In stärkerem Maße als bisher wird sich im Westen ein Überschneidungsbereich mit der Stadtregion Halle herausbilden, so daß künftig beide Stadtregionen im Zusammenhang zu betrachten sind. Damit würde auch der Tatsache eher Rechnung getragen, daß die Leipziger Region als Teil der Agglomeration Leipzig-Halle dem aus der Regionalliteratur der 20er/30er Jahre bekannten „Mitteldeutschen Wirtschaftsraum" zuzurechnen ist. In diesem Großraum entwickelten sich schon frühzeitig enge Verflechtungsbeziehungen, denen in den 20er Jahren durch Bemühungen um gemeinsame länderübergreifende Wirtschafts- und Regionalentwicklung sowie die Einrichtung einer mitteldeutschen Landesplanung Rechnung getragen werden sollte.

Auf der Grundlage eines Staatsvertrages haben der Freistaat Sachsen und das Land Sachsen-Anhalt, auch anknüpfend an dieses historische Vorbild, eine länderübergreifende Zusammenarbeit bei der Raumordnung und Landesplanung in dieser Region vereinbart.

2.2 Bevölkerung

Die oben definierte Stadtregion Leipzig umfaßt ein Gebiet von ca. 2 600 km² mit etwa 900 000 Einwohnern, wovon über zwei Drittel in der Kernstadt und dem engeren Umland wohnen (Tab. 1).

Die Stadt Leipzig weist mit ca. 3 400 EW/km² eine ausgesprochen hohe *Bevölkerungsdichte* auf. Sie nimmt in der Einwohnerdichte, nach München und Berlin, den dritten Rang, in der Flächengröße den 34. Rang unter den deutschen Großstädten ein. Ausgehend von der hohen Dichte der Kernstadt nimmt die Bevölkerungsdichte nach außen rasch ab. Lediglich der Landkreis Leipzig und der Kreis Borna erreichen noch die Werte eines Verdichtungsraumes. Dieser deutliche Abfall in der Bevölkerungsdichte des Umlandes ist der Tatsache geschuldet, daß im Umland der Großstädte der DDR kein Suburbanisierungsprozeß stattgefunden hat.

Fallstudie Leipzig

Tab.1: Strukturkennziffern der Stadtregion Leipzig 1992

Kreis	Fläche km²	Einwohner	Bevölkerungs- dichte	Anzahl Gemeinden			Durchschnittl. Größe (EW)
				insgesamt	<500 EW	>2000 EW	
Leipzig-Stadt	146	496 647	3 402	1	0	1	496 647
Borna	364	80 432	221	34	11	9	2 366
Delitzsch	384	51 882	135	40	21	3	1 297
Eilenburg	489	48 868	100	31	11	3	1 576
Grimma	457	60 960	133	41	10	5	1 487
Leipzig-Land	440	125 339	285	45	7	16	2 785
Wurzen	352	47 899	136	22	2	5	2 177
Stadtregion Leipzig	2 632	912 027	347	214	62	42	1 950*

* ohne Stadt Leipzig. Quelle: Bevölkerung der Gemeinden des Freistaates Sachsen 1992; Statistisches Landesamt des Freistaates Sachsen, Statistische Berichte, Juli 1993; eigene Berechnungen.

Die Einwohnerzahl der Stadt Leipzig und ihres Umlandes ist seit Jahrzehnten rückläufig. Im Gegensatz zu den anderen ostdeutschen Großstädten hatte Leipzig seit Anfang der 80er Jahre neben natürlichen Bevölkerungsverlusten auch eine ständig wachsende negative Migrationsbilanz (Neumann und Usbeck 1989). Besonders gravierend waren jedoch die Verluste des engeren Umlandes (Landkreis Leipzig), die aus Abwanderung in die Kernstadt und Sterbefallüberschüssen resultierten.

Insgesamt verlor die Stadtregion seit 1981 etwa 107 000 Einwohner, woran die Kreise Leipzig-Stadt und -Land mit über 83 000 beteiligt waren (Tab. 2).

Tab 2: Bevölkerungsentwicklung in der Stadtregion Leipzig 1981-1992*

Kreis	Einwohner			Veränderung			
	1981	1988	1992	1981/1992 absolut	in %	1988/1992 absolut	in %
Leipzig-Stadt	559 574	545 307	496 647	-62 927	-11.2	-48 660	-8.9
Borna	89 788	86 478	80 432	-9 356	-10.4	-6 046	- 7.0
Delitzsch	53 954	55 552	51 882	-2 072	-3.8	-3 670	-6.6
Eilenburg	51 810	51 715	48 868	-2 942	-5.7	-2 847	-5.5
Grimma	66 277	65 257	60 960	-5 317	-8.7	-4 297	-6.6
Leipzig-Land	145 833	134 747	125 339	-20 494	-14.1	-9 408	-7.0
Wurzen	52 094	51 081	47 899	-4 195	-8.1	-3 182	-6.2
Stadtregion Leipzig	1 019 330	990 137	921 027	-107 303	-10.5	-78 110	-7.9

* Stichtage: 31.12.1981, 31.12.1988, 31.12.1992
Quelle: Statistische Jahrbücher der DDR 1989 und 1990; Bevölkerung der Gemeinden des Freistaates Sachsen 1992; Statistisches Landesamt des Freistaates Sachsen, Statistische Berichte, Juli 1993; eigene Berechnungen.

Die Jahre 1989 - 1992 hatten entscheidenden Einfluß auf diese Negativbilanz. In diesem Zeitraum verlor die Region allein 78 000 Personen, wobei der Verlust der Stadt Leipzig das Dreifache des Verlustes der vorausgegangenen 7 Jahre betrug. Prägend für den Einwohnerrückgang waren 1989 und 1990 die hohen Außenwanderungsverluste in die alten Bundesländer (Tab. 3).

Die Salden der natürlichen Bevölkerungsbewegung entsprachen weitgehend dem Bild der vergangenen Jahre. Die meisten Kreise hatten Sterbefallüberschuß. Eine positive bzw. zumindest ausgeglichene Bilanz trat nur bei den Kreisen auf, die bereits durch ihre niedrige Bevölkerungsdichte als vorwiegend ländlicher Raum charakterisiert werden (Delitzsch, Eilenburg).

Seit 1990 sind einige bemerkenswerte Veränderungen eingetreten (vgl. Tab. 4):

a) 1992 gingen die Wanderungsverluste der Stadtregion auf fast ein Viertel des Umfangs von 1990 zurück. Bezeichnenderweise verfügen inzwischen sogar einige Umlandkreise über Wanderungsgewinne. Über die Hälfte des Wanderungsgewinns erzielte der Landkreis Leipzig aus Sachsen, insbesondere aus der Stadt Leipzig. Es ist der Kreis des mitteldeutschen Raumes, in dem sich eine beginnende Suburbanisierung am deutlichsten widerspiegelt. Während die Stadtregion 1990 den sächsischen Durchschnitt hinsichtlich der negativen Migrationsbilanz noch merklich übertraf, hebt sie sich heute bereits positiv von diesem ab. Dies kann als Ausdruck der gewonnenen Attraktivität gewertet werden.

b) Genau entgegengesetzt entwickelte sich die natürliche Bevölkerungsbewegung. Der Sterbefallüberschuß hat sich gegenüber 1990 fast verdoppelt, was ausschließlich auf den drastischen Geburtenrückgang zurückzuführen ist. Dieser ist nicht aus einer geringeren Anzahl von Frauen im gebärfähigen Alter, sondern aus der unsicheren wirtschaftlichen Situation zu erklären. War der negative natürliche Saldo im Jahre 1990 noch mit ca. 12% am Bevölkerungsverlust der Region beteiligt, so lag er 1991 bei 47% und 1992 bei über 80%. Die Gesamtentwicklung der Bevölkerung wird zunehmend durch die natürliche Entwicklung bestimmt, die einen deutlich negativen Kurvenverlauf einnimmt.

Tab. 3: Hauptkomponenten der Bevölkerungsbilanz 1989 und 1990 pro 1000 Einwohner

	Saldo der natürlichen Bevölkerungsbewegung	Binnenwanderungssaldo	Außenwanderungssaldo
Leipzig-Stadt	-4.5	-2.1	-49.3
Borna	-3.9	-14.2	-17.5
Delitzsch	-0.4	-7.2	-26.7
Eilenburg	+1.4	-9.8	-18.9
Grimma	-2.0	-3.0	-26.5
Leipzig-Land	-9.7	-2.3	-36.0
Wurzen	-6.9	-0.6	-34.2

Tab. 4: Bevölkerungsbewegungen in der Stadtregion Leipzig 1992

Kreis	Saldo der natürlichen Bevölkerungsbewegung		Wanderungssaldo	
	absolut	pro 1000 EW	absolut	pro 1000 EW
Leipzig-Stadt	-3 793	-7.6	-2 751	-5.5
Borna	-620	-7.7	-232	-2.9
Delitzsch	-338	-6.5	-76	-1.5
Eilenburg	-290	-5.9	+73	+1.5
Grimma	-452	-7.4	-166	-2.7
Leipzig-Land	-1 194	-9.5	+1 395	+11.1
Wurzen	-423	-8.8	+93	+1.9
Stadtregion Leipzig	-7 110	-7.8	-1 664	-1.8
Freistaat Sachsen	-36 267	-7.8	-12 854	-2.8

Quelle: Bevölkerung der Gemeinden des Freistaates Sachsen 1992; Statistisches Landesamt des Freistaates Sachsen, Statistische Berichte, Juli 1993; eigene Berechnungen.

Die bisherigen Bevölkerungsprognosen, so unsicher diese in der gegenwärtigen Umbruchsituation sind, sagen somit einen weiteren Bevölkerungsverlust voraus, so daß nach einem optimistischen Szenario im Jahre 2000 für Leipzig mit ca. 475 000 Einwohnern (GEWOS 1993) und für das Umland mit ca. 395 000 Einwohnern gerechnet werden kann (DIW/IIT 1991).

2.3 Siedlungssystem

Das *Grundsystem der Zentralen Orte* der Stadtregion Leipzig wird durch das Oberzentrum Leipzig, den Zentrenkranz der Kreisstädte (Mittelzentren), der in 20 - 25 km Entfernung um die Stadt Leipzig verläuft, und die Unterzentren geprägt. Letztere konzentrieren sich vor allem in der engeren Stadtregion, insbesondere der Stadtrandzone, und im Kreis Borna in Gestalt der Kleinstädte und großen Industriegemeinden (Abb. 1). Die größeren Siedlungen der Stadtrandzone hatten ihre dynamischste Entwicklung in der Zwischenkriegszeit und haben seitdem einen anhaltenden Stagnations- und Schrumpfungsprozeß durchlaufen. Sie sind zum Teil auch räumlich eng mit dem bebauten Stadtgebiet verbunden, haben jedoch bis heute, da seit 1936 keine nennenswerten Eingemeindungen nach Leipzig mehr erfolgten, ihren selbständigen Status erhalten. Gerade diese Stadtrandgemeinden sind heute die attraktivsten Investitionsstandorte und erfahren einen enormen Aufschwung, woraus nicht zuletzt ihr besonderer Widerstand gegen Eingemeindungsbestrebungen erwächst.

Gegenüber dem Landkreis Leipzig und dem Industriekreis Borna fallen die übrigen Kreise in der Zentrendichte deutlich ab. Außer der Kreisstadt und wenigen Kleinstädten dominieren ländliche Gemeinden. Das Zentrennetz ist relativ weitmaschig.

Die räumliche Zentrenverteilung spiegelt den unterschiedlichen Urbanisierungsgrad in der Region wider. In den Zentren wohnen fast 80% der Regionsbevölkerung, mehr als die Hälfte der Bevölkerung im Oberzentrum. In den Kreisen Wurzen und Grimma ist der Konzentrationsgrad der Bevölkerung in den Zentren mit 47% bzw. 46% am geringsten. Die Stadt Delitzsch bindet, als einziges Zentrum des Kreises, etwa die Hälfte der Kreisbevölkerung.

Das Oberzentrum ist mit den Mittelzentren durch Verkehrsachsen verbunden (B-Straßen, Eisenbahn), die die Grundlage für Entwicklungsachsen bilden. Diese sind sternförmig ausgeprägt und stellen in Verbindung mit den Zentren auch das Grundgerüst der künftigen Siedlungsentwicklung dar. Planerische Vorstellungen zur künftigen Regionalentwicklung orientieren auf ein Knoten-Achsen-Konzept. Innerhalb dieses Konzeptes erlangt die Achse zum benachbarten Oberzentrum Halle (35 km) herausragende Bedeutung, da sich hier überregional bedeutsame Verkehrstrassen und -einrichtungen bündeln und kreuzen. Auf dieser Achse bildet die Kleinstadt Schkeuditz einen wichtigen Knoten durch den Kreuzungspunkt der Autobahnen A 9 und A 14, die B 6, die Eisenbahntrasse Leipzig - Halle, den Flughafen Leipzig-Halle und die geplante Einrichtung eines Güterverkehrszentrums zwischen Schkeuditz und Leipzig. Diese Achse ist gegenwärtig der Raum, in dem sich neu ausgewiesene Gewerbegebiete besonders konzentrieren. Aber auch andere Achsen, wie die östliche nach Wurzen und die westlichen nach Merseburg und Weißenfels, erweisen sich bereits heute aufgrund ihrer

Fallstudie Leipzig

infrastrukturellen Lagegunst als Schwerpunkträume der künftigen Siedlungsentwicklung.

Das *Pendlereinzugsgebiet* der Kernstadt Leipzig reichte bisher deutlich über den eigenen Landkreis hinaus, erfaßte auch die angrenzenden Teile der Kreise Delitzsch, Eilenburg, Wurzen und Grimma und überdeckte dabei teilweise die Einzugsgebiete dieser Kreisstädte. Im Süden brach das Einzugsgebiet Leipzigs deutlich ab, da die Großbetriebe der Grundstoffindustrie im Kreis Borna (Böhlen, Espenhain) einen relativ starken eigenen Pendlerraum herausgebildet hatten. Im Westen hatte die Bezirksgrenze eine spürbare Trennwirkung. Pendlerverflechtungen wurden merklich abgeschwächt. Das traf in modifizierter Form teilweise auch auf Kreisgrenzen zu. Die Kreise bildeten relativ geschlossene Arbeitsregionen, in denen über 50% der Pendler die Kreisgrenze nicht überschritten. Eine wichtige Ursache dafür war, daß die Pendelwanderung stark an den ÖPNV, insbesondere das Busnetz, gebunden war und dieses eine Ausrichtung auf den eigenen Kreis/Bezirk besaß.

Abb. 1: Stadtregion Leipzig - Zentrennetz (Stand 1993)

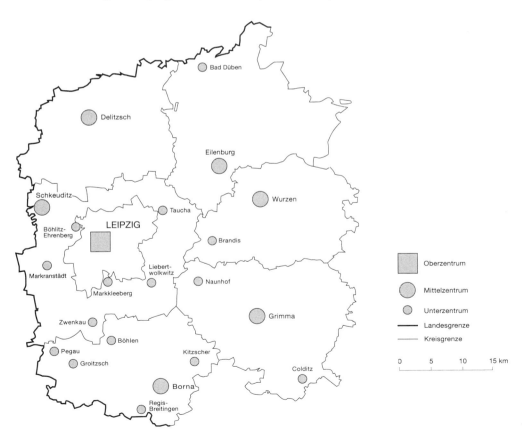

▋ **Fallstudie Leipzig**

Das wichtigste Arbeitsplatzzentrum Leipzig hatte zur Volkszählung 1981 über 40 000 Einpendler und gleichzeitig mehr als 25 000 Auspendler (vorwiegend in den Landkreis und den Kreis Borna). Der Pendlersaldo von ca. 15 000 erreichte etwa ein Zehntel von dem vergleichbarer westdeutscher Großstädte.

Eine neuere Untersuchung belegt, daß Leipzig trotz des Verlustes von etwa 80 000 Arbeitsplätzen sein Gewicht als Einpendlerzentrum des mitteldeutschen Wirtschaftsraumes deutlich erhöht hat (ca. 70 000 Einpendler) und fast jeder 3. Arbeitsplatz von Einpendlern eingenommen wird (Usbeck und Bärwald 1993). Von den Landkreisen konnte nur der Kreis Leipzig seine Einpendlerquote erhöhen. Er besitzt eine beachtliche wirtschaftliche Basis, die ihn zu einem „Wechselpendlerkreis" mit der Kernstadt und zu einem Arbeitsplatzstandort mit positiven Pendlersalden zu den anderen Kreisen der Region (einschließlich Sachsen-Anhalt) macht. Leipzig und sein engeres Umland üben deutlich eine Magnetfunktion auf den regionalen (und überregionalen) Arbeitsmarkt aus und konnten ihren Einzugsbereich erheblich ausdehnen. Fast jeder zweite Einpendler kommt von außerhalb der Region.

Die Veränderungen in den Stadt-Umland-Verflechtungen, die auch eng mit dem Funktionswandel der Umlandgemeinden verbunden sind, zeigen sich gegenwärtig auch besonders deutlich an den Einkaufsbeziehungen. Durch die Eröffnung großer Einkaufszentren in der Nähe der Autobahnen A 9 (Saalepark), A 14 (Sachsenpark) sowie an B-Straßen kam es innerhalb kurzer Zeit zu gravierenden Richtungsänderungen der Käuferströme, die nahezu ausschließlich an die Nutzung des PKW gebunden sind.

2.4 Verkehrsnetz

Der Funktionswandel und die Umorientierungen in den Stadt-Umland-Beziehungen stellen neue Anforderungen an das (regionale) Verkehrsnetz.

Die Stadtregion Leipzig gehört zu den Räumen Ostdeutschlands, die verkehrsseitig relativ gut erschlossen sind. Ausschlaggebend ist das die Zentren verbindende dichte *Verkehrsnetz*. Hier werden die höchsten Dichtewerte im Straßen- und Eisenbahnnetz erreicht (> 200 km/100 km² bzw. > 15 km/100 km²). Auf die Kernstadt Leipzig laufen über den Kranz der umliegenden Mittelzentren 9 Bundesstraßen sternförmig zu. Die Region wird von den Autobahnen A 9 und A 14 geschnitten und besitzt mit dem Autobahnkreuz Schkeuditz und dem benachbarten Flughafen Leipzig-Halle, für den eine Kapazitätserweiterung von gegenwärtig 1 Mio. Passagieren auf 3-4 Mio. Passagiere im Jahr 2000 vorgesehen ist, einen Verkehrsknoten mit überregionaler Bedeutung. Diese Lagegunst erfährt eine weitere Aufwertung mit der Verlängerung der A 14 von Halle nach Magdeburg, mit der geplanten Südtangente um die Stadt Leipzig sowie mit einer vorgesehenen Autobahn nach Chemnitz. Die logistischen Standortvorteile führten zur Planung eines Güterverkehrszentrums an der Achse Leipzig-Halle, das Umschlags- und Verteilfunktionen für den gesamten Wirtschaftsraum Leipzig-Halle übernehmen soll.

Die aus der Geschichte bekannte Knotenfunktion Leipzigs im überregionalen Eisenbahnverkehr wird durch die Einbindung in das IC/ICE-Netz aufgewertet. In der Diskussion ist die Schaffung eines regionalen S-Bahn-Systems, das die Anbindung des Kranzes der umliegenden Kreisstädte wie auch die Verbindung zum Oberzentrum Halle vorsieht. Darin soll auch der Flughafen Leipzig-Halle eingebunden sein. Dieses System würde sich an die Knoten-Achsen-Struktur des Siedlungsnetzes anlehnen und könnte einem übermäßigen Anwachsen des Individualverkehrs (vor allem in der Pendelwanderung) entgegensteuern.

3. Wirtschaftsstruktur im Wandel

3.1 Zur Ausgangssituation

In den Arbeitsstätten der Region Leipzig waren im Herbst 1989 ca. 525 000 Beschäftigte tätig, davon über zwei Drittel im Stadt- und Landkreis Leipzig. Im Landkreis Leipzig bildeten vor allem die großen Stadtrandgemeinden (Unterzentren) die wichtigsten Arbeitsstättenstandorte mit jeweils 5 000 bis 10 000 Beschäftigten. Diese Funktion nahmen in den übrigen Kreisen die Kreisstädte (12 000-16 000 Beschäftigte) wahr. Im Kreis Borna besaßen daneben die Großstandorte der Chemieindustrie, des Bergbaus und der Energiewirtschaft Böhlen und Espenhain ein erhebliches Gewicht.

Unter den Kreisen der DDR wies der Kernraum der Stadtregion Leipzig die größte Branchenvielfalt auf und verfügt damit von der Diversität der Wirtschaftsstruktur über relativ günstige Voraussetzungen für den Wirtschaftsstrukturwandel. Der Anteil des Tertiärsektors lag in der Stadt Leipzig bei etwa 54%, in den Umlandkreisen zwischen 32-38% (Tab. 5). Nur der Industriekreis Borna weicht hier deutlich ab und weist mit über 72% im Bergbau und Verarbeitenden Gewerbe eine ausgesprochene wirtschaftliche Monostruktur auf. Die Beschäftigtenanteile von ca. 20% in der Land- und Forstwirtschaft in den Kreisen Delitzsch und Eilenburg sind für sächsische Verhältnisse außergewöhnlich hoch. In diesem Bereich waren in den letzten 4 Jahren die relativ größten Beschäftigtenverluste zu verzeichnen.

Bei der formalen Betrachtung der Beschäftigtenstruktur und daraus resultierender Schlußfolgerungen hinsichtlich des Potentials der für den Strukturwandel notwendigen

Tab. 5: Struktur der Beschäftigten nach Wirtschaftsbereichen (Stand: September 1989)[1]

	Insgesamt in 1000	Landwirtschaft in %	Produzierende Zweige[2] in %	Bauwirtschaft in %	Handel in %	Verkehr in %	Dienstleistungen[3] in %
Leipzig-Stadt	286.3	0.1	37.1	8.5	13.4	8.8	32.2
Borna	59.3	5.8	72.1	1.2	5.6	2.6	12.7
Delitzsch	25.5	19.8	36.0	6.0	8.5	11.6	18.0
Eilenburg	23.6	21.9	34.9	4.6	9.6	6.8	22.3
Grimma	32.4	14.9	43.9	7.6	7.7	4.2	21.6
Leipzig-Land	73.4	9.8	52.5	6.3	6.9	7.1	17.5
Wurzen	24.2	15.6	45.0	7.4	8.7	4.0	19.4

[1] Ohne Lehrlinge, ohne X-Bereich (Armee, Organe des MdI, Staatssicherheit, Wismut AG, Parteien, Gewerkschaften, gesellschaftliche Organisationen). [2] Bergbau, Energie, Industrie, produzierendes Handwerk. [3] Wohnungs- und Kommunalwirtschaft, Vermittlungs-, Werbe- u.a. Büros, Geld- und Kreditwesen, Wissenschaft, Bildung, Kultur, Gesundheits- und Sozialwesen, Staatliche Verwaltung, gesellschaftliche Organisationen, Forschungs- und Entwicklungszentren, Projektierungsbetriebe, Textilreinigungsbetriebe sowie hauswirtschaftliche Reparaturbetriebe, Anlagenbaubetriebe, geologische Untersuchungsbetriebe

Quelle: Gemeinsames Statistisches Amt; eigene Berechnungen.

"Umschichtungen" vor allem zwischen Sekundär- und Tertiärsektor wird oft übersehen, daß in der DDR wesentliche Bereiche des Tertiärsektors in den Kombinatsstrukturen integriert waren (u.a. sogenannte unternehmensbezogene Dienstleistungen, soziale Betreuung), die nach der Auflösung der Kombinate frühzeitig ausgegliedert wurden. Sie bilden einen wesentlichen Teil der sich seit 1990 in Leipzig überdurchschnittlich schnell entwickelnden unternehmensorientierten Dienstleistungsfirmen. Dieser Trend deutete sich bereits Ende 1990 in den veränderten Beschäftigtenstrukturen an (Tab. 6).

Tab. 6: Struktur der Beschäftigten in der Region Leipzig nach Wirtschaftsabteilungen (Stand: 30. November 1990)

Kreis	Beschäftigte insgesamt	davon (in %)					
		Land- u. Forstwirtschaft, Fischerei	Energie, Bergbau verarb. Gewerbe	Baugewerbe	Handel	Verkehr, Nachrichten	übrige[1]
Leipzig-Stadt	251 129	0.34	33.67	7.89	8.05	9.26	40.79
Borna	55 410	4.44	71.12	2.07	6.16	2.12	14.09
Delitzsch	20 527	15.62	29.41	10.22	7.68	12.53	24.54
Eilenburg	19 062	16.70	33.29	6.83	9.89	6.74	26.55
Grimma	25 349	16.08	39.90	7.87	5.47	4.80	25.88
Leipzig-Land	51 158	8.42	49.47	6.66	8.03	9.62	17.80
Wurzen	20 825	11.04	39.57	9.04	12.05	4.18	24.12
Region insgesamt	443 460	4.60	40.59	7.13	7.92	7.96	31.80

[1] Umfaßt Kreditinstitute und Versicherungsgewerbe, Dienstleistungen (soweit von Unternehmen erbracht), Organisationen ohne Erwerbszweck, Gebietskörperschaften und Sozialversicherung.

Quelle: Beschäftigte im Freistaat Sachsen am 30. November 1990, Statistisches Landesamt Sachsen, Statistische Berichte Dezember 1991; eigene Berechnungen.

In der Stadt Leipzig waren nach Berechnungen von Neumann (1990) Ende der 80er Jahre 46% der statistisch im Sekundärsektor geführten Beschäftigten mit Arbeiten tertiären Charakters befaßt, d.h. nur noch etwa die reichliche Hälfte arbeitete in der unmittelbaren Produktion. Die tertiäre Tätigkeit umfaßte durchaus nicht nur die Verwaltung, sondern in starkem Maße produktionsvorbereitende Bereiche, die für die ersten Phasen von Innovationszyklen entscheidend sind. Hier hatte Leipzig unter den Großstädten der DDR vor allem in den Industriebereichen Maschinenbau und E-Technik/Elektronik/Gerätebau mit die höchsten Anteilswerte.

Nach Tätigkeitsstrukturen waren 1989 in der Stadtregion Leipzig ca. 260 000 Personen in Bereichen tätig, die eindeutig einer tertiären Tätigkeit zuzuordnen sind. Dies ist ein Anteil von ca. 57%. Er entspricht nahezu dem Durchschnittswert westdeutscher Stadtregionen. Der Anteil in der Kernstadt dürfte bei etwa 63-65% gelegen haben und war damit ähnlich westdeutschen Großstädten.

3.2 Entwicklung im Verarbeitenden Gewerbe

Der Strukturwandel der Wirtschaft vollzog sich in den ehemals stark ausgeprägten Bereichen Bergbau und Verarbeitendes Gewerbe als Strukturbruch. Seit Ende 1990 ist die Beschäftigtenzahl der Region in diesem Wirtschaftsbereich auf etwa 26% (-133 000 Personen) zurückgegangen. Besonders stark war der Arbeitsplatzabbau in der Stadt Leipzig und im Industriekreis Borna (ca. -95 000). Beide Kreise erreichten Mitte 1993 noch etwa ein Fünftel ihres Ausgangsbestandes. Ein Vergleich der Entwicklung in den Jahren 1991 und 1992 zeigt, daß die Krisensituation in diesem Wirtschaftsbereich noch nicht überwunden ist und er sich noch in der Umstellung befindet (Abb. 2):

Abb. 2: Veränderung des Bergbaus und Verarbeitenden Gewerbes 1992 zu 1991

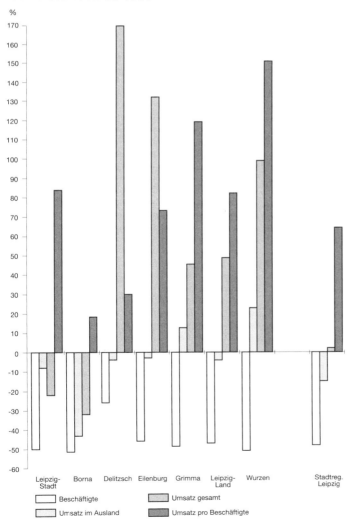

- Die Beschäftigtenzahl wurde im Jahresdurchschnitt 1992 gegenüber 1991 halbiert.

- Bei rückläufigem Gesamtumsatz (-15%) stieg jedoch die Produktivität (Umsatz pro Beschäftigter) um fast zwei Drittel an, was noch vorwiegend auf Arbeitskräftefreisetzung, zunehmend jedoch auch auf technologische Ausrüstungsinvestitionen zurückzuführen ist. Die deutlichsten Umsatzsteigerungen verbuchte die Nahrungs- und Genußmittelbranche.

- Das Verarbeitende Gewerbe ist noch vorwiegend auf den regionalen Markt orientiert. Durch das Wegbrechen der traditionellen Märkte in Osteuropa werden im Durchschnitt der Region nur etwa 13% des Umsatzes im Ausland abgesetzt. Bei niedrigem Ausgangsniveau verzeichneten jedoch die Landkreise deutliche relative Steigerungen ihres Auslandsumsatzes.

Fallstudie Leipzig

- Stadt und Landkreis Leipzig erbringen fast zwei Drittel des Gesamtumsatzes der Region (ca. 550 Mio. DM) und 80% des Auslandsumsatzes. Die dominierende Branche ist das Investitionsgüter produzierende Gewerbe mit über zwei Dritteln der Beschäftigten des Verarbeitenden Gewerbes und fast 70% des Gesamtumsatzes.

Auch wenn dieser Bereich gegenwärtig international eine Konjunkturkrise durchläuft und der Erhalt von „Kernen" in der Region mit erheblichen Problemen verbunden ist, wird doch hierin ein wichtiger Bereich der Leipziger Zukunftswirtschaft gesehen, die als Kombination von unternehmensorientierten Dienstleistungen und „intelligenter" Produktionstechnologieherstellung umschrieben werden kann (Brake u.a. 1993). Während sich für erstere die Konturen mit der Ansiedlung von etwa 100 Finanzinstituten und über 2 000 Firmen mit unternehmensberatenden Funktionen deutlich abzeichnen, geht es im produktiven Bereich gegenwärtig vor allem um den Erhalt noch verbliebener Reste. Dies betrifft einerseits die innovativen Potentiale in Gestalt von F/E-Kapazitäten, die nach Schätzungen im Bereich der Industrieforschung auf etwa 20% des ehemaligen Bestandes geschrumpft sind. Auch im neu strukturierten Hochschul- und außeruniversitären Bereich läßt sich gegenwärtig kaum eine technologieorientierte Ausrichtung erkennen. Hoffnungen werden vor allem auf sich etablierende Ingenieurbüros und Forschungs-GmbHs gesetzt, deren Perspektive jedoch eng mit der Konsolidierung des Verarbeitenden Gewerbes verbunden ist. Andererseits kommt neben dem Erhalt des Know-hows im Fertigungsbereich der Standortsicherung von Betrieben in der Stadt erhebliche Bedeutung zu. Dies wird durch Eigentumsprobleme und rapide gestiegene Bodenpreise auch für gewerbliche Flächen erschwert. Es mehren sich die Fälle von Standortaufgaben und Verlagerungen von Betrieben, die das Rückgrat der Leipziger Industrie bildeten (Druckereien, Verlage, spezialisierter Maschinenbau), in das Umland. Dies trifft zunehmend auch auf Handwerksbetriebe zu, die oftmals in traditionell innenstädtischer Lage dem Preisanstieg und dem durch Neueigentümer angestrebten Wandel zu „rentierlicher" Nutzung nicht mehr gewachsen sind. Die Stadt ist bemüht, durch Entwicklung von Handwerker- und Gewerbehöfen auf Flächen ehemaliger Großbetriebe (z.B. in Leipzig-Plagwitz) und auch in neu ausgewiesenen Gewerbegebieten dieser Entwicklung etwas entgegenzusetzen. Diesem Zweck dient auch die planungsrechtliche Ausweisung von ca. 1 350 ha GE/GI-Gebieten auf Bestands- und Erweiterungsflächen im Entwurf des Flächennutzungsplanes (Flächennutzungsplan Stadt Leipzig, 1993), die einer ungezügelten Bodenpreisentwicklung für gewerbliche Flächen entgegenwirken soll.

Die Problemsituation der verarbeitenden Wirtschaft nicht nur in Leipzig, sondern auch in den Kernstädten der übrigen sächsischen Ballungsgebiete wird besonders im Vergleich mit westdeutschen Agglomerationszentren deutlich (Tab. 7). Nicht nur im Umsatz, in der Produktivität und der Exportorientierung trennen diese inzwischen Welten, sondern auch im Beschäftigtenbesatz des Verarbeitenden Gewerbes pro 1 000 Einwohner. Ein weiterer „Strukturwandel" zu Lasten der Beschäftigten im Sekundärsektor schließt sich aus, da der Beschäftigtenbesatz inzwischen nur noch ein Drittel von dem solcher Dienstleistungszentren wie Frankfurt oder Hannover beträgt.

Langfristig (bis zum Jahr 2010) wird bei einer Gesamtbeschäftigtenzahl von ca. 250 000 mit etwa 50 000 Arbeitsplätzen im Verarbeitenden Gewerbe der Stadt Leip-

Tab. 7: Verarbeitendes Gewerbe in Leipzig im Vergleich mit anderen deutschen Großstädten

	Beschäftigte	Beschäftigte i. Verarb. Gewerbe/ 1000 EW	Gesamt-umsatz Mio. DM	Auslands-umsatz Mio. DM	Anteil Auslandum-satz an Ge-samtumsatz %	Umsatz pro Beschäftigten DM
Leipzig*	28 097	56	2 410	316	13.1	85 777
Dresden*	27 974	58	4 228	297	7.0	151 147
Chemnitz*	24 982	87	1 931	230	11.9	77 304
Stuttgart**	120 077	207	31 029	8 168	26.3	258 409
Frankfurt a.M.**	100 911	155	27 919	7 067	25.3	276 670
Nürnberg**	87 873	177	17 990	4 252	23.6	204 727
Hannover**	73 033	143	18 631	5 333	28.6	255 104
Duisburg**	64 073	119	16 618	4 826	29.0	259 360

* 1992   ** 1991
Quelle: Statistisches Jahrbuch der Stadt Leipzig 1992; eigene Berechnungen.

zig gerechnet. Das bedeutet mehr als eine Verdoppelung des jetzigen Standes und würde zu einem Besatz von 110 Beschäftigten/1 000 Einwohner führen (Brake u.a. 1993). Das gegenwärtige Investitionsgeschehen in der Stadt läßt eine solche Entwicklung jedoch nicht erkennen, und selbst in den geförderten Gewerbegebieten des engeren Umlandes, in denen 65% der Flächen für produzierendes Gewerbe vorgesehen sind, sind nur etwa die Hälfte der diesbezüglichen Arbeitsplätze neu geschaffene, die übrigen von den bisherigen Standorten verlagerte (ebenda).

3.3 Entwicklung überregionaler Dienstleistungsfunktionen

Trotz der Problematik im produktiven Bereich darf nicht übersehen werden, daß vor allem im Dienstleistungssektor in Leipzig und seinem Umland eine rasante Entwicklung erfolgt. Am sichtbarsten wird das, wie in allen ostdeutschen Stadtregionen, am enormen Wachstum des großflächigen Einzelhandels im Umland, der zu Lasten der innerstädtischen Standorte geht. Innerhalb von 3 Jahren ist Leipzig zu einem zentralen Platz von Finanz- und Versicherungsinstitutionen für Ostdeutschland geworden. Die Stadt wird, wegen ihrer Geschichte und ihrer wirtschaftlichen Bedeutung, Anziehungspunkt von ausländischen Einrichtungen (Amerika-Haus, Konsulate) und kann damit eventuell an ihre Position vor dem 2. Weltkrieg anknüpfen. Weitere überregionale Dienstleistungsfunktionen siedeln sich in der Stadt und der Region an bzw. werden nach Erschließung entsprechender Flächen ausgebaut. Dazu gehören der Sitz des Mitteldeutschen Rundfunks, das neue Messegelände, das neue Großversandhaus der Firma Quelle, der Ausbau des Flughafens Leipzig-Halle, die Errichtung eines Güterverkehrszentrums und der Neubau eines medizinisch-diagnostischen Zentrums mit einem Herzklinikum.

Mit dem Konzept „Medienstadt Leipzig" soll an die historischen Traditionen Leipzigs als Standort der Printmedien (Buchstadt, Buchmesse, Deutsche Bücherei, Verlage, Druckmaschinenbau, Graphische Hochschule) angeknüpft und die Verbindung zu modernen Medien (MDR, Telekommunikation, Werbung) hergestellt sowie auf eine

Wachstumsbranche der 90er Jahre orientiert werden. Wie hart dieser Wettbewerb mit den inzwischen etablierten westdeutschen Großstädten sein wird, zeigt sich deutlich am Beispiel der Buchmesse, die in Leipzig um ihre Existenzberechtigung neben Frankfurt kämpft, oder an der Entscheidung über den Sitz der Akademie des Deutschen Buchhandels, wo München den Zuschlag bekommen hat. Bisher ist es auch nicht gelungen, zentrale Bundesinstitutionen (Gericht) oder Stammhäuser ehemaliger Leipziger Betriebe (z.B. Verlage) wieder anzusiedeln.

Als traditionsreichste Messestadt, die eine Mittlerrolle zwischen Ost und West gespielt hat, ist Leipzig bemüht, aus seiner gegenwärtigen Position als Standort überwiegend regionaler Fachmessen herauszukommen und wieder einen Platz in der Spitzengruppe der deutschen Messestädte (Hannover, Frankfurt, Köln, Düsseldorf, München) einzunehmen. Inwieweit es mit dem 1996 fertigzustellenden neuen Messegelände (ca. 1,2 Mrd. DM Investition) gelingt, wird die Zukunft zeigen.

3.4 Aspekte des Arbeitsmarktes

Die skizzierten wirtschaftlichen Strukturveränderungen haben erhebliche Auswirkungen auf den Arbeitsmarkt der Region. Im April 1994 gab es ca. 61 000 Arbeitslose, was einer Quote von 14,5% entspricht. Damit lag die Arbeitslosenquote nach Dresden am niedrigsten im Freistaat Sachsen. Dies kann als Ausdruck eines relativ diversifizierten Arbeitsplatzangebotes, aber auch bereits als Wirkung größerer Investitionsmaßnahmen gewertet werden. Zusammen mit Kurzarbeitern, ABM-Beschäftigten und Personen in Umschulung ergibt sich jedoch für die Stadtregion Leipzig eine Größe von ca. 100 000 Personen ohne Beschäftigung oder mit „Unterbeschäftigung". Dies ist nahezu ein Fünftel der ehemaligen Beschäftigtenzahl. Innerhalb der Stadtregion weisen die Kreise Leipzig-Stadt und -Land mit einer Arbeitslosenquote von 13,6% die günstigste, der ländlich geprägte Kreis Eilenburg mit 17,3% die ungünstigste Situation auf. Im Gegensatz zu peripheren und monostrukturierten Kreisen Sachsens wirkt sich jedoch im Leipziger Umland die Nähe der Großstadt dämpfend auf die Arbeitslosigkeit aus.

4. Planung von Baugebietsflächen und Raumentwicklung

4.1 Flächenplanung

Der Ausweis von Baugebietsflächen mit der Begründung der schnellen Verbesserung der Versorgungssituation und der Schaffung von Arbeitsplätzen und zusätzlichem Wohnraum war eine der ersten Maßnahmen der 1990 gewählten Kommunalvertretungen. Angefangen von den Sondergebieten für großflächigen Einzelhandel über neue Gewerbegebiete bis zu Wohnbaustandorten lassen sich in der zeitlichen Entwicklung deutlich drei „Wellen" unterscheiden. Charakteristisch für diese Entwicklung ist, daß wohl in allen Stadtregionen das Umland den Kernstädten nach dem Umfang der neu ausgewiesenen Flächen „den Rang abgelaufen" hat und ein forcierter Suburbanisierungsprozeß in der Reihenfolge Einzelhandel, Gewerbe, Wohnen im vollen Gange ist, der auf eine Infrastruktur trifft, die auf eine solche Entwicklung nicht ausgelegt ist. Demgegenüber mangelt es an schlüssigen Konzepten zur Revitalisierung und Umnutzung der zunehmend brachfallenden Bestandsflächen von Industrie und Gewerbe und zu ihrer Einordnung in die Stadt- und Regionalentwicklung. Allein die Industrie verfügte in der Stadt und im Landkreis Leipzig 1989 über fast 1 500 ha Grundstücksfläche.

Durch das Regierungspräsidium wurden bis Ende 1992 in 67 Gemeinden der engeren Stadtregion Leipzig insgesamt ca. 5 000 ha neu ausgewiesene Baugebietsflächen raumordnerisch befürwortet. Dazu kommen noch einmal ca. 5 000 ha in der benachbarten engeren Stadtregion Halle, so daß in der Kernzone des mitteldeutschen Wirtschaftsraumes mit etwa 10 000 ha zusätzlicher Baugebietsfläche zu rechnen ist. Besonderer Anziehungspunkt ist der zwischen den beiden Oberzentren gelegene Verkehrsknoten Schkeuditz und dessen Umfeld.

Mehr als 50% der befürworteten Flächen in der engeren Stadtregion Leipzig betreffen Gewerbe- und Industrieflächen, etwa 28% Sondergebietsflächen, wobei letztere vor allem durch Flächen für die Flughafenerweiterung und den Ausbau des Rangierbahnhofs Leipzig-Wahren sowie für 2 Golfplätze geprägt werden. Flächen für Wohngebiete nehmen einen Anteil von 15% ein, der Rest sind Mischgebietsflächen (Tab. 8, Abb. 3).

Die neu ausgewiesenen Baugebietsflächen der engeren Stadtregion entfallen zu 12% auf die Stadt Leipzig (vor allem Gewerbeflächen) und zu 88% auf die Umlandgemeinden. Im Umland sind fast 60% der Flächen in Gemeinden mit weniger als 2 000 Einwohnern lokalisiert.

Tab. 8: Bauleitplanung in der engeren Stadtregion Leipzig*
(raumordnerisch befürwortete Neuausweisung von Baugebietsflächen, Stand 3.12.1992)

Landkreis/Stadt	Baugebietsfläche insgesamt (ha)	davon Gewerbeflächen (ha)	Wohnflächen (ha)	Mischgebiete (ha)	Sondergebiete (ha)
Leipzig-Stadt	594.5	560.0	-	-	34.5
Borna	52.2	16.0	32.5	-	3.7
Delitzsch	1343.6	582.9	55.6	45.6	659.5 darunter: 650.0 Verkehrsfläche
Eilenburg	29.2	18.1	7.1	3.0	1.0
Grimma	165.5	76.5	69.0	5.0	15.0
Leipzig-Land	2463.4	1248.1	503.9	115.9	595.5 darunter: 135.0 Golfplatz 190.0 Verkehrsfläche
Wurzen	322.6	131.5	94.6	5.0	91.5 darunter: 80.0 Golfplatz
Summe	4971	2633.1	762.7	174.5	1400.7

* Die Angaben beziehen sich auf den kompletten Stadt- und Landkreis Leipzig. Von den übrigen Kreisen der Stadtregion lagen nur Angaben zu den Gemeinden vor, die der engeren Stadtregion zugerechnet sind. Es sind somit keine vollständigen Kreiswerte.
Quelle: Unterlagen des Regierungspräsidiums Leipzig, Referat Raumordnung und Regionalplanung vom Dezember 1992, eigene Zusammenstellung.

Fallstudie Leipzig

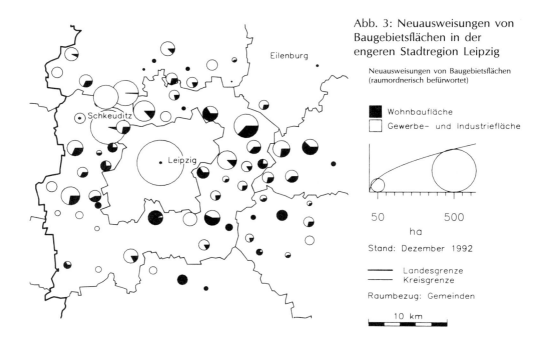

Abb. 3: Neuausweisungen von Baugebietsflächen in der engeren Stadtregion Leipzig

Unter der Voraussetzung, daß die raumordnerisch befürworteten Wohnbauflächen bebaut werden, könnten im engeren Umland zusätzlich ca. 60 000 - 75 000 Personen angesiedelt werden. Das entspricht etwa 35-42% der jetzigen Bevölkerungszahl. Es wird angenommen, daß davon ca. 45 000 - 50 000 Personen aus der Stadt Leipzig kommen. Fast die Hälfte der Gemeinden des engeren Umlandes planen einen Einwohnerzuwachs von über 50%; Extrema liegen bei 600 - 700%. Das trifft insbesondere auf kleine Gemeinden (< 1 000 EW) zu, deren dörfliches Siedlungsbild und Sozialstruktur bei dieser Entwicklung völlig überformt werden würden. Sich daraus ergebende Anforderungen (und Kosten) an die soziale und technische Infrastruktur sowie veränderte Verkehrssituationen werden noch unzureichend betrachtet (Niemann und Usbeck 1993).

Legt man den bisher erkennbaren durchschnittlichen Arbeitsplatzbesatz (bei geförderten Gewerbegebieten) von 37 AK/ha im engeren Umland zugrunde, so würden auf den raumordnerisch befürworteten GE/GI-Flächen ca. 75 000 Arbeitsplätze angesiedelt werden können. Etwa 25 000 Arbeitsplätze könnten auf den Sondergebieten entstehen. Befragungen bei geförderten Gewerbegebieten zeigen, daß vor allem im Verarbeitenden Gewerbe nur jeder 2. Arbeitsplatz als neuer einzustufen ist und der Rest sich aus Verlagerungen der Betriebe von den alten Standorten (insbesondere der Kernstadt) ergibt. Die Größe vieler Standorte und ihre Lokalisation im Umland werden bei den betreffenden Gemeinden zu erheblichen Funktionsveränderungen (u.a. Wandel von Auspendler- zu Einpendlergemeinde) und damit zu veränderten Arbeits- und Versorgungspendlerströmen führen.

Räumlich zeichnen sich seit längerem einige Schwerpunkte der Baugebietsplanungen in der Region Leipzig ab (vgl. Abb. 3). Als besondere Entwicklungsräume heben sich heraus:

1. *die Entwicklungsachse Nord:* um den Flughafen Leipzig/Halle und das Autobahnkreuz Schkeuditz entlang der A 14 bis Engelsdorf und zwischen A 14 und B 6 (Leipzig-Halle)
2. *die Entwicklungsachse Ost*: vom östlichen Stadtrand entlang der Eisenbahnstrecke und B 6 über Wurzen nach Dresden
3. *Entwicklungsraum West*: am westlichen Stadtrand und entlang der Achsen B 181 nach Merseburg und B 87 nach Weißenfels
4. *Entwicklungsraum Südost*: am Stadtrand und entlang der Eisenbahnlinie nach Chemnitz.

In Ansätzen bildet sich auch die Entwicklungsachse nach Delitzsch heraus.

Der bedeutendste Entwicklungsraum liegt im Norden von Leipzig. Die *Entwicklungsachse Nord* ist am breitesten ausgeprägt und erfährt ihre Fortsetzung bis zum benachbarten (35 km) Oberzentrum Halle. Hier konzentrieren sich mit dem neuen Messegelände, dem Güterverkehrszentrum, dem Standort „Quelle", Logistikeinrichtungen und dem „Sachsenpark" überregional wirksame Standorte mit vorwiegend Sondergebietsfunktionen. Dazu muß auch der Flughafen und die dafür vorgesehene Erweiterungsfläche gerechnet werden. An dieser Achse liegen auch die im nordöstlichen Randbereich der Stadt geplanten Leipziger Gewerbegebiete.

Ein besonderer Gunstfaktor für den Nordraum ist die vorhandene Verkehrsinfrastruktur mit Autobahn, Flughafen, B-Straßen und Eisenbahn. Es wird jedoch offensichtlich, daß die Konzentration von verkehrserzeugenden Investitionen an dieser Achse die vorhandene Infrastruktur weit überfordert und ein Ausbau des Straßennetzes unumgänglich ist.

Die bei weitem überwiegende Zahl der in der Region Leipzig geplanten Gewerbe-/Sondergebiete liegt an den Autobahnen (BAB 14, BAB 9), den Bundesstraßen oder/und im Umkreis des Flughafens. Es wird auch sichtbar, daß geplante neue Trassenführungen (u.a. Autobahn-Südtangente) bereits als Standortfaktor wirksam sind. Bei wenigen Ausnahmen (Quelle-Versandhaus, GVZ) spielte vor allem aus technologischen Gesichtspunkten bzw. aus Gründen des Bezugs und Versands die direkte Schienennetzanbindung als Standortfaktor eine Rolle.

Die Dominanz der Straßenorientierung läßt erkennen, daß sowohl der Wirtschaftsverkehr als auch der Pendlerverkehr zu diesen neuen Arbeitsstättengebieten zum großen Teil über LKW bzw. PKW abgewickelt werden wird. Auch Stichprobenbefragungen in einigen alten Gewerbestandorten mit Eisenbahnanschluß bzw. Anschluß an den ÖPNV haben gezeigt, daß beide im Wirtschafts- und Pendlerverkehr zur Zeit eine untergeordnete Bedeutung haben.

Diese Aussagen treffen im besonderen Maße auf Standorte des großflächigen Einzelhandels zu, die trotz Anbindung mit Buslinien nahezu ausschließlich auf den PKW (bzw. LKW im Lieferverkehr) ausgerichtet sind.

Von den 56 Gemeinden des engeren Umlandes, in denen Wohnungsbaustandorte raumordnerisch befürwortet sind, besitzen 35 (= 62,5%) einen Eisenbahn- bzw. in der Stadtrandzone teilweise Straßenbahnanschluß. Dieser relativ hohe Wert darf jedoch nicht darüber hinwegtäuschen, daß der Bahnanschluß nur von einem geringen Teil genutzt werden wird, da der Mikrostandort einen längeren Fußweg bzw. gebrochenen Verkehr erfordern würde.

4.2 Räumliche Strukturveränderungen

Bei der - zumindest in der Planung - zu beobachtenden forcierten Suburbanisierung des Einzelhandels, des Gewerbes und des Wohnens muß die Stadt- (und Regional-)entwicklung einer sinnvollen räumlichen Zuordnung von Arbeitsstätten und Wohnbauflächen vor allem auch im Interesse der Verkehrsentlastung und der Freiflächensicherung besondere Aufmerksamkeit widmen.

In der Region Leipzig (und Halle) haben die „Wellen der Einkaufsparks und Gewerbe- und Logistikzentren" inzwischen deutliche Marksteine in der künftigen Flächennutzung und -umwidmung gesetzt, die den Spielraum für eine raumverträgliche Baulandausweisung erheblich einengen.

Die vor allem auch auf der Grundlage verkehrsinfrastruktureller Lagevorteile bisher getroffenen Standortentscheidungen für größere Investitionen führen zu deutlichen Verschiebungen im Raumgefüge der Arbeitsstättenstandorte in der Stadt Leipzig und im engeren Umland.

Bisher waren in der Stadt die City und der zentrumsnahe Bereich, die Räume Plagwitz/Lindenau/Leutzsch im Westen, Eutritzsch im Norden und Paunsdorf im Osten die wichtigsten Arbeitsstättengebiete. Eine zunehmende Massierung der Erwerbspersonen erfolgte durch randstädtischen Wohnungsbau vor allem im Westen (Grünau).

Die Folge waren erheblich längere Arbeitswege und beträchtliche Ausgaben für die Errichtung der Verkehrsinfrastruktur. Die Probleme der verlängerten innerstädtischen Pendelwege treten seit 1990 durch den dramatischen Anstieg des Individualverkehrs noch deutlicher zutage.

Die Schwerpunkträume der Arbeitsstätten werden künftig in den nördlichen und nordöstlichen Bereich der Kernstadt und der Stadtrandzone in die Nähe der A 14 verschoben. Das betrifft auch die Entwicklung im engeren Umland.

Besondere Standortkonzentrationen vor allem im arbeitskräfteintensiven Tertiärbereich bilden sich innerhalb der Stadt im Zentrum und zentrumsnahen Raum sowie an einer nach Südosten verlaufenden Achse über die Standorte der Universität und das alte Messegelände bis Stötteritz/Probstheida heraus. Durch den Niedergang des industriellen Sektors und die bisherige Konzentration von größeren Investitionen auf das übrige Stadtgebiet läuft der Westraum der Stadt Gefahr, zu einem Standortraum mit deutlichem Arbeitsplatzdefizit und auch mit einem Defizit an überregional wirksamen Funktionen zu werden. Dieses können auch die neuen Gewerbegebiete und Sondergebiete im engeren westlichen Umland, die zwar flächen-, aber wenig arbeitskräfteintensiv sind, nicht ausgleichen.

Aus stadtstruktureller und stadtökonomischer Sicht ist somit die Revitalisierung und teilweise die Neuschaffung von Arbeitsplatzstandorten im Westraum erforderlich. Das Gewerbegebiet am Weidenweg (220 ha) besitzt dafür, wegen der Nachbarschaft zur Großwohnsiedlung Grünau, eine außerordentliche Standortgunst und sollte auch als potentielle Reservefläche für Industrie und Gewerbe betrachtet werden.

Den skizzierten räumlichen Standortverschiebungen bei den Arbeitsstätten in den Nordraum stehen die höchsten Bevölkerungsdichten im westlichen und südlichen Stadtraum gegenüber.

Diese raumstrukturellen Disproportionen werden durch die geplante Standortentwicklung im Wohnungsbau der Region zumindest nicht entschärft, wenn nicht sogar vergrößert. Im Westraum erhöht sich das Erwerbsfähigenpotential nicht nur durch Neuansiedlung im Umland, sondern auch durch den Eintritt einer größeren Anzahl von Personen aus Grünauer Haushalten in das erwerbsfähige Alter. Hier ist mit erheblichen Pendlerströmen zu den zentralen und nördlichen/nordöstlichen Standorträumen zu rechnen, die auf wenige Verkehrsstrassen kanalisiert sind.

Durch die Konzentration von Wohnungsbaustandorten im engeren östlichen Umland ist auch hier mit einem erhöhten Pendleraufkommen zu rechnen. Es bestehen jedoch günstigere Relationen zu den Arbeitsstättengebieten. Eine besondere Funktion als „Pendlerachse" dürfte die A 14 von Grimma-Naunhof bis Schkeuditz (und Halle) einnehmen. Durch die gleichzeitige Überlagerung mit dem Fern- und Güterverkehr sind hier besondere Belastungen zu erwarten. Dies trifft auch auf die B 6 (Wurzen bis Leipzig) zu.

Der nördliche Umlandraum ist durch eine vergleichsweise geringe Bevölkerungsdichte bei Vorherrschen kleiner Siedlungen (nördlich der A 14) gekennzeichnet. Dies bedingt auch - nicht zuletzt aus wirtschaftlichen Gründen - einen geringeren Erschließungs- und Anbindungsgrad durch den ÖPNV. Dennoch werden auch aus dem Nordraum (Delitzsch-Eilenburg) verstärkte Pendlerströme in die Kernstadt und die nördliche Stadtrandzone zu erwarten sein.

Insgesamt weisen die räumliche Lokalisation der neuen Wohnungsbaustandorte im Umland und die neuen größeren Arbeitsstättenstandorte in Stadt und engerem Umland auf Verschiebungen im Raumgefüge der engeren Stadtregion Leipzig hin. Diese lösen verstärkte Pendlerströme innerhalb der Stadt als auch aus dem Umland in den Kernraum der Stadtregion sowie umgekehrt (Stadt-engeres Umland) aus. Bei Realisierung der Planungen ist mit einem deutlichen Anstieg (individueller) Personenverkehrsströme zu rechnen, die durch einen zunehmenden Wirtschaftsverkehr überlagert werden.

5. Entwicklungschancen, Risiken und Aufgaben

Folgt man Ergebnissen verschiedener Umfragen der letzten zwei Jahre, dann ist mittel- bis langfristig Leipzig einer der Gewinner der deutschen Vereinigung und der damit verbundenen Zugehörigkeit zum EG-Binnenmarkt. Leipzig werden auch eine Brückenfunktion zu Osteuropa und Entwicklungsimpulse aus der Öffnung Osteuropas zugesprochen.

Die Region Leipzig kann sich aufgrund ihrer Standortvorteile zu einer der führenden Wirtschaftsregionen in Ostdeutschland entwickeln. Die Stadt verfügt noch über die potentiellen Voraussetzungen, um sich wieder in der „1. Liga" der deutschen Großstädte zu etablieren. Diese Zielstellung läßt sich nicht im Selbstlauf und keineswegs nur auf der Grundlage des historischen Images erreichen, sondern muß gegen die Konkurrenz anderer deutscher und europäischer Großstädte angestrebt werden.

Die potentiellen *Entwicklungschancen* gründen sich vor allem auf folgende Faktoren:

- Leipzig ist auf Grund seiner Größe, seiner Lage, seiner historischen Funktionen prädestiniert, sich wieder zu einem überregionalen Handels- und Dienstleistungszentrum sowie bedeutenden Wirtschaftsstandort zu entwickeln. Günstige Voraussetzungen dafür bieten nicht nur der international bekannte Messestandort und die damit verbundenen überstaatlichen Beziehungen und Kontakte, sondern vor allem auch die Wirtschafts- und Bevölkerungsballung im Großraum Leipzig-Halle und die bereits innerhalb kurzer Zeit getätigten bzw. geplanten Investitionen und Ansiedlungen mit überregionaler Bedeutung. Dieser Entwicklung dient auch das Konzept „Medienstadt Leipzig", das durch Stadt und Region sowie die Wirtschaft zielstrebig umgesetzt werden muß.

- Leipzig weist eine zentrale verkehrsgeographische Lage in Deutschland und Mitteleuropa auf, die ihr in der Geschichte Wettbewerbsvorteile gebracht hat und durch die politischen Veränderungen in Europa aufgewertet wurde. Im Großraum Leipzig-Halle schneiden sich für die zukünftige Wirtschaftsentwicklung wichtige überregionale Verkehrs- und Entwicklungsachsen, die eine Drehscheibenfunktion im Osten Deutschlands verstärken.

- Die Region Leipzig verfügt über ein dichtes Infrastrukturnetz, mit dessen Sanierung und Ausbau begonnen wurde und das günstige Bedingungen für die künftige Wirtschaftsentwicklung bietet. Von Bedeutung sind vor allem die Investitionen im Ausbau des überregionalen Verkehrs- und Kommunikationsnetzes.

- Die Bevölkerung besitzt ein hohes Qualifikationsniveau, das für die Aneignung neuer Techniken gute Voraussetzungen liefert und in der Standortbewertung von Investoren nach wie vor einen hohen Stellenwert besitzt.

- Der für die Stadt und die Region lebenswichtige Wirtschaftsstrukturwandel ist in vollem Gange, wenn er sich auch gegenwärtig vor allem im industriellen Bereich eher als Strukturbruch vollzieht.

Dennoch überwiegen die Attraktivitätsfaktoren, die die Region Leipzig mittelfristig zu einem modernen Produktionsstandort machen können. Zielrichtung muß dabei „Qualität statt Quantität" sein. Der Schwerpunkt sollte auf die Ansiedlung von Investoren mit überregionaler Ausstrahlung, die Erhaltung der in der Region noch bestehenden industriellen Potentiale und die gezielte Förderung ihrer Innovationsfähigkeit sowie die Unterstützung des sich herausbildenden Netzes kleiner und mittelständischer Unternehmen gelegt werden.

Neben dem Messe- und Finanzplatz Leipzig sollten strategisch die folgenden wirtschaftlichen Schwerpunkte besonders verfolgt werden:

- Medienwirtschaft (i.w.S.), einschließlich des dafür in Leipzig ansässigen polygraphischen Gewerbes und polygraphischen Maschinenbaus, aber auch der entsprechenden FuE- sowie Ausbildungskapazitäten
  - Umweltforschung/Umwelttechnik/Umweltsanierung
  - Medizinforschung/Medizintechnik
  - Bauwirtschaft/Bausanierung
  - Kommunikation/Logistik.

- Leipzig verfügt über beträchtliche kulturelle und kulturhistorische Potentiale, die als weiche Standortfaktoren bewahrt und ausgebaut werden müssen. Das internationale Image ist groß und ein Pfund, mit dem auf dem Feld des Stadt- und Regionsmarketings gewuchert werden kann.

Neben diesen nur in wenigen ostdeutschen Städten gegebenen günstigen Entwicklungspotentialen bestehen jedoch auch *Hemmnisse und Risiken,* die sowohl politischer als auch organisatorischer, wirtschaftlicher oder auch landschaftlicher Natur sind:

- Als eines der wichtigsten Entwicklungs- und Investitionshemmnisse werden die ungeklärten Eigentumsverhältnisse und die entsprechenden rechtlichen Regelungen genannt. Das betrifft sowohl noch unter Treuhandverwaltung stehende Betriebe als auch die Verfügbarkeit von Grundstücken und die Notwendigkeit der städtebaulichen Sanierung.

- Ein Entwicklungshemmnis ist das Defizit an Wohnraum bzw. die aus dem Mangel resultierenden überhöhten Preise auf dem Wohnungsmarkt. Dies schränkt die Möglichkeit für die rasche Ansiedlung von nötigem Managementpersonal ein und begünstigt die Abwanderung mobiler und qualifizierter einheimischer Bevölkerung.

- Probleme auf dem Arbeitsmarkt, Wohnungsmangel und ungewisse berufliche Perspektiven sind Hauptursachen für den nach wie vor anhaltenden Exodus von junger, qualifizierter Bevölkerung. Bei Anhalten des Prozesses wird eines der wichtigsten Entwicklungspotentiale der Region ausgezehrt.

- Besonders gravierend, wenn auch quantitativ geringer ist der Abbau im Forschungs-, Entwicklungs- und Hochschulbereich. Institutsauflösungen, eine drastische Reduzierung des Personals der Hochschulen und die extreme Schwächung bzw. weitgehende Beseitigung der Industrieforschung erhöhen die Gefahr, daß weitere innovative Potentiale der Region verlorengehen. Damit kann nur die Tendenz der „verlängerten Werkbank" gestärkt und die Standortattraktivität der Region im deutschen und europäischen Wettbewerb verringert werden. Die gegenwärtige Tendenz zu einem Filial- und Fertigungsstandort („Fremdsteuerung der Region") erhöht die Krisenanfälligkeit.

Fallstudie Leipzig

- Deutliche Nachteile gegenüber den anderen deutschen Stadtregionen bestehen in der landschaftlichen Attraktivität als weichem Standortfaktor. Waldarmut, Gewässerarmut und eine weitgehend ausgeräumte und gering gegliederte Agrarlandschaft sowie großräumige Industrielandschaften und durch den Bergbau devastierte Flächen sind für große Teile des Umlandes typisch. Maßnahmen zur ökologischen Sanierung und Landschaftsgestaltung sind nicht nur für die Erhöhung der Wohn- und Lebensqualität von Bedeutung, sondern auch ein Mittel zur Standortaufwertung. Andererseits zeichnet sich durch Investitionsdruck und den Zwang zur Schaffung von Arbeitsplätzen sowie die schnellere Bereitstellung von Flächen im Umland ein forcierter Suburbanisierungsprozeß ab, für den kurzfristig keine adäquate Infrastruktur verfügbar ist. Die Gefahr des erhöhten Landschaftsverbrauchs und der Einschränkung ökologischer Potentiale ist evident. Sich andeutende diffuse Raumbeziehungen erhöhen das Verkehrsaufkommen und beeinträchtigen die Lebens- und Standortqualität.

- Stadt und Umland stehen in Standortkonkurrenz. Lokale Interessen stehen vielfach noch über regionalen, „Inselplanungen" der Kommunen bestimmen noch weitgehend das Planungsgeschehen. Die regionale Identifikation und die Einsicht, daß Stadt und Umland aufeinander angewiesen sind und sie nur durch intraregionale Kooperation im überregionalen wirtschaftlichen Wettbewerb bestehen können, ist noch wenig ausgeprägt.

- Ebenso dringend erforderlich sind länderübergreifende Wirtschaftsstruktur- und Raumordnungskonzepte für den Großraum Leipzig-Halle, um eine geordnete und wettbewerbsfähige Regionalentwicklung sicherzustellen.

Literatur

Brake, K.; Usbeck, H.; Leistner, F. und H. Niemann: Stadtentwicklung Leipzig - Arbeitsstätten. Entwicklung der Arbeitsstätten in der Stadt und der Stadtregion Leipzig, Studie im Auftrag des Dezernates Stadtentwicklung und Raumplanung, Stadtplanungsamt Leipzig, April 1993

Henckel, D.; Grabow, B.; Hollbach, B.; Usbeck, H. und H. Niemann: Entwicklungschancen deutscher Städte. Die Folgen der Vereinigung, Schriften des Deutschen Institutes für Urbanistik, Bd. 86, Stuttgart u.a. 1993

DIW/IIT: Struktur und Entwicklungschancen in der Region Westsachsen, Gutachten im Auftrag des Bundesministers für Wirtschaft, Berlin und Leipzig, Oktober 1991

Rat der Stadt Leipzig: Flächennutzungsplan Stadt Leipzig - Entwurf, Leipzig, November 1993

GEWOS: Stadtentwicklung Leipzig - Wohnfunktion. Analyse und Prognose des Wohnflächenbedarfes in der Stadt Leipzig, Studie im Auftrag des Dezernates Stadtentwicklung und Raumplanung, Stadtplanungsamt Leipzig, März 1993

Neumann, H.; H. Usbeck: Trends und Perspektiven von Großstadtregionen, Petermanns Geographische Mitteilungen 133, Heft 4/1989, S. 255-264

Neumann, H.: Großstadtentwicklung unter den Bedingungen des technischen Wandels, Nachrichten des Arbeitskreises für Regionalforschung, Heft 6/1990, S. 12-19

Niemann, H.; H. Usbeck: Stadtentwicklung Leipzig - Wohnen. Wohnbausituation und Wohnbauentwicklung im Leipziger Umland, Studie im Auftrag des Dezernates Stadtentwicklung und Raumplanung, Stadtplanungsamt Leipzig, April 1993

Usbeck, H.; H. Bärwald: Innerregionale, durch Branchenallokation und Siedlungsstruktur bedingte Arbeitsmarktverzahnungen im Wirtschaftsraum Halle-Leipzig-Dessau, Studie des ISW Halle, 1993

ANDREAS SCHUBERT

Kommunale und regionale Entwicklung - zum Rostocker Weg

Zu allgemeinen Ausgangsbedingungen für die aktuelle Entwicklung in der Rostocker Region

Stadt ist ein verkleinertes Abbild von Gesellschaft. Deren isomorphe (sozial)räumliche Strukturen sind Resultat menschlichen Verhaltens und gesellschaftlicher Verhältnisse. Die nunmehr 237.600 Rostocker haben gegenwärtig den Übergang von einer erstarrten zu einer entwicklungsträchtigen Gesellschaft im allgemeinen und von einer industriellen zu einer postindustriellen Gesellschaft im besonderen zu meistern. Zog Rostock von 1945 bis 1989 aus der Teilung Deutschlands Nutzen, so muß jetzt eine noch relativ einseitig maritim orientierte Wirtschaftsstruktur auf die weitgehend unbestimmten Erfordernisse der sich etablierenden postindustriellen Gesellschaft umgestellt werden.

Dieser gesellschaftliche Umbruch wirkt von der Psyche des Individuums über den familiären Alltag bis zur Investitionspolitik von Weltkonzernen und berührt so letztlich alle gesellschaftlichen Bereiche.

Diese Situation wird seitens der Betroffenen durch solche Ambivalenzen wie:

- Gefühlsstau - Gefühlsausbruch
- ÖPNV-Präsenz - Verkehrschaos
- Investitionsstau - Goldrausch

alltäglich erlebbar. Die Rostocker Gesellschaft beginnt sich stärker als bisher sozial und räumlich zu differenzieren. Ökonomische Faktoren (Einkommen, Position auf dem Arbeitsmarkt, Eigentum, Lebenshaltungskosten, Zeitbudget), soziale Faktoren (Gesundheit, Bildung, soziale Integration, Position auf dem Wohnungsmarkt, Lebensphase) und kulturelle Faktoren (Ost-West- oder Nord-Süd-Spezifik, ethnische Zugehörigkeit, Religion, Lebensstil)[1] werden bald zu einer vielfältigen Wirtschafts- und Sozialstruktur und einer ihr adäquaten Raumnutzung führen.

Da sich stets gesellschaftliche Entwicklungsprozesse sozialräumlich materialisieren, ist es auch nicht verwunderlich, daß die übliche Abfolge städtischer Biographien aus:

- Urbanisierung
- Suburbanisierung
- Disurbanisierung
- Reurbanisierung

gleichzeitig und im Zeitraffertempo verläuft. Diese Rasanz birgt verständlicherweise stadtfördernde und stadtzerstörende Momente. Es muß deshalb jetzt gelingen, diese divergierenden Trends in eine deutlich stadt- und regionfördernde Entwicklung mün-

Regionalentwicklung Rostock

Abb. 1: Stadt-Umland-Beziehungen

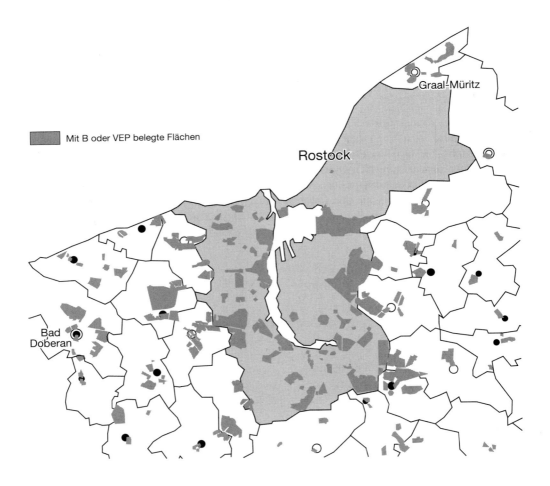

Seit 1991 wurden innerhalb weniger Monate die rechtlichen Voraussetzungen für stadtorientierte Investitionen im Rostocker Umland geschaffen. Um nicht die Entwicklung der Innenstadt und der Stadtrandkerngebiete zu gefährden, kommt es nun darauf an, die Innenstadt und die stadtrandkerne so attraktiv wie möglich zu machen.

den zu lassen. Eine solche Intervention erfordert einerseits kurze und wirksame Planungsprozesse. Planung kann aber nur dann erfolgreich sein, wenn ihre Ziele, einem ganzheitlichen Entwicklungsprogramm folgend, solide definiert worden sind und der Verlauf der geplanten Prozesse an den Maßstäben eines solchen Entwicklungsprogrammes gemessen wird.

Wie seit 1989 überall in Ostdeutschland erfolgt auch im Rostocker Raum einerseits die Umverteilung der Stadtfunktionen Arbeiten - Wohnen - Bilden - Erholen - Betreuen - Versorgen - Verkehr - Kommunikation innerhalb der administrativen Stadtgrenzen Rostocks. Andererseits expandiert jetzt - dem Druck ökonomischer Gesetze und einer teilweise überalteten Wirtschaftsethik folgend - die Stadtfunktionsfläche in einem z.T. für die Stadt und ihre Region unverträglichen Maße.

In ihrer Wirkung vergleichbare Prozesse sind spätestens seit den 80er Jahren allgemein bekannt und wissenschaftlich aufgearbeitet. Deshalb waren nicht nur für Fachleute die o.g. Prozesse mit sehr hoher Sicherheit für Ostdeutschland prognostizierbar.

Die Sorge um Erhaltung und behutsame Erneuerung historisch gewachsener und kulturell wertvoller Stadt- und Dorfstrukturen hat 1989 unterschiedliche soziale Gruppen mit dem Ziel vereint, lokales Ambiente gegen die zunehmend voluntaristische Stadtentwicklungspolitik der DDR zu verteidigen. Schon seit 1990 machten aber auch z.B. die Experten der Konferenz deutschsprachiger Stadtplanungsprofessoren[2] auf die Folgen einer unkritischen Kopie westlicher Stadtentwicklungsparadigmen aufmerksam, leider oft vergebens. Trotz aller Warnungen aus Fachkreisen wurde die Entwicklung auch im Rostocker Umland mit z.T. stadt- und dorfunverträglichen Investitionsvorhaben überfrachtet.

Es ist allenthalben zu beobachten: Selbstregulierungskräfte i.S. von bewußter, ganzheitlicher und selbstbestimmter Steuerung regionaler Entwicklung waren auch in den letzten Jahren im Wettstreit gegen eigennützige Investoren- und Gemeindevertretungsinteressen kaum in der Lage, stadt- und dorfunverträgliche Entwicklungen aufzuhalten. Die nächsten Monate werden entscheiden, ob solche Bürger- und Fachinitiativen resigniert „die Segel streichen" werden oder ob zumindest ein tragfähiger Kompromiß zwischen den verschiedenen Interessenblöcken möglich wird.

Eine Region voller Gegensätze

Rückblickend lassen sich zwei wesentliche Tendenzen benennen, welche in der Vergangenheit die Stadtentwicklung in der nordostdeutschen Küstenregion geprägt haben:

Historisch gewachsene sozialräumliche Disparitäten zwischen und innerhalb der Stadtgemeinden und Siedlungen wurden verschärft. Bis Ende der 80er Jahre dominierten den nordöstlichen Urbanisierungsprozeß eher Zentripetal- als Zentrifugaltendenzen.

Die Einwohnerzahlen von nordostdeutschen Stadtgemeinden schwankten zwischen 250.000 (Rostock 1989) und 1.879 (Richtenberg bei Stralsund 1986). Sowohl die extrem niedrige Siedlungsdichte als auch die meistenteils niedrigen Einwohnerzahlen im agrarisch geprägten Mecklenburg-Vorpommern verweisen auf ein starkes Stadt-Land-Gefälle.

In einer vergleichenden Einwohneranalyse unter 31 nordostdeutschen Stadtgemeinden[3] gelang der Nachweis, daß die Differenzierung des Siedlungssystems weit in die Vergangenheit reichende Wurzeln hat. Für die Region Nordostdeutschlands kann behauptet werden, daß es sowohl schon immer Gewinner- und Verliererstädte als auch stets grundverschiedene Stadttypen gab[4].

Die Hansestädte Rostock, Stralsund, Greifswald weisen beispielsweise in den 207 Jahren von 1782 bis 1989 die stärksten absoluten Einwohnergewinne und Flächenzuwächse auf. Kleinstädte (ob nun Residenz- oder Ackerbürgerstädte) wie Putbus, Tribsees, Garz, Richtenberg, Franzburg, Usedom und Marlow konnten mit dieser Entwicklung weder absolut noch relativ mithalten. Die Klein- (und auch) Gewinnerstädte Grimmen und Saßnitz wurden jedoch erst nach politisch motivierter Intervention aus ihrem „Dornröschenschlaf" geweckt[5].

Die Faustregel: „Je mehr Einwohner und Fläche, desto entwicklungsträchtiger" gilt in der nordostdeutschen Küstenregion mindestens seit 1782. Subjektiv oder gar politisch motivierte Stadtentwicklungsimpulse konnten, so der empirische Beleg, in der Region keineswegs die zunehmend akkumulativ wirkenden Entwicklungsvorsprünge der größeren Städte dauerhaft in Frage stellen.

Unabhängig von der Einwohnerzahl verfügte offensichtlich bisher jede als relativ autarkes System funktionierende Stadt über die ihr eigenen Stabilisierungs- und Entwicklungspotentiale. Diese letztlich ökonomisch begründeten Potentiale gaben kurzfristig wirkenden oder gar politisch motivierten Interventionen kaum eine dauerhafte Chance. Ob dieses Paradigma jedoch noch zu Zeiten von Globalisierung und Tertiärisierung ganzer Nationalökonomien zutrifft, bleibt zu bezweifeln. Es ist eher anzunehmen, daß ohne eine ganzheitliche und sachlich fundierte Steuerung urbane Entwicklungsprozesse ökonomischen, ökologischen oder sozialen Zielen zuwiderlaufen und eher kontraproduktiv denn produktiv wirken.

Es bleibt zu resümieren: Die nordostdeutschen Städte mit eigenen Stabilisierungs- und Entwicklungspotentialen (systemtheoretisch formuliert: der Fähigkeit zur Selbstorganisation und Selbstentwicklung) konnten weit wirksamer äußere Entwicklungsimpulse zu ihren Gunsten nutzen als jene nordostdeutschen Städte ohne vergleichbare Stabilisierungs- und Entwicklungspotentiale. Im Zusammenhang mit Wirtschaftskraft erwies sich stets intellektuelle Kapazität als der alles entscheidende Stadtentwicklungsvorteil.

Rostock konnte diesbezüglich von seiner „Außenorientierung", insbesondere bedingt durch seine traditionsreiche Universität, die Seefahrt und den internationalen Handel, gegenüber seinen regionalen Wettbewerbern profitieren, war aber immer gegenüber Hamburg und Berlin chancenlos.

Eine stolze Stadt positioniert sich neu

In vielerlei Hinsicht hat sich mittlerweile Rostocks dominante Position in der Region gewandelt: Rostock profitierte in seiner Urbanisierungsphase von seinem Status als Hansestadt und der damit verbundenen Nah- und Fernhandelsfunktion, der stimulierenden Wirkung von Handelskapital und Weltoffenheit und der relativen Unabhängigkeit vom feudal-rückständigen, agrarisch geprägten Hinterland. Diesen Standortvorteil konnte Rostock insbesondere in seiner Industrialisierungsphase von ca. 1920 bis 1970 vorwiegend durch Schiffbau- und Rüstungsindustrie sowie seine Universität zuungunsten regionaler Wettbewerber ausbauen.

Rostock konnte auch deshalb zwischen 1950 und 1990 seine Einwohnerzahl verdoppeln und ist diesbezüglich sogar mit München vergleichbar. Rostock expandierte in den Nachkriegsjahren zu einem Zentrum für Werft- und Hafenindustrie, der Fischerei und der Fischverarbeitung, des Ostsee- und Welthandels, des Ostseefährverkehrs, der Bauindustrie, blieb Garnisonsstadt und konnte seine Universität, seine kulturelle und soziale Infrastruktur vergleichsweise gut entwickeln. Da Rostock sogar noch zusätzlich die Repräsentationsfunktion einer der wenigen „Visitenkarten" der DDR innehatte, waren bis 1950 Planungsansätze eindeutig wachstumsorientiert[6].

Infolge der bis 1989 wirkenden Verzerrungen lokaler, regionaler, nationaler und internationaler Marktkräfte und - eigentlich öffentlich-demokratisch vorzunehmender - Mittelzuweisungen hat die Hansestadt Rostock jetzt extrem große Umstellungsprobleme zu bewältigen. Rostock steht - wie bei weitem nicht alle ostdeutschen Kommunen - vor der Gefahr, daß sich die - für alle ostdeutschen Kommunen normale und kurzfristige - Anpassungskrise zu einer dauerhaften Strukturkrise entwickeln kann. Zweifellos wirkt aus der Perspektive Rostocks derzeit noch immer erschwerend, daß viele Entscheidungsträger die Rostocker Umstellungskrise als vergleichsweise gering ein-

Abb. 2: Bevölkerung seit 1378

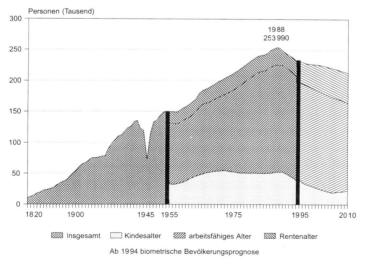

Ab 1994 biometrische Bevölkerungsprognose

Die Hansestadt Rostock ist eine der wenigen deutschen Städte, welche ihre Einwohnerzahlen nach 1945 mehr als verdoppeln konnte. Seit 1989 muß Rostock lernen, mit der selektiven Migration junger Haushalte in die alten Bundesländer und das Rostocker Umland umgehen zu müssen. In Folge der Abwanderungen und des negativen Geborenen/Sterbesaldos altert Rostocks Bevölkerung absolut und relativ.

schätzen und dem Trugschluß erliegen, daß Rostock, wie insbesondere in der DDR-Periode, erneut überproportional von den neuen gesellschaftlichen Chancen profitieren kann.

Vom regionalen Wildwuchs über die Kreisgebietsreform zum gemeinsamen Regionalen Raumordnungsprogramm

1989 legte das Rostocker Amt für Stadtplanung einen aktualisierten Generalbebauungsplan vor, welcher 1991 zum Flächennutzungsplan erklärt wurde. Dank dieses - wenn auch unter anderen Prämissen aufgestellten - Planwerkes gelang es der Rostokker Stadtverwaltung zwischen 1989 und 1994, den zahlreichen möglich gewordenen Investitionsvorhaben die notwendige Planungssicherheit zu geben. Andererseits waren die drei für ostdeutsche Großstädte seit 1990 typischen Suburbanisierungswellen (großflächiger Einzelhandel, Gewerbe, Wohnen) auch in Rostock nicht im stadtverträglichen Maße beeinflußbar.

Illusionen über eine ungebrochene Entwicklung Rostocks gab es wegen des Verhaltens von Investoren und der mit kompetenter Hilfe ins Leben gerufenen Zieldiskussion für Rostock seit 1991 nicht mehr[7]. Weder sachlich begründete Planungsziele noch die städtischen Bemühungen z.B. um Planungssicherheit, Klärungen von Eigentümerinteressen oder anderen wirtschaftsfördernden Maßnahmen hielten Investoren davon ab, ihre Investitionswünsche an Rostocker Umlandgemeinden zu richten. Seitens der Stadtverwaltung war dieser Wettbewerb mit dem Umland nicht zu gewinnen: Mit dem Wissen, daß schon eventuell absehbare Investitionen unter den Bedingungen der Konkurrenz der Gebietskörperschaften um Investitionen und Personen keinen zeitlichen Aufschub dulden, wurden deshalb sogar auch seitens der Hansestadt Rostock die auf den Rostocker Markt gerichteten Investitionen zugunsten des Rostocker Umlandes gebilligt.

Damit wurde verhindert, daß die Investitionen der Stadt und ihrer Region verlorengehen. In der Phase der Erarbeitung der F-Pläne Rostocker Umlandgemeinden wurden aber durch die Hansestadt Rostock und den Landkreis stadtverträgliche Planungsgrößen und Investitionsabfolgen für Handel, Versorgung und Wohnen quantifiziert. So sollte es prinzipiell möglich werden, daß die Stadt und ihr Landkreis - ausgehend von gemeinsamen Interessen - Voraussetzungen für Planungsrecht und Investitionstätigkeit schufen. Ca. alle 4 Wochen finden dazu Absprachen zwischen der Rostocker Stadtverwaltung und der Landkreisverwaltung statt. Die dabei von der Kreisverwaltung wahrzunehmende Mittlerfunktion zwischen sachlich begründeten Interessen der Hansestadt Rostock und dem Investitionsdruck auf das Rostocker Nahumland stellt die Kreisverwaltung vor eigentlich unlösbare Zielkonflikte. Eine arbeitsfähige und übergeordnete Verwaltungsstruktur bzw. ein Landesplanungsgesetz, auf welche(s) sich die Kreisverwaltung und die Hansestadt Rostock ggf. hätten berufen können, gibt es erst seit Mitte 1992.

Verwunderlich bleibt auch, daß bis 1992 ein bereits seit 1990 vorliegendes Landesplanungsgesetz nicht verabschiedet wurde und daß nach wie vor Landes- und Regionalplanung Aufgabe des Schweriner Wirtschaftsministeriums sind, für Bauleitplanung jedoch das Innenministerium verantwortlich zeichnet.

Folglich lernten die regionalen Akteure sehr schnell, daß es nicht wie unter den Bedingungen zentralistisch-planwirtschaftlich betriebener Stadt- und Regionalplanung notwendig ist, auf Anweisungen zu warten. Dieser unbestreitbare Vorteil ließ im Zusammenhang mit der drohenden Gefahr von:

- einer Entleerung der Innenstädte
- einer verhinderten Aufwertung der Rostocker Stadtrandkerne
- der Verfremdung dörflicher Strukturen und der Zersiedlung ländlicher Räume

bereits Ende 1990 eine Initiativgruppe zur Gründung eines regionalen Planungsverbandes entstehen. Unbestrittenes Leitbild für diese regionale Kooperation ist, daß sowohl der ländliche Raum und zweifellos auch das gesamte Bundesland Mecklenburg-Vorpommern von der Hansestadt Rostock als „Konjunkturlokomotive" abhängig sind. Insofern reifte relativ schnell die Erkenntnis, daß die Entwicklungschancen für gemeinsam handelnde Regionen höher sind als die von gegeneinander agierenden Gemeinden und Kreisen.

Unabhängig davon, wie sich die aktuellen Beziehungen zwischen der Hansestadt Rostock und ihren ländlichen Nachbarn entwickeln: der Ausgleich zwischen eigennützigen - sowohl städtischen als auch randstädtischen und regionalen - Wettbewerbsinteressen kann nur durch eine von allen Wettbewerbern akzeptierte Institution erfolgen. Deshalb gelang es bereits 1993 dem Arbeitskreis aus Fachleuten und weitsichtigen Politikern, den „Regionalen Planungsverband Mittleres Mecklenburg" zu gründen. Im Oktober 1994 wurde das wichtigste Planwerk der Initiativgruppe und des aus ihr hervorgegangenen Planungsausschusses des Regionalen Planungsverbandes, das Regionale Raumordnungsprogramm, von der Landesregierung bestätigt.

Die Region Rostock hatte sich 1991 innerhalb weniger Wochen konstituiert. Reichte von 1952 bis 1990/91 der administrative Einfluß der Bezirksstadt Rostock entlang der Ostseeküste von Dassow bis Ahlbeck, so erfolgte innerhalb weniger Wochen eine Nord-Süd-Orientierung entlang des Einzugsbereiches der Autobahn Rostock-Berlin.

Unterstützend für den freiwilligen und interessengestützten Zusammenschluß einer Region „Mittleres Mecklenburg" wirkten zweifellos auch eine für 1992 angekündigte und vollzogene Gemeindereform, eine für 1994 angekündigte Landkreisneuordnungsreform und eine ihr folgende Funktionalreform. Ein weiterer Vorteil dieser Konstellation besteht in der Tatsache, daß eine - möglicherweise nie ganz von subjektiven Interessen freie - Schweriner Landesregierung weniger direkte Entscheidungsgewalt über die Rostocker Region hat.

Das regionale Raumordnungsprogramm liefert nun seit Oktober 1994 relativ verbindliche Vorgaben für das so notwendige Rostocker Stadtentwicklungsprogramm.

Ordnung der Stadt-Umland-Beziehungen - ein Vorteil für alle

Verständlicherweise liegen die Interessen an regionaler Kooperation Rostocks vorrangig in geordneten Stadt-Umland-Beziehungen und einer insgesamt starken Region. Die Praxis erweist sich jedoch als recht kompliziert. Die Relationen von Fachwissen und Planungsabsicht einerseits sowie die von Durchsetzungsfähigkeit und planungsrechtlicher Realität andererseits haben bereits Generationen von Planern die Erfahrung vermittelt, stets mit Kompromissen umgehen zu müssen.

Deshalb haben sich Rostocker Planer mittlerweile - stets das Kräfteverhältnis zwischen wechselnden Interessenblöcken kalkulierend - auf eine 3er-Strategie eingerichtet aus:

1. Ordnung der Stadt-Umland-Beziehungen,

2. Aufwertung der Rostocker Großwohngebiete und ihrer Kerne

3. Aufwertung der Innenstadt.

Die Stadt und ihr Umland

Mit den deutlich gestiegenen Möglichkeiten und den dringender gewordenen Notwendigkeiten für Stadterweiterungen gehen auch in Rostock Forderungen und Angebote zu Eingemeindungen einher. Eingemeindungen sollen nach demokratischen Regeln erfolgen. Im Rahmen der Diskussionen um die Landkreisneuordnungsreform - es werden schließlich auch die Grenzen der kreisfreien Städte betroffen - wurde auf die landesplanerische Chance, Eingemeindungen per Gesetz zügig möglich zu machen, verzichtet. Im Gegensatz zu Thüringen, wo die kreisfreien Städte ihre Stadtflächen um bis zu 30% vergrößern, bleibt den mecklenburgisch-vorpommerschen Städten und ihren Umlandgemeinden dazu nur noch ein komplizierter Verfahrensweg.

Deshalb bleibt zwar auch die Hansestadt Rostock gegenüber ihren Nachbargemeinden für Eingemeindungsgespräche offen, setzt sich aber stärker für eine gutnachbarschaftlich abgestimmte Stadt-Umland-Entwicklung ein. Mit stärker werdendem Nachdruck fordert die Hansestadt Rostock faire Regelungen im Rahmen des Finanzausgleichsgesetzes. Ein ausgewogenerer Finanzausgleich könnte einerseits landesplanerisch wünschenswerte Effekte erzielen und andererseits Investoren sowie Umlandgemeinden hinsichtlich stadt- und dorfunverträglicher Investitionen und auf Kosten der Stadt erhoffter Steuergewinne dauerhaft demotivieren.

Gegenwärtig ist eine paradoxe Entwicklung zu beobachten: Dörfer wurden - mitunter recht wahllos und funktionell unbegründet - zu Amtsgemeinden „zusammengeschnitten"[8]. Die nun etablierten Gemeindeverwalter lehnen eine eventuelle Eingemeindung eindeutig ab, begrüßen aber meistens die Zerstörung dörflicher Strukturen durch weit über Eigenbedarfe hinausgehende Entwicklungsvorhaben. Obwohl derartige Entscheidungen, wie insbesondere auch die noch bis 1994 sehr vorteilhaften Bedingungen für eine schrittweise Eingemeindung, in großem Maße die Gemeinwesen berühren, werden repräsentative Umfragen in einzelnen Dörfern des Verwaltungsbereiches nicht mehr gewünscht, nachdem im Sommer 1992 in einer Gemeinde die Bürger eindeutig zugunsten von Rostock votierten.

Jetzt ist durch die seit Juni 1994 geltenden Beschlüsse zur Landkreisneuordnungsreform die Situation eingetreten, daß Bürger aus dem östlichen Umland von Rostock ihre Kreisverwaltung im weit westlich von Rostock liegenden Bad Doberan aufsuchen müssen. Einmalig für die 1000jährige Geschichte Mecklenburgs ist auch, daß der Kreis

Ribnitz-Damgarten im Ergebnis landesbehördlicher Abwägung dem vorpommerschen Kreis Grimmen und damit dem Einzugs- und Planungsbereich des vorpommerschen Planungsverbandes zugeschlagen wurde. De facto „reicht" jetzt - im Ergebnis lokalpolitisch motivierter Grenzziehung - Stralsunds Einfluß bis wenige Kilometer vor Rostock.

Unabhängig davon, wie sich die aktuellen Beziehungen zwischen der Hansestadt Rostock und ihren ländlichen Nachbarn entwickeln: der Ausgleich zwischen eigennützigen - sowohl städtischen als auch randstädtischen und regionalen - Wettbewerbsinteressen kann nur durch eine von allen Wettbewerbern akzeptierte Institution erfolgen.

Diese Entwicklung voraussehend, wurde schon seit dem Frühjahr 1991 dank der Initiative von Fachleuten und weitsichtigen Politikern die Gründung eines regionalen Planungsverbandes (in etwa vergleichbar mit dem baden-württembergischen Vorbild) initiiert.

Nun liegt seit Oktober 1994 ein von der Landesregierung bestätigtes Regionales Raumordnungsprogramm vor. Mit diesem Regionalen Raumordnungsprogramm - dem wohl ersten in den neuen Bundesländern - wird der feste Wille von Politikern und Fachleuten der Region zur abgestimmten Raumordnung im Rostocker Raum manifestiert.

War bis 1990/91 der Einflußbereich Rostocks auf die West-Ost-Achse, den Bezirk Rostock, gerichtet, so hat sich mittlerweile die Region Rostock mit ihren ca. 520.000 Einwohnern Nord-Süd-strukturiert. Mit Beschluß des Raumordnungsprogrammes liegt ein Planungsinstrument vor, mit dem künftig Stadt-Umland-Disparitäten auf ein regionalverträgliches Maß reduziert werden können.

Sowohl den allgemeinen regionalen als auch den speziellen Rostocker Interessen kommt die Institutionalisierung eines Ordnungsraumes Rostock entgegen. So besteht jetzt mit dem Planungsinstrument „Ordnungsraum" die Möglichkeit, daß sich regionale Raumstrukturen entsprechend der gemeinsam gefaßten Leitlinien etwas bevorzugt entwickeln können und gleichzeitig Fehlentwicklungen erschwert sind. Nachdem nun Siedlungsachsen, Siedlungsachsenschwer- und Siedlungsachsenendpunkte sowie Siedlungsachsenfrei- und -zwischenräume definiert sind, wird es kaum noch gelingen, ländliche Räume weit über den mit Rostock abgestimmten Eigen- und Fremdbedarf hinaus aufgrund einer Förderung durch die öffentliche Hand zu entwickeln. Durch die Selbstverpflichtung Rostocks und der - seit Juni 1994 aufgelösten - 5 Landkreise bleiben wichtige, z.B. ökologische, Siedlungsleitbilder gesichert. Die festgelegten Grünräume, welche vom Umland durch das Stadtgebiet bis an die Warnow führen sollen, werden z.B. einerseits als ökologische Systeme und damit als wichtige regionale Standortqualität erhalten, andererseits bleibt damit der Hansestadt Rostock der schnelle und einfache Weg, ihre Grünflächen zu bebauen, verschlossen.

Auch die Landschaft außerhalb der Stadt läßt sich nicht mehr ungeordnet verbrauchen. Mit der Genehmigung des Regionalen Raumordnungsprogrammes gibt es auch eine Anpassungs- und Abstimmungspflicht der Flächennutzungs- und Bebauungspläne an das Regionale Raumordnungsprogramm; die von den neuen Gemeinden praktizierte Planungsanarchie gegenüber der Hansestadt Rostock und den Kreisverwaltungen hat einen deutlich kleineren Spielraum bekommen.

Definiert man Urbanisierung einerseits als Vergrößerung und Verdichtung von Stadtfunktionsfläche(n) und andererseits als räumliche Ausdehnung städtischer Lebensweise(n) auf Kosten ländlicher Siedlungsfläche(n) und ländlicher Lebensweise(n), so ist eine fortlaufende Regionalisierung städtischer Entwicklung unbestreitbar. Deshalb ist abzusehen, daß mittelfristig eine regionale Kooperation - vermutlich in Form von Zweckverbänden - solche Bereiche wie Wirtschaftsförderung, Flächennutzungsplanung, Kindertagesstätten, Schulen, Sportstätten, Nahverkehr, Wasser, Abwasser, Abfallwirtschaft, Naherholung, Kultur und Wohnungsbau umfassen wird.

Aufwertung der Rostocker Großwohngebiete und ihrer Kerne

Die Hansestadt Rostock ist neben München und z.B. Schwedt an der Oder jene deutsche Stadt, welche in ihrer Industrialisierungsphase ihre Einwohnerzahl gegenüber den Vorkriegsjahren nahezu verdoppeln konnte. Zwangsläufig mußten sich Rostocker Planer und Architekten schon seit den 60er Jahren intensiv mit der Dialektik von räumlicher Innen- und Außenentwicklung auseinandersetzen.

Rostock wurde nach dem Paradigma einer punkt-axialen Band-Stadtstruktur extensiv entwickelt. Seit 1950 entstanden die suburbs Reutershagen II, Südstadt, Lütten Klein, Evershagen, Lichtenhagen, Groß Klein, Schmarl, Dierkow und Toitenwinkel. In diesen Großwohngebieten wohnen ca. 60% der Rostocker. Diese Siedlungen beinhalteten im Planungskonzept Freiflächen für nachzurüstende Stadtteilzentren. Der Klugheit Rostocker Stadtplaner ist es zu verdanken, daß in den 80er Jahren die vorgesehenen Stadtteilzentren-Flächen nicht mit Wohnungsbauten nachverdichtet wurden.

Zur Absicherung des periodischen Bedarfs konnten mit dem Übergang zu liberaler Handelspolitik im Jahre 1991 mobile Einrichtungen, z.B. Einkaufszelte und Container, auf den „reservierten" Flächen zugelassen werden. Mittlerweile ist in allen suburbs mit dem Bau der langjährig erhofften Stadtteilzentren begonnen worden. Mit 9 der innerhalb Rostocks vorläufig ausgewiesenen 24,2 ha Kerngebietsfläche erhalten die 23.218 Lütten Kleiner das größte Stadtteilzentrum der Großwohnsiedlungen.

Diese Zentrumsbebauungen in den Stadtrandkerngebieten stellen eine sinnvolle ökonomische, ökologische und soziale Alternative und Konkurrenz zu z.B. überproportionierten Handelseinrichtungen im Rostocker „Speckgürtel" dar. Sie erhöhen spürbar die Attraktivität der Großwohnsiedlungen für eine - ansonsten breitere - migrationsbereite Bewohnerschicht. Insofern stehen auch die Zentrumsbebauungen in den Stadtrandzentren im engen Zusammenhang mit den Maßnahmen, welche notwendig sind, die Großwohngebiete für ihre jetzt noch recht heterogene Bewohnerschaft attraktiver zu machen.

Da weit über die Hälfte der Rostocker Bürger in Großwohnsiedlungen lebt, ist die Hansestadt Rostock in besonderem Maße gezwungen, einerseits ihrer Pflicht zur Daseinsvorsorge nachzukommen und andererseits einem, so in den Wendemonaten vorausgesagten, weiteren physischen und moralischen Verschleiß dieser Siedlungen zu begegnen. Dazu werden z.Zt. im Rahmen des ExWoSt-Projektes „Komplettierung randstädtischer Großsiedlungen, Aufwertung und Entwicklung der Rostocker Südstadt als innenstadtnahes Wohngebiet" umfangreiche sozialplanerische, stadtplanerische und grünplanerische Leistungen erbracht. Nach Vorliegen der ganzheitlichen Entwicklungsplanung Rostock-Südstadt wird der Beweis leichtfallen, daß das Leben in Rostocker Großsiedlungen durchaus attraktiv sein kann.

Die Rostocker Südstadt - die erste Großwohnsiedlung

Die Rostocker Südstadt wurde in den 50er Jahren geplant und in den 60er Jahren gebaut. Vorsorglich war dazu die Stadtrandgemeinde Biestow Rostock zugeschlagen worden. Die Südstadt ist das erste Rostocker Wohngebiet, welches in Plattenbauweise errichtet wurde.

Der Lebensbaum der Rostocker Südstadt spricht für sich: Ca. 30% der Südstädter sind Altersrentner. In der Kohorte der über 60jährigen dominieren alleinstehende Frauen. Gut die Hälfte der Südstädter wohnt seit den 60er Jahren in diesem Neubauwohngebiet. „82% der Südstädter sind mit ihren Wohnverhältnissen im allgemeinen wie auch mit der Größe und Anzahl der Wohnräume zufrieden. Die Zufriedenheit steigt mit zunehmendem Lebensalter", so das optimistisch stimmende Urteil Rostocker Soziologen. Obwohl die Sanierung der Wohnblöcke meist als lästig empfunden wird, waren nach den Sanierungsarbeiten (Fassadenwärmedämmung, Fenster, Hauseingang, Flure, Sanitärbereiche) 98% der Mieter mit ihren Wohnverhältnissen wieder zufrieden. Mietrechtsexperten stellten eine unverständlich unkritische Haltung der Mieter zu Mieterhöhungen fest. Als Modernisierung verschleierte Instandsetzungskosten bringen aber ebensowenig die „Gemüter in Wallung" wie ungleiche Mieterhöhungen der unterschiedlichen Wohnungsunternehmen für vergleichbare Leistungen[9]!

So, wie der Suburbanisierungsprozeß in Rostock räumlich voranschritt, werden insbesondere in den Großwohnsiedlungen „Überalterungswellen" auftreten. Baualter der Gebäude und Alter der Bewohner stehen zumindest in den Rostocker Großwohnsiedlungen mangels demographischer Durchmischung in direktem Zusammenhang. Eine „Vergreisung" von ganzen Stadtteilen ist weder kommunalpolitisch noch familiär wünschenswert. Wenn also stadtteilweise in allen Rostocker Großwohnsiedlungen die Überalterung der Wohnbevölkerung bevorsteht, muß vorausschauend reagiert werden. Deshalb wird momentan durch ein Team aus Sozial-, Stadt- und Grünplanern sowie von Architekten nach Wegen gesucht, wie einerseits das Leben im Wohngebiet an Qualität gewinnen kann und wie dabei Kommune und Wohnungsunternehmen Unterstützung geben können.

Dazu gibt es viele Wege. Im Forschungsprojekt konzentriert sich das Team u.a. auf folgende Fragestellungen:

Wie kann verhindert werden, daß insbesondere Senioren bei Pflege- und/oder Betreuungsbedürftigkeit ihre Wohnung und z.T. ihren eigenen Haushalt aufgeben müssen?

■ Regionalentwicklung Rostock

Abb. 3: Lebensbaum Rostock Südstadt

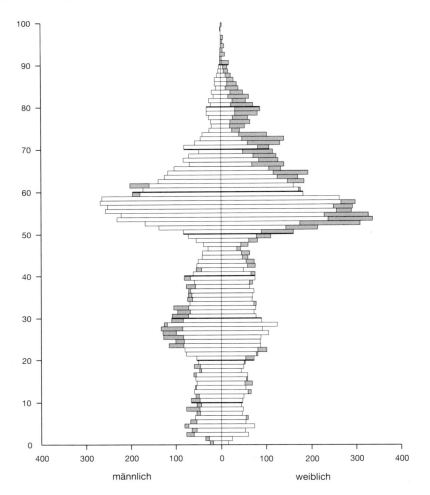

männlich   weiblich

Die Rostocker Südstadt wurde in den 50er Jahren geplant. Für diese extensive Stadterweiterung wurde die Gemeinde Biestow 1950 vorsorglich eingemeindet. Die Bauarbeiten am ersten in industrieller Großplattenbauweise errichteten Neubaugebiet Rostocks waren bis auf die erst 1993 fertiggestellte Zentrumsbebauung 1964 beendet. Bis zum Jahre 2000 wird in der Südstadt die Altersgruppe der über 65jährigen im Vergleich zu 1992 von 2.744 auf mehr als 4.000 Einwohner anwachsen. Auf diese Entwicklung muß nicht nur in der Südstadt vorausschauend reagiert werden.

Wie kann die Stadtteilkultur gefördert, wie können Freizeit- und Arbeitsangebote für Jugendliche initiiert werden, welche Reserven für Selbsthilfe im Wohnbereich gibt es?

Der Ansatz zum Problemkreis „Betreuungs- und Pflegesituation" ist ganz einfach: Je länger ältere, betreuungs- und/oder pflegebedürftige Bürger ein selbstbestimmtes und würdiges Leben im vertrauten Wohnmilieu führen können, desto eher sind sie einerseits glücklich und desto weniger häufig sind sie andererseits gezwungen, letztlich Pflegeheimbewohner und - deshalb in der Regel auch - Sozialhilfeempfänger zu werden. Dazu müssen aber vermeidbare Barrieren in der Wohnung, im Wohnumfeld und im Wohngebiet beseitigt werden. Bisher fehlt auch in der Südstadt jenes funktionierende System an baulicher und institutioneller Infrastruktur, welches die Lücke zwischen barrierenreicher Wohnung und Pflegeheim schließen kann.

Die meiste Zeit verbringen nicht-arbeitende Südstädter zweifellos in ihrer Wohnung. Deshalb muß insbesondere die Wohnung einerseits ein höchstes Maß an Selbständigkeit zulassen und andererseits Betreuung und Pflege erleichtern. Also müßten in allen Wohnungen umgehend bauliche Barrieren beseitigt werden. Noch sind jedoch derartige Leistungen kein Standard bei Sanierungsarbeiten, noch werden solche Standardverbesserungen über Modernisierungsumlagen für einen Großteil der Mieterschaft zu teuer.

In Zusammenarbeit mit der Projektgruppe „Betreuungs- und Pflegeplan" wurden und werden deshalb Wohnbereiche hinsichtlich ihrer baulichen Barrieren überprüft. Mit Mitteln des Bundesministeriums für Arbeit und Sozialordnung wurde bereits bewiesen:

Fin betreuungs- und pflegefördernder und deshalb noch „zusätzlicher" Sanierungs- und Modernisierungsaufwand in Rostocker Wohnungen ist im Vergleich zu den sonstigen Sanierungskosten mit ca. 3 - 10.000 DM/Wohnung gering und im Vergleich zum volkswirtschaftlichen Effekt (es wird meistenteils die bei einer Heimeinweisung von der öffentlichen Hand zu zahlende Sozialhilfe eingespart) sehr groß. Folglich müßte es im wirtschaftlichen und ethischen Interesse aller in den nächsten Jahren gelingen, die Mehrzahl der Rostocker Wohnungen barrierefrei (entsprechend DIN 18024, 18025) zu machen.

Wenn barrierefreie Wohnungen durch ein differenziertes Netz von komplementären Wohnformen aus barrierefreier Wohnung, Familien/Seniorenbegegnungsstätte, Seniorenwohngruppe, Tagespflege, Sozialstation, Seniorenheim, Pflegeheim und Klinik ergänzt werden können, wird es z.B. einen weit geringeren Anteil von Pflegeheimbewohnern an den Einwohnern über 75 Jahren geben müssen als ohne dieses Netzwerk. Selbstredend muß dazu gleichzeitig die offene Altenhilfe funktionieren.

Auch bezüglich dieser Form von personenbezogenen Dienstleistungen gibt es große arbeitsmarktpolitische Wachstumspotentiale (unter dem Blickwinkel der von P. Voigt in der hier vorliegenden Fallstudie Rostock als beinahe aussichtslos beklagten hohen Arbeitslosigkeit). Rostocker Erfahrungen beweisen, daß für die Herstellung von Barrierefreiheit im Wohnbereich sowohl spezielle Bauleistungen und Qualifikationen nachgefragt werden als auch im Pflege- und Betreuungsbereich neue Arbeitsfelder entstehen: so z.B. der Rostocker Verein „Arche". Dieses solidarwirtschaftlich arbeitende Unternehmen praktiziert im Ergebnis der soziologischen Problemanalyse bei der ExWoSt-Aufgabenstellung Wohnungsanpassungsmaßnahmen zur Herstellung von Barrierefreiheit sowie Betreuungs- und Pflegefreundlichkeit durch den Einsatz von Kräften im Rahmen von Arbeitsbeschaffungsmaßnahmen (ABM) und 249-h-Arbeitsförderungsgesetz-Mitarbeitern, welche von kommerziell (und zu oft lediglich im Anspruch professionell) arbeitenden Unternehmen unterstützt werden. Sozialplaner und Sozialarbeiter begleiten - noch für viele Ökonomen und Ingenieure ungewohnt - notwendigerweise diesen Bauprozeß.

Auch einer selbstverwalteten Kindertagesstätte sanierte der nach ökologischen Prinzipien bauende Verein „Arche" extrem kostengünstig mit ABM-Zuschüssen ein Gebäude, welches ansonsten gesperrt worden wäre. Die Arbeitsplätze in der auf ökologische Erziehung ausgerichteten Kindertagesstätte blieben erhalten. Die Mütter konnten ihrer Berufstätigkeit weit besser nachgehen als ohne diese Kindertagesstätte.

Eine weitere sinnvolle, aber zusätzliche und im öffentlichen Interesse liegende Aufgabe war in diesem Zusammenhang, eine „Datei über Mobilitätsbarrieren am Bau" mit ABM-Kräften zu erstellen und diese Datei durch andere ABM-Kollegen im ABM-Projekt „Digitalisierung von Stadtstrukturen" zu einer thematischen Planungskarte aufzuarbeiten. Last not least werden diese Forschungsfragen und vorliegenden Ergebnisse durch eine weitere ABM „Bürgerbeteiligung, Sozialplanung, Öffentlichkeitsarbeit" transparent und wiederholbar gemacht.

Dank seiner zentralen Lage und des Universitätscampus verfügt dieser Rostocker Ortsteil über freie Jugendclubs. Einen der stadtweit beliebten Wohngebiets- und Jugendclubs, den Club „Pumpe", sanieren wiederum ABM-Mitarbeiter des Vereins „Arche". Hier macht die Komplementärfinanzierung aus Zuschüssen des Arbeitsamtes, der Hansestadt Rostock sowie des Kultus- und des Innenministeriums des Landes Mecklenburg-Vorpommern die sinnstiftende Wirkung von ehrenamtlicher Kultur- und Jugendarbeit im Zusammenhang mit arbeitsmarktpolitischen Maßnahmen praktisch erlebbar.

Es bleibt zu resümieren: In der Rostocker stadtzentrumsnahen Südstadt werden und sollen jedoch nicht nur Senioren leben. Kinder und (zumindest ihre berufstätigen) Eltern sind auf Kindertagesstätten angewiesen, Rostocker Jugendliche suchen im gut erreichbaren Wohngebiet ihren Jugendclub. Die Ansprüche an die wohnungsnahe Infrastruktur haben sich sowohl in der Abfolge der Familienzyklen als auch durch die neuen gesellschaftlichen Chancen einerseits gewandelt, andererseits stabilisiert. Dieser auf lokalen Traditionen aufbauende Bedarfs- und Infrastrukturwandel bewirkt eine wachsende Nachfrage nach speziellen Bauleistungen, neuen Arbeit gebenden Institutionen und noch unbekannten Qualifikationen. Schon jetzt wirkt dieser Trend belebend auf den hiesigen Arbeitsmarkt. Da die Problemlagen und solidarwirtschaftlichen Lösungsstrategien oft sowohl für städtische Großwohnsiedlungen, städtische Altbaugebiete und für ländliche Siedlungen zutreffen, dürfte sich auch dieser Trend schon bald nachhaltig regional positiv auf den Arbeitsmarkt auswirken.

Nicht erwerbsorientierte Freizeitarbeit hat in Deutschland lange Traditionen und viele Erscheinungsformen, so auch bei der Pflege des Wohnumfeldes.

Der Alltag im Wohngebiet wird nicht zuletzt durch die Qualität des Wohnumfeldes geprägt. Insbesondere die nicht berufstätigen Bewohner sind auf diesen Sozialraum angewiesen. Im Regelfall befinden sich die Wohnungen und die Wohnungsausstattungen in weit besserem Zustand als der wohnungsnahe Freiraum. War es über Jahrzehnte seitens der Wohnungsunternehmen üblich, den Mietern die Pflege des Wohnumfeldes zu überlassen, so unterblieben diese meist nahezu unentgeltlichen Leistungen wegen der ungeklärten Eigentumsverhältnisse am Grundeigentum und/oder wurden unlängst Dienstleistungsunternehmen übertragen. Vor der Wende waren Reinigung und Pflege der Außenanlagen für 91% der Mieter eine Selbstverständlichkeit, im Sommer 1993 nur noch für 36% der Mieter, obwohl mittlerweile viele von ihnen wegen Arbeitslosigkeit oder Pensionierung weit mehr Freizeit haben als vor 1990. Hinsichtlich der Gestaltung der Grünanlagen und Freiflächen und ihrer Nutzung ist aber nur ca. jeder dritte Mieter zufrieden. Noch sind aber 40% der Mieter bereit, unentgeltlich gemeinsam mit Nachbarn die Grünanlagen um ihr Haus zu pflegen. Obwohl die Wohngrünbereiche als wichtige Wohnwerte erlebt werden, ziehen es viele Mieter vor, ihren PKW bei Parkplatznot vor dem Hauseingang auf den zunehmend verwahrlosenden Grünflächen abzustellen. Alle Bewohner sind aber eigentlich mit dem ungeordneten Parken auf den Freiflächen unzufrieden. „Da aber 40% der Bewohner nicht auf einen Parkplatz in unmittelbarer Nähe zu ihrer Wohnung verzichten wollen", so die Befragungsergebnisse Rostocker Soziologen, müssen akzeptable Wege zur Neuordnung der Nutzungsrelationen im Wohnumfeld gefunden werden[10].

Deshalb arbeiten Grün- und Sozialplaner an einer Beispiellösung, wie die verschiedenen Nut-

Abb. 4: Rostock Stadtzentrum

Unmittelbar hinter der Rostocker Fußgängerzone muß die häßliche Untersuchungshaftanstalt einem neuen Wohn-, Büro- und Geschäftshaus weichen. Die behutsame Aufwertung der Rostocker Innenstadt ist eine passende Antwort auf die weit über den Eigenbedarf hinausgehende und insbesondere für die Stdt schädlich wirkenden Investitionen im Rostocker Nahumland.

zungsansprüche von „Verweilen auf der Parkbank" bis „Abstellen des PKW" auf engstem Raum konfliktarm ermöglicht werden können. Mit einem hohen Grad von Bewohner- und Eigentümerbeteiligung wird ein Wohnhof umgestaltet. ABM-Kräfte bauen im öffentlich-ökologischen Interesse Parktaschen, vom Arbeitsamt lohnkostenbezuschußte Arbeitnehmer bereiten die Grünanlagen für eine intensivere Nutzung vor. Zum Abschluß der Maßnahme wird ein typischer Wohnhof im Interesse der Nutzer familienorientiert, generationenübergreifend-integrativ, barrierefrei und multifunktionell nutzbar sein. Die Stadtverwaltung, die Planer sowie die Gärtner hoffen, daß ihr Ergebnis aufwendiger Planung und Gärtnerarbeit allgemeiner Maßstab zur Umgestaltung und Nutzung der wohnungsnahen Freiflächen in allen Rostocker Neubaugebieten wird.

Aufwertung der Innenstadt als Alternative zur Verstädterung des Umlandes

Schon 1982 wies eine soziologische Stadtentwicklungsanalyse[11] für Rostock nach, daß insbesondere die Rostocker Innenstadt maßgeblich zur Identifikation mit der Hansestadt Rostock beiträgt. Die Multifunktionalität der Innenstadt war spätestens seit den 70er Jahren Rostocker Planern ein hoher Wert. Die mittlerweile denkmalgeschützte Lange Straße, die erste Fußgängerzone der DDR, die Erneuerung des Rostocker Hafenviertels und das 5-Giebel-Haus sind Indizien für den voll ausgeschöpften Spielraum, welchen die DDR-Baupolitik Rostocker Stadtplanern ließ. Mittlerweile sind große Teile der Rostocker Innenstadt zum Sanierungsgebiet erklärt. Die Hansestadt Rostock hat sich prinzipiell zu einer bürgerorientierten und behutsamen Stadterneuerungspolitik bekannt.

Wenn es auch nicht im gewünschten Umfange gelang, den Prozeß der „Deichmannisierung" zuungunsten der Bankfilialen und Handelsketten zu verhindern, so wurden dennoch 3 wesentliche „Ventile" für maßlose Entmietung und Tertiärisierung gefunden:

1. Büro-, Handels- und Hotelflächen auf dem Wasser im Rostocker Stadtgebiet
2. Sozialplanung, Bürgerbeteiligung, Öffentlichkeitsarbeit zur Dämpfung von Entmietungsprozessen
3. informelle Ökonomie und arbeitsmarktpolitische Maßnahmen im Wohnbereich.

Ein schwimmendes Büro- und Kaufhaus nimmt Tertiärisierungsdruck

Innerhalb von ca. 6 Monaten gelang es 1991 Rostocker Schiffbauern und der Stadtverwaltung, ein schwimmendes Einkaufs- und Bürozentrum im Stadthafen anzusiedeln. Diese temporäre Einrichtung hat sich vermutlich schon jetzt amortisiert. Dieses Portcenter vereint eine Vielzahl von Vorteilen:

- es wurden neue Arbeitsplätze im Stadtgebiet geschaffen
- Rostock erhielt ein zweites innerstädtisches Handels- und Bürozentrum
- die innerstädtischen „Handelsmonopolisten" bekamen spürbare Konkurrenz
- aktive Verteidigung der innerstädtischen Wohnfunktion; der Umwandlungsdruck auf preiswerten Wohn- und Gewerberaum sank

- hohe Steuereinkommen für die Kommune (Hafenliegegebühr, Umsatz, Grundsteuer)
- Einschränkung unökonomischer und uneffektiver Einkaufsfahrten ins Rostocker Umland bzw. nach Berlin, Lübeck, Hamburg
- Dämpfung von Gewinnhoffnungen randstädtischer Handelsflächeninvestoren
- Zeitgewinn für solide Stadtzentrumsplanung (Liegegenehmigung für das „Portcenter" nur bis zum Jahre 2000)
- Möglichkeit, nach dem Jahre 2000 diesen Standort für andere städtische Funktion umzuwidmen
- Verkaufserfolg für Rostocker Schiffbauer - Nachrüstung vieler Städte im Ostblock (z.B. schwimmendes Konsulat in St. Petersburg)
- der brachliegende Stadthafen erhielt eine neue Funktion
- Rostock hat jetzt eine zwar unschöne, dafür aber eine zweckmäßige Attraktion
- in der Rostocker Innenstadt kann man im Hafenbereich länger in einem Warenhaus einkaufen, als es das Ladenschlußgesetz außerhalb des Hafens zuläßt.

Sozialplanung, Bürgerbeteiligung, Öffentlichkeitsarbeit

Sozialräumliche Segregation als Ausdruck selbstbestimmter Lebensweise und leistungsmotivierender Verhältnisse führt meistenteils zu innerstädtischen Gentrifikations- und randstädtisch gerichteten Migrationsprozessen der Mittelschicht sowie zu suburb-orientierten Konzentrationen von niedrigen Einkommensgruppen.

Sozialökologischen Stadtstrukturmodellen formal folgend, müßte demzufolge die Rostocker Innenstadt und der historische Ortskern Warnemündes von Rostockern mit niedrigen Einkommen verlassen werden. Studenten, Rentner und Haushalte mit Kindern wären - banalisierten Paradigmen entsprechend - über kurz oder lang gezwungen, in Rostocks Großwohnsiedlungen auszuweichen. Theoretisch könnte ein sozialpsychologisches Klima von Lethargie und latenter Verdrängungsbereitschaft entstehen. Verdrängung würde vorwiegend in einige Bereiche der Rostocker suburbs erfolgen; diese würden mittelfristig zu Unterschichtswohngebieten degradiert. Hier würden sich auch sukzessive einkommensschwache Migranten aus den ihnen fremd gewordenen stadtnahen Dörfern einfinden. Immigrationsbedingte Konzentration niedriger Statusgruppen und migrationsbedingte Reduktion höherer Statusgruppen würden diese Prozesse wechselseitig beschleunigen. Leistungsfördernde und sozial wünschenswerte sozialräumliche Separation sozialer Gruppen muß aber nicht zu Extremen führen. Deutlich unterscheidbare soziale Gruppen sollten auch in Zukunft sowohl in einer Großwohnsiedlung wie auch im selben Innenstadtquartier, wohl aber z.B. milieu- und lebensstilspezifisch in verschiedenen Wohnblöcken leben können.

Die Bereitschaft zum Abwandern aus dem vertrauten sozialräumlichen Milieu ist in Rostock noch weniger eine Frage der Ökonomie als des sozialpsychologischen Klimas. Eher im Gegenteil; in Zeiten von realer Arbeitslosigkeit von ca. 30% (inklusive der durch arbeitsmarktpolitische Maßnahmen Beschäftigten und der Fernpendler) können insbesondere gute Wohnbedingungen migrationshemmend und sozial stabilisierend wirken.

Große Teile der Rostocker Innenstadt und der historische Kern des Seebades Warnemünde sind zum Spekulationsobjekt geworden. Das Prinzip „Rückgabe vor Entschädigung" sowie Sonderabschreibungskonditionen für Ostinvestitionen verschlechtern das Kräfteverhältnis zwischen gut organisierten und durchsetzungsfähigen Kapitalinteressen zuungunsten einer meistenteils schlecht organisierten und wenig durchsetzungsfähigen Bewohnerschaft ohne Eigenkapital. Umwandlungen von preiswertem Wohnraum in teuren Wohn- oder Gewerberaum und die dazu parallel verlaufenden Entmietungsprozesse lassen ahnen, daß ohne öffentliche Steuerung dieser Prozesse dauerhafter Schaden für das Gemeinwesen eintreten wird.

Der größte Schaden für die Kommune tritt dann ein, wenn Mieter aus ihren Wohnungen mit finanziellem und/oder psychischem Druck verdrängt werden, mietpreisgebundene Wohnungen erhalten müssen und damit die Schlange der auf eine preiswerte Wohnung Wartenden verlängern. Für die Kommune ist es auch nicht viel besser, wenn bedrängte, aber etwas besser verdienende Mieter als potente Bauherren und Steuerzahler ins Umland abwandern.

Deshalb wurde schon 1991 in Warnemünde, einem „beispielhaften Brennglas unterschiedlicher Interessen"[12], eine sozial-räumliche Milieuanalyse erarbeitet. Diese mündete nach intensiver Bürgerbeteiligung und öffentlicher Diskussion in einen Bürgerschaftsbeschluß, welcher im Dezember 1992 10 Leitlinien „für die Entwicklung des Ortsteiles Warnemünde zur Sicherung des sozialräumlichen Milieus und insbesondere der Wohnfunktion" festschrieb. Die Entscheidung, sowohl über große Teile von Warnemünde als auch über große Teile der Innenstadt eine Satzung zur Erhaltung des sozialräumlichen Milieus und der typischen städtebaulichen Gestalt (Erhaltungssatzung nach § 172 BauGB) zu verhängen und das Stadtzentrum zum Sanierungsgebiet zu erklären, ergab sich als logische Konsequenz der nunmehr für beide Stadtentwicklungsräume vorliegenden Sozialstudien. Die so wichtige Alltagsarbeit von Sozialplanern wird z.Zt. noch durch 4 ABM-Kollegen übernommen. Diese Mitarbeiter analysieren haushalts- und parzellenscharf die Betroffenheit von Mietern, Pächtern und Gewerbetreibenden, erarbeiten einen Verwaltungsablauf zur Prüfung sozialer Befindlichkeiten bei baulichen Veränderungen, unterstützen die amtliche Bürgerbeteiligung und sorgen für eine qualitätsvolle Öffentlichkeitsarbeit.

Schon wenige Wochen kontinuierlicher Arbeit haben bewiesen, daß sich soziale und ökonomische Konflikte oft einvernehmlich lösen lassen. Voraussetzung effektiver und bürgerorientierter Stadterneuerung scheint ein umfangreicher Kommunikationsprozeß zwischen den verschiedenen Interessenblöcken zu sein. Der Beweis ist erbracht: Sozialplanung, Bürgerbeteiligung und Öffentlichkeitsarbeit sind - ein solides fachliches Niveau und hohes persönliches Engagement der Akteure vorausgesetzt - unverzichtbarer Bestandteil von Stadterneuerungsplanung geworden. Derartige professionalisierte Arbeit für Sozialwissenschaftler ist für die jungen Bundesländer weitgehend neu[13]. Sie ist aber um so wichtiger, da sie die Reste engagierter Bürgerinitiativen aus der Wendezeit aufgreifen und weiterentwickeln vermag. Ein Klima von Lethargie, Passivität und

Verdrängungsbereitschaft hemmt Leistungsverhalten, sei es nun formeller oder informeller ökonomischer Natur. Steueranreize oder Fördermittel können dieses unverzichtbare ökonomische und politische Potential nicht ersetzen.

Insofern bleibt die Entwicklung abzuwarten; so selbstverständlich heutzutage die Umweltverträglichkeitsprüfung als sinnvoll und notwendig akzeptiert wird, so sollte es auch recht bald eine allgemein anerkannte und praktizierbare Sozialverträglichkeitsprüfung geben. Diese sollte, wie jedes Gutachten, verständlicherweise nur von anerkannten Fachleuten und nicht im „Nebenbei" von Ingenieuren geleistet werden dürfen.

Informelle Ökonomie und arbeitsmarktpolitische Maßnahmen für die Stadterneuerung

Informelle Ökonomie wird oft mit illegaler, geldvermittelter Untergrundwirtschaft verwechselt und deshalb negativ stigmatisiert. Sieht man aber in informeller Ökonomie die „Selbstversorgung innerhalb eines Haushaltes oder innerhalb eines sozialen Netzwerkes" oder gar „freiwillige, unbezahlte Arbeit ohne Erwerbsmotiv"[14], so liegt auf der Hand, daß keine Volkswirtschaft auf informelle Ökonomie verzichten kann. Hinsichtlich der Selbsthilfepotentiale in der Stadterneuerung sind sowohl die Wohnung, der wohnungsnahe Freiraum, das Wohnumfeld, der bewohnerorientierte Gewerbebereich, aber auch beispielsweise selbstverwaltete Gemeinbedarfseinrichtungen und gruppenorientierte Formen des Eigentums üblich. In den neuen Bundesländern hat die informelle Ökonomie besondere Wurzeln in mangelwirtschaftlich bedingter Selbsthilfe einerseits und im Eigentümerverhalten von Mietern andererseits.

Was früher weder durch formelle noch informelle Ökonomie möglich war, kann gegenwärtig wirksam sogar mit Hilfe arbeitsmarkt- und sozialpolitischer Instrumentarien geleistet werden. Daß (sich) sozial Benachteiligte attraktiven innerstädtischen Wohnraum sanieren, war zu DDR-Zeiten undenkbar. Auch die Rostocker Innenstadt verlor in den Vorwendejahren an Bewohnern, da die Baukapazitäten noch nicht einmal für die einfache Reproduktion der Altbauwohnungssubstanz ausreichten. Ende der 80er Jahre gewann die SED-Nomenklatura Gefallen am innerstädtischen Wohnen. In Rostock „kam das Faß zum Überlaufen", als 1989 Vertretern der damaligen Führungsschicht Wohn- und Ferienhäuser hergerichtet wurden und deshalb einfache Reparaturen an Häusern von „Normalbürgern" unterblieben.

Nun werden schon seit 1991 in Rostock nach Hamburger, Berliner und Bremer Vorbild stabilisierende Formen informeller und formeller Solidarwirtschaft im Wohnbereich praktiziert.

Auch in Rostock boomt das Baugewerbe. Die Bauwirtschaft soll wesentlich zur Belebung der insgesamt rezessiven Lage beitragen. Die Rostocker Stadterneuerung kann deshalb weder auf kommerziell-formelle Erwerbstätigkeit noch auf seriöse Initiativen mit berechtigten Kapitalinteressen verzichten. Wie aber mit den Bauten seitens ihrer Nutzer umgegangen wird, hängt sowohl von den Eigentümern als auch nicht zuletzt von den Nutzern ab. Nicht alle Leistungen zur Wartung und Pflege der Gebäude lassen sich effektiv über den Markt regeln. Informelle und solidarwirtschaftliche Ökonomie komplettiert jedoch auch die allgemeinen arbeitsmarkt- und wirtschaftspolitischen Ziele Rostocker Stadterneuerungspolitik. Ökonomisch informelle und/oder solidarwirtschaftliche Tätigkeiten entwickeln sich nicht im Selbstlauf. Solidarwirtschaftlich wertschöpfende Arbeit muß - so Rostocker Erfahrungen - besser organisiert sein als herkömmliche Erwerbstätigkeit. Schon aus diesem Grund mußte auch diese Ökonomie Gegenstand von Sozialplanung werden.

Eine Übergangsform von informeller zu formeller Ökonomie stellen Arbeitsbeschaffungsmaßnahmen (ABM) dar. Neben dem Erwerbsmotiv stehen soziale Reintegration und Berufsbildung an vorderer Stelle. Besonders große Effekte werden erzielt, wenn ABM über bloße Beschäftigung hinausgehende zusätzliche wertschöpfende Arbeit im öffentlichen Interesse leisten. ABM haben sich als entscheidende ökonomische Basis einer stark expandierenden Non-profit-Wirtschaft erwiesen.

Durch abgestimmte Unterstützung aller zuständigen Rostocker Politiker und Ämter gelang es beispielsweise durch gut vorbereitete Arbeitsbeschaffungsmaßnahmen, Teile der Stadtmauer zu sanieren, den Rostocker Wasserturm instandzusetzen, an der Mari-

Abb. 5: Sanierungsgebiet östliche Altstadt, Bildmitte

Das Wohnhaus für Alleinerziehende und ihre Kinder wurde durch ABM-Bauarbeiter und Rostocker Fachfirmen saniert. Ab Mai 1994 haben nun sieben Kleinfamilien attraktiven und preiswerten Wohnraum. Im Rahmen des experimentellen Wohnungs- und Städtebaus werden in Rostock die Lebensverhältnisse der ca. 8.000 Rostocker Alleinerziehenden und ihrer ca. 12.000 Kinder mit den Methoden interdisziplinärer Aktionsforschung untersucht.

enkirche das Fundament zu reparieren. Dem Verein „Arche" gelang es in einer eigentlich für Kauf- und Verkaufsaktivitäten von Immobilienmaklern bevorzugten Citylage nahe der Nikolaikirche, auf Basis einer ABM 2 Wohnhäuser für Jugendliche und ein Wohnhaus für alleinerziehende Studentinnen zu errichten.

Der Verein „Arche" versteht sich als ökologisch und sozial verpflichteter Bau- und Beschäftigungsträger. Der Verein wirkt selbstlos und gemeinnützig, ist also eines der mittlerweile vielen Non-profit-Unternehmen. Im Rostocker Sanierungsgebiet leistet er sowohl einen spürbar wirtschaftlichen Beitrag zur Stadterneuerung in kleinen Schritten als auch wertvolle Bildungs- und Sozialarbeit mit sozial benachteiligten Gruppen. Nach Abschluß der hier auch durch den Europäischen Sozialfonds unterstützten Maßnahme haben die Teilnehmer große Chancen, nach einer Umschulung dauerhaft beruflich integriert zu werden. Da bei weitem nicht alle Bauleistungen durch die „Amateurhandwerker" erbracht werden konnten, wurde es mit den Sachkostenzuschüssen durch das Arbeitsamt und dank verschiedener günstiger Kredite möglich, Facharbeit an kommerziell arbeitende einheimische Handwerksbetriebe zu vergeben.

Zwei Jahre lang konnten vorwiegend 30 arbeits-, wohnungs- und orientierungslose Jugendliche (Punks) über o.g. ABM eine Grundausbildung im Baugewerbe und solide Einkommen erhalten. Während der zwei Jahre konnten diese - meist entwurzelten - Jugendlichen unter behutsamer Betreuung durch eine Sozialarbeiterin ihr Leben neu organisieren und sich ihre Wohnungen schaffen. Im April wurde Einzug gefeiert. Nun ist bewiesen, daß es durchaus möglich ist, in parzellenscharfer Nachbarschaft zum Wohnbereich des neuen Mittelstandes und in der Interessensphäre von Immobilienmaklern die sozialen Potentiale unserer Marktwirtschaft praktisch zu demonstrieren: Die leistungsfähigsten ABM-Teilnehmer haben mittlerweile dank ihrer erworbenen bzw. reaktivierten beruflichen und moralischen Qualifikationen feste Arbeitsverträge. Sozialer Frieden ist wieder im Quartier eingezogen; Straßenkämpfe, Hausbesetzungen und Sachbeschädigungen gehören der Vergangenheit an. Sichere Mietverträge, selbstbestimmte und selbstverwaltete Wohnformen bei Warmmieten in komplett sanierten Wohnräumen von 8 DM/m^2 zeigen, daß nicht jede Gebäudesanierung zwangsläufig mit Kaltmieten um 16 DM/m^2 und damit der Verdrängung der angestammten Bevölkerung enden muß.

Es bleibt zu resümieren, daß klare Leitbilder (z.B. die innerstädtische Stadterneuerung), gepaart mit sozialem Verantwortungsbewußtsein, fachlichem Engagement und kaufmännischem Geschick soziale und wirtschaftliche Probleme lösen helfen können. Derartiges Know-how und Selbstverständnis machen nicht an der Stadtgrenze halt. Sowohl der ökonomische Effekt als auch das bewußt erzeugte „mentale Klima" werden dazu beitragen, daß auch in der Rostocker Region die sozialen Seiten der bundesdeutschen Marktwirtschaft zu einem Faktor wirtschaftlichen und ökologischen Fortschrittes werden.

Anmerkungen

[1] Vgl. Häußermann, H.; Siebel, W.: Bausteine zu einem Szenario der Entwicklung von Berlin - soziologische Struktur und Steuerung des Wachstums. Manuskript, Universität Oldenburg; Oldenburg 1990.

[2] Vgl. Ständige Konferenz der Professoren für Städtebau an den deutschsprachigen Hochschulen: Empfehlungen zur kommunalen und regionalen Entwicklung und Planung in der DDR. Manuskript; Berlin 1990.

[3] Vgl. Schubert, A.: Stadtentwicklung an der Ostseeküste Mecklenburg-Vorpommerns; ein soziologischer Rückblick. Dissertation A, Universität Rostock, Wirtschafts- und Sozialwissenschaftliche Fakultät; Rostock 1992, S. 44 ff.

[4] Schon eine einfache Sortierung von 107 Sozialindikatoren nach „Städten mit Einwohnergewinnen > 10% 1964/86 und Städten mit Einwohnerverlusten > 10% 1964/86" führte zu Indizien dafür, daß divergierende Stadtentwicklungsprozesse sehr weit in die Vergangenheit zurückreichen.

Eine darauf folgende Kombination von hierarchischen Clusteranalysen und gezielten Diskriminanzanalysen auf Grundlage von 107 Sozialindikatoren für 31 Stadtgemeinden erwies sich als hervorragend geeignet, Stadttypen nach objektiven Kriterien zu bestimmen und die amtliche Statistik von Redundanzen zu befreien sowie historische Kontinuitäten und Brüche aufzudecken.

Bereits die statistisch signifikanten Korrelationsbeziehungen zwischen den Merkmalsausprägungen von 107 Sozialindikatoren der 31 verglichenen Städte und den entsprechenden Einwohnerzahlen bewiesen, daß Stadtentwicklungsprozesse, weitgehend von äußeren subjektiven Einflüssen unabhängig, Siedlungsdifferenzen vergrößerten. Erwartungsgemäß konnte in der Vergangenheit die Hansestadt Rostock überproportional an regionalem Einfluß gewinnen. Noch deutlichere Befunde erbrachte eine Clusteranalyse: 10 der 31 verglichenen Städte wurden dem Stadttyp „regressive Stadtreproduktion"(maximal 4.958 Einwohner) zugeordnet, 13 weitere Städte gehörten zum Stadttyp „stagnierende Stadtreproduktion" (maximal 4.855 Einwohner). Der Stadttyp „erweiterte Stadtreproduktion" (Gewinnerstädte; maximal 249.500 Einwohner) vereinte in zwei Klassen 8 andere Städte; absoluter Außenseiter war selbst unter den Gewinnerstädten die - für regionale Maßstäbe immer begnadete - Hansestadt Rostock.

[5] Infolge der Teilung Deutschlands und wegen extrem hoher polnischer Transitgebühren wurde Saßnitz zu einem Fähr- und Fischereihafen ausgebaut. Geringfügige Erdölfunde führten in Grimmen in den 50er und 60er Jahren zu einem „Ölrausch". Wie in der Großstadt Rostock kam es zu extensiven Stadterweiterungen und den mit ihnen eigenen dauerhaften demographischen Verwerfungen.

[6] Entscheidend war für Rostocks extensive Entwicklung in den letzten 49 Jahren die Teilung Deutschlands und Europas.

Erst die Paralyse des regionalen Wettbewerbes mit anderen Ostseehäfen und Werftstandorten (hier insbesondere Stettin) und den Weltstädten Hamburg und Berlin ließ Rostocks Bedeutung relativ steigen. Vorhandene Werftindustrie, geforderte Reparationszahlungen in Form von Rostocker Schiffsneubauten, die Notwendigkeit, über einen Ostseehafen verfügen zu müssen, sowie unzählige Kriegsflüchtlinge aus Pommern und Ostpreußen und später Bewohner ländlicher Siedlungen, welche insbesondere in Rostock Werft- und Hafenarbeit und soziale Infrastruktur nachfragten, ließen Rostock zum Standort sozialistischer Industrialisierung werden.

Des weiteren wirkte für Rostock begünstigend, daß - wieder infolge von politischer Intervention - das Land Mecklenburg 1952 in drei Bezirke aufgelöst wurde. Die Bezirksstädte Rostock, Schwerin und Neubrandenburg wurden administrativ verfügt; Rostock war als Industrie- und Hafenstandort - mit der von Militärstrategen als tragfähig beurteilten 120-km-Entfernung zur Westgrenze - gegenüber Wismar und Schwerin konkurrenzloses Oberzentrum. Den voluntaristischen Eigenarten sozialistischer Mangel- und Planwirtschaft folgend, wurden in den Folgejahren bis 1989 Investitionen zuungunsten anderer ostdeutscher Regionen und der Siedlungen Nordostdeutschlands auf Rostock gerichtet. Unter diesen massiven politisch begründeten Begünstigungen ließ es sich seit den 50er Jahren in Rostock meistenteils besser leben als in anderen ostdeutschen Regionen. Diese Tatsache belastet noch immer das psychologische Klima im Land Mecklenburg-Vorpommern.

[7] GEWOS/POLIS: Leitlinien für die Stadtentwicklung der Hansestadt Rostock. Hamburg, Bremen, Rostock 1991 und Senat der Hansestadt Rostock u.a.: Die Hansestadt Rostock im Europa der Zukunft; Rostock 1991.

[8] Foißner, P.: Die Neuordnung des Stadtkreises Rostock im Rahmen der Kreisgebietsreform in Mecklenburg-Vorpommern. Diplomarbeit, Johann-Wolfgang-Goethe-Universität; Frankfurt a.M. 1993, S. 35 ff.

[9] Vgl. Voigt, P. u.a.: Soziale Entwicklung in der Südstadt; Sozialstudie. In: Bundesforschungsanstalt für Landeskunde und Raumordnung, Forschungsfeld: Städtebauliche Entwicklung großer Neubaugebiete in den neuen Bundesländern; Rostock, Bonn 1993 und Fischer, H.J. u.a.: Sanierungsstrategien der Wohnungsunternehmen, mietrechtliche Expertise. In: Ebenda, Rostock, Bonn 1994.

[10] Vgl. Voigt, P. u.a., ebenda, S. 51 - 67.

[11] Vgl. Staufenbiel, F. u.a.: Soziologische Untersuchung von Wohngebieten der Stadt Rostock. Hochschule für Architektur und Bauwesen; Weimar 1983, S 183 ff.

[12] Vgl. Hunger, B.: Sozialstudie Rostock - Warnemünde; Fallstudie zum sozialen Wandel. Stadtverwaltung der Hansestadt Rostock und Kommission zur Erforschung des politischen und sozialen Wandels (KoSoPoWa); Rostock, Halle 1992.

[13] Vgl. Großhans, H. u.a.: Arbeitsmappe örtliche Sozialplanung. In: Deutscher Verein für öffentliche und private Vorsorge; Frankfurt a.M. 1993, S. 9 ff.: Sozialplanung wird in der Fachliteratur in den Arbeitsfeldern: Operationalisierung von Gesellschaftspolitik, Sozialstruktur- und Funktionsstrukturplanung, Sozialfürsorgeplanung, Sozialeinrichtungsplanung und Sozialplanung nach BauGB unterschieden. Sozialplanung nach BauGB umfaßt beispielsweise die Bereiche: Bewohnermitwirkung/Stimulierung von Selbsthilfe, Dämpfung sozialräumlicher Segregation, Umgang mit demographischen Wellen, Beschäftigungsprogramme für städtebauliche Weiterentwicklung, Stärkung von Stadtteilkultur, barrierefreies Wohnen, wohnungsbezogene soziale Arbeit. Bürgerbeteiligung richtet sich vorrangig auf Bewohner-Nutzervertretungen, die Förderung einer „Initiativkultur von unten", vorgezogene Bürgerbeteiligung, Einbindung Betroffener.

[14] Jessen, J.; Siebel, W.: Wohnen und informelle Arbeit. Hrsg.: Institut für Landes- und Stadtentwicklungsforschung des Landes Nordrhein-Westfalen (ILS); Dortmund 1989, S. 7 ff.

Peter Voigt

Arbeit und Stadtentwicklung in der Region Rostock

Mecklenburg-Vorpommern ist ohne Zweifel ein schönes Land! Reiseführer und einschlägige Werbematerialien preisen seine Beschaulichkeit, die zum Verweilen einladenden Seen und Wälder - und natürlich die schier endlose Weite der Küstenlandschaft. Zahlreich sind die Hinweise auf vorhandene Hansestädte, deren vielgestaltige Tradition sich in Anlage und Architektur der Städte widerspiegelt. Wer nicht in Rostock war, war nicht in Mecklenburg-Vorpommern, scheinen dem Betrachter die einschlägigen Prospekte einzureden. Rostock ist nicht nur die größte Stadt dieses nördlichen Bundeslandes, sondern sicher auch seine „heimliche Hauptstadt". Und das hat gute Gründe.

Aber reichen natürliche Schönheit und Tradition für dieses Land und vor allem für seine „heimliche Hauptstadt", um sich dem rauhen Wind der Nachwendezeit wehrhaft entgegenstellen zu können? Aus bisheriger Erfahrung möchte ich sagen: ja und nein!

Rostock hat - wie sicher viele andere Städte auch - akute wirtschaftliche und soziale Probleme. Folgt man - unüberlegt - einigen Medienberichten und der Alltagsdiskussion auf der Straße, so möchte man meinen, die jetzigen Probleme stellen einen einmaligen Bruch in der Prosperität der seit Jahrhunderten blühenden Hansestadt dar. Bereits ein oberflächlicher Blick auf die Geschichte Rostocks belegt, daß sich Konjunktur und Rezession in dieser Region seit Jahrhunderten abwechselnd die Klinke in die Hand gegeben haben.

Einzig durchgängig ist, daß die 1218 gegründete Stadt aufgrund ihrer Lage in ihrer Wirtschaftsstruktur fast durchgängig maritim geprägt war. Handel und Schiffbau waren stets die wichtigsten Standbeine ihrer wirtschaftlichen Existenz, und diese unterlagen stetig Konjunkturschwankungen, die ein soziales Auf und Ab der Rostocker Wohnbevölkerung nach sich zogen. Besonders die Folgen des 30jährigen Krieges trafen Rostock und führten fast zu 50%igem Bevölkerungsverlust.

In der zweiten Hälfte des 19. Jahrhunderts erlebte Rostock durchaus eine gewisse Blütezeit. Zeitweilig besaß die Stadt nach Hamburg und Bremen die drittgrößte Segelflotte[1]. Aber es gelang ihr kaum, sich durchgängig gegen die großen Konkurrenten (Hamburg, Bremen, Danzig, Stettin usw.) durchzusetzen. Lediglich in der ökonomischen Nutzung der Fährverbindungen zu den skandinavischen Ländern konnte Rostock über längere Zeiträume eine gewisse Monopolstellung behaupten.

Die lange Zeit stagnierenden Rostocker Werften erfuhren erst in der Weimarer Republik und vor allem im 3. Reich zum Teil durch Umfunktionierung in die Rüstungsindustrie (z.B. Flugzeugwerke Heinkel und Arado!) einen neuen Aufschwung. Allerdings mußte die Stadt Rostock dafür eine teure Rechnung begleichen: Flächendeckende Bombardements der Alliierten zerstörten fast alle Industrieanlagen und große Teile des Stadtkerns. Rostock ging - so gesehen - am Ende des 2. Weltkrieges wieder einmal als

„Verlierer" in die folgenden Nachkriegsjahre. Man könnte fast meinen, daß die augenblicklich so häufig artikulierte Meinung, nach der Rostock der große „Wende-Verlierer" unter den deutschen Städten sei, letztlich nur eine Art Kontinuum ihrer zweifelsfrei wechselvollen Wirtschaftsgeschichte verkörpert.

Dennoch - so meine ich - weist die Geschichte der Stadt Rostock in den letzten gut vier Jahrzehnten Besonderheiten auf, die man schlichtweg zur Kenntnis nehmen muß, will man die aktuelle soziale Situation dieser Stadtregion richtig bewerten, und die wohl kaum in einer anderen deutschen Stadt beobachtbar sind.

Die Teilung Deutschlands und die damit einhergehende Gründung der DDR am 7. Oktober 1949 eröffneten der Stadt Rostock und ihrem Umland in der Tat bis dahin kaum gekannte Perspektiven. Wirtschaftliche Tradition und regionale Lage ließen Rostock für die Ex-DDR zum „Tor zur Welt" werden. Die schrittweise Profilierung der Werften, die Eröffnung des Überseehafens Rostock, der Aufbau des Dieselmotorenwerkes Rostock, die Gründung des Fischkombinates mit einer nicht kleinen Fischereiflotte, die Ansiedlung der Admiralität der damaligen Volksmarine usw. zogen einen - selbst für DDR-Verhältnisse - ungeheuren Investitionsschub nach sich. Gepaart war das Ganze mit der Installierung der „Ostseewoche", die - als Pendant zur „Kieler Woche" und genutzt als ein Sprungbrett für die politische Anerkennung der DDR - der Region weitere Investitionsmöglichkeiten einbrachte. Als Folge dieser Entwicklungen konnte Rostock in den letzten 40 Jahren seine Wohnbevölkerung mehr als verdoppeln. Wohl kaum eine andere deutsche Stadt kann das von sich behaupten!

Wies Rostock Ende 1946 noch eine Wohnbevölkerung von rund 115.000 auf, lag die Zahl nach Ergebnissen der Volks- und Berufszählung am 31. Dezember 1964 bereits bei 179.372[2]. Per 31.12.1989 verzeichnete Rostock eine Wohnbevölkerung von 252.956 Einwohnern[3].

Es erübrigt sich fast, darauf zu verweisen, daß sich hinter diesem erheblichen quantitativen Bevölkerungswachstum qualitative Strukturprozesse verbergen, deren Folgen in nicht geringem Maße die heutige soziale Lage der Stadt mitbestimmen. Auf einige möchte ich hinweisen:

1. Das Bevölkerungswachstum von Rostock wurde in den zur Betrachtung anstehenden Jahren fast ausschließlich aus Migrationsgewinnen, also durch Zuzug, erreicht. Zugewandert sind vor allem relativ junge, qualifizierte Personen. Noch zur Wendezeit nahm sich die Wohnbevölkerung der Stadt - verglichen mit anderen Städten der DDR und sicher auch mit deutschen Städten überhaupt - relativ jung aus. 68,3% der Wohnbevölkerung befand sich im arbeitsfähigen Alter (DDR-Durchschnitt = 64,8%); der Anteil der Bevölkerung im Rentenalter an der Wohnbevölkerung belief sich auf 11,1% (DDR-Durchschnitt = 16,2%)[4].

Fast 57% der Beschäftigten in der Stadt Rostock waren unter 40 Jahre alt[5]. Fast 60% der Beschäftigten wiesen einen Facharbeiterabschluß auf, gut 5% einen Meisterabschluß. Fast 27% der Beschäftigten verzeichneten Fach- oder Hochschulabschlüsse[6].

2. Das Ziel der SED-Führung, Rostock aufgrund seiner Standortvorteile zum „Tor zur Welt" für die DDR-Wirtschaft zu machen, den Außenhandel vorrangig hier abzuwickeln und Transitleistungen für andere ehemalige sozialistische Länder (CSSR, Ungarn usw.) hier zu binden, brachte Rostock - wie bereits erwähnt - erhebliche wirtschaftliche Vorteile. Diese zeitweiligen wirtschaftlichen Vorteile brachten allerdings auch komplizierte soziale Langzeitfolgen mit sich. Die im Gefolge der ökonomischen Dynamik herausgebildete Monostruktur ihrer Wirtschaft manifestiert sich heute als ein Klotz an den Beinen der Stadt auf dem Wege der Bewältigung der Wendefolgen. Knapp 150.000 Beschäftigte standen Ende 1989 in der Stadt in „Lohn und Brot"; das waren gut 60 % der Wohnbevölkerung. Grobe Schätzungen ergeben, daß davon wiederum fast zwei Drittel allein auf die Bereiche Schiffbau, Seeverkehrswirtschaft (einschließlich Hafenwirtschaft), Fischwirtschaft und Volksmarine entfielen. Das sind demzufolge auch diejenigen Bereiche, die zu großen Teilen heute den „Topf der Arbeitslosen" füllen.

3. Die als Folge der SED-Wirtschaftsstrategie für die Region Rostock erzielten Wanderungsgewinne an Wohnbevölkerung mußten mit Wohnraum versorgt werden. Der Stadtkern Rostocks bot kaum Flächen für die Bewältigung dieser Aufgabe. Bereits in den 50er Jahren wurde deshalb ein flächendeckendes Wohnungsneubauprogramm festgeschrieben; neben Berlin und Leipzig wurde Rostock durch die damalige Staatsführung zur Aufbaustadt deklariert. Die damals in Angriff genommenen und bis zur Wendezeit fast fertiggestellten großstädtischen Neubaugebiete umschließen heute fast wie ein großflächiger Ring den alten Stadtkern. In den Jahren vor der Wende lag der Anteil des Wohnungsneubaus an der Bauproduktion der Produktionsbetriebe der Stadt bei knapp 50% und damit im Durchschnitt um knapp 20% höher als im damaligen DDR-Mittelwert.

Allein im Zeitraum 1982 - 1990 wurden in Rostock rund 20.000 Neubauwohnungen errichtet. Von den zur Wendezeit in der Stadt existenten rund 100.000 Wohnungseinheiten entfielen gut zwei Drittel der Wohnungen in Plattenbauweise auf die Neubaugebiete an den Stadträndern. Bezüglich dieses Sachverhalts dürfte Rostock unter den deutschen Großstädten sicher eine Besonderheit darstellen. Diese Situation bietet der Stadt Chancen, zugleich aber auch Probleme für die soziale Entwicklung in den nächsten Jahren, auf die weiter unten noch einzugehen ist.

4. Als Bezirksstadt des ehemaligen Bezirkes Rostock nahm die Stadt - außer ihren Funktionen als präferierter Wirtschaftsstandort - umfängliche politisch-administrative Aufgaben wahr. Als Sitz des Rates des Bezirkes, der SED-Bezirksleitung, der Bezirksverwaltung des Ministeriums für Staatssicherheit, als Hauptsitz mehrerer Kombinatsverwaltungen und zentraler industrieller Verwaltungen, als Standort für die Universität und mehrerer Hoch- und Fachschulen, als Theater- und Kulturstadt, als Sitz des Kommandos der Volksmarine etc. entwickelte Rostock eine spezifische räumliche und Beschäftigtenstruktur, die nicht ohne Folgen für den Verlauf sozialer Prozesse in der Stadt nach der Wende bleiben konnte. Sicher gilt gerade dies auch für andere frühere Bezirksstädte der DDR; aber: Rostock war - neben Ost-Berlin - die „Vorzeige-Stadt".

Daraus ergibt sich summa summarum: Aufgrund ihrer spezifischen Entwicklungsbedingungen vor der Wende ist die Stadt Rostock mit Konditionen in den Prozeß der

Wiedervereinigung eingestiegen, die sowohl Chancen als auch Risiken in sich bergen. Einfach gesprochen, hat Rostock als Stadt damit zu kämpfen, den Prozeß des Rückfalls von der einst privilegierten Region in die „Normalität einer Mittelstadt" unter extrem veränderten marktwirtschaftlichen Bedingungen sozial und ökonomisch zu verkraften. In der gebotenen Kürze möchte ich dazu einige Gedanken äußern.

Zunächst müssen die sozialen Folgen der früheren Wanderungsgewinne ins Kalkül genommen werden. Bereits weiter oben wurde darauf verwiesen, daß sich der positive Rostocker Wanderungssaldo vor allem aus relativ jungen und qualifizierten Beschäftigten zusammensetzte. Die Folgen waren zunächst ein im Vergleich zum damaligen DDR-Durchschnitt relativ hoher Beschäftigungsgrad der Wohnbevölkerung, eine vergleichsweise hohe Eheschließungsziffer und der mit Abstand höchste Geburtenüberschuß der früheren Bezirksstädte. Dieses „potente Humankapital" ist de facto heute noch in der Hansestadt präsent. Das ist ohne Zweifel ein Standortvorteil für Unternehmensgründungen. Nur: Bislang verläuft der Investitionsschub nur zögerlich bzw. binden die neuen Investitionen verhältnismäßig wenige Arbeitskräfte. Und eben darin liegt eine nicht zu unterschätzende Gefahr für die weitere soziale Entwicklung der Stadt. Das „potente Humankapital" ist latent wanderungswillig. Noch hält sich der Abwanderungssaldo in Grenzen. Die Mecklenburger scheinen auf eine sehr eigene Art und Weise „bodenständig" zu sein.

In einer 1991 durchgeführten Studie kam noch für über zwei Drittel der Befragten eine beschäftigungsmäßig bedingte Abwanderung in die alten Bundesländer für die nähere Lebensperspektive nicht in Betracht[7]. Aber wie lange hält dieses Prinzip Hoffnung? Bereits im Zeitraum von Ende 1989 bis September 1990 verlor die Stadt knapp 5.000 Einwohner durch Abwanderung[8]. Vorsichtige Schätzungen (die damals noch von einem schnell greifenden Strukturwandel, der zügigen Eindämmung der Arbeitslosigkeit und der Linderung der Wohnungsnot ausgingen - alles Präjudizien, die bislang kaum realisiert sind!) beziffern bis 1995 einen weiteren möglichen Wanderungsverlust für die Stadt von knapp 13.000 Einwohnern[9].

Wer aber wandert? Gängige Ergebnisse der Migrationsforschung belegen, daß es sich in erster Linie um Menschen im kreativen Lebensalter, also etwa von 25 bis unter 40 Jahren mit relativ guten Qualifikationen, handelt. Diese Tendenz trifft auch voll für Rostock zu. Dieser Verlust an potentem Humankapital hat zudem Langzeitwirkungen. Mit den im Durchschnitt jungen Familien wandern - als betroffene Kinder - auch die Jugendlichen unter 15 Jahren, also die „arbeitsmäßige Perspektive" der Stadt. Insofern ist die möglichst baldige Konsolidierung des Arbeitsmarktes und die Bereitstellung von ausreichend „bezahlbarem" Wohnraum eine Kondition, die heute nicht unwesentlich über die Perspektive der Stadt entscheidet. Gelingt es nicht, sie in etwa den nächsten fünf Jahren zu realisieren, werden die Voraussetzungen für die zukünftige wirtschaftliche Prosperität des damaligen „Tores zur Welt" kontinuierlich schlechter.

Und noch eines sei in diesem Zusammenhang betont: Trotz andauernder Abwanderungsprozesse ist der Neubau von Sozialwohnungen in Rostock geboten; zum einen deshalb, weil bislang der Überhang an Wohnungssuchenden kaum abgedeckt werden konnte, zum anderen deshalb, weil Grundstücksverkäufe und Restitutionsansprüche -

vor allem im Stadtkern und in ausgewählten Lagen - zunehmend mehr ehemaligen Wohnraum in Gewerberäume verwandeln. Selbst dort, wo ehemaliger Wohnraum nach erfolgter Sanierung wieder als Wohnraum angeboten wird, sind meistens die neuen Mieten von den ehemaligen Bewohnern nicht bezahlbar. Sozialer Wohnungsbau wird für die Stadt - langfristig - eine zentrale kommunalpolitische Aufgabe bleiben.

Die Monostruktur der Wirtschaft der Hansestadt als historisches Ergebnis der früheren SED-Wirtschaftspolitik gestaltet sich gegenwärtig zum Teil als Negativposten für die weitere soziale Entwicklung.

Wie bereits erwähnt, umfaßten die Wirtschaftsbereiche Schiffbau, Seeverkehrswirtschaft, Hafenwirtschaft, Fischereiwesen, Militär und Verwaltung fast zwei Drittel der städtischen Beschäftigten. Gerade aber diese Bereiche wurden schmerzlich in den Strudel des Strukturwandels gerissen, und in dessen Folge mußten sie in erheblichem Maße Arbeitskräfte entlassen. Man muß dabei bedenken, daß diese Wirtschaftsbereiche sowohl auf Grund ihrer spezifischen Struktur als auch auf Grund des geringen technologischen und Arbeitsproduktivitätsniveaus arbeitskräftemäßig sehr extensiv gewirtschaftet haben und deshalb im Gefolge des wirtschaftlichen Strukturwandels „flächendeckend" Arbeitskräfte freisetzten. Beschäftigte der maritime Sektor im Januar 1990 noch 54.690 Arbeitskräfte (das entsprach etwa einem Anteil an den Erwerbstätigen von 35%), so waren es Ende 1993 nur noch 16.130 (das entspricht einem Anteil an den Erwerbstätigen von etwa 13%). Daran hatten z. B. der Bereich Schiffbau und Zulieferer einen Freisetzungsanteil von 16.615 Arbeitskräften, der Bereich Schiffahrt von 10.465 Arbeitskräften, der Bereich Hafenwirtschaft von 5.432 Arbeitskräften und die Fischwirtschaft von 5.951 Arbeitskräften[10].

Allein das Dieselmotorenwerk Rostock reduzierte seinen Personalbestand von 2.412 auf 626 Beschäftigte. Die Universität Rostock - einer der größten Arbeitgeber der Stadt - verzeichnete Ende 1989 noch etwa 4.800 Beschäftigte (Hochschulwesen plus medizinischer Bereich!), Ende 1993 waren es nur noch rund 1.900. Die Verwaltungen der Parteiapparate (SED plus „Blockparteien") und das Ministerium für Staatssicherheit wurden vollständig aufgelöst, die Beschäftigten des damaligen Kommandos der Volksmarine um mehr als 80% reduziert.

Die offizielle Arbeitslosenstatistik wies im November 1993 für das Hauptamt Rostock einen Arbeitslosenbestand von 19.578 auf; das entspricht einer Arbeitslosenquote von 13,9%. Die am Jahresende vielfach wirksam gewordenen Kündigungen ließen bereits im Januar die Arbeitslosenzahl auf 22.600 ansteigen[11]. Bisherige Erfahrungen belegen, daß man diese Summe an Arbeitslosen um diejenigen „aufsockeln" muß, die in arbeitsmarktpolitische Instrumente (Vorruheständler, Arbeitsbeschaffungsmaßnahmen, Fortbildungs- und Umschulungsmaßnahmen usw.) integriert sind, um zur realen Summe der aus dem 1. Arbeitsmarkt Verdrängten zu kommen. Grobe Schätzungen erfordern - so gesehen - eine Verdoppelung der Summe. Als schmerzliche Quintessenz bleibt: In der Stadtregion Rostock ist rund jeder Dritte der ehemals Erwerbstätigen nicht nur von Arbeitslosigkeit bedroht, sondern bereits betroffen! Und das Ende ist noch nicht in Sicht. Hier manifestieren sich traurige Realitäten, die wohl kaum in einer größeren Stadt der alten Bundesländer und auch nur in wenigen in den neuen Bundesländern beobachtbar sind. Die Stadtregion Rostock ist unter den Städten durchaus ein Problemfall.

Natürlich zeichnen sich auch Lichtblicke ab. In den bislang in der Stadt „unterbelichteten" Sektoren Bauwesen, Handel, Dienstleistungen und Banken/Versicherungen ist durchaus ein Zuwachs an Beschäftigung zu registrieren. Aber die Beschäftigungszuwächse dieser Branchen kompensieren bei weitem nicht die flächendeckenden Freisetzungen der oben genannten Bereiche[12]; zum einen, weil sie definitiv nicht so viele Arbeitskräfte binden, zum anderen, weil vielerorts die bisherige Qualifikation der freigesetzten Arbeitskräfte kaum in die geforderten Anforderungsprofile paßt. Die wirtschaftlichen Strukturbrüche in der Stadtregion Rostock haben zu Verwerfungen auf dem Arbeitsmarkt geführt, an dessen Dimensionen die Region noch langfristig schwerwiegende soziale Folgen zu tragen haben wird.

Aber es geht nicht nur um quantitative Dimensionen. Arbeitslosigkeit in den neuen Bundesländern - und damit natürlich auch in Rostock - trägt qualitative Züge, die man schlechthin zur Kenntnis nehmen muß, um die soziale Zukunft einer städtischen Region ins Kalkül nehmen zu können. Ich habe mich dazu bereits mehrfach geäußert[13] und möchte mich im folgenden deshalb auf einige markante Punkte beschränken, die ich für das thematische Anliegen für bedeutsam halte.

a) Arbeitslosigkeit in den neuen Bundesländern ist für die Betroffenen eingebettet in den erlebten Zusammenbruch eines ganzen bisherigen Gesellschaftssystems. Das bisherige System der Wertorientierungen bricht zusammen, die neuen Orientierungen bilden sich nur langsam heraus, Lebensziele verändern sich und soziale Orientierungslosigkeit greift bei nicht wenigen Platz.

Das bleibt nicht ohne Folgen auf das Netz sozialer Kommunikationsbeziehungen in der Familie und am Arbeitsplatz und auch in den städtischen Wohngemeinschaften. Inwieweit diese tiefgreifenden Veränderungen Einfluß auf die Strukturen städtischer Lebensweise in den neuen Bundesländern haben, ist zur Zeit noch nicht exakt einschätzbar.

b) Erlebte Arbeitslosigkeit führt bei den Betroffenen zu einem bislang in den alten Bundesländern nicht gekannten Rückgang des Selbstwertgefühls. Die soziale Integration in die Gesellschaft erfolgte in der DDR - bei aller politischen Indoktrination - vor allem über den gesellschaftlichen Bereich Arbeit. Ausgrenzung aus diesem Bereich bedeutet - neben rein materieller Bedrängnis - das Zerstören des bisherigen Integrationsnetzes, für das bislang noch kein Ersatz geschaffen werden konnte (Vereinsleben, Selbsthilfegruppen usw.).

c) Sinkendes Selbstwertgefühl und soziale Desintegration führen zu aufquellendem Frust und wachsendem Gewaltpotential. Und das ist nicht nur festzumachen an so dramatischen Ereignissen wie dem Ausländerpogrom in Rostock-Lichtenhagen oder der offiziellen Kriminalitätsrate in der Stadt, die sich fast verdoppelt hat. Frust und Gewalt zeigen sich im Alltag der Stadt meist in „schleichender Form". Der aufmerksame Beobachter registriert sie z.B. in zunehmender Verrohung der Umgangssprache, in steigender Aggressivität im Straßenverkehr, in wachsender Intoleranz gegenüber Alten, Kranken, Behinderten,

Ausländern usw. Und eben das ist nicht nur ein materielles Problem und demzufolge auch nicht nur mit materiellen Flankierungen zu bekämpfen.

d) Für viele städtische Familien (von ländlichen Gemeinden gar nicht zu sprechen!) ist Arbeitslosigkeit ein „flächendeckendes" Problem. Arbeitslosigkeit beider Elternteile und auch der erwachsenen Kinder ist durchaus keine Seltenheit. Der seit Jahren in der Familienforschung beklagte Funktionsverlust der Familie, vornehmlich entstanden aus einem Generationskonflikt im Gefolge divergierender Wertorientierungen der jeweiligen Familienmitglieder erhält eine neue Dimension: Funktionsverlust der Familie durch totale materielle und soziale Verunsicherung aller Familienmitglieder.

Betroffene Eltern können ihren Kindern kaum noch Ratschläge für die Gestaltung einer sinnvollen Lebensperspektive geben, weil sie für sich selbst keine sehen. Die Jugend orientiert sich kaum noch an den Lebensidealen der älteren Generation, hält selbige für z.T. untauglich oder verlogen. Wo aber soll sie sich orientieren?

Ergebnis: Man orientiert sich untereinander!

Die Alten denken über eine sinnlos gewordene Vergangenheit nach, und die Jugend „streitet" über eine ungewisse Zukunft. Der neue Generationskonflikt besteht nicht mehr in unterschiedlichen Wertorientierungen, sondern in gemeinsamer Orientierungslosigkeit, nur man geht je nach Alter eben unterschiedlich damit um! Sicher übertrieben und auch nur bildhaft gemeint: Neben die zunehmende Wohngebietssegregation in ostdeutschen Städten tritt eine Art von „Alterssegregation"; die Alten zu den Alten, die Jungen zu den Jungen! Die großstädtische Familie ist im Aufbruch. Wohin? Tragen, so gesehen, unsere liebgewordenen Modellvorstellungen von einer mehr oder weniger gewollten sozialen und altersstrukturellen Durchmischung großstädtischer Wohngebiete mit dem Ziel sozialer Befriedung noch, oder provozieren sie nicht letztlich neuen sozialen Zündstoff? Ich bin mir momentan diesbezüglich nicht ganz schlüssig, aber ich meine, man sollte darüber nachdenken!

e) Weiter oben wurde auf den nicht unerheblichen Teil von Arbeitslosen verwiesen, der durch arbeitsmarktpolitische Instrumente erfaßt wird. Für die Betroffenen bedeutet das ohne Zweifel eine zumindest zeitweise Linderung ihrer akuten sozialen Probleme. Allein gerade unter dem Blickwinkel der zukünftigen sozialen Entwicklung der Stadtregion muß die tatsächliche Effizienz dieser Instrumente kritisch hinterfragt werden, will man nicht zu Fehleinschätzungen gelangen. Im Hauptamt des Arbeitsamtsbezirkes Rostock befanden sich nach offiziellen Angaben Ende November 1993 4.172 Personen in Arbeits- und Beschaffungsmaßnahmen[14]. Die bisherigen Erfahrungen belegen, daß die Reintegration auf den 1. Arbeitsmarkt nach Abschluß der ABM - eigentlich gewolltes Ziel dieser Maßnahme - nur in seltenen Fällen gelingt; einfach meistens deshalb nicht, weil die Trägerinstitutionen nach Abschluß der jeweiligen Maßnahmen nicht in der Lage sind, finanziell die Weiterbeschäftigung der Betroffenen zu sichern. Es muß sich die Frage erheben, ob wir die ABM-Stellen in der Mehrzahl tatsächlich dort einsetzen, wo mit einer gewissen Sicherheit Beschäftigung garantiert bzw. zumindest vorbereitet werden kann. Ähnlich problematisch gestalten sich die Fortbildungs- und Umschulungsmaßnahmen. Im Arbeitsamtsbezirk Rostock agieren zur Zeit rund 135 Bildungsträger, die zeitweilig bis zu 700 Bildungsmaßnahmen anbieten. Überschneidungen und Dopplungen sind bei allem Wohlwollen nicht zu übersehen.

Aber nicht hier liegt das eigentliche Problem. Es liegt in der Tatsache, daß wir eigentlich nicht genau wissen, wofür fortgebildet und umgeschult werden soll. Meistens ist für das berufliche Ergebnis der Umschulungen eigentlich keine marktseitige Nachfrage da. Dadurch wird die Reintegrationseffektivität der Fortbildungs- und Umschulungsmaßnahmen in den 1. Arbeitsmarkt deutlich geschmälert. Die Ungewißheit über eine tragende und effiziente zukünftige Wirtschaftsstruktur der Stadtregion Rostock läßt dadurch die angedachten arbeitsmarktpolitischen Instrumente in vielen Fällen in sozialpolitische Maßnahmen abgleiten. Insofern sind zuverlässige Analysen über die zukünftige Standortverteilung der Produktivkräfte in der Region Rostock eine conditio sine qua non für die Bewältigung des komplizierten Sachverhaltes „Arbeit".

In diesem Zusammenhang muß ich noch auf ein wichtiges sozial-psychologisches Phänomen aufmerksam machen. Eigene Untersuchungen der letzten Jahre belegen, daß Arbeitslose, die in eine Fortbildungs- und Umschulungsmaßnahme gehen, einen ungeheuren „emotionalen Kredit" aufnehmen. Meistens nicht mehr an das Lernen gewöhnt, reaktivieren sie alle psychischen Kräfte in der Hoffnung, nach Abschluß der Maßnahme wieder eine reale Chance für den Einstieg in das Berufsleben zu haben. Manchmal sind direkt euphorische Zustände zu registrieren[15]. Um so bitterer ist oft die Erfahrung am Ende der Umschulung, daß der ersehnte Wiedereinstieg in das normale Berufsleben sich nicht realisieren läßt oder sich zumindest um Jahre verzögert. Doppelt enttäuschte Hoffnungen lähmen in einem solchen Maß die sozialen Widerstandskräfte, daß selbst die vorhandenen Restchancen für das Finden eines Arbeitsplatzes entsprechend der Umschulungsqualifikation kaum noch genutzt werden können, vom Erschließen anderer „beruflicher Nischen" nicht zu reden. So gesehen sind nicht-koordinierte arbeitsmarktpolitische Instrumente nicht nur ein ökonomisches, sondern ein zutiefst sozial-moralisches Problem.

f) Wir sollten den Mut zu nachstehender Feststellung haben: Selbst bei einer vermuteten Konjunktur der Wirtschaft in der Stadtregion Rostock - wozu aus heutiger Sicht schon ein Übermaß an Optimismus gehört! - wird der frühere Beschäftigungsgrad nicht wieder zu erreichen sein. Ein nicht geringer Teil der städtischen Wohnbevölkerung wird arbeitslos bleiben, d.h. Langzeitarbeitslosigkeit für bestimmte Bevölkerungsgruppen wird eine ständige Begleiterscheinung städtischer Lebensweise bleiben. Besonders betroffen sind - wie fast überall - Frauen über 40 Jahre, Männer über 50 Jahre, Alleinerziehende und Behinderte. Wir brauchen neue Denkmodelle des zukünftigen Umgangs mit diesen Phänomenen.

Stadtplanung bedeutet nicht nur das Arrangieren räumlicher Strukturen, sondern in wachsendem Maße Sozialplanung, was immer man darunter verstehen will! Und dabei geht es durchaus um extreme Situationen. Die Zahl von Sozialhilfeempfängern ist in Mecklenburg-Vorpommern allein im Zeitraum von April 1991 bis April 1993 von 46.273 auf 71.677 gestiegen[16], und ihre Zahl wird steigend sein. Wir haben zur Zeit ein soziales Netz. Aber ist es richtig gestaltet? Manchmal - so scheint mir - hat sich seine äußere Gestalt gewandelt. Es bewegt sich von seiner ursprünglich konkaven Form immer mehr zu einer konvexen Form. Einmal aus dem Arbeitsmarkt heraus, fällt man auf dieses Netz, aber eben an seine Spitze! Und wenn keine zukünftigen neuen sozialpolitischen Interventionen installiert werden, rutscht man am Rande dieses Netzes allmählich herab. Und wohin fällt man dann? Auf ähnliche Tendenzen hat auch J. Dangschat im Zusammenhang mit der Entwicklung städtischer Armut hingewiesen.

Ein weiterer thematischer Aspekt sollte betont werden. Rostocks historischer Stadtkern ist - wie bereits weiter oben angedeutet - mit einem Gürtel städtischer Neubaugebiete umzogen. Diese Situation ergab sich aus dem explosionsartigen Anwachsen des Unterbringungsbedarfs für die nicht unbeträchtlichen Wanderungsgewinne der Stadt in den letzten Jahrzehnten. Dieses Faktum belastet die Kommune derzeitig in mehrfacher Hinsicht.

Die Struktur der Wohnungspolitik in der ehemaligen DDR führte in Rostock zu einer wirtschaftszweigmäßigen räumlichen Konzentration der Wohnbevölkerung in den Neubaugebieten. Die großen Schwerpunktbetriebe wurden von zentraler Stelle mit Sonderkontingenten ausgestattet, um die rasch gewachsenen Beschäftigungszahlen mit Wohnraum zu versorgen. Zeitweilig verfügten die ehemaligen wohnungspolitischen Organe der Kommune über nur 10 % des neu gebauten Wohnungsfonds, der Rest wurde direkt über die betrieblichen Wohnungskommissionen vergeben. Es war durchaus keine Seltenheit, daß in bestimmten Straßenzügen vorherrschend Schiffbauer, Hafenbeschäftigte, Seeleute usw. wohnten. Soziale Folgen: Der flächendeckende Zusammenbruch der monostrukturierten Wirtschaftsbereiche führt zu einer Ballung der sozialen Folgen von Arbeitslosigkeit gerade in bestimmten Bereichen der Neubaugebiete. Entsprechende Sozialarbeit müßte hier zukünftig viel stärker verankert werden. Gegenwärtig ist Sozialarbeit fast ausschließlich im Stadtkern institutionalisiert.

Ständig steigende Lebenshaltungskosten insbesondere durch gravierende Mieterhöhungen lassen einen Teil der städtischen Neubaugebiete möglicherweise zu sozialen Konfliktgebieten werden. Es ist zu überdenken, wie die städtische Verwaltung damit zukünftig umgehen will.

In den Neubaugebieten wachsen die sozialen Differenzierungen und damit z.T. auch Spannungen. Materiell abgesicherte Haushalte verlassen die Wohngebiete, die sozial schwachen bleiben zurück. Wohngebietssegregation beginnt sich auf den Weg zu machen. Die Hoffnung der Kommune, einen erheblichen Teil der Wohnungen in den Neubaugebieten in privates Wohneigentum zu überführen, ist in mehrerer Hinsicht illusionär. Zum einen schwindet gerade in diesen Wohngebieten zunehmend das tatsächliche Kaufkraftpotential; zum anderen ist ein Großteil der Neubauwohnungen für potentielle Käufer wenig attraktiv. Der technische Zustand der Objekte (Plattenbauweise!) entspricht oft selbst nach der Sanierung nicht den jetzt gewünschten Standards. Die soziale und natürliche Umwelt - ein zunehmend bedeutsamer Faktor für den Kaufentschluß - befindet sich in diesen Gebieten eher im Prozeß der Verschlechterung als der Verbesserung. Hinzu kommt, daß es in Rostock einen verhältnismäßig ungünstigen Wohnungsgrößenschlüssel gab, mit einem relativ hohen Anteil von 1- und 2-Raumwohnungen. Mit durchschnittlich 23,5 qm Wohnfläche je Einwohner lag man selbst unter dem damaligen DDR-Durchschnitt.

So gesehen muß erreicht werden, für einen Teil der Wohnquartiere in den städtischen Randgebieten längerfristige Mietpreisbindungen auf geringem Niveau durchzusetzen und sie dadurch als Sozialwohnungen zu erhalten. Im Sinne einer sozialpolitischen Effizienz wäre diese Orientierung besser, als an neuen Standorten - die in Rostock ohnehin kaum vorhanden sind - neue Sozialwohnungen zu bauen. Aber eben das muß als eine strategische Orientierung begriffen werden.

Stadtkern und städtische Neubaugebiete standen unter dem Blickwinkel der Gesamtstadtfunktion in Rostock seither immer in einem spezifischen Konflikt. Die Neubaugebiete waren das „Schlafzimmer"; der Stadtkern das „Wohnzimmer". Die notwendige soziale Einheit der Areale (etwa im Sinne der Einheit von Arbeiten, Wohnen, Bilden und Erholen!) war in beiden Fällen kaum gegeben. Zusätzlicher Verkehr wurde dadurch „produziert", Funktionsverluste mußten hingenommen werden, und die Identifikation der Bewohner mit ihrem Wohnumfeld wurde erschwert. Gegenwärtig besteht die Gefahr, daß sich dieser Zustand - wenn keine Korrektive greifen - dynamisiert. Die Wohnungen in den städtischen Neubaugebieten sind fast ausschließlich kommunales, staatliches oder genossenschaftliches Eigentum. Im historischen Stadtkern liegen die Dinge etwas anders. Schon vor der Wende lag hier der Anteil von Privateigentum wesentlich höher. Nach der Wende stieg dieser Anteil im Gefolge von Restitutionsansprüchen erheblich.

Die Alteigentümer veräußern ihre Grundstücke - zum Teil zu horrenden Preisen - an finanzkräftige Unternehmen wie Banken, Versicherungen, Handels- und Hotelketten usw., soweit diese nicht bereits frühere Besitzer waren.

Demzufolge wird die City mit solcherart Unternehmen überfrachtet, und Gentrifikationseffekte, wie sie in vielen Großstädten der alten Bundesländer seit längerem zu beobachten sind, beginnen auch in Rostock Platz zu greifen, nur sind die Folgen für die Gesamtfunktion der Stadt unter den Bedingungen Rostocks besonders kompliziert. Auch die gegenwärtig versuchte „Nachrüstung" einiger Neubaugebiete mit Kommunikations- und Verkaufseinrichtungen lindert den Konflikt zwischen Stadtkern und neubaugebietlichen Randgebieten nur minimal. Die für das Alltagsleben notwendigen Infrastruktureinrichtungen bleiben im Stadtkern, nach Geschäftsschluß ist in der Innenstadt kaum noch pulsierendes Leben zu beobachten, und für die in den Neubaugebieten angebotenen Nachrüstungen wird bald kaum noch eine entsprechend kaufkraftfähige Nachfrage da sein. In diesen Kontext gehört noch ein anderes Phänomen. Der Stadtkern, umgeben von einem Gürtel von Neubaugebieten, wird zunehmend von einem weiteren „Speckgürtel" von Gewerbegebieten ummantelt. Auf gut 760 ha beläuft sich die Fläche der neu ausgewiesenen Industrie- und Gewerbegebiete[17]. Bei weitgehender Ansiedlung von tatsächlich produzierendem Gewerbe erhofft man sich, daß 7.000 - 8.000 Arbeitsplätze zur Verfügung gestellt werden[18]. Das ist im Vergleich zu anderen Ballungsgebieten Deutschlands immer noch eine sehr extensive Vorgehensweise; eigentlich benötigt man für rund 8.000 Arbeitsplätze bei moderner Wirtschaft eine wesentlich geringere Fläche, aber das produzierende Gewerbe investiert nur zögernd. Tankstellen, Baumärkte und Billiganbieter des Einzelhandels greifen tüchtig zu. Abgesehen davon, daß diese Einrichtungen relativ wenig Arbeitskräfte binden, entziehen sie dem Stadtkern das ohnehin schon schwache Kaufkraftpotential. Zum Einkaufen fährt man in den „Speckgürtel", zur Erledigung von sozialen und verwaltungstechnischen Angelegenheiten in den Stadtkern. Setzt sich dieser Trend weiter fort, kann von einem funktionierenden sozialen Organismus Stadt bald nicht mehr die Rede sein. Mit den einschlägigen Konsequenzen wird dann zu leben sein!

Stadtplanung in Rostock heißt deshalb nicht nur, Arbeitsplätze in Dimensionen zu schaffen - eine Aufgabe, die unter den gegenwärtigen Konditionen ohnehin als kaum lösbar erscheint. Stadtplanung muß mehr denn je bedeuten, die Stadt in ihrer Gesamtheit, als sozialen Organismus am Leben zu erhalten, und dazu sind mehr Visionen vonnöten als augenblicklich in der städtischen Alltagspolitik transparent. Noch sind die Chancen nicht völlig vertan. Aber wenn ausschließlich der Markt über die soziale Vernunft siegt, wird mir vor der Zukunft des ehemaligen „Tores zur Welt" bange.

Welche sozialökonomische Entwicklung die Hansestadt Rostock in den nächsten Jahren nehmen wird, ist im Moment nicht exakt prognostizierbar. Sicher ist, daß die bisherigen „monostrukturellen Standbeine" Schiffbau, Fischereiwesen, Seeverkehrswirtschaft, Marinewesen usw. nicht mehr die Grundfesten wirtschaftlicher Prosperität markieren werden. Sie werden einen wichtigen Platz in der zukünftigen Wirtschaftsstruktur einnehmen, aber eben einen nicht mehr so dominanten. Die Stadt wird lernen müssen, ihre Reserven zu erkennen und zielstrebig zu nutzen. Tourismus und Fährverkehr (kommerziell und zivil!) werden dabei ohne Zweifel eine gewichtige Rolle spielen. Vor allem aber gilt es, die geistig-kulturellen Ressourcen der Region stärker zu nutzen. Universitäre Lehr- und Forschungskapazitäten klug gekoppelt mit der Entwicklung leistungsfähiger Technologiezentren könnten wichtige Stimulatoren für industrielle Neugründungen größeren Ausmaßes sein. Das wiederum würde Perspektiven für andere mittelständische Unternehmen eröffnen. A. Schubert als engagierter Verantwortlicher für Stadtentwicklung in Rostock äußert dazu in seinem Beitrag interessante Gedanken, die sicher diskussionswürdig sind!

Anmerkungen

[1] Vgl. dazu Autorenkollektiv unter Leitung von Elsner, L., Rostock: Geschichte der Stadt in Wort und Bild, Berlin 1980, S. 74

[2] Vgl. Ergebnis der Volks- und Berufszählung 1964, Bezirk Rostock, Berlin 1967, S. 12

[3] Vgl. Leitlinien für die Stadtentwicklung der Hansestadt Rostock, Bremen/Hamburg, Februar 1991, Teil II, 1, S. 2

[4] Ebenda, S. 6

[5] Ebenda, Teil III, S. 8

[6] Ebenda, Teil III, S. 9; vgl. Arbeiten und Leben in Rostock seit der Wende, Arbeitsgemeinschaft PIW/BÜSTRO Rostock, Rostock 1991, S. 88

[8] Vgl. Leitlinien ..., a. a. O., Teil II, 1, S. 6

[9] Ebenda, S. 11

[10] Vgl. Arbeitsmarktentwicklung und regionale Mobilität bei Massenentlassungen und Betriebsstillegungen in den neuen Bundesländern - am Beispiel der Regionen Rostock und Borna, Projektgruppe „Arbeitsmarktentwicklung und Mobilität", Bremen/Rostock, Oktober 1993, S. 7

[11] Vgl. Ostsee-Zeitung vom 1.2.1994, S. 11

[12] Vgl. Arbeitsgemeinschaft PIW/BÜSTRO Rostock, Ergebnisse der Unternehmensbefragung 1993, Rostock Juni 1993, S. 21

[13] Vgl. dazu: Thomas Kieselbach/Peter Voigt, Systemumbruch, Arbeitslosigkeit und individuelle Bewältigung in der Ex-DDR, Weinheim 1992; Arbeitslosigkeit, Stadtentwicklung und Sozialplanung, Rostock 1991

[14] Vgl. Presseinformation, Arbeitsamt Rostock vom November 1993, Tab. 2

[15] Vgl. Arbeiten und Wohnen ..., a. a. O., S. 58

[16] Vgl. Landtag Mecklenburg-Vorpommern, Drucksache 1/3358 vom 5.7.1993, S. 9

[17] Vgl. Leitlinien ..., a. a. O., Teil III, S. 33

[18] Ebenda

KARL PETER SCHÖN

Agglomerationsräume, Metropolen und Metropolregionen Deutschlands im statistischen Vergleich

1. Zur Datenbasis und Raumtypologie der folgenden Auswertungen

1.1 Agglomerationsräume, Metropolen und Metropolregionen

Der vorliegende Beitrag gibt einen empirischen Überblick über die Situation der Agglomerationsräume, Metropolen und Metropolregionen in der Bundesrepublik Deutschland im statistischen Vergleich. Dargestellt und kommentiert werden regionalstatistische Daten und Indikatoren insbesondere zur Siedlungsstruktur, Bevölkerungsstruktur und -entwicklung, zur Wirtschaftsstruktur, Arbeitslosigkeit und Sozialhilfe, zum Baulandmarkt und zur Wohnungsversorgung sowie zu internationalen Messen und Ausstellungen, Übernachtungszahlen, Sitz von Konzernzentralen und zum Flugverkehr. Im Mittelpunkt stehen die sechs großen Agglomerationsräume Deutschlands

- Berlin/Brandenburg
- Hamburg
- München
- Rhein-Main
- Rhein-Ruhr
- Stuttgart

sowie zusätzlich Dresden und Leipzig. Für die meisten dieser Agglomerationsräume sind in dem Arbeitskreis ausführliche Fallstudien erarbeitet worden, die in der vorliegenden Abschlußpublikation dokumentiert sind.[1] Mit den hier präsentierten Daten und Indikatoren sollen diese Fallstudien in einen Kontext gestellt werden, der Vergleiche untereinander und mit anderen Regionstypen in Deutschland ermöglicht.

Darüber hinaus soll mit dieser Auswahl auch eine Brücke geschlagen werden zur aktuellen raumordnungspolitischen Diskussion über Metropolregionen in Deutschland. In dem von der Ministerkonferenz für Raumordnung (MKRO) 1995 beschlossenen Raumordnungspolitischen Handlungsrahmen[2] wird die Bedeutung europäischer Metropolregionen für die Raumentwicklung in Deutschland und Europa gewürdigt und die Stärkung der Funktion dieser europäischen Metropolregionen in Deutschland als einer von insgesamt zehn Schwerpunkten künftigen raumordnungspolitischen Handelns von Bund und Ländern vereinbart. Dabei werden als „europäische Metropolregionen" die obengenannten sechs großen Agglomerationsräume identifiziert. Zusätzlich wird als „potentielle Metropolregion europäischen Zuschnitts" mit noch zu entwickelnder europäischer Bedeutung die Stadtregion Halle/Leipzig-Sachsendreieck eingeführt.

2.1 Siedlungsstruktur und Metropolen in Deutschland

(Vgl. Tab. 1)

Die Bundesrepublik Deutschland gehört zu den am dichtesten besiedelten Staaten Europas mit einer Bevölkerungsdichte von 228 Einwohnern pro Quadratkilometer und einem sehr hohen Verstädterungsgrad. Von den ca. 81 Mio. Einwohnern lebt mehr als die Hälfte der Bevölkerung (ca. 43 Mio.) in den Regionen mit großen Verdichtungsräumen („Agglomerationsräumen") - auf ca. einem Viertel der Gesamtfläche Deutschlands. Ein Drittel der Bevölkerung Deutschlands (ca. 27 Mio.) lebt in den sechs Metropolregionen - auf nur wenig über 10% der Fläche der Bundesrepublik Deutschland. Mehr als 40% dieser 27 Mio. Einwohner wiederum leben in der bevölkerungsreichsten Metropolregion Deutschlands, dem Rhein-Ruhr-Gebiet. Mit über 1100 Einwohnern pro Quadratkilometer ist das Rhein-Ruhr-Gebiet die am dichtesten besiedelte Region Deutschlands, hinsichtlich Bevölkerungszahl und Fläche damit durchaus mit den großen Agglomerationsräumen in Europa, wie z.B. der Ile-de-France, vergleichbar.

Betrachtet man die Kernstädte der Metropolregionen, so sind München und Berlin die Metropolen mit der höchsten Bevölkerungsdichte - bei vergleichsweise gering verdichtetem Umland (dies gilt insbesondere für die Region Berlin/Brandenburg). Im Vergleich zwischen den Agglomerationsräumen der alten und neuen Bundesländer zeigt sich, daß in den Agglomerationsräumen der neuen Länder, bei insgesamt geringerer durchschnittlicher Bevölkerungsdichte der Agglomerationsräume, das Gefälle der Bevölkerungsdichte zwischen Kernstädten und Umlandkreisen erheblich größer ist - ein Indiz für die vergleichsweise geringe Bedeutung, die über die Stadtgrenzen hinausgehende Suburbanisierungsprozesse in der Vergangenheit in der DDR im Vergleich zum alten Bundesgebiet hatten, Indiz aber auch für das Suburbanisierungspotential, das in Zukunft in den neuen Ländern zum Tragen kommen könnte.

Während die Bevölkerungsdichte der neuen Länder insgesamt (und auch der Agglomerationsräume) im Durchschnitt deutlich geringer ist als im Westen, trifft dies so für die Siedlungsdichte nicht zu. Im Gegensatz zur Bevölkerungsdichte bezieht der Indikator Siedlungsdichte die Einwohnerzahl nicht auf die Gesamtfläche einer Gebietseinheit, sondern auf die durch Siedlungstätigkeit im weiteren Sinne[10] genutzte Fläche. Die Siedlungsdichte sinkt also, wenn die Flächeninanspruchnahme schneller wächst als die Bevölkerung oder, anders ausgedrückt, wenn die Siedlungs- und Verkehrsfläche pro Einwohner steigt. Dies war in der Vergangenheit in den alten Bundesländern in der Regel der Fall.

Hohe Siedlungsdichte ist also auch ein Indikator für „kompaktes" Bauen. So ist zu erklären, daß in den neuen Ländern insgesamt - trotz niedrigerer Bevölkerungsdichte - die Siedlungsdichte annähernd gleich groß ist wie in den alten Ländern; in den Agglomerationsräumen - und insbesondere in deren Kernbereichen - ist die Siedlungsdichte in den neuen Ländern tendenziell sogar höher als in den alten Ländern.

Ein weiterer Dichteindikator - bzw. ein Indikator für „aufgelockerte Siedlungsstrukturen" und diesbezügliche Aspekte von städtischer Lebensqualität - ist die als Erholungsfläche klassifizierte Freifläche, die jedem Einwohner durchschnittlich zur Verfügung

■ Metropolregionen in Deutschland

Tabelle 1: Grunddaten zur Siedlungsstruktur

Raumbezug	Bevölkerung		Fläche		Bevöl-kerungs-dichte	Sied-lungs-dichte	Anteil Siedlungs- u. Verkehrsfl.	Erholungs-fläche
	in 1000	Anteil an Gesamt-bev. in %	in km²	Anteil an d. Gesamtfl. in %				
	1993					1992		
	1	2	3	4	5	6	7	8
Berlin/Brandenburg	4322.2	5.3	7335	2.1	589	3305	17.8	28.2
Kernstädte	3613.4	4.4	990	0.3	3651	5649	64.5	28.2
Umlandkreise	708.8	0.9	6345	1.8	112	1060	10.5	28.3
Hamburg	3268.4	4.0	10434	2.9	313	2167	14.3	33.6
Kernstadt	1702.9	2.1	755	0.2	2255	4006	55.8	35.8
Umlandkreise	1565.5	1.9	9679	2.7	162	1442	11.0	31.2
München	2396.9	2.9	5504	1.5	435	3231	13.4	28.0
Kernstadt	1255.6	1.5	310	0.1	4044	5407	74.9	32.8
Umlandkreise	1141.3	1.4	5193	1.5	220	2232	9.7	22.7
Rhein-Main	3322.1	4.1	5387	1.5	617	2965	20.7	23.0
Kernstädte	1372.8	1.7	717	0.2	1914	4336	44.2	26.5
Umlandkreise	1949.3	2.4	4670	1.3	417	2420	17.1	20.5
Rhein-Ruhr	11086.3	13.6	9758	2.7	1136	3443	33.0	22.8
Kernstädte	6745.4	8.3	3163	0.9	2133	4099	52.1	25.7
Umlandkreise	4340.9	5.3	6595	1.8	658	2753	23.8	18.4
Stuttgart	2563.1	3.2	3654	1.0	701	3493	20.0	16.7
Kernstadt	594.4	0.7	207	0.1	2867	6033	47.9	15.6
Umlandkreise	1968.7	2.4	3447	1.0	571	3095	18.4	17.1
Metropolregionen insgesamt	**26959.0**	**33.1**	**42073**	**11.8**	**641**	**3125**	**20.4**	**24.9**
Kernstädte	15284.5	18.8	6143	1.7	2488	4552	54.6	27.6
Umlandkreise	11674.5	14.4	35930	10.1	325	2211	14.6	21.3
Dresden	862.5	1.1	1923	0.5	449	3270	13.8	17.5
Kernstadt	479.3	0.6	226	0.1	2123	4889	43.6	14.3
Umlandkreise	383.2	0.5	1697	0.5	226	2310	9.8	21.6
Leipzig	904.8	1.1	2633	0.7	344	2886	12.0	23.8
Kernstadt	490.9	0.6	146	0.0	3369	6099	54.8	19.9
Umlandkreise	414.0	0.5	2487	0.7	166	1770	9.4	28.4
Agglomerationsräume	**43375.3**	**53.3**	**93280**	**26.1**	**465**	**2748**	**16.9**	**24.5**
Kernstädte	20443.5	25.1	8988	2.5	2275	4432	51.3	26.8
Umlandkreise	22931.8	28.2	84292	23.6	272	2049	13.2	22.5
Aggl.räume, alte Länder	**34146.2**	**42.0**	**67046**	**18.8**	**509**	**2720**	**18.6**	**24.7**
Kernstädte	15107.7	18.6	7246	2.0	2085	4135	50.4	27.6
Umlandkreise	19038.6	23.4	59799	16.8	318	2135	14.8	22.3
Aggl.räume, neue Länder	**9229.1**	**11.3**	**26235**	**7.3**	**352**	**2857**	**12.3**	**23.8**
Kernstädte	5335.8	6.6	1742	0.5	3064	5558	55.1	24.3
Umlandkreise	3893.3	4.8	24493	6.9	159	1716	9.3	23.2
Bundesrepublik insgesamt	**81338.1**	**100.0**	**356959**	**100.0**	**228**	**2016**	**11.3**	**28.5**
alte Länder	63563.2	78.1	248146	69.5	256	2018	12.6	29.4
neue Länder	17774.9	21.9	108813	30.5	163	2010	8.2	25.2

gestellt werden kann. Bezüglich dieses Indikators ist das West-/Ost-Gefälle nicht so deutlich ausgeprägt wie die Unterschiede zwischen verschiedenen Metropolregionen in den alten Ländern: So zeigt zum Beispiel der Vergleich zwischen Stuttgart (16qm/ Einwohner) und Hamburg (36qm/Einwohner) deutliche, nicht zuletzt topographisch bedingte, unterschiedliche Rahmenbedingungen der Stadtentwicklung in Deutschland.

2.2 Langfristige Bevölkerungsentwicklung 1939 bis 1993

(Vgl. Tab. 2 bis 5)

Den Tab. 2 bis 5 liegen Daten der Volkszählungen zugrunde, die jeweils auf den aktuellen Gebietsstand (1992) umgerechnet bzw. umgeschätzt worden sind.[11] Die Bevölkerungszahlen zurückliegender Volkszählungszeitpunkte spiegeln also nicht in jedem Fall die damaligen Zahlen (in den damals gültigen Gemeinde- und Kreisgrenzen) wider, sondern bilden die Summe aller Gemeinden ab, die nach heutigem Gebietsstand zu der jeweiligen Gebietseinheit bzw. dem Gebietstyp gehören. Auch wenn die umgeschätzten Ausgangsdaten nicht in jedem einzelnen Fall exakt richtig sein können, geben sie doch, insbesondere in der Summe für die Regionen und Regionstypen, ein gutes und zutreffendes Bild über die langfristigen siedlungsstrukturellen Veränderungen in Deutschland während der letzten 50 Jahre.[12]

Trotz der verheerenden sozialen und städtebaulichen Verwüstungen, die der Zweite Weltkrieg und die Nazi-Herrschaft in Deutschland hinterlassen haben, lag - aufgrund der Flüchtlingsströme nach dem Krieg - die Bevölkerungszahl in Deutschland nach dem Zweiten Weltkrieg (1950) um fast 10 Mio. Einwohner höher als vor dem Krieg (1939). Das Bevölkerungswachstum hielt - auf niedrigerem Niveau - in den 50er und 60er Jahren an, während die 70er und die erste Hälfte der 80er Jahre von einer stagnierenden Bevölkerungsentwicklung geprägt waren. Seit Mitte der 80er Jahre jedoch haben die Zuwanderungen nach Deutschland wieder erheblich zugenommen, so daß derzeit mit mehr als 81 Mio. Einwohnern ein historischer Höchststand der Bevölkerungszahl in Deutschland zu verzeichnen ist.

Diese Entwicklung verlief in West- und Ost-Deutschland im wesentlichen gegenläufig: Während in den alten Ländern die Bevölkerungszahl heute um fast 60% über dem Vorkriegswert liegt, liegt die Bevölkerungszahl in den neuen Ländern um beinahe 10% unter dem Wert von 1939. Lag das Größenverhältnis der Teilpopulationen in West- und Ost-Deutschland vor dem Krieg bei 2:1 (und entsprach damit ziemlich genau dem Flächenverhältnis), so hat sich diese Proportion bis heute auf ca. 4:1 zugunsten der alten Bundesländer verschoben. Allein in den 50er Jahren - vor dem Bau der Mauer - verlor die DDR über eine Mio. Einwohner (= - 6% der Bevölkerung) in zehn Jahren; ein Exodus, der sich jetzt - in den ersten Jahren nach dem Fall der Mauer - in ähnlichem Maße fortgesetzt hat.

Wie haben sich nun die Agglomerationsräume und unter ihnen die Metropolregionen in diesem Zeitraum entwickelt? Grundsätzlich verlief die Bevölkerungsentwicklung in diesen Räumen im wesentlichen parallel zur Gesamtentwicklung in Deutschland: Die Bevölkerungszahlen in den Agglomerationsräumen der alten Länder wuchsen bis 1970 an, stagnierten zwischen den Volkszählungszeitpunkten von 1970 und

Metropolregionen in Deutschland

Tabelle 2: Langfristige Bevölkerungsentwicklung 1939-1993

Raumbezug	Bevölkerungsbestand absolut					
	1939	1950	1961	1970	1987	1993
	1	2	3	4	5	6
Berlin/Brandenburg	5188104	4199278	4125912	4068341	4155295	4322193
Kernstädte	4474648	3454206	3367212	3319075	3415821	3613429
Umlandkreise	713456	745072	758700	749266	739474	708764
Hamburg	2329840	2741955	2895674	3030891	3031571	3268416
Kernstadt	1711936	1605690	1832427	1793823	1592770	1702887
Umlandkreise	617904	1136265	1063247	1237068	1438801	1565529
München	1186319	1360365	1676371	2032217	2208735	2396886
Kernstadt	840188	830810	1085053	1293590	1185421	1255623
Umlandkreise	346131	529555	591318	738627	1023314	1141263
Rhein-Main	1895364	2142212	2641246	3008484	3077492	3322051
Kernstädte	1085128	1040021	1340882	1350482	1288324	1372787
Umlandkreise	810236	1102191	1300364	1658002	1789168	1949264
Rhein-Ruhr	7997673	8310228	10423387	10885980	10577811	11086341
Kernstädte	5756524	5485159	6891492	6781826	6522723	6745398
Umlandkreise	2241149	2825069	3531895	4104154	4055088	4340943
Stuttgart	1244276	1546240	2016988	2356075	2361412	2563123
Kernstadt	496490	497677	637539	633158	551904	594406
Umlandkreise	747786	1048563	1379449	1722917	1809508	1968717
Metropolregionen insgesamt	**19841576**	**20300278**	**23779578**	**25381988**	**25412316**	**26959010**
Kernstädte	14364914	12913563	15154605	15171954	14556963	15284530
Umlandkreise	5476662	7386715	8624973	10210034	10855353	11674480
Dresden	1143731	1012271	979344	978330	939898	862467
Kernstadt	679351	494187	491699	501508	521205	479273
Umlandkreise	464380	518084	487645	476822	418693	383194
Leipzig	1166343	1169134	1093725	1084385	994089	904848
Kernstadt	707365	617574	585258	584365	549230	490851
Umlandkreise	458978	551560	508467	500020	444859	413997
Agglomerationsräume	**33101144**	**35305919**	**39432842**	**41833741**	**41465980**	**43375333**
Kernstädte	19380322	17566253	20333440	20428619	19725913	20443500
Umlandkreise	13720822	17739666	19099402	21405122	21740067	22931833
Aggl.räume, alte Länder	**21953887**	**24775154**	**29450532**	**31975781**	**31961142**	**34146235**
Kernstädte	12638412	12194512	15119352	15222972	14398081	15107680
Umlandkreise	9315475	12580642	14331180	16752809	17563061	19038555
Aggl.räume, neue Länder	**11147257**	**10530765**	**9982310**	**9857960**	**9504838**	**9229098**
Kernstädte	6741910	5371741	5214088	5205647	5327832	5335820
Umlandkreise	4405347	5159024	4768222	4652313	4177006	3893278
Bundesrepublik insgesamt	**59669670**	**69111458**	**73195927**	**77761478**	**77738465**	**81338093**
alte Länder	40235682	48657381	53986662	58528253	59064333	63563191
neue Länder	19433988	20454077	19209265	19233225	18674132	17774902

Metropolregionen in Deutschland

Tabelle 3: Langfristige Bevölkerungsentwicklung 1939-1993

Raumbezug	Bevölkerung					
	Jeweiliger Anteil an der Gesamtbevölkerung in %					
	1939	1950	1961	1970	1987	1993
	1	2	3	4	5	6
Berlin/Brandenburg	8.7	6.1	5.6	5.2	5.3	5.3
Kernstädte	7.5	5.0	4.6	4.3	4.4	4.4
Umlandkreise	1.2	1.1	1.0	1.0	1.0	0.9
Hamburg	3.9	4.0	4.0	3.9	3.9	4.0
Kernstadt	2.9	2.3	2.5	2.3	2.0	2.1
Umlandkreise	1.0	1.6	1.5	1.6	1.9	1.9
München	2.0	2.0	2.3	2.6	2.8	2.9
Kernstadt	1.4	1.2	1.5	1.7	1.5	1.5
Umlandkreise	0.6	0.8	0.8	0.9	1.3	1.4
Rhein-Main	3.2	3.1	3.6	3.9	4.0	4.1
Kernstädte	1.8	1.5	1.8	1.7	1.7	1.7
Umlandkreise	1.4	1.6	1.8	2.1	2.3	2.4
Rhein-Ruhr	13.4	12.0	14.2	14.0	13.6	13.6
Kernstädte	9.6	7.9	9.4	8.7	8.4	8.3
Umlandkreise	3.8	4.1	4.8	5.3	5.2	5.3
Stuttgart	2.1	2.2	2.8	3.0	3.0	3.2
Kernstadt	0.8	0.7	0.9	0.8	0.7	0.7
Umlandkreise	1.3	1.5	1.9	2.2	2.3	2.4
Metropolregionen insgesamt	**33.3**	**29.4**	**32.5**	**32.6**	**32.7**	**33.1**
Kernstädte	24.1	18.7	20.7	19.5	18.7	18.8
Umlandkreise	9.2	10.7	11.8	13.1	14.0	14.4
Dresden	1.9	1.5	1.3	1.3	1.2	1.1
Kernstadt	1.1	0.7	0.7	0.6	0.7	0.6
Umlandkreise	0.8	0.7	0.7	0.6	0.5	0.5
Leipzig	2.0	1.7	1.5	1.4	1.3	1.1
Kernstadt	1.2	0.9	0.8	0.8	0.7	0.6
Umlandkreise	0.8	0.8	0.7	0.6	0.6	0.5
Agglomerationsräume	**55.5**	**51.1**	**53.9**	**53.8**	**53.3**	**53.3**
Kernstädte	32.5	25.4	27.8	26.3	25.4	25.1
Umlandkreise	23.0	25.7	26.1	27.5	28.0	28.2
Aggl.räume, alte Länder	**36.8**	**35.8**	**40.2**	**41.1**	**41.1**	**42.0**
Kernstädte	21.2	17.6	20.7	19.6	18.5	18.6
Umlandkreise	15.6	18.2	19.6	21.5	22.6	23.4
Aggl.räume, neue Länder	**18.7**	**15.2**	**13.6**	**12.7**	**12.2**	**11.3**
Kernstädte	11.3	7.8	7.1	6.7	6.9	6.6
Umlandkreise	7.4	7.5	6.5	6.0	5.4	4.8
Bundesrepublik insgesamt	**100.0**	**100.0**	**100.0**	**100.0**	**100.0**	**100.0**
alte Länder	67.4	70.4	73.8	75.3	76.0	78.1
neue Länder	32.6	29.6	26.2	24.7	24.0	21.9

Metropolregionen in Deutschland

Tabelle 4: Langfristige Bevölkerungsentwicklung 1939-1993

Raumbezug	Bevölkerung							
	Entwicklung in %							
	39-50	50-61	61-70	70-87	87-93	70-93	50-93	39-93
	1	2	3	4	5	6	7	8
Berlin/Brandenburg	-19.1	-1.7	-1.4	2.1	4.0	6.2	2.9	-16.7
Kernstädte	-22.8	-2.5	-1.4	2.9	5.8	8.9	4.6	-19.2
Umlandkreise	4.4	1.8	-1.2	-1.3	-4.2	-5.4	-4.9	-0.7
Hamburg	17.7	5.6	4.7	0.0	7.8	7.8	19.2	40.3
Kernstadt	-6.2	14.1	-2.1	-11.2	6.9	-5.1	6.1	-0.5
Umlandkreise	83.9	-6.4	16.3	16.3	8.8	26.6	37.8	153.4
München	14.7	23.2	21.2	8.7	8.5	17.9	76.2	102.0
Kernstadt	-1.1	30.6	19.2	-8.4	5.9	-2.9	51.1	49.4
Umlandkreise	53.0	11.7	24.9	38.5	11.5	54.5	115.5	229.7
Rhein-Main	13.0	23.3	13.9	2.3	7.9	10.4	55.1	75.3
Kernstädte	-4.2	28.9	0.7	-4.6	6.6	1.7	32.0	26.5
Umlandkreise	36.0	18.0	27.5	7.9	8.9	17.6	76.9	140.6
Rhein-Ruhr	3.9	25.4	4.4	-2.8	4.8	1.8	33.4	38.6
Kernstädte	-4.7	25.6	-1.6	-3.8	3.4	-0.5	23.0	17.2
Umlandkreise	26.1	25.0	16.2	-1.2	7.0	5.8	53.7	93.7
Stuttgart	24.3	30.4	16.8	0.2	8.5	8.8	65.8	106.0
Kernstadt	0.2	28.1	-0.7	-12.8	7.7	-6.1	19.4	19.7
Umlandkreise	40.2	31.6	24.9	5.0	8.8	14.3	87.8	163.3
Metropolregionen insgesamt	**2.3**	**17.1**	**6.7**	**0.1**	**6.1**	**6.2**	**32.8**	**35.9**
Kernstädte	-10.1	17.4	0.1	-4.1	5.0	0.7	18.4	6.4
Umlandkreise	34.9	16.8	18.4	6.3	7.5	14.3	58.0	113.2
Dresden	-11.5	-3.3	-0.1	-3.9	-8.2	-11.8	-14.8	-24.6
Kernstadt	-27.3	-0.5	2.0	3.9	-8.0	-4.4	-3.0	-29.5
Umlandkreise	11.6	-5.9	-2.2	-12.2	-8.5	-19.6	-26.0	-17.5
Leipzig	0.2	-6.4	-0.9	-8.3	-9.0	-16.6	-22.6	-22.4
Kernstadt	-12.7	-5.2	-0.2	-6.0	-10.6	-16.0	-20.5	-30.6
Umlandkreise	20.2	-7.8	-1.7	-11.0	-6.9	-17.2	-24.9	-9.8
Agglomerationsräume	**6.7**	**11.7**	**6.1**	**-0.9**	**4.6**	**3.7**	**22.9**	**31.0**
Kernstädte	-9.4	15.8	0.5	-3.4	3.6	0.1	16.4	5.5
Umlandkreise	29.3	7.7	12.1	1.6	5.5	7.1	29.3	67.1
Aggl.räume, alte Länder	**12.9**	**18.9**	**8.6**	**0.0**	**6.8**	**6.8**	**37.8**	**55.5**
Kernstädte	-3.5	24.0	0.7	-5.4	4.9	-0.8	23.9	19.5
Umlandkreise	35.1	13.9	16.9	4.8	8.4	13.6	51.3	104.4
Aggl.räume, neue Länder	**-5.5**	**-5.2**	**-1.2**	**-3.6**	**-2.9**	**-6.4**	**-12.4**	**-17.2**
Kernstädte	-20.3	-2.9	-0.2	2.3	0.1	2.5	-0.7	-20.9
Umlandkreise	17.1	-7.6	-2.4	-10.2	-6.8	-16.3	-24.5	-11.6
Bundesrepublik insgesamt	**15.8**	**5.9**	**6.2**	**0.0**	**4.6**	**4.6**	**17.7**	**36.3**
alte Länder	20.9	11.0	8.4	0.9	7.6	8.6	30.6	58.0
neue Länder	5.2	-6.1	0.1	-2.9	-4.8	-7.6	-13.1	-8.5

Metropolregionen in Deutschland

Tabelle 5: Langfristige Bevölkerungsentwicklung 1939-1993

Raumbezug	Bevölkerungsdichte					
	Einwohner je km²					
	1939	1950	1961	1970	1987	1993
	1	2	3	4	5	6
Berlin/Brandenburg	707	572	562	555	567	589
Kernstädte	4520	3489	3401	3353	3450	3650
Umlandkreise	112	117	120	118	117	112
Hamburg	223	263	278	290	291	313
Kernstadt	2267	2127	2427	2376	2110	2255
Umlandkreise	64	117	110	128	149	162
München	216	247	305	369	401	435
Kernstadt	2710	2680	3500	4173	3824	4050
Umlandkreise	67	102	114	142	197	220
Rhein-Main	352	398	490	558	571	617
Kernstädte	1513	1451	1870	1884	1797	1915
Umlandkreise	173	236	278	355	383	417
Rhein-Ruhr	820	852	1068	1116	1084	1136
Kernstädte	1820	1734	2179	2144	2062	2133
Umlandkreise	340	428	536	622	615	658
Stuttgart	341	423	552	645	646	701
Kernstadt	2399	2404	3080	3059	2666	2872
Umlandkreise	217	304	400	500	525	571
Metropolregionen insgesamt	**472**	**483**	**565**	**603**	**604**	**641**
Kernstädte	2338	2102	2467	2470	2370	2488
Umlandkreise	152	206	240	284	302	325
Dresden	595	526	509	509	489	449
Kernstadt	3006	2187	2176	2219	2306	2121
Umlandkreise	274	305	287	281	247	226
Leipzig	443	444	415	412	378	344
Kernstadt	4845	4230	4009	4003	3762	3362
Umlandkreise	185	222	204	201	179	166
Agglomerationsräume	**355**	**378**	**423**	**448**	**445**	**465**
Kernstädte	2156	1954	2262	2273	2195	2275
Umlandkreise	163	210	227	254	258	272
Aggl.räume, alte Länder	**327**	**370**	**439**	**477**	**477**	**509**
Kernstädte	1744	1683	2087	2101	1987	2085
Umlandkreise	156	210	240	280	294	318
Aggl.räume, neue Länder	**425**	**401**	**380**	**376**	**362**	**352**
Kernstädte	3870	3084	2993	2988	3058	3063
Umlandkreise	180	211	195	190	171	159
Bundesrepublik insgesamt	**167**	**194**	**205**	**218**	**218**	**228**
alte Länder	162	196	218	236	238	256
neue Länder	179	188	177	177	172	163

1987 und sind seit 1987 erneut wieder deutlich gestiegen. Insgesamt entspricht das prozentuale Bevölkerungswachstum der Agglomerationsräume der alten Länder im Zeitvergleich 1939-1993 mit über 55% ziemlich genau dem Durchschnitt der alten Länder. Für die Metropolregionen ist das Bevölkerungswachstum dagegen im Durchschnitt niedriger (+ 36%). Einzelne Metropolregionen jedoch, allen voran Stuttgart und München, übertreffen diese Wachstumsraten erheblich und haben heute mehr als doppelt soviele Einwohner wie vor 50 Jahren.

Innerhalb der Agglomerationsräume bzw. Metropolregionen gibt es deutlich ausgeprägte Unterschiede in der Bevölkerungsentwicklung zwischen den Kernstädten und den Umlandkreisen. Das Wachstum der Agglomerationsräume unmittelbar nach dem Zweiten Weltkrieg, wie es sich statistisch in den Volkszählungsdaten von 1950 im Vergleich zu 1939 widerspiegelt, fand - bis auf wenige Ausnahmen - ausschließlich in deren Umlandkreisen statt. Im Durchschnitt aller Agglomerationsräume - West wie Ost - hatten die Kernstädte 1950 gegenüber dem Vorkriegsstand per Saldo ca. 10% ihrer Einwohnerzahl verloren, die Umlandkreise der Agglomerationsräume hingegen Bevölkerungszuwächse in Höhe von ca. 30% erfahren. Im Ostteil Deutschlands waren die Zerstörungen der Städte und in der Folge deren Einwohnerverluste noch höher: Im Durchschnitt verloren die Kernstädte der Agglomerationsräume dort im Saldo über 20% ihrer Einwohner (Dresden: -27%, Berlin: -23%, Leipzig: -13%).

In den 50er Jahren gab es in den alten Ländern einen vom Wiederaufbau der Städte getragenen Prozeß der Reurbanisierung: Die Agglomerationsräume wuchsen stärker als die übrigen Regionstypen der alten Länder und in ihnen die Kernstädte noch stärker als das Umland. In den 60er Jahren setzte sich das Wachstum der Agglomerationsräume in den alten Ländern fort, nun allerdings ganz überwiegend im Umland. Einige Kernstädte (im Rhein-Ruhr-Gebiet, Hamburg, Stuttgart u.a.) schrumpften gar, hatten in den 60er Jahren den (vorläufigen) Höhepunkt ihrer Bevölkerungsentwicklung bereits überschritten. Zwischen 1970 und 1987 wuchs die Einwohnerzahl in den alten Ländern nur noch geringfügig, und in den Agglomerationsräumen glichen sich die Bevölkerungsverluste der Kernstädte und die Gewinne des Umlands gegenseitig aus, so daß bei insgesamt stagnierender Bevölkerungsentwicklung eine Umverteilung von den Kernstädten ins Umland stattfand.

Die in der Literatur höchst umstrittene Frage, ob die Bevölkerungsentwicklung in Deutschland eher durch Konzentrations-, Dekonzentrations- oder Suburbanisierungsprozesse gekennzeichnet ist, läßt sich so nicht beantworten. Vielmehr sind alle drei Typen von Entwicklung in Deutschland festzustellen, und es ist eine Frage der räumlichen und zeitlichen Bezugssysteme, welche Aspekte jeweils in den Vordergrund gestellt werden:

- In Deutschland insgesamt - wovon zu reden angesichts der in der Vergangenheit existierenden und heute noch nachwirkenden getrennten Systeme höchstens in einem virtuellen Sinn möglich ist - ist eine Schwerpunktverschiebung von den weniger verdichteten und ländlichen Regionen mit Bevölkerungsverlusten (besonders im Osten) hin zu den hochverdichteten Regionen (des Westens) zu beobachten. Dies gilt in langfristiger wie in kurzfristiger Perspektive: Seit 1950 ist die Bevölkerung in Deutschland

neuen Ländern ist die Arbeitslosigkeit (vgl. Tab. 14: hohe Sozialhilfeempfängerdichte bei den 18-25jährigen). Der hohe Anteil „sonstiger Gründe" ist in erster Linie auf den überdurchschnittlich hohen Anteil von Asylbewerbern zurückzuführen.

Tab. 16 zeigt die Anteile verschiedener Haushaltstypen unter den Sozialhilfe beziehenden Haushalten. Haushalte mit nur einem (potentiellen) Verdiener, also Einpersonenhaushalte und Alleinerziehende, stellen fast drei Viertel aller Leistungsbezieher.

2.8 Baulandmarkt und Wohnungsversorgung

(Vgl. Tab. 17)

In Tab. 17 sind Indikatoren zur Wohnungsversorgung und zum Baulandmarkt zusammengestellt. Die Statistik der Kaufwerte für Bauland umfaßt nur ca. ein Fünftel der umgesetzten Flächen und beinhaltet daher statistische Unsicherheiten. Es kann jedoch davon ausgegangen werden, daß es keine systematischen Verzerrungen hinsichtlich der Preise der erfaßten Umsätze gibt, so daß die Baulandpreise (Tab. 17, Spalte 1) als repräsentativ gelten können. Allerdings sind sie nicht für alle Gebietseinheiten vorhanden. Sichtbar wird ein deutliches Gefälle zwischen alten und neuen Ländern (wobei Berlin den Durchschnittswert der neuen Länder hebt), zwischen den Metropolregionen und den sonstigen Agglomerationsräumen sowie zwischen Kernstadt und Umland. Spitzenwerte von deutlich über 1000 DM je qm werden in München und Stuttgart registriert.

Die weiteren Spalten der Tab. 17 zeigen Indikatoren zur Wohnungsversorgung (1992) und ihrer Entwicklung (1990-1992). Die Wohnfläche je Einwohner weist ein deutliches Gefälle zwischen alten und neuen Ländern auf. Innerhalb der alten Länder liegt die Wohnflächenversorgung pro Kopf in den Agglomerationsräumen unter dem Durchschnitt (der alten Länder), und es zeigt sich ein Gefälle zwischen Stadtumland und Kernstädten. Die statistischen Durchschnittswerte für die neuen Länder zeigen ein gegenläufiges Gefälle: Die Werte für die Agglomerationsräume liegen über dem Durchschnitt, die der Kernstädte über denen des Umlands. Dies ist zum Teil dem Einfluß West-Berlins zuzurechnen; ein im Vergleich zum Westen gegenläufiges Stadt-Umland-Gefälle zeigt sich aber auch in den Stadtregionen Dresden und Leipzig. Mit 32.8 qm je Einwohner lag die durchschnittliche Wohnflächenversorgung in der Stadt Leipzig im Jahr 1992 zum Beispiel nur relativ geringfügig unter den Werten von Hamburg (33.4) oder Stuttgart (33.5). Das West-Ost-Gefälle der Wohnflächenversorgung ist vor allem ein Gefälle zwischen den sehr hohen westdeutschen und den allenfalls durchschnittlichen ostdeutschen Werten im Stadtumland und in den weniger verdichteten Kreisen. Hier zeigen sich wiederum West-Ost-Unterschiede im Prozeß der Suburbanisierung, der in den alten Ländern geprägt ist durch die Bildung von Wohneigentum im Stadtumland und die dabei realisierten hohen Wohn(flächen)ansprüche.

Die unterschiedliche Bevölkerungsentwicklung zwischen alten und neuen Ländern verdeutlicht sich auch im Vergleich der Wohnungsbestandsentwicklung mit der Entwicklung der Pro-Kopf-Wohnfläche. Obwohl die Wohnungsbautätigkeit zwischen 1990 und 1992 in den neuen Ländern auf einem weit niedrigeren Niveau lag als in den alten Ländern, ist, durch den Bevölkerungsrückgang bedingt, die durchschnittliche Wohnflä-

Tabelle 17: Baulandmarkt und Wohnungsversorgung

Raumbezug	Baulandpreise DM/m²	Wohnungen		Wohnfläche je Einwohner in m²		Personen	
		in 1000	Entwicklung in %			je Wohnung	je Raum
	1992	1992	90-92	1992	90-92	1992	1992
	1	2	3	4	5	6	7
Berlin/Brandenburg	-	2097.3	1.1	32.7	0.3	2.06	0.58
Kernstädte	320	1797.6	1.2	33.7	0.2	2.01	0.57
Umlandkreise	-	299.8	0.2	27.9	0.3	2.36	0.61
Hamburg	-	1429.0	2.4	35.5	0.0	2.26	0.54
Kernstadt	-	800.8	1.4	33.4	-0.3	2.11	0.55
Umlandkreise	99	628.2	3.7	37.8	0.2	2.45	0.53
München	540	1101.8	2.5	36.2	-0.1	2.17	0.55
Kernstadt	1431	658.5	1.6	35.3	-0.2	1.91	0.55
Umlandkreise	514	443.3	3.8	37.3	0.1	2.55	0.55
Rhein-Main	487	1441.3	2.0	36.2	-0.2	2.29	0.54
Kernstädte	737	655.7	1.1	34.1	-0.5	2.10	0.55
Umlandkreise	454	785.6	2.7	37.8	-0.1	2.46	0.53
Rhein-Ruhr	226	4898.4	1.6	34.2	0.2	2.26	0.56
Kernstädte	297	3149.4	1.2	33.8	0.2	2.14	0.55
Umlandkreise	201	1749.0	2.3	34.8	0.2	2.47	0.56
Stuttgart	590	1071.5	3.1	35.1	0.0	2.39	0.54
Kernstadt	1368	272.8	1.5	33.5	-0.6	2.20	0.56
Umlandkreise	468	798.7	3.7	35.5	0.2	2.45	0.54
Metropolregionen insgesamt	**260**	**12039.4**	**1.8**	**34.6**	**0.1**	**2.23**	**0.55**
Kernstädte	444	7334.8	1.3	33.8	0.0	2.08	0.56
Umlandkreise	225	4704.6	2.8	35.6	0.2	2.46	0.55
Dresden	100	415.9	0.0	29.3	0.6	2.08	0.57
Kernstadt	183	239.8	0.0	30.2	0.6	2.01	0.56
Umlandkreise	84	176.1	0.0	28.2	0.6	2.18	0.58
Leipzig	-	443.9	0.1	31.0	0.8	2.05	0.53
Kernstadt	-	258.2	0.1	32.8	1.0	1.92	0.50
Umlandkreise	39	185.7	0.0	28.8	0.6	2.24	0.56
Agglomerationsräume	**143**	**19179.1**	**1.8**	**34.7**	**0.2**	**2.25**	**0.55**
Kernstädte	376	9848.5	1.2	33.9	0.1	2.08	0.55
Umlandkreise	122	9330.5	2.4	35.4	0.3	2.44	0.54
Aggl.räume, alte Länder	**182**	**14733.6**	**2.1**	**35.7**	**0.1**	**2.31**	**0.54**
Kernstädte	414	7162.2	1.4	34.4	0.0	2.11	0.55
Umlandkreise	159	7571.4	2.8	36.8	0.1	2.49	0.54
Aggl.räume, neue Länder	**48**	**4445.5**	**0.7**	**31.0**	**0.6**	**2.08**	**0.57**
Kernstädte	268	2686.4	0.9	32.7	0.5	1.99	0.56
Umlandkreise	30	1759.1	0.5	28.7	0.7	2.22	0.57
Bundesrepublik insgesamt	**111**	**34547.3**	**2.0**	**35.1**	**0.3**	**2.34**	**0.54**
alte Länder	124	26407.1	2.5	36.6	0.1	2.39	0.53
neue Länder	45	8140.3	0.5	29.8	0.7	2.19	0.58

Metropolregionen in Deutschland

Metropolregionen und Agglomerationsräume in Deutschland

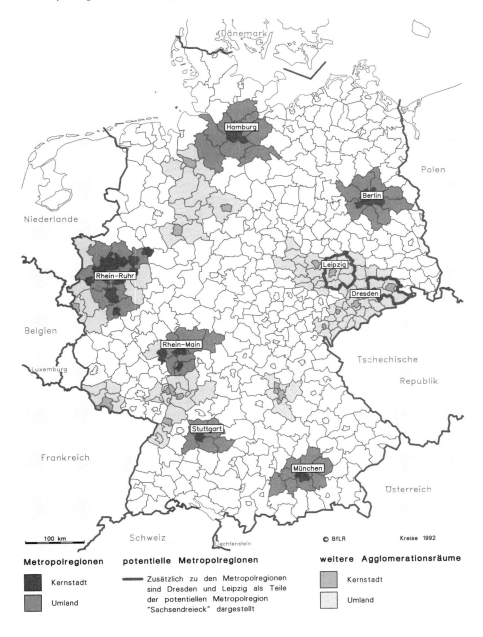

ten Raumordnungsregionen („Agglomerationsräume") wie auch für die Bundesrepublik insgesamt, nach alten und neuen Bundesländern unterschieden.

Berlin wird dabei in Gänze den neuen Ländern zugerechnet. Dies hat statistische Nivellierungseffekte zur Folge. So „verschwindet" einerseits die spezifische Situation West-Berlins durch die Zusammenfassung mit Ost-Berlin und Potsdam zum Kernbereich der Metropolregion Berlin-Brandenburg. Andererseits wird nicht nur die Situation Ost-Berlins, sondern werden auch die statistischen Durchschnittswerte für die Metropolregionen der neuen Länder wie auch für die neuen Länder insgesamt durch die Einbeziehung West-Berlins mehr oder weniger stark beeinflußt. Dieser Einfluß kann abgeschätzt werden, wenn man das Bevölkerungsgewicht West-Berlins betrachtet. West-Berlin hat einen Bevölkerungsanteil an der Metropolregion Berlin/Brandenburg in Höhe von etwa 50%. An den Agglomerationsräumen der neuen Länder hat West-Berlin einen Bevölkerungsanteil von 24% (Kernstädte: 41%), und der Bevölkerungsanteil an den neuen Ländern insgesamt beträgt 12%. Mit entsprechenden Gewichten gehen die Indikatorwerte von West-Berlin in (bevölkerungsbezogene) Indikatoren für die neuen Länder bzw. deren Teilräume ein.

Insbesondere bei gegenläufigen Tendenzen in West-Berlin und den anderen Teilräumen der neuen Länder „verfälschen" diese Nivellierungseffekte das Gesamtergebnis. Dennoch wird an dieser Gesamt-Berliner Darstellungsweise festgehalten. Die Alternative, West-Berlin in den Tabellen gesondert auszuweisen, wäre nicht nur anachronistisch, sondern in der Regel auch gar nicht möglich, da eine getrennte Ausweisung von Daten für West- und Ost-Berlin nicht mehr erfolgt.

2. Empirische Ergebnisse zur Struktur und Entwicklung der Metropolregionen in Deutschland

In den folgenden Abschnitten dieses Kapitels werden die in den Tab. 1 bis 19* dokumentierten Daten und Indikatoren für die Agglomerationsräume und Metropolregionen erläutert und einige wichtige Ergebnisse dargestellt. Dies geschieht in sieben Abschnitten:

1. Siedlungsstruktur und Metropolen in Deutschland
2. Langfristige Bevölkerungsentwicklung 1939 bis 1993
3. Struktur der aktuellen Bevölkerungsentwicklung
4. Erwerbstätige nach Wirtschaftsabteilungen
5. Industriebetriebe und -beschäftigte
6. Arbeitslosigkeit
7. Sozialhilfeempfang und Einkommensarmut
8. Baulandmarkt und Wohnungsversorgung
9. Überregionale Funktionen der Metropolregionen.

---

* Erläuterung zu den Indikatoren der Tab. 1 bis 19 s. S. 397 ff.

chenversorgung in den neuen Ländern deutlich angestiegen - im Gegensatz zu den alten Ländern, in denen durch eine vergleichsweise rege Bautätigkeit das durchschnittliche Wohnflächenniveau gerade gehalten werden konnte. Diese Durchschnittswerte können naturgemäß nichts über die Entwicklung sozialer Disparitäten in der Wohnungsversorgung aussagen. Als Indiz für das Auseinanderentwickeln unterschiedlicher Wohnungsteilmärkte könnten allenfalls die gegenläufigen Entwicklungen innerhalb der meisten Metropolregionen (Stuttgart, Rhein-Main, Hamburg, München) gewertet werden, wo rückläufige Wohnflächen in den Kernstädten weiterhin steigenden Werten im Umland gegenüberstehen. Allerdings müssen, und dies gilt besonders für die Indikatoren „Personen je Wohnung" und „Personen je Raum", unterschiedliche Haushaltsstrukturen und Wohnungsgrößenstrukturen berücksichtigt werden, wenn man präzisere Aussagen zur Wohnungsversorgung treffen will.

2.9 Überregionale Funktionen der Metropolregionen

(Vgl. Tab. 18 und 19)

Die Indikatoren der Tab. 18 und 19 thematisieren einige herausgehobene, internationale Funktionen der Metropolregionen: Aussteller und Besucher internationaler Messen, Übernachtungsgäste, internationale Flughäfen, Hauptsitz von großen Konzernzentralen. Diese internationalen Funktionen sind vorwiegend in den großen Metropolregionen konzentriert und deshalb auch nur für diese ausgewiesen. Ferner machen, wie eingangs ausführlicher ausgeführt, aufgrund des punktuellen Angebots (Messegelände, Flughafen etc.) und der großräumigen Ausstrahlung dieser Funktionen Stadt-Umland-Differenzierungen oder auf regionale Bezugsgrößen (Bevölkerung, Fläche) bezogene Dichtewerte wenig Sinn. Die Tab. 18 und 19 konzentrieren sich daher auf die Darstellung absoluter Kennziffern für die Metropolregionen (einschließlich Dresden und Leipzig) ohne Differenzierung nach Kernstadt und Umland.

Für die meisten der dargestellten Indikatoren kommt den beiden polyzentralen Metropolregionen, der Rhein-Ruhr-Region und der Rhein-Main-Region, ein überragendes Gewicht an internationalen Funktionen zu. In absoluten Zahlen nimmt insbesondere die Rhein-Ruhr-Region eine Spitzenstellung ein; gemessen an der (relativ geringen) Größe der Rhein-Main-Region hat diese eine außerordentlich hohe Dichte an internationalen Funktionen.

Bei Messen und Ausstellungen nehmen die Metropolregionen Rhein-Ruhr und Rhein-Main sowohl hinsichtlich der belegten Ausstellungsfläche als auch der Zahl der Aussteller und Besucher, insbesondere der Zahl ausländischer Aussteller und Besucher, die Spitzenpositionen unter den Metropolregionen ein. Die hohe Zahl von Messebesuchern in Berlin und der hohe Anteil ausländischer Aussteller (in Verbindung mit einem niedrigen Ausländeranteil unter den Messebesuchern) deuten auf einen spezifischen Typus von internationaler Messe: der Konsummesse, wo sich internationale Aussteller auf dem deutschen Markt präsentieren (Prototyp: Internationale Tourismusbörse). Die Indikatoren für die Rhein-Main-Region repräsentieren dagegen eher den Typ der internationalen Messe mit hoher Internationalität auf Aussteller- und Besucher-Seite. Neben Berlin und - vor allem - Hannover[13] gehört München zu den großen Messestandorten

Metropolregionen in Deutschland

Tabelle 18: Messen, Städtetourismus und Konzernzentralen

Raumbezug	Ausstellungsfläche (belegte Bruttofläche in 1000 m²)	Aussteller		Besucher		Übernachtungen		Konzernzentralen
		insgesamt	ausländische in %	insgesamt in 1000	ausländische in %	Gästeankünfte in 1000	Übernachtungen pro 1000 Einw.	
	1994					1992		1994
Metropolregionen	1	2	3	4	5	6	7	8
Berlin	571	9365	60,5	1312	7,3	3566	2126	2
Hamburg	181,8	2473	27,5	280	6,1	2170	2404	13
München	839,4	12572	39,8	645	18,1	4291	3848	11
Rhein-Main	1903,7	33737	54,6	967	33,7	4641	3881	17
Rhein-Ruhr	4101,9	40853	42,6	2627	21,6	6412	1255	25
Stuttgart	207,3	2676	19,2	248	19,4	1856	1579	6
Dresden	-	-	-	-	-	656	2098	-
Leipzig	117,9	1889	23,4	230	2,2	399	1122	-

Quelle: - Statistisches Jahrbuch für die Bundesrepublik Deutschland 1995
- Liedtke, Rüdiger: Wem gehört die Republik? Frankfurt, 1994

Metropolregionen in Deutschland

Tabelle 19: Flugverkehr

Raumbezug	gelandete u. gestartete Flugzeuge in 1000	Einsteiger im Personenverkehr			Luftfracht	
		in 1000	darunter mit Ziel im Ausland in %	Entwicklung d. Einsteiger in %	Einladung u. Ausladung in t	Veränderung d. Luftfracht in %
		1994			91-94	1994	91-94
Metropolregionen	1	2	3	4	6	7
Berlin	173,2	5041,4	49,4	31,3	23428	22,7
Hamburg	114,4	3783,4	57,9	19,2	35615	-0,7
München	186,8	6592,6	62,4	24,2	62769	22,1
Rhein-Main	352,7	17094,1	79,9	25,6	1236843	20,7
Rhein-Ruhr	267,5	8822,5	68,9	25,9	277060	24,8
Stuttgart	98,8	2722,7	66,1	32,1	13737	-6,6
Dresden	34,2	715,5	30,0	147,8	1109	364,0
Leipzig	41,0	904,5	49,8	194,0	2080	250,2

Quelle: - Statistisches Bundesamt: Verkehr
Fachserie 8, Reihe 6, Luftverkehr

Deutschlands. Die traditionsreiche Messestadt Leipzig dagegen ist von dem angestrebten Platz in der Spitzengruppe der deutschen Messestädte zur Zeit noch weit entfernt.

Als weiterer, wenn auch nicht sehr eindeutig interpretierbarer, Indikator für die Bedeutung von Metropolregionen als Ort von (internationaler) Kommunikation und Begegnung können die Übernachtungszahlen verwendet werden. Auch diese Zahlen sind hier für die Metropolregionen dargestellt, wodurch insbesondere die Relation in Spalte 8 der Tab. 18 für die Kernstädte, die eigentlichen Metropolen, unterschätzt wird. Dennoch zeigt der Vergleich neben der führenden Position von Rhein-Ruhr (bezogen auf die absoluten Werte) bzw. Rhein-Main (bezogen auf die Einwohner-Relation) insbesondere auch die Bedeutung des Städtetourismus in München und Berlin sowie, mit deutlichen Abstrichen, in den neuen Ländern in Dresden.

In Spalte 9 ist dargestellt, wie sich die Firmensitze der 100 größten Konzerne in Deutschland räumlich verteilen. Drei Viertel von ihnen sind in den sechs Metropolregionen konzentriert. Die meisten Konzernsitze sind in der Rhein-Ruhr-Region; es folgen die Metropolregionen Rhein-Main, Hamburg und München. Diese vier Regionen vereinigen insgesamt zwei Drittel der großen Konzernzentralen auf sich. Mit nur zwei Konzernsitzen spielt Berlin diesbezüglich zur Zeit (noch?) keine Rolle.

Tab. 19 verdeutlicht die überragende Position des Frankfurter Flughafens im internationalen Luftverkehr. An zweiter Stelle folgen die Flughäfen der Rhein-Ruhr-Region, insbesondere Düsseldorf (vor allem im Personenverkehr) und Köln/Bonn (mit besonderer Bedeutung im Frachtverkehr[14]). München hat 1994 seine Stellung als drittgrößter Knotenpunkt des Flugverkehrs vor Berlin halten können. Die höchsten Steigerungsraten hatten - bei niedrigem Ausgangsniveau - die Flughäfen von Leipzig und Dresden zu verzeichnen. Der Frankfurter Flughafen hat - bei hohem Ausgangsniveau - ein weiterhin ungebrochenes Wachstum zu verzeichnen, so daß sich bislang eine Grenze des Wachstums und eine Verlagerung auf andere deutsche Flughäfen empirisch noch nicht abzeichnet.

Metropolregionen in Deutschland

Erläuterung zu den Indikatoren der Tab. 1 bis 19

Kapitel 2.1:

Tab. 1: Grunddaten zur Siedlungsstruktur
1 Bevölkerung absolut in 1000 1993
2 Anteil an der Gesamtbevölkerung Deutschlands in %
3 Fläche in km² 1993
4 Anteil an der Gesamtfläche Deutschlands in %
5 Bevölkerungsdichte: Einwohner je km² 1993
6 Siedlungsdichte: Einwohner je km² Siedlungs- und Verkehrsfläche 1992
7 Anteil Siedlungs- und Verkehrsfläche an der Fläche in % 1992
8 Erholungsfläche je Einwohner in m² 1992

Kapitel 2.2:

Tab. 2: Langfristige Bevölkerungsentwicklung 1939-1993
1-6 Bevölkerungsbestand absolut
    1939, 1950, 1961, 1970, 1987 und 1993

Tab. 3: Langfristige Bevölkerungsentwicklung 1939-1993
1-6 Jeweiliger Anteil an der Gesamtbevölkerung in %
    1939, 1950, 1961, 1970, 1987 und 1993

Tab. 4: Langfristige Bevölkerungsentwicklung 1939-1993
1-8 Bevölkerungsentwicklung in %
    1939-50, 1950-61, 1961-70, 1970-87,
    1987-93, 1970-93, 1950-93, 1939-93

Tab. 5: Langfristige Bevölkerungsentwicklung 1939-1993
1-6 Bevölkerungsdichte, Einwohner je km²
    1939, 1950, 1961, 1970, 1987 und 1993

Kapitel 2.3:

Tab. 6: Bevölkerungsentwicklung
1 Bevölkerung absolut in 1000 1992
2 Bevölkerungsentwicklung in % 1980-92
3 Bevölkerungsentwicklung in % 1989-92
4 Natürlicher Bevölkerungssaldo je 1000 Einwohner 1992
5 Natürlicher Bevölkerungssaldo je 1000 Einwohner 1.1.1980-31.12.1992
6 Natürlicher Bevölkerungssaldo je 1000 Einwohner 1.1.1989-31.12.1992
7 Anteil der Ausländer an den Einwohnern in % 1992

Tab. 7: Bevölkerungsmobilität
1 Gesamtwanderungssaldo je 1000 Einwohner 1991
2 Anteil der Ausländer an den Gesamtzuzügen 1991
3 Anteil der Ausländer an den Gesamtfortzügen 1991
4 Außenwanderungssaldo je 1000 Einwohner 1991
5 Binnenwanderungssaldo je 1000 Einwohner 1991
6 Binnenwanderungssaldo der Erwerbspersonen je 1000 Einwohner im Alter von 15 bis unter 65 Jahren 1991

Tab. 8: Binnenwanderungssaldo nach Altersklassen
1 Binnenwanderungssaldo je 1000 Einwohner 1991
2 Binnenwanderungssaldo der unter 18jährigen je 1000 Einwohner der Altersgruppe 1991
3 Binnenwanderungssaldo der 18- bis unter 25jährigen je 1000 Einwohner der Altersgruppe 1991

Metropolregionen in Deutschland

4 Binnenwanderungssaldo der 25- bis unter 30jährigen je 1000 Einwohner der Altersgruppe 1991
5 Binnenwanderungssaldo der 30- bis unter 50jährigen je 1000 Einwohner der Altersgruppe 1991
6 Binnenwanderungssaldo der 50- bis unter 65jährigen je 1000 Einwohner der Altersgruppe 1991
7 Binnenwanderungssaldo der 65jährigen und älteren je 1000 Einwohner der Altersgruppe 1991

Tab. 9: Bevölkerungsentwicklung nach Altersklassen
1 Entwicklung der Zahl der unter 5jährigen in % 1989 bis 1992
2 Entwicklung der Zahl der 5- bis unter 18jährigen in % 1989 bis 1992
3 Entwicklung der Zahl der 18- bis unter 25jährigen in % 1989 bis 1992
4 Entwicklung der Zahl der 25- bis unter 30jährigen in % 1989 bis 1992
5 Entwicklung der Zahl der 30- bis unter 50jährigen in % 1989 bis 1992
6 Entwicklung der Zahl der 50- bis unter 65jährigen in % 1989 bis 1992
7 Entwicklung der Zahl der 65jährigen und älteren in % 1989 bis 1992

Tab. 10: Altersstruktur der Bevölkerung
1 Anteil der Einwohner unter 5 Jahren an allen Einwohnern in % 1992
2 Anteil der Einwohner von 5 bis unter 18 Jahren an allen Einwohnern in % 1992
3 Anteil der Einwohner von 18 bis unter 25 Jahren an allen Einwohnern in % 1992
4 Anteil der Einwohner von 25 bis unter 30 Jahren an allen Einwohnern in % 1992
5 Anteil der Einwohner von 30 bis unter 50 Jahren an allen Einwohnern in % 1992
6 Anteil der Einwohner von 50 bis unter 65 Jahren an allen Einwohnern in % 1992
7 Anteil der Einwohner von 65 Jahren und älter an allen Einwohnern in % 1992

Kapitel 2.4:

Tab. 11: Erwerbstätige nach Wirtschaftsabteilungen
1 Erwerbstätigenbestand absolut in 1000 1991
2 Erwerbstätigenbesatz: Erwerbstätige je 100 Einwohner 1991
3 Anteil Erwerbstätige in Land-, Forstwirtschaft und Fischerei 1991
4 Anteil Erwerbstätige im produzierenden Gewerbe 1991
5 Anteil Erwerbstätige in Handel, Verkehr und Nachrichtenübermittlung 1991
6 Anteil Erwerbstätige in sonstigen unternehmerischen Dienstleistungen 1991
7 Anteil Erwerbstätige im öffentlichen Dienst bei privaten Haushalten und privaten Organisationen ohne Erwerbscharakter 1991

Kapitel 2.5:

Tab. 12: Betriebe des Bergbaus und verarbeitenden Gewerbes
1 Zahl der Betriebe mit im allgemeinen 20 und mehr Beschäftigten 1993
2 Zahl der Beschäftigten in Betrieben des Bergbaus und des verarbeitenden Gewerbes je Betrieb mit im allgemeinen 20 und mehr Beschäftigten 31.12.1993
3 Zahl der Arbeiter je 100 Beschäftigte in Betrieben des Bergbaus und des verarbeitenden Gewerbes 1993
4 Gesamtumsatz (ohne Steuern) in 1000 DM je Beschäftigtem in Betrieben des Bergbaus und des verarbeitenden Gewerbes 1993
5 Anteil des Auslandsumsatzes am Gesamtumsatz in % 1993
6 Lohn- und Gehaltssumme je Beschäftigten in Betrieben des Bergbaus und des verarbeitenden Gewerbes 1993
7 Anteil der Lohn- und Gehaltssumme am Gesamtumsatz in % 1993

Kapitel 2.6:

Tab. 13: Arbeitslosigkeit
1 Zahl der Arbeitslosen in 1000 30.09.1993
2 Anteil der Arbeitslosen an den Arbeitnehmern in % 30.09.1993
3 Anteil der arbeitslosen Frauen an den Arbeitslosen in % 30.09.1993
4 Anteil der arbeitslosen Ausländer an den Arbeitslosen in % 30.09.1993

5   Anteil der Arbeitslosen unter 25 Jahre an den Arbeitslosen in % 30.09.1993
6   Anteil der Arbeitslosen 55 Jahre und älter an den Arbeitslosen in % 30.09.1993
7   Anteil der Arbeitslosen, die ein Jahr und länger arbeitslos sind, an den Arbeitslosen in % 30.09.1993

Kapitel 2.7:

Tab. 14: Sozialhilfeempfänger nach Altersklassen
1   Empfänger laufender Hilfe zum Lebensunterhalt außerhalb von Einrichtungen (HLU a.E.) 1993 pro 1000 Einwohner insgesamt
2   Empfänger laufender Hilfe zum Lebensunterhalt bis unter 18 J. 1993 je 1000 Einwohner der Altersklasse
3   Empfänger laufender Hilfe zum Lebensunterhalt im Alter von 18 bis unter 25 Jahre 1993 je 1000 Einwohner der Altersklasse
4   Empfänger laufender Hilfe zum Lebensunterhalt im Alter von 25 bis unter 50 Jahre 1993 je 1000 Einwohner der Altersklasse
5   Empfänger laufender Hilfe zum Lebensunterhalt im Alter von 50 bis unter 65 Jahre 1993 je 1000 Einwohner der Altersklasse
6   Empfänger laufender Hilfe zum Lebensunterhalt im Alter von 65 Jahren und älter 1993 je 1000 Einwohner der Altersklasse

Tab. 15: Sozialhilfeempfänger nach Ursachen
1   Anteil der Haushalte, die wegen Krankheit Sozialhilfe beziehen, an Sozialhilfe beziehenden Haushalten insgesamt in % 1993
2   Anteil der Haushalte, die wegen Tod des Ernährers Sozialhilfe beziehen, an Sozialhilfe beziehenden Haushalten insgesamt in % 1993
3   Anteil der Haushalte, die wegen Ausfall des Ernährers Sozialhilfe beziehen, an Sozialhilfe beziehenden Haushalten insgesamt in % 1993
4   Anteil der Haushalte, die wegen unwirtschaftlichen Verhaltens Sozialhilfe beziehen, an Sozialhilfe beziehenden Haushalten insgesamt in % 1993
5   Anteil der Haushalte, die wegen Arbeitslosigkeit Sozialhilfe beziehen, an Sozialhilfe beziehenden Haushalten insgesamt in % 1993
6   Anteil der Haushalte, die wegen unzureichender Sozialversicherung Sozialhilfe beziehen, an Sozialhilfe beziehenden Haushalten insgesamt in % 1993
7   Anteil der Haushalte, die wegen unzureichendem Einkommen Sozialhilfe beziehen, an Sozialhilfe beziehenden Haushalten insgesamt in % 1993
8   Anteil der Haushalte, die wegen sonstigen Gründen Sozialhilfe beziehen, an Sozialhilfe beziehenden Haushalten insgesamt in % 1993

Tab. 16: Sozialhilfeempfänger nach Haushaltstypen
1   Einpersonenhaushalte in % aller Sozialhilfe beziehender Haushalte 1993
2   Alleinerziehende in % aller Sozialhilfe beziehender Haushalte 1993
3   Alleinerziehende weiblich in % aller Sozialhilfe beziehender Haushalte 1993
4   Ehepaare mit Kindern in % aller Sozialhilfe beziehender Haushalte 1993
5   Ehepaare ohne Kinder in % aller Sozialhilfe beziehender Haushalte 1993
6   Sonstige Haushalte in % aller Sozialhilfe beziehender Haushalte 1993

Kapitel 2.8:

Tab. 17: Baulandmarkt und Wohnungsversorgung
1   Baureifes Land in DM je m² 1992
2   Wohnungen in 1000 1992
3   Entwicklung der Zahl der Wohnungen von 1990 bis 1992 in %
4   Wohnfläche je Einwohner in m² 1992
5   Differenz der Wohnfläche je Einwohner von 1990 bis 1992 in m²
6   Personen je Wohnung 1992
7   Personen je Raum 1992

Kapitel 2.9:

Tab. 18: Messen, Städtetourismus und Konzernzentralen
1 Belegte Bruttofläche aller Messen 1994 in 1000 m²
2 Zahl der Aussteller aller Messen 1994
3 Zahl ausländischer Aussteller in % aller Aussteller 1994
4 Zahl der Besucher aller Messen 1994 in 1000
5 Zahl ausländischer Messebesucher in % aller Messebesucher 1994
6 Zahl der Gästeankünfte 1992 in 1000
7 Zahl der Übernachtungen pro 1000 Einwohner 1992
8 Zahl der Konzernzentralen je Metropolregion 1994

Tab. 19: Flugverkehr
1 Gelandete und gestartete Flugzeuge 1994 in 1000
2 Einsteiger im Personenverkehr 1994 in 1000
3 Anteil der Einsteiger im Personenverkehr mit Ziel im Ausland in % 1994
4 Entwicklung der Einsteiger 1991-1994 in %
5 Einladungen und Ausladungen 1994 in Tonnen
6 Veränderung der Luftfrachtmenge 1991-1994 in %

Literatur

Die Entwicklungsphasen der Städte und Regionen im Spiegel der Volkszählungen. Materialien zur Raumentwicklung, Heft 56, Bonn 1993

Laufende Raumbeobachtung der Bundesforschungsanstalt für Landeskunde und Raumordnung (BfLR)

Liedtke, Rüdiger: Wem gehört die Republik? Frankfurt 1994

Regionalbarometer neue Länder. Zweiter zusammenfassender Bericht. Materialien zur Raumentwicklung, Heft 69, Bonn 1995

Statistisches Jahrbuch für die Bundesrepublik Deutschland 1995

Statistisches Bundesamt: Verkehr, Reihe 6, Luftverkehr

Anmerkungen

[1] Berlin/Brandenburg und Stuttgart wurden nicht in einer Fallstudie untersucht. Neben diesen großen, international orientierten Agglomerationsräumen wurde im Arbeitskreis zusätzlich Rostock als kleinerer Verdichtungsraum in den neuen Ländern mit spezifischen Problemen (Funktionsverlust als ehemals wichtigster Hafen der DDR) in einer eigenen Fallstudie thematisiert.

[2] Raumordnungspolitischer Handlungsrahmen. Beschluß der Ministerkonferenz für Raumordnung in Düsseldorf am 8. März 1995. Herausgegeben vom Bundesministerium für Raumordnung, Bauwesen und Städtebau, Bonn.

[3] Der Handlungsrahmen verzichtet explizit auf eine „feste äußere Abgrenzung einer europäischen Metropolregion" als „nicht möglich und sinnvoll" (a.a.O., S. 28).

[4] Insofern geht der hier räumlich konkretisierte Metropolregionen-Begriff über den Ansatz des Handlungsrahmens hinaus und ist nicht unbedingt identisch mit dessen Intentionen.

[5] Regionales Entwicklungskonzept für die Metropolregion Hamburg. Leitbild und Orientierungsrahmen. Hamburg, Hannover, Kiel 1994.

[6] Landesentwicklungsplan Nordrhein-Westfalen. Hrsg.: Ministerium für Umwelt, Raumordnung und Landwirtschaft des Landes Nordrhein-Westfalen. Düsseldorf 1995.

⁷ Die in diesem Beitrag für die neuen Länder zugrunde gelegten statistischen Daten beziehen sich auf die Gebietseinheiten vor der Gebietsreform. Durch diese in den vergangenen Jahren durchgeführte Gebietsreform haben sich die Kreisgrenzen und damit auch die Regionsabgrenzungen der Raumordnungsregionen geändert. Dies gilt insbesondere auch für die Raumordnungsregion Berlin/Brandenburg, deren Zuschnitt nach der Gebietsreform erheblich größer ist, als hier zugrunde gelegt.

⁸ Im Landesentwicklungsplan Sachsen werden Dresden und Leipzig als Teil der Region „Sachsendreieck" definiert. Das „Sachsendreieck" wird im Handlungsrahmen als „potentielle Europäische Metropolregion" genannt (s.o.). In den Leitbildern und Entwicklungskonzepten des Landesentwicklungsplans Sachsen wird die Entwicklung des „Sachsendreiecks" als eine langfristige, auf 30 bis 50 Jahre orientierte, strategische Zielstellung der sächsischen Landesplanung definiert, wobei das Sachsendreieck weniger als zusammenhängende Region, sondern als Städtenetz bzw. Städteverbund zu verstehen ist. Daher wäre eine flächenhafte Interpretation des Sachsendreiecks als zusammenhängender Raum zwischen Leipzig, Dresden und Chemnitz/Zwickau der Vergleichbarkeit der Daten und Indikatoren hier nicht dienlich.

⁹ Als einzige Ausnahme gehört der zur Metropolregion Hamburg gehörende Landkreis Lüneburg in der Systematik der siedlungsstrukturellen Gebietstypen zu den ländlichen Regionen, nicht zu den Agglomerationsräumen.

¹⁰ Im wesentlichen fallen hierunter die Gebäude- und Freiflächen, Betriebsflächen, Verkehrsflächen und Erholungsflächen.

¹¹ Dies geschah für die alten Bundesländer im Rahmen eines an den Universitäten Köln und Freiburg durchgeführten Projekts der Stiftung Volkswagenwerk. Die Daten wurden für die BfLR aufbereitet am Forschungsinstitut für Politische Wissenschaft und Europäische Fragen der Universität zu Köln (Prof. Dr. Karl Schmitt). Diese umgerechneten bzw. umgeschätzten Daten wurden in der BfLR ergänzt durch Daten für die neuen Länder sowie durch Daten der Bevölkerungsfortschreibung für 1993 aus der Laufenden Raumbeobachtung der BfLR.

¹² Für die alten Bundesländer sind detailliertere Auswertungen dieser Volkszählungsdaten, einschließlich umfangreicher kartographischer Darstellungen, nicht nur zur Bevölkerungsentwicklung, sondern auch für Wohnungen, Haushalte, Beschäftigte, Pendler in den Materialien zur Raumentwicklung, Heft 56 (Hrsg.: Bundesforschungsanstalt für Landeskunde und Raumordnung, Bearbeiter: K.P.Schön, D.Hillesheim, P.Kuhlmann) nachzulesen.

¹³ Aufgrund der Beschränkung auf die hier ausgewählten Metropolregionen fehlt in Tab. 18 mit Hannover einer der bedeutendsten Messestandorte Deutschlands. Bei dem Vergleich der Zahlen in dieser Tab. liegt Hannover - je nach Indikator teilweise noch vor der Rhein-Main-Region - auf Rang zwei bis drei.

¹⁴ Bei der Luftfracht differieren die Einladungen und die Ausladungen teilweise erheblich. Um ein möglichst realistisches zusammengefaßtes Bild der Luftfracht zu erhalten, wurde deshalb in Tab. 19 (Spalte 6) die Summe von Ein- und Ausladungen berechnet. Im Vergleich zu anderen Veröffentlichungen, die entweder die Einladungen oder die Ausladungen dokumentieren, sind die hier verwendeten Summen-Werte daher im Durchschnitt doppelt so hoch.

AKADEMIE FÜR RAUMFORSCHUNG
UND LANDESPLANUNG

Handwörterbuch der Raumordnung

Das Standardwerk der Raumordnung

in einem Band neu erschienen für Praxis, Wissenschaft und Studium

Vollständige Neubearbeitung
Hannover 1995, 1176 Seiten,
zahlreiche Abbildungen und Tabellen,
Leinen, geb., mit Schutzumschlag
DM 156,- / SFR 156,- / ÖS 1310,-
ISBN 3-88838-507-5

Redaktionsausschuß:
Peter Treuner, Gerd Albers, Wolfgang Haber, Hans-Jürgen von der Heide, Hans Kistenmacher, Paul Klemmer, Viktor Frhr. von Malchus, Elmar Münzer, Gottfried Schmitz, Werner Schramm, Erika Spiegel, Winfried von Urff, Klaus Wolf, Horst Zimmermann, Annedörthe Anker

NEU

- **Wissenschafts- und praxisnah** Die wichtigsten Fachbegriffe der Raumforschung und Raumordnung in 255 Stichwortartikeln behandelt

- **Kompetent** Mitwirkung von über 200 namhaften Autoren aus Wissenschaft und Planungspraxis

- **Benutzer- freundlich**
  - Alphabetisch angeordnetes Nachschlagewerk in einem Band ermöglicht schnellen Zugang zu allen Wissensbereichen
  - Zu jedem Stichwort die relevanten bibliographischen Hinweise
  - Verknüpfung der Beiträge durch Verweise
  - Vielfältiges Indexsystem erleichtert die Orientierung

- **Inhaltliche Schwerpunkte**
  - Raumordnung/Landesplanung/Regionalplanung
  - Theorie und Methoden
  - Praktische Grundlagen und Techniken
  - Rechtsgrundlagen und Verwaltung
  - Natur und Landschaft/Umwelt/Landschaftsplanung
  - Bevölkerung und Gesellschaft
  - Politische Rahmenbedingungen
  - Öffentliche Finanzen
  - Wirtschaft/Regionale Strukturpolitik/Agrarpolitik
  - Infrastruktur
  - Stadt- und Ortsplanung/Bauleitplanung/Wohnungswesen
  - Europa

Bestellungen über den Buchhandel oder an:
VSB Verlagsservice Braunschweig
Postfach 4738, 38037 Braunschweig,
Telefon 05 31 / 70 86 45 - 648
Telefax 05 31 / 70 86 19

AKADEMIE FÜR RAUMFORSCHUNG
UND LANDESPLANUNG
Hohenzollernstraße 11
D-30161 Hannover
Telefon 05 11 / 3 48 42 - 0
Telefax 05 11 / 3 48 42 - 41